# Bruno Gröning
# Revolution in der Medizin

## Rehabilitation eines Verkannten

## Eine ärztliche Dokumentation der Heilung auf geistigem Wege

Matthias Kamp

# Bruno Gröning
# Revolution
# in der
# Medizin

## Rehabilitation eines Verkannten

### Eine ärztliche Dokumentation der Heilung auf geistigem Wege

Matthias Kamp

Rheindahlener Straße 78
41189 Mönchengladbach

3. Auflage 1998



Gesamtherstellung: Otto W. Zluhan,
74321 Bietigheim-Bissingen

ISBN 3-927685-20-8
Best.-Nr. 120.6

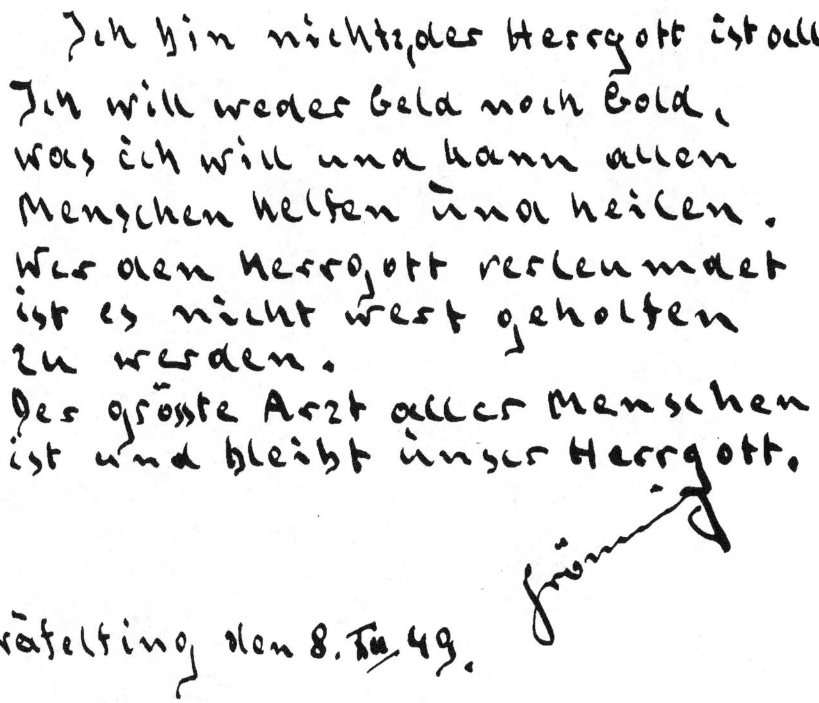
Ich bin nichts, der Herrgott ist alles.
Ich will weder Geld noch Gold,
was ich will und kann allen
Menschen helfen und heilen.
Wer den Herrgott verleumdet
ist es nicht wert geholfen
zu werden.
Der grösste Arzt aller Menschen
ist und bleibt unser Herrgott.

Gröning

Gräfelfing den 8. Ju. 49.

Handschrift Bruno Grönings

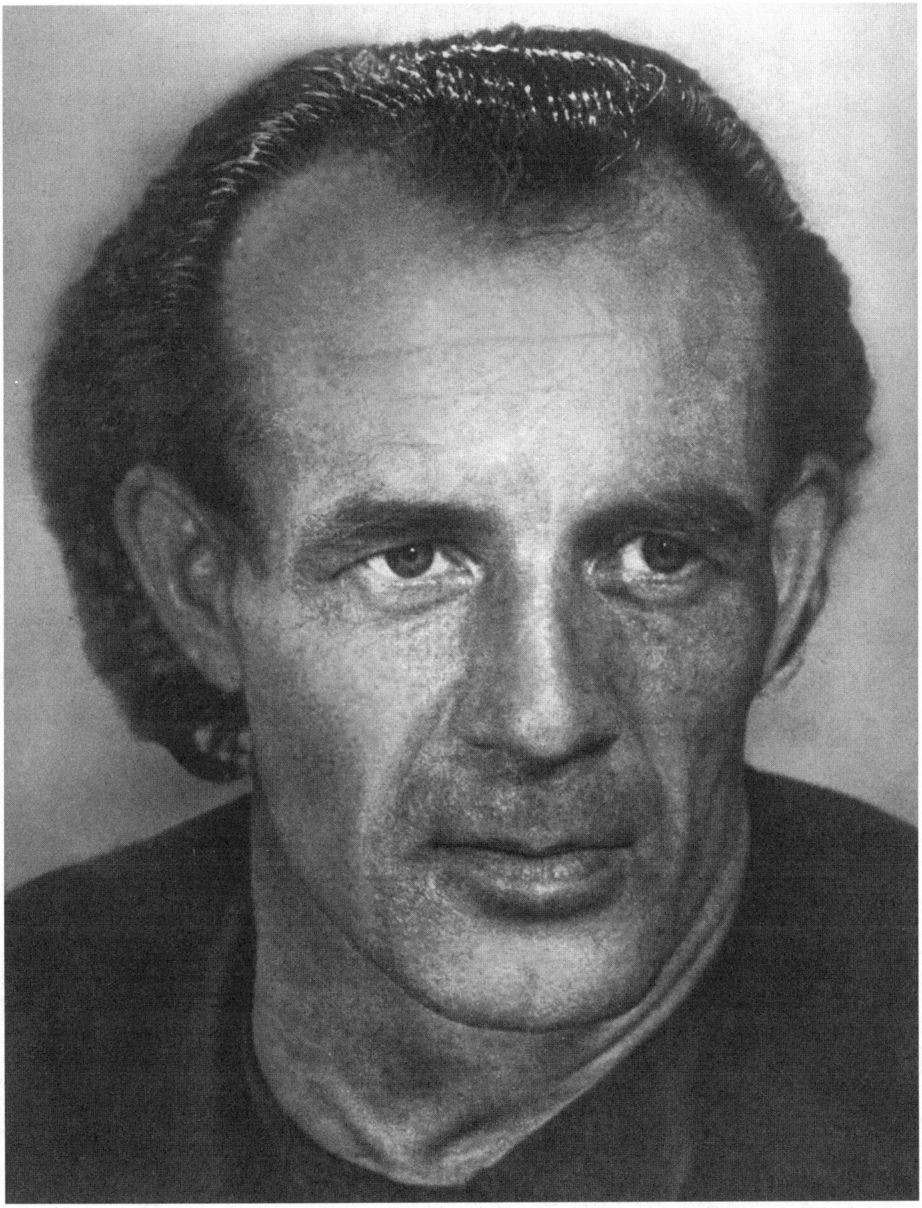

Bruno Gröning (1906-1959)

# Inhaltsverzeichnis

# Vorwort

Immer größer wird die Zahl der Menschen, die durch die konventionelle Medizin keine Heilung finden können und nach anderen Wegen suchen, um ihre Gesundheit wiederzuerhalten. Dabei ist nicht nur ein wachsendes Interesse an naturheilkundlicher Medizin zu beobachten, auch die Heilung auf dem geistigen Weg, lange Jahre in der öffentlichen Diskussion ein Tabuthema, findet große Beachtung. Auf der anderen Seite begegnet man in den Medien aber auch immer wieder Negativdarstellungen dieser Thematik, in denen meist undifferenziert anhand von Einzelfällen das Phänomen der geistigen Heilung an sich in Frage gestellt wird.

Die Vielfalt an Meinungen, die meist einer profunden Kenntnis des Sachgebiets entbehren und oft in polemischer Form vorgetragen werden, machen eine nüchterne Darstellung dringend notwendig. Gerade die sich ständig verschärfende Krise des modernen Gesundheitssystems, dessen Kosten in den letzten Jahrzehnten bei einem gleichzeitigen rapiden Anstieg der Zahl Kranker geradezu explodiert ist, lassen für eine weltanschauliche Polemik keinen Raum, sondern erfordern ein entschlossenes Handeln verantwortungsbewußter Kreise im Interesse der Kranken.

Nach dem Grundsatz „Wer heilt hat recht" öffneten bereits Ende der 50er Jahre in Großbritannien 200 Krankenhäuser des Nationalen Gesundheitsdienstes ihre Tore für die Heilung auf dem geistigen Weg; heute sind es bereits rund 1 800 Krankenhäuser, die geistige Heiler zulassen.[1] Die britische Ärztekammer räumte schon vor Jahrzehnten in einer Stellungnahme ein, daß

> „durch die geistige Heilung gesundheitliche Wiederherstellungen erreicht würden, die nicht durch die medizinische Wissenschaft erklärt werden können".[2]

Im Gegensatz zur Situation in Großbritannien scheint Deutschland in Bezug auf die Akzeptanz der Heilung auf dem geistigen Weg in Kreisen von Regierung und Schulwissenschaft noch ein Entwicklungsland zu sein. Der Begriff des geistigen Heilens taucht in der deutschen Gesetzgebung nicht auf. Der geistige Heiler als solcher ist rechtlich nicht anerkannt. Sogar die Zusammenarbeit von Arzt und Heilpraktiker, Arzt und geistigem Heiler ist in der Bundesrepublik durch die berufsrechtlichen Bestimmungen verboten.[3]

Für viele Vertreter des medizinischen Establishments ist die Einwirkung einer nicht sichtbaren heilenden Kraft auf den menschlichen Organismus vom Verständnis her nicht zugänglich, man tut sich schwer, über den eng begrenzten Horizont der Schulwissenschaft hinauszusehen.

Wenn man selbst noch in den 90er Jahren besonders in Deutschland gegen große Widerstände, Vorurteile und Fehlinformationen hinsichtlich der Heilung auf dem geistigen Wege zu kämpfen hat, so kann man sich lebhaft vorstellen, welch große Schwierigkeiten Bruno Gröning (1906-1959), durch dessen Wirken im Deutschland der 50er Jahre erstaunliche Heilungen geschahen, zu bewältigen hatte.

Unwissenheit, Neid, weltanschauliche Vorurteile und eine erschreckende Oberflächlichkeit der Recherchen zeichneten in den Medien ein Bild von diesem Mann, das in krassem Widerspruch zu den Aussagen in einer großen Zahl von Zeitzeugenberichten, fachlichen Beurteilungen (s. a. Kap. 2) und Heilungsberichten steht, die mir für dieses Buch zugänglich waren. Zusätzlich war vielfach ein persönliches Gespräch mit Zeitzeugen möglich.

Im Zuge meiner Recherchen fand ich nicht nur ein tieferes Verständnis für das Wesen geistiger Heilung, es zeigten sich mir auch immer deutlicher die Hintergründe für all die z. T. massiven Widerstände von seiten der etablierten Institutionen der Gesellschaft dieser uralten und primären Form des Heilens gegenüber. Ich verstand, warum ein Mann wie Bruno Gröning, der radikal das unterdrückte Wissen von der Macht des Geistes vertrat und Tausende, die vom herkömmlichen System für unheilbar erklärt worden waren, kostenlos zur Heilung führte, zu einer Gefahr für die Kräfte in der Gesellschaft werden mußte, die ihre Macht auf der Unwissenheit und dem Leid der Bevölkerung gründeten.

Die medizinische Wissenschaft, die verhängnisvolle Verflechtung von pharmazeutischer Industrie, Medizin und staatlichen Instituionen, aber auch die Großkirchen werden in diesem Zusammenhang in ihrer Verantwortlichkeit für das ungezählte Leid unserer Tage unter Zuhilfenahme von vielfach unbekannten Hintergrundinformationen beleuchtet.

Anlaß für dieses Buch war aber letztendlich die Tatsache, daß nicht nur zu Lebzeiten Bruno Grönings Heilungen geschahen, sondern selbst bis in die heutige Zeit in wachsendem Maße Gesundheit selbst bei schwereren organischen Leiden nur durch die Vermittlung seiner Lehre eintritt. Neben Heilungsberichten aus der Zeit Bruno Grönings konnte ich weit über 1 000 Berichte über Heilungen und Hilfen in der heutigen Zeit einsehen. Bei einigen der erstaunlichsten Heilungen lagen ärztliche Bestätigungen vor.

In einer wahrhaft „heillosen Zeit" eröffnet die Lehre Bruno Grönings, davon konnte ich mich als Arzt überzeugen, einen Weg zur Heilung, den ich nicht für möglich gehalten hätte. Selbst Kranke, die von der herkömmlichen

Medizin als „unheilbar" abgestempelt wurden, können auf diesem Weg Zugang zu einer Heilkraft bekommen, die ein „Unheilbar" nicht kennt.

Aus meiner Verantwortung als Arzt diesen Menschen gegenüber habe ich dieses Buch geschrieben. Ich fordere aber auch meine Kollegen auf, sich ihrer Verantwortlichkeit ihren Patienten gegenüber zu einer wirklichen Weiterbildung bewußt zu werden. Ich fordere sie auf, sich von der dogmatischen Enge einer einseitig körperorientierten „Schulmedizin" zu lösen und sich der Heilung auf geistigem Wege zu öffnen. Nur wenn sie lernen, nicht mehr gegen, sondern zusammen mit dem größten Arzt aller Menschen, wie Bruno Gröning den Herrgott nannte, zu arbeiten, können sie sich von dem „Schattendasein des Mediziners" befreien und zum wahrhaftigen Arzt werden.

Die Erfolge all der Ärzte, die diesen Schritt gewagt haben, sprechen eine unmißverständliche Sprache.

Matthias Kamp

„Ich glaube, daß Heilen auf nicht-materiellem Weg, durch geistige Methoden, eine Zukunft ungeahnter Möglichkeiten hat. Und ich glaube, daß ihr Bereich allmählich über das, was wir heute, zu Recht oder Unrecht, als ‚funktionell' bezeichnen, hinauswachsen und auch alles Organische umschließen wird. Ich sehe die Morgenröte einer neuen Zeit vor mir aufleuchten, in der man gewisse chirurgische Eingriffe, z. B. an inneren Gewächsen, als bloße Flickarbeit ansehen wird, voller Entsetzen, daß es überhaupt einmal ein so beschränktes Wissen um Heilmethoden gab. Dann wird kaum noch Raum sein für althergebrachte Arzneimittel. Es liegt mir fern, die moderne Medizin und Chirurgie irgendwie herabzusetzen, ich hege im Gegenteil große Bewunderung für beide. Aber ich habe Blicke tun dürfen in die ungeheuerlichen Energien, die der Persönlichkeit selbst innewohnen, und in solche von außerhalb liegenden Quellen, die unter gewissen Bedingungen durch sie hindurchströmen und die ich nicht anders als göttlich bezeichnen kann. Kräfte, die nicht allein funktionelle Störungen heilen können, sondern auch organisch bedingte, die sich als bloße Begleiterscheinungen seelisch-geistiger Störungen herausstellten."

Prof. Dr. Carl Gustav Jung[4]

## Ansprache von Bruno Gröning am 31.08.1949, Traberhof Rosenheim

„Meine lieben Mitmenschen! Meine Schwestern und Brüder!

Sie alle suchen schon jahrelang nach Hilfe. Sie alle suchen schon jahrelang nach Ihrer Gesundheit, die Sie bereits vor Jahren verloren. Ich weiß, wie hier und überall sich Menschen gefunden haben, gleich wo ich gehe, gleich wo ich stehe, und überall dasselbe Bild. Jeder sucht Hilfe, jeder sucht Heilung. Ich will nicht damit gesagt haben, daß die Ärzte, die vielleicht alles darangesetzt haben, Ihnen zu helfen, schlecht wären, weil sie zu der Hilfe nicht in der Lage waren. Nein. Der Arzt hat auch sein Bestes hergegeben, Ihnen zu helfen. Es ist den Ärzten nicht gegeben, allen die Hilfe zu bringen, die sie erwarten.

Eines muß aber gesagt werden, daß der einzige Arzt, der Arzt aller Menschen, allein unser Herrgott ist.

Der Mensch ging vor Jahrtausenden den Weg ab von der Natur, von dem Glauben an unseren Herrgott. Jeder glaubte, sich allein behaupten zu können. ‚Jetzt sind wir auf dieser Erde, jetzt richten wir uns ein, wie wir das wollen, und wir werden uns schon zu helfen wissen', glaubte jeder. Aber ich gebe Ihnen zu wissen, daß niemand geholfen werden kann ohne unseren Herrgott. Er allein ist und bleibt unser Vater, Er allein ist und bleibt der größte Arzt aller Menschen!

Und wer glaubt, sich der Natur, die der Herrgott hier so schön für uns Menschen geschaffen hat, entziehen [zu können], der soll gehen, wohin er will. Man hat geglaubt, einer könnte sich vom anderen unterscheiden, indem er der Natur den Rücken kehrt und die Stufen der Kultur besteigt. Da liegt der Fehler, da liegt alles. Das ist es, was dem Menschen fehlt: die Natur. Zurück zur Natur! Zurück zu unserem Herrgott, zurück zum Glauben an den Herrgott, zurück zum Glauben an das Gute im Menschen.

Ich selbst frage nicht, welcher Religion, welcher Nation der einzelne angehört. Hauptsache ist, er trägt den Herrgott im Herzen. Wer aber den Glauben verloren hat und die Hilfe Gottes haben will, der muß wieder den Weg zum Glauben an unseren Herrgott zurückfinden. Wer den Weg gefunden hat und glaubt und wer sich verpflichtet fühlt, diesem Glauben genau nachzukommen, dem sei die Hilfe zuteil.

Ich habe jedem Menschen immer wieder zu wissen gegeben: Wer den Weg zu mir gefunden, der soll die Angst und vor allem das Geld zu Hause lassen [...]. Ich bitte Sie, davon Abstand zu nehmen, mir Ihre Leiden einzeln aufzuzählen [...].

Eines muß ich Ihnen gestehen, und das werden Sie mir auch bestätigen: Früher waren die Krankenhäuser teils voll besetzt. Heute kann man nicht mehr von Kranken- und Wohnhäusern sprechen, sondern heute gibt es nur noch Krankenhäuser. Denn in jedem Wohnhaus, wo Menschen glauben, sich wohlfühlen zu können, sind Kranke. Dieses muß einmal ein Ende haben, und deswegen sind wir auf dem allerbesten Wege, Abhilfe zu schaffen. Ich gebe Ihnen bekannt, daß viele Ärzte sich bereit erklärt haben, an diesem großen göttlichen Werk mitzuarbeiten.

Und ich würde es begrüßen, wenn sie sich restlos dazu zur Verfügung stellen, damit Menschen geholfen und geheilt werden können. Dann hat das Elend nicht nur eines Volkes, sondern aller Völker, aller Menschen mal ein Ende.

Das Wörtchen Egoismus ist Ihnen allen bekannt. Egoist soll der Mensch nur einmal im Leben sein, indem er das verlorene Gut, die Gesundheit, wieder in sich aufnimmt [...].

Es soll nur der eine oder andere seine Krankheit nicht festhalten, nicht so stark daran denken, sondern locker lassen. Er soll fragen: Was geht in meinem Körper vor [...]?

Ich kann nichts dafür, soweit Sie hier angesprochen sind, soweit Sie die Berechtigung haben, die Hilfe Gottes zu empfangen, so soll das geschehen im Namen Gottes."[5]

## 1. Kapitel

# Der Verkannte

### Es gibt kein Unheilbar

Über kaum einen Menschen im Nachkriegsdeutschland wurde so viel geschrieben wie über Bruno Gröning. Bald nachdem im März 1949 die ersten Heilerfolge im westfälischen Herford bekannt wurden, war sein Name in aller Munde. Zu Tausenden zog er die Menschen an, die - durch den Krieg an Körper und Seele geschlagen und zum größten Teil vom herkömmlichen medizinischen System aufgegeben - in ihm ihre letzte Hoffnung sahen. Er sprach zu ihnen von Gott als dem größten Arzt, nicht nur am Traberhof in Rosenheim, sondern an vielen Orten in Deutschland, und es wurden, wie eine Zeitung berichtete, „biblische Szenen" Wirklichkeit.

Der Verstand ist schnell bei der Hand, ein solches Geschehen als Märchen abzutun, weil es in den gängigen Vorstellungsmustern nicht unterzubringen ist, und doch sprechen die Tatsachen eine andere Sprache. Nicht nur damals, sondern auch heute, mehr als 30 Jahre nach Bruno Grönings Tod, sind Heilungen durch die Befolgung seiner Lehre nachzuweisen, die medizinisch nicht zu erklären sind.

Angesichts der heutigen katastrophalen Situation im Gesundheitswesen wird es immer dringlicher, dieses Geschehen vorurteilslos zu prüfen. Wer die persönliche Bequemlichkeit, Eitelkeit und den eigenen Geldbeutel an die erste Stelle setzt und aus diesem Grunde nach der jahrtausendealten Manier des „Was nicht sein darf, das nicht sein kann" die erstaunlichen Möglichkeiten der Heilung auf geistigem Wege verleugnet, handelt verantwortungslos.

Es ist aber auch dringend geboten, eine klare Differenzierung in dem kaum mehr überschaubaren Gebiet der „Heilung auf dem geistigen Wege" vorzunehmen und die Spreu vom Weizen zu trennen. Verallgemeinerungen im Sinne einer generellen Ablehnung aufgrund negativer Erfahrungen sind ein Zeichen für mangelnde Konsequenz der Prüfung. Überall kann man auf Scharlatane treffen, die aus dem Leid ihrer Mitmenschen persönlichen Profit machen wollen. Davor schützt weder eine ärztliche Approbation noch die staatliche Anerkennung als Heilpraktiker. Leichtgläubigkeit ist immer fehl am Platze und kann gerade für den erkrankten Menschen schwerwiegende Konsequenzen haben. Hier sind Informationen von fachkundiger Seite, die über das konventionelle Denken hinausgehen, dringend erforderlich.

Aus diesem Grunde habe ich mich über alle üblichen Vorurteile hinweggesetzt und bin den erstaunlichen Berichten über das bis in die heutige Zeit reichende Wirken Bruno Grönings nachgegangen. Meine Ergebnisse habe ich auf den folgenden Seiten zusammengetragen. Wer trotz aller Beweise immer noch Schwierigkeiten hat, das Gesagte zu glauben, erinnere sich an Shakespeares Wort:

„Es gibt mehr Ding' im Himmel und auf Erden, als eure Schulweisheit sich träumt."[1]

Es erscheint mir sinnvoll, an den Beginn einer solchen Prüfung einen Heilungsberichte zu stellen, der lebendig von der Wirklichkeit der heilenden Kraft zeugt, wie sie bis heute durch das Wort Bruno Grönings wirksam ist.

Seit mehr als fünf Jahren bestanden bei Margarethe Mast (52) aus A. schwere venöse Durchblutungsstörungen (chronische venöse Insuffizienz, CVI) der Beine, die ihr große Beschwerden bereiteten.

Sie berichtete mir:

„Das Blut wurde in den Beinen nicht richtig nach oben transportiert, sackte somit ab, und die Folge war ein erheblicher Stau in beiden Beinen. Ich konnte keinen Augenblick auf den Beinen stehen, ohne das Gefühl zu haben, daß die Beine auseinanderplatzen. An warmen Sommertagen war es besonders schlimm, bei Hitze unerträglich. Ich habe wegen dieses Leidens meinen Hausarzt aufgesucht, der den oben beschriebenen Zustand diagnostizierte und mir Kompressionsstrumpfhosen massivster Güte verordnete.

Ich habe diese Kompressionsstrumpfhosen täglich getragen. Wenn ich mich mal hinsetzte, mußte ich sofort die Beine auf einen Stuhl hochlagern, trotz der Strumpfhose.

In den letzten beiden Jahren reichte ein Stuhl nicht mehr aus, um die Schmerzen zu lindern. Ich brauchte dann einen hohen Tisch mit einem Kissen darauf.

Mein Hausarzt sagte mir, daß dieses Leiden nicht heilbar sei, er könne versuchen, mittels seiner Verordnungen und einiger Anwendungen zu Hause

(Wechselduschen, Bürsten der Beine, Tragen von Gesundheitsschuhen) den Standard zu halten."[2]

Zudem litt sie seit 25 Jahren unter Wadenkrämpfen, die ausschließlich nachts auftraten und jeder ärztlichen Therapie widerstanden.

Seit zwanzig Jahren bestand weiterhin eine chronische Hautentzündung im Gesicht, die auch trotz vieler Salben und Tinkturen (verordnet wurden in dieser Zeit Volunimat 20 gr., Acidum saliculicum 0,25, Glyzerin 7,5, Eucerin cum aquosum ad 50,0, Unguentum emulsificant aquosum 50,0, Lotio Alab Aquos AA 50,0, Liniolitial Emulsion, Aknefug-Milch) nicht weichen wollte.

Über 30 Jahre lang quälten sie ständig Rückenschmerzen, die es ihr in den letzten zehn Jahren vor der Einführung in die Lehre Bruno Grönings unmöglich machten, auf einem normalen Holzstuhl zu sitzen. Sie mußte ihren Beruf aufgeben, und ihr Mann richtete ihr zu Hause eine Spezialcouch her, indem er unter die Sitzkissen ein massives Brett legte, und die Lehne der Couch den Verlauf in der Weise hatte, daß Frau Mast im Sitzen halb liegen konnte.

Wegen der Durchblutungsstörungen in den Beinen mußte sie dabei dann auch noch immer die Beine hochlegen.

Ärztlicherseits fand sich eine schwere Osteochondrose L 4/5 und L 5/S 1. Die Berentung stand zur Diskussion und wurde orthopädischerseits unterstützt.[3]

Die großen Einschränkungen im täglichen Leben, bedingt durch die Erkrankungen, führten zu Depressionen, die mit einer tiefen Traurigkeit, Mutlosigkeit und einem ständig wachsenden Gefühl der Ausweglosigkeit verbunden waren. Schuldgefühle der Familie gegenüber und ein ständiges Gefühl, im Leben versagt zu haben, erfüllten sie.

Frau Mast:

„So wundert es nicht, wenn sich diese Not auf die Familie übertragen hat und die Kinder schließlich den gleichen traurigen Gesichtsausdruck hatten wie ich.

Diese Gefühle der Schuld, die ich mir dann auch noch wie selbstverständlich zuwies, peinigten mich geradezu über Jahre. Ich wünschte mir sehr, eine gute Mutter zu sein, es gelang mir nicht. Diese über zwei Jahrzehnte andauernde Not kann hier nur andeutungsweise beschrieben werden. So sehr ich mich auch bemühte, die Dinge zum Positiven umzudrehen, es gelang mir nie, im Gegenteil, zur Grundnot kam weitere Not, und ein Unglück folgte dem anderen.

Alle Ärzte, die ich in diesen Jahren konsultierte, konnten mir nicht helfen."[4]

Frau Mast erfuhr im Jahre 1988 von der Lehre Bruno Grönings. Kurze Zeit später traten schon die ersten Heilungen auf:

„Nach meiner Einführung in die Lehre Bruno Grönings verspürte ich, von kurzen Unterbrechungen abgesehen, einen ständigen Strom in den Beinen. Dieser Strom war besonders fein und zart. Ein wärmendes Kribbeln erfaßte zunächst die untere Region der Unterschenkel, dann die obere Partie, bis es schließlich die gesamten Unterschenkel durchfloß.

Vier Monate nach der Einführung konnte ich die Kompressionsstrumpfhose ausziehen. Ich trage seither Perlonstrümpfe wie früher und übliches Schuhwerk. Ich kann ohne Beschwerden lange Zeit stehenbleiben. Es treten keine Schmerzen mehr auf. Ich brauchte seit der Heilung die Beine nicht mehr hochzulegen."[5]

Frau Mast ließ im gleichen Jahr und auf meine Bitte hin 1991 noch einmal eine Nachuntersuchung bei niedergelassenen Kollegen durchführen. 1991 erfolgte eine Dopplersonographische Untersuchung.

Der Kollege schrieb in seinem Befund:

„Die Untersuchung der unteren Extremitäten erfolgte unter dem Verdacht auf eine chronisch venöse Insuffizienz. Die Dopplersonogr. Untersuchung beider Seiten ergab keinen Hinweis auf CVI. Keine äußerliche Varikosis erkennbar, Venenverlaufsdruckpunkte sowie Thrombosezeichen negativ."[6]

Seit der Einführung in die Lehre Bruno Grönings waren zudem die Rückenschmerzen, die sie seit drei Jahrzehnten gepeinigt hatten, verschwunden. Sie konnte spontan wieder auch stundenlang auf harten Stühlen sitzen. Hier saß sie täglich acht bis zehn Stunden auf einem normalen Holzstuhl. Frau Mast kann ihren gesamten Pflichten als Hausfrau und Mutter wieder nachkommen. Sieben Monate nach der Einführung verschwanden die seit 25 Jahren bestandenen nächtlichen Wadenkrämpfe.

Auch die Hautentzündung verschwand nach 21 Jahren, nachdem sie ein halbes Jahr den Heilstrom in sich aufgenommen hatte, auf Dauer. Sie benötigt keine Salben und Tinkturen mehr.

Ähnlich erging es ihr mit den Depressionen:

„Seit ich in der Gemeinschaft Bruno Grönings bin, habe ich keine Depressionen mehr. Ich bin ein lebensbejahender Mensch geworden. In der Familie sind die Freude und ein völlig anderes Bewußtsein im Umgang miteinander aufgetreten. Ich bin innerlich ruhig und zuversichtlich geworden. Ich freue mich über jeden Tag meines mir neu geschenkten Lebens. Wir erfahren die Hilfe in jeder Hinsicht. Darüber könnte ich jeden Tag neu Zeugnis ablegen.

Ich kann nicht genug danke sagen für dieses mir neu geschenkte Leben."[7]

Wie ist all dies durch die Lehre eines Verstorbenen möglich? Einbildung liegt mit Sicherheit nicht vor. Ärztliche Untersuchungsbefunde waren mir zugänglich. Eidesstattliche Erklärungen von Personen aus der Umgebung von Margarethe Mast belegen zudem in eindrucksvoller Weise ihren jahrzehntelangen Leidensweg. Ich bin der Geheilten und vielen anderen, die z. T. nach jahrzehntelangem Leiden durch die Lehre Bruno Grönings Heilung gefunden haben, persönlich begegnet und konnte mich selbst von ihrem guten Gesundheitszustand überzeugen.

Gibt es tatsächlich einen Zusammenhang zwischen Ereignissen in unseren Tagen und dem Mann, der 1949 am Traberhof bei Rosenheim vor 30 000 Menschen über Gott als den größten Arzt sprach?

Als ich vor einigen Jahren das erste Mal von Bruno Gröning hörte, fielen mir besonders folgende Worte von ihm auf:

„Es gibt kein Unheilbar, Gott ist der größte Arzt."[8]

In der Klinik erlebte ich täglich das Gegenteil. Oft sah ich, wie Patienten, innerlich zerbrochen durch Prognosen wie „Damit müssen Sie leben" oder „Ich gebe Ihnen noch ein halbes Jahr" die Station verließen und ohne Hoffnung der verbleibenden Lebenszeit entgegensahen. Wenn ich Kollegen befragte, wie sie dazu kämen, solche Prognosen auszusprechen, verwiesen sie auf die Statistik und ihre persönliche Erfahrung. Sie wollten dem Patienten gegenüber ehrlich sein und auf keinen Fall unberechtigte Hoffnungen wekken. Ist eine solche Einstellung zu akzeptieren? Kann eine Statistik verläßliche Aussagen über das Einzelschicksal machen? Ist es vertretbar, daß der Arzt, weil er keine unberechtigten Hoffnungen wecken will, statt dessen eine unberechtigte Hoffnungslosigkeit erzeugt?

Was ist denn nun Wahrheit? Wer hat recht? Der Arzt, der aus seiner Erfahrung dem Patienten das „Unheilbar" mit auf den Lebensweg gibt, oder dieser Unbekannte, der keine akademische Bildung besaß, nur die Volksschule besuchte und dennoch wagte, öffentlich zu behaupten, daß es kein Unheilbar gibt?

Seit Jahrhunderten streben Millionen von Ärzten in ehrlichem Bemühen danach, die Menschen von der Geißel der Krankheiten zu befreien. In unseren modernen Staaten wird kaum Geld und Mühe gescheut, in Tausenden von Krankenhäusern den Menschen zu helfen. Auf der anderen Seite ist nicht von der Hand zu weisen, daß die Möglichkeiten der traditionellen Schulmedizin begrenzt sind. Die Statistiken sprechen eine deutliche Sprache. Trotz Milliardenaufwendungen ist weiterhin eine deutliche Zunahme der Erkrankungshäufigkeit zu beobachten. Herz-Kreislauf-Erkrankungen, Rheuma, Allergien, Tumore u. a. m. sind weiterhin vehement auf dem Vormarsch.

Der Münchener Arzt Dr. Scheiner schreibt dazu:

„Die Krankheitsarten-Statistik des wissenschaftlichen Instituts der Allgemeinen Ortskrankenkassen in Bad Godesberg vom Jahre 1988 bemerkt, daß die Erkrankungshäufigkeit weiter steigend sei. [...] Die Krankheitsarten-Statistik der AOK vergleicht dabei die Krankenhausfälle des Jahres 1980 mit denen des Jahres 1988. In allen Sektoren ist eine beträchtliche Steigerung festzustellen. So nahmen psychiatrische Erkrankungen um etwa 50 % zu, Krankheiten des Nervensystems und der Sinnesorgane um 70 %, Krankheiten des Skeletts, des Muskel- und Bindegewebes gar um 90 %, Tumore um 30 %, Kreislauferkrankungen um 35 %. Gleichzeitig wurden noch nie in der Geschichte unseres Landes pro Kopf und Jahr so viele ärztliche Dienstleistungen erbracht und in Anspruch genommen: Von den deutschen Ärzten werden jährlich 500 Millionen Rezepte verordnet - übereinandergelegt ergäbe dies einen Turm, der zweihundertmal so hoch wie der Kölner Dom ist!“[9]

Die Medizin ist in der Krise. Bei allen unbestreitbaren Erfolgen in der Bekämpfung akuter Krankheiten vermag sie dem größten Teil aller Kranken wohl Linderung, aber keine Heilung mehr zu geben.

Auf der anderen Seite liegen mir an die tausend Berichte über die in den letzten Jahren erfolgten Hilfen und Heilungen durch das Befolgen der Lehre Bruno Grönings vor. Wie kommt es zu diesem Unterschied? Liegt es vielleicht daran, daß die moderne Medizin den Einen vergessen hat, den Bruno Gröning mit seinen Worten:

„Der größte Arzt aller Menschen ist und bleibt unser Herrgott,“[10] immer wieder in den Mittelpunkt seines Wirkens gestellt hat?

Um über diese Fragen näheren Aufschluß zu erhalten, möchte ich im folgenden auf die Ereignisse um Bruno Gröning und auf sein Leben näher eingehen.

## Das Wunder von Herford

Untrennbar mit Bruno Gröning verbunden sind jene Ereignisse in Herford im März 1949. Damals wurde der Heilerfolg bei dem neunjährigen Dieter Hülsmann, der seit Jahren an fortschreitendem Muskelschwund litt (unheilbare Erkrankung, bei der die Muskeln immer schwächer werden, bei manchen Formen folgt der Tod schon in jungen Jahren), Beginn eines öffentlichen Wirkens, das bis in die heutigen Tage reicht.

Dr. phil. Kaul berichtet in seinem Buch „Das Wunder von Herford“:

„Zu Tausenden kommen die Kranken und Siechen in das kleine westfälische Städtchen, das in seinen Mauern den Wunderdoktor birgt. Mit Autobussen, Lastwagen, Personenwagen und zu Fuß, mit Pferdefuhrwerken und Fahrrädern, auf Leiterwägelchen, in Fahrstühlen und in Krankenwagen, - Tag und Nacht kommen Menschenmassen nach Herford auf den Wilhelmsplatz [...] zum Hause Nr. 7, in dem Bruno Gröning bei den Eltern eines von ihm geheilten Kindes ein Obdach gefunden hat. Das menschliche Elend, das sich hier offenbart, ist erschütternd und grenzenlos. [...] Aus allen Gegenden Deutschlands strömen sie hier zusammen, [...] aus allen Ständen und Schichten, Amerikaner, Engländer, Belgier, Schweizer, Schweden, Ungarn, Polen, ja selbst Zigeuner, die nach der erfolgten Heilung eines stummen Zigeunerkindes sich hier in Scharen einfinden.“[11]

Er schreibt weiter:

„Mein Bericht ist wahrheitsgetreu und hält sich nur an das, was ich mit eigenen Augen sehen konnte. Ich bin auch Gerüchten nachgegangen und habe mit Geheilten gesprochen. Ich stand selbst unter den Massen der Heilungssuchenden vor dem Hause Wilhelmsplatz Nr. 7 in Herford. Ich weilte eine Nacht lang im Hause des ‚Wunderdoktors‘ und habe aus unmittelbarer Nähe alles beobachtet, was hier vorging. Ich habe mit Geistlichen und Ärzten gesprochen. [...] Ich habe drei Tage und drei Nächte in Herford gelebt, gearbeitet, geforscht und versucht, eine Antwort zu finden auf die heute schon Millionen von Menschen bewegende Frage nach dem Mysterium von Herford.“[12]

Zum Schluß faßt Dr. Kaul seine Ergebnisse in folgenden Worten zusammen:

„Es kann von niemand geleugnet werden, daß Bruno Gröning schon viele Kranke geheilt hat, die bisher als unheilbar galten. Die Schulweisheit beeilt sich zu erklären, daß dies nichts Außergewöhnliches sei, sofern es sich um Erkrankungen handle, die ihren Ursprung im Seelischen haben. Warum aber die Schulmedizin bisher so wenig Erfolge hatte in dieser Behandlungsmethode, das wird nicht gesagt. Oder sind diese Fälle so spärlich, daß man lieber ganz davon schweigt? Die ‚neue Heilmethode‘ in Herford ist jedenfalls das Aufsehen wert, das man von ihr macht.“[13]

Die staatlichen Stellen konnten diese Begeisterung nicht teilen. Das örtliche Gesundheitsamt billigte Bruno Gröning günstigenfalls die Beeinflussung seelischer Leiden zu.

Nach kurzer Zeit öffentlichen Wirkens in Herford wurde ihm das Heilen verboten.

Grundlage für das Verbot war „das Gesetz über die berufsmäßige Heilkunde ohne Bestallung", kurz „Heilpraktikergesetz" genannt. Trotzdem kamen die Heilungssuchenden weiterhin nach Herford und lagerten zum Teil über Tage vor dem Haus, in dem Bruno Gröning sich aufhielt. In dieser Zeit erreichten ihn ca. 80 000 Briefe, und zeitweise befanden sich 5 000 Menschen dort. Einige Male lockerte die Behörde, durch den Druck der Ereignisse veranlaßt, das Verbot. Schließlich mußte Bruno Gröning Anfang Juni 1949 Herford verlassen und folgte einer Einladung nach Hamburg. Aber auch dort erteilten ihm die Behörden, die offensichtlich einen Massenansturm Kranker befürchteten, nicht die Erlaubnis zum Wirken.

Nun trat die Zeitschrift „Revue" auf ihn zu und bot ihm die Finanzierung einer wissenschaftlichen Überprüfung seines Wirkens an der Universitätsklinik in Heidelberg an. Diese sollte ihm den Weg zu den Kranken ebnen. Die Untersuchung in der Abteilung des berühmten psychosomatisch ausgerichteten Arztes Prof. v. Weizsäcker brachte ein gutes Ergebnis. Die Wissenschaftler kamen zu dem Schluß, daß „Bruno Gröning kein Scharlatan, kein Hypnotiseur, kein Wunderdoktor, sondern ein begabter nichtärztlicher Psychotherapeut (Seelenarzt) sei".[14]

Heilungen durch ihn wurden bestätigt. Trotzdem wurde ihm kein Gutachten ausgehändigt; das versprochene Freimachen des Weges zu den Kranken blieb aus. Da sich in Heidelberg inzwischen wieder eine große Menschenmenge eingefunden hatte, folgte Bruno Gröning einer Einladung auf den Traberhof bei Rosenheim. Der Besitzer, Herr Harwart, erhoffte sich die Heilung seiner gelähmten Schwägerin und wollte Bruno Gröning einen Ort der Ruhe bieten. Durch Presseveröffentlichungen angekündigt, fanden sich aber bald mehr als 30 000 Menschen auf dem Traberhof ein. Auch hier wurde von vielen Heilungen berichtet (s. a. Kap. 4). Die bayrische Regierung verhielt sich zuerst wohlwollend, verbot Bruno Gröning dann aber auch mit Bezug auf das „Heilpraktikergesetz" das Wirken.

Er suchte neue Möglichkeiten, Zugang zu den Hilfesuchenden zu bekommen. Sein Ziel, eine Heilstätte zu errichten, in der er in Zusammenarbeit mit Ärzten wirken konnte, scheiterte am Widerstand der Behörden. Daraufhin arbeitete er für einige Zeit mit einem Heilpraktiker in dessen Praxis bei München zusammen, aber bald kam es zu dem ersten Prozeß (1952). Obwohl die Staatsanwaltschaft in die Berufung ging, wurde er von der Anklage des Verstoßes gegen das „Heilpraktikergesetz" freigesprochen. Das Gericht sah ein, daß bei der widersprüchlichen Einstellung der bayrischen Behörden, die zuerst sein Wirken erlaubt hatten, die Rechtslage nicht deutlich genug gewesen war. Dennoch wurde das Heilverbot bestätigt, da man das Wirken Bruno

Grönings unter die Bestimmungen des Heilpraktikergesetzes subsumierte und damit von einer besonderen behördlichen Erlaubnis abhängig machte (s. a. Kap. 5).

Jetzt bemühte sich Bruno Gröning beim Gesundheitsamt in Stuttgart um Genehmigung, als Heilpraktiker arbeiten zu dürfen (1953). Sein Antrag wurde jedoch mit fadenscheinigen Argumenten abgelehnt (s. a. Kap. 5).

Somit suchte er nach anderen Wegen, um den Heilungssuchenden ohne behördliche Widerstände die notwendige Hilfe zu vermitteln.

1953 wurde der „Gröning-Bund" gegründet, der seinem Wirken eine gesetzliche Grundlage geben sollte. Bruno Gröning sprach jetzt innerhalb der einzelnen Gemeinschaften (Ortsgruppen) des Gröning-Bundes in Deutschland und Österreich zu Heilungssuchenden.

Da weiterhin Heilungen auftraten, wurde 1955 wieder ein Prozeß gegen ihn eingeleitet. Die Vorbereitungen zur Hauptverhandlung zogen sich bis Mitte 1957 hin. Ein endgültiges Urteil wurde nicht gefällt, weil Gröning vor Abschluß des Prozesses am 26.01.1959 in Paris starb.

Viele, die sich Hilfe erhofften, gaben auf. Folglich verkleinerten sich die Gemeinschaften. Aber dann geschah das Unglaubliche: Die Heilungen traten weiter auf, wie er es vorausgesagt hatte. Nach einer langen Durststrecke begannen seit Anfang der 80er Jahre die Gemeinschaften unter der Leitung von Grete Häusler, die selbst durch Bruno Gröning 1950 Heilungen erhielt, wieder zu wachsen. Seit 1992 bestehen mehr als 170 Gemeinschaften in ganz Mitteleuropa. Immer mehr ungewöhnliche Heilungen werden berichtet. Bei einigen hatte ich die Gelegenheit zu einer eingehenden Prüfung, wodurch ich das medizinisch unfaßbare Geschehen zweifelsfrei bestätigen konnte.

Seitdem ich mich davon überzeugt hatte, daß die Heilungen in der heutigen Zeit auf Tatsachen beruhen, wollte ich mehr über Bruno Gröning, seine Person, seinen Charakter erfahren. Durch die Aussagen vieler Zeitzeugen, die ich z. T. persönlich sprechen konnte, durch persönliche Niederschriften Bruno Grönings und durch seine mittels Tonband aufgezeichneten Vorträge erhielt ich ein sehr lebendiges Bild von seiner Person. Dieses soll Thema des folgenden Kapitels sein.

## 2. Kapitel

# Die Person Bruno Grönings

## Ein ungewöhnliches Kind

Bruno Gröning wurde als viertes Kind von sieben Geschwistern am 30.05.1906 in Danzig-Oliva geboren. Er schrieb in einem Lebenslauf über seine Kindheit:

„Während meiner Kindheit und Jugendzeit machte ich immer mehr die Feststellung von sonderbaren Fähigkeiten, die - von mir ausgehend - dazu angetan waren, beruhigenden oder heilenden Einfluß auf Menschen und Tiere auszuüben. Bereits als Kleinkind wurden in meinem Beisein kranke Menschen von ihren Beschwerden frei, und Kinder wie auch Erwachsene wurden bei Aufregung und Streit durch einige Worte von mir völlig ruhig. Ich habe auch als Kind die Feststellung machen können, daß Tiere, die für gewöhnlich scheu waren oder auch als bösartig galten, sich mir gegenüber gutmütig und zahm zeigten. Mein Verhältnis zum Elternhaus war daher sonderbar und gespannt. Ich strebte bald nach völliger Selbständigkeit, um aus der Umgebung des ‚Mißverstandenseins' meiner Familie herauszukommen."[1]

Schon im Augenblick der Geburt begann das Ungewöhnliche um das Kind Bruno. Seine Mutter hatte immer schwere Geburten gehabt, aber Bruno kam merkwürdig leicht zur Welt. Bereits kurze Zeit nach der Geburt begab sie sich in den Wald, um dem sich dort aufhaltenden erstaunten Vater die Geburt seines Sohnes mitzuteilen.[2, 3]

Seine Eltern waren strenggläubig katholisch. Es wurde kein Kirchgang versäumt, und wenn Mutter oder Vater auch noch so müde vom Tagwerk waren, das Abendgebet mit den Kindern kniend vor dem Bett wurde nie vergessen. Bruno Grönings Vater war, wie E. A. Schmidt schreibt, ein rauher,

Die Mutter: Margarete Gröning

Der Vater: August Gröning

Bruno Gröning als Kind (2. v. l.)

schlichter Mann. Er arbeitete als Maurer, war geachtet und als guter Arbeiter gesucht.[4]

Sein Bruder Kurt konnte aus seinen Erinnerungen von einer außergewöhnlichen Begebenheit mit dem kleinen Bruno erzählen. Er sollte an einem Morgen den Kaffeetisch für die Familie decken, zog aber das Spielen der elterlichen Aufforderung vor. Sein Bruder Bruno erfüllte an seiner Stelle, ohne dazu aufgefordert zu sein, die erbetene Aufgabe und wurde dementsprechend von den Eltern gelobt.

Kurt Gröning berichtete:

„Da packte mich die Wut so sehr, weil Bruno immer als der Gute herausgestrichen wurde, daß ich mir nicht mehr zu helfen wußte und die Kaffeekanne mit dem kochend heißen Inhalt erwischte und den Kaffee auf Brunos Kopf goß. Er blieb ganz ruhig, alle waren über meine Untat entsetzt. Und wieder geschah etwas Ungewöhnliches. Bruno trug weder im Gesicht, noch am Körper irgendwelche Brandwunden davon."[5]

Die Zeitschrift „Revue" schrieb am 04.09.1949 über Bruno Grönings Kindheit:

„Er lernte schon als Kind, das kaum sprechen konnte, die Einsamkeit. Er lief von zu Hause fort und spielte in der Nachbarschaft mit den Haustieren, die ihm näherzustehen schienen als seine eigenen Geschwister. Als er besser laufen konnte, entdeckte er den großen Wald, der in der Nähe der Mietskaserne lag. Er tauchte in ihm unter wie in einer riesigen geheimnisvollen Welt. Eines hatte er von seiner Mutter gelernt: beten! Und den einfachen kindlichen Glauben an die heilige Mutter Gottes und an die Schöpfung nahm er mit in den Wald, der zu seiner Welt wurde. Der Kleine wurde ein Sonderling, wie man ihn unter den Arbeiterjungen der Ludolfingerstraße noch nie gesehen hatte. Er blieb tagelang verschwunden. Wovon er lebte, wußte niemand. In seinem Elternhaus herrschte die Regel, daß derjenige, der zu spät zum Essen kam, entweder nichts mehr erhielt oder nur das, was übrigblieb. Bruno hungerte also tagelang. Manchmal sahen ihn Bekannte unter einem Strauch liegen und sorgfältig Gräser und Blätter beobachten. Gelegentlich sahen sie auch, daß er ein merkwürdig enges Verhältnis zu Eichhörnchen und anderen Tieren gewonnen hatte. Man fand ihn zuweilen auf dem Friedhof, völlig allein. Manchmal sah man ihn dort beten. [...] Einmal beobachtete ihn ein Mann, wie er versonnen hinter einem lahmenden Hunde herging. Er spielte mit dem Tier. Er streichelte es. [...] Das geschah an mehreren Tagen, und schließlich lahmte der Hund nicht mehr. [...] Viele Tiere folgten ihm.

Wenn sie krank dagelegen waren, standen sie auf und liefen mit ihm in den Wald."[6]

Oft wurde er von Menschen im Wald aufgegriffen und zu den Eltern gebracht. Er erhielt dann meistens viele Schläge, und man sperrte ihn in ein Zimmer ein.

Er schrieb dazu einmal:

„Der Schläge wegen habe ich niemals weinen können, da ich die Schläge nicht als Schmerz empfand, obwohl der Körper manchmal blau und grün geschlagen wurde. Jedenfalls dauerte die Gefangenschaft im Elternhause nicht lange, da ich sehr schnell und oft mich aus dieser befreite. Der Wald und meine Freunde, die Tiere, waren so stark, daß sie mich immer wieder zu sich anzogen."[7]

Die Voraussage über den Beginn des Ersten Weltkrieges brachte dem jungen Bruno von seinem Vater eine schallende Ohrfeige ein, und doch stimmte sie haargenau.

Sein Vater äußerte sich dazu in einer eidesstattlichen Erklärung am 26.06.1949 in Löhne in Westfalen:

„Als Vater meines Sohnes Bruno Gröning erkläre ich hiermit an Eides Statt, daß bei der Geburt dieses Kindes sich herausstellte, ein Kind mit besonderen Eigenschaften zu werden. Dieses hat sich in den späteren Jahren auch erwiesen. Viele Angehörige und Bekannte bestätigten diesen Sonderfall. Schon als Kind ereigneten sich Vorgänge, wenn er seine besonderen Eigenschaften an Tieren ausprobierte. Unter anderem nahm er eine Uhr, die der Uhrmacher nicht mehr in Ordnung bringen konnte, zwischen seine Hände, und die Uhr ging sofort wieder. Sogar besondere Ereignisse konnte er voraussagen: Anfang und Ende des Krieges 1914-18. Auch den Tod seiner Mutter sah er im voraus, ebenso den Anfang des Zweiten Weltkrieges 1939-45. Auch daß sein Vater und seine Geschwister nach der Kapitulation Haus und Heimat verlassen mußten und wo sie sich alle nach langem Umherirren niederlassen würden. Alles hat er gesehen und vorausgesagt. Hinzu kommt noch eine Eigenschaft, die es ihm ermöglichte, Menschen von Krankheiten und Leiden zu heilen."[8]

Ernst Kohn, ein ehemaliger Nachbar Bruno Grönings in Danzig, berichtete an Eides Statt, daß

„Herr Bruno Gröning [...] am Beginn des Zweiten Weltkrieges im Jahre 1939 in meiner Wohnung in Danzig-Langfuhr, Magdeburger Straße 77 folgendes erklärte: ‚Ernst, der Krieg wird sich über eine lange Zeit erstrecken, Polen wird unterliegen, ebensoschnell Frankreich. Deutschland wird durch seine Eroberung aber nicht größer, sondern kleiner werden. Man teilt Deutschland auf.' Dann zeigte er mir die Zonengrenzen, wie sie heute tatsächlich verlaufen. [...] Bruno Grönings Heilkraft habe ich schon in ihrer Wirkung in den Jahren unserer Nachbarschaft in Danzig-Langfuhr verspürt. Ich bin oft von Schmerzen befreit worden. Auch meine Ehefrau, Frieda Kohn, geb. Pettke, kann das bezeugen, die nach unserer Heirat im Jahre 1940 Bruno Gröning kennenlernte."[9]

Charakteristisch für den jungen Bruno blieb, daß er sich von frühester Jugend an immer wieder zu kranken Menschen hingezogen fühlte. Bereits mit zweieinhalb Jahren konnte man diese Eigenart an ihm beobachten.

Er schrieb später in Erinnerungen an seine Kindheit einmal dazu:

„Aus dem Körper einiger Tiere ist doch die Krankheit verschwunden, als ich leise vor mir sagte: ‚Liebes Tierlein, du wirst bald wieder einen gesunden Körper haben.' Und so geschah es dann auch. Beim Menschen ist es doch nicht anders. [...] So wurde ich laufend von Kranken direkt angezogen [...], zu denen ich immer wieder nur sagte: ‚Du bist doch nicht mehr krank.' Oder aber, wenn einige von diesen sagten: ‚Er wird sterben.' Da sagte ich kurz: ‚Nein, der stirbt noch lange nicht, gesund wird er werden!'"[10]

Später bemerkte er, daß er in der Lage war, zur gleichen Zeit nicht nur einzelnen, sondern auch mehreren Kranken zu helfen. Dies war erstaunlicherweise gar nicht so schwierig für ihn, und meistens hatte er auch Erfolg. Sein Wirken blieb aber durch die Kriegswirren immer nur auf einen kleinen Kreis von Menschen beschränkt.[11]

Seinen Spielkameraden fiel er dadurch auf, daß er, sooft er auch angegriffen wurde, merkwürdigerweise nie zurückschlug. Manchmal konnten seine älteren Geschwister mit seinem ungewöhnlichen Verhalten nicht anders zurechtkommen, als ihn aus Wut darüber, daß er sich nicht wehrte, zu züchtigen. Der eine der beiden älteren Brüder schlug ihm sogar das Nasenbein entzwei. Dieses Verhalten der Geschwister dauerte an, bis etwas Ungewöhnliches geschah.

Der Bruder Kurt berichtete darüber im Jahre 1954:

„Die Jungen rauften draußen, und als sie sahen, daß Bruno wieder einmal daneben stand und nicht mitmachte beim bösen Spiel, da packte einen der Jungen so die Wut, und er ohrfeigte Bruno nur deshalb, weil er sich nie herumschlug und ein solcher Außenseiter war. Bruno gab wie immer nicht zurück. Er stand ruhig ohne Aufregung da und wartete. Der Junge aber mußte, ob er wollte oder nicht, nach Hause gehen. In der Wohnung begann er, sich selbst zu ohrfeigen. Er konnte nicht mehr aufhören. Alle Jungen gingen nach und beobachteten das seltsame Geschehen. Der Junge begann zu schreien: ‚Bruno, hilf mir doch!' Bruno kam herein, und der Junge beruhigte sich, und das Schlagen hörte auf."[12]

Seit diesem Erlebnis ließen seine Geschwister und die Jungen der Nachbarschaft von ihm ab und schlugen ihn nicht mehr.

Sein Bruder erinnerte sich noch an eine Begebenheit, die den Charakter des jungen Bruno recht deutlich werden läßt. Er erzählte, daß in der Hungersnot des Ersten Weltkriegs die Lebensmittelvorräte der Familie Gröning aufgebraucht waren und man nicht wußte, wo man etwas Eßbares auftreiben sollte. Der kleine Bruno zog mit seinem Fahrrad los und beschaffte der Familie auf wunderbare Weise bei den Bauern ein paar Säcke bester Kartoffeln, die seine Brüder dann nach Hause tragen konnten. Beim gemeinsamen Essen in dieser Zeit aß er immer erst dann, wenn die anderen sich satt gegessen hatten. Obwohl er auf diese Weise oft nur sehr wenig oder gar nichts bekam, zeigte er dennoch eine erstaunliche körperliche Leistungsfähigkeit.[13]

Er besuchte die Volksschule und war als Schüler nicht schlecht, aber auch nicht besonders gut in Erscheinung getreten. Oft gab er seinen Lehrern Rätsel auf. Es kam z. B. vor, daß er Sätze zu Ende las, die der Lehrer eben erst an der Tafel zu schreiben begonnen hatte. Nach Schulschluß begab er sich häufig wieder in den nahegelegenen Wald, wo er sich oft viele Stunden bis in den Abend hinein aufhielt. Im Wald vermochte er Gott, dem seine ganze Sehnsucht galt, nahe zu sein. Er erlebte dort, wie er selbst berichtete, Gott in jedem Baum, in jedem Tier, ja selbst in den Steinen. Hier konnte er stundenlang sitzen und sinnen, und es war ihm, als weitete sich sein Leben in die Unendlichkeit hinein.

Bruno Gröning erzählte einmal, daß er als Kind häufig von den Menschen fortgelaufen sei, weil er das Leben hier als furchtbar dunkel und lieblos empfand. Er habe in dieser Zeit in seiner Not Gott oft gebeten, ihn wieder von dieser dunklen Erde fortzunehmen. Im Wald wurde ihm dann, wie er sagte, durch innige Gebete offenbar, warum er in diese Welt geschickt worden war und worin seine Lebensaufgabe bestand. Erst als er diese erkannt hatte, konnte er sein Leben annehmen.

Jeder, der einen geistigen Weg geht und der aus ganzem Herzen Gott sucht, kann diesen Jungen verstehen, wie er, einer tiefen Sehnsucht der

Seele gehorchend, Gott dort suchte, wo Er am reinsten wohnt: in der Einsamkeit und dem Frieden der Natur.

Eine derart frühe, bewußte Sehnsucht nach einem höheren Geist, nach Gott, zeigt das Wesen einer gereiften Seele. Solche Menschen müssen häufig mit dem Unverständnis und der Mißachtung ihrer Umwelt leben, der meistens der Zugang zu diesem höheren Empfinden und Sehnen fehlt. Wie eine besondere Prüfung, eine innere Schule, liegt oft auf dem Leben dieser Menschen eine gewisse Härte als Vorbereitung der Seele für eine spätere Aufgabe.

1915, im Alter von neun Jahren, erkrankte Bruno Gröning lebensgefährlich an Ruhr. Er magerte sehr stark ab und lag wochenlang im Fieber. Er setzte aber hartnäckig durch, nicht im Bett zu liegen, und lagerte schließlich monatelang nackt auf dem Fußboden. Der Arzt Dr. Klinge, der häufiger zu seinen Eltern kam, hielt ihn für verloren, und er erhielt sogar die letzte Ölung. Niemand glaubte, daß das ausgezehrte fiebernde Kind mit dem Leben davonkommen würde, und doch überwand er die Krankheit und wurde wie durch ein Wunder wieder gesund.[14]

## Ein vielfältiges Arbeitsleben

Nach der Entlassung aus der Volksschule ging Bruno Gröning in die kaufmännische Lehre. Sein Vater, von Beruf Handwerker, hatte dieser Entscheidung seines Sohnes von Anfang an mißtrauisch gegenübergestanden und sprach schließlich ein Machtwort.

Bruno Gröning sagte dazu in seinem Lebenslauf:

„Diese Lehrstelle mußte ich aber auf Verlangen meines Vaters deshalb aufgeben, weil es meines Vaters Wunsch war, daß ich ein Bauhandwerk erlernen sollte. Ich folgte dem Wunsche meines Vaters und erlernte den Zimmererberuf. Zu einem Abschluß durch eine Prüfung kam es jedoch nicht, da zur damaligen Zeit in Danzig große Arbeitslosigkeit herrschte. Aus diesem Grunde mußte ich ein Vierteljahr vor Beendigung meiner Lehrzeit ohne Abschlußprüfung meine Lehrstelle aufgeben, denn die Firma, bei der ich lernte, mußte wegen Mangel an Aufträgen schließen."[15]

1925 gelang es dann dem 19jährigen, eine Bau- und Möbeltischlerei zu errichten und sich selbständig zu machen. Er konnte den Betrieb zwei Jahre aufrechterhalten, war aber dann aufgrund der schlechten wirtschaftlichen

Situation in Danzig gezwungen, nacheinander vorübergehend am Bau, bei der Holzverarbeitung, in einer Lack- und in einer Kistenfabrik sowie in anderen Bereichen zu arbeiten. Sicherlich gehört viel Fleiß und Können dazu, sich in der schlechten Zeit zwischen den Weltkriegen in Danzig als junger Mann mit einfachen Mitteln selbständig zu machen, auch wenn er nach zwei Jahren auf andere Verdienstquellen ausweichen mußte. Die herrschende Arbeitsnot bedingte kurze Verträge und schnelle Entlassungen bei Absatzschwierigkeiten. So wurde Bruno Gröning in einer Lackfabrik bereits nach einem Jahr bei Einschränkung der Produktion als einer der Letzteingestellten wieder entlassen.

Er berichtet in seinem Lebenslauf, daß es nach 1933 noch schwerer wurde, eine Arbeit zu finden, weil die wirtschaftlichen Verhältnisse in Danzig schlechter als im „Reich" und die Firmen größtenteils polnisch waren, so daß man als Deutscher schwer angenommen wurde. (Danzig war nach dem Ersten Weltkrieg vom Deutschen Reich isoliert worden. Die Verbindung zum Deutschen Reich war nur durch polnisches Gebiet möglich.) Bruno Gröning fand zeitweise Arbeit in einer Schokoladenfabrik, im Hafen und beim Postamt Danzig. Bis zum Einzug in die Wehrmacht 1943 war er mehrere Jahre bei der Firma Siemens und Halske als Schwachstrommonteur tätig.

Seinen Arbeitskollegen fiel immer wieder auf, daß er auf allen Gebieten ein ungewöhnliches Geschick entfaltete und oft sogar gelernten Arbeitern überlegen war. Viele seiner Arbeitskollegen bezeugten, daß ihm auf unerklärliche Weise einfach alles gelang, was er anfaßte, sei es, daß er Uhren oder Radioapparate reparierte, sei es, daß er als Schlosser tätig war. Technische Dinge lagen ihm ganz besonders. Er selbst legte, wie er sagte, besonders großen Wert darauf, alle Arbeiten mit Interesse und Liebe zu verrichten. Er sah in der großen Zahl an Tätigkeiten, die er ausgeübt hatte, ein Lebenspraktikum, eine Schulung und Vorbereitung für seine spätere Aufgabe. Es lag ihm daran, wie er betonte, die Menschen in den unterschiedlichsten Tätigkeiten und Lebenslagen kennenzulernen.

## Die bittere Ehe

Mit einundzwanzig Jahren heiratete er. Doch die Ehe mit seiner Frau Gertrud konnte ihm nicht das Heim und das Verstandensein geben, nach dem er sich in seinem Elternhaus vergebens gesehnt hatte. Er und seine Frau waren zu wesensverschieden. Mit Beginn des Arbeitslebens war die Zurückgezogenheit der Kindheit immer mehr dem starken Drang gewichen, Menschen helfen zu wollen. Zeitzeugen berichten, daß Bruno Gröning ein freigebiger, hilfreicher Gastgeber war und oft viele Freunde ins Haus einlud, während seine Frau am liebsten niemand in die Wohnung ließ. Wenn sich ein Arbeitskollege oder ein anderer Bekannter in seelischer oder körperlicher Not an ihn wandte, vergaß er oft seine eigenen Belange. Er saß dann mit diesem Menschen bis früh am Morgen im Gespräch zusammen und bemühte sich, gemeinsam mit ihm Auswege für schwierige Situationen zu finden. An den meist üblichen Formen von Geselligkeit (Kinobesuch, Aufsuchen von Wirtshäusern, Kartenspiel usw.) fand er kein Gefallen.

Ein Zeuge aus dieser Zeit konnte folgendes berichten:

„Ich möchte hiermit etwas schriftlich niederlegen. Es handelt sich um Herrn Bruno Gröning. Herrn Gröning kenne ich seit 1928 aus Danzig, welches meine Heimatstadt ist. Herr Gröning hat sich schon damals für geistige Dinge interessiert und Menschen geholfen und geheilt. Mir sind ungefähr 20 Fälle bekannt, die auch Erfolg hatten. [...] Auch kann ich viele Beweise geben, wo Herr Gröning Kindern geholfen hat, z. B. bei Lähmungen und [bei solchen,] die nicht hören und sehen konnten. In allen Fällen hat es geklappt. Wir selbst und die Leute, denen er geholfen hat, stehen auch heute noch vor einem Rätsel. Wir haben früher uns immer den Kopf zerbrochen, wie so etwas sein kann. Herr Gröning hat sich außerdem noch mit Dingen beschäftigt, die vielleicht hier gar nicht zur Sache gehören. Aber trotzdem möchte ich sie erwähnen. Z. B. hat er sich mit Radioapparaten und Autos befaßt. Er hat das Radio nicht berührt, und es ging auf seinen Wunsch aus. Radioröhren, die wirklich kaputt waren, hat er wieder zum Arbeiten gebracht."[16]

Aus dem Jahre 1931 liegt, so E. A. Schmidt, eine eidesstattliche Erklärung über eine Heilung vor. Bruno Gröning vermochte in diesem Fall eine schwer an Diphtherie erkrankte Frau, die ärztlicherseits aufgegeben war, zu heilen. Schmidt berichtet darüber: „Wenn er [Bruno Gröning] von diesem Fall spricht, den er in besonders guter Erinnerung hat, so leuchtet eine echte, große Freude aus ihm, wenn er sagt: ‚Ich habe diese Frau vom Totenbett geholt!' Hierbei nimmt er das Bild der jungen Frau aus seiner Brieftasche und zeigt es mit glücklicher Genugtuung."[17]

Herr Max Bruhn aus Danzig berichtete von einem besonderen Erlebnis, das ihm die Schwester Maria von Bruno Gröning übermittelt hat.

„Ich kannte die Schwester von Herrn Gröning. Sie war zur Operation ins Krankenhaus bestellt. Die Brust müsse abgenommen werden, es sei Krebs. Am letzten Tag vor dem Krankenhausaufenthalt kam Maria zu Bruno. Sie bat ihn, er möge ihr helfen. Er war sehr erstaunt, daß die eigene Schwester Vertrauen und Glauben zu ihm hatte, und schaute sie eine Weile an und sagte dann: ‚Geh ruhig ins Krankenhaus, ich finde nichts Böses mehr in dir!' Sie ging, und die Ärzte stellten keinen Krebs mehr bei der Untersuchung fest. Die Operation war überflüssig."[18]

Seine Frau hielt seine Fähigkeiten für „Schrullen". Ihr fehlte der seelische Zugang zu dem Grundmotiv seines Lebens, zu helfen und zu heilen. Sie fürchtete nichts mehr, als Aufsehen zu erregen und lächerlich gemacht zu werden. So war es ihr äußerst unangenehm, daß ihr Mann sich so vielen anderen Menschen widmete. Sie wollte ihn für sich haben. Eine der schwersten Prüfungen seines Lebens war, daß sie die eigenen Kinder, die er innig liebte, seiner Heilkraft entzog. Sie wollte ihre Kinder nicht seiner „Zauberei" ausliefern[19], schirmte sie mit allen Mitteln ihm gegenüber ab und gab sie ohne sein Wissen ins Krankenhaus. Der ältere Sohn Harald starb im neunten Lebensjahr 1939 an einem Herzklappenfehler in einem Danziger Krankenhaus. Günther, der jüngere, ebenfalls im neunten Lebensjahr, im Jahre 1949 an einer eitrigen Brustfellentzündung in der Marburger Universitätsklinik.

Grete Häusler, eine Zeitzeugin aus Hennef/Sieg, die Bruno Gröning seit 1950 kannte, berichtete, daß er erst 1955 in der Lage war, über das Schicksal seiner Kinder zu sprechen. Als er engen Freunden davon berichtete, liefen ihm die Tränen über das Gesicht.

Als 1949 das öffentliche Wirken Bruno Grönings begann, mußte er seine Frau verlassen, weil sie ihre ablehnende Einstellung seiner Tätigkeit gegenüber nicht änderte und ihm sogar das Heilen verbieten wollte. Die Ehe wurde im Mai 1955 geschieden.

## Krieg und Gefangenschaft

1943, im Alter von 37 Jahren, wurde Bruno Gröning zur Wehrmacht eingezogen. Wegen seiner Einstellung, nie zurückzuschlagen und keinen Menschen zu töten, die in seinem tiefen religiösen Empfinden wurzelte, kam es zu Reibungen, und ihm wurde sogar mit dem Kriegsgericht gedroht. Schließlich kam er dann aber doch an die Front. Es läßt sich nachvollziehen, daß er bezüglich des Zweiten Weltkrieges sein eigenes Schicksal mit ziemlicher Genauigkeit voraussah.[20]

Er wurde im Mittel- und Nordostabschnitt der Ostfront eingesetzt und im Dezember 1943 erstmals durch einen Granatsplitter mit oberflächlichem Durchschuß des linken Oberschenkels verwundet. Im Februar 1944 kam es zur zweiten Verwundung am rechten Oberschenkel. Nach Ausheilung war er aber Anfang 1945 nochmals zum Einsatz bei der Truppe gekommen und geriet am 5. März 1945 in Hammerstein (Pommern) in russische Kriegsgefangenschaft. Im Mai 1945 wurde er in ein Lager nach Petrozawodsk transportiert. In den russischen Lagern brachte er es auf rätselhafte Weise zustande, viele Mitgefangene, die an Wassersucht litten, zu heilen. Auch hier führte wieder das starke innere Bedürfnis, helfen zu wollen, zu Konflikten. Er hatte gegenüber der Lagerleitung „kein Blatt vor den Mund genommen", um für bessere Lebensbedingungen zu sorgen, und war deswegen bei den Russen als aufsässig bekannt. Wieder kam er nur knapp am Tode vorbei, aber nur deshalb, weil einige wenige russische Offiziere zu ihm gehalten hatten und ihn vor dem Erschießen bewahrten. Ende 1945 wurde er entlassen.

Der Rücktransport in überfüllten Viehwaggons forderte von den entlassenen Soldaten das Letzte. Ein Heimkehrer berichtete später, daß alle Bande der Menschlichkeit dabei zerbrochen wären und die Kameradschaft unter den Soldaten dem brutalen Kampf ums nackte Leben gewichen wäre. Er hatte bei dem Rücktransport Bruno Gröning kennengelernt und war einige Zeit mit ihm zusammengewesen. Bruno Gröning war ihm sofort unter den anderen Soldaten aufgefallen, weil er sich ganz anders verhalten hatte. Er habe inmitten dieses Zusammenbruchs und Jammers eine unerklärliche Ruhe und Gelassenheit bewahrt und sei trotz allem menschlich geblieben. Darum hatte er ihm das Angebot gemacht, ihn in seine bayrische Heimat zu begleiten. Bruno Gröning wollte aber zuerst im Nordwesten nach seiner Familie suchen. Offensichtlich wußte er schon um seinen Weg an die Öffentlichkeit in den nächsten Jahren, denn er hatte seinen Kameraden 1945 bei der Trennung gebeten, ihn in einigen Jahren, wenn er in den Zeitungen viel über ihn lesen werde, aufzusuchen.

Es folgte die schwere Nachkriegszeit. Bruno Gröning kam mit einem Mitgefangenen nach Haigerselbach im Dillkreis. Dort erhielt er zusammen mit seinem Kameraden durch den Bürgermeister ein kleines Quartier und bemühte sich, mit verschiedensten Arbeiten bei Bauern der umliegenden Dörfer und bei der Gemeinde, das Nötige zusammenzubekommen, um überleben zu können. Durch seine bescheidene Art, nichts zu fordern und sich mit allem zufriedenzugeben, und sein großes Geschick beim Arbeiten war er bald in der Umgebung beliebt. Seine Tätigkeiten brachten ihn in Kontakt mit vielen Landsleuten. Zur Linderung der Not rief er zusammen mit anderen Flüchtlingen das „Hilfswerk der Vertriebenen" ins Leben. Zielstrebig arbeitete er im Dienst der Sache, und gemeinsam konnten Ortsvertretungen aufgebaut werden. Diese Arbeit führte ihn häufig nach Dillenburg. Dort erhielt er kurze Zeit später noch eine Aufgabe in der Wohnungskommission des Kreises und bemühte sich zu helfen, wo er nur konnte. Einige Zeit später fand er seine Frau wieder und kam mit ihr in das Flüchtlingslager des Dillkreises. Dann bezog er ein Flüchtlingsquartier, einen notdürftig ausgebauten Dachboden in Dillenburg.

Erich K., heute Heilpraktiker in S., hatte Bruno Gröning in dieser Zeit kennengelernt. Aus seinen Erinnerungen berichtete er:

„Der Mann hat mich einfach fasziniert. Man konnte mit ihm Dinge besprechen, die man mit keinem anderen besprechen konnte. Es war immer etwas eigenartig bei ihm. Obwohl es nichts gab, jeder, der zu ihm kam, bekam einen Teller Suppe - das war etwas Typisches. Obwohl sie ganz primitiv aus irgendwelchem Getreide gemacht war, es gab ja nichts, wir hatten kaum genug Brot zu essen, und es ging uns dreckig, aber das war das Typische, jeder, der kam - ein Teller Suppe war da."[21]

Bruno Gröning traf durch seine Tätigkeit mit vielen Menschen zusammen, und wieder geschahen Heilungen. Es riefen immer neue Kranke nach ihm. Er wurde von Haus zu Haus gebeten, bis er am 14.03.1949 auf Bitten der Familie Hülsmann in Herford eintraf. Der Heilerfolg bei dem an Muskelschwund leidenden bettlägerigen Sohn, Dieter Hülsmann, wurde durch den Vater verbreitet, und bald fanden sich immer mehr Leidende vor dem Hause Hülsmann am Wilhelmsplatz 7 ein. Bruno Gröning sprach zu der Menschenmenge von Gott, und seine Worte bewirkten Wunder: Schmerzen schwanden, Blinde erhielten ihr Augenlicht zurück, Gelähmte erhoben sich aus ihren Rollstühlen oder warfen die Krücken weg und konnten unbeschwert wieder gehen. Bald kamen nicht nur Kranke aus der näheren Umgebung, sondern auch aus anderen Gebieten Deutschlands und aus dem Ausland in der Hoffnung, durch diesen Mann ihre Gesundheit wiederzuerhalten.

## „Ich bin nur ein kleiner Diener Gottes"

Bruno Gröning war ein Mensch, der ganz aus seinem Inneren lebte. Er hatte keine Bücher gelesen, sein Wissen wurde ihm aus einer höheren Quelle zuteil. Er vertraute in allem, was er tat, seinem Gefühl. Schon im Krieg erlebte er häufiger, daß er, von seinem Gefühl veranlaßt, eine Stelle verließ, in die kurze Zeit später eine Granate einschlug. Diese Geisteshaltung prägte sein gesamtes Leben. Er folgte keinen menschlichen Befehlen, sondern ordnete sich bedingungslos einer höheren Führung unter, die ihm aus einer tiefen unmittelbaren Religiosität im Gefühl oder als Eingebung zugänglich war. Die Heilungen, die durch ihn geschahen, sind untrennbar verbunden mit einer erneuten Hinwendung zum Glauben an Gott und einer inneren Neuorientierung (s. a. Kap. 3) der Geheilten. Er sah sich nicht in erster Linie als Heiler, sondern wollte aufklären über die höheren Gesetze des Lebens und die Leidenden zum Glauben an Gott als den größten Arzt aller Menschen zurückführen. Der Wille zur Umkehr, der Wille zum Guten und der Wunsch, den Glauben an Gott wiederaufzunehmen, waren für ihn eine Grundbedingung für die Heilung. Er lehnte zugleich jede Beeinträchtigung der menschlichen Willensfreiheit ab:

„Ich darf einem Menschen helfen, den Weg zum Guten zu finden, aber ich darf ihm die Entscheidung darüber weder abnehmen, noch ihn etwa zum Guten zwingen. Es muß jeder seinen Weg selber finden.“[22]

Die Techniken der Suggestion und Hypnose widerstrebten ihm aus diesem Grunde sehr.

Seine Reden waren geprägt von der Einfachheit und Schlichtheit seines Wesens. In eindrucksvoller Weise vermochte er durch wenige Worte seinen Zuhörern die fundamentalen geistigen Zusammenhänge von Gesundheit und Krankheit aufzuzeigen. Seine Worte bedurften keiner rhetorischen Verzierung. In ihnen lag eine Kraft, die ihre Wirkung bei den Menschen nicht verfehlte. Dies belegt eine große Zahl an Heilungsberichten. Man spürt in seinen Vorträgen, daß er all das, worüber er sprach, persönlich erlebt hatte. Als er im 43. Lebensjahr in Herford an die Öffentlichkeit trat, konnte er aus der Erfahrung eines inneren Ringens schöpfen, das bereits in der unstillbaren Sehnsucht nach Gott in der Kindheit seinen Anfang genommen hatte. Er sprach als Nichtakademiker, aber dennoch als Wissender.

In der Presse wurde zur Zeit seines Wirkens ein sehr widersprüchliches Bild von Bruno Gröning gezeichnet. Die einen sahen in ihm einen Gottesmann, für die anderen war er ein Scharlatan. E. A. Schmidt, der sich durch eine persönliche Begegnung ein klares Bild von ihm verschaffen wollte, suchte ihn, kurz nachdem er in der Öffentlichkeit bekannt geworden war, in Herford am Wilhelmsplatz Nr. 7 auf.

Er beschrieb die erste Begegnung so:

„Durch die Menge hindurch erkämpften wir uns den Weg zu einer Hintertür, die unverschlossen war. Wir standen vor der Haustür. Drinnen klappten Türen, Menschen gingen innerhalb der Wohnung eiligst von Raum zu Raum. Erst auf dreifaches Läuten wurde die Haustür geöffnet. Es war Bruno Gröning selbst, der vor mir stand. Ein Mann von kräftiger, etwas gedrungener Gestalt, knapp 1,70 Meter groß, sehr einfach gekleidet, ohne Jackett, im dunkelblauen Hemd und dunkelblauer langer Hose. Ein braungebranntes stark gezeichnetes Antlitz, langes, naturgewelltes Haar. In dieses Gesicht hatte das Schicksal seine Runen gegraben; dieser Mensch mußte durch alle Täler gegangen sein. Ganz offen lag es vor mir, kein Bart gab ihm ein fremdartiges oder gar mystisches Aussehen, wovon die Zeitungsmeldungen berichtet hatten. Klar waren seine Augen auf mich gerichtet. Sie strahlten Güte und tiefes menschliches Verständnis aus."[23]

Dr. phil. Kaul führten ähnliche Motive zum Wilhelmsplatz Nr. 7. Interessiert durch vielfältige Presseberichte wollte er sich an Ort und Stelle überzeugen.

Er schrieb über „den Menschen Bruno Gröning":

„Wer zum ersten Mal mit diesem Manne zusammenkommt, hat keineswegs das Gefühl der Fremdheit. Man findet im Gegenteil sofort eine Verbindung zu diesem merkwürdigen Menschen. [...] Das gebräunte, schmale Gesicht, das trotz der energischen Mundfalten Güte ausstrahlt, trägt einen verhaltenen Zug von Trauer. Ich habe ihn oft mit Kranken sprechen gesehen, und immer hatte ich den Eindruck, er weint innerlich über diese Not und das menschliche Elend, das sich seinen Augen darbietet. Bruno Gröning ist ein Mann aus dem Volke. Eitelkeit ist ihm so fremd wie die Pose. Seine Berühmtheit, die seinen Namen in kurzer Zeit in ganz Deutschland und weit über die Grenzen hinaus bekanntmachen wird, hat es nicht vermocht, ihn in die Rolle eines Stars oder eines Prominenten zu zwängen. Ich hatte die seltene Gelegenheit, mehrere Stunden in seiner Nähe zu verweilen und von dem sonst so schweigsamen Menschen etwas aus seinem Leben zu erfahren. Er liebt es nicht, mit Fragen überfallen zu werden, man muß ihn selbst kommen lassen. Oft scheint es auch so, als ob er die Gedanken seines Gegenübers kennt und mit seiner Rede unvermittelt an das anknüpft, was man selbst eben gedacht hat. Dann spricht er wieder wie zu sich allein und scheint seinen Partner vergessen zu haben. Seine Augen sind dabei in die Ferne gerichtet. Persönliche Bedürfnisse hat Bruno Gröning außer seiner betonten Liebe zu Zigaretten und starkem Bohnenkaffee kaum. Seine Kleidung ist bescheiden einfach. Er lebt im Hause dankbarer Eltern, deren unheilbar krankes Kind, das jetzt wieder fröhlich im Garten spielt, von ihm geheilt wurde. Sie betreuen ihn auch, und Frau Hülsmann muß eine überzeugende Beredsamkeit entwickeln, wenn sie ihn zum Essen bewegen will. ‚Er ißt fast nichts und lebt seit mehr als drei Monaten fast gänzlich ohne Schlaf.' [...] Das gesamte Haus bestätigt mir diese Tatsache. Ich habe mich davon überzeugen können, daß Bruno Gröning für seine Heilungen weder Geld verlangt noch annimmt. Täglich bringt die Post über 2 000 Briefe, mehrere hundert Einschreibebriefe, über 300 Telegramme und Berge von

Paketen und Päckchen. Er hat seine Mitarbeiter streng angewiesen, das Geld aus den Briefen und die ungeöffneten Pakete an die Absender zurückgehen zu lassen."[24]

Die Beobachtungen der Zeitzeugen lassen deutlich werden, daß Bruno Gröning auch im Licht der Öffentlichkeit er selbst geblieben war. Er wollte sich auf keinen Fall als Wunderdoktor oder in einer anderen Weise herausstellen. Diese oberflächliche Bezeichnung in den Sensationsblättern widerstrebte ihm zutiefst.

„Ich darf mich nicht herausstellen", das betonte er immer wieder, „ich muß aber meiner Bestimmung folgen, wohin sie mich führt."[25]

Der Drang, anderen zu helfen, ließ ihn in der Herforder Zeit Tag und Nacht wirken. Er sah in sich „einen kleinen Diener Gottes" und wollte den Menschen durch seine Worte Zugang zu den heilenden göttlichen Kräften vermitteln. Dabei empfand er sich als Vermittler oder auch als Kanal für diese Kräfte. Immer wieder betonte er, daß nicht er, sondern „Es", die Kraft Gottes, die Heilungen bewirke. Je größer der Kreis der Heilungssuchenden war, je mehr er von dieser heilenden Kraft weitergeben konnte, um so wohler und glücklicher fühlte er sich. Wenn er ungehindert heilen konnte, erfüllten ihn diese Kräfte, wie er selbst sagte, in einem solchen Ausmaße, daß er sogar keinen Hunger und keine Müdigkeit verspürte. Diese Tatsache fand ich von unterschiedlichsten Seiten immer wieder bestätigt.

Seine religiöse Grundeinstellung verbot es ihm, eine materielle Gegenleistung für Heilungen entgegenzunehmen. Er sagte, daß er seine Kraft verlieren könne, wenn er sie mißbrauchen, d. h. zu eigenem Vorteil einsetzen würde. Er sah in der Heilung ein Geschenk Gottes, eine Gnade, die keine Bezahlung, sondern vielmehr die innere Umkehr zum Glauben und zur Liebe voraussetzt. Das wenige, was er brauchte, brachten ihm Freunde, und davon verschenkte er noch die Hälfte. Überall fand Bruno Gröning offene Häuser, man wetteiferte darum, ihn aufzunehmen.

Der Superintendent des Kirchenkreises Herford, Herr Kunst, nahm auf zahlreiche Anfragen aus seiner Gemeinde nach mehrfachem persönlichen Kontakt Stellung zu ihm.

Hier ein Auszug:

„Ich will mich, auch aus Rücksicht auf die Bemühungen der Ärzte, nicht abschließend äußern, will aber noch berichten, was meine besonderen Fragen an ihn auf Grund der Heiligen Schrift waren. Ich habe Herrn Gröning angeredet auf 1. Joh. 4, 1-6. Er hat mir in der Christusfrage eine klare Antwort gegeben. Fast noch wichtiger war mir, daß er in der Pressebesprechung das Kindergebet unbefangen zitierte: ‚Ich bin klein ...', und alle Anwesenden auf den Herrn Jesus anredete. [...] Ich habe keinen Anlaß zu glauben, daß Herr Gröning durch seine Gabe persönlichen Geldgewinn erstrebt. Er hat mir mehrfach versichert, daß er ein armer Mann bleiben wolle. Es ist mir glaubwürdig berichtet worden, daß ihm erhebliche Summen angeboten seien, wenn er einem reichen Kranken Genesung verschaffe. Es ist mir bekannt, daß er solche Angebote abgelehnt hat."[26]

Trotz oder vielleicht gerade wegen der großen Resonanz, die das Wirken Bruno Grönings in der Öffentlichkeit auslöste, mehrte sich aus bestimmten Kreisen der Widerstand gegen ihn. Sein Auftauchen in Herford setzte Hunderttausende in Bewegung, mehr als eine Million Briefe erreichten ihn insgesamt in den ersten Jahren seines Wirkens[27], das Elend der Zeit zeigte sich in seinem ganzen verheerenden Ausmaß.

Viele versuchten an seine Seite zu gelangen, um aus der Situation Geld zu machen. Oft wurde sein Name von Personen, die sich in seine engste Umgebung gedrängt hatten, zu persönlichen Zwecken mißbraucht. Das tief verwurzelte Unverständnis und die voreingenommene Ablehnung gegenüber der geistigen Heilweise in vielen akademischen, besonders in einflußreichen medizinischen Kreisen tat das ihrige, um das Wirken Bruno Grönings zu behindern. Es entbrannte ein heftiger Kampf, der sich vor allem in tendenziöser Berichterstattung in der Presse und zahlreichen Prozessen zeigte. Man versuchte mit allen Mitteln, diesen Mann und seine Heilungen in der Öffentlichkeit zu diskriminieren. Zu Beginn begnügte man sich damit, sein Wirken als eine Form der Suggestion abzuwerten, obwohl das angesichts der offensichtlichen organischen Heilungen, z. B. Kriegsversehrter, objektiv falsch war. Später kamen immer häufiger persönliche Denunziationen dazu, die von vielen Zeitungen in der Öffentlichkeit breitgetreten wurden, so daß jedes Vertrauen in die Integrität seines Wollens für den Heilungssuchenden, der nicht die Möglichkeit der persönlichen Bekanntschaft hatte, sehr erschwert wurde.

Es ist immer wieder erstaunlich, mit welcher Macht die Medien in der Öffentlichkeit über Wohl und Wehe eines einzelnen Menschen entscheiden können. Die Berichterstattung, die vor verächtlichen Äußerungen und höhnischer Distanzlosigkeit keinen Halt machte, erscheint gleichsam wie der Aufschrei des herrschenden Zeitgeistes, der die Gesellschaft mit dem Trugbild des gottfernen und geistlosen Materialismus von der allheilenden Verbindung zur inneren Lebensquelle abgeschnitten hatte. Das überzeugte Wort Bruno Grönings von Gott als dem größten Arzt aller Menschen, durch die heilende Tat bewiesen, traf den empfindlichsten Punkt dieser falschen Weltvorstellung.

Heilungsbitten in Herford

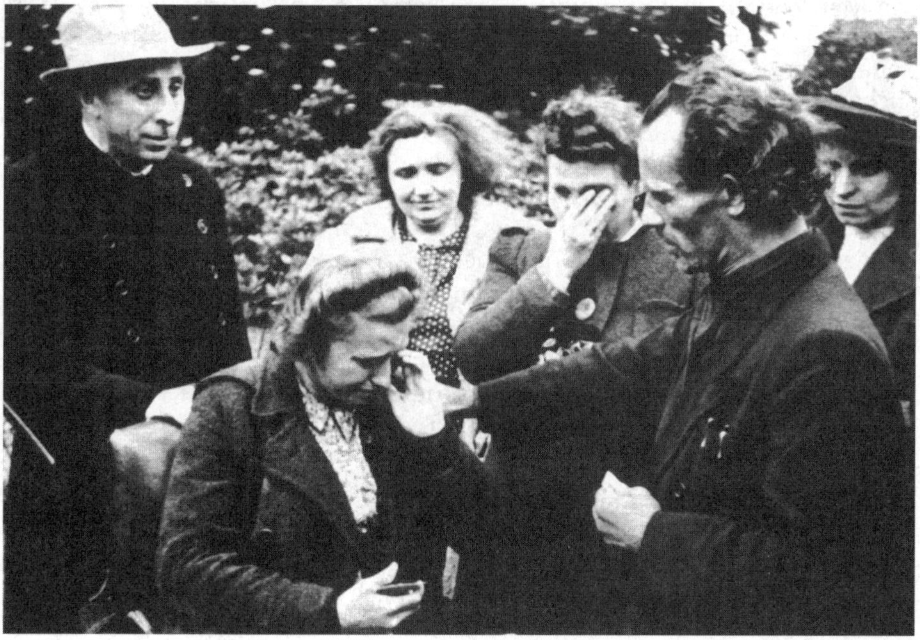

Heilungssuchende zur Herforder Zeit

## Das Heer der Leidenden

Wer den Weg Bruno Grönings in der Öffentlichkeit genauer betrachtet, dem fällt eine beeindruckende Konsequenz seines Handelns auf. Unbeirrbar steuerte dieser Mann trotz aller Widerstände darauf hin, eine feste Basis für ein geordnetes Wirken aufzubauen. Er sah seine Aufgabe darin, eine tragfähige Grundlage zu schaffen, die über sein irdisches Dasein hinaus Menschen die Möglichkeit geben sollte, auf einfache Art und Weise Zugang zur heilenden Kraft Gottes zu erhalten. Doch erschwerten eine sensationshungrige Presse und ein unflexibler Behördenapparat die Erreichung dieses Ziels in den Jahren seines Wirkens sehr.

Er stand dem Ansturm der Massen ohne entsprechende Hilfe von seiten der Behörden gegenüber. In Herford waren es von März bis Juni 1949 bis zu 5 000 Heilungssuchende, die sich täglich, auf seine Hilfe hoffend, am Wilhelmsplatz Nr. 7 eingefunden hatten. Etwas später, von Ende August bis Mitte September 1949, versechsfachte sich die Menge am Traberhof, einem ehemaligen Gestüt bei Rosenheim, das ihm vom Besitzer zur Verfügung gestellt wurde.

Doch nicht genug: In Herford erreichte ihn so mancher Hilferuf aus dem Rheinland und den umliegenden Orten. Mehrfach sprach er vor einer größeren Menschenmenge in Viersen. Dazu kamen noch Besuche bei einzelnen Personen, die in ihrer Not um sein helfendes Wort gebeten hatten. Nicht anders war es am Traberhof bei Rosenheim, von wo aus er auf Bitten Hilfesuchender sogar Fahrten nach Norddeutschland unternahm.

Augenzeugen waren immer wieder tief bewegt über den innigen Ausdruck des Glaubens an Gott, der in Tausenden von Heilungssuchenden durch Bruno Gröning wieder entfacht wurde. Viele begannen, nach langer Zeit das erste Mal, wieder zu beten, oft einte dieser neu erwachte Glaube die ganze Menge, und spontan wurden sogar Choräle gesungen.

Im krassen Gegensatz dazu standen die Reaktionen maßgeblicher Amtsärzte und vieler Behörden.

Seit Beginn seines Wirkens bemühte sich Bruno Gröning um eine Zusammenarbeit mit den zuständigen Behörden. Doch kam es in Herford trotz einiger Gespräche zu keiner Annäherung, Anfang Mai 1949 verbot man ihm sein Wirken.

Der bereits erwähnte Superintendent Kunst der örtlichen Kirchengemeinde äußerte sich zu den Verhältnissen in Herford zu dieser Zeit:

„Als Herr Bruno Gröning im Jahre 1949 nach Herford kam, war nach kurzer Zeit die ganze Stadt und die Umgebung von Gerüchten über seine Heilerfolge erfüllt. Die Lokalzeitungen [...] brachten ausführliche Artikel. Die Pressevertreter brachten mich - ich war damals Superintendent des Kirchenkreises Herford - mit Herrn Gröning zusammen. Er war auch mehrmals zu Gesprächen in meinem Haus. Die Verhältnisse wurden von Woche zu Woche tumultartiger. Es kamen Tausende von Menschen aus der Bundesrepublik und aus dem Ausland, um bei Herrn Gröning Hilfe zu finden. Als der Oberstadtdirektor von Herford Herrn Gröning seine Tätigkeit untersagen wollte, bestand die Gefahr, daß von der erregten mehrtausendköpfigen Menge das Rathaus gestürmt wurde. Es wurde eine Prüfungskommission eingesetzt, in der der Oberstadtdirektor Meister von Herford, Herr Prof. Schorsch aus Bethel und die zuständigen Medizinalräte der Regierung in Detmold waren. Für einige Zeit habe ich den Vorsitz in diesem Ausschuß geführt. Die Prüfungskommission nahm ihre Arbeit so wahr, daß sie Verhandlungen mit Herrn Gröning führte und sich Geheilte vorstellen ließ. Die Verhandlungen mit Herrn Gröning waren deshalb so gut wie vollständig unergiebig, weil die Mediziner Herrn Gröning unter den Kategorien und im Vokabular der Schulmedizin ansprachen. Es stellte sich heraus, daß Herr Gröning keinen, der zu ihm kam, untersuchte. Mir ist kein Fall bekannt geworden, in dem Herr Gröning einen Patienten körperlich berührt hat. Nie ist mir bekannt geworden, daß er einen Kranken zu bewegen suchte, auf die Hilfe der Fachmediziner zu verzichten. Er verordnete auch keine Medikamente."[28]

Der Kampf Bruno Grönings um die Heilerlaubnis fand bis zu seinem letzten Tage, fast zehn Jahre später, kein Ende.

Er, dessen Wirken dem eines Priesters ähnlicher war als dem eines Arztes oder Heilpraktikers, ging jeden möglichen Weg, um ungehindert durch Polizei und Gericht den Kranken helfen zu können.

Er stellte sich einer ärztlichen Prüfungskommission in Heidelberg zur Verfügung, die bei der Überprüfung der von ihm bewirkten Heilungen zu einem guten Resultat kam, ihm aber dennoch nicht den Weg frei machte. Er bemühte sich über Jahre, Heilstätten zu errichten, um in Zusammenarbeit mit Ärzten eine ordnungsgemäße wissenschaftliche Überprüfung der Heilungen durch Vor- und Nachuntersuchungen zu erreichen. Dies scheiterte jedoch an Geschäftsinteressen der Anbieter und dem Widerstand der Behörden. Obwohl Bruno Gröning der Überzeugung war, daß sein Wirken nichts mit der üblichen Heilpraxis gemein habe, war er bereit, die gesetzlichen Bestimmungen für Heilpraktiker zu erfüllen, und wollte die Heilpraktikerprüfung ablegen, was ihm verwehrt wurde.

Es bedurfte einer seltenen Willenskraft, um auf diesem Weg nicht zu verzweifeln.

Zudem fand er kaum Unterstützung in der Presse. Im Gegenteil, es waren nur wenige Journalisten, die angesichts einer zum größten Teil ablehnenden Berichterstattung maßgeblicher Presseorgane und der negativen Einstellung ärztlicher Standesorganisationen und weiter Kirchenkreise bereit waren, durch persönliche Prüfung ihren Lesern ein objektives Bild von Bruno Gröning zu verschaffen. In den meisten Fällen ging man einfach dazu über, ungeprüft Negativartikel zu übernehmen. Dadurch vermied man Konflikte mit den maßgeblichen gesellschaftlichen Kreisen. Es ist aber interessant zu beobachten, daß die Journalisten, die sich durch persönlichen Kontakt mit ihm ein eigenes Bild von seiner Person machten, zu einer grundweg anderen Sicht der Dinge kamen. Ein Beispiel hierfür ist der Bericht in der Zeitschrift „Das offene Wort" (Unabhängiges Blatt für Zeitfragen und Toleranz, PAD-Verlag, München) Anfang der 50er Jahre.

Der Journalist schilderte der Öffentlichkeit seinen Eindruck in einem Artikel mit der Überschrift:

„Gröning [...] wie er wirklich ist!"

Er erkannte das Bemühen und die Schwierigkeiten Bruno Grönings auf seinem Weg zu freiem Wirken und rechnete ihm hoch an, daß er die Standhaftigkeit besessen hatte, zahlreiche lukrative Angebote aus dem Ausland auszuschlagen, um trotz aller Schwierigkeiten in Deutschland zu bleiben, wo die Menschen - geschlagen durch den Krieg - sehr der Hilfe bedurften. Für den Autor war er eine Persönlichkeit, die er achtete in ihrer Geradlinigkeit und Bestimmtheit, einem inneren Auftrag zu folgen, obwohl man „Schundartikel und bewußte Mache in die Presse bringt" und ihn mit „staatlichen Hemmungen und Verboten" zu hindern suchte. Er beschrieb ihn als einen Mann von „einer großen menschlichen Güte und Aufopferung für seine Berufung, Menschen zu heilen". Nach seiner Auffassung ging Bruno Gröning über den Rand des bisherigen Erfahrungswissens hinaus. Sein Ziel sei es, „den Menschen zu helfen und sie zu führen auf einen Weg der inneren Erneuerung". Sein Resümee war, daß von jeher eine Theorie erst „verlacht wird, dann bekämpft, und danach ist sie selbstverständlich".

„Die Erfahrung lehrt uns", schrieb er abschließend, „daß dem so ist, und wir Menschen sind immer wieder intolerant und lernen nie daraus."

Bruno Gröning blieb trotz aller Schwierigkeiten dabei, grundsätzlich kein Geld für Heilungen zu nehmen, auf der anderen Seite aber gab er seine ganze Zeit und Kraft für die Heilungssuchenden in ganz Deutschland und Österreich und konnte so keiner üblichen beruflichen Tätigkeit nachgehen. Er war auf die Gastfreundlichkeit und freiwillige Hilfe anderer angewiesen. Die Prozesse brachten ihn aus diesem Grunde in große finanzielle Not.

Sein rein intuitives Handeln war oftmals dem nüchternen, rein nach den Gesetzen der Logik arbeitenden Intellekt nicht erklärbar. Einige Male ließ er sogar Menschen, die unter dem Vorwand zu helfen an seine Seite getreten waren, in Wirklichkeit aber offensichtlich nur ihr gutes Geschäft durch ihn machen wollten, ganz nah an sich heran. Zum Teil lieferte er sich ihnen bis zu einem gewissen Grad geradezu aus und ließ sie eine Zeitlang gewähren. Wenn sie sich aber nicht dem Guten zuwenden wollten und nicht freiwillig von ihren eigennützigen Plänen Abstand nahmen und angesichts der erschütternden Geschehnisse in seiner Nähe nicht innerlich umkehrten, deckte er ihr Handeln auf, und oft folgten langwierige Prozesse. Ehemalige Mitarbeiter wurden erbitterte Feinde, die dann vielfach durch angebliche „Enthüllungen" seine Person in der Öffentlichkeit in ein schlechtes Licht zu rücken wußten. Wenn ihn auch mancher eigennützige Helfer in größte Schwierigkeiten gebracht hatte, so konnte man doch nie ein abfälliges Wort von ihm über diese Menschen hören. Im Gegenteil, einigen, die ihm sehr geschadet hatten, gab er auf ihre Bitte hin noch eine zweite Chance an seiner Seite (s. a. Kap. 5).

Dieses für den Verstand recht ungewöhnliche Verhalten wird verständlich, wenn man sich klarmacht, daß die Heilung auf dem geistigen Weg ein hochsensibler Prozeß ist, der leicht durch gegensätzliche geistige Ausstrahlungen gestört werden kann. So kann eine sehr negativ eingestellte Person allein durch ihre unausgesprochene Einstellung und um vieles mehr durch störende Zwischenrufe das Wirken der Heilkräfte empfindlich behindern. Fast immer waren Bruno Gröning die anwesenden Personen zum größten Teil unbekannt, seine Reaktion war allein Folge seiner ungewöhnlich gesteigerten Empfindungsfähigkeit.

Ebenso zeigte er eine kompromißlose Ablehnung, wenn Heilungssuchende sich durch Geldangebote die Heilung zu erkaufen suchten.

E. A. Schmidt berichtet in seinem Buch von einem solchen Fall:

„Auf diese Ebene gehört es auch, wenn, wie es wiederholt geschehen ist, ein wohlhabender Bittsteller an ihn herantritt mit der flehentlichen Bitte, ihm zu helfen, er wäre bereit, ihm 5 000 Mark und noch mehr dafür zu geben. In diesem Augenblick ‚schnappt' Gröning ein, deutlich fühlbar und sichtbar, nicht nur für seine Umgebung, sondern sogar für den außerhalb Stehenden. Der Kontakt ist erloschen, und er sagt mit abwehrender Geste: ‚Ich verkaufe keine Gesundheit.' Er wendet sich ab, und wir Mitarbeiter haben dann die unerfreuliche Aufgabe, solche Heilungssuchende hinauszukomplimentieren. In einem Falle habe ich dazu noch folgendes erlebt: Gröning setzte sich dem Betreffenden gegenüber und sagte etwa folgendes: ‚Ich weiß, daß Sie ein reicher Mann sind. Ich weiß aber auch, daß Sie Ihr

Vermögen nicht auf eine gute Art erworben haben. Sie haben Ihre Arbeiter und Angestellten ausgenutzt und Geld und Vermögen zusammengerafft. Sie haben keine guten Werke getan, und Ihr Vermögen ist nicht wohl erworben.' Der so Angeredete wurde unruhig und rutschte auf seinem Stuhl erregt hin und her. Er errötete, ob es Scham oder Zorn war, ließ sich nicht erkennen, und verließ schweigend den Raum."[29]

Ähnliches konnte Dr. Kurt Trampler beobachten:

„Mehr als einmal sah ich, daß er Heilungssuchende schroff zurückwies, weil sie ihm Geld bieten wollten."[30]

Trotz all der bereits bezeichneten Widerstände konnte Bruno Gröning sein erstrebtes Ziel erreichen. 1953 gründete er den Gröning-Bund, um unter dem Schutz eines Vereins Vorträge vor den Heilungssuchenden in den verschiedenen Städten halten zu können. Dort entstanden „Gemeinschaften", in denen Geheilte unentgeltlich, aus Dank für erlangte Heilung, die neuen Hilfesuchenden auf dem Weg zur Heilung in seiner Abwesenheit betreuten.

Er selbst hatte schon häufig betont, daß für die Heilungen seine persönliche Anwesenheit nicht erforderlich sei:

„Jeder Geheilte kann die Heilung weitergeben", sagte er, und eine große Zahl von Berichten über Heilungen aus den Gemeinschaften, die in seiner Abwesenheit eintraten, beweist dies recht eindrucksvoll.

1955 heiratete er, nachdem trotz aller Bemühungen die Verbindung zu seiner Frau nicht wiederhergestellt werden konnte, erneut. Seine zweite Frau Josette, eine Französin, bemühte sich nach Kräften, ihm beim weiteren Aufbau der Gemeinschaften zu helfen.

Kurz nach Gründung des „Gröning-Bundes" erfolgte aber auch die Einleitung des „großen Prozesses" gegen ihn. Man wollte seinem Wirken durch diesen Prozeß endgültig ein Ende machen. Es folgte die schwerste Zeit seines Lebens. Die Angriffe der Presse erreichten in dieser Zeit ihren Höhepunkt. Viele, die sich in den Gemeinschaften in Deutschland und Österreich angeboten hatten, neue Hilfesuchende zu betreuen, mußten sich polizeilichen Verhören unterziehen, und man versuchte, sie durch die Androhung, daß sie möglicherweise ebenfalls wegen „unerlaubter Ausübung der Heilkunde" vor Gericht gestellt würden, einzuschüchtern. Dazu kam es nie, jedoch gingen diese Androhungen an manchem nicht spurlos vorüber.

Bruno Gröning bemühte sich in diesen Jahren parallel zu den umfangreichen Vorbereitungen für den Prozeß unermüdlich, die durch die öffentlichen Angriffe bedrohten jungen Gemeinschaften zu festigen. Seine Arbeit wurde aber durch die finanzielle Not sehr eingeschränkt.

Eine Zeitzeugin berichtete sehr beeindruckt, daß er auch in der Zeit der größten Anforderungen unverändert eine unerklärliche Ruhe und Gelassenheit und einen für ihn sehr typischen Humor bewahrt habe. Dies konnte sie auch während der Gerichtsverhandlungen für den letzten Prozeß, so schwer sie für ihn auch waren, beobachten. In einer Pause war sie auf ihn zugetreten, er habe sie nur vielsagend angelächelt und gemeint, daß ja bekanntlich nichts so heiß gegessen wie gekocht würde.[31]

Im Januar 1959 starb Bruno Gröning. Der Prozeß wurde aus diesem Grunde eingestellt, ohne daß ein endgültiges Urteil gesprochen worden war. Im nachhinein zeigte sich, wie recht er in seinem Bemühen hatte, eine tragfähige Grundlage zu schaffen, die - über sein irdisches Dasein hinaus - Hilfesuchenden die Möglichkeit zur Heilung gibt: Die Heilungen geschehen auch nach seinem Tode weiterhin.

## „Er war ein echt Gottliebender"

Bruno Gröning hatte in den Jahrzehnten des inneren Ringens vor seinem Wirken in der Öffentlichkeit eine Eigenschaft in sich groß werden lassen, die den meisten Menschen heutzutage fehlt.

Katharina Dichtl (82), Heilpraktikerin aus M., konnte ihn einige Monate zu Beginn seines Wirkens aus nächster Nähe beobachten und beschrieb diesen Wesenszug mit folgenden kurzen Worten:

„... er war ein echt gottliebender Mensch."[32]

Aus dieser Gottesliebe wuchs in ihm eine für unsere heutige gefühlskalte Zeit sehr ungewöhnliche Liebe zu den Menschen. Frau Dichtl konnte immer wieder beobachten, wie liebevoll er sich den Heilungssuchenden zuwandte, besonders ausgeprägt war ihr dies bei Kindern aufgefallen. Er mochte sie besonders gern, und Frau Dichtl konnte Spontanheilungen miterleben.

Inge Thiede aus F. berichtete mir persönlich ähnliches über ihn. Sie hatte über Jahre Kontakt zu Bruno Gröning und erzählte, daß von ihm etwas ausging, das sie nie wieder an einem anderen Menschen erlebt habe. Dies könne man sehr schwer beschreiben, es seien sehr viel Liebe und ein tiefes Mitgefühl besonders den Kranken gegenüber bei ihm spürbar gewesen. Diese Liebe, die er ausstrahlte, nahm man unwillkürlich auf, denn man mußte ihn einfach liebhaben.

„Es war aber", so schilderte sie, „eine andere Liebe als die zwischen Mann und Frau. Man könnte sie als geistige Liebe bezeichnen." Und gleich darauf fuhr sie fort: „Es ist ein Gefühl, das bis in das Innerste der Seele geht, ein starkes Glücksempfinden und einen tiefen Frieden vermittelt, der nicht mit Worten zu beschreiben ist. Dieses Empfinden von Liebe verspürte nicht nur ich in der Gegenwart Bruno Grönings, sondern auch viele andere Personen, sowohl Männer als auch Frauen.“[33]

Ähnlich äußerten sich Christa und Werner Hasse aus S. über ihn. Sie berichteten auch über ein starkes Gefühl von Liebe, Frieden und Kraft, das sie erfüllte, wenn sie mit Bruno Gröning, der sie häufiger besucht hatte, zusammen waren. Etwas Strahlendes sei von ihm ausgegangen. Sie konnten auch die Beobachtung machen, daß sie, wenn er über mehrere Tage bei ihnen war, nicht müde waren, obwohl wenig Gelegenheit zum Schlafen gegeben war, und sich erstaunlicherweise auch kein Hungergefühl einstellte.[34]

Auch Christa Pohl (55) aus G. bezeichnete die Liebe, die sie und andere in der Nähe Bruno Grönings empfanden, als geistige Liebe. In den Vorträgen in der Gemeinschaft Springe, die sie besucht hatte, sprach Bruno Gröning sehr häufig über die Liebe zu Menschen, Pflanzen und Tieren. Die Liebe war, so hatte sie den Eindruck, das Allerwichtigste für ihn. Während der Vorträge verspürte sie Ruhe und Frieden und ein sehr wohliges Gefühl, das sie nicht in Worte fassen konnte.

„Man muß“, so Frau Pohl, „diese Empfindungen selbst erlebt haben, um so etwas Unbeschreibbares nachvollziehen zu können.“[35]

Ob in Husum, Hameln oder in Herford, am Bodensee, in München oder an einem anderen Ort in Deutschland oder Österreich, die Menschen, die zu Bruno Grönings Lebzeiten länger mit ihm in Verbindung standen und die Möglichkeit hatten, ihn als Mensch näher kennenzulernen, sprechen, wie ich mich persönlich selbst überzeugen konnte, mit unverhohlener Achtung von ihm. In den Zeugenaussagen wird immer wieder erwähnt, daß etwas ganz Besonderes an ihm war, ohne daß die Aussagenden dieses Gefühl näher begründen können. Neben den oben erwähnten Begriffen wurde von dem Gefühl eines Lichts oder einer starken Kraft gesprochen, die manche von ihm ausgehend verspürten, andere wiederum beschrieben ein unerklärliches Wohlgefühl, erlebten eine außergewöhnliche Leichtigkeit und Freude, wenn sie mit ihm zusammen waren.

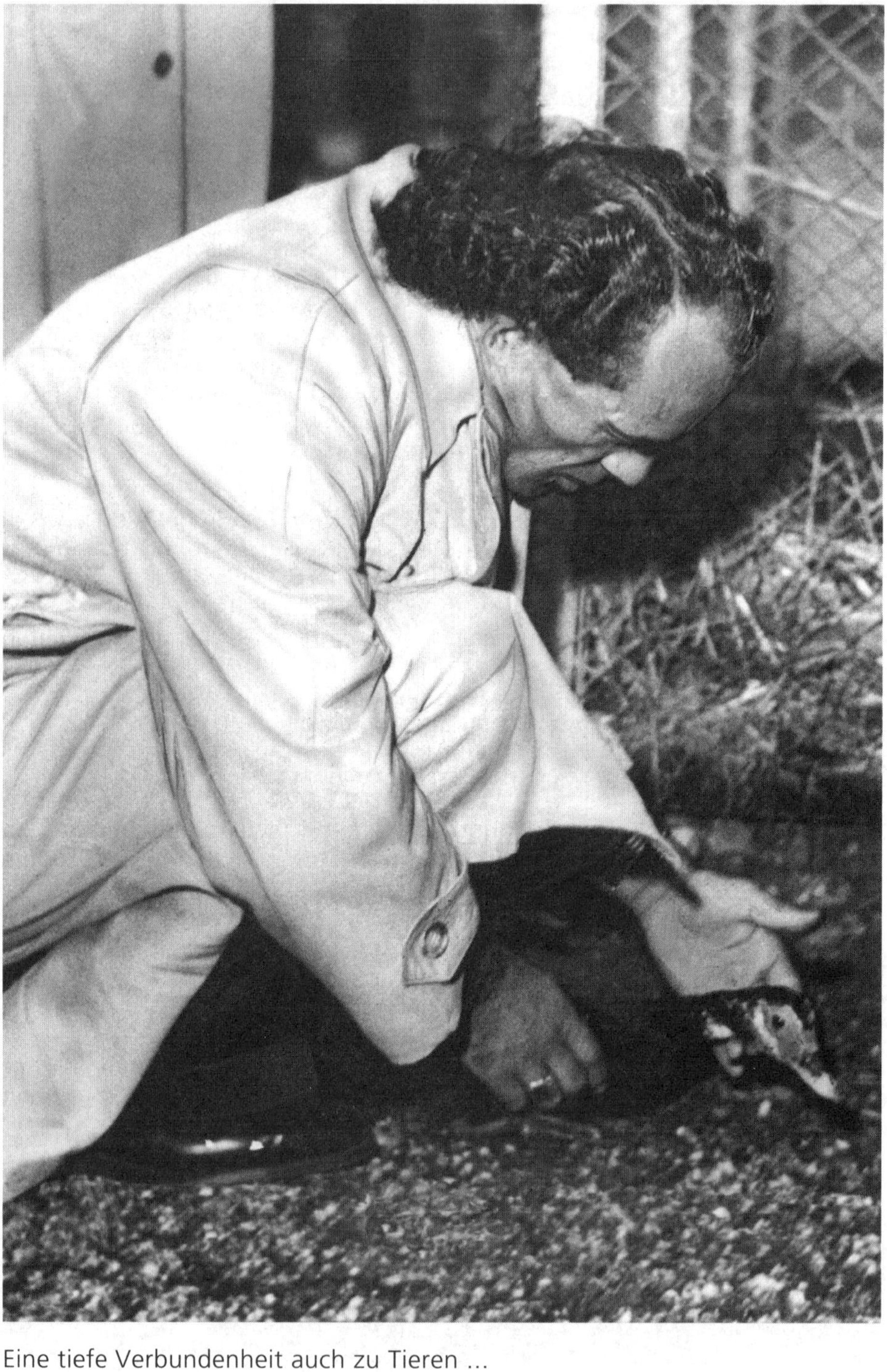

Eine tiefe Verbundenheit auch zu Tieren ...

## „Ich bin weiter nichts als ein ganz natürlich gebliebener Mensch"

Bruno Gröning hatte sich die große Naturverbundenheit aus der Kindheit während seines ganzen Lebens bewahrt. Das Meer und die Berge zogen ihn mit aller Macht an, und oft saß er dann dort lange Zeit regungslos, die Eindrücke in sich aufnehmend. Pflanzen und Tieren wandte er sich sehr behutsam zu, und er brachte es nicht über das Herz, eine Blume zu pflücken. In ihm lebte, den Eindruck konnte ich aus vielen Gesprächen mit Zeitzeugen entnehmen, eine ursprüngliche Ehrfurcht vor allem Leben, weil er in allem Gott fühlte. Dabei fehlte ihm aber jeglicher Ritus, sein Verhalten erschien nicht aufgesetzt, man konnte spüren, daß die Art seinem Wesen entsprang.

Er hatte sich als erwachsener Mensch manche Wesenszüge eines Kindes bewahrt, die sich besonders deutlich in seiner unkomplizierten, sehr offenen Art und einer ausgeprägten Veranlagung, vertrauen zu können, zeigte.

Bruno Gröning sagte einmal dazu:

„Ich bin und bleibe ein Kind [...], ich werde mich nicht ändern, nein, und Sie alle und jeder kann glauben, was er will. Ich bin und bleibe ein Kind, bin nur ein Kind Gottes, mehr nicht; bilde mir nichts ein, nein, bin auch nicht feige, es zu sagen, weil ich weiß, ich bin nur ein Kind. Aber viele Menschen sind kein Kind mehr, weil sie erwachsen sind."[36]

Er konnte sich wie ein Kind auch an den kleinen Dingen des Lebens erfreuen. Z. B. machte man ihm eine große Freude mit einer Kartoffelsuppe, die er ausgesprochen gerne aß. Im Umgang mit ihm hatte man nicht den Eindruck, einen weltentrückten Menschen vor sich zu haben, im Gegenteil, man konnte sich ganz normal mit ihm unterhalten wie mit jedem anderen Menschen auch. Dabei legte er viel Wert auf Humor und konnte herzlich lachen, wenn er auch meistens eher ein ernster, schweigsamer Mensch war.

Oft saß Bruno Gröning mit ihm vertrauten Personen im Anschluß an seine Vorträge noch im privaten Kreis zusammen. Durch seine Worte erfuhren die Anwesenden viel über die Existenz eines jenseitigen Reiches, und manche stille Frage der Anwesenden über Gott und die Geheimnisse des Lebens fand ihre Antwort. Dieses Zusammensein dauerte häufig bis in den Morgen.

Christa Pohl war mehrfach in Springe bis in die frühen Morgenstunden mit dabei und berichtete von einem besonderen Erlebnis im Anschluß an einen solchen Abend:

Das Zusammensein dauerte bis sechs Uhr morgens, und anschließend mußte sie zur Arbeit nach Hannover fahren. Bruno Gröning hatte ihr beim Abschied gesagt, daß sie unbesorgt zur Arbeit fahren könne, sie werde den Tag gut überstehen. Dies war bis 15.00 Uhr auch so. Dann trat plötzlich eine sehr starke Müdigkeit auf. In Gedanken wandte sie sich an Bruno Gröning und erinnerte ihn an sein Versprechen. Im gleichen Augenblick war sie wieder hellwach. Nach Dienstschluß begab sie sich wieder nach Springe. Dort empfing er sie. Bevor sie selbst etwas sagen konnte, sagte er lächelnd: „Na, wie war es heute nachmittag um 15.00 Uhr?" Er wußte offensichtlich, was sie im entfernten Hannover zu diesem Zeitpunkt gedacht hatte.[37]

Eine andere Zeitzeugin, die über Jahre Kontakt mit Bruno Gröning hatte, erzählte mir ein weiteres persönliches Erlebnis mit ihm:

„Bei einem Zusammensein mit Herrn Gröning bei Herrn Loy in Klagenfurt in Österreich kam im Laufe des Abends noch das Ehepaar S. dazu. Herr Gröning kannte die Frau, aber ihr Ehemann war ihm unbekannt. Ich erlebte dann, daß sich nach einiger Zeit Herr Gröning dem Manne zuwandte und begann, sich mit ihm über Schiffe zu unterhalten. Das Gespräch ging immer mehr ins Detail. Bruno Gröning hat mit diesem Mann gesprochen wie einer, der sich total in der Materie auskennt. Nach einiger Zeit sagte Herr S. fassungslos:

‚Herr Gröning, das sind ja Einzelheiten, die können Sie gar nicht wissen!' Herr Gröning lächelte nur und meinte humorvoll: ‚Ja, ich bin halt ein alter Seebär.' Herrn S. war klargeworden, daß dies Wissen aus einer höheren Quelle stammen mußte, wie er mir später berichtete. Herr S. war, dies konnte Herr Gröning gar nicht wissen, Spezialist für Schiffbau und hatte im Krieg eine führende Stelle innegehabt. Es hatte ihn erschüttert, daß Bruno Gröning sogar Dinge wußte, die Herrn S. nur aufgrund seiner Position als Geheimwissen aus dem Krieg bekannt waren."[38]

Ähnliches ereignete sich auch bei Familie Weber in Essen. Bruno Gröning begann plötzlich, mit einem anwesenden Reporter über Flugzeugbau zu sprechen. Nach einiger Zeit fragte der Reporter verwundert, woher er dies alles wisse. Der Reporter war, was keiner wußte, im Krieg in hoher Position bei der Luftwaffe gewesen und kannte sich im Flugzeugbau bestens aus.[39]

Käthe Tams aus B. berichtete von einem recht ungewöhnlichen Ereignis, das sie von Herrn Loy erfahren hatte. Dieser war mit Bruno Gröning spazierengegangen, und während der gemeinsamen Unterhaltung war Bruno Gröning plötzlich verschwunden. Herr Loy konnte ihn beim besten Willen nicht mehr auffinden. Nach fünf Minuten stand er wieder vor ihm und fragte nur: „Ach, waren Sie bange, ich sei weggelaufen?" Herr Loy hatte nicht viel

… und Pflanzen zeichneten ihn aus

erwidern können, denn er konnte nicht begreifen, wie ein Mensch einfach unsichtbar werden kann.[40]

Sie erinnerte sich noch einer anderen Begebenheit. Bruno Gröning war sehr eng mit Herrn Preuel befreundet. Eines Tages hatten sie zusammen einen Ausflug unternommen. Während der Fahrt legte Bruno Gröning seinen Kopf auf das Lenkrad, als ob er schlafen würde. Das ging wohl über fünf Minuten so. Das Auto fuhr weiter, ohne von der Straße abzukommen. Dann wurde Herr Preuel aber doch unruhig. Als Bruno Gröning dies bemerkte, wandte er sich an ihn und fragte, ob er glaube, daß er irgendwo gegen fahren würde. Herr Preuel gab seine Befürchtung zu. Bruno Gröning antwortete nur: „Nein, ich kann doch fahren."[41]

Grete Häusler aus Hennef/Sieg, die Bruno Gröning seit ihrer Heilung im Jahre 1950 kannte, schilderte mir folgende Begebenheit: Sie war mit Herrn Petz und dem Ehepaar Bavay aus Rosenheim nach Augsburg zu Bruno Gröning gekommen. Spät in der Nacht wollten sie zurückfahren, aber das Rücklicht am Auto funktonierte nicht. Herr Petz hatte alles geprüft, konnte den Fehler aber nicht finden. Er bat nun Bruno Gröning um Hilfe. Anstatt das Rücklicht zu kontrollieren, stellte sich dieser mit nach hinten verschränkten Armen vor die geöffnete Motorhaube und sah dort hinein. Im gleichen Augenblick brannte das Schlußlicht wieder.[42]

In dem Buch „Das Heil erfahren, das ist Wahrheit" schreibt Grete Häusler über eine weitere Begebenheit. Am 25. Mai 1952 sprach Bruno Gröning bei ihr im Haus vor einigen Hilfesuchenden. Unter den Heilungssuchenden befand sich die 73jährige Frau Kulle, die schwer herzleidend war und am gleichen Abend die Heilung erhalten hatte. Sie konnte plötzlich wieder Übungen ausführen, die ihr vorher aufgrund des schweren Leidens unmöglich gewesen waren.

Grete Häusler schildert die Begebenheit so:

„Sie mußte die Übungen wiederholen und war außer sich vor Freude, denn sie hatte nicht geglaubt, daß sie diese noch einmal in ihrem Leben schaffen würde. Sie strahlte vor Glück. Herr Gröning sagte liebevoll: ‚Da freut sich Ihr Sohn darüber.' Sie wehrte ab und sagte: ‚Herr Gröning, ich habe keinen Sohn.' Ich dachte bei mir: ‚Siehst du, alles weiß er doch nicht. Das ist peinlich.' Herr Gröning aber war sicher und fragte weiter: ‚Haben Sie nicht einen Sohn gehabt?' ‚Ja', sagte Frau Kulle, ‚aber vor dreißig Jahren. Er starb als Säugling.' ‚Also doch ein Sohn!' sagte Herr Gröning schmunzelnd. ‚Er sieht es jetzt und freut sich mit! Er hat jetzt nur ein anderes Kleid an.'"[43]

All dies geschah ohne mystische Geheimnistuerei. Mit den für den Alltagsmenschen unglaublichen Fähigkeiten ging Bruno Gröning völlig natürlich um. Sie waren für ihn, genauso wie die Heilungen und manches andere ungewöhnliche Ereignis, keine Wunder, sondern lediglich Ausdruck eines tiefen natur-, d. h. gottverbundenen Zustands.

Aus dieser Sicht wird verständlich, daß Bruno Gröning über sich selbst sagte: „Ich bin weiter nichts als ein ganz natürlich gebliebener Mensch."[44]

Das Natürliche, Ungezwungene seines Wesens zeigte sich auch deutlich in seinen Vorträgen. Seine Vorbereitung bestand darin, daß er sich zurückzog und in sich ging, sich sammelte. Ein schriftliches Konzept legte er sich nie zurecht. Die Worte des Vortrags kamen ihm frei. Seine Art zu sprechen war sehr ungewöhnlich. Oft unterbrach er sich und stellte einzelnen Anwesenden Fragen und fing dann auch manchmal ein kurzes Gespräch mit ihnen an. Manchmal fanden sich scheinbar unzusammenhängende Einschübe mitten in seinem Vortrag, durch die er aber manchem Zuhörer eine nur in Gedanken geäußerte Frage beantwortete. Die Zeitzeugin Christa Pohl konnte dies bestätigen. Sie erinnerte sich, wie sie häufiger erlebt hatte, daß sie oder andere nur gedanklich Fragen gestellt hatten und spontan, für einen Außenstehenden unzusammenhängend, gab Bruno Gröning in seiner Rede die Antwort. Sie selbst hatte während eines Vortrags plötzlich erkannt, wer in Bruno Gröning vor ihr stand, und kaum hatte sie diesen Gedanken gedacht, hielt er in seinem Vortrag inne, wandte sich ihr zu und sagte: „Was Sie eben gedacht haben, behalten Sie bitte für sich."[45]

Jegliche Dogmatik war ihm fremd. Man konnte auch nicht beobachten, daß er in irgendeiner Weise anderen Menschen etwas verbot. Er sah seine Aufgabe darin, Ratschläge, er nannte sie manchmal seine Lebensweisheiten, weiterzugeben. Nie sagte er, daß man dies oder jenes tun müsse, und es lag ihm fern, etwas zu verbieten. Christa und Werner Hasse konnten das deutlich beobachten, als sie einmal um Weihnachten bei Bruno Gröning eingeladen wurden. Einige Gäste tranken Bowle. Bruno Gröning war ein entschiedener Gegner des Alkohols, hat es aber nie untersagt, selbst nicht bei diesem Anlaß.[46]

## Die Urteile sachverständiger Ärzte

Wie beurteilten die Ärzte Bruno Gröning, die über die Begrenztheit einer rein schulmedizinischen Sicht von Heilung und Gesundheit hinaus an das Einwirken einer höheren Macht, die durch diesen Mann wirkte, glauben konnten? Was war er für sie, die frei von den Vorurteilen des materialistischen Zeitalters sein Wirken nüchtern betrachteten?

Hella Emrich, Ärztin und Mitherausgeberin der Zeitschrift „Neues Europa", hatte zusammen mit ihrem Mann Louis Emrich über Jahre Kontakt zu Bruno Gröning.

Er besuchte das Ehepaar häufig in ihrer Wohnung in Baden, und eine herzliche Freundschaft entwickelte sich. Bei einem Gespräch mit mir beschrieb sie ihn als einen einfachen, aber sehr intelligenten Menschen.

„Es ging von seinem Wesen eine große Wärme aus", erzählte sie mir. „In seiner Nähe fühlte man sich einfach wohl. Häufig, wenn er uns zusammen mit seiner Frau besucht hatte, saßen wir einfach schweigend zusammen. Man brauchte ihm gegenüber nicht viel zu sprechen, es war allein schon seine Anwesenheit, die einem sehr viel Kraft vermittelte."[47]

In ihrem Buch „Geheimnisse der Wunderheilungen, Versuch einer objektiven Darstellung umstrittener Probleme der Heilkunst" berichtet sie ihre Ergebnisse langjähriger Recherchen bei vielen Heilern.

In einem Kapitel beschreibt sie das „Phänomen Bruno Gröning":

„Als bekannt wurde, daß Gröning bei Massenkundgebungen in Herford zahlreiche Heilungen mit Erfolg durchgeführt hatte, strömten ihm von allen Ländern der Welt Kranke zu. [...] Das Ergebnis war, daß sich bald die Ärzteschaft eifrig um ihn kümmerte, nicht etwa im wohlwollenden und prüfenden Sinne, sondern mit Befremden und Empörung. Man suchte mit allen Mitteln, den ‚Gegner' unschädlich zu machen. [...] Gruppen bildeten sich, die leidenschaftlich für oder gegen Gröning kämpften. Es entstand ein Gröning-Rummel, in dessen Gefolge geschäftstüchtige Manager auftraten, von deren Machenschaften Gröning selbst keine Ahnung hatte. [...]

Man würde es nicht für möglich halten - wenn nur die Presseberichte berücksichtigt würden -, daß für Gröning Geld, Rang oder Titel wenig bedeuteten.

‚Ich will die Menschen zum Gottesglauben zurückführen. Er wird sie heilen', war der Hauptinhalt seiner Heilungslehre. [...]

Wenn Bruno Gröning von bestimmten Kreisen völlig verkannt und verleumdet wurde, so nicht zuletzt darum, weil er seinen Zeitgenossen zu einseitig als Wunderheiler dargestellt wurde. [...] Dies verschleierte sein eigentliches und sehr differenziertes Wesen: den Christen, den Künder und Verkünder. Der Kern seines Lebensinhalts und seines Strebens war nur wenigen, allzu wenigen bekannt."[48]

Dr. Beyer, ein Arzt, der sich seit Jahrzehnten mit dem Phänomen der geistigen Heilung beschäftigt hatte, gab dem Gericht im großen Prozeß 1955-59 ein Sachverständigengutachten über die Befähigung Bruno Grönings zu geistigem Heilen ab. In dem Gutachten, dem ein mehrfacher persönlicher Gedankenaustausch mit Bruno Gröning vorausging, beschrieb er die Aufgabe des geistigen Heilers als Durchgangsstation, als Leitungsrohr, als Vermittler für „die große, das All durchflutende Schöpferkraft" und ging dann auf seinen Eindruck von Bruno Gröning ein:

„Ganz so empfindet Gröning sein Wirken, und er bringt das zum Ausdruck, indem er klar und unmißverständlich sagt:

‚Nicht ich heile, sondern es heilt durch mich.'

Dieses Bewußtsein, nicht aus eigener Kraft zu wirken, sondern Werkzeug einer höheren Macht zu sein, ist echte Religiosität. Eine so ausnahmsweise Betonung dieser Begabung, wie sie bei Bruno Gröning überraschend zu Tage getreten ist, erregt begreiflicherweise großes Aufsehen, wie die Ereignisse zur Genüge gezeigt haben. Der Andrang der Hilfesuchenden war so riesengroß, daß die einzelne Persönlichkeit des umdrängten Heilers den gestellten Anforderungen unmöglich gerecht werden konnte. Und auch die um Hilfe gebetenen Behörden waren solchem unerwarteten elementaren Ansturm nicht gewachsen. So kam es zu großer Unordnung, die nicht nur durch unhaltbare äußere Zustände öffentliches Ärgernis erregen mußte, sondern auch unlauteren Menschen der Umgebung Grönings zur Versuchung wurde, eigensüchtige Ziele zu verfolgen und zu verwirklichen, so daß dem gesamten Geschehen hinterher auch noch das Odium der Unlauterkeit anhaftete. Dabei ist der Person Grönings eine schuldhafte Beteiligung an den unliebsamen Vorkommnissen nicht zuzuschreiben. [...]

Seit dreieinhalb Jahrzehnten mit dem Gebiete geistigen Heilwirkens aus eigener Erfahrung vertraut, stehe ich der Persönlichkeit Bruno Grönings weit unbefangener gegenüber als jeder andere, der auf diesem Gebiete noch ohne Erfahrung und daher unwissend oder zum mindesten unsicher ist. Mein Urteil über ihn gründet sich nicht allein auf die vielfach widersprechenden Berichte in der Presse, sondern ich bin ihm auch mehrmals persönlich begegnet. Ich habe ihn kennengelernt als einen Mann von bestem Wollen und durchaus lauteren Absichten. [...] Demnach bestehen von sachverständiger Seite keinerlei Bedenken dagegen, ihn seine Fähigkeiten zum Nutzen vieler kranker Menschen, denen er wirklich helfen kann, betätigen zu lassen."[49]

Dr. Gemassmer, ein anderer Arzt mit langjähriger Erfahrung mit der geistigen Heilweise, äußerte in seinem Gutachten für das Gericht vom 17.04.1955 über Bruno Gröning u. a.:

„In den ersten Tagen des Januar 1954 lernte ich Bruno Gröning kennen und besuchte ihn in seiner Wohnung in der Nähe von München. Im Laufe der Unterhaltung bat ich ihn um ein Heilungserlebnis. Hierauf sagte er mir: ‚Sagen Sie mir, was sich bei Ihnen ereignet.' Indessen blieb er in einer Unterhaltung mit einem anderen Herrn in einer Entfernung von etwa vier Metern und beachtete mich anscheinend nicht.

Schon nach wenigen Minuten stellte sich bei mir das Gefühl eines starken Stromes ein, der von beiden Fußsohlen aus die Unterschenkel emporstieg. Dieses Stromgefühl löste in einem der Füße einen heftigen Schmerz aus, der sich aber nach wenigen Minuten wieder verlor. Immer mehr und mehr überkam mich eine angenehme Ruhe. [...] Ein starkes Wohlgefühl erfüllte mich immer mehr und mehr.[...] Das Ruhegefühl, das mich überkam, wuchs zu einem starken Kraftgefühl, daß ich selbst die Behandlung abbrach und Gröning dankte. [...] Ich fühlte mich außerordentlich wohl. Infolge meiner Reise war ich bereits am zweiten Tage ohne Nachmittagsschlaf, gegen dessen Ausfall ich sehr empfindlich bin. Da ich Herrn Gröning erst nach Mitternacht verließ, kam ich erst um zwei Uhr nachts ins Bett. Ich war so wunderbar frisch, daß ich glaubte, nicht einschlafen zu können. Dennoch war ich nach wenigen Minuten bereits eingeschlafen und stand am nächsten Tage nach nur vierstündiger Nachtruhe völlig ausgeruht auf. Ich wohnte in Starnberg, 25 Minuten vom Bahnhof entfernt. Unglücklicherweise konnte ich keine Taxe bekommen und mußte darum einen Dauerlauf zum Bahnhof machen, um den Zug nicht zu versäumen. Das war eine Leistung, zu der ich sonst nicht fähig gewesen wäre. Mit diesem Erlebnis war für mich eine vom Phänomen Gröning ausgehende Heilkraft eindeutig."[50]

Dr. Gemassmer unterstrich im folgenden, daß eine solche Kraft, wie sie bei Bruno Gröning deutlich wurde, ihren Träger verpflichte, sie zur Anwendung zu bringen. Er sah es als sittliche Pflicht der öffentlichen Ordnung an, „wenn ein Phänomen einer solchen Kraft erscheint, ihm die Möglichkeit einer gesunden Auswirkung zu geben". Dieses harmonische Wirken sei aber von seiten der gesundheitlichen Gesetzgebung trotz der offensichtlichen Bereitschaft Bruno Grönings verhindert worden.

Dr. Gemassmer schrieb dazu:

„Da auf die Ärzte ein moralischer Druck von der Standesorganisation ausgeübt wird, nicht mit Gröning zusammenzuarbeiten, und da ihm auch die Zulassung als Heilpraktiker versagt wurde, wurde ja durch die gesundheitliche Gesetzgebung selbst ein harmonisches Wirken Grönings verhindert."[51]

In Bruno Gröning sind, so Dr. Gemassmer, Innenkräfte aufgebrochen, die sich nicht nur in großen Energien nach außen auf andere kranke Menschen, sondern auch auf ihn selbst auswirken. Diese Kräfte würden ihn innerlich zerreißen, wenn er dem inneren Auftrag zu heilen, der ihm von einer höheren Macht gestellt worden ist, nicht folge.

Er fährt fort:
„Einem Menschen aber keinen Weg zu ermöglichen, in harmonischer Weise seine Urkraft, deren Heilwert tausendfach unter Beweis gestellt wurde, auszuwirken, ist eine Verantwortung, die das Gesetz des Geistes richten würde."[52]

## Ein Leumundszeugnis über Bruno Gröning

Zum Abschluß möchte ich noch ein Leumundszeugnis weitergeben, das ich in den Akten fand. Erich Pelz, Betriebswirt aus R., faßte dort sein Urteil über die Person Bruno Gröning nach einer achtjährigen Bekanntschaft zusammen. Er verfaßte es im Januar 1958, kurz nachdem die Berufungsverhandlung des großen Prozesses in München beendet worden war, in Form eines persönlichen Schreibens:

„Der Kampf um Ihre Persönlichkeit und Ihr Ringen kommt durch den soeben beendeten Prozeß und die sicher zu erwartende Revision in ein gewichtiges Stadium.

Da ich diesen und den vorangegangenen Prozeß an Ort und Stelle im Gerichtssaal in allen Einzelheiten verfolgt habe, drängt es mich, Ihnen heute aus freien Stücken und unwiderruflich folgende Erklärungen zu geben:

Ich kam das erste Mal mit Ihnen im Jahre 1949 auf dem Traberhof bei Rosenheim in Berührung [...]. Da ich mich etwa seit 40 Jahren sehr viel mit indischer, chinesischer und tibetanischer Weisheit befaßt habe, war mir, nachdem Sie durch die Vorgänge in Herford ins grelle Licht der Öffentlichkeit gerückt und bekannt wurden, klar geworden, daß Sie [...] einer jener im Osten bekannten, im Westen aber unbekannten und außerordentlich seltenen großen, erkennenden Geister in Menschengestalt sind, deren Kräfte vom Schöpfer aller Dinge gegeben werden, die mit den heutigen Mitteln der sogenannten exakten Wissenschaft einfach nicht zu erklären sind. Diese göttlichen Kräfte sind aber trotzdem vorhanden und können nicht wegdiskutiert werden. Deswegen werden solche Menschen bei uns seit Jahrtausenden verfolgt und gesteinigt. Mir war klar, daß auch Sie [...] würden den gleichen Weg gehen müssen. Die Entwicklung hat mir bisher leider recht gegeben. Auch Ihnen gegenüber ist die sogenannte Meinung der Menschen geteilt. [...] Überzeugt hat sich indessen kaum einer von Ihnen und Ihrer Tätigkeit. Weil mir das klar war, habe ich Ihren Weg von Anfang an aufmerksam verfolgt und versucht, mit Ihnen in näheren Kontakt zu kommen. Das begann auf dem Traberhof zunächst mit einem Wunder. Ich litt seit 1939 an dem Rest einer rechtsseitigen Lähmung [...]. Trotz intensivster Behandlung in einer Kieler Spezialklinik während acht Monaten war eine Behinderung in der rechten Schulter geblieben, ein Zustand, an den ich mich in den folgenden zehn Jahren gewöhnt hatte. Obwohl ich auf dem Traberhof sehr weit von Ihnen entfernt stand - hinter etwa 20 000 Menschen -, wurde ich in einem Augenblick von dieser Belastung frei! Und ich blieb davon befreit."[53]

Dann beschrieb Erich Pelz, um sein Urteil zu autorisieren, daß er im Laufe der Jahre zusammen mit Herrn Gröning viele Gemeinschaften in Deutschland und Österreich besuchen konnte und sich wiederholt als Gast bei ihm in Plochingen von dem privaten Leben dieses Mannes ein Bild machen konnte. Er fuhr dann fort:

„Ich kann also sagen, daß ich lange und ausreichend genug Gelegenheit hatte, Sie selbst, Ihre Tätigkeit und die Vorgänge um Sie herum zu beobachten. Aus dieser Situation heraus stehe ich nicht an, folgendes zu erklären:

- Sie sind nach meiner Überzeugung einer der Sendboten, der als einfacher Mensch hier in Deutschland zu leben und seine höhere Aufgabe zu erfüllen hat. [...]
- Sie haben in meiner Gegenwart noch nie eine Unwahrheit gesagt.
- Sie tun nichts, was einer Heilbehandlung durch einen Arzt oder einen Heilpraktiker ähneln könnte. Sie verbitten sich grundsätzlich jede Äußerung der Menschen über ihre Krankheit. Das habe ich von 1949 bis heute immer wieder festgestellt. Ich habe auch immer wieder erlebt, daß die Menschen Sie trotzdem immer wieder mit solchen Erzählungen belästigen. [...]
- Sie berühren keinen Menschen, untersuchen ihn nicht und raten ihm nicht von den Ärzten ab. Sie verweisen die Menschen im Gegenteil immer wieder an ihre Ärzte. [...]
- So wie Sie gegen keinen Arzt etwas sagen, stehen Sie mit Ihren Vorträgen auch gegen keine Glaubenslehre. [...]
- Ich habe das Heil, das von Ihnen ausgeht, am eigenen Körper und bei meiner Frau erfahren. Ich habe unzählige Menschen in Ihrer Nähe und in den Gemeinschaften ohne Ihre Gegenwart gesunden gesehen oder ihre eidesstattlichen Erklärungen gelesen. Ich habe selbst mit einem Herrn aus

Südamerika über seine unerhörten Erlebnisse sprechen können und mich dadurch frappant überzeugen dürfen, daß die Kraft, die in Ihnen wirkt, keinerlei räumlicher Begrenzung unterliegt.

- Ich muß ausdrücklich feststellen, daß Ihre Vorträge rein religiöser [...] Natur sind. In keiner Weise erinnern sie an Heilkunde [...]. Daß im Zusammenhang mit einer durch Ihren Vortrag eintretenden rein geistigen Neuorientierung auch eine körperliche Regelung eintritt, ist etwas, was die akademische Medizin erst jetzt aus dem Wissensschutt der Jahrtausende wieder auszugraben beginnt.

Deshalb ist es mir auch erklärlich, daß man Sie so unfair verfolgt, ohne sich überhaupt einmal von Ihrem Wirken tatsächlich zu überzeugen."[54]

Mein Ziel in diesem Kapitel ist, dem Leser aufgrund von Erlebnisberichten und Urteilen von Augenzeugen aus der Umgebung Bruno Grönings das Wesen und den Charakter dieses ungewöhnlichen Mannes erahnen zu lassen. Die Tatsache, daß von der Kindheit bis zu seinem Tode unterschiedlichste Personen unabhängig voneinander zu ähnlichen Urteilen kommen, ist ein beeindruckendes Zeugnis für die Wahrheit der Aussagen.

# 3. Kapitel

# Die Lehre Bruno Grönings

## Bruno Grönings Geheimnis von der Wissenschaft entdeckt?

In vielen Zeitungen wurde Bruno Gröning oft sehr einseitig und mit einem deutlich ironischen Unterton als der „Wunderdoktor Gröning" dargestellt. Von einer Lehre Grönings war nicht die Rede. Gegner aus den Reihen der Medizin konnten so die Bedeutung seiner Person, die im öffentlichen Bewußtsein einseitig auf den Heiler und Wunderdoktor fixiert war, leicht herunterspielen.

Die Heilungen wurden als Erfolge bei ausschließlich seelisch verursachten Krankheiten gedeutet. Die Berichte, daß er augenscheinlich größere Erfolge habe, als diese von Ärzten üblicherweise erreicht werden, wurden entweder abgestritten oder als Folge einer Massenpsychose dargestellt. Man bemühte sich, diesen Eindruck konnte ich aus den Zeitdokumenten gewinnen, der Öffentlichkeit zu vermitteln, daß die medizinische Wissenschaft das Wirken Bruno Grönings sehr wohl einordnen könne und daß die Ursachen des für so viele an das Wunderbare grenzenden Geschehens für sie klar ersichtlich seien. In sinnbildlicher Klarheit konnte man diese Einstellung auf dem Titelblatt der Zeitschrift „Revue" im Oktober 1949 lesen:

„Grönings Geheimnis von der Wissenschaft entdeckt"[1]

Die scheinbar problemlose Einstufung des Wirkens Bruno Grönings in gewohnte medizinische Denkschemata ließ es für weite Kreise unnötig erscheinen, das Geschehen um ihn eingehender zu prüfen. Denn was konnte er Neues geben, wenn die Wissenschaft ihn durchschaut hatte?

Ein objektiver Beobachter, der sich ungeachtet dieser Einschätzung näher mit dem Geschehen um Bruno Gröning beschäftigt, wird bald zugeben müssen, daß das medizinische Vokabular bei weitem nicht ausreicht, eine zufriedenstellende Erklärung für die Ereignisse um diesen Mann zu geben. Heilungsberichte, die jeden Zusammenhang mit einer suggestiven Beeinflussung mit Sicherheit ausschließen lassen, und vielfache Zeugnisse der ungewöhnlichen geistigen Fähigkeiten Bruno Grönings sind offenbare Beweise für die Realität einer Kraft, die bisher von der Wissenschaft beharrlich geleugnet wurde.

Bei genauerer Betrachtung der Vorträge Bruno Grönings wird ein Wissen um die Ursachen von Gesundheit und Krankheit deutlich, das in keinem medizinischen Lehrbuch zu finden ist. Ein Wissen, das in der Kompromißlosigkeit und Klarheit, in der es ausgesprochen wird, Anstoß erregen muß, stellt es doch wesentliche Bestandteile der Weltanschauung unserer ganzen Gesellschaft in Frage. In der Gesamtheit der Aussagen Bruno Grönings läßt sich deutlich eine Lehre erkennen, so daß es mir sinnvoll erscheint, in den folgenden Ausführungen von der „Lehre Bruno Grönings" zu sprechen.

## Bruno Gröning: „Die Existenz Gottes ist eine Tatsache"

Die nachfolgende Beschreibung der Lehre Bruno Grönings entstand aus Originalquellen (Vorträgen Bruno Grönings), Schriften aus seiner Zeit und Informationen, die ich durch Gespräche mit Zeitzeugen gewinnen konnte. Ich habe mich bemüht, dem Geist seiner Aussagen so nahe wie möglich zu kommen.

Die meisten Menschen glauben, in ihrem nach außen sichtbaren Körper sich selbst zu erkennen. Bruno Gröning hingegen sah im Körper des Menschen ein Werkzeug, um in der materiellen Schöpfung wirken zu können. Er war der Überzeugung, daß der Mensch in Wirklichkeit ein Geist ist, eine Seele hat, die nur für das Leben auf der Erde an einen stofflichen Körper gebunden ist. Unmißverständlich wies er dadurch auf eine höhere geistige Wirklichkeit hin. Die geistigen Ebenen des Seins waren für ihn keine Theorie, sondern lebendige Wirklichkeit. Er erlebte sie in sich, und aus diesem Erleben erwuchsen seine Überzeugungskraft und seine Kenntnis der tieferen Zusammenhänge von Gesundheit und Krankheit. Dieses Wissen ist nicht neu, so betonte er ausdrücklich, sondern Teil eines Urwissens, zu welchem in der heutigen Zeit der größte Teil der Menschheit den Zugang verloren hat.

Bei den Passionsspielen in Oberammergau

„Ich weiß nicht viel", sagte er in einem Vortrag für die Gemeinschaft Springe, „ich weiß weiter nichts als nur das, was Menschen heute nicht mehr wissen. Gerade deshalb sehe [...] ich dieses als meine Pflicht an, jeden Menschen soweit dahingehend zu belehren, zu wem er gehört, was für ein Geschöpf er ist und wie er die Schöpferkraft in sich aufnehmen kann, um auch Herr seines Körpers zu werden."[2]

Die Existenz Gottes war für Bruno Gröning eine Tatsache. Aus dieser inneren Gewißheit erwuchs das ehrliche Bekenntnis zu einer Allmacht, an die viele Menschen nicht mehr glauben konnten:

„Ich fühle mich verpflichtet, den Menschen aufzuklären. [...] Und wenn einer von euch sagen will, es gibt keinen Herrgott, so lasse ich mich dafür in Stücke reißen. Ich gehe von meinem Glauben nicht ab."[3]

Es blieb in seinem Fall aber nicht bei frommen Worten allein, sondern er wollte die Menschen dahin führen, daß sie wieder erleben konnten, daß dieser so fremd gewordene Gott helfen kann und will, so man Ihn läßt. Aus diesem Grunde sah er die erste Aufgabe seines Wirkens darin, den Heilungssuchenden den bewußten Zugang zur allumfassenden Heilkraft, der Schöpferkraft, die er auch als Heilstrom bezeichnete, wieder zu eröffnen.

## Die Aufnahme der Schöpferkraft

Vor Bruno Grönings Vorträgen sprach in den meisten Fällen ein Helfer zu den Heilungssuchenden und wies sie auf die Voraussetzungen hin, die erforderlich sind, um die Heilkraft in sich aufzunehmen. Die Anwesenden sollten weder die Arme noch die Beine kreuzen, die Gedanken auf etwas Schönes lenken und aufmerksam ihren Körper beobachten.

Bruno Gröning faßte diese Bitte einmal selbst in folgende Worte:

„Wenn Sie jetzt dazu übergehen und wirklich im guten Willen Ihrem Körper Beachtung schenken. Wenn ich all meinen Mitmenschen immer dazu angeraten, daß er [jeder einzelne] seinen Körper nicht lümmeln soll und daß er die Beine nicht zu überkreuzen hat, denn dazu hat Gott ihn nicht geschaffen, denn hier will er doch das Wertvollste empfangen, so muß er mit offenen Händen frei dasitzen und auch einen Herzenswunsch haben, Gott darum bitten, daß Er ihm das gibt, was er für sich wirklich nötig hat. So Sie das jetzt tun, Freunde, werden Sie wirklich nicht nur was, sondern nur immer das empfangen wie auch empfinden, was Ihr Körper benötigt."[4]

Ich konnte in meinen Gesprächen mit verschiedenen Heilern beobachten, daß diese in gleicher Weise verfahren. Ein Heiler aus Bremen sagte mir, er sei rein intuitiv darauf gekommen, daß die Heilkraft besser fließe, wenn man Arme und Beine nicht kreuze. Eine Heilerin berichtete mir, daß sie nicht arbeiten könne, wenn die Hände des Heilungssuchenden überkreuzt seien. Sie habe dann das Gefühl, es staue sich etwas in ihr.

Bruno Gröning hatte die zugrundeliegenden Vorgänge mit einfachen Worten beschrieben. Er bezeichnete die heilende Kraft Gottes als Heilstrom. Interessanterweise gaben die meisten Personen, die diese Kraft nach der Anweisung Bruno Grönings in sich aufnahmen, immer wieder an, daß sie ein Kribbeln und ein starkes Wärmegefühl wahrnahmen, und viele verglichen das eintretende neue Körpergefühl mit einem angenehmen Strom, der durch den Körper fließt. Gröning forderte seine Zuhörer auf, sich Arme und Beine als Stromleiter vorzustellen. Im technischen Vergleich führt eine Berührung zweier nicht isolierter Stromleiter zu einem Kurzschluß. Ähnlich ist die Situation im Körper: Ein Überkreuzen der Arme oder Beine führt dort zu einem Energiestau, so daß die feinen Energien in diesem Bereich nicht mehr fließen können. Auf diese Weise schließt man sich quasi von der heilenden Kraft ab. Bei entsprechender Empfindungsfähigkeit ist dies deutlich am Körper wahrnehmbar. Einige von mir befragte Personen beschrieben mir die eintretenden Empfindungen als ein sehr unangenehmes Gefühl, wie einen Druck, oder als ob sich etwas stauen würde. Den meisten Menschen ist dieses energetische Geschehen in ihrem Körper nicht bewußt zugänglich. Ich konnte beobachten, daß mehr als 90 % aller Personen, z. B. in einer öffentlichen Veranstaltung, Arme oder Beine übereinanderschlagen. Manche bringen es sogar fertig, die Beine zweimal zu überkreuzen. Diese Haltung wird als normal und bequem empfunden. Man vermißt die dadurch fehlenden Energien nicht, weil man sie nicht kennt. Da der Zustand nicht dauerhaft eingehalten wird (spätestens beim Gehen wird er aufgehoben), kann immer wieder ein gewisser Ausgleich erreicht werden, und Störungen treten meistens erst nach einer größeren Latenzzeit auf.

## Der Heilstrom: Suggestion oder Heilkraft? - Der Faktor „X" in Bruno Grönings Wirken

Doch nun zurück zu Bruno Grönings Lehre. Die offene Körperhaltung ist also nötig, so Bruno Gröning, um die Schöpferkraft aufnehmen zu können. Neben dem Körper muß aber auch das Gemüt „offen" gehalten werden, indem man von negativen Gedanken und vor allem von Gedanken an Krankheit oder Sorge abläßt, an etwas Schönes denkt und beobachtet, was im Körper nun geschieht. Bruno Gröning nannte diese innere und äußere Haltung „Einstellen". Auch hier bediente er sich zum besseren Verständnis eines technischen Vergleichs. Durch das Einstellen öffnet sich der Mensch bewußt der Heilkraft, der Schöpferkraft, er empfängt, wie Bruno Gröning auch sagte, die Heilwelle, die Sendung Gottes. Bruno Gröning verglich den Körper des Menschen mit einem Radio. Das Radio bedarf auch einer bestimmten „Einstellung", um die gewünschte Sendung zu empfangen.

Sind die Voraussetzungen geschaffen, empfängt der Mensch die Heilwelle (Heilkraft). Meistens stellen sich die schon beschriebenen Empfindungen ein. Diese Gefühle werden interessanterweise nicht nur von den Zuhörern Bruno Grönings zu seiner Zeit beschrieben, sondern auch heutzutage kann man immer wieder ähnliche Schilderungen von Heilungssuchenden vernehmen, die die Heilkraft in sich aufnehmen.

Es sind aber nicht nur Empfindungen, die einem leichten Strom ähnlich sind, häufig wird auch ein Gefühl von Kraft und Leichtigkeit, ein Glücksgefühl beschrieben. Manche Personen verspüren wiederum gar nichts. Das Einfließen der Kraft ist aber nicht von der bewußten gefühlsmäßigen Wahrnehmung abhängig. Das zeigt sich durch die Beobachtung, daß auch bei Heilungssuchenden, die den Heilstrom nicht bewußt durch das Gefühl erkennen können, Heilungen durch diese Kraft bewirkt werden.

Wie kommt es aber zu diesen Empfindungen? Diese Frage stellten sich auch die Wissenschaftler bei der Prüfungskommission in Heidelberg 1949, die unter klinischer Kontrolle die Heilwirkung Bruno Grönings erforschen wollten. Sie entdeckten eine gewisse Ähnlichkeit mit dem 1920 von Prof. J. H. Schultz, dem bekannten Berliner Psychotherapeuten, aus seinen Erfahrungen mit der Hypnose begründeten autogenen Training. Bei rein oberflächlicher Betrachtung könnte man eine solche Ähnlichkeit annehmen. Die sogenannte „Droschkenkutscherhaltung" im autogenen Training verlangt eine offene Sitzhaltung. Arme und Beine sollen nicht überkreuzt werden, der Rücken bleibt frei, die Hände liegen auf den Oberschenkeln. Bei näherer Betrachtung aber werden die Unterschiede schnell deutlich. Schultz hatte das autogene Training schon immer als „einen übenden Weg zur

Selbsthypnose" bezeichnet[5] und so auch von dieser Bezeichnung her eine nie geleugnete Beziehung zur Hypnose deutlich gemacht. Für Bruno Gröning war der freie Wille des Menschen unantastbar, darum lehnte er Hypnose und Suggestion ab.

Schultz regt zwar wie Gröning an, daß sich die Personen auf ihre Körperempfindungen konzentrieren sollen, nur werden beim autogenen Training die Körperempfindungen durch Autosuggestionen produziert. Das heißt, die Patienten werden aufgefordert, sich auf bestimmte Übungsformeln oder auch Vorstellungsbilder wiederholt zu konzentrieren, bis diese spürbar werden. Angewandt werden Formeln wie

„Der rechte (linke) Arm ist ganz schwer", „Ich bin ganz ruhig", „Mein Herz schlägt ruhig und kräftig" u. a. m.

Der Übende soll die Übungsformeln bildhaft in seinem Innern erscheinen lassen. Durch dieses wiederholte Einsuggerieren kann man eine Beeinflussung des dem Willen des Menschen sonst nicht zugänglichen vegetativen Nervensystems erreichen und z. B. eine Muskel- und Gefäßentspannung bewirken. Im Gegensatz zum autogenen Training ist beim „Einstellen" keine Selbstsuggestion bestimmter Vorstellungsmuster nötig. Der Mensch, der im autogenen Training aktiv im Körper eine Veränderung hervorzurufen versucht, ist beim Einstellen nach der Lehre Bruno Grönings der Empfangende, der Aufnehmende. Nicht er bewirkt etwas in sich, indem er bestimmte Gedankenmuster seinem Bewußtsein aufdrängt, sondern „Es", d. h. die göttliche Kraft, wirkt in ihm. Der Mensch läßt „Es" in sich wirken und arbeiten und beobachtet das Wirken des „Es" in und an seinem Körper und seiner Seele.

Peter Drittler (31) aus L. hatte bei einem Arzt das autogene Training gelernt und über längere Zeit täglich praktiziert. Er wurde dann mit der Lehre Bruno Grönings bekannt und begann, sich auf die Heilkraft einzustellen.

Aus seiner persönlichen Erfahrung konnte er meinen Eindruck bestätigen und berichtete mir:

„Es war ein Brief einer früheren Freundin, der mich auf die Lehre Bruno Grönings aufmerksam machte. Kurz nachdem ich diesen gelesen hatte, durchrieselte mich plötzlich wellenartig vom Scheitel bis zur Sohle ein Strom, den ich gleich als den Heilstrom erkannte, und wohlige, befreiende Gefühle erfüllten mich im Nu, als ob sich eine inwendige Reinigung vollziehen würde. Das gleiche erlebe ich seitdem in ähnlicher Form immer, wenn ich mich auf den Heilstrom einstelle. Ich konnte deutliche Unterschiede zum autogenen Training feststellen. Beim autogenen Training konzentriere ich mich auf die

Körperteile oder Zustände, die ich erreichen möchte. Beim Einstellen auf den Heilstrom gebe ich ganz einfach das Nichtvorhandensein positiver Gefühle frei, lasse los und denke an schöne Erlebnisse, sagen wir z. B. an einen Sonnenaufgang. Dabei beobachte ich den Körper und nehme die Strömung in ihrer positiven Wirkung wahr. Durch Bruno Gröning bekam ich die innere Verbindung zu dieser heilkräftigen Lebensströmung, die selbst Heilungen medizinisch unheilbarer Leiden bewirken kann. Das autogene Training vermag das nicht. Ich habe das autogene Training, das ich gut beherrschte, aufgegeben, weil es mir viel zu wenig, nur kurz Anhaltendes und Oberflächliches gegeben hat. Durch den Heilstrom wurden Dinge in mir bewirkt, die ich durch das autogene Training nicht erreichen konnte. Rauchen, Alkohol und Geldspielautomaten verloren die Macht über mich, Selbstmordabsichten, Lebens- und Prüfungsängste, die mich früher häufiger gequält hatten, verließen mich völlig und machten einer Lebensfreude Platz, die mir bisher völlig fremd gewesen war. Es ist, als wäre durch diese Kraft in mir Licht geworden, als würde durch den Heilstrom der ‚Strom des Lebens' mein Inneres durchfließen. Aufgrund dieser beeindruckenden Erlebnisse an und in mir konnte ich auch den Glauben an Gott wiederfinden, den ich über Jahre aufgegeben hatte."[6]

Es wird deutlich, daß aus der medizinischen Fragestellung nach dem Woher der Empfindungen schnell ein weltanschauliches Problem wird. Bruno Grönings Erklärung von dem Einwirken einer höheren Kraft, die er als göttlichen Heilstrom erkannte, erschütterte das Weltbild einer wissenschaftlichen Medizin, die den entseelten Begriffen eines materialistischen Zeitalters verhaftet ist. Er zeigte etwas Neues auf, das ein Umdenken erfordert. Die Geschichte kennt viele Beispiele, in denen die Anerkennung von etwas Neuem, das einer bestehenden Weltanschauung widerspricht, versagt wurde. Wenn man bedenkt, daß das erste Lehrbuch über psychosomatische Medizin 1943 erschien, und es trotz aller neuen Erkenntnisse noch heute vielen Ärzten schwerfällt, die Macht des Geistes über das körperliche Geschehen zu akzeptieren, kann man sich vorstellen, wie schwer es für Bruno Gröning 1949 gewesen sein muß, das Wesen seiner Lehre den maßgeblichen wissenschaftlichen Autoritäten verständlich zu machen.

Die Heidelberger Wissenschaftler bemühten sich, diese Wirkungen des Heilstroms, in ihr Denksystem einzuordnen.

Prof. Fischer beschreibt in einem abschließenden Interview zu den Heidelberger Untersuchungen seine Eindrücke wie folgt:

„Gröning regt nicht eine derartige Autosuggestion an (wie beim autogenen Training), sondern schafft zuerst eine starke Erwartungsspannung, indem er den Patienten zur Selbstbeobachtung von Empfindungen an seinen Organen anregt. Diese Empfindungen stellen sich durch die Erwartungsspannung in den meisten Fällen von selbst ein."[7]

Eine sehr unbefriedigende Erklärung des Geschehens. Die Schwierigkeiten, das Wirken Bruno Grönings in gängige Formeln zu pressen, werden in den weiteren Ausführungen von Prof. Fischer noch deutlicher. Er definiert eine „Zwischenstufe", die doch sehr fragwürdig erscheint:

„Er [Gröning] hat hier instinktiv etwas Neues, eine Zwischenstufe zwischen dem autogenen Training und der Fremdsuggestion entwickelt."[8]

Das Wirken einer höheren Kraft wurde geleugnet, die Empfindungen seien Folge einer besonderen Form der Suggestion Bruno Grönings, und man konnte mit gutem Gewissen vor der Öffentlichkeit behaupten:

„Grönings Geheimnis von der Wissenschaft entdeckt"[9]

Ganz am Rande der öffentlichen Diskussion stand Jahre später das ehrliche Bekenntnis des bekannten Psychotherapeuten Dr. G. R. Heyer, der deutlich machte, daß die Wirkung Bruno Grönings „über die Suggestionswirkung der Psychotherapie weit hinaus" gehe „und nur noch eine entfernte Ähnlichkeit in den Grundlagen" zu erkennen sei. Er betonte, daß „man sich von der manchmal allzu hoch gebauten wissenschaftlichen Warte aus nicht etwa den Irrtum erlauben dürfe, diese Heilwirkungen ohne genaue Kenntnis von vornherein zu bestreiten, um damit in den alten und gefährlichen Fehler zu verfallen, der mit Hochmut behauptet: ‚So etwas gibt es nicht [...]!' oder aber ‚Das haben wir schon immer gewußt [...]!'" Er nahm an, daß es noch eine unbekannte Größe gebe, die in Bruno Grönings Wirken der tragende Faktor sei. Er nannte sie „die Größe X".[10]

Bruno Gröning hat in aller Öffentlichkeit diese unbekannte Größe, die noch heute von großen Teilen der Wissenschaft geleugnet wird, immer wieder benannt, wenn man ihn fragte, wie das Geschehen um ihn erklärt werden könne:

„Nicht ‚Ich' heile, sondern ‚Es' führt den Menschen durch meine Glaubenslehre zu seinem Heil"[11] und „Danken Sie nicht mir, sondern Gott".[12]

In einem Vortrag beschrieb er sein Wirken:

„Ich bin bereit, Ihnen das zu vermitteln, wie mir die Kraft gegeben ist, nicht vom Menschen, sondern tatsächlich vom Herrgott, um Menschen helfen und heilen zu können. Sagen Sie bitte niemals, daß ich Sie geheilt habe. Nein! Der Glaube an Gott, die Verbindung zum Herrgott, das ist die Heilwelle, die Sie empfangen haben, die über meinen oder durch meinen Körper geht. Ich bin nur ein kleiner Vermittler, mehr nicht, ein winziger Transformator. Von mir können Sie den Strom haben, und es liegt ganz an Ihnen selbst, wie Sie diesen empfangen."[13]

Diese Worte zeugen von persönlicher Demut und einem Erkennen höherer Gesetze.

Dieses „Es", die heilende Kraft Gottes, war das Neue und zugleich Uralte seiner Lehre. Dieses „Es" den Menschen bewußt wiederzugeben, darin sah er seine Aufgabe.

Unabhängig von Bruno Gröning finden viele Heiler heutzutage gleiche und ähnliche Worte, um für ihr Wirken eine Erklärung zu geben. Margarete Rauer, Heilerin aus Wuppertal, berichtet im Buch von Anita Höhne „Geistheiler heute", daß sie selbst nicht heilen könne, dies vermöge nur Jesus Christus, sie sei lediglich Kanal für die göttlichen Heilungskräfte. Wie Bruno Gröning lehnt sie für das heilende Wirken dieser Kraft den Begriff „Wunder" ab.

Anita Stark, Heilerin aus der Schweiz, berichtet im gleichen Buch:

„Ich spüre selber, daß da was durch mich hindurchgeht [...], es fühlt sich an, als säße ich in einem Ameisenhaufen [...], manchmal spüre ich Kälte, manchmal Wärme."[14]

Wieder eine andere Heilerin, Erika Blöchinger aus der Schweiz, betont auch, daß diese Kraft nicht von ihr käme. Viele Hilfesuchende, so meint sie, würden diese Kraft als ein Licht sehen:

„Sie empfinden einen Energiefluß, der sie wie ein Lichtstrahl trifft [...], sie spüren Wärme und fühlen sich dann frei und wohl."[15]

In England haben sich Heiler zu Verbänden zusammengeschlossen. Einer dieser Verbände ist die „National Federation of Spiritual Healers", in der 4 000 der ca. 20 000 Heiler Englands vereinigt sind. Fragt man die „spiritual healers" in Großbritannien nach dem „Woher" ihrer Heilkraft, dann sagen auch sie in aller Regel, daß es nicht sie seien, die heilen, sondern daß sie nur Vermittler der Kraftströme Gottes seien, die im ganzen Kosmos fließen.[16]

## Die „Regelungen" - eine Reinigung des Körpers?

Wenn Bruno Gröning nach seinen Vorträgen die Anwesenden fragte, ob sie etwas in ihrem Körper gespürt hätten, schilderten diese auch häufig Schmerzen, die z. T. während des Vortrags wesentlich stärker als sonst aufgetreten waren. Man sah Bruno Gröning an, daß er sich über solche Äußerungen freute, oft sehr zum Erstaunen der Heilungssuchenden, die doch gekommen waren, um gesund zu werden, und die in den stärker aufgetretenen Beschwerden nichts Gutes erkennen konnten. Bruno Gröning nannte die Reaktionen, die durch die einfließende Heilkraft ausgelöst wurden und die sich als verstärkte bzw. veränderte Beschwerden oder Schmerzen zeigten, „Regelungen".

Er äußerte sich über dieses Phänomen:

„Der Regelungsschmerz muß sein. Es befürchten oft einzelne Menschen, wenn der Regelungsschmerz einsetzt, daß ein Rückfall eingetreten sei. [...] Einzelne wußten das wieder auszuschlachten und sagten: ‚Statt gesund macht er die Leute krank.' - Deswegen mache ich Sie aufmerksam, wenn der Regelungsschmerz kommt, das zu erdulden. Es passiert nichts Schlimmes, sondern nur, daß der Mensch gesund wird."[17]

Bruno Gröning sah in den Regelungen einen Reinigungsprozeß, eine Reaktion, die dann auftritt, wenn der Heilstrom die Bereiche von Körper und Seele erfaßt, an denen eine Störung (Krankheit) aufgetreten war. Man kann in ihnen auch die äußeren Zeichen eines Umstellungsprozesses oder einer „Neuregulierung" gestörter körperlicher oder seelischer Funktionen erkennen. Häufig äußern sich diese Regelungen als Schmerzen, oder die bestehenden Symptome der Erkrankung werden für den Heilungssuchenden stärker, manchmal schwächer oder in unveränderter Form spürbar. Es können sich aber auch Reaktionen wie Durchfall, Erbrechen, Fieber, allgemeine Abgeschlagenheit, Schwäche u. a. m. bemerkbar machen. Wenn Regelungen auftreten, ist dies ein gutes Zeichen, denn es wird deutlich, daß der Mensch auf die Heilkraft anspricht und der Reinigungsprozeß in seinem Körper begonnen hat.

Anna K. (59) aus W. litt seit über 13 Jahren an einer linksseitigen Lähmung als Folge eines Schlaganfalls mit Blutung in der rechten Hirnhälfte. Als sie das erste Mal den Heilstrom in ihrem Körper aufnahm, spürte sie ein Kribbeln, und es traten Schmerzen in der rechten (!) Kopfseite auf. Um dies zu verstehen, muß man die anatomischen Gegebenheiten im Körper betrachten. Wenn eine linksseitige Lähmung besteht, sind entsprechende Gehirnzellen der rechten Gehirnhälfte zerstört, denn die Nervenbahnen kreuzen im Hirnstamm auf die andere Seite, so daß die Muskeln der linken Körperhälfte von Hirnzellen der rechten Hirnhälfte versorgt werden. In einer erstaunlichen Präzision traten die Regelungsschmerzen genau an der Kopfseite auf, wo der Schlaganfall vor 13 Jahren zur Zerstörung der Hirnzellen geführt hatte.

Spätestens an dieser Stelle sollte jedem Leser klargeworden sein, daß es einfach falsch ist, den Heilstrom in seinem Wirken als eine Folge von Einbildung oder Suggestion einzuordnen. Aus medizinischer Sicht regenerieren sich Nervenzellen nicht. Ein Verschwinden einer organischen Nervenlähmung nach Tagen, die mehr als ein Jahrzehnt bestanden hat, ist nicht erklärbar. Hier zeigt sich das Wirken einer heilenden Kraft, die nach ihren eigenen Gesetzmäßigkeiten im Körper wirkt und Heilungen selbst rein organischer Schäden bewirken kann.

Christa Leiendecker (33) aus K. berichtete mir von ihren Heilungen: Sie hatte seit der Kindheit Asthma, seit dem zwölften Lebensjahr Heuschnupfen, es bestanden über Jahre eine Allergie gegen Walnüsse und außerdem nächtliche Fußkrämpfe. Am gleichen Abend, als sie im Mai 1981 von der Lehre Bruno Grönings erfuhr und sich auf die Heilkraft einstellte, traten starke Atembeschwerden auf. Nach diesem Abend war sie von Asthma geheilt. Die Heilung hat angehalten. Seit jetzt insgesamt zwölf Jahren ist sie frei von Asthma.

Einige Tage nach der Asthmaheilung erlebte sie die zweite Heilung. Während eines Spaziergangs trat plötzlich ein starkes Tränen und Jucken, also typische Heuschnupfenbeschwerden, nur am rechten Auge auf. Das hatte sie bisher noch nicht erlebt, denn sonst waren beide Augen gereizt, und die Nase lief. Sie glaubte, daß jetzt der schon seit Jahren bestehende Heuschnupfen aus dem Körper „herausgeregelt" wurde. Das starke Jucken und Tränen des rechten Auges war nur das äußerliche Zeichen für diesen Reinigungsprozeß. Tatsächlich war am nächsten Tag das rechte Auge wieder frei, und seitdem ist der Heuschnupfen nicht mehr aufgetreten. Sie kann jetzt ohne Beschwerden im Sommer wieder über blühende Wiesen und Felder laufen.

Die dritte Heilung von der Allergie gegen Walnüsse erfolgte erst im Herbst 1981. Sie hatte plötzlich in sich das Gefühl, daß sie jetzt Walnüsse vertragen könne. Beim ersten Stück blieb zu ihrem großen Erstaunen jede Reaktion des Körpers aus. In den folgenden Tagen aß sie weiter kleine Mengen von Walnüssen. Beim zweiten Stück traten die üblichen Symptome wieder auf: Juckreiz am ganzen Körper, Reaktion der Schleimhäute und Fieber. Frau Leiendecker hatte aber wieder die innere Gewißheit, daß diese Erscheinungen zur Reinigung gehören, sie glaubte an Regelungen.

Sie berichtete selbst:

„Beim vierten Stück traten so starke Regelungen auf, daß ich das Gefühl hatte, mein Kopf wäre viel größer als sonst. Ich hatte ein starkes Hitzegefühl, wobei mir zugleich kalt war. Da ich wußte, daß dies die letzte Reinigung war, nahm ich dagegen keine Salbe. Dieser Zustand dauerte am Abend einige Stunden. Am anderen Morgen war alles weg. Seitdem bin ich auch von dieser Belastung frei und kann unbesorgt alles essen."[18]

Auch heute, zwölf Jahre später, ist sie noch immer frei von den beschriebenen Beschwerden.

Die nächtlichen Fußkrämpfe verschwanden im Juli 1981. Zu dieser Zeit bekam sie in einer Gemeinschaftsstunde nach dem Einstellen auf den Heilstrom plötzlich einen Krampf im Fuß (tagsüber!), der mit Unterbrechungen bis zum Abend anhielt. Christa Leiendecker nahm auch hier den Glauben auf, daß diese Erscheinungen zum Reinigungs-/Umstellungsprozeß des Körpers vor der Heilung gehören, und sie behielt recht: Seitdem sind keine nächtlichen Fußkrämpfe mehr aufgetreten.

Eine große Vielfalt an möglichen Symptomen kann als äußerlich sichtbares Zeichen des inneren „Reinigungsprozesses" auftreten. Die Regelungen können, wie bei der Asthmaheilung zu beobachten war, in der gleichen Form wie die Erkrankung auftreten, oder es machen sich ganz untypische Erscheinungen bemerkbar, wie dies bei der Heilung vom Heuschnupfen und den Fußkrämpfen geschehen war. Solche untypischen Verläufe machen es natürlich leicht, das Vertrauen aufzubringen, das Geschehen abzuwarten, das sich so deutlich als Heilungsreaktion zeigt. Häufig liegt zusätzlich noch, wie mir mehrfach von Geheilten berichtet wurde, eine unerklärliche innerliche Sicherheit vor, ein intuitives Wissen, daß die auftretenden Reaktionen zum Regelungs- bzw. Heilungsprozeß gehören.

Ferdinand Duwe (44) aus L. litt seit seinem 16. Lebensjahr unter Magenschmerzen bei Magenschleimhautentzündungen mit immer wiederkehrenden Magen- und Zwölffingerdarmgeschwüren. Vom Wehrdienst wurde er aus diesem Grund befreit. Entsprechende Magenschutzpräparate begleiteten ihn jeden Tag, sie bewirkten aber nur eine Linderung der dauernden Schmerzen. Oft wurde Herr Duwe durch die Schmerzen sogar in der Nacht wach. Er war mehrfach im Krankenhaus gewesen, aber dort konnte ihm nicht geholfen werden. Eine Operation hatte Herr Duwe abgelehnt. Nach den vorliegenden ärztlichen Unterlagen lag bei ihm ein chronisches bzw. chronisch rezidivierendes Magen- und Duodenalleiden vor. Die möglichen Folgen dieser chronischen Störung werden in den Schicksalen seiner näheren

Verwandtschaft deutlich. Sein Vater und sein Bruder hatten wegen der gleichen Erkrankung einen Magendurchbruch erlitten. Sein jüngster Bruder klagt über die gleichen Beschwerden, und alle seine Onkel litten unter dieser Erkrankung. Bei einem Onkel ist der Magen aus diesem Grunde zum größten Teil entfernt worden (2/3 Resektion), ein anderer ist daran gestorben.

1988 erfuhr er über einen Arbeitskollegen von geistiger Heilung durch die Lehre Bruno Grönings. Herr Duwe wollte sich selbst überzeugen, und sein Arbeitskollege erklärte ihm im September 1988 die Lehre und zeigte ihm, wie er die Heilkraft aufnehmen könne. Herr Duwe konnte sofort den Heilstrom an seinem Körper spüren. Er stellte sich von da an morgens und abends auf die Heilkraft ein. Er konnte glauben, daß die Schmerzen jetzt nicht mehr zur Krankheit gehörten, sondern Regelungsschmerzen waren. In den folgenden Tagen bestanden zwar weiterhin die Schmerzen, aber sie waren anders und nicht so anhaltend wie die Schmerzen, die er vorher gehabt hatte. Sie waren stärker (!) als sonst und traten nur in Abständen auf, während es sonst ein Dauerschmerz war. Die deutliche Veränderung der Schmerzcharakteristik in Zusammenhang mit der Aufnahme der Heilkraft erleichterten es Herrn Duwe, in den veränderten Schmerzen das äußere Zeichen der inneren Umstellung zur Heilung zu erkennen.

Vom 10.10. bis 15.10.1988 verspürte Herr Duwe jeden Tag die Regelungsschmerzen, die immer stärker wurden und in immer kürzeren Abständen auftraten.

Er berichtete mir, wie es dann zur Heilung kam:

„Der Samstagmorgen in dieser Woche war besonders schlimm. Ich mußte um drei Uhr aufstehen, weil ich um vier Uhr Dienstbeginn hatte. Die Regelungsschmerzen waren wieder da und sehr heftig. Am liebsten hätte ich mich jetzt krank gemeldet, aber wo und bei wem, um diese Uhrzeit? Ich packte das Buch: ‚Hier ist die Wahrheit an und um Bruno Gröning' in meine Tasche und machte mich so auf den Weg zum Dienst. Dort angekommen, habe ich sofort angefangen, in diesem Buch zu lesen, so es meine Arbeit zuließ. Es war gegen sieben Uhr, und ich hatte schon einige Seiten immer noch unter großen Regelungsschmerzen gelesen, als ich auf einmal erst ganz schwach, aber dann schnell stärker werdend, ein Kribbeln vom Kopf bis zu den Füßen spürte. Dieses Kribbeln war ein wunderbares und schönes Gefühl. Und als das Kribbeln wieder vorbei war, waren meine Schmerzen weg. Es war, als hätte ich unter einer Dusche gestanden und das Wasser hätte mir von oben nach unten die Schmerzen weggewaschen. Es hat eine Zeit gedauert, bis mir ganz bewußt wurde, was da mit mir geschehen war, was ich erlebt hatte. Seit dieser Stunde sind die Schmerzen völlig verschwunden.

In einer kurz danach gemachten Röntgenuntersuchung hat man kein Geschwür gefunden. Nach Jahrzehnten bin ich jetzt völlig schmerzfrei geworden und bis heute geblieben. Ich bin jetzt ein vollkommen gesunder und glücklicher Mensch und danke Bruno Gröning und all denen, die mir geholfen haben, an Gott und die göttliche Kraft zu glauben."[19]

Paracelsus, der berühmte Arzt, hatte offenbar auch schon zu Beginn des 16. Jahrhunderts von dem Phänomen der Reinigungs-(Regelungs-)schmerzen gewußt. Man liest in seinen Schriften folgendes:

„Der gesund werden will, der muß daran denken, daß es ohne Schmerzen nit geschieht, [...] und wie wir in unserem Schweiß die Nahrung gewinnen, so ist es auch hier: in unserem Schweiß, mit Schmerzen werden wir von Krankheiten gesund."[20]

Aus der Homöopathie ist der Begriff der „Erstverschlimmerung" bekannt. Nach der Gabe von Arzneien wird dort häufig beobachtet, daß sich die Symptome der Krankheit eine Zeitlang verschlimmern, bevor die Heilung eintritt.

Friedrich Brechbühl, Heiler aus der Schweiz, sieht in der Heilung „eine Aktivierung von Kräften, die oft erst eine Abwehr, eine Krankheitserscheinung auslösen". Er nennt das Heilkrisen, Geburtswehen der Gesundheit. Diese sind für ihn immer nur eine Bestätigung, daß man dem Kranken helfen kann.[21]

Aus Gesprächen mit Heilern konnte ich weitere Bestätigungen erfahren: Der Heilpraktiker Hossenfelder aus D., berichtete mir von seiner Beobachtung, daß bei 80 % aller Patienten die Schmerzen bei der Behandlung stärker werden. Oft dauerte diese scheinbare Verschlimmerung einige Zeit an, um dann schlagartig zu verschwinden.[22]

Erika Petz, Heilerin aus M., findet die anfängliche Verschlechterung des Zustands bei den Menschen, auf die sie durch die Heilkraft eingewirkt hat, natürlich. Es zeige sich dadurch, so Erika Petz, daß der Patient auf die Heilkraft anspricht. Anfängliche Verschlechterungen seien aber nicht zwingend für eine Heilung erforderlich, Heilungen können auch ohne solche Reaktionen auftreten.[23]

Rudolf Thetter berichtet in seinem Buch „Magnetismus - Das Urheilmittel" über seine Erfahrungen als Heiler. Er sieht eine große Schwierigkeit darin, den Patienten, die ihn aufsuchen, klarzumachen, daß oft zur Heilung das Durchstehen einer „Krise" erforderlich sei, und berichtet:

„Auf solche Krisen kann nicht eindringlich genug aufmerksam gemacht werden, weil man so oft zu hören bekommt, wenn die Krise eintritt: ‚Bevor ich in Behandlung kam, war ich krank, aber jetzt bin ich erst wirklich krank geworden [...].' Solche Krisen treten oft stürmisch auf. Sie können Fieber bringen, Durchfall, sogar heftige Diarrhoe, erhöhte Harnabsonderung, Schwindel und Mattigkeit, reichlichen Schweißausbruch, heftiges Unbehagen, nervöse Gereiztheit, vorübergehende Schlaflosigkeit, stärker oder schwächer werdende Menstruation [...]. Vor allem treten die Symptome, die der [...] Krankheit zu eigen sind, in verstärktem Maße zutage, und man begreift, daß ein Kranker das Vertrauen zu einer Behandlung verliert, die ihn scheinbar kränker macht, als er war."[24]

Thetter vertritt dann die Auffassung, daß „Krisen natürliche Vorgänge des Heilprozesses" sind, die „unschädlich sind und zur Gesundung notwendig".[25] In diesen Krisen zeige sich das „weisheitsvolle Wirken" des göttlichen Unbewußten. So kann man nicht vorherbestimmen, ob und wann und in welcher Art eine Krise auftrete. Er erkennt die Ursache der „Krisen" darin, daß dem Organismus stärkende Kräfte durch die Behandlung zugeführt werden. Es werden dem erkrankten Organismus gleichsam „Hilfstruppen" zur Verfügung gestellt. Der Heilungssuchende fühlt sich stärker, wohler, es kommt zu einem Aufleben im Gesamtorganismus, bis die Kräfte in ihm, so Thetter, „so stark geworden sind, daß sie von neuem den Kampf gegen die Krankheit aufnehmen können".[26] Dieser neue Kampf des gestärkten Organismus beginnt, und die Krise setzt ein. Besonders häufig hat er dies bei chronischen Erkrankungen beobachtet. In der Krise wird die Störung wieder akut, die Krankheit weicht aus dem Körper.

„Bleibt nach der Krise die Krankheit, wenn auch in geschwächter Form, weiter bestehen, so wird durch neuerliches Zuführen von Lebenskräften eine neue Krise herbeigeführt. Diese Krisen wiederholen sich in immer größer werdenden Abständen und in schwächer werdender Art [...], bis ein endgültiger Sieg, das heißt Heilung, erzielt wird."[27]

Thetter unterstreicht, daß es auf der anderen Seite falsch sei, sich vor diesen Krisen zu fürchten:

„Bei einer beträchtlichen Anzahl von Krankheiten treten sie kaum merklich als eine schwache Betonung des normalen Krankheitsbildes hervor, manchmal treten sie überhaupt nicht auf, und trotzdem erfolgt Gesundung."[28]

Eine dogmatische Schau ist bei diesen Prozessen nicht angebracht, denn, so Thetter, „wir stehen ja dem Leben gegenüber mit seinen eigenen, für unseren Verstand undurchschaubaren Gesetzen".[29]

Frau Mary Ehlen (44) aus B. erlebte eine Heilung völlig ohne Regelungsschmerz. Seit Juni 1991 litt sie unter einem sehr schmerzhaften Schulter-Arm-Syndrom des rechten Armes, das trotz Ruhigstellung nicht weichen wollte. Zusätzlich quälten sie seit Jahrzehnten Rückenschmerzen (chronische Lumbago). Morgens kam sie vor Schmerzen kaum aus dem Bett. Physikalische Therapie durch Fango und Massage bewirkte Linderung, ohne jedoch ein Wiederauftreten der chronischen Beschwerden verhindern zu können. Magenschmerzen, die nach Ansicht ihres Hausarztes durch ein Reflux bewirkt wurden, bestanden seit Mitte 1991. Sie erhielt säurebindende Medikamente, die lindernd wirkten. Am Abend des 31. Januar 1992 erfuhr Frau Ehlen von der Lehre Bruno Grönings. Am gleichen Abend verschwanden all ihre Schmerzen. Seit dieser Spontanheilung ist sie beschwerdefrei geblieben. Sie benötigt keine Medikamente mehr und kann sich schmerzfrei bewegen.[30]

## Die Bedeutung der Gedanken beim „Regelungsprozeß"

Bruno Gröning wies sehr deutlich auf die Wichtigkeit der Gedanken in dieser Übergangszeit zur Heilung hin. Der Vorgang der Regelung wird durch eine geistige Kraft bewirkt und unterliegt somit in ganz erheblichem Maße dem Einfluß der Gedanken des einzelnen. Weiter oben habe ich schon deutlich gemacht, daß für die Aufnahme des „Heilstroms" nicht nur die offene Körperhaltung notwendig ist, sondern auch ein „geöffnetes Gemüt" von großer Bedeutung ist. Durch negative Gedanken, z. B. Sorgen oder Gedanken an die Krankheit, verschließt man sich dem Einströmen dieser Kraft, was ein jeder leicht an sich selbst beobachten kann. Da der Regelungsvorgang eine Folge der einfließenden Kraft ist, ist der Verlauf dieses Reinigungsvorgangs abhängig vom ununterbrochenen Einströmen des Heilstroms. So ist es leicht einsichtig, daß Bruno Gröning immer wieder ermahnte, besonders in der Zeit der Umstellung darauf zu achten, mit welchen Menschen man sich umgibt.

Friedrich Retlow schreibt in seiner Schrift „Bruno Grönings Heilstrom - seine Natur und seine Wirkung" über diese Übergangszeit:

„Von großer Bedeutung für diesen Übergangszustand und die Zeit, bis die Genesung wieder fest in unseren Händen ist, ist das Gedankenleben. Besonders bei Heilungen durch den Kraftstrom Bruno Grönings, dem die materialistische Welt ungläubig und ablehnend gegenübersteht, ist die Gefahr vorhanden, daß abfällige Meinungen, böswillige Urteile auf den Kranken einstürmen und ihm mit suggestiver Macht den Glauben an Grönings Können und damit den Glauben an seine Heilung und Gesundung zerstören. Daß eine solche schädliche Beeinflussung, besonders wenn sie von der Empfindung des Kranken aufgenommen wird, den ständig wirkenden und neu einfließenden Heilstrom unterdrückt und zerstört, ist verständlich. Mancher Rückfall in den früheren Krankheitszustand ist auf diese zerstörende Einwirkung von negativen Gedanken zurückzuführen. Gedanken sind Kräfte, die ihre spezifische Schwingung und Ausstrahlung haben. Wie ein Ofen wohltuende Wärme oder auch vergiftende Kohlendünste ausstrahlen kann, so sendet der Mensch durch seine Gedanken unablässig entweder gesunde, erhebende Kräfte aus, wenn er Gutes denkt, oder ungesunde, erniedrigende, wenn er schlimmen Gedanken nachhängt.

Wenn daher Kranke, bei denen sich eine Heilung vollzieht, aus einer harmonischen Umgebung von guten, hilfsbereiten und zuversichtlichen Menschen in einen anderen Kreis von Spöttern, Zweiflern und Ungläubigen eintreten und dort verbunden bleiben müssen, können aus den genannten Gründen Rückfälle eintreten, deren Ursachen äußerlich gesehen nicht erkennbar sind.

Es ist daher ein Gebot der Klugheit, bei einem solchen Wechsel der Umgebung, wie überhaupt im Verkehr mit Skeptikern und Unwissenden, über eine eingeleitete Heilung durch den Strom möglichst zu schweigen. Erst wenn die Übergangszeit beendet und der Gesundheitszustand fest fundiert und gesichert erscheint, sollte man frei darüber reden."[31]

Über ähnliche Erfahrungen berichtet der Heiler R. Thetter in o. a. Buch:

„Die größte Anforderung an den Helfenden stellt der meistens schon bei der ersten ‚Krise' einsetzende Zweifel des Patienten [...]. Der ganze Kreis von Bekannten, die ‚Besserwisser', setzen ihm zu [...]. Dies alles macht dem Heilenden das Leben schwer, [...] und für den Heilungsverlauf selbst stellen sich mancherlei ungünstige Folgen ein. [...] Am besten ist es, wenn der [...] Behandelte mit niemandem darüber spricht."[32]

## Die Macht der Gedanken

Wesentlicher Bestandteil der Lehre Bruno Grönings ist das Wissen um die Macht der Gedanken. Wie zuvor schon beim Regelungsprozeß angedeutet, hat das Gedankenleben des einzelnen entscheidende Bedeutung für die Heilung. Dies wird verständlich, wenn man bedenkt, daß Bruno Gröning in den Gedanken wirkende Kräfte sieht, die nicht ohne Folgen für den Gesundheitszustand bleiben. Negative Gedanken schwächen den Menschen und bewirken bei längerem Einfluß Störungen in Seele und Körper, die sich dann früher oder später als sichtbare Krankheit zeigen können. Gute Gedanken bauen den Menschen auf, geben ihm Kraft, fördern und stabilisieren so die Gesundheit des einzelnen. Bruno Gröning forderte seine Zuhörer immer wieder dazu auf, ihrem Gedankenleben Beachtung zu schenken und negative Gedanken nicht mehr in sich zuzulassen. Er wußte, daß die negativen Gedanken dem Einströmen der aufbauenden, guten Kräfte entgegenstehen und den Menschen von Gott trennen.

In einem Vortrag wird seine Warnung sehr deutlich:

„Hüten Sie sich vor jedem bösen Gedanken! [...] Lehnen Sie ihn ab, und sprechen Sie meinetwegen vor sich hin [...]:

‚Ich will mit diesem bösen Gedanken nichts zu tun haben, ich will jetzt einen guten Gedanken!'

Dann lenken Sie sich selbst ab, schauen zum Fenster, schauen Sie dahin, wo das Gute, das wirklich Göttliche sich zeigt. Sie würden sagen, Sie schauen so mal in die Natur hinein, Sie schauen, wie jetzt gerade im Frühjahr alles zu wachsen beginnt, wie das Leben wieder auftaucht, wie vor unseren Augen alles ergrünt [...]. Aber so Sie die Natur genau betrachten, werden Sie empfinden, und Sie werden bald wahrnehmen, daß diese bösen Gedanken Sie verlassen haben. Mit diesem Schauen haben Sie schon die Verbindung zu Gott aufgenommen."[33]

Bruno Gröning war es bewußt, daß die meisten Menschen aus Gewohnheit negativ denken, ohne daß es ihnen klar ist, wie sie sich dadurch schaden. Es sind nicht nur Gedanken der Angst, des Hasses, des Neids, der Eifersucht, der Wut u. a., die zerstörenden Einfluß auf das Gemüt des Menschen haben und die er deswegen als „böse Gedanken" bezeichnete; Bruno Gröning zählte alle Gedanken, die dem Menschen die Freude, den Frieden, das Gute nehmen, zu den „bösen", negativen Gedanken. So wirken das schleichende Gift der Sorge- und der Trauergedanken, des Selbstzweifels, der Unzufriedenheit, aber auch die Gedanken der Eitelkeit und Ichsucht und jeglicher Gedanke an etwas Schlechtes, ob es nun im eigenen Leben oder im Leben anderer sich ereignet hat, abbauend und zerstörend auf das Gemüt. Bruno Gröning sah die erste Pflicht eines jeden Menschen, der Krankheit und Not an der Wurzel bekämpfen will, darin, all diese Gedanken von sich zu weisen, indem er sich bewußt dem Guten, d. h. den guten Gedanken zuwendet.

So wird gerade die Angewohnheit vieler Menschen, ständig an ihre Krankheit zu denken, zu einem großen Hindernis beim Erlangen der Heilung.

Bruno Gröning beschrieb dies in einem einfachen Beispiel:

„Nehmen Sie eine Schale, die gefüllt ist, gleich womit, meinetwegen mit Obst, das tagelang steht, d. h. gestanden hat, und keiner sich darum gekümmert, und keiner wußte dieses zu behandeln, und es ist schlecht geworden. Sie können dieses Obst nicht mehr genießen. Und jetzt kommt jemand und will Ihnen neues, gesundes Obst geben. Da wäre es eine große Dummheit, wenn man das gute, das neue, das gesunde Obst auf dieses schlechte legen würde, denn dieses gute würde dann auch in denselben Zustand übergehen, wie das schlechte schon ist. Wenn Sie das gesunde Obst haben wollen, so müssen Sie doch erst das schlechte, das ungesunde, das nicht mehr genießbare beiseiteschütten; aber nicht nur alleine, sondern diese Obstschale als solche auch säubern, um dann das gesunde zu empfangen. Vergleichen Sie dieses, die Schale, mit Ihrem Körper und das Obst mit Ihren kranken Organen, und das Gesunde ist das, was Sie sich erhoffen. Aber es ist unmöglich, wenn Sie das Schlechte nicht abwerfen können, heißt in diesem Falle, wenn Sie sich mit Ihrer Krankheit beschäftigen."[34]

Jeder negative Gedanke, jeder Gedanke an die Krankheit steht dem Einfließen der heilenden Kräfte im Menschen entgegen. Die Gedanken an das Übel hüllen ihn wie „Nebel" ein, so daß die lichten, aufbauenden und reinigenden göttlichen Kräfte nicht in ihn einfließen können. Er muß sich erst innerlich „leer" von diesen negativen Vorstellungen machen, sich von ihnen gedanklich lösen, will er Gutes in sich aufnehmen. Die Reinigung des Körpers von den negativen Energien erfolgt dann durch die einfließenden guten Kräfte, die der Mensch durch den Heilstrom in großem Maß in sich aufnimmt.

Aber viele Menschen denken fast ununterbrochen an ihre Krankheit und sehen solche Gedanken noch als normal an. Immer kreisen die Gedanken um jedes Wort des Arztes, jede Änderung der Befindlichkeit wird mit großer Sorge betrachtet und als Vorbote für eine Verschlechterung gedeutet. Die Gedanken an die Krankheit erfüllen diese Menschen mit einer solchen

Macht, daß oft kaum ein anderes Gesprächsthema möglich ist. Ahnungslos verbinden sie sich durch ihre Gedanken ständig genau mit dem, was sie als Übel empfinden und eigentlich loswerden wollen, und prägen beständig ihrem Unbewußten das Bild der Krankheit und ihrer Verschlechterung auf. Andauernd wird jedes Wirken der schöpferischen Kräfte des Körpers zur Heilung hin gehemmt. Diese Menschen arbeiten unbewußt unermüdlich daran, das gefürchtete Unheil Wirklichkeit werden zu lassen. Häufig verschlimmert sich in der Folge trotz aller Therapien das Leiden. Aber nur die wenigsten erkennen die Ursache in sich selbst. Es bleibt unverständlich, daß durch ein einseitig körperorientiertes Denken selbst vielen Ärzten diese Zusammenhänge nicht einsichtig sind. So wird der Mensch von der Verantwortlichkeit seinen Gedanken gegenüber mit all den gefährlichen Folgen enthoben.

Teile der Wissenschaft haben sich jedoch dieser wichtigen Thematik angenommen. Nach der Psychosomatik hat sich vor einigen Jahren eine neue Fachrichtung in der Medizin gebildet: die Psycho-Neuro-Immunologie. In diesem Spezialfach untersucht man den Einfluß der Gedanken und Gefühle des Menschen auf sein Immunsystem. Man fand bestätigt, daß negative Gedanken und Gefühle sich schädigend auf das Immunsystem auswirken.

Und doch ist dieses Wissen nichts Neues. Schon Paracelsus (1494-1541), der größte Arzt der beginnenden Neuzeit, sprach von dem „inneren Arzt" im Menschen, der als „innerer Heiler" dem Gesamtorganismus als Erhalter und Wiederhersteller der Gesundheit helfend zur Seite steht. Er ist dem Unbewußten des Menschen zuzuordnen und ist durch die Gedanken sehr leicht in seinem Wirken zu beeinflussen. Negative Gedanken wirken hemmend, während positive Gedanken seine ordnenden und aufbauenden Kräfte stärken.

Diana Craig, eine bekannte englische Geistheilerin, die mit dem wohl berühmtesten Geistheiler Englands, Harry Edwards, zusammengearbeitet hat, weist ihre Patienten immer wieder auf die Macht ihrer Gedanken hin, im positiven wie im negativen Sinn. Sie ist davon überzeugt, daß jeder seine Krankheit im wesentlichen selbst verschuldet, indem er sich durch destruktive Gedanken in Disharmonie und ins Ungleichgewicht bringt. Für die Heilung muß der einzelne sich bemühen, das „Gedankenmuster zu ändern, die negativen Gedanken in positive umwandeln".[35]

Der französische Apotheker Emil Coué (1857-1926) erkannte, daß durch Zusprüche wie: „Das ist eine hervorragende Arznei - Damit geht es bei Ihnen schnell wieder bergauf - Der Doktor hätte gar nichts Besseres verordnen können u. a. m." die verabreichten Mittel gleich eine bessere Wirkung hatten. Er entwickelte aus diesen Erkenntnissen die Methode der bewußten Autosuggestion. Er nahm an, daß es im Menschen Bilde- und Gestaltungskräfte gäbe, die er „unsere treuesten und besten Diener" nannte. Andere, die zu ähnlichen Erkenntnissen kamen, sprachen von den „geheimnisvollen Helfern in uns" oder dem „inneren Arzt", welcher in seiner Tätigkeit weitgehend abhängig von der Art unserer Gedanken ist.

Coué wies deutlich auf die Gefahr negativer Gedanken hin, die das Wirken dieser inneren Kräfte lähmen. Er gab den Menschen sogenannte positive Autosuggestionen, Wortfolgen, die man sich immer wieder vorsprechen und auch in ihrer Wirkung möglichst deutlich vorstellen sollte. Die bekannteste Formel ist:

„Es geht mir mit jedem Tag immer besser und besser."[36]

Coué sprach schließlich von einem Gesetz der Gedankenverwirklichung: „Jeder Gedanke, der uns erfüllt, drängt mit aller Macht auf seine Verwirklichung - soweit dies im Rahmen des Naturgesetzlichen möglich ist."[37]

Der österreichische Medizinalrat Dr. med. Erich Rauch hat die Methode von Coué übernommen und schreibt dazu in seinem Buch „Autosuggestion und Heilung":

„Wir haben gar keine Ahnung, welch ungeheure Kräfte in jedem Menschen schlummern! Kräfte, die Großes bewirken können, wenn man sie nur durch den unbeirrbaren Glauben an sich und an seine Möglichkeiten weckt und in die richtigen Bahnen lenkt! Daher kann allein schon den innig empfundenen, fest geglaubten Gedanken eine schicksalsbestimmende Rolle zukommen; eine Rolle, die viel wichtiger ist als alles, was wir nur oberbewußt zu wünschen oder zu wollen vermeinen [...]. Nicht das geschieht, was wir wollen, sondern nur das, was wir glauben."[38]

Dr. Rauch warnt eindringlich davor, mit anderen Menschen über Krankheiten zu sprechen und sieht in negativem Denken und Sprechen eine „Todsünde gegen den inneren Arzt":

„Jede Produktion leidvoller Äußerungen verstärkt nur die Macht des Negativen über uns und erschwert uns die Befreiung aus der Umklammerung von Leid und Leiden."[39]

Dr. Rauch schreibt weiter:

„Sogar der Verlauf schwerster Krankheitsprozesse wie Krebs kann ganz wesentlich von den (gedanklichen) Selbstbeeinflussungen des Kranken abhängen. Dies gilt genauso für akute wie chronische Krankheiten, sogar für Infekte, was unlängst wieder ein prominenter Wissenschaftler, Professor V. E. Frankl, in seinem Festvortrag in der Gesellschaft der Ärzte in Wien unterstrichen hat:

‚Die Immunlage (Abwehrlage) des Menschen wird maßgeblich von seiner Affektlage bestimmt!'

Selbst anscheinend so meilenweit von allem Seelischen entfernte Leiden wie Unfallfolgen, Verletzungen und auch Knochenbrüche, worüber auch der bekannte Kliniker Professor A. Jores schreibt, hängen in ihrem Heilverlauf maßgeblich von der inneren Einstellung und somit von den gedanklichen Selbstbeeinflussungen des Verletzten ab."[40]

Der amerikanische Arzt Dr. Simonton hat auch die Macht der Gedanken in seine Arbeit als Arzt mit aufgenommen. Seine Erfahrungen führten zu der Entwicklung einer Methode, die an einen jahrtausendealten, von Medizinleuten und Schamanen empfohlenen Weg zur Heilung erinnert, obwohl Dr. Simonton das alte Wissen nicht kannte.

Wesentlich für seine Arbeit ist die Technik des Visualisierens (oder auch Imaginieren genannt, d. h. ein bildhaftes Vorstellen eines bestimmten gewünschten Zustands, durch bewußte Ausrichtung der Gedanken in diese Richtung, z. B. der Gesundheit).

Er schult seine Patienten, sich neben der konventionellen Krebstherapie bildhaft in Vorstellungen immer wieder ihre Gesundheit und den Sieg über den Krebs vorzustellen. Von 1974 bis 1981 erstellte er eine große Studie mit revolutionären Ergebnissen. Er konnte darin beweisen, daß die Patienten, die sich seiner Therapie unterziehen, durchschnittlich doppelt so lang leben wie die Krebspatienten in den besten medizinischen Zentren mit den üblichen Therapieformen - jeweils bezogen auf vergleichbare Krankheitsnormen.[41]

Es wird auch berichtet, daß er durch seine Therapie bestimmte, andernorts bereits völlig aufgegebene Krebskranke retten und zum Teil hat heilen können.[42]

Simonton fand auch heraus, daß vor allem zerstörerische Emotionen wie verdrängte Wut, Angst und Hoffnungslosigkeit im Körper des Menschen die Bedingungen schaffen, daß sich eine Krebserkrankung ausbreiten kann.

Er sieht darum sein erstes Behandlungsziel darin, seine Patienten zum Umdenken (!) zu bringen. Er lehrt seine Patienten, daß der wichtigste Faktor bei der Krebsbekämpfung sie selbst und ihr Glaube an sich selbst ist.

In einem Interview äußerte er sich zu seiner Arbeit:

„Meine ganze Arbeit resultiert aus einer tiefen spirituellen Veränderung, die mit mir geschah. Ich war aufgewachsen in dem Glauben, von Natur aus schlecht zu sein. Als ich begann, diese Arbeit zu entdecken, kam während einer Meditation die Information zu mir, daß nicht nur die Einstellung falsch war, ich sei von Natur aus schlecht, sondern daß überhaupt niemand von

Natur aus schlecht ist. Daß jeder von Natur aus gut ist, aus derselben göttlichen Substanz gemacht. Das war eine sehr tiefe Erfahrung für mich. Es geschah 1971, kurz bevor ich meinen ersten Patienten auf die neue Weise behandelte und direkt, bevor ich verstand, daß wir unsere Körperchemie verändern, wenn wir unser Verhalten verändern [...]. Seitdem meditiere ich regelmäßig."[43]

Die Tatsache von der Macht des Geistes durch die Gedanken findet sich schon vor Jahrtausenden in den Lehren der Weisen aller Völker. Ob es Wissende des alten Indiens oder Chinas oder anderer Völker waren, alle erkannten in der Beherrschung und Führung der Gedanken zum Guten den Schlüssel für innere Kraft, Gesundheit und geistige Entwicklung. So soll Buddha gesagt haben:

„Macht über die Gedanken ist Macht über Leib, Leben, Schicksal."

Nur unsere Zeit hat im Zuge wissenschaftlicher Entdeckungen und neuer Techniken die Macht, die im Menschen liegt, vergessen. Aber Gesetze verlieren ihre Wirkung nicht dadurch, daß man sie nicht kennt. Die Folgen, die aus der Mißachtung der Gesetze des Geistes resultieren, offenbaren sich in alarmierender Deutlichkeit.

Auf der anderen Seite besinnen sich immer mehr Menschen - oft unter dem Druck von Not und innerer Leere - wieder auf sich selbst und erkennen die schicksalhafte Macht ihres Geistes im Guten wie im Bösen. Die Macht der Gedanken wird in zahlreichen Schriften z. T. in Millionenauflage von Autoren wie R. W. Trine, Sheldon Leavitt, Dale Carnegie, Joseph Murphy, Norman Vincent Peale, im deutschen Sprachraum auch besonders von K. O. Schmidt u. v. a. m. verbreitet. Das uralte Gesetz von der Schulung der Gedanken wird als positives Denken dankbar von vielen als Lebenshilfe angenommen.

## Das Reden über Krankheiten - eine große Gefahr für die Heilung

Was für die Gedanken gilt, gilt um so mehr für das gesprochene Wort. Bruno Gröning geht auch darauf in einem Vortrag ein:

„Liebe Freunde, ich glaube nicht, daß Sie heute hier zusammengekommen sind, um jetzt all Ihre Sorgen und Nöte aufzuzählen. Sie würden klagen, Sie würden so verzagende Worte über Ihre Lippen bringen, daß Sie dadurch bei Ihrem Nächsten, womöglich bei all Ihren Nächsten, das größte Mitleid erwecken, denn ich weiß, Sie sind es gewohnt, nur darüber zu sprechen, was Sie bisher bedrückte, was Sie als Übel an Ihrem eigenen Körper empfunden haben, was Sie sehen, was Sie hören, was Sie riechen, was Sie schmecken und auch, was Sie fühlen. Vieles ist Ihnen zum Übel geworden, aber nie sind Sie zu dem Bewußtsein gekommen, erst mal, daß Sie selbst die Schuld daran tragen, daß Sie, das heißt Ihr Körper, von dem Übel erfaßt wurde."[44]

Wie sehr haben die Menschen die Macht des gesprochenen Wortes verkannt! Denn wenn jedem Gedanken eine große Kraft innewohnt, wie stark wirkt dann erst das gesprochene Wort!

Schon Salomo wußte davon. In der ersten Salomonischen Sprüchesammlung findet man folgendes zur Macht des Wortes:

„Wer seine Lippen hütet, bewahrt sein Leben; wer den Mund aufreißt, den trifft Verderben."[45]

„Tod und Leben stehen in der Macht der Zunge; wer sie liebevoll gebraucht, genießt ihre Frucht."[46]

„Wer seinen Mund und seine Zunge behütet, der behütet sein Leben vor Drangsal."[47]

Der indische Yogi Paramahansa Yogananda beschreibt in seiner Autobiographie ein beeindruckendes Erlebnis mit der Macht des Wortes aus seiner Kindheit:

„Eine andere Kindheitserinnerung ist ebenfalls bemerkenswert und sogar im buchstäblichen Sinne, denn bis zum heutigen Tage habe ich eine Narbe davon zurückbehalten. Meine ältere Schwester Uma und ich saßen eines Morgens unter einem Zedrachbaum unseres Gartens in Gorakhpur. [...] Uma klagte über ein Furunkel an ihrem Bein und holte eine Dose mit Salbe. Auch ich schmierte mir davon etwas auf den Arm.

‚Warum tust du dir Medizin auf einen gesunden Arm?'

‚Weil mir so ist, als ob ich morgen auch ein Furunkel haben werde. Ich probiere deine Salbe an der Stelle aus, wo mein Furunkel herauskommen wird.'

‚Du kleiner Schwindler!'

‚Uma, nenne mich nicht Schwindler, sondern warte erst bis morgen ab!' sagte ich mit voller Entrüstung. Doch meine Schwester schien wenig beeindruckt und neckte mich noch dreimal auf die gleiche Weise. Da aber erwiderte ich langsam und mit der größten Entschlossenheit:

‚Bei der Kraft meines Willens erkläre ich dir, daß ich morgen genau an dieser Stelle ein ziemlich großes Furunkel haben werde. Und dein Furunkel wird doppelt so groß sein!'

Am nächsten Morgen hatte ich tatsächlich ein dickes Furunkel an der bezeichneten Stelle, und Umas Furunkel hatte sich um das Doppelte vergrößert. Mit einem Schrei eilte meine Schwester zu meiner Mutter: ‚Mukunda [der Kindesname von Yogananda] ist ein Zauberer geworden!' Ernsthaft ermahnte mich Mutter, nie wieder die Kraft des Wortes zu gebrauchen, um anderen Schaden zuzufügen. Ich habe mir ihren Rat sehr zu Herzen genommen und ihn von da an stets befolgt.

Mein Furunkel mußte chirurgisch behandelt werden und hinterließ eine sichtbare Narbe. So trage ich an meinem rechten Arm ein ständiges Mahnzeichen, das mich an die Wirkungskraft des menschlichen Wortes erinnert.

Diese einfachen und scheinbar harmlosen Sätze, die ich mit tiefer Konzentration an meine Schwester gerichtet hatte, besaßen jedoch soviel verborgene Kraft, daß sie wie ein Geschoß wirkten und wirklichen Schaden anrichteten. Später erkannte ich, daß man die explosive Schwingungskraft des Wortes weise lenken kann, um alle Arten von Hindernissen zu beseitigen, was einem weder Narben noch Vorwürfe einbringt."[48]

Den meisten Menschen ist aber zur Gewohnheit geworden, ungeachtet der Worte einfach so daherzureden, was ihnen gerade in den Sinn kommt. Da viele an Krankheit und Leid gedanklich regelrecht kleben, erzählen sie fast jedem ihrer Nächsten ihre gesamte Krankheits- und Leidensgeschichte oder reden immer wieder über all die Sorgen und Nöte, die ihre Seele bedrücken.

Dr. med. Rauch schreibt darüber in seinem Buch „Autosuggestion und Heilung":

„Ungünstig wirkt auch alles ‚sachliche' Reden über Krankheiten, Operationen, Behandlungen oder über das Lieblingsthema: die eigene Krankengeschichte. Im Fernen Osten galt es zu recht als ärgste Taktlosigkeit, vor anderen über seine Leiden ein Wort zu verlieren. Bei uns ist es hingegen erschütternd, mit welcher Ausdauer und nicht selten Aufdringlichkeit viele Leute sich über ihre Leiden in aller Öffentlichkeit verbreiten. Viele sind geradezu von einer Sucht befallen, sich unaufhörlich mit ihrem Elend zu beschäftigen, es zu analysieren und weiterzuerzählen."[49]

Man sollte sich bewußt werden, daß durch das Sprechen über die Krankheit bzw. die Sorgen in gleicher Weise wie durch das Denken daran, diese immer wieder geistig angezogen werden, d. h., daß man sich damit im Bewußtsein verbindet. Der Mensch, der sich im Glauben und Vertrauen von allen Sorgen und Nöten gelöst hat, um Heilung zu erfahren, legt sich mit jedem negativen Wort wieder in die Ketten, die er vorher gedanklich von sich geworfen hat, und die Krankheit kann nicht weichen.

Bruno Gröning betonte darum in einem Vortrag:

„Wer sich mit der Krankheit beschäftigt, hält sie fest und versperrt der göttlichen Kraft den Weg."[50]

Wenn man sich noch einmal ins Gedächtnis zurückruft, daß jeder negative Gedanke eine wirkende Kraft ist, die dem Einströmen der heilenden Kraft entgegensteht, wird in erschreckender Weise deutlich, mit welchen negativen Energien sich die Menschen umgeben, die all das Schlechte in ihrem Leben immer wieder in Worte fassen. Beständig arbeiten sie daran, ihr eigenes Leid und das Leid anderer Menschen zu vergrößern. Sie klammern sich regelrecht durch Gedanke und Wort an ihr Leiden und schenken ihm jede mögliche Beachtung. Wie unter einem Zwang stellen viele die eigene Krankengeschichte immer und immer wieder in den Mittelpunkt ihrer Betrachtungen.

Andere verbinden sich ständig in Gedanken mit unliebsamen Ereignissen aus ihrer Vergangenheit und beschwören in ihren Worten all die Not und das Leid immer wieder herauf. Wie von einem magischen Zauber gefesselt, bleiben viele Menschen in ihren Worten beim Negativen stecken, die Klage, der Jammer und die Bitterkeit über all das Schlimme, das sie gehört, gesehen und erlebt haben, zieht sich wie ein roter Faden durch all ihre Gespräche.

Bruno Gröning wußte um die unheilvolle Macht solcher Reden über Körper und Seele. Er hatte erkannt, daß jede negative Äußerung auf den Menschen zurückfällt, ihn herabwürdigt und schwächt. Er wußte, daß durch all diese

Worte die Macht des Negativen auf den Menschen verstärkt wird und sie ihn immer mehr in die Bande von Not und Elend legen.

Darum mahnte er:
„Denken Sie nur Gutes, sprechen Sie nur Gutes, tun Sie nur Gutes!"[51]

„Überlegen Sie jedes Wort und jeden Satz, den Sie sprechen, und jeden Gedanken, den Sie aufnehmen, ob er es würdig ist, aufgenommen zu werden. Überlegen Sie ganz genau, ob Sie richtig gehandelt haben! Rufen Sie sich täglich zur Ordnung, d. h. zu Gott! Rügen Sie sich selbst!"[52]

„Der Mensch, der die Macht des Wortes kennt, achtet auf sein Sprechen."[53]

Nun sind aber viele Menschen zu schwach z. B. angesichts eines negativen Ereignisses, all ihre Gedanken und Worte sofort zum Guten zu wenden. In solchen Momenten sollte der Mensch dann nicht allein bleiben. Im Nu wäre er von der Macht der einfallenden negativen Gedanken innerlich gefangen und gezwungen, unbedacht seine Sorgen anderen gegenüber in Worte zu fassen, die durch Mitleid und schlechte Gedanken seinen seelischen Abbau beschleunigen. Bruno Gröning wies in seinen Vorträgen darauf hin, daß ein Mensch in einer solchen Situation sich an seinen Nächsten wenden kann, der stark im Glauben ist, und diesem einmal sein Herz ausschütten sollte, um sich die ganze Last von der Seele zu reden. Dann kann er zusammen mit diesem die göttliche Kraft aufnehmen, sich von allem Negativen lösen und es im Vertrauen Gott geben. Bis alles wieder in die Ordnung gekommen ist, kann ihm der Nächste weiterhin mit Rat und Tat und vor allem mit der Kraft seines Glaubens zur Seite stehen. So wird es dem Menschen, der Negatives erfahren hat, leichter sein, die gedankliche Verbindung zum Guten aufrechtzuerhalten.

Nur sollte er aber dann davon Abstand nehmen, wenn er einmal sein Herz ausgeschüttet hat, weiterhin die Sorge in Gedanken und Worte zu fassen, wenn er eine höhere Hilfe erwartet.

Grundsätzlich wäre es jedem Menschen anzuraten, sich davor zu hüten, über etwas zu sprechen, von dem er nicht will, daß es sich verwirklicht. Das oben erwähnte Kindheitserlebnis des indischen Yogis Paramahansa Yogananda sollte eine eindrucksvolle Warnung sein.

## Mitgefühl statt Mitleid

Ein wesentliches Motiv vieler Menschen, persönliches Leid und Krankheit möglichst vielen ihrer Nächsten zu erzählen, ist, das Mitleid der anderen zu erwecken.

Bruno Gröning bemerkte dazu:

„Hier kann ich genügend Beweise stellen, daß, wenn die Umgebung des einzelnen Kranken nicht einwandfrei war oder wenn diesem Menschen das schon in Fleisch und Blut übergegangen war, sich nur bemitleiden zu lassen, daß man ihm dann auch nicht helfen, ihn auch nicht auf den guten, den gesunden Weg bringen kann. Also deshalb nicht die Frage stellen, was ich heilen kann, sondern wen ich heilen kann. Und ich will dem Menschen zu einer Heilung verhelfen, indem ich ihm den guten, wie es nur der göttliche Weg sein kann, zeige."[54]

Bruno Gröning unterschied zwischen Mitleid und Mitgefühl.

Wie das Wort schon sagt, bedeutet Mitleid, daß man „mit-leidet", man nimmt die verzagenden Worte des anderen in sich auf, man beschäftigt sich gedanklich mit dessen Leid und wird sich bald ebenso bedrückt und traurig fühlen. Man hat das Negative seines Gegenübers in sich aufgenommen und dadurch zugelassen, daß die abbauende Kraft in der Seele wirken kann. Man kann dann nichts Gutes mehr geben. Die Worte des Trostes, die man spricht, sind leer und kraftlos geworden. Man kann selbst nicht an das glauben, was man dem anderen sagt.

Auf diese Zusammenhänge wies Bruno Gröning in seinen Vorträgen immer wieder hin. Er warnte seine Zuhörer davor, Mitleid aufzunehmen, wenn sie einem anderen Menschen helfen wollten. Denn man kann einem anderen Menschen immer nur das geben, was man selbst in sich aufgenommen hat. Ein Mensch kann seinem Nächsten keinen Mut und Trost zusprechen, wenn er den klagenden und verzagenden Worten sein Herz geöffnet hat.

Bruno Gröning riet seinen Zuhörern, statt des Mitleids Mitgefühl mit dem Nächsten zu haben.

Man kann den Unterschied zwischen Mitleid und Mitgefühl am besten an dem Handeln einer Mutter erkennen, an die sich das Kind wendet, wenn es sich weh getan hat. Das Kind schüttet erst einmal sein Herz aus und sagt, was weh tut. Aber dann wird die Mutter seine Gedanken liebevoll von dem Schmerz ablenken und ihm gute Worte sagen, etwas Schönes erzählen und das Kind vielleicht noch mitfühlend in den Arm nehmen.

Die Mutter wird zum Kind sagen:

„Das wird schon wieder gut, glaube nur, schau, erinnerst du dich noch, was wir gestern Schönes getan haben ..."

Das Kind wird sein Herz den Worten der Mutter öffnen und diese in sich aufnehmen. Seine Gedanken sind jetzt vom Übel abgelenkt, auf Gutes, Schönes ausgerichtet. Dadurch ist es innerlich mit dem Guten verbunden, und die aufbauende, belebende Kraft guter Gedanken wird sich bald bemerkbar machen. Die Mutter behält ihre Kraft, weil sie sich gar nicht mit dem Leid aufhält, sondern mit ihren Worten den Geist des Kindes mit aufbauenden Kräften verbindet.

Dieses Beispiel macht den Unterschied zwischen Mitleid und Mitgefühl deutlich. Wer sich und anderen helfen will, sollte seine und die Gedanken und Worte des anderen nur dem Guten zuführen und nie am Leid und an der Krankheit haften bleiben. Kein Mitleid zu haben bedeutet also nicht, daß man dem Nächsten in der Not gleichgültig gegenübersteht, sondern daß man soviel Liebe und Mitgefühl aufbringt, sich seiner anzunehmen und seinen Lebensmut und die Zuversicht zu stärken, mit anderen Worten, ihm zu helfen, sich erneut mit dem Guten, d. h. mit Gott zu verbinden.

## „Weg mit dem Ratsch, weg mit dem Tratsch!"

„Die Gedanken sind frei", heißt es in einem bekannten deutschen Volkslied. Sie sind wirklich frei, doch enthebt diese Tatsache keinen Menschen von seiner persönlichen Verantwortung. Man täuscht sich sehr, so man glaubt, man könne bedenkenlos über einen anderen Menschen Schlechtes denken, solange man diese Gedanken nicht in Worte faßt. Durch wissenschaftliche Untersuchungen konnte vielfach gezeigt werden, daß Gedanken von Mensch zu Mensch gesendet werden können und beim Empfänger sogar körperlich spürbare Folgen bewirken können (s. a. Kap. 4). Jeder Gedanke ist eine geistige Kraft und beginnt, sobald er gedacht wurde, in genauer Entsprechung zu der Kraft, mit der er gedacht wurde, seinem Inhalt gemäß zu wirken. So hat ein schlechter Gedanke über einen anderen Menschen nicht nur Folgen für das eigene Wohlbefinden, sondern wird mit Sicherheit den Nächsten, dem er zugedacht ist, erreichen. Er wird diesen Gedanken in sich wahrnehmen oder sich plötzlich scheinbar ohne Grund kraftlos fühlen.

R. W. Trine schreibt dazu in seinem Buch „In Harmonie mit dem Unendlichen“:

„Nicht genug, daß wir für uns selber die Dinge, die wir fürchten, geradezu herbeiziehen, wir tragen sogar für andere dazu bei, daß bei ihnen gerade die Dinge eintreten, die wir für sie fürchten. Und zwar geschieht das ganz im Verhältnis zu der Stärke unserer Gedanken und zu dem Grad unserer Empfänglichkeit, je nachdem wie fein wir besaitet und darum leicht durch Gedanken zu beeinflussen sind. Hieran ändert auch der Umstand nichts, daß bei uns oder bei denen, für die wir fürchten, diese Gedanken unbewußt bleiben. [...] Ich weiß eine ganze Anzahl von Fällen, wo jemand sich für ein Kind so fortgesetzt geängstigt hat, daß gerade das, wovor er sich fürchtete, zu dem Kind herangezogen wurde, während es ohne diese Ängstlichkeit wahrscheinlich gar nicht eingetreten wäre. Sehr oft ist gar kein genügender Grund zu dieser Ängstlichkeit da; aber auch wenn einer vorhanden wäre, so ist es viel weiser, gerade die entgegengesetzte Haltung des Geistes einzunehmen: Dadurch werden die Kräfte, die am Werke sind, entschärft. Dann aber müssen wir das Kind mit weisen und kräftigen Gedanken umgeben, die es fähig machen, den Übeln zu begegnen und, statt sich von ihnen bezwingen zu lassen, Herr über sie zu werden.

Erst vor wenigen Tagen erzählte mir ein Freund eine Erfahrung, die er in seinem eigenen Leben auf diesem Gebiet gemacht hat. Er sollte sich eine bestimmte Gewohnheit abgewöhnen: Wenn dies erreicht wäre, sollte er seine Braut heiraten dürfen. Während der Zeit, da er den schweren Kampf führte, dachten seine Mutter und seine Braut mit so beständiger Angst an ihn, daß der im höchsten Grad empfindsam geartete Mann unaufhörlich den niederdrückenden und schwächenden Einfluß ihrer mutlosen Gedanken fühlte. Er konnte immer ganz genau sagen, wie sie für ihn empfanden, denn ihre Angst, ihr Fragen, ihr Mißtrauen beeinflußte und schwächte ihn fortwährend. Die Folge war, daß ihm das Gefühl der eigenen Kraft immer mehr schwand und er immer mutloser wurde. Statt ihm Mut und Kraft einzuflößen, brachten sie ihm so seine eigene Schwäche und die Fruchtlosigkeit seines Kampfes immer mehr zu Bewußtsein.

Die zwei Menschen, die ihn zärtlich liebten und alles und jedes getan hätten, um ihm zum Sieg zu helfen, wußten nichts von der stillen, feinen, immer wirksamen und überall den Ausschlag gebenden Macht der Gedankenkräfte; und statt seinen Mut und seine Kraft zu stärken, raubten sie sie ihm und fügten seiner inneren Schwäche noch eine Schwächung von außen hinzu. Dadurch wurde der Kampf für ihn ums Dreifache schwerer.“[55]

An diesem Beispiel wird sichtbar, wie falsch verstandene Sorgen sich negativ auswirken können, unbewußt und von dem Sender nicht gewollt. Ähnlich massiv wirken Gedanken, mit welchen man sich über andere erhebt, weil man meint, man sei im Recht. Das geschieht meistens aus Ärger, Wut oder Neid. Unbewußt macht sich der Mensch somit an dem mitschuldig, was er an seinem Nächsten verurteilt. In gleicher Weise üben gute Gedanken über einen anderen Menschen einen wohltuenden, helfenden Einfluß auf ihn aus.

Somit beeinflußt man seinen Nächsten, je nachdem ob man über ihn Gutes oder Schlechtes denkt, entweder zum Guten oder zum Schlechten.

Die negative oder positive Wirkung auf den Nächsten kann noch vielfach verstärkt werden, wenn man das über einen anderen Menschen Gedachte in Worte faßt und auf diese Weise verbreitet. Dies führt häufig dazu, daß mehrere Menschen in gleicher Weise an eine andere Person denken, was sich in gesetzmäßiger Weise auf ihr eigenes Leben und ihre Gesundheit auswirkt wie auch auf den Betroffenen.

Aus dieser Sicht wird die unheilvolle Wirkung von „Ratsch und Tratsch" deutlich sichtbar. Bruno Gröning wußte um die penetrante Angewohnheit vieler seiner Zeitgenossen, ihre Zeit und Kraft mit schlechtem Reden über andere im Stile einiger gern gelesener Zeitungen und Zeitschriften zu vergeuden.

Mahnend wandte er sich aus diesem Grunde in einem Vortrag mit folgenden Worten an seine Zuhörer:

„Wie der Mensch die Zeit vergeudet, indem er über seine Nachbarn, Verwandte, Bekannte spricht, wie der eine und der andere lebt. Lieber Freund, - sage ich - frage dich selbst, wie du lebst! Kümmere dich erst um dein Eigenleben! Sorge erst du dafür, daß du wirklich wieder in die göttliche Führung kommst! Wenn du über ihn reden willst, wenn du ihn verurteilen willst, das ist schon das Böse. [...] Kurz gesagt, Freunde, weg mit dem Ratsch, weg mit dem Tratsch!"[56]

Zusätzlich kann man aber noch beobachten, daß all das, was man seinem Nächsten in Gedanken, Worten und Taten zufügt, auf den Menschen zurückfällt. Ein Mensch, der viel des Guten ausstrahlt, durch den man sich angenommen und verstanden fühlt, wird in seinen Nächsten wieder gute Gedanken wecken, die auf ihn zurückwirken und die Kraft zum Guten in ihm wachsen lassen. In gleicher Weise wird ein Mensch, der seinen Mitmenschen nur negative Gedanken, Worte und Taten entgegenbringt, in diesen Ähnliches wecken, das dann auf ihn zurückwirkt. Somit kommt all das Gute oder Schlechte, das ein Mensch über einen anderen gedacht, gesprochen oder ihm getan hat, mit der gleichen Sicherheit früher oder später auf ihn selbst zurück.

In gleicher Weise äußerte sich Bruno Gröning in einem Vortrag:

„Was der Mensch sät, das wird er ernten. Dies bedeutet: Alles, was der Mensch in Worten oder durch die Tat aussendet, wird zu ihm zurückkehren. Er wird empfangen, was er gibt."[57]

Jeder sollte sich einmal selbst prüfen, wie leichtfertig er Gedanken aufnimmt und sie ohne Überlegung in Wort und Tat umsetzt.

Dazu ein weiteres Zitat Bruno Grönings:

„Wie sind Sie überhaupt im Leben? Was haben Sie getan? Was haben Sie gesagt? Welche Gedanken haben Sie aufgenommen? Zeigten Sie nicht das größte Interesse, Böses zu hören, d. h., was für Sie Sensation gewesen ist, um überhaupt einen Gesprächsstoff zu haben, um nicht ganz einzuschlafen, um nicht ganz zu erschlaffen, gab es doch so viel Interessantes. Es gab viel zu hören, es gab auch viel zu lesen, es gab auch viel des Bösen zu sehen. Aber dabei war und wird vorerst auch ein großer Teil der Menschheit bleiben, denn er ist es einfach so gewohnt."[58]

Es ist ein trauriges Phänomen unserer Zeit, daß fast die gesamte Presse, Rundfunk und Fernsehen diese Verhaltensmuster der Menschen unterstützen. Der aufmerksame Beobachter wird trotz Ausweitung der Programme nur sehr selten Filmproduktionen antreffen, die den Zuschauern etwas Gutes, Aufbauendes vermitteln wollen. Jede Persönlichkeitsentwicklung erfordert aber dringend eine gedankliche Führung zum Guten. Ein Grundbaustein dieser Entwicklung ist das gute Vorbild. Dieses ist heute sehr selten geworden. Auch fehlt den meisten Menschen die Aufklärung über die Macht der Gedanken. So sind sie ihren Gewohnheiten ausgeliefert und geben diese, ohne es zu wollen, durch ihr schlechtes Vorbild an ihre Kinder weiter, die im Ansturm negativer Bilder und Vorstellungsmuster jeglicher geistig-seelischen Stabilität beraubt werden.

## Gedankendisziplin als Tor für das Licht Gottes

Viele Menschen sehen im positiven Denken nichts weiter als eine Technik, sich durch das bewußte „Einhämmern" bestimmter Gedankeninhalte nach Belieben geistig „umzuprogrammieren". Vielfach wird es schon in der Managementschulung als Erfolgskonzept zur Erreichung wirtschaftlicher Ziele angeboten. Sicherlich liegt im Denken eines der mächtigsten Gesetze des Geistes, und es ist sehr segensreich, wenn man sich wieder auf die vergessene Macht der Gedanken besinnt, doch ist die bewußte Leitung der Gedanken zum Guten wesentlich mehr als eine Technik zur bedarfsgerechten Umprogrammierung des Geistes.

Bruno Gröning war der Überzeugung, daß alle guten Gedanken und Empfindungen von Gott kommen. Ein Mensch, der einen guten, gläubigen Gedanken in sich aufnimmt, verbindet sich durch diesen Gedanken mit der Quelle alles Guten. Diese Zusammenhänge sind auch schon bei der Betrachtung der Aufnahme der Heilkraft deutlich geworden. Die guten Gedanken öffnen gleichsam das Tor zum Herzen des Menschen für die heilende Kraft Gottes. So wird auch klar, aus welchem Grund von einem guten, hilfreichen Wort oder von einem guten Gedanken eine derartige Kraft ausgehen kann. Solange der Mensch den guten Gedanken im Glauben in sich festhalten kann, solange bleibt die belebende Verbindung erhalten. Wenn er aber den hinzudrängenden Gedanken des Zweifels wieder Glauben schenkt, verschließt sich seine Seele und damit das Tor für das Licht Gottes in seinem Herzen. Die gedankliche Hinwendung zum Guten, d. h. zu Gott ist somit die wichtigste Voraussetzung für jede Heilung und geistige Entwicklung.

Bruno Gröning sagte dazu in einem Vortrag:

„Sie müssen es befolgen, das Gute befolgen, d. h. dem Guten folgen, dem wir alle zu folgen haben, zu dem wir gehören. Das müssen wir tun! Das ist jeder Mensch sich selbst schuldig. Wenn er einfach nicht folgt: Wem nicht zu raten, dem nicht zu helfen."[59]

„Gott gibt uns alles Gute, nur müssen wir all das Seine, das Er uns sendet, in uns aufnehmen. Also - tun Sie es!"[60]

Es liegt somit am Menschen selbst, den ersten Schritt auf dem Weg zurück zu Gott, zum Guten in sich zu tun, indem er seinen Willen und damit seine Gedanken zum Guten wendet und dadurch die geistigen Voraussetzungen für die heilende und belebende Verbindung zum Quell alles Guten schafft.

Ich glaube, hinreichend verdeutlicht zu haben, welche unerhörte Bedeutung die Disziplinierung der Gedanken für das körperliche, seelische und geistige Wohl des Menschen hat. Unverständlich bleibt, daß sowohl von staatlicher, als auch insbesondere von kirchlicher Seite auf diese Grundvoraussetzung zur sittlich-moralischen und geistigen Reifung des Menschen kaum Wert gelegt wird. Damit wird die große Chance versäumt, dem Menschen schon früh eine persönlich fühlbare Verbindung zur heilenden Kraft Gottes zu vermitteln.

Auf der anderen Seite ist es genauso bedauerlich, wenn in manchen esoterischen Kreisen positives Denken als eine Möglichkeit zur Selbsterlösung des Menschen dargestellt wird. Erlösen und heilen kann die Menschen nur Einer, und das ist Gott allein. Die guten, gläubigen Gedanken sind immer nur, und das kann nicht deutlich genug betont werden, das Tor zum Herzen, das der Mensch aus freiem Willen durch die Trennung vom Negativen öffnen sollte, um das unbegrenzte Wirken Gottes in sich möglich zu machen. Jede Heilung und geistige Entwicklung, die dieser inneren Haltung des Menschen folgt, ist immer Geschenk und Gnade Gottes.

## Gotthörig statt menschenhörig - Der Weg zurück zum Gefühl

Da dem Gedankenleben des Menschen eine kaum zu unterschätzende Bedeutung für sein gesamtes Sein zukommt, ist es berechtigt zu fragen, auf welche Weise der Mensch einen guten Gedanken von einem negativen Gedanken unterscheiden kann. Die Vorstellungen in jeder menschlichen Gesellschaft von gut und schlecht sind im Laufe der Jahrhunderte einem erheblichen Wandel unterworfen und können somit nur bedingt Richtschnur für die Unterscheidung sein. Zudem sind Gedanken des Hochmuts, der Lieblosigkeit, des Neids mitunter sehr schwer zu erkennen, und mancher Gedanke des Zweifels scheint für den menschlichen Verstand nur allzu logisch. Schenkt der Mensch einem Gedanken aber erst einmal seinen Glauben, verbindet er sich mit ihm, dann ist es oft schwer, diese Bindung wieder zu lösen. Der „kleine Türspalt", den man im Herzen geöffnet hat, wird schnell größer, andere Gedanken gleicher Art folgen, und oft bemerkt man erst dann, wenn der Glaube an das Gute, die Freude und der Friede einer quälenden Unruhe, einem seelischen Druck gewichen sind, welcher Art der Gedanke war, den man anfangs in sich zugelassen hat. Wie aber kann der Mensch die Natur eines Gedankens bereits im Vorfeld erkennen, um sein Herz zu verschließen, bevor die unheilvolle geistige Bindung entstehen kann?

Bruno Gröning sagte in einem Vortrag:

„Was Sie nicht sehen, das fühlen Sie, deswegen haben Sie mehr Sinne in Ihrem Körper erhalten, aber diese müssen Sie kennen, von diesen müssen Sie Gebrauch machen."[61]

Er war der Überzeugung, daß dem Menschen innere Sinne gegeben sind, um den geistigen Bereich des Seins zu erkennen. Ein guter Gedanke ist in der gleichen Weise wie ein negativer Gedanke von einer bestimmten geistigen Kraft erfüllt, die sich in Verbindung mit den Glaubenskräften des Menschen hilfreich oder schädigend im Leben auswirkt. In gleicher Weise, wie das Licht dem Auge und der Ton dem Ohr wahrnehmbar ist, so ist der Gedanke nach seiner spezifischen geistigen Ausstrahlung dem Gefühlssinn des Menschen in charakteristischer Weise spürbar. Dies ist an einem einfachen Beispiel leicht nachvollziehbar. Wenn man sich gefühlsmäßig der Gedankenfolge

„Ich kann es, ich werde es schaffen"

öffnet und anschließend die Umkehrung auf sich wirken läßt

„Ich kann nicht, ich werde es nicht schaffen",

so wird für jeden, der einen einigermaßen entwickelten Gefühlssinn besitzt, eine unterschiedliche, man kann sagen, gegensätzliche Ausstrahlung spürbar. Die erste Gedankenfolge vermittelt ein angenehmes Gefühl, während die zweite Gedankenfolge unangenehm, bei manchen Menschen sogar als seelischer Schmerz, empfunden wird.

Dies ist auch bei anderen Gedanken, wenngleich auch nicht immer so deutlich, fühlbar. Wenn jedem Gedanken nun aber eine wahrnehmbare geistige Ausstrahlung zugrunde liegt, muß dies in gleicher Weise für Worte und Taten, ja für alle Formen und Erscheinungen gelten, die ja der materielle Ausdruck von Gedanken sind.

Wer ist nicht schon mal durch ein unwohles Gefühl dazu veranlaßt worden, den schmeichelnden, lieben Worten eines anderen Menschen mit großer Vorsicht zu begegnen? Oft ist es das Gefühl, das die böse Absicht hinter der lächelnden Fassade erkennt, allen Argumenten des Verstandes zum Trotz. Andere wiederum können berichten, daß bei dem Gedanken, ein bestimmtes Vorhaben auszuführen, ein Unbehagen spürbar geworden sei, und einige Menschen verdanken ihr Leben allein der Tatsache, daß sie diesem Gefühl gefolgt sind.

Eine Bekannte berichtete mir, daß sie an einem Morgen, als ihre Mutter zur Arbeit fahren wollte, ein ganz unwohles Gefühl bei dem Gedanken gehabt hatte, daß diese mit ihrem Auto zur Arbeit fahren würde. Als sie aus diesem Grunde ihre Mutter bat, heute das Auto stehenzulassen, folgte diese dem Rat ihrer Tochter und benutzte die Bahn. Tatsächlich geschah an diesem Morgen auf der Strecke, die sie immer mit dem Auto zur Arbeit fuhr, ein schwerer Unfall, ungefähr zu der Zeit und an der Stelle, an der sie dort vorbeigefahren wäre.

Kurt Allgeier schreibt über ein ähnliches Erlebnis des bekannten Innsbrucker Arztes und Heilers Dr. Leonhard Hochenegg:

„Am Tage nach dem Super-GAU in Tschernobyl [...] wollte Frau Hochenegg unbedingt mit den Kindern eine Karwendeltour machen. Doch ihr Mann weigerte sich ganz entschieden. ‚Nein, heute nicht!' widersetzte er sich sehr bestimmt. ‚Es liegt etwas Bedrohliches in der Luft. Wir dürfen nicht in die Berge fahren, sondern müssen im Haus bleiben.' Frau Hochenegg kannte ihren Mann und wußte, daß es keinen Sinn hätte, ihn umstimmen zu wollen. Er wußte eben mehr. Einen Tag später erfuhr sie, was er gewußt oder gespürt hatte: die Radioaktivität, die dem explodierten Kernkraftwerk entwichen war."[62]

Viele Menschen werden von vergleichbaren Erlebnissen berichten können. Es scheint, als wäre dem Menschen durch sein Gefühl der Zugang zu einem Erkennen möglich, welches das erlernte Wissen und die Wahrnehmungsmöglichkeiten der äußeren Sinne wesentlich überschreitet. Besonders im Umgang mit anderen Menschen sollte man auf das Gefühl achten. Bruno Gröning forderte dazu auf, sich innerlich die Frage zu stellen: „Sympathisch oder unsympathisch?", dabei dem eigenen Gefühl Beachtung zu schenken, gegebenenfalls sich innerlich zu verschließen und mit der entsprechenden Vorsicht weiter zu beobachten. Besonders die Menschen, die sich auf dem Weg zur Heilung befinden, sollten darauf achten, mit wem sie sich umgeben und wem sie ihr Herz öffnen. Bruno Gröning war der Überzeugung, daß dem Menschen das Gefühl - er sprach auch vom „wahren menschlichen Instinkt" - von Gott gegeben worden ist, um in der Vielfalt der Eindrücke des Lebens, in dem Widerstreit menschlicher Meinungen und Lehren über einen verläßlichen Ratgeber, eine innere Leitung zum Guten und Wahren zu verfügen.

Er sagte einmal:

„Den Menschen hat man abrutschen lassen, indem er den wahren menschlichen Instinkt verloren hat, nicht erst gestern und heute, nein, Generation um Generation zurück, und nach und nach ist der Mensch soweit gekommen, wie er heute ist. Kurz gesagt, heute ist der Mensch soweit, daß er nicht mehr weiterkann."[63]

Dieses bestimmte Gefühl aus dem Wirrwarr der Gedanken und Gefühle des täglichen Lebens wiederzuerkennen und ihm zu folgen, darin sah Bruno Gröning eine unverzichtbare Grundlage zur Rückkehr des Menschen zur Heilung und zu Gott. Wer lernt, diesen Sinn in sich zu der ursprünglichen Klarheit der Wahrnehmung zu entwickeln, bekommt den Zugang zu einer

Instanz in sich, die ihn aus der Gebundenheit menschlicher Meinungen befreien kann. Denn im Gefühl des Menschen zeigt sich noch weit mehr als nur ein Sinn, der dem Menschen einen ungewohnten Einblick in die Hintergründe seiner Lebensumstände gewähren kann. Der Mensch kann sich an diese Instanz in sich wenden und erleben, daß auf sein Fragen eine Antwort spürbar wird. Es scheint, als hätte der Mensch durch sein Gefühl Verbindung zu einem Ratgeber und Helfer, der nicht von dieser Welt ist. Oft wird sogar, eine Warnung, ein Hinweis unmittelbar spürbar, ohne diese bewußt gesucht zu haben. Bruno Gröning sprach von einer inneren Führung, der Führung Gottes, die dem Menschen durch sein Gefühl wahrnehmbar wird. Er war der Ansicht, daß jedem Menschen die Möglichkeit offensteht, in gleicher Weise wie ihm die göttliche Kraft am Körper spürbar wird, den Willen Gottes zu allen Fragen des Lebens erspüren zu können. Jedem Leser wird erkennbar sein, von welch großer Bedeutung nicht nur für das persönliche Leben, sondern für das Leben der gesamten Gesellschaft die Führung des Menschen zu solch vollendeter Wahrnehmung ist. Wieviel Leid und Not entstanden nur aus der Unfähigkeit und der fehlenden Bereitschaft der Menschen, in ihren Entscheidungen demütig die Allwissenheit um Antwort zu bitten.

Dazu Bruno Gröning:

„Er [der Mensch] hat aber, kurz gesagt, seinen wahren Menscheninstinkt verloren; er kann nicht mehr geführt werden, nicht mehr ferngesteuert werden. Der Herrgott hat, weil die Menschen zuviel daran gearbeitet haben, die Führung verloren und sagt: ‚Nun wurschtelt mal rum.' Ich weiß, daß ich verpflichtet bin, den Menschen das mit auf den Weg zu geben, daß sie sofort umschalten, daß sie den wahren menschlichen Instinkt wieder aufnehmen. [...] Ich habe mich nicht verbilden lassen. Wie die Menschen verbildet sind! So viele Bücher! Das kann ja alles nicht festsitzen. Der eine schreibt so über das Thema, und der andere schreibt anders. Was ist richtig? Es gibt eine Verwirrnis. Wir Menschen können vom Tier lernen, wir müssen zurückfinden, nicht um Tier zu werden, nein, um den menschlichen Instinkt wieder aufzunehmen."[64]

Die meisten Menschen sind nicht mehr in der Lage, diesen sanften Hauch, das leise innere Berühren, das sie liebevoll führen will, zu verstehen und ihm zu folgen. Vielfach fehlt die Kraft und der Glaube, oft auch einfach der Wille, diesem Empfinden, d. h. sich selbst und somit Gott treu zu sein. Meistens sind die Meinungen anderer Menschen oder der Verstand stärker, ein scheinbarer Friede wird der Treue gegenüber dem eigenen Herzen vorgezogen.

R. W. Trine schreibt in seinem Buch „In Harmonie mit dem Unendlichen" dazu:

„Du selbst zu sein ist das einzige, was deiner würdig ist, das einzige, was dir genügen kann. ‚Könnte es aber nicht vielleicht eine vorteilhafte Politik sein, daß man sich manchmal von seiner Umgebung beherrschen läßt?' Die einzig vorteilhafte Politik für dich ist zuerst und zuletzt immer, du selbst zu sein.

‚Vor allem andern sei dir selber treu:
Denn daraus folgt so wie die Nacht dem Tage,
du kannst nicht falsch sein gegen irgendwen.' (Hamlet)

Wenn wir nur von dem Höchsten uns leiten lassen und unser Leben von diesem Grundsatz regiert wird, dann beherrscht uns weder Furcht vor der öffentlichen Meinung noch die vor der Mißbilligung anderer, und wir dürfen sicher sein, daß der Höchste auf unserer Seite ist. Wenn wir irgendwie versuchen, es anderen recht zu machen, werden wir's ihnen niemals recht machen: und je mehr wir es versuchen, desto unvernünftiger werden ihre Ansprüche an uns. Die Leitung deines Lebens ist eine Sache, die nur dich und Gott angeht, und wenn du dich von anderer Seite beeinflussen und in bestimmte Richtungen drängen läßt, dann bist du auf dem falschen Wege."[65]

Viele Menschen verwechseln Treue gegenüber sich selbst mit hemmungslosem Egoismus. Anerkennung vor den Menschen und die Befriedigung der persönlichen Eitelkeit ist wichtiger als die Treue zum Gesetz des Herzens.

Je mehr der Mensch aber sein Bewußtsein mit eigensüchtigen Zielen verbindet, je mehr er sich von äußeren Wünschen bestimmen läßt, desto mehr verliert er die Verbindung zu sich selbst. Allem und jedem schenkt er Beachtung, die modernen Nachrichtensysteme bringen ihm täglich Informationen aus allen Teilen der Welt, nur die Nachrichten, die ihm aus dem Licht Gottes am eigenen Körper spürbar werden sollen, bleiben unbeachtet. Sich selbst Beachtung zu schenken, dazu findet man keine Zeit, statt dessen jagen die Menschen jahrzehntelang toten Zielen hinterher, ohne sich auch nur einmal im Herzen zu fragen, ob ihr Tun Sinn hat. Das Heer der Gedanken, denen sie Einlaß gewähren, weckt eine ähnliche Vielzahl an Gefühlen. Unbemerkt begeben sie sich in eine immer größere geistige Unfreiheit. Oft muß der Körper dem selbstzerstörerischen Verhalten ein Ende setzen, erst Schmerzen und Krankheit lassen viele wieder zu sich selbst finden.

Doch sind die meisten nur ein Opfer der allgemeinen Unwissenheit und einer lebensfernen Erziehung, meist wurde von Kindheit an lediglich der Verstand und die Wahrnehmung durch die äußeren Sinne geschult. Unsere

Schulen und Universitäten überhäufen den Menschen mit äußerem toten Wissen, anstatt ihn zur Leitung und zum Wissen in sich zu führen. Das persönliche Empfinden wird als „fehlerhafte Subjektivität" verurteilt, und die Menschen müssen sich in ihrem Glauben der „Objektivität" technischer Hilfsmittel unterwerfen.

Eine Entwicklung, die auch schon der Naturforscher und Dichter Johann Wolfgang von Goethe in seinen „Maximen und Reflexionen zur Wissenschaftslehre" verurteilte:

„Der Mensch an sich selbst, insoferne er sich seiner gesunden Sinne bedient, ist der größte und genaueste physikalische Apparat, den es geben kann; und es ist eben das größte Unheil der neueren Physik, daß man die Experimente gleichsam von Menschen abgesondert hat und bloß in dem, was künstliche Instrumente zeigen, die Natur erkennen, ja, was sie leisten kann, dadurch beschränken und beweisen will."[66]

Diese Entwicklung führte zu immer größerer geistiger Unselbständigkeit der Menschen. Da der innere Sinn, Wahrheit und Lüge, gut und schlecht, richtig und falsch im Lichte eines höheren Erkennens zu unterscheiden, verlorengegangen war, wurden die Menschen in hohem Maß beeinflußbar und abhängig von den Meinungen anderer. Die Antworten, die sie in sich nicht mehr fanden, suchten sie nun bei anderen Menschen. Viele ließen sich schnell von allgemein akzeptierten Anschauungen in eine Richtung drängen. Die Legitimation für gut und schlecht erwächst heutzutage meistens nicht mehr aus dem persönlichen Empfinden, sondern aus dem Verhalten der Masse oder einzelner Gruppen. Die Masse wiederum läßt sich durch gesellschaftliche Autoritäten und die Medien leicht manipulieren.

Dies bereitet den besten Boden für die Verbreitung von Irrlehren, die dem Verstand und den äußeren Sinnen wohl gefallen, aber zu falschen Denk- und Lebensgewohnheiten führen, die dem Einfließen der Lebenskräfte immer mehr Hindernisse entgegenstellen. Die Folgen dieses verhängnisvollen Prozesses sind in der Umweltzerstörung und dem vielfachen Leid auf der Erde deutlich zu erkennen.

In einem Vortrag sprach Bruno Gröning darüber:

„Auch Sie, liebe Freunde, waren und wurden irregeführt. Man hat Ihnen die Wahrheit nicht gesagt [...]. Sie brauchen das nicht zu glauben, was ich sage. [...] Eine Pflicht, die Sie haben: [...] daß Sie sich an sich, d. h. an Ihrem Körper [...] überzeugen. Wichtig ist es, wenn Sie dem dann Beachtung schenken. Dann werden Sie Wahres erfahren, dann werden Sie glauben. Dann sind Sie kein Leichtgläubiger mehr, sondern Sie sind ein Überzeugter.

Überzeugen Sie sich! Das ist Ihre Pflicht. Ich bin überzeugt. Oder glauben Sie, daß Sie mich überzeugen können? Nein! Ich höre ja auf keinen Menschen. Ich habe wirklich nicht mehr auf meine leiblichen Eltern gehört, was sie sagten, ich sollte dieses und jenes tun. Wenn sie ungerecht gewesen, habe ich gesagt: ‚Nein, das tu' ich nicht.' Natürlich gab's Ohrfeigen! Macht nichts, aber ich sträubte mich immer und auch heute noch und werde es immer tun. Ich tu' nie das, was Menschen wollen [...]. Denn ich bin ja gar nicht menschenhörig, bin nur gotthörig! Mehr nicht. Und da will ich Sie hinhaben, Freunde, daß auch Sie gotthörig werden, daß Sie von Ihrer Leichtgläubigkeit abkommen, daß Sie nicht jeden Hokuspokus glauben und daß Sie nicht mehr in Versuchungen verfallen."[67]

Er fuhr dann fort:

„Gott, der unser Vater ist, hat uns so vieles mitgegeben. Wir hatten alles in uns. Ich hab's noch, ich hab' mich um das Natürliche, um das Göttliche, nicht bringen lassen. Deswegen gehorche ich keinem, deswegen höre ich auf keinen Menschen. Aber Gott hat es jedem Kind schon beigegeben [...]. Die Eltern haben es darum gebracht und haben es nur umerzogen. Glauben Sie nicht, liebe Freunde, daß es Gott selbst nicht weh tut, daß der Mensch um seinen Willen gebracht, den Gott jedem Lebewesen gegeben! Und Gott wird keines Seiner Lebewesen um seinen Willen bringen. Aber die Eltern haben es getan, Ihre Eltern haben es an Ihnen getan, Sie haben es übernommen, menschenhörig. Sie haben das Ihren Kindern wieder übertragen. Und Ihre Kinder werden das ihren Kindern übertragen, und so führt das weiter von Generation zu Generation. Wann soll das mal ein Ende nehmen? Wann hören die Not und das Elend einmal auf? Wann wird das Krankheitsheer vermindert? Wann gibt es mal einen Stopp? So, liebe Freunde, wie der Mensch das gewohnt ist, nicht, er muß von diesen Gewohnheiten abtreten, er muß umkehren, er muß wirklich das werden und auch das tun, wozu Gott ihn bestimmt hat, nichts anderes, er muß gotthörig werden. Er muß in die göttliche Führung kommen, ohne diese gibt es kein Leben."[68]

Doch wie kann man die Hilfe dieser inneren göttlichen Führung im Alltagsleben greifbar werden lassen? Das Wichtigste hierbei ist, in keinem Fall dogmatisch zu verfahren und in ähnlicher Weise, wie man zuvor den Meinungen anderer Menschen und dem Verstand Gehör schenkte, blind den auftretenden Empfindungen Glauben zu schenken. Genausowenig ist es angebracht, egoistische Vorstellungen mit einem angeblichen Erkennen auf der Gefühlsebene rechtfertigen zu wollen oder in der scheinheiligen Vorgabe, sich ausleben zu müssen, niederen Empfindungen kritiklos Raum in sich zu geben. Wer darunter die Treue zu sich selbst versteht, wer meint in dieser Weise einer höheren Instanz in sich zu folgen, hat nicht verstanden, worum es geht, wenn Bruno Gröning davon sprach, daß der Mensch „gotthörig" werden soll. Nicht ohne Grund mahnte er wiederholt jeden, der den Weg des Geistes gehen wollte, sich immer wieder zu überzeugen. Wer dann auf diesem Wege Heilung erlebt und durch sorgsame Prüfung die Wahrheit der Lebensgesetze, auf die Bruno Gröning hinwies, erfahren hatte, den mahnte er, sich weiter zu überzeugen. Das Leben bietet eine große Zahl an Möglichkeiten, in den unterschiedlichsten Situationen die übergeordneten Gesetzmäßigkeiten immer wieder zu prüfen.

In der gleichen Weise ist der Weg zum wahren Gefühl, zum klaren Erspüren des göttlichen Willens ein Weg kritischer Prüfung und schonungsloser Ehrlichkeit zu sich selbst. Wer die „Stimme seines Herzens" erst einmal kennengelernt hat, wird schnell erfahren, daß diese nicht immer mit dem persönlichen Wollen übereinstimmt, manchmal diesem sogar entgegensteht.

Dr. Hochenegg hätte sich beim erwähnten Beispiel sicherlich auf eine Bergtour gefreut, doch jahrelange Erfahrungen mit der „Stimme seines Herzens" veranlaßten ihn, sich den Argumenten des Verstands und denen seiner Frau zu widersetzen und seinem Empfinden treu zu sein.

Je mehr der Mensch in der Lage ist, sich innerlich leer vom eigenen Wollen zu machen, desto deutlicher kann er das Wollen Gottes erfühlen. Wer im Innersten seines Wesens aber doch lieber den eigenen kurzsichtigen Vorstellungen und Wünschen folgen will, der wird schnell dahin kommen, nur noch das zu fühlen, was er fühlen will. Solange ein Mensch nicht bereit ist, sich zu beugen und seinen eigenen Willen dem Höchsten unterzuordnen, wird er aus der Unzulänglichkeit seines Verstandeswissens immer wieder gegen das höhere Gesetz verstoßen und für sich und andere Leid schaffen. Er muß dann, wie Bruno Gröning sagte, „herumwurschteln", so lange, bis er dahin kommt, daß er nicht mehr weiterkann. Wer aber schon soweit ist, den anderen Weg zu gehen, wird bald erkennen, daß dem höchsten Geist Zusammenhänge und Möglichkeiten offenliegen, die dem begrenzten menschlichen Verstand unfaßbar erscheinen.

Auf meine Bitte hin, mir ihre Erfahrungen zu dieser Thematik zu schildern, schrieb mir Birgit Häusler (29) aus R.:

„Durch einen Vortrag Bruno Grönings wurde ich auf Gott- bzw. Menschenhörigkeit aufmerksam. Natürlich wies ich es entschieden von mir, menschenhörig zu sein. Aber selbstkritisch fragte ich mich, wie ich Alltagssorgen u. ä. meisterte. Hatte ich z. B. ein Problem, so wägte ich pro und contra ab, um zu einer Lösung zu gelangen. Dann sprach ich noch mit anderen Menschen darüber, deren Ratschläge mich nicht selten sehr beeinflußten. Ich weiß heute, daß ein solches Verhalten nicht grundsätzlich falsch ist, daß ich aber die wichtigste Instanz in mir, die für eine abschließende Entscheidung maßgeblich sein sollte, in der Vielzahl von Ratschlägen und sich z. T. widersprechenden Ansichten vergessen hatte: die Bitte um innere Klarheit an den Einen, der mehr weiß, als ich in endlosen Diskussionen durch menschlichen Rat erkennen kann.

Aber wie sollte ich die Stimme Gottes in mir vernehmen können? Wie sollte ich gotthörig werden?

Durch die regelmäßige Aufnahme des Heilstroms gelang es mir immer mehr, die göttliche, innere Stimme durch mein Gefühl zu erfassen. Ich bemerkte, daß selbst das nüchternste Abwägen des Verstandes mir oft nicht die Klarheit und Antwort geben konnte, nach der ich suchte, aber durch das bittende Einstellen und Loslösen von allen Gedanken erlebte ich, wie die ‚innere', oft leise Stimme mir die richtige Antwort zu geben vermochte, wie sich immer im nachhinein zeigte.

Seinerzeit absolvierte ich das Abitur. Da ich aus Zeitmangel den gesamten Lernstoff für die Abschlußprüfungen nicht mehr lernen konnte, öffnete ich mich dem Heilstrom mit der Bitte, erkennen zu können, welche Themen geprüft werden. Mir kamen die Gedanken der Prüfungsthemen, und ich bereitete mich voll Vertrauen nur auf diese vor. Und tatsächlich drehten sich die Prüfungsfragen ausschließlich um die von mir gelernten Gebiete.

Bei der mündlichen Prüfung wurden mir Fragen zu einem unbekannten Themengebiet gestellt. Sofort stellte ich mich auf die göttliche Kraft ein, und nach einem kurzen Moment konnte ich trotz Unkenntnis Antwort geben. Die mündliche Prüfung bestand ich sogar als Beste.

Das war mir Beweis genug, daß im Gegensatz zur Verstandesstimme die innere Stimme allwissend ist und ich besser auf sie baue.

Durch solche und ähnliche Erfahrungen vertraute ich also immer stärker meiner inneren Stimme. Als wieder eine Prüfung bevorstand, dachte ich: ‚Wieso soll ich alles lernen?' Willkürlich pickte ich einige Themen heraus, auf die ich mich vorbereitete. Unter der zurückerhaltenen Prüfungsarbeit stand ‚mangelhaft'. Zuerst wütend auf Bruno Gröning und enttäuscht von der göttlichen Stimme, die mir diese Zensur eingebrockt hatte, ging ich aber später doch in mich und erkannte dann meinen Fehler: ‚Nicht verlangen, sondern erlangen' [Zitat Bruno Grönings]. Hochmütige Gedanken hindern den Bezug zur inneren Führung.

Aber auch im Studium beim Examen erlebte ich, wie mir demütiges Einstellen auf die göttliche Kraft zur großen Hilfe wurde: Bücher und Ordner voll Wissen standen vor mir, und wieder konnte ich dank des Einstellens erfassen, auf welche Themen ich mich vorbereiten sollte. So erhielt ich mit minimalem Lernaufwand die gewünschten Diplome.

Betonen möchte ich, daß der Weg zurück zum Gefühl, um die innere Stimme zu erkennen, die jeden Menschen, so er will, zum Guten führt, nichts mit Gefühlsduselei oder der Lust, nach seinen Gefühlen zu leben oder diese auszuleben, zu tun hat, sondern daß es ein inwendiges Ringen, Bitten um die göttliche Führung, um Erkenntnis ist. Hierbei war und ist mir die Lehre Bruno Grönings eine große Hilfe."[69]

Andere Berichte bezeugen die wertvolle Hilfe der inneren Führung durch das Gefühl in Beruf und Partnerschaft. Wie wertvoll wäre es für die meisten Menschen, wenn sie bei der Wahl ihres Berufes oder des Ehegatten dazu bereit wären, in sich zu gehen und Gott in ihrem Herzen ernsthaft um Klarheit zu bitten. Vielfach entscheidet noch der äußere Eindruck, ein kurzer Rausch der Gefühle oder der Verstand, meistens auch die Gewohnheit und die Angst, zu sich selbst zu stehen. Wieviel Leid könnte vielen Menschen erspart werden! Es hat mich persönlich auch sehr beeindruckt, daß viele Menschen durch die Lehre Bruno Grönings frei werden konnten von einer quälenden Unentschlossenheit und aus der neuen Erfahrung mit ihrem Gefühl wieder eine befreiende innere Sicherheit fanden. Da sie die Führung ihres Selbst, die Führung Gottes, in sich bewußt erleben konnten, fanden sie das lang ersehnte Selbstbewußtsein wieder. Aus einigen Gesprächen konnte ich zudem erfahren, daß die beschämende Unterwürfigkeit gegenüber höhergestellten Persönlichkeiten oder Ärzten dem Bewußtsein, selbst für Körper und Leben verantwortlich zu sein, gewichen ist.

Diese Menschen haben Gott wieder auf den Thron in ihren Herzen gesetzt, der früher von dem Glauben an Wissenschaft, Verstand und menschliche Meinungen besetzt war.

Schon der bekannte Psychoanalytiker C. G. Jung sprach von einer inneren Stimme, einem inneren Gesetz, dem man folgen sollte, wenn man sich ein erfülltes, glückliches Leben wünscht. Hierin sah er eine Grundvoraussetzung für die Entwicklung der Persönlichkeit des Menschen:

„Wer Bestimmung hat, hört die Stimme des Inneren, er ist bestimmt."[70]

Je mehr der Mensch in der Masse und den Konventionen untergeht, desto leiser wird, so Jung, die innere Stimme. Der kulturell verbildete Mensch ist meistens völlig unfähig, sich mit dieser inneren Führung zu verbinden und ihre Botschaft zu erkennen. Dafür spricht die Tragik vieler Schicksale:

„In dem Maße, als man dem eigenen Gesetz untreu wird [...], hat man den Sinn seines Lebens verpaßt."[71]

## Bruno Grönings Lehre - ein Weg zu Gott?

Bruno Gröning sagte in einem Vortrag:

„Was die Vorfahren Böses getan haben, können Sie heute wiedergutmachen. Jene wurden abgezogen, und die Brücke zu Gott wurde hinter dem Menschen, der sich abbringen ließ, gesprengt, und heute befindet sich der Mensch auf dem Irrwege. Er weiß nicht mehr, was gut und schlecht ist. [...] Und deswegen stehe ich heute vorerst vor den armen, kranken Menschen als ein Wegweiser, der den Menschen wieder auf den wahren, göttlichen Weg zurückführt."[72]

Bei meinen Recherchen stieß ich immer wieder auf Menschen, die mir bezeugen konnten, daß sie durch die Lehre Bruno Grönings und die regelmäßige Aufnahme des Heilstroms zum Glauben gefunden haben oder ihn wesentlich vertiefen konnten.

Andere schilderten, daß es in ihnen „licht" geworden wäre und sie die Kraft bekommen hätten, aus sich heraus ihr Leben zu ändern. Manfred B., Leiter einer Schule in K., faßte auf meine Bitte hin schriftlich zusammen, was er durch die Lehre Bruno Grönings erlebt hatte.

Hier sein Bericht:

„Seit Februar 1990 habe ich mich davon überzeugen können, daß die Lehre Bruno Grönings in dem Menschen befreiend und beglückend wirkt und die Gesundheit an Körper und Seele zurückbringen kann, wenn man bereit ist, sich für das Geistige zu öffnen und Grönings Lebensweisheiten zu befolgen. Die Aussagen Bruno Grönings haben meinem Glauben - ich war und bin katholischer Christ - eine neue Dimension gegeben. Mein Vertrauen in Gott, der Glaube an Seine Allmacht und das Wirken des Heiligen Geistes in meinem Körper haben in meinem Leben mehr Tiefgang bekommen. Mir wurde klar, daß ich noch zu sehr ein Gewohnheitschrist gewesen war.

Auch meine beiden Kinder, elf und zwölf Jahre alt, haben durch die regelmäßige Teilnahme an den Kindergemeinschaften ein für Kinder dieses Alters ungewöhnliches geistiges Wissen und Vertrauen in Gott als den größten Arzt gewonnen. Sie haben gelernt, mit Zuversicht an all ihre Aufgaben heranzugehen. Das Gebet (Einstellen) hat einen erfreulich großen Stellenwert in ihrem Leben erhalten.

In meiner Tätigkeit als Leiter einer katholischen Grundschule erfuhr ich durch die Arbeit mit den Kindern immer wieder, wie wenig Raum in den meisten Familien der Beschäftigung mit dem Geistigen gegeben wurde. Bei einer stark materiellen Ausrichtung spielte Gott - wenn überhaupt - nur eine untergeordnete Rolle. Was der Religionsunterricht vermitteln konnte, blieb bisher leider noch zu oft auf der Ebene abfragbaren Schulwissens stecken. Erspürbar zu machen, daß Gott im Leben eines jeden Menschen heilbringend wirken will, wenn dieser bereit ist, sein Herz zu öffnen und sich auf die Führung Gottes einzulassen, ist somit die wohl vorrangigste Aufgabe jeder religiösen Erziehung. Was ich im Freundeskreis Bruno Grönings über und von Bruno Gröning erfahren habe, ist mir dabei eine sehr wertvolle Hilfe gewesen."[73]

Bruno Gröning waren jeglicher Zwang und jede Dogmatik völlig fremd. Der freie Wille des Menschen war ihm das Höchste. Er gab seinen Zuhörern zu wissen, was er in sich aus seiner Erfahrung und seinem persönlichen Erleben als wahr erkannt hatte. Genauso wollte er, daß die Menschen, die seinen Worten glaubten, dies nur in Folge einer gründlichen Prüfung taten.

Rolf Z. (35) aus G. schrieb mir auf meine Anfrage hin folgende kurze Stellungnahme zu seinen Erfahrungen mit dem Heilstrom:

„Bruno Gröning ist für mich der Mensch, der mir den Weg des Gotterlebens eröffnete. Als dem Marxismus sehr nahestehender Atheist war ich daran gewöhnt, sämtliche Dinge, mit denen ich konfrontiert wurde, kritisch zu überprüfen - religiöse Fragen mehr als kritisch. In der christlichen Glaubenslehre stellte ich eine gewisse Folgerichtigkeit fest, jedoch entzog sich die grundlegende Voraussetzung, nämlich die Existenz Gottes, zum Akzeptieren einer Religion jeglicher Beweismöglichkeiten. Kein Geistlicher oder Theologe konnte mich zu der Annahme bewegen, daß Gott mehr sein sollte als eine Gedankenkonstruktion, dazu dienlich, dem Gläubigen durch das Hineininterpretieren eines höheren Sinnes im Leben eine gewisse psychische Stabilität zu verleihen. Erst durch die Erfahrung des von Bruno Gröning vermittelten Heilstroms begann ich umzudenken. Besonders hilfreich war mir dabei die Aufforderung Grönings, nicht leichtgläubig zu sein, sondern sich von seinen Worten zu überzeugen. Die Möglichkeit der Überzeugung ist durch das Einstellen auf den Empfang des Heilstroms gegeben. Die praktische Erfahrung ist theoretisch nicht herzuleiten, aber zu erleben."[74]

Besonders Jugendliche berichteten mir häufig, daß sie durch die Lehre Bruno Grönings aus sich selbst heraus, ohne daß es ihnen gesagt worden wäre, zu einem tiefen Erkennen der geistigen Bedeutung vieler moralischer Werte finden konnten, die ihnen vorher „verpönt" waren. Häufig hörte ich, daß durch das Einstellen auf den Heilstrom Abhängigkeiten von Drogen, Alkohol u. a. m. schwanden und Menschen, die sozial abgestiegen waren, wieder Kraft und das innere Bedürfnis zu eigenständiger Arbeit in sich verspürten und wie durch eine glückliche Fügung wieder Arbeit fanden. Andere Jugendliche verspürten das erste Mal nach Jahren die Sehnsucht, eine Familie zu gründen, was für sie früher undenkbar gewesen wäre. Besonders kennzeichnend für den inneren Wandel ist - auch bei der Jugend-, daß immer wieder von einer neu entstandenen tiefen Religiosität berichtet wurde.

Mir liegt der Bericht eines heute 31jährigen jungen Mannes vor, der 1984 zur Lehre Bruno Grönings fand.

Hans Georg Leiendecker aus K. schreibt:

„Im Jahre 1984 kam ich als Atheist mit Asthma, Heuschnupfen, Zukunfts- und Lebensängsten in die Gemeinschaft Bruno Grönings. Hinzu kam noch ein relativ hoher Kaffee- und Alkoholkonsum sowie gelegentlicher Konsum von Drogen. Mein ganzes Lebensgefühl fand Ausdruck in den Bildern, die ich malte. So bevorzugte ich zu dieser Zeit dunkle, schwermütige, aber auch aggressive Themen und Farben.

Kurz nach der Einführung waren Asthma und Heuschnupfen verschwunden. Dadurch fand ich dann auch wieder zum Glauben an Gott und Christus zurück.

Da ich ein sehr freiheitsliebender Mensch bin, war ich sehr froh, daß ich hier nicht bestimmte Regeln erfüllen mußte. Dennoch veränderte sich nach und nach mein ganzes Leben. Aber diese Veränderung kam von innen, d. h., in der Gemeinschaft [ein Freundeskreis von Geheilten und Hilfesuchenden, die ohne jegliche vereinsmäßige Bindung zusammenkommen, um gemeinsam die Heilkraft aufzunehmen, s. a. Kap. 9] lernte ich, auf meinen Körper und mein Gefühl zu achten. So verspürte ich mit der Zeit eine immer stärker werdende Abneigung gegen Kaffee, Alkohol und Drogen, bis ich ihren Konsum einstellte. Auch meine Einstellung zu Ehe, Familie und Kindern änderte sich zum Positiven, denn früher war ich grundsätzlich gegen diese Dinge. Heute bin ich frei von diesen Vorurteilen und glücklich verheirateter Familienvater. Nach und nach wandelte sich mein ganzes Lebensgefühl hin zum Lebensbejahenden. Dadurch veränderten sich natürlich auch meine Bilder, so daß ich jetzt vorwiegend helle, fröhliche Farben und Bildmotive wähle.

All diese Veränderungen traten nur auf, weil ich immer mehr lernte, meinen Körper und mein Gefühl zu beobachten, und weil durch die göttliche Kraft alles Ungute immer mehr verschwinden mußte."[75]

Ich habe Herrn Leiendecker persönlich kennengelernt. Seine innere Entwicklung seit dem Kontakt zur Lehre Bruno Grönings ist beeindruckend in seinen Bildern zu verfolgen.

Thomas Eich (26) aus W. spielte, bevor er von Bruno Gröning erfuhr, Rockmusik in einer Band und war begeisterter Hard Rock und Heavy Metal Fan.

Er selbst beschrieb mir sein früheres Auftreten:

„Nach außen hin war ich cool, ja eiskalt, unnahbar. Ich war ein Mensch, der hinter der äußeren Fassade eines coolen Rockers kein Selbstvertrauen besaß und sich nichts zutraute, dies durfte aber keiner merken, nach außen der Starke, im Innern der Schwächling. Ich war dem Zeitgeist, der ja die verschiedensten Entartungen hat, gefolgt, rauchte stark, trank sehr viel Alkohol und spielte übermäßig viel an Geldautomaten. Ich war sehr schweigsam, meine einzigen Äußerungen machte ich in Form von Sarkasmus, Ironie, Lächerlichmachen, Lästern usw. Im Jahre 1984 begann ich mich mit christlichem Gedankengut zu beschäftigen. Die Lehre Christi faszinierte mich sehr, und in mir kam der Wunsch auf, auch so zu leben. Ich erkannte immer mehr, daß vieles in meinem Leben nicht gut war, aber ich hatte keine Kraft, mich dagegen zu wehren. Je mehr ich dies und die Lehre Jesu erkennen konnte, desto größer wurde meine innere Verzweiflung.

Als ich dann von Bruno Gröning erfuhr, nahm ich dies sehr skeptisch auf, doch noch bevor ich mich entscheiden konnte, mich in die Lehre Bruno Grönings einführen zu lassen, konnte ich von einem Tag auf den anderen aufhören, zu rauchen und Alkohol zu trinken. Nach der Einführung [hier wurde ihm gezeigt, wie er den Heilstrom in sich aufnehmen kann, s. a. Kap. 9] erlebte ich dann, wie sich eine Wandlung in meinem Leben vollzog. Ich hatte plötzlich die Kraft, mein Leben so zu ändern, wie ich es schon seit geraumer Zeit gewollt, aber nie geschafft hatte. Ich erlebte die Wahrheit des Wortes aus dem ‚Vaterunser': ‚Dein ist die Kraft.' Durch Bruno Grönings Lehre erfuhr und erlebte ich, daß es eine göttliche Kraft gibt, und durch die Aufnahme des Heilstroms erhielt ich tatsächlich die Kraft, mein Leben wieder nach der Lehre Christi auszurichten."[76]

Nach und nach wurde er von den quälenden Eigenschaften frei. Er spürt jetzt einen nie gekannten inneren Frieden und hat das Selbstvertrauen wiedergefunden. Er hat, für ihn früher undenkbar, eine Familie gegründet und ist Vater von drei Kindern. Alkohol trinkt er nicht mehr, das Bedürfnis nach Zigaretten ist nicht mehr vorhanden. Die Geldspielautomaten haben keine Macht mehr über ihn. Er hat die Kraft gefunden, seine Worte zum Guten zu wenden. Auch körperlich konnte Thomas Eich eine Heilung erleben. Seit zehn Jahren mußte er eine Brille der Stärke + 3,5 Dioptrien an beiden Augen tragen. Einige Zeit nachdem er begonnen hatte, den Heilstrom in sich aufzunehmen, erlebte er die Heilung an den Augen. Heute benötigt er keine Brille mehr. Das Wichtigste für ihn ist aber, daß er den Glauben an Gott wiedergefunden hat:

„Ich habe mir nie vorstellen können, daß man diesen unfaßbaren, scheinbar so fernen Geist derart unmittelbar und beglückend in sich erleben kann, wie es mir durch Bruno Gröning und die Aufnahme des Heilstroms möglich geworden ist. Wenn mir früher einer so etwas erzählt hätte, hätte ich nur ein spöttisches Lächeln dafür übrig gehabt. Nun ist das anders. Ich spüre Gott wie einen liebenden Vater. Er ist einfach nur Licht und Liebe. Das kann man nicht in Worte fassen, das muß man erleben. Ich bin Bruno Gröning aus ganzem Herzen dankbar, daß ich durch seine Mittlerschaft nicht nur gesund werden, sondern auch die lebendige Verbindung zum höchsten Licht in mir wiederfinden konnte."[77]

## Zusammenfassung

An dieser Stelle möchte ich das bisher Gesagte kurz zusammenfassen.

Die Grundlage der Lehre Bruno Grönings zeigt sich in seinen folgenden kurzen Worten:

„Ich darf einem Menschen helfen, den Weg zum Guten zu finden, aber ich darf ihm die Entscheidung darüber weder abnehmen noch ihn etwa zum Guten zwingen. Es muß jeder seinen Weg selber finden."[78]

Bruno Gröning zeigte den Heilungssuchenden, wie sie die universelle Heilkraft wieder in sich aufnehmen können. Aber tun mußte es jeder selbst. Er klärte über die Gesetze des Geistes und die Macht der Gedanken auf, warnte eindringlich vor jedem negativen Gedanken und verwies seine Zuhörer auf ihren Körper und ihr Gefühl, um die Art der Gedanken unterscheiden zu können. Aufgabe des einzelnen blieb jedoch, Bruno Grönings Ratschläge in die Tat umzusetzen.

Er sagte:

„Sie müssen es befolgen, das Gute befolgen, d. h. dem Guten folgen, dem wir alle zu folgen haben, zu dem wir gehören. Das müssen wir tun! Das ist jeder Mensch sich selbst schuldig. Wenn er einfach nicht folgt: Wem nicht zu raten, dem ist nicht zu helfen."[79]

Immer wieder liegt es allein nur am einzelnen, umzukehren oder es zumindest zu wollen, dann kann er durch die Vermittlung Bruno Grönings die göttliche Kraft in sich aufnehmen. Hieraus erwächst ihm die Kraft, die Umkehr hin zu Gott in die Tat umzusetzen und sich von allem Unguten gedanklich zu lösen. Durch einsetzende Regelungen werden Körper und Seele von dem Negativen befreit, das durch die Gedanken aufgenommen wurde und sich in der Seele festgesetzt hatte und die Störung, wie Bruno Gröning die Krankheit nennt, bewirkte. Wenn die Heilung erfolgt ist, ist der erste Schritt getan. Der Geheilte sollte weiterhin auf sein Gedankenleben achten, um die Heilung zu behalten. Dabei ist die Heilung kein mechanischer Prozeß, der Mensch ist nicht davon enthoben, Gott zu bitten, ihn von den Folgen der negativen Kräfte an Körper und Seele zu erlösen. Heilung bleibt in Bruno Grönings Sicht letztendlich immer ein Gnadenakt Gottes.

Der Mensch, der der Lehre Bruno Grönings folgt, erfährt aber nicht nur Heilung, sondern auch Hilfen. Er kann sich an seinem eigenen Körper und in seinem Leben von der Allmacht Gottes überzeugen. Folglich wächst der Glaube an das Gute, an Gott immer mehr in ihm. Da er das Gute in sich aufnimmt, erfüllen ihn in immer größerem Maße Frieden, Liebe, Freude und Zufriedenheit. Verzweiflung, Angst, Unruhe, die Früchte negativer Gedanken, müssen weichen. Der Mensch baut wieder seelisch und körperlich auf.

Bruno Gröning:

„Seelisch aufbauen heißt, der Mensch empfängt wieder über die Seele, die Gott ihm in seinen Körper gegeben hat, über die er die göttliche Sendung empfangen kann."[80]

Der Körper und sein Gefühl zeigen immer deutlicher Gut und Böse an, und man lernt, sich negativen Gedanken und Gefühlen zu verschließen. Es beginnt der innere Weg, und langsam, aber sicher wird dem einzelnen bewußt, warum er hier auf der Erde lebt. Er erkennt, daß es um mehr geht, als die Bedürfnisse des Körpers zu befriedigen. Immer klarer wird, was er durch seine Gedanken und vor allem durch seine Entscheidungen und Handlungsweisen in der Hand hat. Das enge Bewußtsein des Alltagsmenschen fällt, und er sieht sich als Mensch mitten in einem Geschehen kosmischen Ausmaßes. Sein Geist beginnt zu erwachen.

## Das Gute und das Böse - der heilige Kampf in der menschlichen Seele

Aus den vorangegangenen Erörterungen wird hinreichend deutlich geworden sein, daß Gedanken wirkende geistige Kräfte sind. Nun gibt es eine sehr große Zahl an Gedanken. Bei genauerer Betrachtung ihrer spezifischen Wirkung auf den Menschen kann man zwischen einer aufbauenden und einer abbauenden Wirkung unterscheiden. Aus diesem Grunde spreche ich von positiven und negativen Gedanken.

Ein deutlicher Zusammenhang zwischen negativen Gedanken und Erkrankungen des Menschen in der Folge ist nachzuweisen. Ebenso kann von einem gesundheitsfördernden, heilenden Effekt positiver Gedanken gesprochen werden.

Warum wirkt aber ein negativer Gedanke schädlich auf den Menschen, warum ein positiver im umgekehrten Sinne? Dieses muß die Folge der den Gedanken zugrundeliegenden geistigen Kraft sein. Es ist also sinnvoll, von positiven, belebenden geistigen Kräften und von negativen, lähmenden, zerstörerischen geistigen Kräften zu sprechen.

Die Vorstellung vieler Wissenschaftler, die in den Gedanken nichts weiter als die Folge elektrochemischer Vorgänge im Gehirn des Menschen sehen, ist nicht haltbar. Dem entgegen steht die klar bewiesene Tatsache, daß Gedanken von einem Menschen zum anderen gesendet werden können, und dies unter Bedingungen, die allen Gesetzmäßigkeiten bekannter Strahlungen widersprechen (s. a. Kap. 4).

Wer einmal die Veränderung eines menschlichen Körpers vor und direkt nach dem Tod miterlebt hat, dem wird die Vermutung zur inneren Gewißheit, daß der Mensch mehr als ein Körper ist. Man hat das deutliche Gefühl, als wäre durch den Tod etwas aus dem Körper des Menschen gewichen, was ihn vom Wesen her ausmacht. Der zurückgebliebene Körper vermittelt eher den Eindruck einer Hülle, von der sich etwas Höheres durch den „Tod" gelöst hat.

Es ergibt sich die Notwendigkeit, will man dem Wesen des Menschseins näherkommen, neben dem Körper noch eine weitere Ebene anzunehmen, die Träger der Gedanken, des Lebens, der Gefühle und des eigentlichen Wesens des Menschen ist.

Bruno Gröning sah das so:

„Der Mensch ist ein Geist, hat eine Seele und wohnt für dieses Leben auf der Erde in einem Körper."[81]

Bruno Gröning sah im Körper ein Werkzeug, mit dem der Mensch in der stofflichen Welt wirken kann. Dieses Werkzeug ist ein Geschenk Gottes, bedarf aber der Verbindung zu Seele und Geist, um als sichtbare äußere Form des Menschen bestehen zu können. Mit dem Tod löst sich der Mensch von seinem Werkzeug. Dieses zerfällt, der formgebenden, belebenden Kraft beraubt, alsbald in seine Bestandteile.

Im Tode offenbart sich klar und deutlich die große Abhängigkeit des Körpers von Geist und Seele, deren Ablösung den körperlichen Zerfall zur Folge hat. In gleicher Weise ist dieses Abhängigkeitsverhältnis während des Lebens in den Wirkungen positiver und negativer Gedanken auf den Körper zu beobachten.

Woher kommen nun die Gedanken, die, offenbar mit unterschiedlicher Kraft erfüllt, dem Menschen schaden oder nutzen können? Entspringen sie dem Geiste des Menschen, d. h., erschafft sie der menschliche Geist aus sich, oder fließen sie ihm aus einer höheren Quelle zu?

Betrachten wir aus diesem Grund einmal näher das Wirken der Gedanken im Menschen. Bei aufmerksamer Beobachtung fällt auf, daß negative wie auch positive Gedanken ganz bestimmte Charakteristiken aufweisen, die an Charakterzüge gegensätzlicher Wesen erinnern können.

Negative Gedanken bestürmen häufig regelrecht das Gemüt des Menschen und quälen ihn mit den verschiedensten Bildern des Scheiterns, als wollten sie die Seele zwingen, ihnen Einlaß zu gewähren, damit sie mit Angst, Sorge oder Haß usw. erfüllt ist.

Im Normalfall zieht sie der Mensch nicht bewußt heran, sie sind einfach da und stehen in ihren Inhalten oft den eigenen Zielen und Wünschen entgegen, vereiteln manchmal jedes persönliche Glück. Vielfach kann man sogar ein planvolles Wirken erkennen, das beständig darauf zielt, durch bestimmte Gedanken Gefühle des Neids, der Eifersucht, des Ärgers, der Macht- oder Geldgier u. a. zu wecken, um menschliche Bindungen, Vertrauen und Liebe zu zerstören.

Wer will diese Gedanken schon gern in sich tragen? Dennoch kommen sie in großer Zahl, und reicht man ihnen durch den Glauben an sie den kleinen Finger, ergreifen sie die ganze Hand und haben scheinbar ihre Lust an der seelischen Not des Gepeinigten. In manchem Menschen werden sie derart stark, daß sie ihm jede Möglichkeit zu einer freien Entscheidung nehmen, die Persönlichkeit zerstören und das gesamte geistige Leben, alle Kraft des Menschen an sich binden. Man bezeichnet dies dann als Sucht.

Ganz anders erscheinen wiederum die positiven Gedanken. Diese drängen sich nie dem Gemüt des Menschen auf, sie sind eher wie ein sanfter Hauch, eine helfende Hand. Sie bewirken ein befreiendes, wohliges Gefühl, respektieren seinen freien Willen, und man muß sich bemühen, sie in sich festzuhalten, sonst entweichen sie dem Gemüt des Menschen.

Oft erfüllen sie den Menschen mit inniger Liebe, schenken in der größten Not unerwarteten Frieden und zeigen Antworten und Lösungen, die der suchende Geist des Menschen nie aus sich heraus gefunden hätte.

Viele sprechen dann von Eingebung, andere nennen es Intuition, ein Geschehen, über das jeder Mensch zu berichten weiß, wenn z. B. plötzlich verzwickte Sachverhalte, oft aus dem Schlaf, unvermittelt verständlich werden. Das erwünschte Wissen, die lange fehlende Erkenntnis ist auf einmal dem Menschen in Gedanken klar zugänglich, ihm aus unbekannter Quelle scheinbar zugeflossen.

Kurt Allgeier schreibt in seinem Buch „Die Wunderheiler":

„Tatsächlich sagen ja viele Wissenschaftler, Techniker, aber auch Künstler, Schriftsteller, die Lösung eines Problems, mit dem sie sich abquälten, sei ihnen ‚im Schlaf' oder in einer Art Wachtraum zugeflogen. Und nicht selten geschieht es, daß eine Erfindung oder eine wissenschaftliche Erkenntnis an verschiedenen Orten der Erde gleichzeitig gemacht wird.

Schon Sokrates lehrte:

‚Ich fand, daß die Dichter ihre Werke nicht dank ihrer Weisheit schaffen, sondern dank einer besonderen Naturgewalt und Inspiration, wie Wahrsager und Propheten, die manchmal viele schöne Dinge sagen, aber nicht verstehen, was sie aussprechen.'

Johann Wolfgang von Goethe bekannte:

‚Ich habe meine Sachen geschrieben wie ein Nachtwandler. Die Gedichte machten mich, nicht ich sie.'

Wolfgang Amadeus Mozart erzählte:

‚In meiner Phantasie höre ich die Teile meiner Musik nicht nacheinander, sondern alles auf einmal. Was für eine Freude das ist, kann ich gar nicht beschreiben. Wenn es mir gutgeht, wenn ich in einem Wagen fahre oder spazierengehe, oder des Nachts, wenn ich nicht schlafen kann, beginnen die Gedanken mir zuzufließen. Von woher oder wie ist mehr, als ich sagen kann.'"[82]

Es ist wenig sinnvoll, den Ursprung der Gedanken im Bewußtsein des Menschen anzunehmen. Goethe und Mozart „erhielten" viele ihrer großartigen

Werke ohne längeres Überlegen auf der Ebene des Verstands. Sie hatten offenbar Zugang zu einem Wissen, das mehr als die Summe ihrer persönlichen Erfahrungen darstellte. Sie bekundeten unabhängig voneinander ihre Überzeugung, daß ihre Werke nicht aus ihnen seien.

Die betrachteten Zusammenhänge werden erst verständlich, wenn man den Ursprung der Gedanken „außerhalb" des individuellen menschlichen Geistes sieht. In der gleichen Weise, wie nachgewiesenermaßen eine Gedankenübertragung von Mensch zu Mensch möglich ist, könnte man sich eine Übertragung von Gedanken aus höheren Ebenen des Seins vorstellen, die dann vielfach als Eingebung von den Menschen empfunden wird.

Gedanken entspringen aber immer einem Geist. Von dieser Tatsache ausgehend, ist es notwendig, einen Geist als existent anzunehmen, der aus sich Gedanken erschaffen kann, eine Quelle, aus der den Menschen Gedanken und Wissen zugänglich sind, die weit über ihr persönliches Erkennen und Wissen hinausgehen können.

Bruno Gröning hatte diese Zusammenhänge erkannt und vermochte es, in einfachen Worten seine Zuhörer damit vertraut zu machen. Er klärte sie auf, daß der Mensch aus sich keine Gedanken erschaffen könne, er sei lediglich in der Lage, durch seinen Willen Gedanken in sich aufzunehmen. Die Gedanken werden dem Menschen gesendet, er ist der Empfänger, aber zugleich auch wieder ein Sender, weil er die empfangenen Gedanken (nach-) denken kann und auch weiterzusenden vermag. Gedanken kann er mittels der ihm zur Verfügung stehenden Kraft aber nicht nur in sich aufnehmen, sondern sie auch in Worte fassen, sie niederschreiben oder in eine andere körperliche Handlung umsetzen.

Die Gedichte Goethes werden im gesprochenen oder geschriebenen Wort weitergegeben und können von anderen Menschen aufgenommen und wiederum in Worte umgesetzt werden oder Anlaß für eine äußerlich sichtbare Tat sein. Ein jeder glaubt, das wunderbare Gedicht oder die wunderbare Musik sei von Goethe oder von Mozart, und verkennt, daß diese selbst zugaben, ihr Werk aus unbekannter Quelle erhalten zu haben.

In sinnbildlicher Weise werden die Hintergründe menschlichen Denkens in der deutschen Sprache durch einige typische Redewendungen, wie: „Mir kam ein Gedanke" oder „Ich denke nach", deutlich.

Dabei sei an dieser Stelle noch bemerkt, daß es durchaus kein Zufall ist, wer bestimmte hohe Gedanken empfängt und wer nicht. Die menschlichen Werke von hoher schöpferischer Qualität bedürfen zwar der leitenden Impulse aus der göttlichen Gedankenwelt, aber genausogut eines entsprechenden menschlichen Charakters, der sie fassen kann, ihnen aber dann seinem Wesen gemäß Ausdruck verleiht. Der Mensch ist keine Marionette

Gottes, sondern spiegelt das göttliche Licht seinem eigenen Charakter gemäß in der materiellen Welt wider.

Wenn man nun davon ausgehen kann, daß die Gedanken dem Menschen aus einer höheren Quelle gesendet werden, wäre es sehr wichtig, mehr über die Natur dieser Quelle zu erfahren.

Bruno Gröning fand seine Erkenntnisse ohne Studium an einer Hochschule, allein seine tiefe Religiosität vermittelte ihm den Zugang zu den geistigen Bereichen des Menschseins.

Er war der Überzeugung, daß der Mensch zwischen zwei Mächten steht. Auf der einen Seite ist Gott, die Quelle alles Guten, der Ursprung des Lebens; auf der anderen Seite der geistige Gegenpol Gottes, der „Böse" oder auch Satan. Gott, die Spitze aller guten Mächte, ist, dazu bekennt sich Bruno Gröning kompromißlos, genauso wie „der Böse", die Spitze der negativen Mächte, ein konkretes Wesen. Die Entwicklung des Menschen geschieht im Spannungsfeld dieser sich widerstrebenden geistigen Kräfte, wobei, wie später noch deutlich wird, das Böse gegen seine Absicht letztendlich doch den Zielen Gottes dient.

Aus der göttlichen Gedankenwelt, d. h. im Ursprung aus Gott, sind alle guten Gedanken und Empfindungen. Er sendet Seine Gedanken ununterbrochen den Menschen. In der gleichen Weise wirkt der Widersacher Gottes auf den Geist des Menschen ein. Als geistige Wesen bleiben sie den körperlichen Sinnen des Menschen unsichtbar. Die Sprache des Geistes sind die Gedanken, und diese nimmt der Mensch in sich wahr, ohne im Normalfall den Ursprung sehen zu können.

Bruno Gröning sagte in einem Vortrag:

„Gott hat den Menschen schön, gut und gesund geschaffen. So will Er ihn auch haben. Ursprünglich waren die Menschen ganz mit Gott verbunden, da war nur Liebe, Harmonie und Gesundheit, es war alles eins. Aber als der erste Mensch auf die Stimme, auf die böse, die außerhalb dieser Einheit sprach, hörte und das getan hat, da zerriß diese Verbindung, und seitdem steht Gott hier und dort der Mensch. Zwischen Gott und den Menschen entstand eine große Kluft. Da ist keine Verbindung. Der Mensch, allein auf sich gestellt, kann noch so gläubig sein und beten, er wird auf seinem Lebensweg von dem Bösen angegangen und in die Tiefe gezogen. Sie sind auf Ihrem Lebensweg da angekommen, da unten. Sie erleben Unglück, Schmerzen, unheilbare Leiden. Ich sage Ihnen, gehen Sie nicht noch tiefer, sondern ich rufe Sie auf zur großen Umkehr! Kommen Sie hoch, und über die Kluft baue ich Ihnen eine Brücke! Gehen Sie vom Leidensweg auf den göttlichen

Weg! Auf diesem gibt es kein Unglück, keine Schmerzen, kein Unheilbar; da ist alles gut. Dieser Weg führt zu Gott zurück!"[83]

Der Widerstreit positiver und negativer Gedanken im Gemüt wird in der Lehre Bruno Grönings zum Ringen Gottes und „des Bösen" um den Menschen. Jeder Mensch bestimmt allein durch die Art der Gedanken, denen er Glauben schenkt, ob er mit Gott oder mit dem Negativen verbunden ist.

Die bereits beschriebenen Charakteristiken positiver Gedanken zeigen das Wesen Gottes. Er drängt sich nicht auf, klopft vielmehr leise an die Tür des menschlichen Herzens in der Hoffnung, daß Seinen Worten Glauben geschenkt wird.

Der „Böse", die Stimme, die außerhalb der Einheit von Gott und Mensch bis heute in den negativen Gedanken dem Menschen „hörbar" wird, überfällt hingegen das Gemüt des Menschen meistens mit seinen Gedanken und will den Glauben erzwingen.

Er will den Menschen durch seine Gedanken an die äußere Welt der Erscheinungen binden, ihn seine höhere Herkunft und Aufgabe in einem Meer von Sorgegedanken und durch rein auf die sichtbare Ebene des Seins beschränkte Wunschvorstellungen vergessen lassen. Unermüdlich setzt er jedem guten, gläubigen Gedanken des Menschen eine große Zahl von Gedanken des Zweifels entgegen und versucht alles, den Glauben an das Gute im Menschen zu zerstören und ihm damit die Verbindung zur göttlichen Gedankenquelle zu nehmen.

Bruno Gröning sagte dazu in einem Vortrag:

„Der Mensch weiß nicht mehr, daß Gott zu ihm spricht, daß Gott so vieles für ihn bestimmt hat und daß er dieses nicht angenommen und auch heute kaum noch in der Lage ist, es anzunehmen, deshalb, weil er sich selbst sperrt und weil er sich selbst immer wieder mit dem Bösen abgibt. Immer wieder steht er mit dem Bösen in Verbindung. Immer wieder kommen böse Gedanken. Immer wieder beschäftigt der Mensch sich mit dem, was er als Unheil in seinem Körper empfunden hat."[84]

Der Mensch steht in jedem Moment in einer geistigen Führung. Er wird über seine Gedanken entweder vom Guten oder vom Negativen geführt.

Bruno Gröning beschrieb es folgendermaßen:

„Ohne Führer ist keiner. Es gibt zwei Führer, d. h. einen, der verführt, und einen, der führt."[85]

Auch hier verdeutlichte Bruno Gröning das geistige Geschehen durch den Vergleich mit einem Radiogerät. Dieses wird auf eine bestimmte Wellenlänge eingestellt, damit die gewünschte Sendung empfangen werden kann. Solange das Gerät auf den Sender eingestellt bleibt, wird kein anderer Sender hörbar sein. Erst wenn man das Gerät auf eine andere Wellenlänge einstellt, kann man die Sendung eines anderen Senders vernehmen.

In gleicher Weise kann der Mensch sich durch seinen Willen den guten Gedanken aufschließen, d. h. auf die Sendung Gottes einstellen, oder die Verbindung zur gedanklichen Sendung des negativen Geistes aufnehmen. Wer voll von negativen Gedanken ist, d. h. sich der Sendung der negativen Macht geöffnet hat, wird für die guten Gedanken im gleichen Moment unerreichbar sein. Er muß sich erst durch seinen Willen „entleeren", von den negativen Gedanken trennen, um den göttlichen „Sender" wieder wahrnehmen zu können.

Bruno Gröning sagte dazu:

„Sollte ich Sie belügen, sollte ich sagen, daß es hier nur auf einen ankommt, wie ich es bin? Nein Freunde, es kommt auf Sie selbst an, wie Sie das Gute aufnehmen! Wann können Sie es aufnehmen? Nicht früher, bis Sie sich selbst von dem Bösen gelöst, daß Sie wirklich mit dem Bösen nichts mehr gemein haben. Früher kommt die Aufnahme nicht! Früher ist es nicht möglich! Also öffnen Sie Ihr Herz, schütten Sie wirklich alles aus! Fort mit allen Sorgen und Nöten! Die meisten Menschen wissen nichts - das ist auch eine Gewohnheit -, wissen nichts anderes zu tun, als nur neue Sorgen zu fabrizieren."[86]

Jedem Menschen ist freigestellt, eine geistige Mauer zwischen sich und Gott zu erbauen und durch jeden negativen Gedanken, jedes negative Wort und jede ungute Tat diese Mauer zu verstärken. Gott stellt sich unter den freien Willen des Menschen. Diesen wird Er nie anrühren. Wenn der Mensch „der anderen Stimme" seinen Glauben schenkt, zieht Er sich zurück. Sie ist es, die dem Menschen das Heil nimmt, so er sich ihr zuwendet.

Bruno Gröning rückte durch seine Worte das Wirken des vielen Menschen so fremd gewordenen Gottes, der meistens in einen fernen Himmel projiziert wird, wieder in die allernächste Nähe. Der Gegenpol Gottes, vielfach als Märchengestalt belächelt, wurde durch ihn wieder zu einem klar erfaßbaren Gegner des Menschen.

Das Wissen um die Hintergründe von Gut und Böse im Leben des Menschen ist uralt. Viele Völker erkannten intuitiv dahinter das Wirken einer außermenschlichen Macht, und auch die christliche Überlieferung bekennt sich dazu. Im Neuen Testament erscheint Gott als der Vater der Menschen, Er wird als eine konkret ansprechbare Person dargestellt. Der negative Geist wird als persönliche Gestalt und Spitze der dunklen, bedrohenden Mächte beschrieben. Die Verfasser der Bibel sehen in ihm den Feind und Widersacher Gottes, er ist der Versucher, der Mörder von Anbeginn, der Satan, der Teufel, der Fürst dieser Welt. In der christlichen Überlieferung sieht man in dem negativen Geist den mit seinem Anhang von Gott abgefallenen höchsten Engel Luzifer.

Dieser ist auch der Geist, der Jesus auf Seinem Weg der Erlösung versuchte und der im Alten Testament als die Schlange dargestellt wird, die Eva dazu verführte, gegen die Ordnung Gottes zu verstoßen. Eva erlag der Versuchung, Jesus überwand sie, indem Er sich mit aller Bestimmtheit von den negativen Einflüsterungen und Verlockungen trennte und somit die Verbindung zu Gott aufrechterhalten konnte.

Im 18. Jahrhundert löste man sich im Zuge der Aufklärung von der Überlieferung der christlichen Offenbarung. Das „vernünftige Denken" und der „gesunde Menschenverstand" wurden das Maß aller Dinge, und die Existenz einer personalen negativen geistigen Macht wurde als Relikt des Mittelalters abgetan.

Das ist mit Blick in die Geschichte nur zu verständlich, denn wie oft, man sollte nur einmal an die Zeit der Hexenprozesse denken, war dieser negative Geist Legitimation für Verfolgung und Verurteilung anderer. Millionen unschuldiger Menschen wurden in den Händen der Inquisition gefoltert und verbrannt (s. a. Kap. 7).

Es ist aber sehr gefährlich, eine Macht zu leugnen, die Tag für Tag in immer alarmierenderem Ausmaß ihre Existenz beweist. Allein in unserem Jahrhundert bilden Millionen und Abermillionen ermordeter Menschen ein schauriges Mahnmal für das zerstörerische Wirken des negativen Geistes, der in nie gekanntem Ausmaß Mensch gegen Mensch führt und durch Trugbilder von Macht, Geld und religiösem oder ideologischem Fanatismus Menschen zu gefühllosen Bestien werden läßt.

Der Theologe Prof. Adolf Köberle beleuchtete mit seiner Schrift „Das Böse und der Böse. Zwei Überzeugungen im Widerstreit" dieses Thema sehr eindrucksvoll. Er sieht ebenso in der mittelalterlichen grausamen Inquisitionspraxis einen Grund für die heutige weitreichende Verleugnung einer persönlichen negativen Macht und beschreibt die dadurch seit der Aufklärung erfolgte Veränderung in allen Bereichen des gesellschaftlichen Lebens:

„In guter Gesellschaft gilt es jetzt als ungeschriebenes Gesetz, das leidige Thema nicht mehr zu berühren. Wo es gesprächsweise noch einmal geschieht, kann man nur mitleidig oder entrüstet darüber lachen. Der Teufel verschwindet hinfort aus Schulen und Hochschulen, aus juristischen und medizinischen Fakultäten, aus Pädagogik und Psychologie und erst recht aus der gesamten naturwissenschaftlichen Forschung. Auch die Theologie beteiligt sich an der allgemeinen Verleugnung. Der Teufel kommt in der Predigt, in der Seelsorge nicht mehr vor. Vergeblich sucht man ihn in den dogmatischen Abhandlungen. Wer Wert darauf legt, seinen wissenschaftlichen Ruf zu erhalten, wird sich hüten, sich zu der Realität des Widersachers zu bekennen."[87]

Das eindeutige Bekenntnis Jesu und der Urchristenheit zur Existenz einer personalen negativen Macht, das man auch bei Martin Luther wiederfinden kann, wird von weiten Kreisen liberaler Theologen als zeitbedingte Fehlvorstellung gedeutet.

Die Modelle der modernen Psychiatrie und Psychotherapie ersetzen die alten Erkenntnisse über das Wirken einer außermenschlichen Macht.

In neuerer Zeit finden sich jedoch immer mehr Theologen, die sich auf das biblische Gedankengut zurückbesinnen und es in der rechten Weise ernst nehmen. Zu ihnen gehört der Tübinger Theologe Karl Heim. Er bekennt sich offen zu der Realität einer personalen negativen Macht und beschreibt das Leben Jesu als einen ständigen Kampf mit dem Todfeind Gottes.

Eine ähnliche Position kann man bei dem Theologen Emil Brunner beobachten.

Prof. Köberle äußert sich dazu:

„Nach der Überzeugung von Emil Brunner reicht das Individual-Böse im Herzen des Menschen nicht aus, um die Untiefen des Bösen zu ermessen. Was jeden Grübler beeindrucken muß, ist die Tatsache: Diese Macht wirkt geplant und gelenkt. Dahinter ist eine Zentrale von umfassender Klugheit am Werk. Sie geht davon aus: Es darf nicht Frieden werden auf Erden, es müssen immer neue Kriege kommen. Kinder sollen schon im Mutterleib getötet werden, es soll keine an Leib und Seele gesunde Jugend aufwachsen, sie muß frühzeitig degeneriert werden, es darf keine unzerstörte Schöpfung geben, sie muß bis hinein in ihre elementaren Grundwerte verdorben werden. Daß fragwürdige, höchst vergängliche Gelüste für uns einen geradezu überirdischen Glanz bekommen, der trunken macht, ist nach Brunner ebenfalls ein Beweis für die Strategie des großen Betrügers."[88]

Ähnlich äußert sich Wilhelm Stählin, Professor an der Universität Münster und Bischof von Oldenburg. Er ist, so schreibt Prof. Köberle, der Überzeugung, daß der Mensch keine in sich geschlossene Größe ist, sondern sich durch seinen Willen für das Reich der Wahrheit und der Liebe öffnen kann, aber sich in gleicher Weise der Verführung aufzuschließen vermag. Der Mensch ist für ihn ein Kampffeld, es ringen zwei gegensätzliche Kräfte um ihn, dabei ist es aber keineswegs gleichgültig, wie sich der einzelne Mensch aus eigener Wahl den geistigen Einflüssen gegenüber verhält. Öffnet er sich den negativen Kräften, wird er bald feststellen können, daß er sich in eine schmerzliche Unfreiheit begeben hat, der er aus eigener Kraft nicht mehr entrinnen kann.

Prof. Stählin legt besonderen Wert darauf, die Unterschiedlichkeit der Einwirkung negativer und positiver Kräfte auf den Menschen herauszustellen. Die Kräfte aus dem Reich der Wahrheit und der Liebe sind zurückhaltend, während die negativen Kräfte aufdringlich spürbar sind. Sie stürmen ungefragt in das Haus und nehmen ihrem Opfer alle Kraft. Der Mensch benötigt, so Prof. Stählin, ein feines Gehör für das „stille, vornehme Werben des Engels" und „einen entschlossenen Geist zur Abwehr des Angreifers aus der Welt des Argen".[89]

Es ist für den Menschen von großem Segen, wenn er, wie Prof. Stählin betont, seine Seele mit aller Bestimmtheit den Einwirkungen der negativen Macht gegenüber verschließt und den guten Kräften öffnet, denn die Aufnahme negativer oder positiver Gedanken und deren Umsetzung in Wort und Tat hat weitreichende Konsequenzen für Leben und Schicksal des Menschen, die wesentlich über das momentane körperliche Wohlbefinden hinausgehen.

Schon Laotse erkannte dies vor 2 500 Jahren und brachte es in folgenden Worten zum Ausdruck:

„Der Mensch hat es in der Hand, sein Schicksal zu gestalten, je nachdem, ob er sich durch sein Benehmen dem Einfluß der segnenden oder der zerstörenden Kräfte aussetzt."[90]

Jeder Gedanke, den der Mensch in sich aufnimmt, wirkt sich nach der ihm innewohnenden geistigen Kraft auf alle seine Lebensumstände aus. Die Gedanken sind die geistigen Samen, die in dem Maße, in welchem sie mit Glaubenskraft oder Überzeugung des Menschen erfüllt sind, in Glück oder Unglück, Gesundheit oder Krankheit u. v. a. m. in der materiellen Welt sichtbar werden können.

So wird der Mensch nach dem Willen Gottes in dem ihm gesetzten Rahmen zu einem Schöpfer. Er kann die ihm verliehene Lebens- oder auch Schöpferkraft dazu verwenden, Gedanken mit Kraft und Leben zu erfüllen, die dem Geist Gottes entsprungen sind oder aber der Ordnung Gottes entgegenstehen. Bindet er seinen Geist durch gute Gedanken an die geistige Sphäre Gottes, so wird ihm immer erneut die göttliche Kraft zufließen. Er ist dann gleich einem See, dem beständig frisches, klares Wasser zufließt, so daß er von seinem Überfluß weite Landstriche mit Wasser versorgen kann. Das Wasser dieses Sees ist klar, so daß sich der Himmel in ihm widerspiegeln kann.

Durch die negativen Gedanken „vergeudet" der Mensch die ihm gegebene Kraft und schmiedet beständig an den Ketten, die ihn irgendwann in eine schmerzliche Gefangenschaft legen werden, aus der er sich aus eigener Kraft nicht mehr zu befreien vermag. Ein Wehr verschließt dem Wasser der Quelle den Zugang zum See, und dieser versumpft, sein Wasser wird trübe, das Leben in ihm stirbt, sein Boden wird moderig und schwarz.

Was soll Gott tun, wenn der Mensch sich Ihm aus Unwissenheit oder Böswilligkeit verschließt? Er muß zusehen, wie der Mensch sich aus Seiner Führung begibt und somit Sein Rufen nicht mehr verstehen kann, bis er, durch die in Leid und Not spürbar werdenden Folgen seines Verhaltens bewegt, selbst wieder beginnt, nach Gott zu rufen. Oft ist er erst in der Not wieder fähig, die Botschaft, die Gott ihm in einer solchen Lage schickt, z. B. durch die Worte eines Mitmenschen, anzunehmen und die rettende Hand zu ergreifen.

Bruno Gröning betonte:

„Hier liegt es am Menschen selbst, wie er für sich selbst, für seinen Körper sorgt. Nimmt er die Kraft Gottes in sich auf, bleibt er in der göttlichen Führung, dann hat er den Schutz. Kommt er aber aus dieser Führung heraus, dann hat er ihn nicht."[91]

„Nicht wie die Menschen glauben, die Krankheit wäre eine Strafe Gottes. Es ist damit zu vergleichen, wenn ein Kind das Elternhaus verläßt. Da können die Eltern die Hände nicht mehr darüberhalten, sie können das Kind nicht mehr schützen. So haben auch wir unseren Vater verlassen. Wir dürfen nicht vergessen, daß wir allein nur Kinder Gottes sind. Nur Er kann uns helfen! Und Er wird uns helfen, wenn wir den Weg wieder zu Ihm gefunden haben."[92]

Bruno Gröning wollte mit seinen offenen Worten über die Hintergründe von Gut und Böse keine Angst wecken oder religiösem Fanatismus den

Boden bereiten, es lag ihm nur daran, den Menschen einen hilfreichen Weg aus Not und Leid zu weisen. Die heutige Weltsituation zeigt in dramatischer Deutlichkeit, daß die Unwissenheit der Menschen über die Möglichkeiten der negativen Macht grausamere Folgen hat als nüchterne Aufklärung.

Natürlich sind hierbei, und das kann nicht deutlich genug herausgestellt werden, die Praktiken der mittelalterlichen Kirche schärfstens zu verurteilen. Sie hat, um die eigene Macht zu wahren, durch die Inquisition jede geistige Aufklärung des Volkes unterdrückt. Durch ihre grausame Handlungsweise hat diese Institution, die sich ermächtigt fühlt, den Menschen die Liebeslehre Christi zu bringen, der negativen Macht gedient und vielen Menschen den lebendigen Zugang zum Heiland genommen und damit dem Wachstum des Materialismus den besten Boden bereitet.

In der heutigen Zeit wird die Existenz des Widersachers vom Vatikan zwar noch proklamiert, aber in den einzelnen Gemeinden ist von einer Aufklärung über das Wirken der dunklen Macht wenig zu spüren.

Und doch zeigt sich gerade in dieser Aufklärung die wichtigste Aufgabe der heutigen Zeit. Das Innenleben eines jeden Menschen hat auch eine „öffentliche" Wirkung. Alle materielle Wertschöpfung hat ihren Ursprung im Gedanken genommen. Jedes Haus, jede Waffe, die Errungenschaften der Technik, alles fand seine unsichtbare Form zuerst im Geist des Menschen, in seinen Gedanken, ehe sie durch entsprechende körperliche Arbeit materielle Formen annehmen konnten. Die durch den menschlichen Geist entwickelten Formen wirken wieder in positiver oder negativer Weise auf das Bewußtsein anderer Menschen ein, dienen ihrer Entwicklung zum Guten oder zum Schlechten. In gleicher Weise gilt dies für das gesprochene und geschriebene Wort. Die jüngste deutsche Vergangenheit und die Macht der Medien sind deutliche Beispiele für die Auswirkungen der Gedanken einzelner auf die geistige Orientierung weiter gesellschaftlicher Kreise. Die breite Masse ist den negativen Einflüssen meistens hilflos ausgeliefert.

Wer nicht gelernt hat, hinter die Dinge zu sehen, wird immer wieder auf Versprechungen und schmeichelnde Worte hereinfallen.

Nicht nur Goethes „Faust", sondern auch andere Dichtungen zeugen von der versteckten Einflußnahme des negativen Geistes auf die menschliche Gesellschaft. Werke wie „Merlin oder das wüste Land" von Tankred Dorst oder „Ahasver" von Stefan Heym zeigen den negativen Geist nicht nur als Feind des individuellen Lebens, sondern sehen in ihm darüber hinaus eine bedeutende Macht, die größten Einfluß auf die gesamte soziale Wirklichkeit im Verborgenen ausübt.

Wie kann man sich aber aus der Umklammerung von Not und Leiden befreien?

Wie kann man sich schützen vor dem Wirken des unheilbringenden, mächtigen negativen Geistes?

„Der Böse ist mächtig, Gott aber allmächtig."[93]

„Wer im Dienste Gottes steht, wird nicht nur von Gott durch Seine Kraft gestützt, sondern auch geschützt. Er wird durch die Macht Gottes das Böse besiegen können."[94]

Mit diesen Worten machte Bruno Gröning seinen Zuhörern unmißverständlich die Macht deutlich, die dem Menschen aus der lebendigen Verbindung mit dem Geist Gottes erwächst. Eine Macht, durch die es möglich ist, das Negative zu überwinden. Er fordert seine Zuhörer auf, in ihrem Leben „immer über all dem Bösen zu stehen", und ruft sie auf zum gemeinsamen Kampf gegen den Feind allen Lebens:

„Führen wir den gemeinsamen Kampf gegen das Böse, gehen wir gemeinsam den Weg, der alle Menschen wirklich zum Guten führt."[95]

„Ich rufe Sie zur Ordnung! Ich will, daß Sie ein gesundes, ein gutes Leben führen, wie Gott es bestimmt hat, und daß Sie sich mit diesem Unhold, mit dem Bösen, nicht mehr abgeben, auch nicht abfinden mit ihm, ihn ja nicht dulden, nein, ihn von sich weisen! Wenn Sie das alles tun, da sind Sie überzeugt, dann ist alles anders, viel schöner, da beginnt erst das Leben, d. h., da beginnt erst Gott in dem Menschen zu wirken."[96]

Bruno Gröning will den Menschen durch seine Worte die Spielregeln dieses geistigen Kampfes aufzeigen, den jeder Mensch zu führen hat. Zum größten Teil waren diese schon Grundlage der Erörterung, ich möchte sie an dieser Stelle aber noch einmal zusammenfassen:

- Der Mensch sollte sich von allem, was er als Übel in seinem Leben empfindet, in seinem Innern lösen, sich gedanklich abwenden und diesem gute Gedanken senden. Nie sollte er dem Negativen Negatives in Gedanken und Gefühlen entgegensetzen. Aus diesem Grunde mahnte auch schon Jesus:

  „Liebt eure Feinde; tut denen Gutes, die euch hassen; segnet die, die euch verfluchen; bittet für die, die euch mißhandeln."[97]

- Grundvoraussetzung für den Kampf ist, sich regelmäßig bewußt auf die Kraft Gottes einzustellen, um über die notwendigen Energien zu verfügen, negative Gedanken von sich zu weisen.

- Der Mensch darf nie etwas verlangen, er kann aber alles durch den Willen Gottes erlangen.

- Er muß gotthörig werden und darf nicht mehr leichtgläubig auf die Meinungen anderer Menschen hören. Dazu sollte er alles, was ihm in Gedanken und Worten zugetragen wird, durch sein Gefühl prüfen und beginnen, Gott in seinem Herzen zu fragen, und die gegebenen Antworten und Warnungen auf der Gefühlsebene erkennen lernen, denn das Negative ist oft nur sehr schwer zu erkennen.

Hans Georg Leiendecker führte der Wunsch nach Heilung zur Lehre Bruno Grönings. Als er sich das erste Mal auf die Heilkraft einstellte, erhielt er sofort die Heilung von langjährigem Asthma. Ihm wurde bald klar, daß Bruno Gröning den Menschen noch mehr als nur die körperliche Heilung vermitteln wollte. Er begann, sich bewußt dem Negativen zu verschließen, und machte viele gute Erfahrungen, so daß der Glaube an die Macht des Guten in ihm immer stärker werden konnte.

Er berichtete mir folgendes:

„Es hat eine Zeit gedauert, bis ich glauben konnte, daß es ‚das Böse' oder vielmehr ‚den Bösen' gibt. Das kam mir anfangs so mittelalterlich und komisch vor in unserer ‚aufgeklärten Zeit'. Nach und nach erkannte ich aber, wo die Ursache für all das Schlechte in der Welt ist, nämlich genau bei dem ‚Bösen', worüber ich anfangs gelächelt hatte. So sehe ich jetzt auch nicht mehr nur das ‚Schlechte' in allen Menschen und Dingen und glaube auch nicht mehr daran, denn ich erlebe täglich, daß Gott stärker ist als all das Böse, daß Er immer helfen und alles Böse zum Guten wenden kann. Anstatt pessimistisch zu sein, bin ich jetzt immer voll Optimismus und sehe auch die Zukunft nicht mehr schwarz und trostlos. Anstatt ständig das Schlechte und die negativen Angewohnheiten bei meinen Mitmenschen zu sehen, habe ich gelernt, es dem anderen in Liebe zu sagen [...]. Auch die Zerstörungen in der Umwelt können mich jetzt nicht mehr bedrücken, denn ich weiß, daß die göttliche Kraft stärker ist als diese zerstörerischen Kräfte, und deswegen stelle ich mich täglich für die Umwelt ein."[98]

Wer die Zusammenhänge erkennt, wird sich hüten, je einen Menschen zu verurteilen, wenn er auch offensichtlich Negatives tut. Denn es müßte deutlich geworden sein, daß der Mensch an sich nicht seinem Wesen nach schlecht ist, sondern daß er immer nur das Werkzeug der negativen geistigen Macht ist.

Bruno Gröning faßte es in folgende Worte:

„Der Mensch ist und bleibt göttlich, niemals ist [...] der Mensch böse, sondern er kann nur, [ ... ] wenn er Gott verläßt, wenn er sich selbst vernachlässigt, [ ... ] von dem Bösen behaftet werden. Das Böse erfaßt ihn, und er muß dann dem Bösen dienen. Nicht der Mensch ist es, der Böses tut, sondern das Böse."[99]

Somit ist die erste Pflicht eines Menschen, der von seinem Nächsten angegangen wird, sein Herz dem Negativen zu verschließen, dem sich der Nächste offensichtlich geöffnet hat. Wenn er beschimpft wird, sollte er nicht zurückschimpfen, sondern sich bewußt mit guten Energien verbinden, um die negative Ladung abzuwehren und seinem Gegenüber in Gedanken oder in Worten das Gute in Ruhe und mit aller Bestimmtheit des Willens entgegenzusetzen. Auf diese Weise schützt er sich selbst und hilft seinem Nächsten, sich vom Negativen zu lösen.

Hierzu Bruno Gröning:

„Niemand böse sein, Freunde! Böse sein heißt, daß Sie das Böse aufgenommen haben."[100]

„Sie können ruhig kommen und mir eine Ohrfeige geben, deswegen bin ich Ihnen nicht böse. Erfreut bin ich, indem ich sage: ‚Jetzt hat er das Böse von sich gegeben, jetzt muß ich zufassen, jetzt muß ich in diesem Moment ihm das Gute geben.'"[101]

„Ich liebe meine Feinde. Der Böse fängt sich in seinen eigenen Netzen."[102]

Es ist somit kein Zeichen von Schwäche, wenn man nicht zurückschlägt, wenn man nicht Gleiches mit Gleichem vergilt, sondern zeugt von tiefem Einblick in geistige Gesetzmäßigkeiten und großer Selbstbeherrschung.

Der Leser, der ein Schema sucht, das er in jeder Situation anwenden kann, in der er mit Negativem durch andere Menschen konfrontiert wird, sei darauf verwiesen, daß eine Handlungsweise nach „Schema F" den Notwendigkeiten des Lebens nie gerecht werden kann. Jede Situation ist anders und erfordert möglicherweise völlig unterschiedliche Reaktionen. Einen Menschen, der sich einfach nicht ändern will und immer nur negativ spricht und handelt, muß man irgendwann einmal von sich weisen, um sich selbst zu schützen. Manchmal ist auch ein lautes, bestimmtes Wort angebracht, manchmal hilft das Schweigen. Wer aber darauf achtet, daß sein Herz frei von Negativem bleibt, und immer aus der Ruhe, Liebe und Bestimmtheit reagiert, wird erleben, daß ihm in jeder Situation das Richtige im Herzen zu wissen gegeben wird.

Genauso wie ein Mensch, der schlecht denkt, spricht und handelt, kein schlechter Mensch ist, darf man nicht in den Fehler verfallen, in einem kranken Menschen einen schlechten Menschen zu sehen. Die Annahme, daß sich der Mensch durch negative Gedanken und Taten seiner Lebensenergien beraubt und somit den Boden für seelisches und körperliches Leid in sich bereitet, ist zwar grundsätzlich richtig, darf aber nie dazu führen, einen kranken Menschen in irgendeiner Form zu verurteilen, denn man weiß nie, warum er den Angriff des Negativen auf sich zugelassen hat; in den allermeisten Fällen geschieht dies unbewußt. Angst, Sorge, Mitleid oder dergleichen scheint in bestimmten Situationen unausweichlich und ist in den Augen der meisten Menschen zum „natürlichen" Empfinden geworden, weil ihnen das Gottvertrauen, das Urvertrauen, fremd geworden ist. Davon abgesehen ist es heutzutage bisher nur wenigen Menschen vorbehalten, die völlige Herrschaft über ihre Gedanken und damit die ununterbrochene Verbindung zu Gott leben zu können. Alle anderen Menschen sind, soweit sie „wissend" geworden sind, mehr oder weniger weit auf dem Weg, das Negative in sich zu überwinden.

Bruno Gröning war der Auffassung, daß der überwiegende Teil aller Menschen, die sich mit dem Negativen verbunden haben, Opfer widriger Umwelteinflüsse und eigener Schwäche sind, aber noch die Sehnsucht nach dem Guten im Herzen tragen. Denn die negative Macht ist auf der Erde mittlerweile derart stark geworden, daß man ihr als einzelner, unwissender Mensch ausgeliefert ist. Viele derer, die nach schulmedizinischen Gesichtspunkten gesund sind, tragen durch die negativen Energien, die sie in Gedanken, Wort und Tat in sich aufgenommen haben, schon ausgeprägte Störungen der Steuerungssysteme des Körper mit sich herum, die oft nur noch eines Auslösers bedürfen, um im körperlichen Zellverband offen als Krankheit sichtbar zu werden. Die geistige und die seelisch-körperliche Widerstandsfähigkeit werden durch die Vielzahl negativer Einflüsse in Wort und Bild oft schon von Kindheit an deutlich vermindert. Man betrachte nur einmal, wie schnell viele Kinder und Jugendliche seelisch zusammenbrechen, wenn auch nur geringe Anforderungen an sie gestellt werden, die Selbstmordrate spricht eine deutliche Sprache.

Viele Menschen haben über Jahrzehnte nicht die Kraft gehabt, sich gegen nahe Verwandte oder Familienmitglieder, die sie tyrannisierten, durchzusetzen, und durch Minderwertigkeitskomplexe, Angstgedanken, verdrängte Wut bis zum Haß öffnen sie, ohne es zu wissen, ihr Herz der negativen Macht, die immer enger das Netz von Leid, Unglück und Not um ihr Leben schließt. Andere bindet wiederum ein falsches Pflichtbewußtsein in eine Ehe, die zum Martyrium geworden ist. Jahr für Jahr sind sie den negativen Energien ausgesetzt, die der Ehepartner, der sich partout nicht ändern will, ausstrahlt. Manch einer fürchtete über Jahre, weil z. B. Mutter und Großmutter einen Schlaganfall erlitten hatten, daß er ein ähnliches Schicksal erleiden würde, und bewirkte dann durch die Macht seiner Gedanken in seinem Leben das Geschehen, wovor er sich fürchtete.

Gerade sensible Menschen erleben Leid, weil sie nicht nur sehr empfänglich für das Gute, sondern auch für das Negative sind. Sie öffnen aus falschverstandener Gutmütigkeit ihr Herz allem und jedem und haben Schwierigkeiten, sich dem Negativen, welches ihnen von anderen Menschen oft entgegengebracht wird, zu verschließen. Sie nehmen die Not ihrer Nächsten in sich auf, weil sie allen helfen wollen, haben immer wieder ein Ohr für die langen Geschichten des Leids der anderen. Meistens erfüllt sie ein großes Mitleid mit ihren hilfebedürftigen Nächsten mit den schon erwähnten verheerenden Auswirkungen für ihre eigene Gesundheit. Bruno Gröning wies oft darauf hin, daß der Mensch den „gesunden Lebensegoismus" in sich tragen muß und sich selbst nicht vergessen darf. Man darf nicht mehr Kraft ausgeben, als man selbst aufnimmt, sonst macht man „Schulden", und es kommt die Zeit, daß man selbst der Hilfe bedarf.

Unter den Sensiblen findet man auch die Menschen, die sehr leicht verletzlich sind und sich schnell „etwas zu Herzen" nehmen. Diese leiden unter einem bösen Wort oft lange Zeit, das anderen Menschen mit einem unempfindlicheren Wesen nichts ausmacht. Vielfach müssen diese Menschen durch viel Leid gehen, bis sie die notwendige Härte gegen das Negative gelernt haben.

Andere wiederum sind nicht fähig, sich selbst zu verzeihen für persönliche Fehler. Manche verharren ein Leben lang in Selbstvorwürfen und belasten sich durch diese negativen Gefühle ungemein.

Diese Liste könnte endlos fortgesetzt werden. Unzählige Beispiele zeugen davon, daß Menschen sich unbewußt in den Machtbereich des Bösen begeben.

Egoisten denken ohne Mitgefühl für ihren Nächsten z. B. nur ans Geschäft, Geld oder Wohlleben. Diese würden ihr ganzes Leben an diesen falschen Wahn gebunden sein, würde nicht das Feuer des Leids sie von dieser Gebundenheit befreien. Oft finden sie erst durch das Leid zu Höherem und können nach der Heilung ihr ganzes Leben ändern.

Wenn auch aus der Verbindung mit dem Unguten dem Menschen nur das Leid, die Not und das Unheil zugetragen wird, liegt dem unheilvollen Wirken dieser Macht noch ein verborgener Sinn zugrunde. Durch Leid und Not kann mancher eine innere Reifung durchmachen, die ihn losreißt aus den Trugbildern vieler materieller Wünsche und nach einem höheren Sinn des Daseins suchen läßt. Andere Menschen, die nicht durch diese Stationen gehen mußten, bleiben oft, gefesselt von den materiellen Annehmlichkeiten des Lebens, bis zum Tode in einem Zustand der geistigen Trägheit verhaftet. Um diese verborgenen Zusammenhänge deutlich zu machen, fragte Bruno Gröning seine Zuhörer einmal, was sie zu ihm geführt hätte. Er erhielt viele Antworten, daß es die Zeitung, der Verwandte u. a. m. gewesen seien, aber keine konnte ihn befriedigen. Er antwortete dann selbst und erklärte, daß es „das Böse", z. B. in Form von Krankheit, selbst ist, das die Menschen zu ihm führt:

„Das Böse führt immer zum Guten."[103]

Ist es nicht das Leid, das die Menschen dazu führte, Gott zu suchen? Viele Menschen müssen erst jahrelang von Arzt zu Arzt laufen, bis sie erkennen, daß es Einen gibt, den sie vergessen hatten, der „der größte Arzt aller Menschen ist", wie Bruno Gröning sagte. Schon Goethe sprach in gleicher Weise über den geheimen Sinn des Wirkens der negativen Macht in seinem „Faust":

„Es ist ein Teil von jener Macht, die stets das Böse will und doch das Gute schafft."[104]

Wer das Leid erlebt hat, weiß, was ein gesunder Körper wert ist. Er wird nach Wegen suchen, die verlorene Gesundheit wiederzufinden. Oft ist er erst jetzt dazu bereit, sich von festgefahrenen Vorurteilen zu lösen, Möglichkeiten wahrzunehmen, denen er vorher aus Verstandesdünkel ablehnend gegenüberstand, sich selbst zu ändern und nach dem Guten, nach Gott zu suchen und Ihn anzunehmen.

Wenn ein Mensch erleben muß, daß er völlig hilflos z. B. einer Krankheit oder einem anderen Leid gegenübersteht, wenn er an die Grenzen seiner Macht stößt, ist sein Inneres bereit für die Demut, nach einer höheren Macht zu suchen und sich ihr zu beugen. Oft ist ein Mensch erst nach durchlittenem Leid fähig, für seinen Nächsten in ähnlicher Situation Mitgefühl zu haben, überhaupt eine Nächstenliebe zu entwickeln.

Eine Geheilte aus dem heutigen Kreis der Bruno Gröning-Freunde berichtete mir, daß sie jetzt nach der Heilung dankbar für die Jahre des Leids sei. Denn sie hätte sich nie für Bruno Gröning und die Heilung auf geistigem Wege interessiert, wäre sie nicht derart in Not gewesen. So überwand sie alle Vorurteile und war bereit, sich zu überzeugen. Sie wurde gesund und fand mehr als die Gesundheit: den Weg zu Gott.

„Ich weiß jetzt erst richtig meine Gesundheit zu schätzen, nachdem ich sie wiedergeschenkt bekam durch Bruno Gröning", sagte sie mir, „es konnten durch meine Heilung auch schon viele andere Menschen dazufinden und wie ich die Heilung erleben. Mein Bericht hat sie überzeugt."[105]

Wenn ein Mensch, durch das Leid bewegt, den Mut hat, über den eigenen Schatten seiner Gewohnheiten und Vorurteile zu springen, und sich von der Macht des Geistes überzeugt, hilft er damit nicht nur sich selbst, sondern auch anderen, die angesichts der dann meistens sichtbar werdenden großen Veränderung am Körper und im Leben dieses Menschen seinem Vorbild folgen. So kann manch einem Menschen auf diese Weise viel Leid und Not erspart bleiben, indem er, durch das Vorbild des Nächsten bewegt, frühzeitig den Grundgesetzen des Lebens folgen lernt und den heiligen Kampf um das Heil in sich aufnimmt.

## Die Zeit

Ein weitverbreitetes Übel der heutigen Zeit ist, bestimmten Notwendigkeiten des Lebens mit den Worten:

„Ich habe keine Zeit"

aus dem Weg zu gehen. Alles scheint wichtiger: die beruflichen Aufgaben, die Freizeitgestaltung; nur die Zeit zu finden, in Ruhe das Gute für den Körper aufzunehmen, das scheint in den 24 Stunden des Tages unmöglich zu sein.

Bruno Gröning sagte einmal:

„Der Mensch kann Vorsorge dafür treffen, so er die Zeit wie auch Gelegenheit für sich und seinen Körper zu nützen weiß, so daß er über soviel gute Kraft verfügt, daß er das Böse nicht mehr zu fürchten braucht; daß er mit diesen Kraftreserven den Kampf gegen das Böse in aller Ruhe führen kann. Damit lebt der Mensch in der göttlichen Ordnung."[106]

Wer den Weg zur Heilung gehen und den Kampf gegen das Ungute in seinem Leben führen will, kann dies nur, wenn er die notwendige geistige Kraft dazu in sich aufnimmt.

Bruno Gröning verglich den Körper des Menschen häufig mit einer Batterie und wies darauf hin, daß der Mensch durch das Denken, Sprechen und Handeln Kraft verbraucht, die zumeist auf längere Sicht nicht durch den Schlaf in genügendem Maße wieder ausgeglichen werden kann. Darum sollte der Mensch sich die Zeit nehmen, sich mindestens zweimal täglich auf die Heilkraft einzustellen. Er sollte sich einen ruhigen Platz suchen, um dort die Kraft Gottes aufzunehmen. Oft reichen zehn Minuten oder eine Viertelstunde, um die notwendige Energie zu erhalten, um den Anforderungen des Tages gewachsen zu sein, ohne aus Kraftlosigkeit sich die Ruhe, die Freude und den Frieden nehmen lassen zu müssen. Auch empfiehlt es sich, von Zeit zu Zeit mit anderen Menschen zusammen diese Energie aufzunehmen, da der Kraftzufluß dann verstärkt ist.

Bruno Gröning sagte während eines Vortrages vor der Gemeinschaft Springe am 05.10.1958 dazu:

„Ich glaube, Freunde, es ist besser, ich sage offen die Wahrheit, wie Menschen das Leben hier verlebt haben, denn im Leben hat selten einer etwas erlebt! Die meisten verleben es. Sie vergeuden die schöne Zeit. Die Zeit ist nun einmal das Gute. [...] Wir sollten jederzeit viel Wundervolles, viel Göttliches erleben. Und so wir das Göttliche erleben, das Göttliche in uns aufnehmen, dann werden wir uns wohlfühlen, dann sind wir frei, dann leben wir so, wie Gott das Leben hier bestimmt hat.

Aber was tun die meisten Menschen? Ja, das, was ich schon sagte, und zum anderen Mal haben sie für sich selbst keine Zeit. Da ist das Geschäft, da ist der Haushalt, da ist der Betrieb, da ist die Arbeit, da ist Hannchen, da ist Tantchen, und da ist Mannchen, da muß ich hierhin, da muß ich dorthin. O nein, die kann ich nicht auslassen. Nein, nein, ich habe keine Zeit. Vielleicht habe ich Zeit, daß ich komme ... Dieses haben die Menschen immer wieder bereut, wenn sie erst vom Bösen so erfaßt worden sind und das Böse von ihnen nicht mehr abläßt, das Böse in ihren Körper eingedrungen ist, dann kommen sie zur Erkenntnis, dann haben sie Zeit. [...] Wer nicht hören will, der muß dann fühlen. Und so sind dann viele Menschen, die da nicht hören wollen, die müssen dann fühlen. [...] Sie müssen sich ein Fleckchen aussuchen, so Sie die himmlische, die göttliche Ruhe wieder aufnehmen können, so daß dadurch die Ordnung in Ihrem Körper zustande kommt. Sie müssen Ihrem Körper Beachtung schenken, Sie dürfen sich nicht mehr mit dem Bösen verbinden, vorerst sich von dem lossagen, wie Sie sich auch jetzt losgesagt, indem Sie sagen: ‚Hier habe ich mein Kämmerlein, hier bleibe ich, hier stört mich keiner!' Dann nehmen Sie alles auf, da nehmen Sie auch die Kraft auf, und daß hier die Störung aus dem Körper beseitigt wird.

Wenn es nicht [...] einmal reicht, zweimal, genau gesagt, müssen Sie es immer tun, täglich. Aber das ist den meisten zuviel. [...] Wer für sich selbst keine Zeit hat, Freunde, das ist kein gottgläubiger Mensch, der hat sich wirklich von Gott gelöst. Soviel Zeit muß er für sich, für seinen Körper haben."[107]

Ein Mensch, der wirklich realistisch denkt, sollte sich klarmachen, daß nicht nur eine positive Bilanz auf dem Bankkonto für sein Leben notwendig ist, sondern daß auch die Bilanz seiner Energien positiv sein sollte. Wenn er bereit ist, sich die Zeit in dieser Form für sich selbst gegen alle Widerstände seiner Gewohnheiten und seiner Umgebung zu nehmen, kann er bald erkennen, daß er nicht nur Kraft, sondern auch Zeit gewinnen kann. Es gibt immer die Gelegenheit und Zeit, sich einen Moment zurückzuziehen, um „aufzutanken", wenn man am Körper spürt, daß Negatives Zugang finden konnte. Ich konnte selbst erleben, nach welch kurzer Zeit durch das „Einstellen" dem Körper wieder belebende Energien zur Verfügung stehen. Die Zeit, die man gibt, ist durch die neuerlangte Kraft vielfach gewonnen. Es kommen dann wieder die richtigen Gedanken, und man ist immer wieder überrascht, durch wieviel kleine oder große „Zufälle" die höhere Hilfe in der Arbeit spürbar wird, wenn man sich ihr zu öffnen vermag.

Darüber hinaus ist es auch eine Frage der Schwerpunktsetzung, bei der doch die Gesundheit an Seele und Körper als Geschenk Gottes an erster Stelle stehen sollte.

## „Vertraue und glaube, es hilft, es heilt die göttliche Kraft"

Die Lehre Bruno Grönings zeigt unmißverständlich auf, daß es für das Leben des Menschen eine höhere Ordnung gibt. Diese Lebensordnung Gottes, die Grundgesetze oder auch „Spielregeln des Lebens", wie Bruno Gröning sie nannte, sind nichts anderes als Naturgesetzmäßigkeiten des menschlichen Seins. Jeder Mensch ist ihnen in gleicher Weise unterworfen wie den bekannten physikalischen Gesetzen.

Bruno Gröning äußerte sich einmal dazu:

„Gott hat ein, d. h. Sein Gesetz. Wer dieses nicht kennt, dieses nicht beherzigt, dieses nicht befolgt, der hat auch keinen Erfolg."[108]

Es ist bereits deutlich geworden, daß der Mensch, so er einem guten Gedanken Glauben schenkt, geistig die Verbindung zu Gott aufgenommen hat. Der Glaube an Gott heißt somit nicht nur, die Existenz eines dem Menschen übergeordneten, allmächtigen Wesens zu bejahen oder religiöse Texte deuten zu können, Glaube an Gott ist das bedingungslose Vertrauen zum Guten in sich selbst und im anderen Menschen. Glaube an Gott heißt, keinem Menschen und keiner Situation im Leben die Macht zu verleihen, im Herzen größer zu werden als der Glaube an den Sieg des Guten, als der Glaube an das Heil.

Heilungssuchende am Traberhof September 1949

Bruno Gröning:

„Mensch sein heißt gut sein, gut zueinander, alle Ihre Gedanken, alle Ihre Worte zum Guten bringen, d. h. in die Tat umsetzen, nicht nur etwas versprechen, nicht nur sagen."[109]

Ein solcher Mensch „betet ohne Unterlaß", weil er durch seine innere Einstellung, durch seine Gedanken beständig mit Gott geistig verbunden ist und Ihm im wahren Sinne dient, weil sein Vorbild das Gute, d. h. Gott im anderen weckt. Dies gilt in gleicher Weise für Gesundheit und Krankheit.

Bruno Gröning:

„Wer an seine Gesundheit glaubt, der glaubt an Gott."[110]

Ein Mensch aber, der angesichts einer ärztlichen Diagnose an die Krankheit glaubt und womöglich der Lüge des „Unheilbar" seinen Glauben schenkt, hat somit, ohne daß er es ahnt, den Glauben an Gott aufgegeben. Denn die Krankheit kommt nicht aus Gott, sondern ist ein Werk der negativen Macht.

Nun mag man einwenden, daß die ärztliche Diagnose doch eine Tatsache ist und man sich dieser Tatsache stellen sollte und daß man diese doch sonst nur verdrängen würde. Verdrängung ist aber eine Folge der Angst. Der Mensch, der negative Umstände in seinem Leben verdrängt, hat die glaubensmäßige Bindung zu ihnen nicht gelöst, so daß sie weiterhin auf ihn einwirken können.

Auch der „Realist", der sagt, er müsse den „Tatsachen" ins Auge sehen, er müsse lernen, wie es heute bei vielen Selbsthilfegruppen heißt, „mit der Krankheit oder dem Leid zu leben", kapituliert in ähnlicher Weise vor dem Ausdruck negativer Energie, die sich als Unheil oder Krankheit in seinem Leben zeigt. Er verbindet sich mit dem Negativen und bewirkt durch seinen falschen Glauben, daß es sich in seinem Bewußtsein immer mehr festigen kann. Oft wirkt die Umwelt durch ihr zersetzendes, schwächendes Mitleid wesentlich dabei mit, den Betroffenen in diese Sackgasse zu führen.

In beiden Fällen wirkt sich das Wort Jesu „Euch geschehe nach eurem Glauben" in charakteristischer Weise gesetzmäßig aus.

Vielfach kommt es dann noch zu einem bezeichnenden Widerspruch im Gemüt der Menschen. Viele bekennen sich mit ihren Lippen zum Glauben an Gott, man kann sie z. T. auch regelmäßig in der Kirche antreffen, aber auf die Frage, ob sie an Heilung von Rheuma, Arthrose, Herzschwäche oder Folgen eines Schlaganfalles u. a. m. glauben, verweisen sie auf die Aussage ihres Arztes, der ihnen meistens die Unheilbarkeit des Leidens deutlich gemacht hat oder eine baldige Verschlechterung prophezeite.

Bruno Gröning sagte dazu:

„Sie sind einer Macht verfallen, das ist die Macht der Gewohnheit, daß Sie sich mit dem Wort ‚Glauben' trösten, aber in Wirklichkeit nicht glauben können, denn Sie haben das Wort ‚Glauben' noch nicht beherzigt, Sie sind noch nicht zur Tat übergegangen."[111]

„Ich mache Sie darauf aufmerksam, daß die Heilung nur denen zugute kommt, die den Glauben an unseren Herrgott in sich tragen oder bereit sind, den Glauben in sich aufzunehmen."[112]

Der Mensch, der nach der Lehre Bruno Grönings die heilenden Kräfte in seinen Körper aufnimmt, handelt völlig entgegengesetzt zu dem, der verdrängt oder „mit der Krankheit leben will". Er nimmt den Kampf um die Gesundheit auf. Aus dem Glauben an die Allmacht Gottes, der ihm durch die Erfahrungen mit dem Heilstrom erwächst, vermag er die Glaubensbindung zum Unheil in seinem Bewußtsein zu lösen und den Glauben an das Heil in sich festzuhalten. Somit hat er geistig den Sieg über das Negative errungen, weil er nicht zugelassen hat, daß das Unheil Macht in seinem Bewußtsein erhält, und hat damit die Grundlage für das Heil in seinem Körper und seinem Leben geschaffen. Das „Verdrängen, Beseitigen, Verneinen" von Beschwerden in der üblichen Therapie wird zum „Bejahen". Das gesamte Bewußtsein des Heilungssuchenden hat sich der Heilung geöffnet, er nimmt die durch den Heilstrom oft stärker werdenden Symptome und Schmerzen als Umstellungsreaktion an, aber nicht, um „damit zu leben", sondern um durch sie gesund zu werden.

Bruno Gröning sagte dazu:

„Ich erwecke im Menschen das Selbstvertrauen und den Glauben an sein Ziel."[113]

„Wenn Sie glauben, daß Sie das Heil erfahren werden, dann ist Ihnen schon geholfen. Glauben Sie nur!"[114]

Wichtig auf dem Weg zum äußerlich sichtbaren Heil ist, diesen Zustand des Glaubens zu bewahren, entgegen aller äußeren und inneren Widerstände, und die Zeit der Regelung, der Reinigung durchzustehen.

Bruno Gröning äußerte sich in einem Vortrag:

„Wer standfest ist, wer den wahren, göttlichen Glauben in sich festhalten kann, siegt."[115]

Aber auch der Mensch, der gar nicht mehr an das Gute zu glauben vermag, steht nicht allein. Ich weiß von einigen Geheilten, die sich aufgrund vieler negativer Erlebnisse in ihrem Leben gar nicht mehr vorstellen konnten, daß das Gute auch bei ihnen wiederzuerlangen sei oder überhaupt noch in irgendeiner Form eine Macht habe. Es ist beeindruckend, wie in ihnen durch die regelmäßige Aufnahme des Heilstroms die Glaubenskraft wuchs, so daß auch sie die Gesundung erfahren konnten.

Bruno Gröning hatte zu diesen Menschen gesagt:

„So Sie heute noch nicht glauben können, so will ich es für Sie tun, bis Sie wirklich glauben können. Und so Sie heute noch nicht bitten, noch nicht beten können, so will ich das auch noch für Sie tun."[116]

Der Neuorientierung des Menschen zum Glauben an die Allmacht Gottes durch die Lehre Bruno Grönings und der regelmäßigen Aufnahme der Heilkraft steht natürlich ein Arztbesuch nicht entgegen. Die meisten Kollegen wären froh, wenn ihre Patienten mit solch einer inneren Einstellung zu ihnen kommen würden. Vielfach tritt durch das ungehinderte Wirken der Heilkraft im Menschen bald die Heilung ein, und ärztliche Therapie wird überflüssig. Andere können die Medikamente nach und nach reduzieren, bis die volle Heilung eingetreten ist.

Eine Nachuntersuchung durch einen objektiven Arzt sollte aber auch selbstverständlich sein. Sie ist wirksames Bollwerk gegen alle Zweifler aus dem Verwandten- und Bekanntenkreis und unschätzbare Glaubenshilfe für den neuen Hilfesuchenden.

Ein beeindruckendes Beispiel für die Macht Gottes in dem Menschen, der sich nach dem Rat Bruno Grönings dem Wirken Gottes im Glauben und Vertrauen wieder öffnet, zeigt sich in Hans Rösch aus W. Er gehört mit seinen 70 Jahren zu der Altersgruppe, der in unserer Gesellschaft allgemein wenig Chancen gegeben werden, wenn Körper und Seele durch Krankheiten geschwächt sind. In vielen Menschen hat sich der falsche Glaube festgesetzt, Alter mit Krankheit und Schmerzen zu verbinden. „Sie sind halt alt, da kann man nichts machen", kann man oft sogar aus dem Munde von Ärzten hören. Redensarten wie: „Wer älter als 50 Jahre ist und keine Schmerzen hat, ist gestorben", wie ich sie vor einiger Zeit hörte, sind in ihrer Eigendynamik nicht zu unterschätzen.

Herr Rösch litt seit Jahren unter Herzschmerzen, die nach links, z. T. bis in den Arm ausstrahlten und besonders bei körperlicher Belastung auftraten. Ständig führte er ein Fläschchen des Herzmittels „Nitrolingual" mit sich, das bei Schmerzen mehrmals täglich zum Einsatz kam und zum Verschwinden der Schmerzen führte; zusätzlich waren noch mehrere Herztabletten erforderlich. Ärztlicherseits wurde eine koronare Herzerkrankung festgestellt, die sich deutlich in einem Belastungs-EKG widerspiegelte.

Im Befund des untersuchenden Internisten (Chefarzt des Städtischen Krankenhauses in H.) heißt es:

„Zusammenfassend sind die vom Patienten geklagten Beschwerden sicherlich auf eine Belastungskoronarinsuffizienz bei koronarer Herzkrankheit zurückzuführen. Die elektrokardiographischen Veränderungen sind typisch."[117]

Hans Rösch äußerte dazu:

„Die Schmerzen traten besonders bei Belastung und Aufregung auf. Der Schmerz, wenn er stärker war, strahlte in den linken Arm aus. Ich konnte in den letzten Jahren, bevor ich mit der Lehre Bruno Grönings in Berührung kam, nicht einmal ein halbes Stockwerk ohne Pause gehen, ich mußte zwischendurch stehenbleiben, weil Luftnot und Herzschmerzen auftraten."[118]

Er hatte den Glauben an eine in seinem Alter noch mögliche Heilung verloren und sich mit der immer stärker werdenden Einschränkung seines Lebens abgefunden.

Zusätzlich quälten ihn seit 25 Jahren Kopfschmerzen, die ärztlicherseits auf Verschleißerscheinungen der Halswirbelsäule zurückgeführt wurden. Wenn die Schmerzen besonders stark wurden, nahm er manchmal bis zu zehn Stück des Schmerzmittels „Prontopyrin", was für kurze Zeit eine Linderung bewirkte. Seit Jahrzehnten immer wieder auftretende Stirnhöhlenvereiterungen, die im Abstand von zwei Jahren eine Spülung erforderten, taten das ihrige dazu, um die Kopfschmerzen zu verschlimmern.

Das Netz aus Krankheit und Schmerzen wurde im Leben dieses Mannes von Jahr zu Jahr enger gezogen. Zu Beginn der 70er Jahre traten Rückenschmerzen (ärztliche Diagnose: chronische Lumbalgie) auf.

Hans Rösch:

„Sie kamen von der Kreuzgegend und zogen oft noch in das rechte Bein. Dauernd spürte ich ein unangenehmes, schmerzhaftes Gefühl im Rücken. Die Schmerzen wurden stärker, wenn ich mich bewegte, besonders wenn ich mich bückte, schwere Lasten trug oder wenn ich längere Strecken gegangen war. Traten heftige Schmerzen auf, mußte ich jede Bewegung einstellen, legte beide Hände auf das Kreuz, bis nach einiger Zeit der Schmerz gelindert wurde. Ich nahm viele Schmerzmittel, unter anderem auch so starke Medikamente wie ‚Felden 20' oder ‚Butazolidin'. Die

Medikamente brachten mir zusammen mit Fango, Massagen und Bestrahlungen Linderung, aber kurze Zeit später waren die Schmerzen wieder genauso stark. Die Ärzte stellten Abnutzung der Bandscheiben im Lendenwirbelbereich fest und Verschleiß der Wirbelsäule. Infolge meiner Belastungen wurde ich eineinhalb Jahre vor meiner Rente arbeitsunfähig geschrieben. Von Heilung war keine Rede. Mein Orthopäde hatte mir vor Jahren schon gesagt: ‚Damit müssen Sie leben.'"[119]

Dazu kamen noch andere Beschwerden:

„1942 in einem Kriegseinsatz vor Stalingrad bekamen wir plötzlich Artillerie- und Granatenbeschuß. Mein Kamerad und ich waren im Bunker und wurden durch einen Volltreffer verschüttet. Dabei erlitt ich unter anderem eine schwere Brustquetschung. Durch den Luftdruck beim Einschlag der Granate bekam ich einen Lungenriß. [...] Ich hatte seitdem immer Schmerzen an der Lunge. Je nachdem, welche Arbeit ich verrichtete oder wie ich mich bewegte oder wenn ich tief Luft holte, bekam ich starke Stiche in der Lunge. Dem Hausarzt habe ich das oft gesagt, aber er meinte nur, daß man gegen diese Kriegsverletzung nichts machen kann."[120]

Es mag nicht verwundern, daß Hans Rösch bei den o. a. Krankheiten eine chronische Magenschleimhautentzündung entwickelte, die sich über zehn Jahre hinweg ein- bis zweimal im Jahr in Form von ausgeprägten Magenschmerzen zeigte und zur Diät zwang. Auch die Schlafstörungen, die sich seit ungefähr 1946 bemerkbar machten und dazu führten, daß er oft nachts wieder erwachte und dann stundenlang nicht mehr einschlafen konnte, werden vor diesem Hintergrund verständlich.

Ende 1987 lernte er die Lehre Bruno Grönings kennen und begann, sich auf den Heilstrom einzustellen. Er löste sich von allen negativen Prognosen seiner Ärzte, von all dem Unheil und den Schmerzen in seinem Leben und nahm den Glauben in sich auf, daß Gott der größte Arzt sei, und bat im Herzen um Heilung.

Beeindruckend ist, wie schnell die Heilkraft durch seine innere Neuorientierung zum Glauben an das Gute wirken konnte:

Kurze Zeit später war er von jahrelangen Herzschmerzen befreit, er brauchte das „Nitrolingual" und die anderen Herztabletten nicht mehr. Er kann nun, was über Jahre undenkbar war, ohne Pause mehrere Stockwerke bewältigen, er unternahm sogar ausgedehnte Wanderungen im Schwarzwald und in Österreich ohne Beschwerden, selbst das Tanzen, ein Herzenswunsch von ihm, ist in seinem Alter wieder möglich geworden.

Auch die Kopfschmerzen und die regelmäßigen Stirnhöhlenvereiterungen verschwanden, seit er den Heilstrom aufgenommen hat, sie sind einfach nie wieder aufgetreten.

Zu der Heilung von den Rückenschmerzen äußerte er sich wie folgt:
„Der Rücken ist frei von Schmerzen. Ich kann wieder im Garten arbeiten, ich kann mich bücken, ohne daß Schmerzen auftreten. Ich habe keine Schwierigkeiten mehr, vom Bett oder vom Stuhl aufzustehen. Massagen, Fango, Bestrahlungen und schmerzstillende Spritzen brauche ich nicht mehr. Diese Belastung ist mir ohne Regelungsschmerzen spontan genommen worden."[121]

Die Schmerzen in der Lunge sind verschwunden, am Magen sind keine Beschwerden mehr aufgetreten. Er kann alles essen und muß jetzt, wie er schreibt, vielmehr darauf achten, daß er nicht zu dick wird. Da alle Schmerzen und Ängste verschwunden sind, kann er wieder „wie ein Murmeltier schlafen".[122]

Hans Rösch ließ die Heilungen ärztlicherseits überprüfen. Ein erneutes Belastungs-EKG bestätigte seine persönliche Beobachtung von der wiedergewonnenen Belastungsfähigkeit. Bei Ausbelastung mit 125 Watt fand sich „kein Hinweis für Repolarisationsstörungen im Sinne einer koronaren Herzerkrankung".[123]

Aus einem von Schmerzen und Krankheiten geschlagenen alten Mann, dem kein Arzt Hoffnung auf Heilung geben konnte, ist ein rüstiger, lebensfroher Mensch geworden, der Gesundheit und Glauben wiedergefunden hat. Und dies allein dadurch, daß er dem Rat Bruno Grönings folgte und sich vom Glauben an die Macht des Negativen in Form von Krankheit und Schmerzen löste und sein Herz dem Glauben an das Gute, an das Heil wieder geöffnet hat.

„Was du willst, sei dein!"[124]

sagte Bruno Gröning. Es ist wohl der höchste Weg der Hilfe, wenn man einem Menschen hilft, sich selbst zu helfen, wenn man den Mut hat, gegen alle gesellschaftlichen Vorstellungsmuster mitzuhelfen, daß sich sein Geist von falschen, gewohnten Glaubensmustern lösen kann und zur Fülle des Heils findet.

## Die Liebe, das Grundgesetz des Lebens

Das höchste Gesetz der Lebensordnung Gottes sah Bruno Gröning in der Liebe:

„Gibt es einen Grundsatz, nach dem man sein ganzes Leben richten kann? Ja, die Nächstenliebe."[125]

Er empfand großes persönliches Glück, wenn er spürte, daß ein Mensch nach dem hohen Ideal der Gottes- und Nächstenliebe strebte und dies durch Taten bewies. Wer Bruno Gröning näher kannte, wußte um sein Ziel, neben der körperlich-seelischen Heilung den Menschen durch seine Lehre wieder zu diesen hohen, reinen Empfindungen zu führen.

Er empfand die Liebe als etwas Heiliges, sie war für ihn das Zentrum des Wesen Gottes. Zugleich erkannte er in ihr die mächtigste Waffe im Kampf gegen das Ungute. Der Mensch, der sich der Liebe öffnet, verbindet sich mit der höchsten Ausstrahlung des göttlichen Geistes. Jeder Gedanke der Liebe ist aus diesem Grunde erfüllt von einer sehr stark aufbauenden, positiven, belebenden geistigen Energie. Dies kommt dem Menschen, der liebt, auf vielfache Weise zugute. Er stärkt sich selbst, schützt sich vor negativen Gedankenenergien und ruft, wenn er mit den Gedanken der Liebe arbeitet, d. h. sie in die Tat umsetzt, bei seinen Nächsten ähnliche Gedanken hervor, die auf ihn zurückwirken.

Wer in der Liebe die größte geistige Macht, die Grundlage für Frieden und Glück erkannt hat, wird sich nicht mehr wundern, daß der negative Geist alles getan hat, damit gerade diese Empfindung in der heutigen Zeit verfälscht und mit Füßen getreten wird! Kaum ein Mensch bemüht sich noch um diese Geisteshaltung; es scheint angesichts des Wettlaufs ums Überleben in einer modernen Leistungsgesellschaft nicht mehr sinnvoll zu sein zu lieben. Liebe oder die Gefühlsstrukturen, die heutzutage als solche bezeichnet werden, bleiben vielfach nur auf einen Paar- oder Familienegoismus beschränkt, selten findet ein Mensch noch zu der Größe wahrhafter Nächsten- und Gottesliebe.

Zwar wird jeden Sonntag die „frohe Botschaft" von der Kanzel gepredigt, aber wie wenige Ohren hören diese noch, und die allerwenigsten sind fähig, sie wirklich zu verstehen oder gar in die Tat umzusetzen. Die Liebeslehre des „größten Menschenfreunds", des „größten geistigen Heilers", wie Bruno Gröning Christus nannte, ist für die meisten Christen zur frommen Utopie geworden. Es läßt sich jedenfalls nicht viel im weitgehend christlichen Abendland von einer Lebenspraxis dieser Lehre erkennen.

Nicht mehr zeitgerecht scheinen die grundsätzlichen Gesetze der Liebe, die Christus mit folgenden Worten bekundete:

„Du sollst den Herrn, deinen Gott, lieben mit ganzem Herzen, mit ganzer Seele und mit all deinen Gedanken. Das ist das wichtigste und erste Gebot. Ebensowichtig ist das zweite: Du sollst deinen Nächsten lieben wie dich selbst. An diesen beiden Gesetzen hängt das ganze Gesetz samt den Propheten."[126]

Bruno Gröning war der Überzeugung, daß die Nächsten- und Gottesliebe auch in der heutigen Zeit für jeden Menschen guten Willens zu verwirklichen sei. Doch muß sich der Mensch auch hier bewußt werden, daß die Liebe in gleicher Weise wie jeder Gedanke nie seinem beschränkten Wesen erwachsen kann, sondern immer geistige Gabe aus dem Licht bleibt. In unerschöpflicher Fülle entspringt sie der einen Quelle alles Guten, es liegt nur am Menschen, sich ihr wieder zu öffnen, sie aufzunehmen, ihr Wachsen in sich zuzulassen.

Bruno Gröning:

„Gott besitzt alles das, was der Mensch braucht. Das hat der Mensch vergessen."[127]

Genauso wie dem Menschen aus der bewußten Verbindung zu Gott das Heil an Körper und Seele zugänglich wird, erwächst ihm aus dieser Verbindung die lang vergessene selbstlose Liebe. Die gleiche Kraft, die Körper und Seele reinigt und dem Menschen hilft, die innere Umkehr in die Tat umzusetzen, erweckt auch das Feuer der Liebe wieder im Herzen des Menschen.

Wie ich aus Gesprächen mit mehreren Personen aus dem heutigen Bruno Gröning-Freundeskreis erfuhr, erlebten viele, daß sich ihre innere Liebesfähigkeit steigerte, nachdem sie sich nach dem Rat Bruno Grönings dem „Heilstrom" geöffnet hatten:

„Ich kann nicht gerade sagen, daß ich vor dem Kennenlernen der Lehre Bruno Grönings keine Liebe zu den Menschen gehabt hätte", schrieb mir Anja K. aus H., „aber da ich mich sehr mit dem Gedanken der Liebe befaßte und nach ihr suchte, schien es mir nicht genug, was ich diesbezüglich in mir fühlte. Ich hatte den Herzenswunsch, alle Menschen lieben zu können, egal ob sie mir ähnlich waren und ich einen Bezug zu ihnen hatte oder nicht. Doch so sehr ich mich auch bemühte, es gelang mir nicht so, daß ich zufrieden war.

Nachdem ich beim Besuch der für mich ersten Gemeinschaftsstunde einige Zeit die göttliche Kraft aufgenommen und in mich einfließen gefühlt hatte, überkam mich völlig unerwartet eine nie gekannte Liebe zu allen Anwesenden. Dazu muß ich erwähnen, daß ich vorher niemanden dort kannte, mir also alle Anwesenden fremd waren. Aber jetzt konnte ich sie frei von allen Vorbehalten einfach innig liebhaben. Ich wußte, daß mir mein Herzenswunsch erfüllt worden war.

Dieses Erlebnis hat sich später oft wiederholt. Nach längerer Aufnahme der Kraft, z. B. während einer Gemeinschaftsstunde, steigerte sich das Empfinden der Liebe auf ein Maß, das ich vorher nicht kannte. Es flachte zwar öfter bei den täglichen Anforderungen ab, wurde aber nach intensiver Kraftaufnahme neu belebt."[128]

„Ich habe mich früher immer bemüht, Gutes zu tun, doch es blieben Versuche, ich mußte mich regelrecht dazu überwinden, ich tat es aus dem Verstand und nicht aus dem Herzen", berichtet Franz K. (29) aus H. „Als ich mich der Kraft Gottes nach der Lehre Bruno Grönings immer mehr öffnen konnte, spürte ich, daß sich in mir etwas veränderte. Es wich eine Schwere, die immer wie ein quälender Druck auf mir gelegen hatte und jegliche Freude flach und fade werden ließ. Immer wenn ich mich auf den Heilstrom einstelle, spüre ich nicht nur das Kribbeln und die Wärme an meinem Körper, es ist, als ob ein Licht, das meinen äußeren Sinnen unsichtbar ist, in meine Seele einfließen würde. Dieses Licht erfüllt mein Gemüt oft mit einem tiefen Frieden, ich spüre Glück, und ich bemerke, daß ich immer mehr fähig werde, wieder zu lieben. Seitdem wächst das so stark ersehnte Gefühl der Liebe wieder in mir, ich kann anderen Menschen von Herzen helfen, und es ist mir sogar möglich, Menschen ein liebevolles Empfinden entgegenzubringen, die ich früher verurteilt hätte. Dieses Gefühl wächst, je mehr ich mich dem Heilstrom öffne, es ist manchmal regelrecht wie ein Feuer im Herzen. Besonders glücklich bin ich über die Tatsache, daß ich nicht nur meinen Nächsten wieder Liebe entgegenbringen kann, sondern auch Gott, obwohl ich Ihn nicht sehen kann, immer mehr zu lieben vermag. Ich bin Herrn Gröning sehr dankbar, daß er trotz aller Widerstände den Mut hatte, das Erkennen, das ihm innerlich zuteil geworden ist, den Menschen weiterzugeben. Ohne ihn hätte ich diesen Zugang zur Liebe und zu Gott nicht gefunden. Durch seine Lehre bin ich erst wieder in der Lage, die Ziele der Lehre Christi in meinem Leben in die Tat umzusetzen."[129]

Die selbstlose Liebe im Menschen wieder zu wecken, ist die höchste Form der Heilung. Wer lieben kann, der hat ein starkes geistiges Band zwischen sich und die Quelle alles Guten gelegt, so daß er sehr leicht empfänglich für die Führung aus dem Geist Gottes wird. Jeder wahre Weg des Geistes muß den Menschen zur Liebe führen, denn Gott ist die Liebe. Sie ist dem Wesen der negativen Macht völlig fremd, überall wo diese Macht im Menschen oder in der menschlichen Gesellschaft wächst, da schwindet die Liebe. Und dort wo die Liebe wächst, da schwindet ihr Einfluß.

Durch die Worte Bruno Grönings eröffnet sich in einer Zeit der geistigen Verwirrung ein klarer und einfacher Weg zu Hilfe und Heilung. Es liegt nun an jedem selbst, die helfende Hand zu ergreifen und sich am eigenen Körper und im Leben von der Wahrheit des Gesagten zu überzeugen.

## 4. Kapitel

# Das Wirken Bruno Grönings

Ein heilendes Wirken Bruno Grönings ist schon in seiner Kindheit nachzuweisen. In einer eidesstattlichen Erklärung berichtete sein Vater, August Gröning, daß ihm schon bei seinem Sohn im Kindesalter eine Eigenschaft aufgefallen sei, die „es ihm ermöglichte, Menschen von Krankheiten und Leiden zu heilen".[1]

August Gröning hatte sich von dieser Fähigkeit seines Sohnes am eigenen Körper überzeugen können:

„Ich selbst war von einem schweren Leiden befallen, so daß mich die Ärzte schon aufgegeben hatten. Eine kurze Behandlung durch meinen Sohn Bruno genügte, um mich wieder gesund zu machen."[2]

In mehreren Erlebnisberichten von Zeitzeugen Bruno Grönings aus der Folgezeit wird diese heilende Fähigkeit wiederholt bezeugt.

Der Jurist und Journalist Dr. Trampler schreibt zu dem Wirken Bruno Grönings:

„Es gab im Jahre 1949 in Deutschland kaum ein Geschehen, das so sehr die gespannte Aufmerksamkeit und die tiefe innere Anteilnahme der Menschen gefunden hat wie alle Vorgänge um Bruno Gröning. Das Auftreten dieses Mannes ist in ein materialistisches Weltbild schlechthin nicht einzuordnen. Dies ist wohl auch die tiefere Ursache des zuweilen erbitterten Meinungskampfes, der um seine Person und seine Heilungen entbrannt ist: Wer dem materialistischen Denken so sehr verfallen ist, daß er nur noch zu glauben vermag, was er mit Händen greifen oder mit Apparaten messen und beweisen kann, der wird dem Unbegreiflichen, das durch Grönings Wirken geschieht, ohne Verständnis und sehr oft auch intolerant gegenüberstehen. Wer aber die Ehrfurcht vor dem Unerforschlichen, Göttlichen in sich bewahrt hat und nicht der Vernunft allein seine letzten Lebensentscheidungen

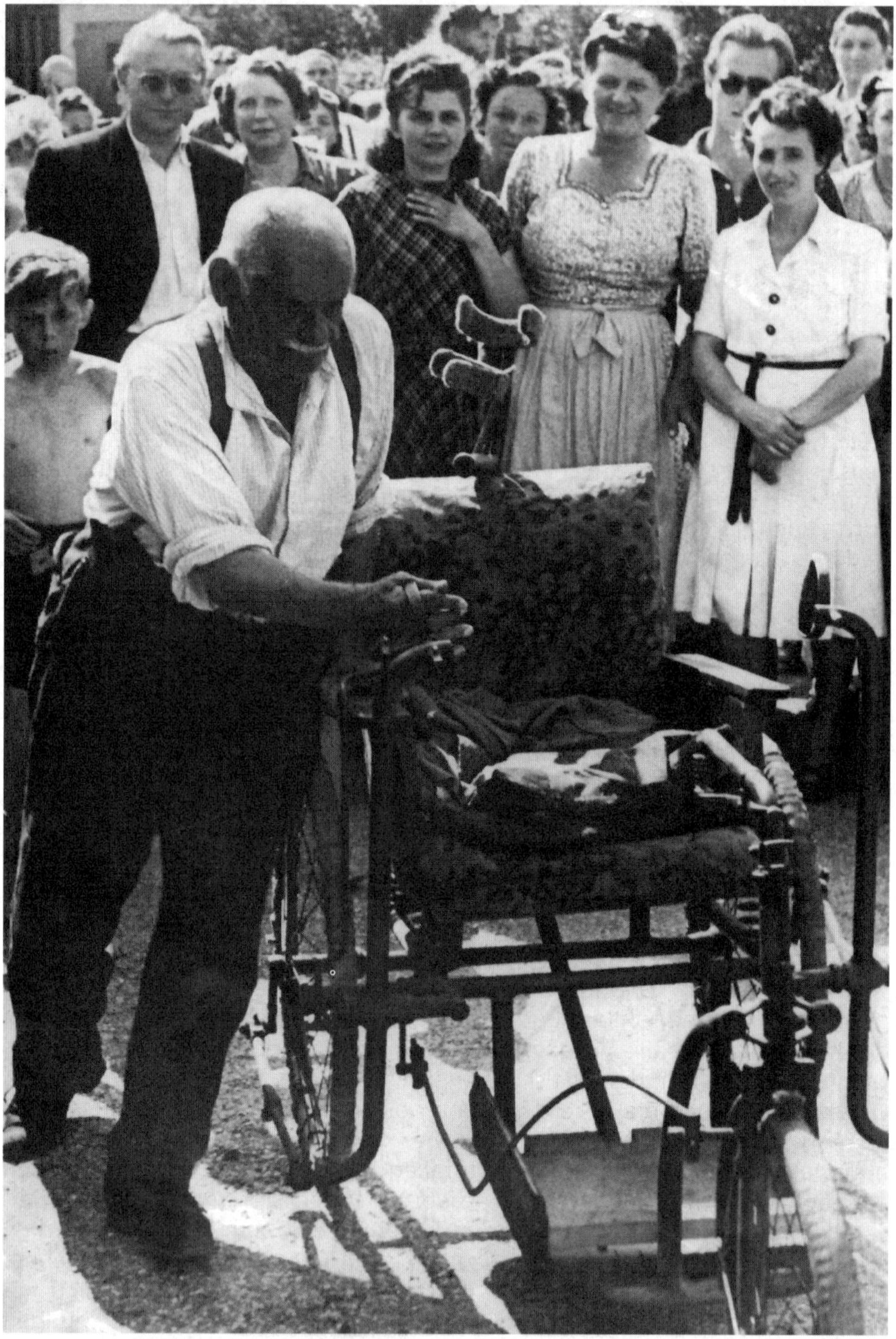

Ein Geheilter

überantwortet, der wird zumindest mit verantwortungsvollem Ernst zu ergründen suchen, ob Grönings heilende Kraft aus jenen ewigen Quellen fließt, die jenseits unseres Denkens liegen. Er wird darüber hinaus bereit sein, Erscheinungen, die er genau beobachtet hat, auch dann zu glauben, wenn ihm jegliche Erklärungen aus dem Bereich des Bekannten, Erforschten fehlen.

So zwingt das Auftreten Bruno Grönings - ganz gleichgültig, welches die letzten Erkenntnisse über ihn und sein Werk sein werden - zu einer Scheidung der Geister: zwischen denen, die innerlich bereit sind, auch Unerforschliches als lebendige Wirklichkeit zu erkennen, und den andern, die den Glauben daran verneinen."[3]

## Herford und Traberhof - das heilende Wirken an Tausenden

„Nie zuvor hatte ein Heiler so großen Zulauf gehabt wie Bruno Gröning. Nie war einer umstrittener. Keiner hat so viele Emotionen geweckt wie der Mann, der mit seinen Stanniolkugeln bekannt wurde. Immer wieder ist ihm das Heilen verboten worden."[4]

Kurt Allgeier über Bruno Gröning in seinem Buch „Die Wunderheiler"

Was tat Bruno Gröning nur, daß er so viele Gemüter bewegen konnte?

Äußerlich gesehen lag seine Tätigkeit darin, zu den Menschen zu sprechen. Er forderte seine Zuhörer auf, sich von der Krankheit und dem Leid zu lösen und den Glauben an Gott als dem größten Arzt wieder aufzunehmen.

Dr. Trampler kam am Abend des 27.08.1949 zum Traberhof. Er schilderte seine ersten Eindrücke:

„Eine unendliche Ruhe strömt von dem Manne aus, der sich mit einer leisen, eindringlichen Stimme an die vielen Hilfesuchenden zu seinen Füßen wendet. Es ist so still, daß jedes seiner Worte auch von dem letzten in diesem weiten Kreise verstanden wird. [...] Gröning verzichtet auf jede Rhetorik. [...] Zum ersten Male hören wir seine Mahnung, sich zum Glauben an Gott zu bekennen - das sei die erste Voraussetzung, die Heilung zu empfangen. Dann gibt er die Weisung, den Gedanken an die Krankheit abzuschalten, die Augen zu schließen und genau zu beobachten, was im Körper vor sich gehe. [...] Wir spüren in diesem Augenblick ein leises Prickeln in der Hand, ähnlich einem schwachen elektrischen Stromstoß. Nach einer geraumen Zeit, während derer er stumm mit einem Ausdruck der höchsten

Konzentration die Leidenden überblickt, sagt Gröning, er habe ihnen gegeben, was er ihnen geben könne. Sie sollten die Kraft jetzt in sich wirken lassen und an die Heilung glauben, auch wenn sie nicht sogleich eintrete."[5]

Ein Mensch, der keinen Bezug zum geistigen Wirken hat, wird einem derartigen Geschehen verständnislos gegenüberstehen.

Würde man nicht vielmehr eine flammende Rede erwarten, die die Menschen fesselt und somit fruchtbarster Boden einer Massensuggestion sein kann?

Und doch charakterisiert obige Beschreibung das Wirken Bruno Grönings sehr treffend.

Er sagte selbst:

„Ich gebe nie das so, wie der Mensch es will, denn ich gebe es so, wie ich es empfangen, und nicht von Menschen, das kann und darf und muß auch ich betonen oder auch herausstellen, wie ich es von Gott selbst bekomme. Ich kann da nichts ändern und ändere auch nichts."[6]

Sein Geben ist geistiger Natur, er vermittelt, wie er sagt, die göttliche Kraft den Menschen, die - entsprechend vorbereitet - diese in sich aufnehmen und gesunden können.

Das unsichtbare Geben in den Minuten des Schweigens zeigt meist kurze Zeit später kaum faßbare Wirkungen unter den Heilungssuchenden.

Dr. Trampler schrieb darüber:

„Es ist relativ selten, daß ein Teilnehmer einer solchen Versammlung von der Heilwelle nichts verspürt. Sehr viele werden schon an Ort und Stelle ihre akuten Schmerzen los. Bei anderen wiederum arbeitet die Kraft, wenn sie diese gläubig in sich bewahren, dauernd weiter und bewirkt sogar sehr langfristige organische Veränderungen. In vielen Fällen treten sofortige Heilwirkungen auf, von denen natürlich in erster Linie solche bekannt werden, die unmittelbar auch für die Umstehenden sichtbar sind. Fast bei jeder Massenheilung werden mehrere, oft sogar viele Gelähmte so intensiv von dem ‚Strom' beeinflußt, daß sie sich aus dem Krankenwagen erheben oder ihre Krücken wegwerfen können. In einzelnen Fällen sind sogar Blinde unvermittelt wieder sehend geworden. Diese Spontanheilungen sind wiederum von einer außerordentlichen Bedeutung für jene anderen Heilungssuchenden, bei denen die Wirkung sich erst langsam vorbereitet. Ihr Glaube, Hilfe zu finden, wird gefestigt und gegen alle Anfechtungen ungläubiger Zweifler gestärkt."[7]

Ich fand eine Auflistung von Heilungen, die nach einem Vortrag von Bruno Gröning am Traberhof von einem Interessierten in der Menschenmenge festgestellt werden konnten. Nachstehend gebe ich eine Auswahl wieder:[8]

- Josef Fritz aus M. war kurzsichtig, Brillenträger, sieht plötzlich wieder scharf.
- Ludwig Suding aus B., linksseitig schwere Lähmung seit 1918 durch Verwundung, ist weg.
- Waltraud Geiger aus W., linker Arm durch Kinderlähmung gelähmt, kann jetzt Arm in 1/3 Höhe heben.
- Anneliese Berger aus R., seit 1937 spinale Kinderlähmung (Unterkörper mit Beinen gelähmt), spürt Kribbeln und Ziehen, alles ist warm.
- Kurt Kunze aus A., durch Verwundung 1943 Arm im Ellenbogen (abgewinkelt) versteift, seit 27. August 1949 Arm gerade und locker.
- Maria Siegel aus M., seit einem Jahr Gelenkentzündung im Ellenbogen, ärztliche Behandlung erfolglos, jetzt alles in Ordnung und keine Schmerzen mehr.
- Martha Roth aus E., 73 Jahre, seit 29 Jahren Gehstörungen und Schmerzen in den Gliedern, heute geheilt, geht ohne Stock.
- Else Romminger aus T., spinale Kinderlähmung seit 1922, beide Beine gelähmt, Gehen nur mühsam am Stock möglich - jetzt Gehen ohne Stock möglich.
- Hans Schonauer aus M., seit etwa 11 Jahren Multiple Sklerose; Lähmung am linken Bein bis zur Hüfte, später auch am rechten Bein, Behandlung bei verschiedenen Ärzten erfolglos, u. a. Universitätsnervenklinik, Fall wurde als unheilbar erklärt, Ankunft Traberhof Mittwoch, 7. September 1949, in Abwesenheit von Gröning, Reaktion erfolgte Donnerstag, läuft jetzt mühelos ohne Stock, linkes Bein ganz in Ordnung, rechtes noch nicht ganz.
- Andreas Gruber aus W., durch Embolie nach Lungenentzündung 1945 gelähmt, kann nicht gehen - steht auf und geht.

E. A. Schmidt berichtet von dem Wirken Bruno Grönings in Herford ähnliches. Er konnte beobachten, daß Menschen mit Sprachfehlern plötzlich anfingen zu sprechen. Viele begannen, ihre bisher gelähmten und versteiften Glieder zu bewegen, ein Schwerkriegsbeschädigter z. B. konnte wieder seinen Arm bewegen, der durch einen Schußbruch im Ellenbogengelenk versteift gewesen war.

Die Frau eines Schaustellers hatte seit sieben Jahren rechtsseitig ein versteiftes Knie und war nach anfänglich kurzem Widerstand plötzlich in der Lage, das Knie ganz - und schmerzfrei - durchzubeugen und normal wie vor sieben Jahren zu gehen.[9]

Willi Horstmann aus S., der am linken Auge erblindet war, „konnte plötzlich wieder hell und dunkel unterscheiden, wenig später sieht er völlig normal".[10]

Bekannt wurde der Heilerfolg des praktisch blinden ehemaligen Musikers Herrn Weiland, der 1949 von den Heilungen Bruno Grönings in Herford hörte und daraufhin nach Westfalen kam. Infolge einer Paratyphusimpfung 1941 war es bei ihm zu einer Sehnervzerstörung gekommen, die zur Minderung der Sehfähigkeit auf 1/25 der normalen Sehkraft führte. Ein amtsärztliches Gutachten des Gesundheitsamts der Stadt Dresden bescheinigte ihm eine Minderung der Erwerbsfähigkeit von 90 %. Die Augenklinik des Richard-Wagner-Krankenhauses in Dresden unterstrich, daß Herr Weiland praktisch blind sei. In der Nacht vom 15. auf den 16.06.1949 kam er in Herford in Kontakt mit Bruno Gröning, und seitdem besserte sich sein Zustand von Monat zu Monat.

Ein Berichterstatter der „Revue" konnte in Rosenheim mit Herrn Weiland zusammentreffen und sich von seiner neu gewonnenen Sehfähigkeit überzeugen.

Er berichtete:

„In Rosenheim erkannte Herr Weiland bereits Eisenbahnzüge auf 500 Meter Entfernung, die Kleider von Passanten auf 100 Meter Entfernung. Er konnte eine Armbanduhr auf einen Meter Entfernung einwandfrei erkennen."[11]

Viele Geheilte bedankten sich schriftlich für die Heilungen, die häufig sogar in Bruno Grönings Abwesenheit geschehen waren. Elisabeth Schwerdt aus B. erlebte einige Tage nach einem Besuch von ihm eine beeindruckende Heilung.

Sie schrieb am 12.05.1949:

„Lieber Herr Gröning! Ich habe so richtig das Bedürfnis, Ihnen einige Zeilen zu schreiben. [...] Sie waren gestern vor acht Tagen bei uns. Während der Unterhaltung erzählte ich Ihnen so ganz beiläufig [...] von meinen zwei schweren Ohrenoperationen bzw. -meißelungen, wodurch ich auf dem rechten Ohr das Gehör vollständig verloren hatte. Der Arzt stellte bei einer

Gehörgangspiegelung einen vier Millimeter langen Riß im Gehörgang fest und machte mir die für mich sehr unerfreuliche Mitteilung, daß ein Wiederkommen des Gehörs vollkommen ausgeschlossen wäre. Nun werden Sie staunen:

Am Dienstagabend 19 Uhr stellte ich zu meiner und meiner Eltern größten Freude fest, daß ich nach 20 Jahren wieder in der Lage bin, auf dem operierten Ohr zu hören. Dieses habe ich Ihnen, lieber Herr Gröning, doch nur zu verdanken. Wie sehr ich Ihnen hierfür dankbar bin, ist in Worten gar nicht wiederzugeben."[12]

Der Jurist und Journalist Dr. Trampler konnte sich bei der ersten Begegnung mit Bruno Gröning am Traberhof vom Wirken des Heilstroms am eigenen Leibe überzeugen.

Er selbst war, wie er in seinem Buch „Die große Umkehr" schilderte, mit dem Ziel auf den Traberhof gekommen, einen Bericht über das Geschehen zu verfassen. Er hatte aber nicht einen Augenblick daran gedacht, daß Bruno Gröning imstande sein würde, ihn selbst zu heilen.

Bei Dr. Trampler lag, wie in einer amtsärztlichen Untersuchung bei der Landesversicherungsanstalt festgestellt wurde, infolge einer Luftkriegsverletzung vom 9. Mai 1947 ein Bruch der Fußwurzelknochen und des Wadenbeins rechts mit folgender Arthrosis deformans vor. Die Brüche waren unter erheblicher Deformierung geheilt, jede Bewegung des Fußes war äußerst schmerzhaft, selbst in Ruhestellung setzten die Schmerzen niemals ganz aus:

„Mit dem Hinweis: ‚Erheblich geh- und stehbehindert' wurde ich in die Versehrtenstufe II (50 % Erwerbsminderung) eingestuft. Ich hatte mich daran gewöhnt, diese Beschwerden als unvermeidliche Kriegsfolge hinzunehmen, und auch von ärztlicher Seite waren mir nie Hoffnungen auf eine wesentliche Besserung meines Zustands gemacht worden."[13]

Ein besonders eindrucksvolles Zeugnis für das Wirken der Heilkraft, die nach eigenen Gesetzen im Körper des Menschen arbeitet, zeigt sein im folgenden beschriebener Bericht. Dr. Trampler hatte sich noch spätabends am 27. August 1949 mit einem kleineren Kreis von Heilungssuchenden in den Räumen des Traberhofs aufgehalten. Er wollte nur beobachten, um seinen Bericht zusammenzustellen, dachte somit nicht an die Krankheit und war innerlich durch die kurz zuvor in der Menge erlebten Heilungen geöffnet für das Geschehen. Bruno Gröning streifte ihn, während er sich noch mit einem anderen Hilfesuchenden beschäftigte, nur mit einem Blick. Im selben Augenblick verspürte Herr Trampler eine deutliche Reaktion an seinem Körper. Es trat plötzlich ein starker Schmerz in der rechten Schulter auf, der kurze Zeit später „in ein prickelndes Hitzegefühl überging", das dann die „ganze rechte Körperhälfte erfaßte".[14]

Anschließend wurde der verletzte rechte Fuß ganz heiß, und Dr. Trampler hatte das Gefühl, als würde es darin arbeiten:

„Ich hatte den Eindruck, als ob das Blut heftiger durch den Fuß hindurchgepumpt würde. Die Adern pochten. Das war eine Empfindung, die ich sechs Jahre nicht gehabt hatte. [...] Das Hitzegefühl und das Prickeln hielt noch eine Zeitlang an. Der Fuß schmerzte aber noch heftig. Als ich indessen nach meiner Heimkehr einige Stunden [...] geschlafen hatte, war er völlig schmerzfrei. Wenige Tage hatte ich in der Unterschenkelmuskulatur noch eine Art ‚Muskelkater', dann waren auch diese Regelungserscheinungen verschwunden."[15]

Einige Zeit später konnte Dr. Trampler seinen Fuß wieder genauso beanspruchen wie vor der Verwundung. Er brauchte keinen Stock mehr. „Sogar ein kräftiges Aufspringen hat nun keinerlei Schmerzen mehr zur Folge."[16] Die Heilung hat auch weiterhin angehalten. Er ließ durch seinen behandelnden Arzt, Dr. Hermann R. aus München, eine Nachuntersuchung vornehmen, in der dieser feststellte, daß „die Beweglichkeit des bis dahin schwerbehinderten rechten Fußes gegenüber jener des gesunden linken nur noch um eine Spur herabgemindert" sei und daß zu erwarten sei, „daß sich auch diese geringfügigen Unterschiede durch regelmäßigen Gebrauch noch ausgleichen werden".[17]

Eine Erklärung dafür konnte sein Arzt ihm nicht geben.

In einem anderen Fall wird von Frau Huneke aus Ahlen berichtet, bei der seit 15 Jahren eine Multiple Sklerose bestand.

Dr. Jens Bergfeldt hatte das Geschehen so zusammengefaßt:

„Diese Kranke wurde bereits im Rollstuhl gefahren, ihr ganzer Unterkörper war gelähmt, das Gesicht bereits entstellt durch einseitig krampfartig verzogenen Mund, die Sehkraft der Augen beiderseits dermaßen vermindert, daß sie Menschen und Gegenstände in einer Entfernung von einem Meter nur noch sehr schwach in den Umrissen, darüber hinaus nicht mehr erkennen konnte. Auch das Gehör war beeinträchtigt."[18]

Ihr Mann brachte sie nach Herford, wo sie Stunde um Stunde in der Masse der Wartenden geduldig ausharrte, bis dann am Nachmittag Bruno Gröning auf dem Balkon erschien und zur Menge sprach.

In dem Bericht heißt es weiter:

„Er wies ausdrücklich darauf hin, daß ihn das Verbot daran hindere, seine Heilkraft in Tätigkeit zu setzen. ‚Wenn aber trotzdem etwas geschieht und wenn trotzdem Menschen gesund werden', so äußerte er sich, ‚dann kann ich nichts dafür.' - Unmittelbar nach diesen Worten, so berichtete der Gatte dieser Kranken, machte sich im Gesicht seiner Frau eine eigenartige Wandlung bemerkbar: Es strahlte plötzlich hell auf, der verzogene Mundwinkel schob sich in die einstige normale Lage zurück, von den Augen wich der Schleier. Die Heilkraft Grönings war in Wirksamkeit getreten. Die Frau erkannte ihre nähere Umgebung deutlich und von Minute zu Minute auch die weitere. Sie richtete sich auf und begann, fast ohne Hilfe zu gehen. Sie gab ihrem Erstaunen und ihrer Freude jetzt schon in durchaus normaler Sprachformung Ausdruck. Am Arm des glücklichen Gatten schritt die Frau, die seit fast 15 Jahren nicht mehr ohne fremde Hilfe sich fortbewegen konnte, nunmehr durch die Menge.

Mehrere Tage danach erschien der Ehemann wieder im Quartier von Bruno Gröning, um seinen Bericht abzugeben. Er lautete schlicht und einfach: fortschreitende Besserung. Die noch vor wenigen Tagen unheilbare Kranke war bereits dazu übergegangen, das Amt ihrer Hausfrauenpflichten wieder aufzunehmen. ‚Mir ist so', äußerte sich der Ehemann Huneke, ‚als habe ich meine Frau jetzt als neuen Menschen wiederbekommen.'

‚Seitdem wir zurückgekommen sind aus Herford', sagte er weiter, ‚reißt der Strom der Besucher in unserer Wohnung nicht ab. Selbst unser alter Hausarzt hat es sich nicht nehmen lassen, meiner Frau seine Aufwartung zu machen und sie von Herzen zu ihrem Erfolg zu beglückwünschen.'"[19]

Die Heilungen, die in Abwesenheit Bruno Grönings auftreten, sind ein besonders deutliches Zeichen für das Wirken einer übergeordneten Kraft, zu der die Menschen durch das Wort Bruno Grönings wieder in großem Maße Zugang haben. Dies zeigt sich auch in folgender Schilderung:

Ein Augenzeuge am Traberhof, Alfred Muscate, war mit seiner Frau, die von Beruf Ärztin war, zum Traberhof gekommen, um sich aus eigener Anschauung ein Bild von dem wunderbaren Geschehen zu machen.

Er schrieb in seinem Bericht, den er einer Zeitschrift zur Veröffentlichung überließ:

„Nach allen Meldungen, die im Laufe der letzten Tage über Gröning in Umlauf gesetzt wurden, wollte ich mich selbst überzeugen und fuhr nach Rosenheim. [...] Über dem ganzen Platze lag eine feierliche, fast ehrfürchtige Stille. Obwohl Bruno Gröning vor einer Stunde nach München fortgefahren war, verharrt die Menge in ruhiger Erwartung. Während wir das schöne, weiß getünchte Gutsgebäude betrachten, [...] kommt Bewegung in die Menge, und alles drängt sich um den Fahrstuhl eines Gelähmten. Ein etwa 45jähriger Mann, der acht Jahre nicht mehr gehen konnte, steht plötzlich auf und verläßt seinen Wagen, geht wieder zurück und fällt seinen Angehörigen in die Arme. [...] Der Mann ist aus Hamburg vor acht Tagen gekommen und hat jetzt gerade die erste Heilung verspürt. [...] Ein anderer Gelähmter steht ebenfalls plötzlich auf und geht durch die Gutspforte, um als Geheilter sich eintragen zu lassen. Dazwischen ruft eine einfache ältere Frau mit weißem Kopftuch: ‚Ich kann wieder sehen!' Sie soll total erblindet gewesen sein. [...] Dabei stimmen einige den Choral ‚Großer Gott, wir loben Dich' an, in den alles einfällt. Tiefe Ergriffenheit malt sich auf allen Gesichtern, viele weinen, selbst als unparteiischer Beobachter kann man sich dieser Stimmung nicht entziehen.

Mit einer jungen jugoslawischen Medizinstudentin lassen wir uns in ein Gespräch ein. Sie war seit zwei Tagen am Platze und beobachtete alles. Sie erzählt von etwa 200 Heilungen, die Bruno Gröning seit seiner Anwesenheit im Traberhof bewirkt habe; hauptsächlich Gelähmte, doch auch Blinde und sogar Schwachsinnige seien geheilt worden. Mit einer älteren Frau, die an Wassersucht litt und am ganzen Körper starke Schwellungen hatte, war sie stundenlang beisammen gewesen. Plötzlich hätte bei dieser Frau die Heilung eingesetzt. Das Gesicht der Kranken, das vorher aufgedunsen gewesen sei, habe zusehends Formen bekommen und sei nach kurzer Zeit normal gewesen. Die Frau sei glücklich auf und ab gegangen, nachdem sie vorher nicht habe gehen können, und habe gesagt, sie fühle sich sehr wohl. [...] Wir selber sahen innerhalb anderthalb Stunden fünf Heilungen."[20]

Ich glaube, auch der Leser kann nachfühlen, welche Empfindungen die Menschen angesichts eines solchen Geschehens verspürt haben müssen. Man kann es manchem Berichterstatter nicht verdenken, wenn er nach dem Erleben derartiger Heilungen von „biblischen Szenen" sprach. Selbst der bayrische Ministerpräsident Dr. Erhard gab öffentlich kund, daß er in Bruno Gröning eine „exceptionelle [außergewöhnliche] Erscheinung" sähe, die man nicht an Paragraphen scheitern lassen dürfte. Der Münchener Polizeipräsident Pitzer war von den erlebten Heilungen am Traberhof derart beeindruckt, „daß er von der Veranda des Hauses aus zu den Wartenden Worte des Dankes sprach und die Hoffnung zum Ausdruck brachte, daß Bruno Gröning die Heilgenehmigung erhalten würde".[21-23]

## Der Weg zu einem geordneten Wirken

In den folgenden Jahren bemühte sich Bruno Gröning, einen festen Rahmen für ein geordnetes Wirken aufzubauen. Seine Pläne für eine Heilstätte in Mittenwald Anfang 1950 scheiterten am Widerstand der Behörden. Auch in Bayern erteilte man ihm das Heilverbot. Er begann, seine Lehre in Vorträgen in kleinerem Rahmen weiterzugeben.

Freiin Anny Ebner von Eschenbach aus Bad Tölz berichtete über Erlebtes in Bruno Grönings Vorträgen in den Jahren 1950/51:

„Als Bruno Gröning von keiner behördlichen Seite Unterstützung bekam, um zu den kranken Menschen in geordneten Verhältnissen zu sprechen, halfen Freunde mit ihren privaten Räumen. Hier sollten Heilungssuchende die Möglichkeit erhalten, mit Bruno Gröning zusammenzukommen, d. h. in größerem Kreis von seiner Lehre Kenntnis und Hilfe erhalten. Solch eine Gelegenheit gab es auch in Gräfelfing im Fremdenheim Weikersheim. Hier fanden öfter Vorträge von Bruno Gröning statt. [...] Die Teilnehmer mußten sich oft Wochen vorher anmelden und dann einen Eintritts-Ausweis vorzeigen. [...]

Bei den Menschen, die an Krücken und Stöcken hereinkamen oder auch getragen wurden, und bei den Blinden konnte man sehen, weswegen sie wohl kamen; bei den vielen inneren Krankheiten erfuhr man es meist aus den Reaktionen, die plötzlich und oft sehr heftig während des Vortrages auftraten. Die sogenannten Gehbehinderten wurden meist in die erste Reihe gesetzt, da viele von ihnen unbehindert zu laufen begannen. Bevor Bruno Gröning den Raum betrat, wurde zuerst ein Einführungsvortrag [...] gegeben. Es war notwendig, von der neuen Art des Heilens durch Bruno Gröning zu sprechen, um ohne innere Widerstände den Heilstrom empfangen zu können.

Es sollte auch dadurch in den Anwesenden eine innere Ruhe hergestellt werden und ein Loslassen von den täglichen Gedanken, besonders dem Gedanken an die Krankheit. Obwohl sich Bruno Gröning meist in einem entfernteren Nebenraum befand, wurde die Heilwelle von vielen schon verspürt. [...] Als er dann in den Mittelgang des Raumes trat, blieb er erst einige Minuten still in tiefer Konzentration stehen. [...] Mit einer klangvollen, gütigen Stimme begrüßte er dann die Heilungssuchenden und sprach vom Glauben an Gott und der Notwendigkeit, das Böse loszulassen. [...] Während seines Redens stellten sich [...] im Raum Ereignisse ein. Menschen warfen ihre Krücken weg, und [...] dann liefen sie gleich zum Zimmer hinaus und öfter die Treppe auf und ab. [...]

Geheilte in Herford

Wenn Bruno Gröning seinen Vortrag beendet hatte, sagte er oft: ‚Nun habe ich viel gesprochen, nun möchte ich aber von Ihnen hören, die Sie sich in diesem Raum befinden, was für ein neues Gefühl ist in Ihnen, was geht in Ihnen vor?‘ [...] Stumme gaben auf die Frage Bruno Grönings laut und fließend Antwort. [...] Im Hintergrund saßen oft Taube, an die nun Gröning ganz leise die Frage stellte: ‚Wenn ich so laut spreche, hören Sie mich gut?‘ Antwort: ‚Ja, jedes Wort verstehe ich, wenn Sie so laut sprechen, und im Kopf geht ein Summen und Schwirren los.‘ [...] Oft mußten Gelähmte, die plötzlich aufstanden, [...] Grönings herabgefallene Zigarettenschachtel bis zu zehnmal aufheben, was sie voll Freude taten, [...] nachdem sie oft jahrelang auf fremde Hilfe angewiesen waren. [...]

So erlebte ich viele, viele Vorträge mit, bei denen alle Arten von Menschen anwesend waren (verschiedene Bildungsgrade, verschiedene Berufe, verschiedene Altersstufen), und jeder Vortrag in seiner Form jeweils verschieden in den Beispielen, immer dem Verständnis der Hörer angepaßt, doch im Sinne immer derselbe - ein Hinführen zu Gott.“[24]

Da die Gesundheitsbehörden seine Vorträge als eine Tätigkeit im Sinne des Heilpraktikergesetzes verbieten wollten, wurde im November 1953 der „Gröning-Bund“ gegründet. Die Hilfesuchenden faßte man in Gemeinschaften in verschiedenen Orten zusammen, und Bruno Gröning beauftragte in jeder Gemeinschaft eine erfahrene Person, als Gemeinschaftsleiter die Betreuung der Hilfesuchenden zu übernehmen und ihnen auf dem Weg zur Heilung zur Seite zu stehen. Er selbst besuchte in gewissen Abständen als geladener Redner des Bundes die einzelnen Gemeinschaften, um Vorträge zu halten. Damit wurde die Grundlage für ein geordnetes Wirken geschaffen. In regelmäßigen Abständen kamen die Heilungssuchenden in „Gemeinschaftsstunden“ zusammen, um sich gemeinsam auf den „Heilstrom“ einzustellen.

Herr Hohmann, pensionierter Schuldirektor, der sich über Jahre mit grenzwissenschaftlichen Phänomenen nebenberuflich beschäftigt hatte, konnte in solch einer Gemeinschaftsstunde folgendes erleben:

„Vier bis fünf Meter von Herrn Gröning entfernt steht ein Mann von über 30 Jahren. Herr Gröning verfährt wie gewöhnlich und fragt ihn, ob er die göttliche Kraft aufnähme. Er bejaht. Herr Gröning fragt nochmals, ob er noch mehr haben möchte. Der Angesprochene bejaht, und Herr Gröning erwidert ihm: ‚Bitte, nehmen Sie sie nur. Bedienen Sie sich!‘ Im selben Augenblick wird dieser Mensch unruhig und lebendig. Der Zustand steigert sich merklich mehr und mehr, bis der Körper durcheinandergeschüttelt wird, so etwa fünf bis sieben Minuten. Gröning läßt ihn gewähren und fragt ihn am Schluß nach seinem Befinden. Er antwortet, daß ein wunderbares, wohliges Gefühl seinen Körper durchziehe und er sich so leicht und befreit fühle. Gröning ruft ihn darauf nach vorn, läßt wie aus Versehen seinen Schlüsselbund fallen. Der Betreffende bückt sich völlig schmerzfrei und hebt diesen ohne Schwierigkeit auf. So ein zweites und drittes Mal, und zwar abwechselnd mit der linken bzw. rechten Hand. Ich fragte den Menschen später nach seiner Krankheit. Er gestand mir, daß er schwerkriegsbeschädigt war, sich überhaupt nicht bücken konnte und wegen einer Verletzung der Wirbelsäule an zwei Stöcken ging und fast ganz gelähmt war. Ärzte und Klinikbehandlung konnten ihm nicht helfen. In seiner Verzweiflung suchte er durch Suggestion, Hypnotiseure und Magnetiseure Hilfe, und alles war umsonst. Einzig und allein Herr Gröning konnte ihm helfen. Er ist jetzt verheiratet und geht voll und ganz seinem Beruf nach."[25]

Aus der Zeit der Gemeinschaften ab 1953 liegt eine große Menge an Erfolgsberichten vor. In den Berichten sprechen die Geheilten immer wieder von einer großen Kraft, die sie in den Gemeinschaftsstunden gefühlt haben. Viele berichten von einem Kribbeln, Strömen durch den ganzen Körper, andere beschreiben, eine unsagbare Leichtigkeit und Freude empfunden zu haben. Einige konnten nach der ersten Stunde gesund nach Hause gehen, bei anderen stellte sich die Heilung erst nach und nach ein.

Die Geheilten betonten in den Berichten, daß sie lediglich den Vortrag von Bruno Gröning oder des von ihm beauftragten Gemeinschaftsleiters gehört hatten, um den Erfolg zu erzielen.

Viele schreiben mit großer Freude über den neugewonnenen Glauben an Gott, den sie auf diesem Weg durch seine Hilfe gefunden haben.

Doch auch in der Vortragstätigkeit im Rahmen dieses Vereins sahen die Behörden eine erlaubnispflichtige Heiltätigkeit Bruno Grönings und leiteten den nächsten Prozeß ein, auf den ich später genauer eingehen werde.

## Die Grenzen des Wirkens

Bruno Gröning sagte einmal:

„Das seelische Leid ist das schwerste Leid. Wer sich selbst aufgibt, dem kann Gott und dem kann auch ich nicht mehr helfen."[26]

Ein Heilungssuchender, der nicht von dem falschen Glauben lassen will, daß ihm ohnehin nicht mehr zu helfen sei, oder der sich nicht helfen lassen will, der muß den Weg des Leids weitergehen.

Anny Ebner von Eschenbach berichtete folgende Begebenheit:

„Da war folgender Fall. Eine junge Frau saß im Rollstuhl und neben mir die Krankenschwester, die sie hereingefahren hatte. Plötzlich sagte Bruno Gröning: ‚Ist doch schön, wenn man krank ist und das ganze Haus Mitleid hat und alles einen so verwöhnt! Man braucht nicht zu arbeiten und bekommt auch so ein gutes Essen und die vielen Geschenke!' Die Schwester neben mir stubste mich und sagte zu mir: ‚Das gilt meiner Frau da, sie wollte nicht, daß ich sie hierherbringe, sie tyrannisiert das ganze Haus und strengt sich nicht im geringsten an, gesund zu werden, dabei ist sie erst 30 Jahre alt. Ich hoffe aber, nachdem sie soviel Wunderbares gesehen hat, daß der Wunsch und Wille in ihr erwacht. Gröning wird uns helfen, das ist mein Wunsch und Glaube, denn für uns im Haus ist es bald unerträglich geworden - ihr Tyrannisieren.' Doch sie wurde genauso wieder herausgeschoben, wie sie hereingekommen war."[27]

Genausowenig wie ein anderer Mensch für seinen Nächsten essen kann, so ist es die Sache jedes einzelnen, sich selbst der heilenden Kraft innerlich aufzuschließen und sie regelmäßig in sich aufzunehmen.

Zum Teil geschehen Heilungen spontan nach der ersten Aufnahme des Heilstroms, andere Menschen wiederum müssen länger warten. Bei manchem weicht zuerst die eine Erkrankung und später erst andere. In einigen Fällen konnte ich beobachten, daß das Leiden, dem weniger Beachtung geschenkt wurde, zuerst verschwand, während die Erkrankung, an die der Heilungssuchende ständig gedacht hatte, solange blieb, bis er sich innerlich zu lösen vermochte. Bruno Gröning sprach in solchen Fällen häufig davon, daß der Heilungssuchende auf der „Krankheit sitzt".

Hierzu berichtet E. A. Schmidt:

„Es ist schon an anderer Stelle gesagt, daß jeder gedachte Gedanke, jeder gewünschte Wunsch die Tendenz hat, sich zu verwirklichen. Wie nur je im Leben spielt hier im Zusammenhang mit Krankheit und Heilung die Macht des Gedankens und des Glaubens eine vielleicht bisher noch nicht in vollem Ausmaß erkannte Rolle. [...] Es ist in der Tat so, daß wohl der größere Teil der Heilungssuchenden mit eigenen, störenden Gedanken die Wirksamkeit des Heilungsstromes behindert, unterbricht und auch unwirksam macht. Sie sind dann, wie ich ihnen oft vorwurfsvoll sage, wenn sie verständnislos auf die Wirksamkeit des Heilungsstromes warten, ‚mit ihrer Krankheit verheiratet' - es scheint ihnen wohlzutun, Krankheiten und Schmerzen im Körper zu haben, und sie haben sich schon so sehr daran gewöhnt, um sie als gute Freunde weiter zu behalten.

Bei diesen inneren Widerständen, die Gröning stets sehr schnell erkennt, pflegt er zu sagen:

‚Sie sitzen auf Ihrer Krankheit. Machen Sie sich doch frei von diesen Gedanken.'

Wie wenig wird häufig von dem, was Gröning zu den Heilungssuchenden sagt - und jedes Wort, was er spricht, hat wirklich einen tieferen Sinn - von diesen richtig verstanden! Diese innere ‚Harthörigkeit' wird durch folgenden kleinen Vorfall, der einer gewissen Komik nicht entbehrt, in drastischer Form beleuchtet:

[...] Eine Frau, die beim besten Willen nicht ‚anzusprechen' ist, mit einem jahrelangen Herzleiden, wurde von Gröning wiederholt darauf aufmerksam gemacht, daß sie ‚auf der Krankheit sitze'. Als er aus dem Zimmer war, flüsterte sie ihrer Nachbarin zu:

‚Ich verstehe gar nicht, was Herr Gröning will. Er sagt immer: Sie sitzen auf Ihrer Krankheit. Ich habe doch gar keine Hämorrhoiden.'"[28]

Personen, die von den schlechten Gewohnheiten, über Krankheiten zu reden und jedem ihr Leid zu klagen, nicht lassen wollen, stehen sich selbst im Weg. Auch der Heilungssuchende, der glaubt, die Heilung verlangen zu können, schneidet sich durch seine fordernde Einstellung vom Lebensstrom ab. Es erfordert für manchen auch ein gewisses Maß an Geduld und Glauben, bis die Heilung eintreten kann. Oft sind nicht nur große körperliche Umstellungen notwendig, sondern auch manch eine bewußte oder unbewußte Störung bzw. geistige Verbindung zu negativen Energien im seelisch-geistigen Bereich muß beseitigt werden.

Bruno Gröning sagte einmal:

„Ich muß beleben, was schon lange tot dalag. Es ist nicht immer gleich zu fühlen, daß das neue Leben eingezogen ist. Oft muß einer lange warten, aber dann kommt es ganz plötzlich, wenn er sich nicht unterdessen von dem bösen Geist des Zweifels und der Kleingläubigkeit anrühren ließ."[29]

Andreas Ermisch (37) aus L. hatte in den Jahren 1976 bis 1979 insgesamt fünf Bandscheibenvorfälle. Trotz Operationen entwickelten sich durch die Bandscheibenvorfälle Lähmungen in beiden Füßen, die seine Gehfähigkeit deutlich beeinträchtigten. Er brauchte Gehhilfen und konnte mit diesen nur etwa fünf Minuten lang gehen (200-300 Meter). Bei Andreas Ermisch bestand die Lähmung im rechten Fuß über vierzehn Jahre und im linken Fuß über sieben Jahre. Seit der Bandscheibenoperation 1979 mußte er ein Stahlkorsett tragen. Wenn er es länger als eine halbe Stunde ablegte, traten unerträgliche Rückenschmerzen auf. Er war zu 100 % arbeitsunfähig erklärt worden. 1983, im Alter von 31 Jahren, wurde er Frührentner. Von ärztlicher Seite wurde ihm erklärt, daß er mit den Lähmungen in den Füßen sein restliches Leben zurechtkommen müsse. Nach fünf Operationen in verschiedenen Universitäts- und Spezialkliniken ohne großen Erfolg wurde eine nochmalige Operation abgelehnt. Im Dezember 1983 fand er zur Lehre Bruno Grönings. In den ersten Jahren fiel es ihm sehr schwer zu glauben, daß auch er auf dem geistigen Wege gesund werden könne. Dies mag einer der Gründe dafür sein, daß Andreas Ermisch lange auf die Heilung warten mußte. Erst nach einiger Zeit konnte er, wie er mir berichtete, durch Heilungen bei anderen ärztlicherseits unheilbar erkrankten Menschen den Glauben aufnehmen, daß auch ihm geholfen werden könne, und er nahm den geistigen Kampf um seine Gesundheit auf.

Andreas Ermisch:

„Ich glaubte fest an Regelungen, doch brauchte ich viel Geduld, bis am 12.05.1990 das Große geschehen konnte. Am Ende der Gemeinschaftsstunde, beim Einstellen, bemerkte ich plötzlich, daß ich meinen rechten Fuß bewegen konnte. Seitdem ist die Lähmung aus dem rechten Fuß verschwunden. Ich kann ihn bewegen, wie ich will. Ich habe mir dann natürlich die volle Heilung gewünscht, aber so sehr ich mich auch bemüht und eingestellt hatte, es ging nicht. So habe ich es dann abgegeben und einfach vertraut und geglaubt, daß alles gut werden wird.

Und es geschah: Am Himmelfahrtsmorgen, zwölf Tage nach der Heilung des rechten Fußes, stieg ich mit dem linken Bein zuerst aus dem Bett heraus und konnte zu meiner großen Freude feststellen, daß ich meinen linken Fuß plötzlich auch bewegen konnte."[30]

Von einem Moment auf den anderen verschwanden zu den genannten Zeitpunkten die jahrelang bestehenden Lähmungen. Er kann seitdem beide Füße völlig normal bewegen und benötigt keine Gehhilfen mehr. Am 03.08.1990 konnte er zudem das Korsett ablegen. Im November war er bei einer Fachärztin zur Nachuntersuchung, die ihm bestätigte, daß die Lähmungen völlig verschwunden sind.

Einen ähnlichen Verlauf konnte man auch bei Thomas Eich aus W. beobachten. Seine Bemühungen, die Brille, die er seit Jahren tragen mußte, einfach abzulegen, waren ohne Erfolg. Erst nachdem er sich einige Monate auf die Heilkraft eingestellt hatte, verspürte er an einem Tag plötzlich das sichere innere Gefühl, daß er die Brille jetzt ablegen könne, und er konnte prompt normal sehen. Im krassen Unterschied dazu verschwand bei Anna K. aus W.

eine über dreizehn Jahre bestehende Halbseitenlähmung aufgrund eines Schlaganfalls innerhalb von acht Tagen nach der Einführung in die Lehre Bruno Grönings.

Dies zeigt deutlich, daß Heilung nach anderen Gesetzen geschieht, als man zu denken geneigt ist. Aus der Sicht des Verstandes könnte man davon ausgehen, daß bei den wesentlich schwereren Lähmungen, unter denen Anna Klier litt, eine längere Zeit bis zur Heilung nötig ist, als bei den Lähmungen, die Andreas Ermisch aufzuweisen hatte, oder der Sehstörung von Thomas Eich. Kein Meßgerät kann zeigen, wie sehr sich ein jeder der heilenden Kraft geöffnet und von der Krankheit gelöst hat. Wer vermag Auskunft über die geistigen Ursachen der Störungen zu geben, wer weiß um die Widerstände, die im Menschen und in seiner Umgebung der Heilung entgegenstehen wollen? Wer kennt das Schicksal jedes einzelnen? Wer dem Wesen der Heilung auf dem geistigen Wege näherkommen will, muß sich davon lösen, seinen Blick nur auf die medizinische Diagnose zu beschränken.

Bruno Gröning mußte selbst die Grenzen seines Wirkens im Falle seiner eigenen Kinder erleben. Kleinere Kinder sind innerlich noch besonders mit der Mutter verbunden, so daß deren geistige Einstellung von maßgeblicher Bedeutung für den Heilungsprozeß des Kindes ist. So auch bei Frau Gröning, die durch ihre extrem negative Einstellung gegenüber seiner heilenden Tätigkeit das Wirken der Heilkraft massiv stören konnte und beide Kinder ohne sein Wissen ins Krankenhaus brachte, wo sie starben.

Ein ähnlicher Verlauf ist bei dem jungen Dieter Hülsmann zu erkennen. Der Heilerfolg Bruno Grönings an dem Neunjährigen, der an einer schweren Muskelerkrankung litt, war der Beginn seines öffentlichen Wirkens. Tatsächlich (s. a. Kap. 5) lief das Kind, das vor der Begegnung mit Bruno Gröning bettlägerig war, durch seine Hilfe wieder, wenn auch anfangs noch ein wenig unsicher. Der Heilerfolg schritt ständig fort, so daß Dieter, wie die Eltern bestätigten, immer längere Zeit laufen konnte. Erst Ende 1949 kam es zu einem schweren Rückschlag. Warum? Die Eltern hatten sich völlig zerstritten, was später zur Trennung führte. Die Mutter, die erst aus Dankbarkeit für das Wunder an ihrem Kind zusammen mit ihrem Mann Bruno Gröning zur Seite stand, prozessierte später gegen Bruno Gröning. Sie stellte ihm die Benutzung des Hauses in Herford plötzlich nachträglich in Rechnung, und er mußte bis an sein Lebensende an sie zahlen. Man kann sich vor diesem Hintergrund gut vorstellen, daß die Trennung der Eltern sich negativ auf Dieter auswirkte, zumal dann auch noch der Kontakt zu Bruno Gröning abgerissen war. Somit gingen sie nicht mehr den von ihm gewiesenen Weg zur Heilung und behinderten das für geistige Störungen sehr empfindliche Wirken der heilenden Kraft an ihrem Kind mit entsprechender

Rückwirkung auf den Heilungsprozeß. Die ärztliche Therapie konnte an dem weiteren Verlauf des medizinischerseits unheilbaren Leiden nichts mehr ändern, so daß Dieter einige Jahre später starb.

So können fremde Gedankeneinwirkungen, besonders von Menschen, denen man sehr nahesteht, die Aufnahme der Heilkraft stark behindern und die Heilung erschweren. Aus gutem Grund mahnte Bruno Gröning die Heilungssuchenden immer wieder, darauf zu achten, mit welchen Menschen sie zusammenkommen und wem sie ihr Herz öffnen. Gedanken sind geistige Kräfte, und aus Unwissenheit setzen viele Menschen diese Energie zum Schaden anderer ein. Es bedarf eines starken Willens, sich diesen Einflüssen gegenüber zu verschließen. Heilungssuchende, die durch eine Erkrankung sehr geschwächt sind oder durch ihren körperlichen Zustand auf die Hilfe von Menschen angewiesen sind, die sich mit Zweifel, Hohn oder sogar erbittertem Widerstand gegen eine mögliche Heilung stellen, müssen einen viel schwereren Weg gehen als diejenigen, die von ihrer Umgebung geistig aufgebaut werden. Vielfach haben diese dann mit Gedanken des Zweifels zu kämpfen oder fühlen sich trotz der Aufnahme des Heilstroms kraftlos, ohne zu erkennen, daß die ablehnende Geisteshaltung des Ehemanns, der Tochter, der nahen Verwandten oder eines „Freundes", dem sie ihr Herz geöffnet haben, die Aufnahme der Heilkraft behindert (s. a. Kap. 3).

So empfiehlt es sich, bis zum Abschluß der Heilung wenn möglich zu schweigen, denn ein jeder sollte sich erst einmal selbst in seinem Leben von der Tatsächlichkeit der heilenden Kraft überzeugen. Der persönliche Erfolg, die Heilung, gibt die notwendige innere Sicherheit, um Zweifel und offener Ablehnung mit der erforderlichen Bestimmtheit entgegenzutreten. Zur Zeit Bruno Grönings ging man sogar soweit, bewußt Lügen in die Welt zu setzen, um die Heilwirkungen zu beeinträchtigen.

Dr. Trampler schreibt darüber:

„ ..., daß von gewissen Kreisen mit voller Kenntnis der Unwahrheit versucht wird, Grönings Erfolge durch Gerüchte herabzusetzen. Begegnete mir doch unlängst in einem Amtszimmer, daß mir mit ungläubigstem Erstaunen förmlich entgegengerufen wurde: ‚Ja, Sie gehen ja immer noch?' Mein Erstaunen war nicht weniger groß, als ich erfuhr, man habe aus ‚absolut glaubwürdiger Quelle' erfahren, daß meine Heilung wieder völlig zusammengebrochen sei und daß ich noch schwerer als bisher am Stock gehe. Wer mag solche Lügen erfinden? Wer mag daran interessiert sein? Ich mußte den Zweiflern den geheilten Fuß in allen Gangarten vorführen - Gehen, Laufen, Springen-, um sie davon zu überzeugen, daß an dieser Behauptung kein wahres Wort sei."[31]

Ein jeder kann sich lebhaft vorstellen, wie sehr solche Aussagen, gedankenlos verbreitet, den Menschen, die im Heilungsprozeß stehen, schaden können.

Bruno Gröning sagte häufig zu den Heilungssuchenden:
„Ich will Sie alle gut und gläubig wissen."[32]

Für die Menschen, die nicht mehr in der Lage waren, an Gott zu glauben, sah er im Willen zum Glauben an das Gute und an die Gesundheit die wichtigste Grundvoraussetzung, damit Heilung möglich wird. Aber immer diente sein Wirken dem Ziel, durch das Erlebnis der Gesundung den Menschen zum wahren, lebendigen Glauben an Gott und zu dem Entschluß, im weiteren Leben nach den göttlichen Gesetzen zu leben, zurückzuführen. Hierin sah er den Dank, den der Mensch dem Herrgott für die Heilung schuldig ist:

„Nicht, [...] wenn der Mensch hernach das Heil erfahren hat, daß er dann ausbleibt, - gerade er hat zu kommen! Es geht hier ja nicht nur darum, es geht hier um viel, viel mehr."[33]

Die Heilung auf dem geistigen Wege ist somit kein Freifahrtschein, in den alten Gewohnheiten weiterzuleben. Der Geheilte ist dazu aufgerufen, mit großem Ernst dem Guten zu folgen, denn die negative Macht will weiterhin in seinem Leben Platz finden und in der Seele den Keim für ein erneutes Leiden pflanzen oder, was auch möglich ist, ihn in das alte zurückfallen lassen. Dieser Macht kann er sich nur widersetzen, wenn er lernt, sich den negativen geistigen Einflüssen zu verschließen.

Darum sagte Bruno Gröning:
„Wie bös ist es doch für den Menschen, der das Heil erfahren, so er den Weg gefunden, und der nicht zu seinem Wort steht, das Gute, wie er es nötig hat, wieder in Vergessenheit bringt, wieder ein Luderleben führt, wieder auf Menschen hört, sich wieder von Menschen verzerren läßt! Und daß er dann sagt: ‚Ja, der und der, die haben ja recht, das bleibt nicht lange, das hält nicht lange an.' Wer ist schuld? Der Mensch, um den es geht, ist selbst schuld. Liebe Freunde, streichen Sie dieses nicht, unterstreichen Sie dieses Wort, daß er selbst schuld ist."[34]

Der Sinn geistiger Heilung ist nicht die Verlängerung des körperlichen Lebens. Für jeden Menschen kommt einmal der Zeitpunkt, an dem, wie Bruno Gröning einmal sagte, „die Uhr abgelaufen ist".[35] Er war der Überzeugung, daß jedem Menschen in seiner Geburtsstunde auch die Sterbestunde von Gott mitgegeben ist. Der Mensch kann den Zeitpunkt durch sein Verhalten lediglich vorverlegen, indem er seinen Körper so der Energie beraubt, daß er die Seele nicht mehr tragen kann, d. h. nicht mehr lebensfähig ist. Der leibliche Tod war für Bruno Gröning kein Tod, sondern nur der Übergang in ein höheres ewiges Sein, ein Abstreifen der materiellen Hülle der Seele. Heilung ist für ihn kein Reparieren, damit der Mensch wieder funktioniert und in seinem Fehlverhalten fortfahren kann, sondern dient immer im besonderen auch seinem Dasein nach dem „Tode" in den höheren Ebenen des Seins. Hier sind das Schicksal und die innere Reife des Menschen von Bedeutung, Faktoren, die dem Alltagsbewußtsein des Menschen verschlossen bleiben. Die wahre Heilung bedeutet immer auch Vergebung und Erlösung und ist nicht zu trennen von der inneren Umkehr des Menschen.

Zusammenfassend sei noch gesagt:

Jedem, der die Grundgesetze der Heilung auf geistigem Wege verstanden hat, wird klar sein, daß nie ein Heilungsversprechen gegeben werden darf und kann. Es ist zwar grundsätzlich richtig, daß die heilende Kraft Gottes kein „Unheilbar" kennt und somit gegen jedes Übel ankommen kann, aber sie vermag nicht, wie bei der Erörterung der Thematik deutlich wurde, jedem Menschen zu jedem Zeitpunkt Heilung zu geben. Der eine muß über Jahre warten, während ein anderer auch bei ähnlicher medizinischer Diagnose die Heilung spontan erlebt.

Andere wiederum erfahren in einem Bereich Hilfe und Heilung, während an anderer Stelle ein operativer Eingriff unumgänglich notwendig ist.

Jeglicher Dogmatismus ist, dies kann nicht häufig genug betont werden, völlig fehl am Platze. Es geht nun einmal nicht nur um die körperliche Gesundheit des Menschen, sondern auch um das „Heilwerden" der Seele. Hierzu sind oftmals Prozesse notwendig, die den Erwartungen des kurzsichtigen menschlichen Verstands zuwiderlaufen und ihre Wurzeln im persönlichen Schicksal finden (s. a. Kap. 8). Wer glaubt, einen Menschen, der trotz aller persönlicher Bemühungen lange auf die äußerlich sichtbare Heilung warten muß oder sogar bis zum Tode eine bestimmte ersehnte Heilung nicht erlebt oder den scheinbaren Umweg über einen operativen Eingriff geht, als geistig „weniger weit fortgeschritten" oder als „glaubensschwach" disqualifizieren zu können, verkennt die Wege der höheren Weisheit völlig, die das „Heilsein" des gesamten Menschen und sein Leben in den jenseitigen Bereichen des Seins im Auge hat.

Der Heilungssuchende muß von sich aus alles tun, was in seiner Macht steht, bereit sein, die Fehler und schlechten Angewohnheiten, die er an sich erkannt hat, abzulegen, sich zu ändern, dann wird Heilung möglich. Wann und wie sie dann eintritt, liegt in höherem Ermessen. Heilung bleibt somit letztendlich ein Gnadenakt Gottes.

Bruno Gröning:
„Das hat Gott selbst in der Hand, wer die Heilung bekommt."[36]

## Wie kommen die Heilungen zustande?

Es sei gleich gesagt, daß eine Antwort, die keine Fragen mehr offenläßt, auf diese Frage nicht gegeben werden kann, und das ist, so glaube ich, auch gut so. Ich werde somit in diesem Abschnitt nur Hinweise geben können, die die Zusammenhänge erahnen lassen, welche zur Heilung führen. Auch muß ich mich in den Ausführungen auf die einfachsten Grundprinzipien beschränken. In Wirklichkeit spielen in das Heilsgeschehen viele nicht berechenbare Faktoren hinein, wie z. B. das menschliche Schicksal und die göttliche Gnade, die ein mechanistisches Modell von vornherein verbieten.

Der bekannte Schweizer Psychiater und Parapsychologe Dr. Hans Naegli definiert Geistheilung als

„Bewirkung der Materie über eine gemeinsame [...] Mensch und Materie gleichzeitig aktivierende feinstoffliche Energetik."[37]

In den zwanziger Jahren dieses Jahrhunderts stellte der russische Forscher A. Gurwitsch fest, daß sich um Zellen herum eine schwache Strahlung nachweisen läßt. Sein Landsmann Georges Lahkovsky konnte durch eigene Experimente diese Beobachtung bestätigen. Seine jahrelangen Forschungen faßte er in seinem Buch „Das Geheimnis des Lebens" in drei Hauptgedanken zusammen:

1. Das Leben entsteht durch Strahlung.
2. Das Leben wird durch Strahlung gesteuert.
3. Durch Störung des Strahlungsgleichgewichtes wird Leben vernichtet.[38]

Im Jahre 1975 konnte der deutsche Physiker Dr. F. A. Popp (Kaiserslautern) nach umfangreichen Untersuchungen die Entdeckungen von Gurwitsch und Lahkovsky bestätigen. Er konnte an Zellen lebender Wesen eine, wie er sagte, „ultraschwache Zellstrahlung" nachweisen.[39] Er vermutet nach seinen Forschungen den Ursprung dieser Strahlung in der Erbstruktur (DNS) des Zellkerns der Zelle. Dort können, so Dr. Popp, durch die Doppelhelixstruktur der DNS elektromagnetische Schwingungen (Lichtwellen sind ein Beispiel für elektromagnetische Schwingungen) von der Zelle aufgenommen, gespeichert (Photonenspeicherung über die Bildung von sogenannten „Exciplexen" (excited complex) innerhalb der DNS) und wieder ausgestrahlt werden.[40]

Dr. Popp bezeichnet in seinem Buch „Neue Horizonte in der Medizin" die DNS des Zellkerns als „Sende- und Empfangszentrale elektromagnetischer Kommunikation".[41] Sie steuert über elektromagnetische Wellen das gesamte Zellgeschehen und dient auch dem Informationsaustausch zwischen den Zellen. Dabei vermutet er, im aus der chinesischen Medizin bekannten Meridiansystem des Menschen die erforderliche Grundstruktur zur elektromagnetischen Kommunikation zwischen Zellsystemen erkannt zu haben.[42]

Der Schweizer Biochemiker Dr. H. J. Niggli, der mit Dr. Popp wissenschaftlich zusammenarbeitet, schrieb über die Ergebnisse des Physikers:

„Nach Dr. Popps Forschungen stellen die Lichtwellen (Photonen) die regulierende Kraft der wichtigsten Lebensvorgänge der Zelle dar. Mit einer hochempfindlichen Apparatur hat er diese Lichtquanten, die er Biophotonen nennt, in der Zelle nachgewiesen. [...] Mit seinen für die Zukunft bedeutungsvollen Forschungen wurde zum ersten Mal wissenschaftlich gezeigt, daß der überwiegende Teil der DNS durch Strahlung das hochkomplizierte biochemische Geschehen in der pflanzlichen, tierischen oder menschlichen Zelle kontrolliert."[43]

Durch seine revolutionären Entdeckungen erweitert Dr. Popp die üblichen wissenschaftlichen Modelle der konventionellen Medizin bedeutend. Die Schulmedizin hat bisher die Regulation der Körpervorgänge im wesentlichen nur durch die Wirkung von sogenannten Botenstoffen wie den Hormonen oder bestimmten Eiweißen erklärt, die zur Informationsübertragung innerhalb des Körpers bei Bedarf ausgeschüttet werden und dann durch die Körpersäfte zu ihrem Wirkort transportiert werden.

Doch können materielle Botenstoffe allein die Steuerung eines solch komplexen Organismus wie des menschlichen Körpers bewirken?

Wenn man vergleichsweise die gesamte Kommunikation innerhalb oder zwischen den Staaten dieser Erde nur durch Botendienste durchführen könnte und eine Informationsübermittlung mit Hilfe des Telefons oder per Funk nicht möglich wäre, könnte die anfallende Flut an Informationen zeitgerecht bewältigt werden? Wieviel mehr gilt dies aber erst für den menschlichen Körper! Man sollte sich einmal bewußt machen, daß der menschliche Körper aus mehreren Billionen Zellen besteht, zwischen denen durch ein fein abgestimmtes Informationssystem ein stabiles Gleichgewicht zwischen absterbenden und neu zu bildenden Zellen aufrechterhalten wird. Dabei müssen in jeder Sekunde Tausende von Zellen erneuert werden. Außerdem muß aber jede Zelle des Körpers eine große Zahl an Informationen in kürzester Zeit verarbeiten können.

Man kann sich leicht vorstellen, daß ein reger und blitzschneller Informationsaustausch zwischen den einzelnen Systemen wie den Organen oder den Zellen nötig ist, um ein harmonisches Wirken aller Funktionen des menschlichen Körpers zu erreichen. Hormone und andere biochemische Botenstoffe könnten eine derartige Informationsvielfalt nicht bewältigen. Dagegen wird durch das Modell einer Informationsübermittlung über Strahlung, Schwingung bzw. elektromagnetische Wellen eine bedarfsgerechte Kommunikation der einzelnen Systeme des Körpers vorstellbar.

So liegt es auf der Hand, in der von Dr. Popp entdeckten elektromagnetischen Kommunikation das wesentliche, übergeordnete Steuerungssystem des Körpers zu erkennen, während materiellen Botenstoffen nur eine modulierende Funktion zuzuschreiben ist.

Es wird verständlich, daß eine Störung des Ablaufs der hochkomplexen Verständigung der Zellen und Organe des Körpers die Ursache für eine körperliche Erkrankung sein kann. Denn wenn die Verständigung, der Informationsaustausch der Zellen und Organe gestört ist, können sie nicht mehr ihre Aufgaben im Körper erfüllen, und dies macht sich zwangsläufig über kurz oder lang als organische Störung, d. h. Krankheit, bemerkbar.

Der Arzt Dr. Morell schreibt in seinem Buch „Mora-Therapie" dazu:

„Gesundheit kann [...] definiert werden als ein stabiler Zustand ungehinderten Ablaufs aller Informationen innerhalb des Körpers. Jede Störung des Ablaufs dieser ‚innerbetrieblichen Kommunikation' können wir somit als krankhaften Zustand bezeichnen. Diese Störungen sind Blockaden im System der elektromagnetischen Schwingungen. Diese verursachen pathologische [= krankhafte, von Popp und Morell als Schwingungen von geringerem Ordnungsgrad (Kohärenz) beschrieben] Schwingungen, welche die normalen überlagern und zu anormalen Informationen, zu Informationsfehlern führen, die wiederum krankhafte Reaktionen verursachen und/oder pathologische Gewebsveränderungen hervorrufen."[44]

Dr. Morell schreibt weiter:

„Ist der jedem Lebewesen innewohnende Selbstheilungs- beziehungsweise Selbstregulationsmechanismus nicht in der Lage, diese pathologischen Schwingungen wieder abzubauen, so entsteht Krankheit."[45]

In gleicher Weise läßt sich die Wirkung von Schadstoffen oder Krankheitserregern auf den menschlichen Körper neu verstehen. Einige Forscher gehen heute davon aus, daß materielle Substanzen wie Medikamente, aber auch Schadstoffe (Bakterien und deren Gifte, Schwermetalle und sonstige Umweltgifte) bestimmte Schwingungen abgeben. Sie wirken also nicht nur stofflich im Körper, sondern auch energetisch über die von ihnen abgestrahlten Schwingungen.[46,47] Schadstoffe strahlen für den Körper also schädliche Schwingungen ab, die auf diese Weise Störungen im Regulationssystem des Körpers bewirken, während Medikamente das Regulationssytem des Körpers stützen, indem z. B. schädliche Schwingungsmuster geschwächt oder ausgelöscht werden.[48] Ein gesunder Körper kann schädliche Schwingungsmuster „übersteuern" und entsprechende Schadstoffe ausscheiden. Ein geschwächter Körper aber wird solche Störungen nicht beseitigen können. Die zuerst unsichtbare Störung im Regulationssystem wird nach einer bestimmten Zeit als körperlich spürbare Störung, als Krankheit sichtbar.

Zu ähnlichen Schlußfolgerungen kommt der Arzt Dr. Moderegger. Er spricht in seinem Buch „Praktische Erfahrungen mit der Energetik des Menschen" von einer „natürlichen energetischen Abwehr des Menschen, die verhindert, daß schädliche Energien im Körper wirksam werden können".[49]

Interessant sind in diesem Zusammenhang die Forschungsergebnisse aus dem medizinischen Forschungszentrum der sowjetischen Akademie der Wissenschaften in Nowosibirsk.

Dort wurden zwei Glaskolben mit einer Trennscheibe aus normalem bzw. Quarzglas aneinandergeflanscht. In beide Kolben brachten die Forscher gesunde Zellkulturen. Der Kultur auf einer der beiden Seiten fügten sie eine Krankheit zu, beispielsweise durch Virusinfektion. Nach längerer Wartezeit wurden die Kulturen elektronenmikroskopisch untersucht. Wie erwartet, fand man keinerlei Anzeichen für eine Erkrankung in der Kultur, die durch eine Scheibe aus normalem Glas von der kranken Kultur abgetrennt worden war. Die Situation stellte sich erstaunlicherweise aber völlig anders dar, wenn statt des normalen Glases als Trennscheibe zwischen den beiden Kulturen Quarzglas genommen wurde, das UV-Licht durchläßt.

Dr. Popp berichtet in seinem Buch über die erstaunlichen Resultate der russischen Forscher, die 1981 in einer Monographie im angesehenen Wissenschaftsverlag „Nauka" mit dem Titel „Ultraschwache Strahlung als interzelluläre Wechselwirkung"[50] veröffentlicht wurden:

„Bei über 10 000 Versuchen fanden die Wissenschaftler reproduzierbar jedoch in etwa 80 % der Fälle mikroskopisch erkennbare Symptome der Erkrankung auch in der abgetrennten Zellkultur, sobald sie anstelle des normalen Glases UV-durchlässiges Quarzglas als Trennfläche verwendeten.

Offenbar sind die Signale der Krankheit, die UV-Komponenten enthalten, durch das Quarzglas gedrungen und haben den anderen, ursprünglich gesunden Zellverband angesteckt, ohne Übertragung des Virus oder anderer Partikel."[51]

Bei über zehntausend Experimenten, die in den statistischen Resultaten gut reproduzierbar waren, kann, wie Dr. Popp weiter ausführt, an der Signifikanz der ungewöhnlichen Resultate kein Zweifel mehr bestehen. Die beiden Forscher V. P. Kaznachev und L. P. Mikhailova sind anerkannte Kapazitäten der sowjetischen Wissenschaft. Ihre Ergebnisse wurden inzwischen von anderen Forschern bestätigt.[52]

Diese nach wissenschaftlichen Gesichtspunkten durchgeführten Untersuchungen fordern zum Umdenken auf. Man sollte das materiell-stoffliche Denken erweitern durch ein energetisches Denken. Wenn Krankheitserreger und Schadstoffe nicht nur rein stofflich, sondern über Schwingungen, d. h. energetisch, auf den Organismus einwirken können, wird die Krankheitsabwehr des Organismus eine Frage seiner Energie.

Um eine wirkungsvolle „energetische Abwehr" oder ein starkes Selbstregulationssystem aufrechterhalten zu können, benötigt der Körper somit Energie. Woher aber kommt diese Energie? Genügt allein die ausreichende Nahrungsaufnahme, um die Energien bereitzustellen, damit der Körper gesund bleibt?

Bruno Gröning sprach in einem Vortrag darüber, wie falsch die Vorstellung vieler Menschen ist, die glauben, allein durch Essen und Trinken ihren Körper erhalten zu können. Er führte das Beispiel eines Gelähmten an, der zwar mit großem Appetit essen kann und auch genügend trinkt, aber doch durch die ausreichende Nahrungsaufnahme nicht erreicht, daß sich seine gelähmten Glieder wieder bewegen.

Er sagte dazu:

„Aber hier liegt doch der Beweis - für mich schon immer, aber für Sie -, daß Essen und Trinken ihm nicht die Kraft in das Bein gibt, nicht das Leben da hineinführt, da gehört etwas anderes hinein, da gehören die Energien hinein. [...] Da muß Leben hinein! Und dagegen sperrt sich der Mensch."[53]

Auch in der Bibel wird deutlich gemacht, daß der Mensch zum Leben mehr bedarf als der materiellen Nahrung:

„Nicht vom Brot allein lebt der Mensch, sondern von jedem Wort, das aus Gottes Mund kommt."[54]

Schon in der alten chinesischen Medizin sprachen die Ärzte von einer Lebenskraft (Chi), die den Körper des Menschen versorgt. Diese Lebenskraft oder auch Vitalenergie fließt im Körper auf ganz bestimmten Wegen, den sogenannten Meridianen, zu den einzelnen Organen. Krankheit entsteht, so sahen es die chinesischen Ärzte, durch Störungen im Fluß dieser Kraft.

Der Gedanke von dieser Lebenskraft findet sich auch in der indischen Philosophie wieder. Die indischen Weisen wußten, daß es ein Urlicht (Prana) gibt, das der Mensch in sich aufnehmen kann. In diesem erkannten sie die Lebenskraft des Menschen.

Der große Arzt der beginnenden Neuzeit, Paracelsus, vertrat die Auffassung, es handle sich bei der Lebenskraft um ein nicht sichtbares, geistiges Ordnungsprinzip, dessen sinnvoll aufbauendes Wirken auf einen intelligenten Ursprung (Gott) zurückgehe.

Der Begründer der Homöopathie, Samuel Hahnemann, sah in der Störung der Lebenskraft des Menschen die Ursache für krankhafte Symptome des Organismus und charakterisierte die Lebenskraft mit folgenden Worten:

„Im gesunden Zustand des Menschen waltet die geistartige, als Dynamis den materiellen Körper belebende Lebenskraft unumschränkt und hält alle seine Teile in bewundernswürdig harmonischem Lebensgange in Gefühlen und Tätigkeiten, so daß unser innewohnender vernünftiger Geist sich dieses lebendigen, gesunden Werkzeuges frei zu dem höheren Zwecke unseres Daseins bedienen kann."[55]

Die Existenz einer unsichtbaren Kraft, welche Voraussetzung für das seelisch-geistige und körperliche Leben ist, wird von unserer jungen, modernen Medizin bestritten. Man hat den Eindruck, daß von vielen Medizinern der Körper des Menschen nur als eine „Biomaschine" gesehen wird, die, um funktionieren zu können, im wesentlichen nur der Energiezufuhr in Form einer ausgewogenen Nahrung bedarf.

Im Gegensatz dazu gibt es in der Geschichte genügend Beispiele von begnadeten, tief religiösen Menschen, die über Jahre und Jahrzehnte ohne Nahrung leben konnten. Eine von diesen ist Therese Neumann aus Konnersreuth (1898-1963), die über Jahrzehnte ohne Nahrung und Trank auskam. Sie nahm lediglich täglich eine geweihte Hostie zu sich. Ärztlicherseits wurde diese Tatsache bestätigt. Bei einer 14tägigen strengen Untersuchung der Nahrungslosigkeit wurde am Beginn und am Ende der Untersuchungszeit das gleiche Gewicht festgestellt.[56] Es liegen noch andere Gutachten vor, die deutlich werden lassen, daß im Falle der Therese Neumann kein Schwindel, sondern mit den Möglichkeiten der heutigen Wissenschaft nicht erklärbare Phänomene vorliegen.[57, 58]

Ein anderes Beispiel ist der Schweizer Nationalheilige Nikolaus von der Flüe, der über 20 Jahre keine Speise und keinen Trank zu sich nahm als nur einmal monatlich die heilige Hostie.

Hier wird offenbar, daß es eine unsichtbare Kraft geben muß, die sogar einzelne Menschen von materieller Nahrung unabhängig machen kann.

Die Behauptung von Paracelsus, der den Ursprung der Lebenskraft in Gott sah, findet im Leben von Therese Neumann und Nikolaus von der Flüe eine eindrucksvolle Bestätigung. Ihr Leben war geprägt von einer tiefen Gottverbundenheit und konnte somit zum unwiderlegbaren Beweis für die Existenz der lebensspendenden, oft geleugneten Kraft Gottes werden, die sich als Lebenskraft in mehr oder weniger großem Maße in jedem Geschöpf zeigt. Diese Kraft allein ist befähigt, den Körper aufzubauen, denn sie entstammt dem Ursprung, der den Körper schuf. Die Lebenskraft im Menschen, d. h. Gott im Menschen zu stärken, ist die Grundlage jeder wahren Heilung. Sie ist die primäre aller im Körper wirksamen Kräfte, sonst könnte sie allein den Körper nicht erhalten. In ihr liegt somit der Schlüssel für Gesundheit und Krankheit. Wird sie geschwächt, wird auch die „energetische Abwehr" des menschlichen Körpers geschwächt. Auf diese Weise können sich schädliche Schwingungen festsetzen und Blockaden in der Steuerung der Zellen des Körpers entstehen, der Energiefluß wird gestört, und Krankheit kann die Folge sein.

Der belgische Heiler Ben Clevers beschrieb die Zusammenhänge in gleicher Weise. Für ihn ist Krankheit nichts anderes als Mangel an kosmischer Energie.[59]

Ähnlich äußerte sich auch Bruno Gröning in einem Vortrag:

„Je weiter der Mensch sich von Gott abgewandt, wissend oder unwissend, je weniger Leben steckte in seinem Körper, so daß kaum noch soviel Leben drin war, daß die Organe auf ihn, wie er sie zu bestimmen hat, reagierten. Nicht mehr mit voller Kraft konnte er durchs Leben gehen. Er ist hier von dieser Kraftquelle abgekommen. Er hat zu guter Letzt die Verbindung zur großen, göttlichen Kraftquelle verloren. Er hat die Kraft Gottes nicht mehr in sich aufnehmen können. Und so wurde er, sein Körper, zu einem Wrack."[60]

In der gleichen Weise, wie die Steuerung des Körpers durch elektromagnetische Wellen von schädlichen Schwingungen gestört werden kann, wird die Lebensschwingung als eine Ausstrahlung des Geistes Gottes durch widerstrebende geistige Ausstrahlungen gestört, z. B. durch negative Gedanken.

Dies zeigt sich besonders eindrucksvoll im Leben eines Pessimisten, der, wie die allgemeine Erfahrung zeigt, nicht nur in seinen seelisch-geistigen Lebensäußerungen eingeschränkt, sondern häufig auch körperlich anfälliger für Gesundheitsstörungen ist als ein positiv eingestellter Mensch. Die Ausstrahlung der negativen Geisteseinstellung behindert das Einfließen der Lebenskraft über die Seele in den Körper des Menschen und vermindert somit seine körpereigene Energie, was sich in einer schwächeren Abwehr gegen störende Einflüsse bemerkbar macht.

Ich fasse die Zusammenhänge noch einmal zusammen:

Der Körper des Menschen unterliegt einer Steuerung durch elektromagnetische Schwingungen, die nur durch empfindlichste Apparate nachgewiesen werden können. Die Harmonie oder auch die Ordnung dieses höchst komplizierten Regulationssystems, das in enger Verbindung mit der molekularen Regulation durch spezifische Botenstoffe arbeitet, ist die wesentliche Voraussetzung für die körperliche Gesundheit des Menschen. Harmonie ist gegeben, wenn der Informationsaustausch zwischen Zellen, Geweben und Organen störungsfrei geschieht. Alle Prozesse im Körper können dann ungehindert ablaufen, jede Zelle wirkt gemäß ihrer Funktion im gesamten Organismus.

Störungen würden zu Fehlsteuerungen in der Arbeit der Zellen und ganzer Organe führen, die sich nach einer gewissen Zeit in körperlichen Symptomen zeigen können. Dennoch ist jeder Mensch Tag für Tag vielen energetischen Störungen ausgesetzt, Schadstoffen und Giften in der Nahrung und Luft; verschiedene technische und natürliche Strahlungen in der Umwelt u. v. a. m. wirken täglich auf seinen Körper ein. Seine energetische Abwehr, d. h. die Fähigkeit, störende Signale zu übersteuern, abzuwehren, steht in direktem Zusammenhang mit der ihm eigenen Lebenskraft, die ihm aus Gott zufließt. Sie steht dem Menschen nach seiner inneren Einstellung, nach seinen Gedanken zur Verfügung. Durch negative Gedanken behindert er das Einfließen dieser Kraft, positive Gedanken fördern es. In ganz besonderem Maße wird sie gestärkt, wenn der Mensch wieder lernt, sich bewußt dem Einfließen der Lebenskräfte zu öffnen.

Wie kommt es nun zur Heilung?

Der französische Heiler Charles de Saint-Savin sagte anläßlich einer Konferenz von Ärzten und Heilern in Bordeaux:

„Die medizinische Wissenschaft basiert auf der Annahme, daß man Krankheiten mit physikalischen, biologischen, chemischen und anderen offiziell anerkannten Mitteln heilen kann. Die wirksamsten Gesundheitsförderer, die von der Natur gegeben sind und derer sich die Heiler bedienen, werden jedoch von den Fachmedizinern vielfach ignoriert. Doch die ganze Atmosphäre, in welcher wir leben, ist von diesen Heilkräften durchdrungen, nur ist die Aufnahmefähigkeit für sie bei den Menschen verschieden. Während die Krankheitsanfälligen, von negativen Gedanken Belasteten nur über eine geringe Absorptionskraft verfügen und deshalb den verschiedenartigen Krankheitserregern keine ausreichende Widerstandskraft entgegensetzen können, nehmen andere Menschen wiederum bedeutend mehr ‚Gesundheitsfluidum' auf, als sie zur Verteidigung ihres eigenen Organismus benötigen, so daß sie den Kraftüberschuß auf Kranke zurückstrahlen können. Darin liegt wohl das Geheimnis der Wunderheilungen."[61]

Angelika von Frankenberg, eine Heilerin aus S., geht davon aus, daß Krankheit eine Unausgewogenheit in der Energie, eine Störung im Energiefluß des Menschen ist. Sie sagt, daß sie mit ihren Händen spüren könne, wo der Energiefluß stockt. Durch Übertragung von Kraft bricht sie die Blockaden wieder auf, damit die Energie im Menschen wieder fließen und somit die Gesundung bewirkt werden kann.[62]

Auch andere Heiler sprechen von Störungen im Energiefluß des Heilungssuchenden, die sie mit ihren Händen erfühlen können und durch Energieübertragung beseitigen. Manche berichten sogar, daß sie die erkrankten Bereiche, in denen die Körperschwingung gestört ist, sehen können.[63-69] Auch der russische Forscher Lahkovsky sieht in der Heilung ein neuerliches Eintreten der Ordnung, des Schwingungsgleichgewichts, der Harmonie im Körper durch Hinzuführen einer Strahlung, die dem Körper die fehlende Energie wiedergibt.[70]

Alle echten Heiler bringen die Heilung in Verbindung mit dem Wirken einer Kraft, einer Energie, die dem Heilungssuchenden vermittelt wird. Sie wird als große Kraft Gottes, kosmische Kraft oder universelle Heilkraft bezeichnet, die wie eine gewaltige Wärme, ein starker Strom oder ein Licht durch den Körper des Heilers auf den Heilungssuchenden fließt.

Bruno Gröning nannte diese Kraft Heilstrom oder sprach von einer Heilwelle. Er sah in ihr die Schöpferkraft Gottes, das Leben selbst. Im Gegensatz zu den meisten Heilern legte er keine Hände auf, meist vermittelte er die Kraft durch das gesprochene Wort oder im Schweigen. Wenn der Heilungssuchende aufnahmebereit war, konnte ihn der Heilstrom bzw. die Heilwelle erfassen, und nach bestimmten Umstellungsreaktionen wurde in vielen Fällen Heilung bewirkt.

Wie fast alle Heiler sah Bruno Gröning in der Krankheit die mögliche Folge der geistigen bzw. gedanklichen Trennung von Gott, der Quelle der Lebenskraft.

Durch sein Wirken wird dem Heilungssuchenden die Möglichkeit der erneuten geistigen Verbindung zum Lebensquell geboten. Dadurch beginnt wieder ein starker Lebensstrom durch Seele und Körper zu fließen, der bewirkt, was die vordem geschwächte Lebenskraft im Heilungssuchenden nicht mehr vermochte, er löst die durch negative Gedanken und schädigende Umwelteinflüsse bewirkten Blockaden auf der seelischen und körperlichen Ebene auf. Die Abstoßung und Neuregulierung der festgesetzten Störfelder in Körper und Seele durch die wiedererstarkte Lebenskraft äußert sich im häufig auftretenden Regelungsschmerz. Die Beseitigung der durch schädliche Schwingungen bewirkten Blockaden im Regulationssystem des Körpers zeigt sich auch im organisch sichtbaren Aufbau in den geschädigten Körperbereichen. Dieser Wiederaufbau geht deutlich über die Grenzen der üblichen Regenerationsfähigkeit des Körpergewebes hinaus.

Wenn es sich der Geheilte zur Gewohnheit macht, weiterhin in seinem Leben die Lebenskraftausstrahlung Gottes, den Heilstrom, regelmäßig in sich aufzunehmen, und einen entsprechenden (gedanklichen) Lebenswandel führt, vermittelt er seinem Körper ständig die notwendigen Energien, um schädigende Einflüsse abzuwehren und Erkrankungen vorzubeugen.

Dr. Trampler faßte das Geschehen in kurzen Worten zusammen:

„Gesundung durch den Geist kann ein [...] Mensch dann erfahren, wenn er durch richtige geistige Einstellung und durch richtige körperliche Schaltung soviel zusätzliche Lebenskraft empfängt, daß sich in ihm ein Wachstumsvorgang aus der Krankheit in die Gesundheit vollzieht."[71]

## Die Fernheilungen

Dr. Trampler kam nach einiger Zeit der Beobachtung von Bruno Grönings Wirken zu der erstaunlichen Feststellung, daß „die Wirksamkeit der Kraft Grönings nicht an seine körperliche Gegenwart gebunden ist".[72]

Er schilderte in seinem Buch folgendes Erlebnis am Traberhof:

„Einige Tage später. Gröning hatte sich auf eine mehrtägige Reise nach Norddeutschland begeben. Vor dem Traberhof wartete eine größere Anzahl von Kranken, gleichgültig wie lange es dauern würde, auf seine Rückkehr.

Noch vor der Abfahrt hatte er sich vorgenommen, diesen Kranken durch Fernheilung zu helfen. Ich war ebenso gespannt wie skeptisch, ob sich auch in diesem Falle ohne Grönings persönliche Gegenwart eine Wirkung zeigen würde. An einem sonnigen Nachmittag, es mag um 15 Uhr gewesen sein, verspürte ich (ohne daß ich dies etwa erwartet hätte) die gleichen Empfindungen wie bei der unmittelbaren Behandlung durch Gröning. Mein damals noch nicht ganz ‚fertiger' Fuß begann ganz plötzlich unerträglich zu schmerzen. Dieser Schmerz dauerte etwa eine halbe Stunde an und hörte dann unvermittelt wieder auf. Die Beweglichkeit des Fußes war danach erheblich erleichtert. Fast zur gleichen Zeit, da ich an mir selbst diese Beobachtungen machte, wurden auch von dem Platz vor dem Traberhof überraschende Heilungen berichtet. Zum zweiten Mal wurde die ‚Heilwelle' um 18.20 Uhr fühlbar. Ich notierte die genaue Zeit. Die Welle äußerte sich in einem warmen Prickeln, das sich zuerst in der rechten Hand und an den Fußsohlen zeigte. Es steigerte sich bis zu einer Verstärkung des Blutkreislaufes im Kopf und einem Ohrensausen - ähnlich wie bei der Überwindung großer Höhenunterschiede in einer Seilschwebebahn oder beim Aufsteigen eines Flugzeuges - und bewirkte schließlich das Verschwinden jeglicher Müdigkeit. Etwa eine Viertelstunde später erklärten wieder einige Kranke, sie fühlten sich geheilt. Die Empfindung, im ‚Kraftfeld' Grönings zu stehen, war im Laufe der Nacht (vom 7./8. September) noch mehrmals so gegenwärtig, daß einer seiner Mitarbeiter, sobald er den Platz wieder von Gröning ‚angepeilt' glaubte, den Kranken jene Verhaltensmaßnahmen mitteilte, die Gröning sonst [...] gibt. Das Ergebnis war auch in der Nacht eine erhebliche Zahl von Heilungen, vor allem die Beseitigung von akuten Schmerzen aller Art, Asthma, Nervenbeschwerden, Krämpfen, aber auch Lähmungen, Sprachstörungen usw. Ein Teil dieser Heilungsberichte konnte von Mitarbeitern Grönings mit Hilfe von Ärzten zu Protokoll genommen werden.

In einer der vorausgegangenen Nächte (5./6. September) brachte ein Arzt Karl Sch. ins Haus mit der erregenden Feststellung, der Blinde habe eben auf dem Platz vor dem Traberhof sein Augenlicht wiedererlangt. Sch. legte eine Bescheinigung der Universitätsaugenklinik in München aus dem Jahre 1949 vor, die folgenden Wortlaut hat:

‚Bei dem Patienten Karl Sch., geb. 24.08.1914, besteht am rechten Auge Augenzittern, Hornhautnarben und angeborener Star. Sehvermögen 1/20. Das linke Auge fehlt. Der Patient ist somit praktisch blind. Die Erwerbsminderung beträgt 125 %. Herr Sch. bedarf dauernd einer Begleitperson.

Gez. Dr. E. Walser, Oberarzt.'

Dieser Blinde weilte auf dem Platz, auf den Gröning - damals wohl in der Gegend von Bremen - seine Heilwellen entsandte. Er beschreibt jetzt in größter Bewegung, wie er mit einem Male das Gefühl gehabt habe, daß sich in seinem Auge etwas verändere, und wie er dann den Pferdekopf in blauem Neonlicht, eine Lichtreklame auf dem Dache des Traberhofes, wahrgenommen habe. Schließlich habe sich die ganze Umwelt aus dem Dämmer herausgehoben, bis er wieder alles gut habe sehen können. Eine erste ärztliche Überprüfung durch Dr. Zetti bestätigte seine Angaben. Am Tage darauf nahm ich Sch. im Wagen mit nach München. Er beschrieb mir auf der Autobahn auf mehrere hundert Meter Entfernung, welche Fahrzeuge sichtbar wurden. Er sagte mir, was links und rechts der Autobahn zu sehen war - von dem nahen Kirchturm bis zu dem entfernten Gebirge. Um jede Gedankenübertragung auszuschalten, schaute ich selbst in die entgegengesetzte Richtung und kontrollierte jeweils erst hinterher, ob seine Wahrnehmungen stimmten. Sie waren jedesmal richtig, ob es sich um nahe oder um sehr entfernte Dinge handelte. Auf meine Frage, was er getan habe, um die Heilung zu empfangen, sagte er, er habe gebetet und gewartet."[73]

Die Schilderung Dr. Tramplers zeigt deutlich, daß es sich auf keinen Fall um eine Form der Suggestion handeln kann. Dr. Trampler konnte die einwirkende Heilkraft an seinem Körper deutlich wahrnehmen, ohne auf den Zeitpunkt vorbereitet gewesen zu sein, und in direktem zeitlichen Zusammenhang mit dieser Wahrnehmung traten Heilungen unter den wartenden Menschen auf.

Auf welche Weise mag nun Bruno Gröning solche Heilungen bewirkt haben?

Viele erfolgreiche Heiler berichten, daß es ihnen möglich ist, durch ihre Gedanken Heilkräfte auch auf räumlich entfernte Personen zu übertragen, die gar nichts davon wissen. Anita Höhne erzählt in ihrem Buch „Geistheiler heute", daß die Schweizer Heilerin Evelyne Feigenwinter für die Heilungen lediglich ein Foto neueren Datums, den Namen und eine kurze Beschreibung der Krankheit für die Fernheilung benötigt. Sie konnte zwei Kindern helfen, die nichts von ihrer Hilfe wußten, indem sie sich täglich einige Minuten auf diese konzentrierte. Nach ca. zwei Monaten war die Heilung eingetreten.[74]

Diana Craig, eine erfahrene englische Heilerin, die über Jahre Präsidentin der größten englischen Heilervereinigung war, ist der Überzeugung, daß der Heiler geistig eine Verbindung mit dem Heilungssuchenden herstellen kann und ihm auf diesem Wege die Heilkraft, ohne körperlich in seiner Nähe zu sein, zu senden vermag.[75]

Keith Sherwood, der bekannteste Heiler Amerikas, verbindet die Fernheilung mit einer konkreten gedanklichen Vorstellung von dem Heilungssuchenden, dem er in Gedanken seine Hand auflegt. Er verbindet sich geistig mit der Quelle der Heilung, dem „All-Seienden", und spürt an sich, wie die Kraft über ihn zum vorgestellten Bild des Heilungssuchenden fließt.[76]

Der bekannte englische Heiler Tom Johanson, der, wie Kurt Allgeier schreibt, wegen seiner zahllosen Fernheilungen und Heilungen über das Telefon berühmt geworden ist, beschreibt die Fernheilung so:

„Es ist dringend notwendig, sich in eine meditative Haltung zu begeben und sich das Bild dieses Menschen vorzustellen. Dann muß man sich vorstellen, daß Licht diesen Menschen umgibt. [...] Dieses Licht kommt aus dem Innern des Heilers selbst. [...] Dann braucht man nur noch den ehrlichen Wunsch zu haben, daß dieser Mensch gesund wird. Diesen Wunsch muß man in den Gedankenprozeß einbringen. Und es wird gelingen."[77]

Bruno Gröning hingegen kannte die Menschen gar nicht, die über 800 km entfernt am Traberhof auf ihn warteten! Es lagen ihm keine Bilder einzelner Personen vor, und er wußte keine Namen. Trotzdem konnte er in der ihm unbekannten Menschenmenge auf eine solche Distanz innerhalb kürzester Zeit Heilungen bewirken.

Dies muß damit zusammenhängen, daß er in außergewöhnlich großem Maße über die heilenden, göttlichen Kräfte verfügen konnte. Er vermochte offensichtlich, die heilende Kraft in einem solchen Ausmaße auch an entfernte Orte zu „senden", daß eine größere Menschenmenge von dieser Kraft spürbar erfaßt wurde und der Zeitzeuge am Traberhof, Dr. Trampler, die Empfindung hatte, in einem heilenden „Kraftfeld" zu stehen.

Wenn man sich mit dem Phänomen der Fernheilungen, die heutzutage von vielen Heilern bewirkt werden, etwas ernsthafter beschäftigt, wird diese Form der geistigen Heilung faßbarer. Die Möglichkeit der Gedankenübertragung von Mensch zu Mensch ist von der heutigen Parapsychologie anerkannt und, wie später noch näher beschrieben, vielfach experimentell bewiesen. Wer das Phänomen der Gedankenübertragung akzeptieren kann, wird sich auch mit der Fernheilung nicht mehr schwertun. Jeder Gedanke ist letztendlich auch nur eine Form der Energie. Warum sollte man auf diesem Wege nicht auch heilende Kräfte übertragen können? Dr. Jerzy Rejmer, ein polnischer Heiler (er bezeichntet sich als „Bioenergietherapeut"), der in der Schweiz lebt, spricht davon, daß der Heiler kosmische Energien in Heilenergien umzuwandeln vermag.[78] Bruno Gröning selbst sah sich als Transformator der göttlichen Kraft an, die er somit als Heilkraft dem Menschen weitergeben konnte. Er deutete einmal an, daß er mit Hilfe der göttlichen Kraft in der Lage sei, die Eigenwelle eines jeden Menschen geistig „anzupeilen", sie aufzufangen und alle darin wirksamen Vorgänge wahrzunehmen.[79] Man kann dies wiederum mit einem Rundfunkhörer vergleichen, der mit Hilfe eines Radios den gewünschten Sender einstellt und alles abhört, was dieser sendet. Jeder Mißklang kann dabei erkannt werden. Im Gegensatz zum Radiosender, der vorübergehend abgeschaltet werden kann, ist der

Mensch als Sendestelle zeit seines Lebens aktiv und anpeilbar bzw. auf seiner Eigenwelle aufnehmbar, auch dann, wenn er physisch schläft oder als Kranker untätig darniederliegt. Diese Phänomene haben nichts mit Okkultismus oder Spiritismus zu tun, sondern hier wirken feinste geistige Energien, die mit den bisherigen Meßinstrumenten nur noch nicht erfaßbar und lediglich den inneren Sinnen des Menschen wahrnehmbar sind. Einer späteren Generation werden die Möglichkeiten des menschlichen Geistes wahrscheinlich einmal so selbstverständlich sein wie heutzutage die Verwendung elektromagnetischer Wellen in Funk, Radio und Fernsehen.

Bruno Gröning sagte einmal:

„Ich weiß aber, daß es unter den Menschen, die sich als geistige Heiler ausgeben oder glauben, über den Spiritismus wirken zu müssen, viele gibt, die mit Hokuspokus und geheimnisvollem Getue nach außen hin das vormachen wollen, was ihnen gerade fehlt, nämlich die konzentrierte Naturkraft. Das brauche ich Gott sei Dank nicht, und wer wirklich etwas davon versteht, der braucht es nicht! [...] Aber einen Scherz zur Auflockerung der oft so ernsten Situation flechte ich gern einmal ein. Im übrigen wählt Gott in Seiner Naturkraft immer den Weg des Einfachen, Normalen und Unkomplizierten."[80]

Zu seinen Fernheilungen äußerte er sich wie folgt:

„Es spielt für mich keine Rolle, ob sich dieser Mensch, den ich anpeilen will, hier im Raume unter uns befindet oder irgendwo in Köln, London, Tokio oder wer weiß wo - ich packe ihn überall, so wie Sie, wenn Sie ein höchst sensibles Rundfunkgerät besitzen, jederzeit Toulouse, Kairo oder auch Bengasi einschalten können."[81]

Auf die Frage des Reporters des „Grünen Blattes", Gregor Harloff, ob er dazu einen Mittler benötige, antwortete Bruno Gröning:

„Nicht unbedingt, es muß nicht immer ein Foto sein, über das ich die aufzunehmende Wellenlänge erhalte; am liebsten ist mir dazu ein Mensch, der dem anderen mit guten Gedanken zugetan ist, wodurch er bereits eine ausgezeichnete Verbindung mitbringt, in die ich sofort hineinsteigen kann."[82]

Dann erklärte er dem Reporter, daß er mit derselben geistigen Welle, mit der ihm die ungewöhnlichen Wahrnehmungen möglich sind, auch die Heilkraft zu senden vermag:

„ ... auf derselben Welle empfange und sende ich; es ist völlig gleichgültig, wo sich die Menschen befinden, wenn ich Hilfe bringen soll, und es ist mir immer sehr lieb, wenn sie es gar nicht einmal wissen, daß ich, um es bildlich auszudrücken, dabei meine Hand im Spiel habe; denn dann können sie mich mit ihren Gedanken nicht stören."[83]

Anny Ebner von Eschenbach erlebte in einem Vortrag Bruno Grönings den Bericht einer Amerikanerin mit, die nach Deutschland gekommen war, um ihm für die Fernheilung ihrer Tochter zu danken.

Diese berichtete, daß ihrer Tochter wegen Brustkrebs in einem New Yorker Krankenhaus die Brust amputiert werden sollte. Sie hatte in ihrer Verzweiflung an Verwandte in Deutschland telegraphiert, um Bruno Gröning um Hilfe für ihre Tochter zu bitten. Kurze Zeit danach schrumpfte der Tumor zusammen. Aufgrund des unerklärlichen Rückgangs konnten die Ärzte auf eine Brustamputation verzichten und entfernten lediglich den kleinen Rest, den sie noch vorfanden. Sie berichtete dann weiter, daß Bruno Gröning ihren deutschen Verwandten detailliert das Zimmer ihrer Tochter in der Klinik in New York mit allen Möbeln beschreiben konnte, obwohl er es noch nie gesehen hatte.[84]

Wenn klar geworden ist, daß jeder Mensch eine Eigenschwingung hat, die Bruno Gröning anzupeilen vermochte, werden auch die häufig in seiner Nähe zu beobachtenden Übertragungsphänomene verständlicher.

Inge Thiede, eine Zeitzeugin aus F., berichtete mir ein interessantes Erlebnis mit Bruno Gröning. Sie hatte die Gelegenheit, zusammen mit ihm eine schwer erkrankte Frau aufzusuchen.

„Dieser Frau fiel es ziemlich schwer zu glauben, so gab Bruno Gröning ihr eine Hilfe. Er machte eine Handbewegung von der Frau zu mir hin und bat mich, genau zu beschreiben, was ich jetzt spüre", erzählte mir Inge Thiede und fuhr weiter fort: „In diesem Moment bekam ich starke Schmerzen, ich fühlte mich matt, das Atmen fiel mir schwer und anderes mehr. Ich schilderte all diese Empfindungen, und die Frau wurde mit jedem Wort interessierter, bis sie erstaunt ausrief: ‚Das sind ja genau die gleichen Beschwerden, die mich quälen!' An mich gewandt fragte sie: ‚Woher wissen Sie all dies?' Bruno Gröning bat mich, nun einmal tief auszuatmen, und prompt waren alle Beschwerden wieder verschwunden. Durch dieses Erlebnis konnte die Frau den Glauben aufnehmen, daß auch für sie noch eine Hilfe möglich ist."[85]

Grete Häusler schildert in ihrem Buch „Hier ist die Wahrheit an und um Bruno Gröning" ein ähnliches Erlebnis. Sie kam mit einem schweren Leberschaden, chronischer Unterzuckerung und einer langjährigen Stirnhöhlenvereiterung 1950 in einen Vortrag Bruno Grönings. Gegen Ende des Vortrags hatte er sich ihr zugewandt und dabei eine Handbewegung von dem Mann, der vor ihr saß, auf sie zu gemacht, und plötzlich waren ihre eigenen Beschwerden verschwunden, und sie verspürte völlig neue Beschwerden.

Sie berichtet:

„Dann begann ein Schmerzgefühl in meinem linken Arm und im linken Bein. Ein Ohrenrauschen und ein Schmerz zogen sich von einem Ohr durch den Kopf zum anderen Ohr, eigenartige Kopfschmerzen dazu. Als ich das berichtete, sagte der Mann vor mir erstaunt: ‚Ja, das sind ja meine Schmerzen!'

‚Atmen Sie tief aus!' sagte Bruno Gröning zu mir, und die Zustände waren weg."

Daraufhin traten die alten Beschwerden bei ihr wieder auf. Sie erzählt weiter:

„Bei mir wurde das Staunen aber noch größer, als er meiner Freundin mein Krankheitsbild übertrug und Maria alles zu schildern begann, was sie momentan in ihrem Körper spürte. Es waren alles meine Schmerzen. Sie empfand sogar trockene Lippen."[86]

Man konnte des öfteren beobachten, daß Bruno Gröning auf diese Weise das Symptombild eines Menschen für kurze Zeit einer anderen Person zu spüren gab, um den Glauben zu stärken. In einem Falle saß während eines Vortrags ein Ehepaar in der ersten Reihe, und Bruno Gröning machte eine schleudernde Bewegung mit der rechten Hand gegen den Mann.

Anny Ebner von Eschenbach hatte den Vorgang beobachtet und berichtete:

„Dieser wand sich förmlich vor Schmerzen und stöhnte: ‚Herr Gröning, ich habe plötzlich fürchterliche Schmerzen im Unterleib, was ist denn das auf einmal?'

‚Ja', sagte Gröning, ‚dies sind die Schmerzen Ihrer Frau. Nun werden Sie glauben, daß sie wirklich solche Schmerzen hat, und Sie werden sie nicht mehr auszanken als eingebildete Kranke! Stören Sie sie auch nicht mehr durch Ihren Spott in ihrer Heilung.' Der Mann mußte tief ausatmen und war nun durch diese schmerzliche Belehrung auch geheilt von seiner seelischen Härte."[87]

Dr. Trampler berichtet auch, daß Bruno Gröning in der Lage war, das Beschwerdebild einer weitentfernten Person auf eine andere, im besonderen Maße geistig empfängliche Person für kurze Zeit zu übertragen. Es zeigt sich hier wieder das schon betrachtete geistige Grundprinzip. Bruno Gröning „peilte" die entsprechende Person mit Hilfe der ihm zur Verfügung stehenden Kraft an und übertrug die Eigenschwingung dieser Person auf eine ausgewählte andere Person, die dann beschrieb, was sie an ihrem Körper verspürte. In einem von Dr. Trampler beschriebenen Fall geschah dies über eine Entfernung von mehreren tausend Kilometern.[88] Vergleichbares wird von unterschiedlichen Zeugen berichtet.[89-92]

Auf den fragenden Ausruf eines Reporters hin, der angesichts dieser Phänomene sagte: „Das ist ja wie beim Bildfunk!", entgegnete Bruno Gröning:

„Meinten Sie denn, der Mensch könnte irgend etwas schaffen, was nicht in ihm selbst schon als Urbild, von der Schöpfung in seinen Organismus hineingelegt, vorhanden ist?"[93]

Ich konnte viele Berichte von Augenzeugen einsehen und stieß immer wieder auf Zeugnisse der außergewöhnlichen geistigen Fähigkeiten Bruno Grönings. Diese lagen weit jenseits des Bereichs, der unserer durch den Alltag geprägten Vorstellungswelt zugänglich ist. Er wies seine Zuhörer z. B. häufig darauf hin, daß sie auch um Heilung für daheimgebliebene Verwandte bitten könnten. Dabei sei es nicht nötig, diesen Wunsch in Worte zu fassen, eine stumme Bitte im Herzen genüge vollständig.

Dies zeigte mir folgender Heilungsbericht aus Rosenheim, datiert auf den 13. September 1949:

Gertrud E. bestätigte die im folgenden beschriebenen Ereignisse an Eides Statt. Ihr Ehemann, Hans E. aus W., hatte Anfang 1949 einen Unfall. Hierbei kam es zu einer Hirnblutung in der linken Gehirnhälfte, und einige Zeit später war ihr Mann rechtsseitig gelähmt. Gertrud E. kam einen Tag nach Pfingsten 1949 nach Herford zu Bruno Gröning. Sie stand in der Menschenmenge im Hof, und er sprach vom Balkon zu den Anwesenden. Gertrud E. dachte bei ihrem Besuch in Herford nur an ihren Mann mit dem Wunsch nach Heilung, d. h., sie hatte diesen Wunsch noch nicht einmal Bruno Gröning gegenüber in Worten geäußert. Als Gertrud E. am nächsten Tag nach Hause kam, konnte ihr Mann wieder laufen, die Lähmung war verschwunden, und ihr Mann fühlte sich gesund.[94]

Dr. Trampler konnte die Geschichte der Flüchtlingsfamilie St. aus einem Münchener Vorort in Erfahrung bringen:

„Frau St. hörte im Rundfunk das Interview mit Gröning. Sie fühlte sich von den Gedanken, die sie hörte, zutiefst angesprochen. Noch in der gleichen Nacht spürte sie, wie die bisher unaufhörlichen Schmerzen eines Magenleidens zurückgingen und schließlich ganz verschwanden. [...] Durch diese ‚wunderbare' Heilung angeregt, machten sich ihre Mutter und ihre Schwester auf den Weg zum Traberhof und nahmen dort an der großen Massenheilung vom 9. September teil. [...] In einem Augenblick, da sie gar nicht mehr an ihr eigenes Leiden dachten, sondern erregt eine andere Heilung miterlebten, merkten sie unvermittelt, daß auch ihre Schmerzen verschwunden waren. [...] Bei der jungen Frau schärfte sich die bis dahin unaufhaltsam geschwundene Sehkraft, und sie verlor eine Gelenkentzündung im Oberarm; die Mutter war von schmerzhaften Thrombosen in den Beinen geheilt; sie braucht seither die Beine nicht mehr zu bandagieren und läuft ohne Beschwerden. Als Gröning, wie stets bei den großen Heilungen, den Anwesenden mitteilte, sie könnten auch für ihre abwesenden kranken Angehörigen die Gesundheit empfangen, dachte Frau St. eindringlich an ihren Mann, der mit einem schweren Ischiasleiden zu Hause im Geschäft geblieben war. Genau zu dieser Stunde begann der Mann (etwa 80 km entfernt) veränderte Schmerzen und eine Art ‚Rumoren' in seinem Körper zu fühlen, die rasch wieder abklangen. Das Ischiasleiden war verschwunden."[95]

## Die verkannte Größe des Geistes

Die beschriebenen Fähigkeiten Bruno Grönings zeigen unmißverständlich auf, daß dem menschlichen Geist ungeahnte Möglichkeiten offenstehen, so er bereit ist, sich bewußt mit seinem Ursprung, Gott, wieder zu verbinden und dessen Willen zu folgen. Es ist möglich, bei entsprechender Konzentration Gedankeninhalte von Mensch zu Mensch zu senden. Bruno Gröning gelang es ohne große Anstrengung, oft sogar während seines Vortrags, die Gedanken einzelner unter 100-200 Teilnehmern zu erkennen. Oft unterbrach er seine Rede, um einige Personen darauf aufmerksam zu machen, daß sie mit ihren Gedanken abschweiften oder sich mit Sorge und Krankheit beschäftigten. Dabei vermochte er ihnen ihre Gedankeninhalte wiederzugeben. Eine Frau ermahnte er, doch nicht an die Vorbereitung des Abendessens zu Hause zu denken.[96] Ein anderes Mal wandte er sich einem im Hintergrund stehenden Manne zu und bat ihn, den Raum zu verlassen, wenn er die Gedanken an die Krankheit seiner Frau, die sich auch unter den Anwesenden befand, nicht abschalten könne.[97] In einem Vortrag verwunderte er die Anwesenden durch seine Bemerkung, daß die Polizei da sei, denn es befand sich kein Uniformierter unter seinen Zuhörern. Zielstrebig begab er sich zu einem Mann, der in der letzten Reihe saß und der daraufhin erstaunt die Angabe Bruno Grönings bestätigte. Er war in diesem Fall aber nicht als Beamter gekommen, sondern wegen seines Kindes.[98]

Er sagte selbst einmal, daß das Erkennen der Gedanken anderer Menschen genauso wie die Fernheilungen mit ein und derselben Grundenergie zusammenhänge. Ähnlich wie man durch den Heilstrom andere Menschen anzupeilen vermag, um ihnen die heilende Kraft auf dem geistigen Wege zu senden, vermochte er auf diesem Wege, wie er selbst sagte, ohne Schwierigkeiten auch die Pläne und Gedanken anderer Menschen anzupeilen und aufzufangen.[99]

Ähnlich beschrieb der indische Yogi Paramahansa Yogananda in seiner Autobiographie diese Zusammenhänge. Er beobachtete an seinem Lehrer und Meister Sri Yukteswar, daß dieser in der Lage war, die Gedanken anderer Menschen zu erkennen und andere wiederum durch das Aussenden von Gedanken zu führen.

Er verglich zur besseren Erklärung der geistigen Qualitäten Sri Yukteswars diesen mit einem „vollkommenen menschlichen Radio":

„Gedanken sind nichts anderes als äußerst feine Schwingungen, die sich durch den Äther bewegen. Ebenso wie ein richtig eingestelltes Radio das gewünschte musikalische Programm unter tausend anderen Programmen heraussuchen kann, so konnte auch Sri Yukteswar aufgrund seiner Sensibilität unter den zahlreichen menschlichen ‚Gedankensendern' einen passenden auswählen. [...] Sobald der menschliche Geist die ‚Störungen' der Ruhelosigkeit beseitigt hat, kann er alle Funktionen eines komplizierten Radiomechanismus ausführen, d. h., er kann Gedanken aussenden oder empfangen oder unerwünschte Gedanken abschalten. Ähnlich wie die Stärke eines Rundfunksenders von der verfügbaren elektrischen Leistung bestimmt wird, so hängt die Wirkungskraft eines menschlichen Radios von der menschlichen Willenskraft ab. [...] Der Wille, der vom Punkt zwischen den Augenbrauen ausgestrahlt wird, ist die Sendestation der Gedanken. Das still im Herzen konzentrierte Gefühl dagegen macht den Menschen zu einem geistigen Radio, das die Botschaften anderer Personen von nah und fern empfangen kann. [...]

Alle Gedankenschwingungen bleiben ewig im Kosmos bestehen. Bei tiefer Konzentration kann ein Meister die Gedanken aller Menschen, der lebenden wie der toten, auffangen. Gedanken sind universell und nicht individuell verwurzelt; d. h., eine Wahrheit kann nicht erschaffen, sondern nur wahrgenommen werden."[100]

Bruno Gröning vermochte nicht nur, die gegenwärtigen Gedanken der Menschen zu erkennen, sondern ihm waren auch Geschehnisse aus der Vergangenheit oder Zukünftiges zugänglich. In einem Vortrag saß eine junge Frau mit abgehärmtem Gesicht und einem ungefähr neunjährigen Mädchen in der zweiten Reihe. Freiin Anny Ebner von Eschenbach war in diesem Vortrag als Zeugin anwesend und konnte das Geschehen protokollieren.

Sie berichtet, daß Bruno Gröning sich gegen Ende seines Vortrags gerade dieser Frau zuwandte:

„Als Gröning fragte: ‚Nun Mutti, was fühlen Sie?', antwortete sie: ‚Leider nichts, Herr Gröning!'

‚Ja Mutti, nicht immer zurückblicken in die Vergangenheit. Der Schreck davon steckt noch in Ihnen, den müssen Sie erst loslassen! Es war während eines Bombenangriffes. Sie befanden sich in einer Art Gartenhaus und wurden verschüttet und waren im achten Monat. Als Sie wieder gerettet wurden, kam das Kind zur Welt und war blind. Stimmt's?' Erstaunt antwortete die Frau: ‚Ja, genau!' Darauf Bruno Gröning: ‚Nun also, nicht mehr an diese Schreckenszeit denken, fest an Gottes Hilfe glauben und Ihn bitten! Das Kindchen brauchen Sie nicht immer mitzubringen, wenn nur die Mutti fest glaubt!' Acht Tage darauf war die Frau wieder da. Der sorgenvolle Ausdruck im Gesicht war weg, sie war förmlich verjüngt. Als nun Gröning sie fragte, antwortete sie: ‚Ja, heute durchrieselt mich eine Wärme, und ich fühle mich froh und frei!' - ‚Nun Mutti, bleiben Sie dabei, bald ist es soweit!' Eine Woche darauf war die Frau wieder da, und Bruno Gröning ging mitten im Vortrag auf sie zu, blieb stehen und sagte: ‚Mutti, am Donnerstag, 17.20 Uhr nehmen Sie Ihr Kindchen und führen es in einen abgedunkelten Raum, es wird sehen, und da es noch nie Farbe und Form gesehen hat, würde es erschrecken, und der Schreck könnte es krank machen. Gewöhnen Sie es langsam an alles in seiner Umgebung!' Da dieser Fall mich besonders interessierte, erkundigte ich mich und erfuhr etwas später, daß alles so auf die Minute eingetroffen war, wie es Bruno Gröning sagte. Nach einigen Jahren fragte ich Bruno Gröning selbst noch einmal nach dem Kind und erfuhr, daß es so normal sieht, als wenn es nie blind gewesen wäre."[101]

In einem anderen Vortrag bat eine Frau um Rat, ob sie sich operieren lassen solle. Bruno Gröning antwortete ihr lediglich, daß sie das selbst wissen müsse. Er gab ihr aber den Rat, in der folgenden Nacht alle erreichbaren Taschentücher mit ins Bett zu nehmen. Ohne die Zusammenhänge zu erkennen, hatte diese Frau seinen Rat befolgt, und in der besagten Nacht setzte eine starke Blutung ein. Am nächsten Tag fühlte sie sich ausgesprochen wohl und begab sich wegen der Operation zum Arzt, der aber kein Myom mehr feststellen konnte.[102]

Grete Häusler besuchte zusammen mit ihrer blinden Freundin im August 1950 einen Vortrag von Bruno Gröning. Sie war sehr mißtrauisch und hatte ihre Freundin nur auf deren ausdrückliche Bitte hin begleitet. Während des Vortrags hatte sich Bruno Gröning ihr zugewandt und sie gefragt, wie sie denn nach München gekommen sei.

Sie berichtet in ihrem Buch „Hier ist die Wahrheit an und um Bruno Gröning" über die Begebenheit:

„Nach zirka einer Stunde kam er auf mich zu und fragte mich: ‚Wie sind Sie nach München gekommen?' Ich antwortete: ‚Mit dem Zug.' ‚Nein, unmöglich, ich kann nicht!' erwiderte er mir. Ich verstand keinen Zusammenhang. Und plötzlich erkannte ich, daß seine Worte meine Worte waren, die ich vierzehn Tage vorher zu Hause in Kärnten zu meiner Mutter gesagt hatte, als ich ihr den Brief von meiner Freundin vorlas: ‚Nein, unmöglich ich kann nicht.' Ich sollte sie am 28.08. nach München führen zu Gröning! Ich war entsetzt, daß Bruno Gröning wußte, was ich meiner Mutter alles gesagt hatte, vor allem, wie ich über ihn geschimpft hatte."[103]

Durch dieses Erlebnis konnte sie den Glauben aufnehmen, daß auch ihr durch diesen Mann geholfen werden könnte, und verließ geheilt den Vortrag.

All dies geschah ohne okkulte Geheimnistuerei. Bruno Gröning befand sich nicht in Trance, dieses Wissen stand ihm einfach bei klarem Bewußtsein zur Verfügung. In aller Natürlichkeit setzte er es ein, um die Glaubenskraft der Anwesenden zu stärken. Es bleibt das Geheimnis seines besonderen Schicksals, daß er seine geistigen Fähigkeiten nur zur Hilfe anderer gebrauchte und sich ihrer für sich persönlich nicht bediente (s. a. Kap. 8).

Aber auch Menschen wandten sich an ihn mit der Bitte, etwas über räumlich weit entfernte Verwandte zu erfahren, mit denen sie über längere Zeit keinen Kontakt mehr hatten. Oft waren die betreffenden Personen seit Ende des Krieges nicht mehr aufgetaucht und galten als vermißt.

Grete Häusler beschrieb mir sein Verhalten bei solchen Fragen so:

„Bruno Gröning entsprach nicht immer einem solchen Wunsche. Wenn er diesem aber doch nachkam, konnte er lebendig beschreiben, wo und in welchem Zustand sich der Betreffende augenblicklich befand. Er wußte auch, wann dieser wieder zurückkommen wird."[104]

Ein besonders beeindruckendes Zeugnis für das Wirken Bruno Grönings gab im Auftrage ihrer Mutter Elsbeth N. aus Duisburg. Sie berichtete:

„Herr Bruno Gröning befand sich besuchsweise in der Wohnung [...] meiner Mutter, wobei die Tante zugegen war. Meine Tante wollte Herrn Gröning einen Fall vortragen mit der Bitte um Heilung. Sie begann mit den

Worten: ‚Eine Frau aus dem Osten ...' Hier unterbrach Gröning [...] und sprach:

‚Die betreffende kranke Person, eine Frau, befindet sich jetzt um diese Zeit - 18.50 Uhr - in der Küche, wo sich auch noch zwei Kinder aufhalten. Im Nebenzimmer liegt die Mutter dieser kranken Frau krank im Bett. Auch ist dort Besuch anwesend. Die betreffende kranke Frau in der Küche springt jetzt von ihrem Stuhle auf, sucht am Tisch Halt, verkrampft sich, und in wenigen Sekunden hat sie ihren Verstand, ihr Gehör und ihre Sprache wieder. Jetzt geht diese Frau ins Nebenzimmer, wo ihre kranke Mutter liegt, nimmt an der Unterhaltung der Besucher teil und führt sogar das Wort. Diese Frau wohnt nicht weit von hier.' [...] ‚Sie', zu Frau B. gewendet, ‚wissen ja, wo diese Frau wohnt, gehen Sie sofort hin zu ihr. Sie wissen genau die Uhrzeit und überzeugen sich persönlich von dem, was ich hier soeben gesagt habe. Sie werden sehen, es ist Wahrheit.'

Frau B. eilte erregt fort. Nach etwa 20 Minuten kehrte sie in hocherregtem Zustande zurück und bestätigte alles, was sich genau um die von Gröning angegebene Zeit in der anderen Wohnung, die Gröning kurz geschildert hatte, zugetragen hatte.

[...] Die betreffende Frau aus dem Osten ist Wilhelmine P., geb. 14.03.1897 in D.-B., siedelte vor mehreren Jahren durch die Tätigkeit ihres Mannes in die jetzige Ostzone über und kehrte als Flüchtling mit ihrem Manne Anfang 1949 in ihre frühere Heimat zurück. Frau P. litt an folgender Erkrankung: Völlige Apathie, Nervenzusammenbruch nach Verlust ihres einzigen Sohnes und durch die Verhältnisse beim Russeneinmarsch, totale Abwesenheit: Der Lebenstrieb war gebrochen, teilnahmslos an allem Geschehen - sie mußte an- und ausgekleidet sowie gefüttert werden, die Sprache war verlorengegangen, und es bestand eine hochgradige Taubheit. Sie hatte folgende Ärzte konsultiert: [es folgen vier Namen]. Diese Ärzte erklärten sich außerstande, Frau P. helfen zu können. Seit der Fernheilung durch Herrn Gröning erfreut sich Frau P. bester Gesundheit, und zwar seit dem 23. Februar 1949. Gewichtszunahme seitdem 20 Pfund, und keinerlei Rückschläge zu beobachten."[105]

Der pensionierte Schuldirektor Hohmann kam aus Interesse in einen Vortrag. Er beobachtete dort ein ungewöhnliches Geschehen. Im folgenden sein Bericht:

„Ein Radioapparat, welcher auf einen Plattenspieler gestellt war, aber sich nicht in Tätigkeit befand, stand im Versammlungsraum. Da geschieht das Unerklärliche. Herr Gröning schaltet den Apparat durch Auflegen der Hand auf die glatte Holzfläche auf die Radiosendung ein. Auf dieselbe Art schaltet er den Apparat nach einiger Zeit wieder aus und wiederholt dieses Experiment zu meinem allergrößten Erstaunen. Frau Baronin Ebner v. Eschenbach, Bad Tölz, die neben mir saß, bestätigte mir, daß Herr Gröning tatsächlich die Materie beeinflussen kann. Sie sei dabeigewesen, wie bei einer größeren Versammlung eine Reporterin mit einem Fotoapparat auftaucht in dem erleuchteten Saal. Herrn Gröning stört dieses Gebaren, und so versagt die Blitzlampe den Dienst. Die Reporterin geht in den Nebenraum, dort klappt's großartig. Sie kommt wiederum in den Saal und macht einen zweiten Versuch, - wiederum der gleiche Mißerfolg. Der Reporterin wird das Spiel umheimlich. Sie ist völlig verwirrt. Aber die Versammlung ist bereits nahe am Schluß, und Herr Gröning bemerkt: ‚Jetzt bin ich einverstanden, jetzt können Sie Ihre Aufnahme machen!' Und dann geht alles glatt. Ich fragte Herrn Gröning über diese übersinnliche Fähigkeit aus. Er nannte mir noch eine ganze Reihe solcher Vorkommnisse, fügte aber hinzu, daß er solche übersinnlichen Handlungen nur ausnahmsweise vornähme, um die Glaubenskraft zu stärken, niemals aber, um nur Neugierde zu befriedigen, auf keinen Fall aber auf Kommando. Das darf er auch gar nicht, weil das gegen sein Gewissen sei. Er hat den Auftrag, nur in göttlichem Sinne zu wirken, und muß sich korrekt verhalten. Er könnte mir noch viel mehr sagen, was mich aber nur verwirren würde. Gerade Wissenschaftler wären die allergrößten Skeptiker und könnten ihm am schlechtesten folgen."[106]

Aus Gesprächen mit Zeitzeugen konnte ich noch einige Beispiele erfahren, die Bruno Grönings Einfluß auf die Materie verdeutlichen. Im folgenden möchte ich einen Teil anführen.

Wie mir Grete Häusler erzählte, wollte ein Reporter namens Sittig bei der Hochzeit Bruno Grönings dessen Rede auf Tonband aufnehmen. Bruno Gröning bat jedoch, dies nicht zu tun. Trotzdem schaltete der Reporter das Gerät an, und alle konnten sehen, wie es lief. Hinterher mußte er aber feststellen, daß keine Aufnahme auf dem Band war.[107]

Ich konnte auch von einem Vorfall bei den Aufnahmen für den Dokumentarfilm über Bruno Gröning erfahren: Die technischen Geräte, Scheinwerfer, Kameras usw. standen funktionsfähig bereit, und man wollte beginnen. Doch Bruno Gröning bat die Techniker, ihre Geräte noch einmal zu überprüfen. Zu ihrem großen Erstaunen funktionierten weder Kameras noch Scheinwerfer. Man wollte schon mit der Fehlersuche beginnen, da forderte er die Anwesenden auf, sich doch lieber zu ihm herzusetzen und noch einen Augenblick zu warten. Kurze Zeit später erhob er sich mit den Worten, daß es jetzt soweit sei und man mit dem Drehen beginnen könne. Prompt funktionierten alle Geräte wieder.[108]

Grete Häusler erinnerte sich an eine weitere Begebenheit:

E. Bavay aus Rosenheim war mit Bruno Gröning häufig zu Vorträgen nach Augsburg gefahren. Meistens fuhren sie erst nach Mitternacht zurück. Einmal schlief Bruno Gröning am Steuer plötzlich fest ein. Herr Bavay wollte zuerst unruhig werden, dachte sich aber dann, daß ihm in Anwesenheit Bruno Grönings nichts passieren könne. Und tatsächlich fuhr der Wagen wie von unsichtbarer Hand gelenkt, ohne daß es zu einem Unfall gekommen wäre[109] (s. a. Kap. 2).

Wie wenig wissen die meisten Menschen der sogenannten entwickelten, zivilisierten Länder von dem, was der Geist vermag! Wie sehr kesseln sie die Urgewalten, die göttliche Allmacht im Zentrum ihres Sein durch ihre falschen Gewohnheiten ein!

Der göttliche Geistfunke wohnt in jedem Menschen, kann aber durch eine falsche Geisteshaltung derart begrenzt werden, so daß jegliches geistig-seelische und körperliche Leben auf ein Minimum reduziert wird. Jede wahre geistige Lehre dient seiner Erweckung und will diese Lebensfülle in Körper und Seele leiten. Aufgrund der herrschenden falschen Lehren in unserer Gesellschaft blieb bei den allermeisten Menschen die Erweckung des höheren Lebens, des Geistes, aus. Nur wenige weit gereifte Menschen vermochten den Weg des Geistes zu gehen, ihr Wirken erscheint dann für die unwissende Allgemeinheit wie ein Wunder oder wird vehement aus Neid und selbstsüchtigen Interessen bekämpft.

Wer erkennt schon gleiche Gaben in sich selbst?

Bruno Gröning sagte in einem Vortrag:

„Und er [der Mensch] hat auch einen bestimmten Körper, einer wie der andere gleich. Jeder hat denselben Inhalt, sage ich mal. Jeder hat all das in seinem Körper. Es gibt keinen Unterschied. Auch in meinem gibt es keinen Unterschied. Also, Gott hat uns alles in unserem Körper beigegeben. Wer hat aber von all dem gewußt? Wer wußte das alles zu nützen? Soll der Mensch weiterhin menschenhörig sein? Soll er weiterhin menschenhörig bleiben, oder hat er eine Pflicht auferlegt bekommen, sich von dem zu überzeugen, wer ihm hier ein Erdenleben geschenkt und zu diesem noch so einen wundervollen Körper? Will der Mensch noch weiterhin diesen seinen Körper ungenutzt lassen? Will er nicht alles in Anwendung bringen? Will er nicht all das tun, was er zu tun hat? Will er nicht über ein Wissen verfügen? Will er nicht frei sein? Aber er wurde ja von vornherein um diese seine Freiheit, die Gott ihm gegeben hat, gebracht von Menschen, die unwissend sind, die nur in einem Glauben lebten, dieses und jenes müßte so sein, er hat sich danach zu fügen."[110]

Die „weltliche Schule“, welche jeder einmal durchlaufen hat, will den Verstand entwickeln und schulen, aber es gibt noch eine andere, eine „geistige Schule“.

Zu allen Zeiten haben weise Menschen ihre Nächsten belehrt, um in ihnen wieder die Sehnsucht nach dem Göttlichen zu wecken, um sie auf den schmalen Pfad des höheren Lebens im Geiste zu führen.

Bruno Gröning:

„Die geistigen Kräfte soll der Mensch, auch der ‚aufgeklärte', wieder kennenlernen. Er soll wieder lernen, sie mit Nutzen für sich zu verwenden, für die Wiedererlangung und Erhaltung der göttlichen Ordnung. Durch die fortschreitende Zivilisation verlernt jeder Mensch die Fähigkeit, sich natürlich zu verhalten und die in ihm innewohnenden Kräfte auszunützen und zu mobilisieren. Ich will bei meinen Vorträgen nichts anderes erreichen als das, daß meine Mitmenschen erkennen, daß es zu allererst an ihnen selbst liegt, in ihr Inneres Ordnung zu bringen. Fast alle Menschen müssen einsehen lernen, daß sie den göttlichen Kräften gegenüber blind geworden sind. Daher mache ich alle meine Zuhörer auf die in uns wohnenden natürlichen Kräfte aufmerksam.“[111]

Der Kampf um seine Person und sein Wirken ist ein bedauerliches Zeichen für die Geistesferne unserer Kultur, die immer noch, trotz der aufklärenden Worte Christi vor 2 000 Jahren, statt in sich selbst die Quelle des Lebens im toten Buchstaben und im äußeren Leben sucht.

## Die höheren Ebenen des Menschseins

Das Wissen um höhere Ebenen des Menschseins ist uralt und findet sich in allen alten Hochkulturen wieder. Shankara (Shankarascharya), einer der bedeutendsten Philosophen des alten Indien, schreibt in seinem Buch „Das höchste Juwel der Erkenntnis“:

„Der Mensch ist mehr als sein Schatten.“[112]

Jahrhunderte später fand der berühmte Arzt Paracelsus ähnliche Worte. Er sagte, daß sich bei richtiger Betrachtung der Natur zeige, daß es noch eine andere Seite des Menschen gäbe: Der Mensch bestehe nicht nur aus Fleisch und Blut, sondern auch aus einem Körper, der für unser normales Auge nicht sichtbar sei.

Der christliche Mystiker Jakob Böhme wählte eine drastischere Ausdrucksform, um seine Zeitgenossen über ihre einseitig körperliche Bewußtheit hinauszuführen:

„Nun tue die Augen auf und siehe dich selber an: Ein Mensch ist nach dem Gleichnis und aus der Kraft Gottes in seiner Dreiheit gemacht. Schaue deinen inwendigen Menschen an, so wirst du das hell und rein sehen, so du nicht ein Narr und unvernünftig Tier bist."[113]

In allen Mysterien findet sich die Aufteilung des Menschen in eine dreifache Natur: Geist, Seele und Körper. Der Geist ist der unsterbliche Funke des göttlichen Geistes im Menschen, die Seele Träger des Geistfunkens. Sie wird während des irdischen Lebens von einer materiellen, sterblichen Hülle umgeben.

Der Apostel Paulus sagt unmißverständlich:

„Wißt ihr nicht, daß ihr Gottes Tempel seid und der Geist Gottes in euch wohnt?"[114]

In den Veden, den heiligen Schriften Indiens, wird der Mensch als „Honigesser" bezeichnet: Er kommt zum Bienenstock der Seele, um am göttlichen Nektar des Geistes teilzuhaben.[115]

Nach der Bhagavad Gita, einem der heiligen Bücher des Hinduismus, ist die Seele des Menschen durch drei Hüllen oder Körper verdeckt: die des Verstandes, die des Gefühls und die der festen Materie. Diese drei Ebenen müssen als Voraussetzung der vollen Rückkehr zu Gott unter die Herrschaft der Seele kommen.[116] Dies erfordert ein inneres Ringen des Menschen, so daß dann das Licht des Geistes Gottes über die Seele durch den Körper ausstrahlen kann.

Baird Spalding, ein amerikanischer Forscher, hatte Ende des letzten Jahrhunderts die Möglichkeit, mit zehn anderen westlichen Wissenschaftlern über längere Zeit Kontakt mit weisen, erleuchteten Menschen im Himalaja aufzunehmen, und beobachtete kritisch ihr Wirken. Seine erstaunlichen Ergebnisse faßte er in seinem Buch „Leben und Lehren der Meister im Fernen Osten" zusammen.

Er schreibt dort im Vorwort:

„Während unseres dreieinhalb Jahre dauernden Aufenthalts in jenen Gegenden traten wir in Beziehung zu den großen Meistern des Himalajas. [...] Sie gestatteten uns, einen tiefen Einblick in ihr intimes Leben zu tun, und so wurde es uns möglich, uns von dem tatsächlichen Wirken des großen Gesetzes, zu dem sie sich bekennen, mit eigenen Augen zu überzeugen. [...] Die Meister bekennen sich zu der Auffassung, daß Buddha den Weg zur Erleuchtung darstellt; sie sagen klar und deutlich, daß Christus die Erleuchtung ist, oder - anders gesagt - ein Bewußtseinszustand, den wir alle zu erreichen suchen: das Christusbewußtsein."[117]

In den Monaten des Zusammenseins mit den Meistern erhielten die Wissenschaftler viele Beweise von der kaum faßbaren Macht des Geistes im Menschen in der Verbindung mit Gott.

Einer der Meister gab folgende Erklärung:
„Es ist nicht das sterbliche Selbst, das Selbst, das du vor dir siehst, was imstande ist, solche Dinge zu vollbringen. Es ist das wirklichere, tiefere Selbst. Es ist das, was du als Gott erkennst, Gott in mir, Gott, der allmächtige Eine, der durch mich solche Dinge tun kann. Ich kann von mir aus, von meinem sterblichen Selbst aus, nichts tun. Nur wenn ich mich von allem Äußeren völlig losmache und das Wirkliche, das ICH BIN, sprechen und handeln und die große Liebe Gottes durch mich wirken lasse, kann ich solche Dinge vollbringen, wie du sie mich tun sahst."[118]

Der Mensch, der seinen Lebenssinn nur darin sieht, körperliche Bedürfnisse zu befriedigen, oder sich durch seinen Verstand an eine dreidimensionale sichtbare Welt binden läßt, wird der Vorstellung von höheren Ebenen des Menschseins verständnislos gegenüberstehen. Sein Menschsein ist auf seine körperliche Bewußtheit beschränkt. Verständnislos wird er z. B. dem Leben der Therese Neumann von Konnersreuth gegenüberstehen, die über Jahrzehnte ohne Nahrungsaufnahme lebte. Die vielfachen Zeugnisse des Wirkens einer geistigen Macht wird er als Einbildung verwerfen.

Bei den meisten Menschen ist es einfach nur die Angst, sich selbst ändern zu müssen, von Gewohntem abzulassen, die dazu führt, daß sie sich dem höheren Sein verschließen. Es ist leicht, etwas Unerklärliches als Hirngespinst oder Hysterie abzutun und lieber weiterhin die Ungerechtigkeit der Welt zu beklagen, anstatt dem höheren Ruf zu folgen und mit der Erneuerung der Welt in sich selbst zu beginnen.

Bruno Gröning:
„Meine Heilungen beruhen auf einer innerhalb der göttlichen Ordnung der Natur liegenden Kraft und nicht auf einer Durchbrechung von Naturgesetzen. Man darf sie folglich auch dann nicht als Wunder ansprechen, wenn

man sie nach dem derzeitigen Stand der Wissenschaft nicht oder nur schwer erklären kann."[119]

Die Behauptung mancher Vertreter des exakt wissenschaftlichen Denkens, die Wunder für unmöglich halten, da sie die Naturgesetze aufheben würden, muß schlichtweg als falsch bezeichnet werden. In gleicher Weise ist die Unterscheidung zwischen ,natürlichem' und ,übernatürlichem' Geschehen nur eine aus der Begrenztheit des menschlichen Denkens erwachsene Fiktion. Man ist lediglich berechtigt, von Ereignissen zu sprechen, die aufgrund der heutigen Kenntnisse als ,nicht erklärbar' eingestuft werden können, ebenso, wie man von erklärbaren, verständlichen Zusammenhängen im Naturgeschehen sprechen kann.

Die Ärztin Hella Emrich erläutert diese Zusammenhänge in ihrem Buch „Geheimnisse der Wunderheilungen" aus der Sicht des italienischen Religionsphilosophen Romano Guardini sehr einleuchtend:

„Die Schöpfungswirklichkeit ist in Stufen aufgebaut. Von der niederen Stufe her kann niemals bestimmt werden, was auf der höheren ist. Die höhere Stufe ist der unteren gegenüber in ihrem Wesen souverän. Vom Mineral her kann man zum Beispiel nichts darüber ausmachen, was alles möglich ist, wenn ,Leben' wirksam wird. Oder von den biologischen Prozessen im menschlichen Gehirn her kann nichts ausgemacht werden über die geistigen Vorgänge [...]. So ist das Lebendige dem bloß Stofflichen, so ist der Geist dem bloß Biologischen gegenüber in gewissem Sinne autonom. Die jeweils höhere Stufe verwirklicht ihre schöpferischen Möglichkeiten aus sich selber. Auf allen Stufen gelten wohl die gleichen allgemeinen Gesetze, aber sie werden auf den verschiedenen Seinsstufen auch verschieden in den Dienst genommen.

Das Gravitationsgesetz zum Beispiel gilt für den Stein wie für die Pflanze, für das Tier wie für den Menschen. Welchen Charakter das ,Schwersein' aber jeweils annimmt, hängt nicht vom Gesetz, sondern von der Wesenheit der jeweiligen Seinsstufe ab. Ich kann zum Beispiel zwei gleich große und gleich schwere Kügelchen in die Erde legen. Das eine bleibt so lange an seiner Stelle, bis es wegbewegt wird. Das andere öffnet sich, senkt ein feines Wurzelgeflecht nach unten, treibt einen Stiel in die Höhe und entläßt aus sich, immer steigend, Blätter und Blüten. Das erste war ein Steinchen, das zweite ein Samenkorn. Hinsichtlich des Gravitationsgesetzes haben sich das Steinchen und das Samenkorn ganz verschieden benommen. Wurde das Gravitationsgesetz damit in einem Fall aufgehoben? Keineswegs. Im Gefüge des Samenkorns ist ein neues Prinzip vorhanden: das Leben. Dieses Leben bewirkt ein dem Stein unmögliches Verhalten: die Selbsthebung im Wachstum. Dieser

Vorgang vollzieht sich jedoch nicht nur nicht gegen das Gravitationsgesetz, sondern in ihm und durch es. Denn ohne die Gravitation könnte die Pflanze weder senkrecht wachsen noch sich symmetrisch entwickeln. Sie hätte weder eine Abstoßungsebene noch eine Gleichgewichtsachse, weder Standfläche noch Strukturordnung. Obwohl das Gravitationsgesetz nach den mathematisch ausdrückbaren Größen von Masse, Zeit und Beschleunigung formal gleich ist, hat es sich auf den zwei verschiedenen Seinsstufen qualitativ verschieden ausgewirkt. Das höhere Prinzip, in diesem Falle das ‚Leben', kann aufgrund des gleichen Gesetzes Wirkungen hervorrufen, die vom niederen her nicht möglich wären. Ähnliches gilt von den weiteren Stufen im Seinsbereich, vom Psychologischen und Geistigen.

Ein Mensch hat anstrengend zu arbeiten, wird aber mutlos und kann nach einiger Zeit nicht mehr weiter. Die Werkzeuge, die er handhabt, sind ihm ‚zu schwer'. Er kann die Last nicht mehr allein bewältigen. Da bekommt er eine gute Nachricht. Nun ‚kann' er auf einmal wieder. Die Werkzeuge sind genauso schwer wie vorher. Seine physischen Kräfte sind die gleichen. Er hat weiter nichts Stärkendes zu sich genommen. Trotzdem vermag er, was er vorher nicht vermochte. Seine seelische Verfassung hat sich von innen her, vom seelischen Motiv her, verbessert und bringt eine höhere Leistung des Organismus zustande.

Ähnliches kann man im personellen Bereich feststellen.

Wenn nun der Geist des Menschen in eine neue Sphäre, in eine Beziehung zu Gott und Seiner Geisteskraft tritt, ist dann nicht anzunehmen, daß nochmals Kräfte aktiviert werden, die im rein natürlichen Bereich [...] schon gegeben sind, daß Gottes Macht das Gravitationsgesetz auch hier nicht aufhebt, vielmehr nochmals zu neuen Möglichkeiten ruft, so daß unter Umständen ein Petrus über den Wellen wandeln kann?"[120]

Ein großer Denker bemerkte einmal, daß kein Widerspruch zwischen wahrer Wissenschaft und wahrer Religion besteht. Alles wunderbare geistige Wirken basiert auf in der Schöpfung liegenden höheren Gesetzmäßigkeiten. Die Naturwissenschaften vermögen aber nur einen Bruchteil aller bestehenden Gesetze einzusehen. Das Größte bleibt ihnen fremd. Sie vermögen es nicht, zum Wesen der Dinge vorzudringen. Selbst vor der kleinsten Blume müßte der Wissenschaftler in Ehrfurcht verharren, denn vermag er zwar bis in die letzte Kleinigkeit ihr Äußeres zu beschreiben, kann er doch die Grundlagen ihres Werdens und Wachsens nicht erfassen. Kein Arzt vermag die kleinste Wunde zu heilen, immer bleibt er nur der Handlanger der unerklärlichen Macht des Lebens im Menschen. Selbst das Licht der Sonne, die jeden Morgen wie selbstverständlich unser Leben sichert, bleibt der Wissenschaft seinem inneren Wesen nach fremd. Wiederum vermag der Wissenschaftler nur zu beschreiben und Erkenntnisse zusammenzutragen, um ein Modell zu erstellen. Der Physiker weiß um die Wellennatur des Lichtstrahls und wird viele Beweise finden, um seine Theorie zu stützen. Ein anderer Physiker kann mit gleichem Recht im Licht ein Teilchen sehen und kann stichhaltige Argumente und experimentelle Beweise vorweisen, um seine Auffassung zu erhärten. Nun muß die Wissenschaft mit der Auffassung leben, im Licht sowohl Welle, als auch Teilchen zu sehen. Wer aber vermag zu sagen, was Licht wirklich ist?

Das wissenschaftliche Forschen hat seinen Sinn, wenn es in der richtigen Einstellung geschieht. Der Wissenschaftler, der Moral, Ethik und die Ehrfurcht vor allem Geschaffenen beiseite stellt, der zum Sklaven seiner Einbildung und Eitelkeit geworden ist und nur noch den persönlichen Ruhm sucht oder sich zum Handlanger der Industrie und machtpolitischer Interessen machen ließ, ist eine Gefahr für die Gesellschaft. Leicht werden dann aus Theorien oder wissenschaftlichen Erkenntnissen starre Dogmen; und neue Erkenntnisse, die Bestehendes zu erneuern suchen, werden erbittert bekämpft.

Es ist nur etwas mehr als ein Jahrhundert her, als der Arzt Dr. Ignaz Semmelweis (1818-1865) in Wien die Ursache für die große Sterblichkeit der Mütter an Kindbettfieber in der mangelnden Hygiene der Ärzte erkannte. Ohne entsprechende Säuberung der Hände wurden zu dieser Zeit im Anschluß an Sektionen von menschlichen Leichen die Schwangeren untersucht. Es starben Tausende junger Mütter infolge der Sepsis (Blutvergiftung), die durch Übertragung von Bakterien der Leichen hervorgerufen wurde.

Dr. Semmelweis fand nach langem Ringen die Ursache für die hohe Sterblichkeit der Mütter in der mangelnden Hygiene seiner Kollegen und führte die Desinfektion der Hände ein. Er konnte durch diese einfache Maßnahme das Kindbettfieber so gut wie beseitigen. Obwohl er seine Behauptung bewiesen hatte, fand sie erst nach seinem Tod allgemeine Anerkennung in der Medizin. Erst dann kam das Wochenbettfieber, welches Tausende von jungen Müttern das Leben gekostet hatte, praktisch zum Erlöschen. Heute gehört diese Krankheit zu den Seltenheiten. Einflußreiche Professoren, die sich vor den neuen Erkenntnissen von Dr. Semmelweis nicht beugen wollten, verhinderten, daß sie sich zeit seines Lebens durchsetzen konnten. Sie wollten ihre Fehler nicht zugeben, und über Jahre mußten deshalb unzählige Frauen weiter sterben, deren Leben ohne Schwierigkeiten hätte gerettet werden können.[121]

Wie oft sollen sich ähnliche Tragödien in anderen Bereichen noch wiederholen?

In gleicher Weise ist es heutzutage nicht mehr zu verantworten, wenn sich die offizielle Wissenschaft weiterhin gegenüber den wunderbaren Zeugnissen der Macht des menschlichen Geistes verschließt, nur weil diese der wissenschaftlichen Methodik schwer zugänglich ist. Es grenzt an Kriminalität, wenn weiterhin aus Starrsinn, Profit- und Renommeegründen Summen in Milliardenhöhe in die Sackgasse einer rein körperorientierten Medizin investiert werden. Die bedeutendsten Bereiche des menschlichen Seins werden ignoriert und vom Großteil der wissenschaftlichen Forschung ausgeschlossen. Dies begünstigt das Auftreten von Scharlatanen, die aus der allgemeinen Unwissenheit und der Verzweiflung vieler Menschen Kapital schlagen.

Auf der anderen Seite kann man hoffnungsvoll beobachten, daß sich erfreulicherweise immer mehr Wissenschaftler in der letzten Zeit dazu bereit erklären, unkonventionelle Wege zu gehen und ihren Blick frei von Vorurteilen auf die früher verpönten Bereiche des menschlichen Seins zu richten.

Ihre Ergebnisse zeigen erstaunliche Übereinstimmungen mit Resultaten von Forschern, die sich schon um die Jahrhundertwende oder davor den höheren Ebenen des Menschseins zugewandt hatten.

Der Naturwissenschaftler Prof. Dr. Stelter, der bis 1965 Mitarbeiter der Gesellschaft für Weltraumforschung in Bonn Bad Godesberg und danach Dozent für Chemie und Physik an der Hochschule für Maschinenbauwesen in Dortmund war, ist z. B. bereit, über die engen Grenzen seines Schulwissens hinauszugehen. 1974 wurde er zum Professor für Radiochemie an der Hochschule in Dortmund ernannt. Er beschäftigt sich seit Jahren mit der Akribie eines geschulten Wissenschaftlers mit unerklärlichen Phänomenen in aller Welt. Ganz besonders widmet er sich der Heilung auf dem geistigen Weg und scheut sich nicht, die Heiler in Europa, den USA, der Sowjetunion, Ostasien und auf den Philippinen persönlich aufzusuchen, um sich ein objektives Bild des Geschehens zu machen:

„Es wird im allgemeinen angenommen, daß es außerhalb der westlichen Schulmedizin kaum grundsätzlich andersartige Möglichkeiten der Heilung von Krankheiten gibt. Diese Ansicht ist seit geraumer Zeit revisionsbedürftig. Es gibt Diagnose-, Heil- und Operationsmethoden, die weder auf der Basis unserer medizinischen Kenntnisse noch mit Hilfe unserer derzeitigen Wissenschaft überhaupt erklärbar sind.

[...] Hier streikt der ‚gesunde Menschenverstand' oder das, was wir dafür halten, und die Vernunft meldet Protest an, weil nun einmal nicht sein kann, was nicht sein darf. Ehe wir es zulassen, daß unser Weltbild ins Wanken gerät, wittern wir lieber Vortäuschung falscher Tatsachen und Betrug.

‚Betrug!' - das dachte auch der Generalsekretär der Französischen Akademie der Wissenschaften in Paris, als ihm und einem erlauchten Kreis von Gelehrten das erste Grammophon vorgeführt wurde. Er glaubte, einen

Bauchredner vor sich zu haben, stürzte sich auf den Mann und drückte ihm, mit der Absicht, ihn zu entlarven, die Kehle zu - doch zum allgemeinen Erstaunen sprach die Maschine weiter.

Als 1893 ein junger Berliner Chirurg, der später berühmte Carl Ludwig Schleich, auf einem Ärztekongreß das von ihm entwickelte Verfahren der Lokalanästhesie vorführen wollte, wurde er von den medizinischen Koryphäen seiner Zeit aus dem Saal gewiesen; und als 1910 auf einem Kongreß deutscher Neurologen und Psychiater in Hamburg eine Diskussion über Psychoanalyse angekündigt wurde, schlug Professor Wilhelm Weygandt mit der Faust auf den Tisch und rief empört: ‚Das ist kein Thema für eine wissenschaftliche Versammlung. Das ist eine Sache der Polizei!'

Es ließen sich für die ‚Unmöglichkeit des Möglichen' viele weitere Beispiele anführen. Man braucht nur darüber nachzudenken, was sich allein in den letzten fünfzig Jahren auf dem Gebiet der naturwissenschaftlichen Entdeckungen ereignet hat, welche Umstürze und Wandlungen der Ansichten sich vollzogen haben, und versuche dann einmal, sich vom jetzigen Standpunkt aus die Situation in einhundert oder gar zweihundert Jahren vorzustellen. Man wird dann zu der Einsicht kommen, daß der französische Mathematiker Arago recht hatte, als er vor hundertdreißig Jahren sagte, man müsse mit der Anwendung des Wortes ‚unmöglich' außerhalb der Mathematik sehr vorsichtig sein. ‚Unmöglich' waren vor einem Menschenalter noch Atombombe und Mondlandung, eiserne Lunge und Nierentransplantation.

Ist es nicht eher bedenklich als logisch, daß sich unsere Fortschritte, so großartig sie auch waren und sind, fast ausschließlich auf technische Errungenschaften beschränken? Es sieht so aus, als hätte sich die Menschheit, vor die Wahl gestellt, sich für Technik oder Geist zu entscheiden, mit absoluter Mehrheit für die erste Möglichkeit entschieden. Die Wissenschaften des rationalen Zeitalters haben ihre Aufmerksamkeit fast ausschließlich der materiellen Welt zugewandt und dabei allzuoft das Bewußtsein für andere den Menschen betreffende Realitäten eingebüßt."[122]

Im folgenden habe ich mosaikartig einige wissenschaftliche Fakten zusammengetragen, Ergebnisse von Experimenten in aller Welt, und die Schlußfolgerungen der Forscher erörtert. Leider sind viele der beeindruckenden Resultate bestimmten einflußreichen Kreisen nicht angenehm und werden aus diesen Gründen ignoriert.

Es ist mein Anliegen, die Darstellung der Phänomene so einfach wie möglich zu gestalten, dennoch kann ich es nicht vermeiden, an einigen Stellen etwas tiefer ins Detail zu gehen.

Der japanische Wissenschaftler Dr. Hiroshi Motoyama untersuchte in aufwendigen Experimenten über mehrere Jahre den direkten Einfluß des Geistes auf den Körper anderer Menschen. Er brachte zwei Personen in getrennte Räume, eine fungierte als Empfänger, die andere als Sender. Dabei wurde der Raum des Empfängers durch einen Faradayschen Käfig (geschlossenes Metallgitter) gegen elektromagnetische Strahlungen abgeschirmt. Während der Experimente wurden die wichtigsten Körperfunktionen des Empfängers und z. T. auch des Senders kontrolliert. Dabei wurden die Atmung, die Herztätigkeit, die Kreislauffunktionen, das Verhalten des autonomen Nervensystems, insbesondere das Zusammenspiel der sympathischen und parasympathischen Funktionen beobachtet und die Hirnströme elektroenzephalographisch aufgenommen. Als Versuchspersonen wählte Dr. Motoyama zum Teil geistig geschulte Menschen aus, wie indische Yogis, aber auch ungeschulte Personen, wie Studenten aus Japan und Indien. Diese befanden sich in entspannter liegender Position oder nahmen Yoga-Ruhestellungen ein.

Prof. Stelter äußert sich zu den Experimenten:

„Der Sender erhielt durch Motoyama ein Signal, woraufhin er sich auf die in dem anderen Raum befindliche Person zu konzentrieren und ihr ‚geistige Kraft' zuzusenden hatte. Sobald begabte Sender sich auf den Empfänger konzentrierten, traten im allgemeinen signifikante, manchmal sogar sehr starke Veränderungen in den Meßwerten der körperlichen Funktionen des Empfängers auf, so zum Beispiel im Atemrhythmus, der erst wieder normal wurde, als der Sender seine Konzentration beendet hatte. Ferner wurde eine Erregung des Sympathikus [ein Teil des vegetativen Nervensystems des Menschen] beim Empfänger festgestellt, die zwanzig bis dreißig Sekunden nach der Konzentration des Senders abklang. [...] Auch in den anderen Funktionen ergaben sich signifikante Änderungen."[123]

Dr. Motoyama konnte somit deutlich zeigen, daß der konzentrierte menschliche Gedanke eine real wirksame Kraft darstellt, die sogar im Körper anderer Personen Änderungen bewirken kann. Diese Ergebnisse konnten in der medizinischen Fakultät der Universität von Kalifornien in Los Angeles bestätigt werden. Der dortige Versuchsleiter Dr. Lorenz Chapman setzte einige Versuchspersonen in einen Raum, und ohne deren Wissen befand sich in einem anderen Raum Mathew Manning, ein bekannter englischer Heiler.

Dieser berichtete von dem Experiment:

„Ich entspannte mich zunächst völlig. Dann stellte ich mir vor, wie ich in den anderen Raum zu den Versuchspersonen gehe, ihnen die Hand auf die Schulter lege und ihnen einzureden versuche, sie müßten sich rasch retten, weil das Gebäude brenne. Nach etwa 15 Sekunden schon zeigten die Meßgeräte Reaktionen der Leute. Hinterher bestätigten sie, sie hätten plötzlich eine alarmierende Hitze empfunden."[124]

Mathew Manning setzt dann noch hinzu:

„Viele Menschen glauben, solche Experimente hätten überhaupt nichts mit Heilung zu tun. Für mich sind sie jedoch eindeutige Belege dafür, daß alle Lebewesen auf irgendeine Weise miteinander verbunden sind. Wir alle, so glaube ich, sind ein Teil voneinander. [...] Unsere Gedanken beeinflussen alle Lebewesen, sowohl uns selbst als auch andere, heilend."[125]

Die Gedankenkraft, die in den beschriebenen Experimenten die beeindruckenden Reaktionen auslösen konnte, kann sich aber auch über größere Distanzen und auf andere Lebensformen wie Pflanzen auswirken. Dies zeigen die Experimente, die Ende der sechziger Jahre mit dem amerikanischen Heilerehepaar Ambrose und Olga Worral durchgeführt wurden.

Prof. Stelter berichtet darüber:

„Es wurde die Wachstumsgeschwindigkeit von Raygrasblättern mit einer von Dr. H. H. Kleuter vom US-Department of Agriculture ersonnenen Apparatur über längere Zeit hinweg gemessen. Versuchsleiter war der Chemiker Dr. Robert N. Miller. Die Pflanzen befanden sich in Atlanta, Georgia. In etwa tausend Kilometer Entfernung konzentrierten sich die Worrals in Baltimore zu einer vereinbarten Zeit auf die Pflanzen, und zwar um 21.00 Uhr, wobei sie sich in Gedanken ein intensives Wachstum bildlich vorstellten.

In dieser Stunde setzte eine Wachstumsbeschleunigung von über 800 % ein, die mehrere Stunden anhielt. Vorher hatten andere Experimentatoren ähnliche Versuche mit anderen Heilergruppen durchgeführt. Sie hatten qualitativ das gleiche Ergebnis erzielt, wenn auch nicht eine derartige Stärke des Effekts wie bei den Worrals. Außerdem waren die Versuche nicht mit derselben wissenschaftlichen Strenge durchgeführt worden wie bei dem Millerschen Experiment. [...] Zusammenfassend läßt sich sagen, daß alles auf die Tatsache einer noch so gut wie ungenutzten und vor allem völlig unbekannten Verbindung der ganzen lebenden Materie untereinander hindeutet und auf das Vorhandensein einer wissenschaftlich noch nicht erfaßten informationsübertragenden Energie."[126]

Von einzelnen Wissenschaftlern wurde eine Vielzahl an Experimenten durchgeführt, um dieser bestimmten Energie des Menschen, die sich offensichtlich auf alles Lebendige auswirken kann, näherzukommen.

Der Chemiker Dr. Karl von Reichenbach (1788-1869),zu seiner Zeit ein angesehener Naturforscher und Entdecker des Kreosots und Paraffins, beschäftigte sich über Jahrzehnte mit einer vom Menschen ausgehenden Strahlung. Er ließ in einer Dunkelkammer gesunde Personen beschreiben, was sie an anderen Menschen wahrnehmen konnten. 50-60 %, etwa 500 Personen, erkannten farbige Ausstrahlungen. Diese bezeichnete er als „Od". Er konnte beobachten, daß am Menschen die rechte Seite eine mehr bläuliche, während die linke Seite eine leicht gelbliche Ausstrahlung aufwies. Wenn eine der beobachteten Personen erkrankt war oder eine Krankheit im Anzug war, ging die Farbe in einen roten Ton über.

Ein halbes Jahrhundert zuvor sprach schon der Wiener Arzt Franz Anton Mesmer (1734-1815) davon, daß von allen Dingen ein leuchtendes Fluidum ausgehe. Er sprach von einer geheimnisvollen Kraft, einem Uräther oder Fluidum, welches den ganzen Kosmos und damit auch den Menschen durchdringe. Er war der Überzeugung, daß diese Kraft von einem Menschen auf den anderen übertragen werden könnte, um Heilung zu bewirken.

Prof. Stelter schreibt dazu:

„Reichenbach glaubte, ganz in Übereinstimmung mit den Ansichten Mesmers, nachgewiesen zu haben, daß dieses ,Od' auf andere Körper übertragbar sei und daß dazu nicht einmal immer ein unmittelbarer Kontakt notwendig sei. Diese Behauptungen sind durch zahlreiche geistige Heiler [...] unserer Zeit sowie durch die modernsten Forschungsergebnisse sowjetischer und tschechischer Parapsychologen bekräftigt worden. In den USA hat sich neben anderen besonders Dr. Shafica Karagulla mit den Reichenbachschen Experimenten auseinandergesetzt. Die in der Türkei geborene Medizinerin verfügt über neuropsychiatrische Erfahrungen in vier Ländern und wurde zur Präsidentin der Higher Sence Perception Research Foundation in Beverly Hills, Kalifornien, ernannt, einer Stiftung, die sich mit der Erforschung der Psi-Phänomene und den Problemen der Genialität befaßt. Dr. Karagulla arbeitet u. a. auch mit einer Sensitiven, die die ,Aura' wahrnimmt und ebenfalls den Energiekörper sieht, der für sie den normalen physischen Körper wie ein glitzerndes Gewebe von Lichtblitzen und Lichtstrahlen durchsetzt. [Nicht alle Menschen haben die Fähigkeit, diese feineren energetischen Strukturen in und um den Körper zu erkennen. Die einen sehen gar nichts, die anderen nur schwach, die dritten stark bis sehr stark. Die letzteren heißen Sensitive. Dieser Begriff ist übrigens nicht mit demjenigen des Sensiblen zu verwechseln. Sensible, d. h. empfindsame Personen können ebensowohl sensitiv wie nicht sensitiv sein.] In vielen streng kontrollierten Experimenten wurde eine Reihe der von Reichenbach im vorigen Jahrhundert durchgeführten Experimente geprüft und bestätigt. Vor hundertdreißig Jahren jedoch wurde Reichenbach von seinen wissenschaftlichen Kollegen nicht für voll genommen. Der in hohem Ansehen stehende Berliner Physiologe Emil Du Bois-Reymond bezeichnete Reichenbachs Odforschung als ,Gewebe der traurigsten Irrtümer, die je der menschliche Geist hervorgebracht habe, Fabeln, die gut seien, verbrannt zu werden, als veralteter Roman, als Hexenplunder'. Und der Genfer Zoologe und Anatom Karl Vogt nannte das Reichenbachsche Od einen ,Unsinn, der auf einer gesteigerten Nervenerregbarkeit beruht'."[127]

In den 50er Jahren dieses Jahrhunderts jedoch fanden der sowjetische Ingenieur Semjon Kirlian und seine Frau einen technischen Weg, um diesem Phänomen einer energetischen Struktur im und um den Menschen näherzutreten. Sie entwickelten die „Elektrofotografie im Hochfrequenzfeld": Wenn man einen Gegenstand in ein Wechselstromfeld hoher Frequenz hineinbringt und eine Fotografie erstellt, kann man farbige Leuchterscheinungen um das Objekt herum feststellen. Bei toten Objekten bleibt das Bild konstant, bei lebenden Organismen kann man Veränderungen beobachten. Es scheint sogar so, daß die Entladungen in den verschiedenen Farben die Lebensaktivität des Objekts widerspiegeln.[128] Dieses Verfahren ist heute als Kirlianfotografie bekannt. Sogar Gemütsbewegungen zeigen sich in den Strahlenbildern, und auch Erkrankungen können dem Geübten frühzeitig in typischen Veränderungen sichtbar werden. In zunehmendem Maße findet die Kirlianfotografie bei Ärzten und Heilpraktikern Anwendung, um krankhafte Veränderungen bereits im Frühstadium festzustellen, und wird vor allem in der Sowjetunion im Rahmen der biologischen Kraftfeldforschung mit großer Sorgfalt weiter bearbeitet. Dort ist man inzwischen schon soweit, daß man die den Menschen umgebenden Kraftfelder bzw. den Strahlenkranz nicht nur fotografisch, also in einer Momentaufnahme, aufzeichnen kann, sondern die Felder bzw. Ausstrahlungen in ihrem zeitlichen Verlauf zu filmen vermag und dann für medizinische Diagnosen auswertet.[129]

Der amerikanische Arzt Professor Dr. H. S. Burr, der jahrelang an der „School of Medicine" der Yale-Universität tätig war und fast hundert wissenschaftliche Veröffentlichungen publizierte, ist der Ansicht, daß jeder Mensch, aber auch ebenso jedes Tier und jede Pflanze über ein eigenes Energiefeld, oder man kann auch von einem Energiekörper sprechen, verfügt. Der Energiekörper schreibt nach seiner Ansicht dem Menschen oder dem Tier z. B. vor, wie sie aussehen werden, angefangen vom Tage ihres Entstehens. Auch Prof. Burr glaubt, Erkrankungen frühzeitig auf dieser Ebene erkennen zu können.[130]

Zu ähnlichen Ergebnissen kamen Forscher in den verschiedensten Jahrhunderten. Unabhängig voneinander sprechen sie von einer höheren, feineren Ebene des Menschen und von einer besonderen Energie, die für die stoffliche, sichtbare Struktur des Körpers von maßgeblicher Bedeutung ist. Zugleich finden sich seit Jahrtausenden über alle Erdteile verteilte Berichte über die Fähigkeit einzelner Menschen, die durch ihre hoch entwickelten inneren Sinne eine besondere Ausstrahlung um den Körper des Menschen, die vielfach als „Aura" bezeichnet wurde, wahrnehmen können. Prof. Stelter ist der Ansicht, daß die voneinander unabhängigen Aussagen dieser Menschen, die meist nie miteinander in direktem oder indirektem Kontakt gestanden haben, ernst zu nehmen sind, da sie in wichtigen grundlegenden Punkten übereinstimmen. Dies gilt nicht nur für die Aura, sondern auch im Hinblick auf den Energiekörper.

Er kommt zu dem Fazit:

„Es ist ziemlich sicher, daß es sich hier um die Wahrnehmung tatsächlicher Phänomene handelt; denn es spricht ganz gegen die Gesetze der Wahrscheinlichkeit, daß durch Halluzinationen derartig gehäufte Koinzidenzen [Übereinstimmung von Ereignissen] bei ganz unterschiedlich veranlagten Menschen vollkommen verschiedener Kulturkreise zufällig zustande gekommen sein sollen."[131]

Prof. Stelter geht dann noch näher auf das Phänomen der „Aura" bei Lebewesen ein. Viele sensitive Menschen sind in der Lage, aus der ihnen sichtbaren Struktur der Aura Rückschlüsse auf Erkrankungen des Betreffenden zu ziehen. Beispiele hierfür sind die Amerikanerin Olga Worral oder die deutsche Heilpraktikerin Sigrun Seutemann, die aus der Aura Störungen direkt, ohne technische Hilfsmittel, erkennen können.

Prof. Stelter sagt dazu:

„Es erfordert von ihnen lediglich eine gewisse Konzentration und eine Umschaltung ihrer Wahrnehmungsfunktionen. Sie vertreten auch den Standpunkt, daß sie die auraartigen Ausstrahlungen des Menschen nicht eigentlich mit ihren physischen Augen sehen, obwohl zu Beginn die normalen Augen dazu notwendig sind, sondern daß diese Wahrnehmung direkt durch das Biofeld zustande kommt. Olga Worral kann nämlich nach einiger Zeit ihre physischen Augen sogar schließen und ‚sieht' dennoch weiterhin die Auren der Menschen in allen Einzelheiten sowie deren Veränderungen.

Über weitere Erkenntnisse, die sich aus der Aura ableiten lassen, macht der englische Heiler Gordon Turner interessante Angaben. Er meint, die Aura sei eine dynamische Erscheinung, die sich in fortwährender Bewegung befindet und auf Umwelteinflüsse, Emotionen und Krankheiten im Körper durch Änderung in Farbe, Intensität, Gestalt und Größe reagiert. [...] Bei den geistigen Heilungen scheinen sich Prozesse abzuspielen, die sich in der Aura widerspiegeln, das heißt, der Prozeß der geistigen Heilung kann von einem Sensitiven unter Umständen optisch verfolgt werden. So behauptet Gordon Turner, daß beim Heilen durch Handauflegen, sobald der Heiler seine Hände auf den Patienten legt, ein Verschmelzen ihrer beiden Auren stattfindet. Innerhalb weniger Minuten ordnen sich alle vorher vorhandenen Farben einem vorherrschenden Blau unter, das sich weit über die normale Grenze der Aura hinaus ausdehnt. Nach der Behandlung sieht der Sensitive in der Aura noch Zeichen und Farben, die zuvor auf das Leiden hindeuteten, aber diese verblassen jetzt rasch und scheinen vom Körper des Patienten fortzutreiben. Bei spontaner und vollständiger Heilung zeigt die Aura bald wieder ihre normale Färbung. In anderen Fällen können im Aurafeld noch unterschiedlich lange winzige Punkte oder Narben zu sehen sein - für Wochen, Monate, Jahre, je nach Schwere der Störung."[132]

In die gleiche Richtung gehen die aufsehenerregenden Entdeckungen russischer Wissenschaftler in diesem Jahrhundert. Seit Anfang der 40er Jahre bekennen sich immer mehr prominente sowjetische Forscher zu der Ansicht, daß der menschliche Körper von einer feinen Struktur umgeben und durchdrungen ist. Sie wollen eine gewisse Ähnlichkeit dieser Struktur mit dem aus der Physik bekannten vierten Zustand der Materie, dem physikalischen Plasma, das bei hohen Temperaturen entsteht, gefunden haben.

Aus der Physik ist es seit langem bekannt, daß die Materie nicht nur in den Zustandsformen „fest, flüssig und gasförmig" bestehen kann, sondern, wenn die entsprechende Substanz sehr hoch erhitzt wird, noch ein vierter Zustand möglich ist, das physikalische Plasma. (Es ist nicht zu verwechseln mit den bekannten Begriffen aus der Biologie wie Blutplasma oder Zellplasma.) Wassermoleküle oder andere Atome und Moleküle, die in fester Form (Eis) an bestimmte Positionen gebunden sind, werden in flüssiger Form beweglicher, bei weiterer Temperaturzunahme verlieren sie ihre Bindungen untereinander und wirbeln als Gas in den Raum. Bei noch höheren Temperaturen beginnen die Bausteine unserer Welt, die Atome, sich weiter aufzulösen, indem sie in zunehmendem Maße ihre Elektronen verlieren, wobei elektrisch geladene Teilchen zurückbleiben. Der Übergang vom Gaszustand in das Plasma erfolgt bei sehr hohen Temperaturen, darum spricht man vom „heißen Plasma", erreicht man diesen Zustand aber bei niedrigen Temperaturen, spricht man vom „kalten Plasma". Bisher ordnete man diesen Zustand nur der anorganischen Materie zu, doch die russischen Wissenschaftler vermuten, daß ein dem physikalischen Plasma ähnlicher dauernder stabiler Zustand unter den Bedingungen lebender Organismen möglich ist. Diese feinste Struktur aus kleinsten Bestandteilen der Materie soll in lebenden Organismen ein kompliziertes zusammenhängendes Netzwerk bilden und somit den sichtbaren Körper völlig durchdringen und umgeben. Die russischen Forscher bezeichnen sie als „Bioplasma" und glauben, darin eine neue Form der Energie gefunden zu haben, die durch den Körper zirkuliert und beständig abgestrahlt wird. Sie vermuten auch einen Zusammenhang zwischen den veränderlichen Strahlungsbildern der Kirlianfotografie bei lebenden Organismen und dem „Bioplasma". Die Forscher glauben Hinweise dafür zu haben, daß die kleinsten Teilchen des Bioplasmas elektrische Felder beeinflussen können und sich somit im Bild der Hochfrequenzfotografie bemerkbar machen.

Ähnlich wie Prof. Burr von einem Biofeld oder andere von einem Energiekörper des Menschen ausgehen, sprechen russische Wissenschaftler von einer übergeordneten energetischen Struktur des Menschen, die sie als „Bioplasmakörper" bezeichnen.[133]

Die Energieübertragung von dieser Ebene des Menschen auf den anderen läßt sich durch einige Experimente recht deutlich zeigen.

Am Neuropsychiatrischen Institut der California University konnte man die Energieübertragung vom Heiler auf eine andere Person mit Hilfe der Kirlianfotografie festhalten. Vor der Einwirkung war die Energiestrahlung des Heilers stark, die des Heilungssuchenden schwach. Nach der Therapie hatte die Energiestrahlung des Heilers nachgelassen, die des Kranken aber zugenommen. Diese Veränderungen traten innerhalb weniger Minuten ein und verliefen parallel mit einer Besserung im Befinden des Kranken.[134]

Der Chemiker Dr. Walter Stark kam durch seine Messungen unabhängig davon zu ähnlichen Ergebnissen. Die Übertragbarkeit körpereigener Energien ist für ihn eine Tatsache. Dr. Stark konnte die größte Energieausströmung an den Fingerenden und Handballen des Menschen nachweisen. Das bekannte Handauflegen, das zu allen Zeiten und bei allen Völkern heimisch war, führt, so Dr. Stark, zur Übertragung der Energie auf die erkrankten Zellstrukturen.

Er schreibt dazu:

„Man kann somit durch starke Emanation [Ausstrahlung] von außen auf die erkrankte Zone Energie vermitteln, soviel und solange, bis dieser angezielte Zellverband wieder in Harmonie zum übrigen normalen, gesunden Organverband schwingt."[135]

Zum Nachweis der Energieübertragung benutzte er Wasser, denn es nimmt den größten Anteil im menschlichen Körper ein. Er konnte damit eine klare wissenschaftliche Untermauerung der Phänomene erreichen.

Dr. Stark ließ einen Heiler für zehn Minuten seine Hand in die Nähe eines Glases Wasser halten und konnte eine Energiezunahme im Wasser feststellen (Nachweis durch Calorimetrie, Infrarot-Spektralanalyse und Messung der Oberflächenspannung).[136]

Solche erstaunlichen Phänomene konnten an anderen Stellen ebenso nachgewiesen werden:

Der bulgarische Mediziner Dr. Georgi Losanov untersuchte den Einfluß heilender Hände auf das Pflanzenwachstum.

Die „bestrahlten" Pflanzen wuchsen zum Teil dreimal so schnell wie unter normalen Bedingungen, und es wurde nicht nur das Wachstum beschleunigt, sondern die Pflanzen wurden auch wesentlich kräftiger.[137]

Der Biochemiker Bernhard Grad von der McGill-Universität in Montreal, der Physiologe Professor Remi J. Cadoret der Universität Manitoba und der Mathematiker Professor G. Paul führten zur Prüfung der Fähigkeiten eines Heilers einen Versuch mit Gerstenkörnern durch.

Kurt Allgeier berichtet über diese Prüfung:

„Diese Körner wurden zunächst so vorbehandelt, daß die Bedingungen für ein günstiges Wachstum sehr gering waren. Man wässerte sie zunächst in Salzwasser und hielt sie danach 48 Stunden lang bei 40 Grad. Dann setzte man je 20 Körner in 24 Töpfe. Zum Begießen der Pflanzen verwendete man zwei Gießkannen, von denen der Heiler eine jeweils vor dem Gießen eine Viertelstunde lang ‚behandeln' durfte. Er nahm die Kanne in die eine Hand und hielt die andere Hand über das Wasser.

Das ganze Experiment wurde als ‚Doppelblindversuch' durchgeführt: Weder der Heiler noch der Professor wußten, welche Töpfe mit welcher Kanne begossen wurden.[...]

Ab dem siebten Tag waren die Pflanzen, die das ‚Heilwasser' bekommen hatten, ganz entschieden größer und kräftiger als die übrigen."[138]

Es würde an dieser Stelle zu weit führen, detaillierter auf die komplexen Zusammenhänge einzugehen, die bei weitem noch nicht abgeklärt sind. Wichtig ist zu wissen, daß eine Energieübertragung von einem Organismus auf einen anderen wissenschaftlich nachvollziehbar ist, ohne daß in irgendeiner Form „Suggestion" mit im Spiel ist. Die Experimente mit den Pflanzen zeigen dies sehr eindrucksvoll.

Prof. Stelter:

„Unsere Naturwissenschaften gingen von der Beobachtung der toten Materie aus und leiteten daraus die Chemie und die Physik ab. Aus dieser Chemie und Physik heraus suchte man nun das Lebendige wieder abzuleiten und zu verstehen. Wenn nun im Bereich des Lebendigen fundamentale Grundgrößen vorhanden sind, die man in der sogenannten toten Materie nicht fand, dann kann man bei diesem Vorgehen logischerweise nicht zu einem vollständigen und richtigen Bild vom Lebendigen und damit auch vom Menschen kommen. Tatsächlich ist es auch so. Solch eine übersehene bzw. aus der wissenschaftlichen Diskussion verbannte Größe ist der Begriff des Bewußtseins, und zwar hier in seiner allgemeinen Form gemeint, nicht etwa nur als spezifisch menschliches Bewußtsein.

Dieses Bewußtsein, das auch das gefühlsmäßig in uns vorhandene Wissen mit einschließen soll, also die Tiefenschichten des Bewußtseins, ist offensichtlich bis heute total falsch eingeschätzt worden. Die exakt-naturwissenschaftlichen Psychologen bezeichneten es als eine ‚irrelevante Größe', und manche von ihnen tun dies heute noch. Vielleicht ist dies der schwerste wissenschaftliche Irrtum, der je begangen wurde. Der Psychologe Oskar Schellbach bezeichnete den Begriff Bewußtsein als das Alpha und das Omega, von dem alles ausgeht. Ohne das Bewußtsein gäbe es keine Physik, keine Chemie und keine Naturwissenschaften überhaupt. Die schöpferische Kraft des Bewußtseins ist vermutlich die Ursache all unserer Aktivitäten und auch der paranormalen Phänomene. [...] Hätten die Wissenschaften ebensoviel Arbeit in die Erforschung der Möglichkeiten des Bewußtseins investiert, wie sie in die Erforschung der materiellen Strukturen und ihrer Energien steckten, dann könnten wir am laufenden Band wahre Wunder erleben. [...] Hierbei scheint sich auch zu zeigen, daß das Bewußtsein eine dem Materiellen übergeordnete Größe ist. Aus diesem Bewußtsein heraus ergeben sich auch Möglichkeiten der Heilung von Krankheiten, die all unsere bisherigen wissenschaftlichen Konzepte sprengen.

Es ist an der Zeit, daß die Wissenschaften das Bewußtsein zu einem zentralen Untersuchungsgegenstand machen."[139]

## Angesprochene Gegenstände

Für viele Zeitgenossen Bruno Grönings war sehr schwer verständlich, warum er häufig Heilungssuchenden eine kleine, ca. zwei bis drei Zentimeter durchmessende, aus Stanniol geformte Kugel überreichte, die er zuvor eine kurze Zeit in seiner Hand gehalten hatte.

Für einen Menschen, der nur nach seinen äußeren Sinnen zu urteilen vermag, unterscheidet sich eine solche Kugel in keiner Weise von einem selbst geformten Duplikat. Aus dieser Schau mag dann auch die Vermutung einiger Ärzte, die von einem „Suggestionsmittel" sprachen, ihre Berechtigung haben. Doch wenn ein gewisses Maß an geistiger Empfindungsfähigkeit vorliegt, zeigt sich die Situation völlig anders.

Wie aus den Beobachtungen des Chemikers Dr. Stark deutlich wird, ist es auch möglich, auf anorganische Gegenstände, in dem beobachteten Fall war es Wasser, über das ein Heiler einige Minuten seine Hand gehalten hatte, Kraft zu übertragen. Dr. Stark konnte durch physikalische Messungen eine Energiezunahme des Wassers feststellen. Das von einem Heiler „bestrahlte" Wasser wirkte außerdem fördernd auf den Pflanzenwuchs. Auch die Wissenschaftler Dr. Reichenbach und Dr. Mesmer wußten, daß Stanniol gut geeignet ist, diese Energien aufzunehmen. Selbstverständlich kann nicht ein jeder einfach Kugeln aus Stanniol formen und vorgeben, diese „aufgeladen" zu haben. Dazu bedarf es der entsprechenden geistigen Kraft.

Ich hatte auch die Gelegenheit, eine Stanniolkugel zu erhalten, die Bruno Gröning in den 50er Jahren in der Hand gehalten und, wie er sagte, „angesprochen" hatte. Ich war sehr überrascht, als ich diese das erste Mal in der Hand hielt, denn ich verspürte ein sehr starkes Kribbeln, das den gesamten Arm bis in den Kopf hochzog, und ein deutliches Gefühl von Kraft. Ein Vergleich mit einer von mir selbst geformten Kugel aus Stanniol zeigte keine von diesen Reaktionen. Durch Nachfragen bei anderen Personen wurde mir meine Beobachtung bestätigt.

Dr. Trampler schreibt dazu:

„Am eindringlichsten scheinen mir einige Fälle für die Wirksamkeit angesprochener Gegenstände zu sprechen, in denen die Heilungssuchenden Gröning niemals gesehen haben. Ich habe mit voller Absicht die Berichte von Personen ausgewählt, deren kritisches und geschultes Denken mir bekannt ist, die also keinesfalls der Gefahr unterliegen, daß die ‚silberne Kugel' eine Selbstsuggestion angeregt haben könnte.

Der Brief des Herrn Fritz R. in Gräfelfing (datiert vom 28.12.1949) lautet:

‚Es sind jetzt drei Monate, daß wir, meine Frau und ich, bei Ihnen waren und daß Sie mir eine ‚silberne Kugel' aushändigten. Vor fünfeinhalb Jahren mußte ich mich einer Blasenoperation unterziehen. Kurze Zeit später stellten sich Blasenblutungen ein, und es zeigte sich, daß durch die Operation eine große Zahl kleinerer und größerer Äderchen derartig freigelegt worden waren, daß immer wieder welche zum Bersten kamen. Das Übel war zunächst kaum des Beachtens wert, es nahm aber unaufhörlich an Umfang zu, und ich hatte mich mit der Zeit damit abgefunden, daß nie mehr eine Woche ohne Blutungen verging. Der Substanzverlust wurde so augenfällig, und die durch die Blutungen hervorgerufenen Komplikationen arteten immer mehr derart zur Katastrophe aus, daß nach Meinung eines Spezialisten eine Operation nicht mehr zu umgehen sei und schleunigst vorgenommen werden müßte. Nur die Gefährlichkeit dieser Operation und die hohen Kosten veranlaßten mich, diese immer wieder hinauszuschieben und in dem furchtbaren Zustand des ununterbrochenen Blutverlustes zu verharren. Welchen Situationen der Verzweiflung ich mich oft gegenübersah, vermag ich kaum zu schildern.

Da gaben Sie mir die ‚Silberkugel', und wie mit einem Schlag hörten die Blutungen auf. Ich habe die Kugel während dieser ganzen drei Monate Tag und Nacht an der kranken Stelle des Körpers getragen, und die Blutungen sind seitdem vollkommen verschwunden. Und das, trotzdem ich gerade während dieser Monate aus beruflichen Gründen täglich etwa eine Stunde auf dem Fahrrad zu sitzen gezwungen war und der Arzt mir das Radfahren grundsätzlich verboten hatte. Nur jetzt, kurz vor den Weihnachtsfeiertagen, nach großen körperlichen und seelischen Anstrengungen, zeigte sich wieder einmal an einem Tag etwas Blut, verschwand aber sofort wieder.

Man ist geneigt, das, was sich hier offenbart, als ein Wunder zu bezeichnen, und ich ermächtige Sie, von diesen Angaben jederzeit Gebrauch zu machen. Der Einwand des skeptischen Wissenschaftlers, daß auch hier nur eine Autosuggestion vorliege, dürfte schon aus dem Grund nicht stichhaltig sein, weil ich im Anfang an den Erfolg gar nicht glauben konnte, da der Zustand ja die Folge eines gewaltsamen, unnatürlichen Eingriffes war und mit einem seelischen Zustand nichts zu tun hatte.'"[140]

Bruno Gröning sah in Stanniol einen ausgezeichneten Stoff zur Aufnahme und Speicherung feinster Energien. Er war in seiner Jugendzeit instinktiv darauf gekommen, daß gewisse Metalle, Papiere und auch Hölzer hervorragende Speichereigenschaften für Energien besitzen, aber gerade das Stanniol ist für solche Zwecke besonders vorteilhaft.[141]

Da Bruno Gröning aus einem inneren Erkennen heraus um die Gesetze der feinstofflichen Energien wußte, verteilte er in gleicher Weise wie die

Stanniolkugeln häufig Bilder mit seinem Porträt. Oberflächlich gesehen könnte man hier zu der Schlußfolgerung kommen, dieses als ein Zeichen der persönlichen Eitelkeit zu werten, was jedoch all den Zeugnissen, die ich über seine Person erhalten konnte, kraß widersprechen würde. Aus welchem Grunde gab er dann diese Bilder von sich an Heilungssuchende weiter?

In den Münchener Abendzeitungen vom 20. August 1949 beschrieben zwei Journalisten eine beeindruckende Erfahrung mit einem Bild Bruno Grönings:

„Unvermittelt erhalten wir Gelegenheit, uns selbst von seinen unerklärlichen Kräften zu überzeugen: Als wir ihn bitten, ihn photographieren zu dürfen, geht er sehr in Reserve und gibt uns ein Portraitbild, das wir doch - wenn wir unbedingt eine Aufnahme machen wollten - publizieren möchten. Er bietet uns auch an, es zu signieren. Auf wiederholtes Bitten läßt er sich dann doch aufnehmen. Das Bild jedoch, das er uns in die Hand gedrückt hat, zeigt plötzlich eine höchst merkwürdige Wirkung: Als er den einen von uns auffordert, es genau zu betrachten, spürt dieser mit einem Male ein Kribbeln in den Händen und eine warme Welle, die seinen ganzen Körper durchläuft. Gröning wiederholt dieses Experiment bei dem zweiten von uns - mit dem gleichen verblüffenden Erfolg.“[142]

Bruno Gröning sagte einmal, daß in einem Foto alles enthalten sei. Es ist nicht nur die äußere Form des Körpers, die auf dem Foto abgebildet wird, sondern ebenso können feinere Kräfte selbst im Foto noch spürbar sein.

Daß jeder Mensch eine bestimmte geistige Ausstrahlung besitzt, wird schon in der direkten Begegnung als unangenehmes, schwächendes oder als aufbauendes, belebendes Gefühl deutlich empfunden. Man kann aber auch die Beobachtung machen, daß diese Ausstrahlung auf Fotos von Personen fühlbar wird, denen man persönlich noch nie begegnet ist. Es gilt dabei das Gesetz, daß der Mensch genau das ausstrahlt, was er geistig in sich aufgenommen hat.

Bei all den beeindruckenden Zeugnissen der Gottverbundenheit Bruno Grönings überraschte mich das starke Gefühl der Kraft nicht mehr, das mir bei seinen Bildern spürbar wurde, und doch wollte ich noch eine Bestätigung von anderer Seite haben, da dieser Mann als bedeutendster deutscher Heiler Zentrum meines Buches werden sollte. Diese Bestätigung fand ich in der Radiästhesie. Das Wort ‚Radiästhesie' wurde im Jahre 1930 vom katholischen Geistlichen Abbé M. L. Bouly in Frankreich geprägt. Es stellt eine lateinisch-griechische Wortkombination dar, aus ‚radius' (Strahl) und ‚aisthanomai' (empfinden, fühlen) und bedeutet wörtlich übersetzt ,Strahlenfühligkeit' oder ,Strahlenempfindlichkeit'. Man versteht darunter die Fähigkeit von Wünschelrutengängern, Strahlenwirkungen wahrzunehmen, die von belebten und unbelebten Objekten ausgehen.[143] In neuerer Zeit findet diese uralte Technik auch von wissenschaftlicher Seite, besonders im geophysikalischen Anwendungsbereich, in immer größerem Maße Anerkennung.[144, 145]

Bei meinen Recherchen war mir aufgefallen, daß mehrfach unabhängig voneinander Rutengänger zu der Zeit Bruno Grönings um seine Person die Existenz eines starken „Kraftfeldes" beobachten konnten:

1949 stellte man sich am Rande der wissenschaftlichen Untersuchungen Bruno Grönings in der Universitätsklinik Heidelberg die Frage, ob Bruno Gröning Sender eines Strahlenfeldes sei.

In dem Bericht in der Revue heißt es:

„Nachdem wir festgestellt hatten, daß gute Wünschelrutengänger in der Lage sind, auch die Kraftfelder von Menschen in ihrer Stärke abzutasten, ließen wir Gröning mit der Wünschelrute ,abmessen'. Hierbei wurde das Vorhandensein eines starken Kraftfeldes festgestellt, ohne daß es uns möglich erschien, die Art dieses Kraftfeldes näher zu ergründen."[146]

Dr. L., Arzt aus der Nähe von Osnabrück, hatte Bruno Gröning in Herford kennengelernt. In einem Gespräch konnte er mir die in der Revue beschriebenen Beobachtungen aus eigener Anschauung bestätigen. Bruno Gröning hatte ihn Mitte 1949 für einige Tage besucht. Zu dieser Zeit, so berichtete mir Dr. L., sei ein Bekannter, ein Rutengänger, zu ihm gekommen. Dieser wollte unbedingt prüfen, ob er bei Bruno Gröning ein Kraftfeld feststellen könne. Sie waren beide im Garten, während Bruno Gröning sich im Haus aufhielt. Der Rutengänger, so erzählte mir Dr. L., war sehr überrascht gewesen, als er bereits im Garten ein starkes Kraftfeld feststellte.

Er meinte nur: „Donnerwetter, hat der eine Strahlung!"[147]

Ich suchte nun einen Rutengänger auf, um zu prüfen, ob dieser auch noch Ähnliches bei einer Fotografie Bruno Grönings feststellen kann. Herrn Eberhard A. aus O. war Bruno Gröning nicht bekannt, auch wußte er nicht, daß man in der gleichen Weise wie um eine lebende Person auch um eine Fotografie eine Kraftausstrahlung durch die Rute zeigen kann. Somit bot er mir bei meiner Fragestellung die besten Voraussetzungen, unbeeinflußt von einem persönlichen Wissen so objektiv wie möglich das unsichtbare Geschehen deutlich werden zu lassen.

Er konnte zu seiner eigenen Überraschung bei einem Porträtfoto Bruno Grönings von der Größe 9 x 13 cm eine „Kraftausstrahlung" feststellen, welche die von ihm sonst bei Personen festgestellte weit übertraf.[148] Unabhängig davon bat ich den Rutengänger Horst Wollowski aus S., dieses zu kontrollieren. Er konnte sowohl mit Hilfe der Vertikalrute (Dr. Hartmann) als auch mit der Universalrute von Körbler (Einhandrute) ein starkes „Kraftfeld" nachweisen.[149]

Es ist bei der Radiästhesie noch nicht wie bei der Physik möglich, das festgestellte oder, wie manche Rutengänger sagen, „gemutete" Ausmaß des „Kraftfeldes" bzw. seine Stärke in Zahlen anzugeben, die gemessene bzw. gemutete Energie ist der Schulwissenschaft noch fremd und unter keiner Terminologie gefaßt. So ist man, um ein verläßliches Bild zu bekommen, darauf angewiesen, verschiedene Rutengänger zu bitten, die beobachteten Phänomene ihrerseits zu prüfen. Die unabhängig voneinander gewonnenen Ergebnisse berechtigen dazu, die Existenz eines starken Kraftfeldes um ein Bild Bruno Grönings als Tatsache zu beschreiben. Dies soll wiederum nicht als Verpflichtung verstanden werden, blind zu glauben, sondern ist nur als eine Verständnishilfe gedacht, die zur persönlichen Prüfung auffordern sollte.

Doch gibt es noch viel greifbarere Beweise, welche die Kraftausstrahlung eines Bildes Bruno Grönings deutlich werden lassen. Es läßt sich in der heutigen Zeit zeigen, daß durch ein Bild auch am Körper des Menschen Gleiches wie durch eine Stanniolkugel bewirkt werden kann.

Marlyse Hein (51) aus K. berichtete mir, daß sie ihrem Schwager Jean-Paul D. (54), der seit einem halben Jahr ein offenes Bein (Ulcus cruris) hatte, welches trotz intensiver ärztlicher Bemühungen nicht zuheilen wollte, ein Bild von Bruno Gröning mit dem Rat gab, es auf das betroffene Bein zu legen. Er befolgte ihren Rat und konnte ihr drei Wochen später mitteilen, daß die offene Stelle vollständig zugeheilt war.[150]

Petra Kruse (35) aus L. erzählte mir, daß ihre Kinder zu Weihnachten zwei Meerschweinchen erhalten hätten. Vier Wochen später zeigten sich bei einem Tier Lähmungserscheinungen an den Hinterbeinchen, und es konnte den Urin nicht mehr halten, war also am Hinterteil ständig naß. Es schleifte beim Laufen die Beine hinterher und wurde immer magerer. Das andere Meerschweinchen hatte am rechten Vorderbeinchen eine Lähmung und humpelte auf drei Beinen herum. Sie kam auf den Gedanken, ein Bild von Bruno Gröning in den Käfig zu legen, und zwar in das Häuschen, in dem die Tiere immer sitzen und schlafen. Die Meerschweinchen saßen drei bis vier Tage ununterbrochen auf dem Bild, und dann ging es wieder aufwärts. Drei Wochen später waren alle Lähmungserscheinungen verschwunden, die Tiere laufen und fressen wieder, die Blase funktioniert wieder ganz normal, das Fell glänzt wieder, sie sind dicker geworden. Frau Kruse hat sich später erkundigt und erfahren, daß es sich höchstwahrscheinlich um eine von Züchtern gefürchtete Viruserkrankung, die sogenannte „Meerschweinchenlähme", gehandelt habe, die normalerweise für die Tiere tödlich ist.[151]

Edith Gerken (60) aus H. berichtete mir auch von einem Erlebnis mit dem Bild Bruno Grönings Sie war im Sommer 1991 mit ihrer Schwester auf dem Jahrmarkt gewesen. Dort stach sie eine Wespe in die linke Armbeuge. Der Arm schwoll gleich so an, daß ihre Schwester mit ihr zur ersten Hilfe gehen wollte.

Edith Gerken:

„Ich versuchte erst einmal durch Reiki, ich habe den 2. Grad, eine Besserung zu erreichen, doch vergeblich. Dann erinnerte ich mich an ein altes Hausrezept und nahm eine Zwiebelscheibe, doch auch dies brachte keine Linderung, im Gegenteil, es brannte noch schlimmer. Als alles nichts nützte, habe ich etwas getan, ohne weiter zu überlegen. Ich nahm ein kleines Bild von Bruno Gröning aus meiner Handtasche und legte es auf die stark angeschwollene Stelle. Meine Schwester wunderte sich und sprach mich darauf an, und erst da wurde mir bewußt, was ich gerade getan hatte. Als ich das Bild nach kurzer Zeit von der Stelle am Arm nahm, war überhaupt nichts mehr zu sehen und zu spüren. Die Schwellung war völlig verschwunden, es war kein Brennen und kein Schmerz mehr zu spüren, wir konnten nicht einmal mehr die Einstichstelle finden. Wir waren fassungslos über diese erstaunliche Wirkung eines kleinen Bildes von Bruno Gröning. Meine Schwester meinte dann zu mir, daß sie, wenn sie nicht selbst dabei gewesen wäre, nie geglaubt hätte, daß so etwas möglich sein könne."[152]

Es sind mir noch wesentlich mehr Berichte dieser Art zugetragen worden, die den deutlichen Beweis geben, daß tatsächlich eine heilkräftige Ausstrahlung von den Bildern Bruno Grönings ausgeht. Diese Tatsache ist erklärbar, wenn man bedenkt, daß Bruno Gröning offensichtlich in der Lage war, sich im großen Maße der göttlichen Kraft innerlich aufzuschließen. Dabei wies er immer wieder darauf hin, daß man nie vergessen darf, wer der eigentlich Wirkende und Heilende ist. Sein Körper ist und bleibt eine Hülle für die Seele, die sich lediglich der Urquelle der Kraft in großem Maße geöffnet hat. Die innere „Füllung" ist in den Bildern festgehalten und wird als Ausstrahlung spürbar. Bruno Gröning will nicht mehr als ein Mittler sein, der mit der Kraft, die ihm gegeben wird, helfen will, die Menschen wieder zu dem Licht zu führen, das sie verloren hatten:

„Hängen Sie sich nicht an meinen Körper, der tut es nicht."[153]

Es ist immer nur das „Es", die heilende Kraft Gottes, die wirkt.

Dank einer Geheilten

## 5. Kapitel

# Widerstände und Gegenkräfte

Man fragt sich, warum jemand wie Bruno Gröning, der ohne Profitabsichten oder sonstige eigensüchtige Ziele notleidenden Menschen wieder den Zugang zu einem vergessenen Wissen und einer verlorenen Kraft vermittelte, bekämpft wurde. Seine Worte über Gott als den größten Arzt sollten doch eigentlich in einer christlich orientierten Gesellschaft Gehör finden. Statt dessen entbrannte durch sein Auftreten in Herford ein erbitterter Kampf gegen ihn. Immer wieder wurde ihm untersagt, zu Heilungssuchenden zu sprechen. Polizeiliche Verhöre, Gerichtsprozesse und eine diskreditierende Berichterstattung in der Presse begleiteten seine Bemühungen, anderen Menschen höhere Hilfe zu vermitteln. Er sagte einmal über diese Widerstände:

„Dieses liegt meines Wissens allein nur daran, daß

1. Menschen von den natürlichen, göttlichen Kräften nichts mehr wissen noch daran glauben können und

2. es auch nicht mehr wollen, da sie ihren Methoden und Versuchen verfallen, es auch nicht dulden können, daß ein von ihnen nicht Geschulter sie im Tun übertrifft."[1]

## Das Heilverbot

Die Auseinandersetzung um das Wirken Bruno Grönings gipfelte in dem „großen Prozeß" 1955-1959, der in der dritten Instanz ohne endgültige Urteilsverkündung beendet wurde, weil Bruno Gröning am 26. Januar 1959 in Paris starb.

In der Anklageschrift vom 4. März 1955 beim Schöffengericht München-Land heißt es im ersten Anklagepunkt, daß Bruno Gröning hinreichend verdächtig sei, „mit einem von vornherein auf wiederholte Begehung gerichteten einheitlichen Willensentschluß, somit fortgesetzt handelnd, ohne Erlaubnis die Heilkunde ausgeübt zu haben".[2]

Damit verstieß er nach Ansicht des Gerichts gegen das Heilpraktikergesetz von 1939, das die Ausübung der Heilkunde von einer behördlichen Erlaubnis abhängig machte.

Wie kam es zu diesem Gesetz?

1869 wurde vom deutschen Reichstag mit der Einführung der Gewerbefreiheit auch die Kurierfreiheit begründet. Diese machte eine Heiltätigkeit nicht mehr von einer behördlichen Erlaubnis abhängig.

Über die Kräfte, die die Kurierfreiheit bekämpften, soll Otto von Bismarck gesagt haben: „Wem Gott die Gabe gegeben hat zu heilen, den soll die Polizei daran nicht hindern!"

Erst das Heilpraktikergesetz, entstanden 1939 zur Zeit des nationalsozialistischen Regimes unter der Federführung des Reichsärzteführers Dr. Wagner, beendete die allgemeine Kurierfreiheit. Die nationalsozialistischen Ärzte wollten mit Hilfe des Heilpraktikergesetzes den Heilpraktikerstand ausrotten, um damit das Monopol zum Heilen in ihre Hände zu bekommen.

Nach dem Ende des „Deutschen Reichs" wurde das Heilpraktikergesetz zum Teil mit in die bundesdeutsche Rechtsprechung aufgenommen. Es bildet durch verschiedene Änderungen im Gegensatz zur ursprünglichen Zielsetzung jetzt die Grundlage zur gesetzlichen Absicherung des Berufsstands der Heilpraktiker.

Im Gesetzestext heißt es:

§ 1

(1) Wer die Heilkunde, ohne als Arzt bestallt zu sein, ausüben will, bedarf dazu der Erlaubnis.

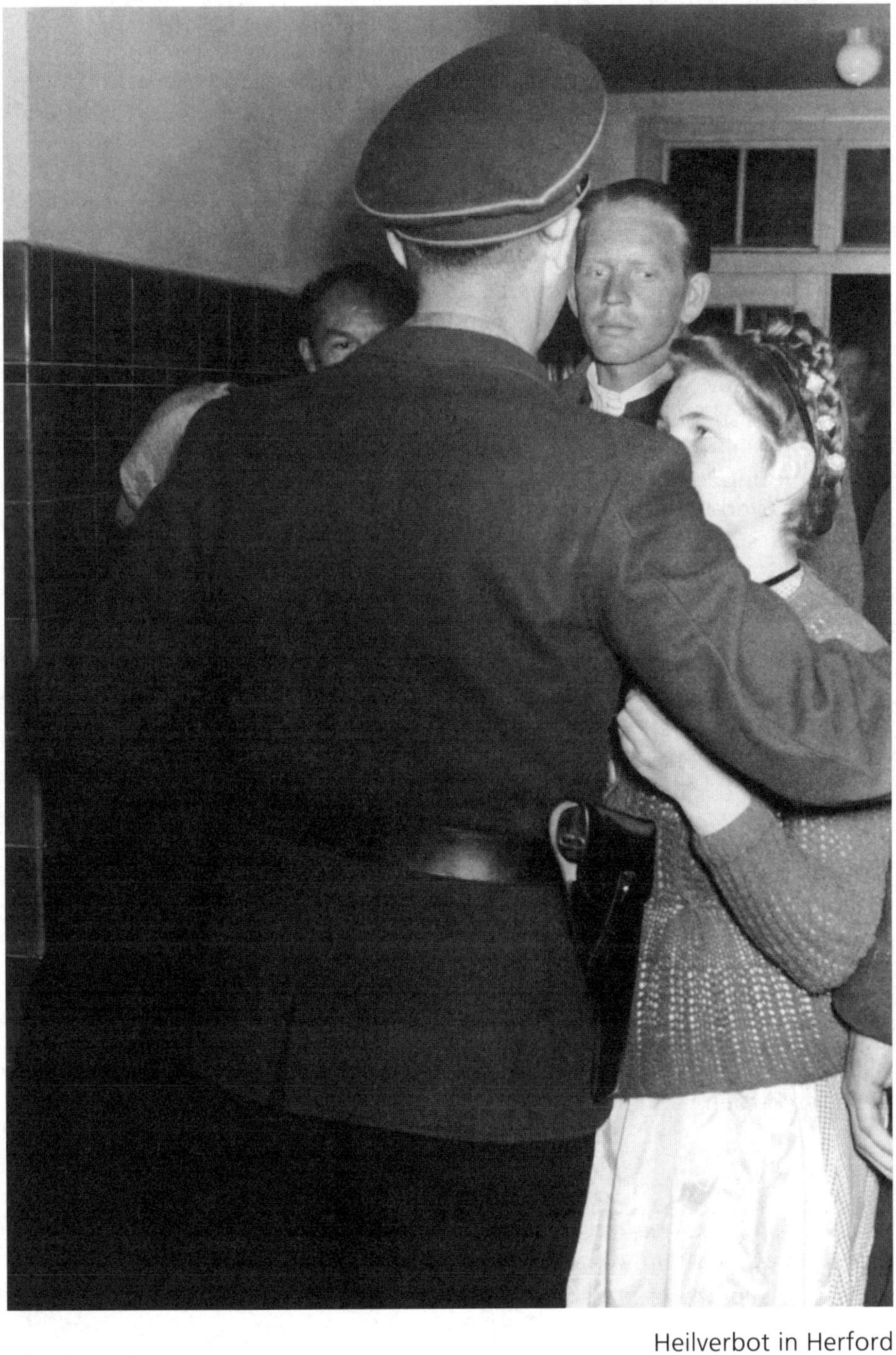

Heilverbot in Herford

(2) Ausübung der Heilkunde im Sinne dieses Gesetzes ist jede berufs- oder gewerbsmäßig vorgenommene Tätigkeit zur Feststellung, Heilung oder Linderung von Krankheiten, Leiden oder Körperschäden bei Menschen, auch wenn sie im Dienste von anderen ausgeübt wird.

§ 5

(1) Wer, ohne zur Ausübung des ärztlichen Berufs berechtigt zu sein und ohne eine Erlaubnis nach § 1 zu besitzen, die Heilkunde ausübt, wird mit Freiheitsstrafe bis zu einem Jahr oder mit Geldstrafe bestraft.[3]

Dieses Gesetz war nicht nur die Grundlage für die Prozesse gegen Bruno Gröning im Jahre 1951/52 und 1955-59, es diente dazu, seitdem Bruno Gröning im Frühjahr 1949 in der Öffentlichkeit bekannt geworden war, sein Wirken zu verbieten. Das Verteidigungsvorbringen Bruno Grönings, der in seinem Wirken keine Tätigkeit im Sinne dieses Gesetzes sah, stieß bei den Behörden auf Unverständnis.

In einer Vernehmung zum großen Prozeß 1955-59 sagte er:

„Soll es strafbar sein, wenn ich den Leuten den Weg zeige, wie sie wieder gesund werden und den richtigen Weg dazu finden können? Tausende, die angeblich unheilbar krank sind, könnten gesunden, wenn sie davon wüßten. Ich tue doch nichts anderes, als die Leute darauf aufmerksam machen, daß es ganz von ihrem Willen abhängt, ob sie wieder gesund werden, und zeige ihnen, wie sie es anzustellen haben, in ihr Inneres Ordnung zu bringen. Es ist tausendfach bewiesen, daß Leute, die meinem Rat folgten, ihres Lebens wieder froh geworden sind. [...] Ich füge doch mit meiner Tätigkeit niemand Schaden zu, im Gegenteil, ich helfe doch überall, wo die Hilfe entsagt wurde."[4]

Bruno Gröning sah sein Wirken außerhalb jeder üblichen Heilpraxis. Er legte im Gegensatz zu den meisten Heilern keine Hände auf, er wollte weder Diagnose, noch sonst etwas über den Krankheitszustand wissen. Er wehrte sich entschieden gegen die Behauptung, er würde Krankheiten behandeln.

In der Vernehmung äußerte er sich dazu:

„Ich möchte grundsätzlich betonen, daß ich keine Krankheiten behandle. Ich will von keinem Menschen wissen, auch nicht in meinen Vorträgen, an welcher Krankheit der eine oder andere Hilfesuchende leidet. Nur ein Arzt oder ein Heilpraktiker darf Krankheiten behandeln, ich Gott sei Dank nicht.

Ich will lediglich die Menschen auf den rechten Weg weisen und tue dies, indem ich sie belehre [...], ich will den Menschen auf den natürlichen Weg zurückführen [...], daß er wieder lernt, auf die Vorgänge in seinem Körper, auf die Einflüsse seiner Umgebung zu achten und dies zu seinem Vorteil auszunützen."[5]

In der betonten Abwendung vom Behandlungsgedanken tritt der Bruch Bruno Grönings mit der bisher üblichen Heilpraxis offen zutage. Er sah in den Heilungssuchenden, die sich an ihn wandten, keine Patienten (lat. patiens = leidend), sondern Gottsuchende. Die körperliche oder seelische Heilung war für ihn lediglich der erste Schritt einer völligen geistigen Neuorientierung der Heilungssuchenden. Er fragte nicht wie der Arzt nach den Leiden, er untersuchte nicht, er verordnete keine Medikamente. Personen, die ihm ihre Krankengeschichte erzählen wollten, unterbrach er meistens, oder er wandte sich ab. Sein Wirken war der Methodik der üblichen Heilkunde total entgegengesetzt. Während in der Medizin die Krankheit des Patienten Mittelpunkt der Betrachtung ist, liegt der Kern der Lehre Bruno Grönings in der gedanklichen Abwendung von dem Leiden.

Wie nur wenige Heiler stellte Bruno Gröning seine geistige Mission, den höheren Auftrag, dem er zu folgen hatte, in den Mittelpunkt seines Wirkens. Seine aufklärenden Worte sollten nicht nur in seinen Vorträgen die Grundlage für das Einfließen und Wirken der Heilkraft im Menschen schaffen, sondern ihn darüber hinaus lehren, die Heilkraft auch in seiner Abwesenheit und auch nach erhaltener Gesundheit aufzunehmen. Bruno Grönings Wirken ging somit über eine bloße Kraftübertragung hinaus, er wollte vielmehr durch seine Lehre die Grundlage für eine dauerhafte geistige Erneuerung im Menschen legen. Dies wurde seit Beginn seines Wirkens immer deutlicher. Während man in der ersten Zeit, besonders in Herford und am Traberhof, noch häufiger beobachten konnte, daß er sich neben seinen Vorträgen, ähnlich wie andere Heiler, oft einzelnen Heilungssuchenden zuwandte und durch bestimmte Handbewegungen gezielt die Heilkraft übertrug, wurde dies später immer seltener. Sein Wirken vergeistigte sich mit der Zeit immer mehr, Heilung geschah meist nur durch die Vermittlung des Wortes. Es war der Heilungssuchende selbst, der die Heilkraft in sich aufnahm, wenn er der Lehre Bruno Grönings folgte. Dies machte die Heilung von der persönlichen Anwesenheit Bruno Grönings unabhängig. Heilung war sogar möglich, ohne daß Bruno Gröning den Heilungssuchenden überhaupt kannte. Es genügte, wenn der Heilungssuchende seine Lehre kannte.

In den von ihm gegründeten Gemeinschaften kamen sowohl Heilungssuchende als auch Geheilte zusammen, um gemeinsam die heilende Kraft in sich aufzunehmen und ihre persönlichen Erfahrungen und Erfolge zur Glaubenshilfe für andere weiterzugeben. Einige Male im Jahr besuchte Bruno Gröning persönlich die Gemeinschaften und hielt dort Vorträge. Heilungen traten nicht nur während seines Sprechens oder im nachhinein auf, sondern auch während der Gemeinschaftsstunden, bei denen er gar nicht anwesend war.

In den entsprechenden Heilungsberichten aus den Gemeinschaften fand ich u. a. folgende Bemerkungen:

„Ich habe mir das zu Herzen genommen, was Herr Gröning in seinen Glaubensvorträgen lehrt [...]. Dadurch ging in meinem Innern etwas vor, was ich in Worten nicht erklären kann. Seit Dezember 1955 bin ich frei." Oder: „Ich beherzigte das von Herrn Gröning über Gott und das Gute Gesagte und wurde in derselben Nacht frei."[6]

Die Geheilten betonen in ihren Berichten, daß sie lediglich den Vortrag von Bruno Gröning oder des von ihm beauftragten Gemeinschaftsleiters gehört hatten, um den Erfolg zu erzielen. Viele schreiben mit großer Freude über den neugewonnenen Glauben an Gott, den sie auf diesem Weg gefunden haben.

Der Schuldirektor, passionierte Grenzwissenschaftler und Psychologe Hohmann beschrieb seine Eindrücke beim Besuch eines Vortrags von Bruno Gröning im Mai 1955 folgendermaßen:

„Ich besuchte im Sommer 1955 eine Gastversammlung in Rosenheim und bekam dabei erstmalig Kontakt mit Herrn Gröning. [...] Über der Versammlung lag eine glückliche, erwartungsvolle Stimmung, nicht wie vor einem Konzert oder Theater, sondern mehr ein feierlicher, verinnerlichter Ausdruck, wie vor der heiligen Handlung in der Kirche. Jeder war schweigsam in sich versunken, in Sammlung und Andacht vertieft. Es war gewissermaßen eine echt religiöse Einstellung, die Zuversicht und Geborgenheit verriet.

Jetzt tritt Gröning ein. Er spricht in einfachen, kurzen Sätzen über Gut und Böse. Er steht da mit verschränkten Armen, völlig passiv. Nicht das Geringste an heilender Tätigkeit ist zu bemerken. Diese passive Einstellung behält Gröning bis zum Schluß bei. Er spricht ruhig und gelassen, hält inne, stellt ab und zu mal eine Zwischenfrage, fährt langsam fort, geht auf die heutige Zeit ein, erwähnt die Bedrohung durch die Atombombe, zeigt die Gefahren des Bösen auf und erklärt im einzelnen, wie die Menschheit davon bedroht wird. Er bemerkt, wie Haß, Habgier und Neid Kriege vom Zaune brechen, wie das

Böse uns alle zugrunde richtet. Dann macht er plötzlich eine längere Pause, mustert Reihe um Reihe eine Weile schweigend die Anwesenden. Dann greift er einen heraus und fragt ihn: ‚Was führt Sie zu mir?' Der Angesprochene ist stutzig. So gibt Herr Gröning selbst folgende Antwort: ‚Nun, das Böse! Sie kommen doch her, um das Böse abzulegen. Wenn Sie sich nicht mit dem Bösen behaften, dann sind Sie frei und glücklich. Also weg damit! Erst wenn Sie mit Gott verbunden sind, dann sind Sie geborgen. Das ist aber sehr einfach. Legen Sie ab: Haß, Neid, Habgier, Stolz, Lüge und Klatschsucht, Betrug, Hartherzigkeit. Werfen Sie hinaus all das Böse, und Sie werden verbunden mit der göttlichen Kraft! Dann erst ist Ihr Seelenleben gesund, denn Sie stehen ja in Verbindung mit Gott. Dann ist auch Ordnung in Ihrem Körper. Wo Gott ist, da gibt es keine Disharmonie. [...] So auch bei Ihnen, wenn Sie sich mit der göttlichen Kraft verbinden. [...] Ich bringe Ihnen das Gute. Ich gebe Ihnen die göttliche Kraft. Nicht aus mir selbst. Ich stehe unter Befehl. Ich muß es tun. Ich kann nicht anders. Aber danken Sie mir nicht. Ich bin ganz klein, ich bin Ihr Schüler, nicht Sie. Sie sind meine Lehrer. Ich heile nicht. Als Werkzeug, als Mittelsmann gebe ich an Sie die göttliche Kraft ab. Bitte bedienen Sie sich! Es liegt ganz an Ihnen, wieviel Sie davon empfangen. Jeder erhält so viel, wie er gerade verdient, d. h., wie weit er an Gott glaubt und auf das Gute eingestellt ist. [...] Ich will jedem von Ihnen das Heil bringen, weil ich eine Mission zu erfüllen habe. Ich selbst aber verdiene keinen Dank, danken Sie dem da oben. Ich bin ja nur Sein kleiner, armer Diener. Ich habe diese Kraft nicht aus mir. Sie fließt mir zu. So bin ich bloß angeschlossen an diese göttliche Kraftquelle. Nicht ich heile! Es heilt nämlich das Große, Allmächtige über mir. Ich bin geladen. Wenn Sie sich gläubig bedient haben, sind Sie jetzt auch geladen. Was spüren Sie denn, beobachten Sie Ihren Körper!' Es folgen Antworten:

Die erste herausgegriffene Person berichtet: ‚Wärmegefühl im Körper!'

Die zweite herausgegriffene Person berichtet: ‚Kribbeln im ganzen Körper!'

Die dritte herausgegriffene Person berichtet: ‚Ich fühle mich so frisch und wohl!'

Die vierte herausgegriffene Person berichtet: ‚Ich habe plötzlich keine Kopfschmerzen mehr!'

Herr Gröning springt hier ein und moniert: ‚Sie behaften sich ja wieder mit dem Bösen. Wenn die übersinnliche Kraft Ihnen geholfen hat, dann rufen Sie doch nicht die Krankheit an. Sie behaften sich ja mit dem Bösen von neuem.'

Und in dieser Weise ging es zwei Stunden 35 Minuten in einem fort. Kein Wort über Krankheitssymptome, keine Diagnose, keine Verhaltensmaßnahmen, kein Streichen, Massieren, keine Arznei, keine Tees, kein Kräutlein wurde verordnet. Kein Angriff wie [ein] Gesundbeter mit donnernden Worten auf die Tiefenseele, keine indirekte Seelentherapie nach Carl Jung, kein Aufspüren nach seelischen Komplexen, keine Atemkur, keine Kneippkur, auch keine Suggestion oder Hypnose. [...] Völlig passiv steht dieser Mensch als Gottgesandter da und vermittelt seinen Mitmenschen die göttliche Kraft. Er steht da als Medium einer höheren Macht und bittet die Anwesenden, sich zu bedienen. Ich war einfach erschlagen und dachte immer wieder an die Worte des Kapuziner-Mönches in der Rosenheimer Klosterkirche: ‚Die Wunderheilungen Grönings erinnern an das Neue Testament und sind nur auf übersinnliche Weise zu erklären.' Gröning selbst hat mit dem Heilparagraphen überhaupt nichts zu tun. Sobald man in diesem Punkt Anklage erhebt, klagt man den Herrgott selbst an. Was er wirklich tut, d. h., wo er in Tätigkeit tritt, ist Apostelgeschichte. Er hält Glaubensvorträge. Er tröstet, mahnt, richtet auf, bringt Frieden und Ruhe für die Menschen in Gott.

Das ist seine wirkliche Tätigkeit. Kann man ihn deswegen bestrafen? Müßte man dann nicht jeden Seelsorger, d. h. jeden Pfarrer, der Krankenbesuche macht, der aufrichtet und tröstet, auch unter Anklage stellen? [...] Kein demokratischer Staat darf eine solche seelsorgerische Hilfe verbieten.

Am Schluß dieser Versammlung kamen von verschiedenen Seiten an Herrn Gröning noch Anliegen für Unglückliche daheim. Immer, wenn bei dieser Angelegenheit eine Krankheit genannt wurde, wies Herr Gröning die Bezeichnung von Krankheiten zurück und fügte hinzu: ‚Mit solchen Dingen befasse ich mich nicht, diese Bezeichnungen gehören der Medizin, sind Aufgaben für den Arzt. Auf dem Gebiet habe ich nichts zu suchen. Ich stelle eben nur fest, daß Sie sich mit dem Bösen behaften. Sie brauchen mir überhaupt nichts Trauriges anzuvertrauen. Ich sehe im Geist, was Ihrer Tochter - Sohn - Vater usw. fehlt, im Grunde genommen doch die Hilfe Gottes. Glauben Sie selbst fest, geben Sie diesen Glauben Ihrer Tochter, halten Sie fest am Guten, öffnen Sie sich der göttlichen Kraft!'"[7]

Wer kann verantworten, angesichts der katastrophalen Gesundheitssituation in der Bevölkerung solch ein Geschehen zu verbieten?

Wäre es nicht die Pflicht des Staates gewesen, einem Menschen mit derart außergewöhnlichen Gaben, wie sie sich in Bruno Gröning zeigten, jede Möglichkeit zu einem ungehinderten Wirken zu geben, anstatt ihn durch die überspitzte Auslegung eines Gesetzes, dessen Anwendbarkeit auf seine Tätigkeit sehr fragwürdig ist, lebenslang am Rande der Legalität wirken zu lassen? Wie kann man einen Menschen anklagen, nur weil er durch religöse Vorträge hilfreiches geistiges Wissen vermittelt, das den einzelnen befähigt, eine höhere Kraft in sich aufzunehmen, die Heilung bewirken kann?

Nicht nur, daß die Vortragstätigkeit Bruno Grönings im Rahmen der Gemeinschaften gar nicht unter die Bestimmungen des Heilpraktikergesetzes fällt, sein Wirken wird zusätzlich noch durch das Grundgesetz geschützt, das ausdrücklich jedem Bundesbürger das Recht zubilligt, seine Meinung frei zu äußern. In den entsprechenden Artikeln des deutschen Grundgesetzes heißt es:

Artikel 4:

(1) Die Freiheit des Glaubens, der Gesinnung und die Freiheit des religiösen und weltanschaulichen Bekenntnisses sind unverletzlich.

(2) Die ungestörte Religionsausübung wird gewährleistet.

Artikel 5:

(1) Jeder hat das Recht, seine Meinung in Wort, Schrift und Bild frei zu äußern und zu verbreiten und sich aus allgemein zugänglichen Quellen ungehindert zu unterrichten. Die Pressefreiheit und die Freiheit der Berichterstattung durch Rundfunk und Film werden gewährleistet.

(3) Kunst und Wissenschaft, Forschung und Lehre sind frei. Die Freiheit der Lehre entbindet nicht von der Treue zur Verfassung.

Muß man somit im Falle Bruno Grönings nicht vielmehr von einer durch das Grundgesetz geschützten „Ausübung der Religionskunde" als von einer „Ausübung der Heilkunde" sprechen?

Wenn das deutsche Heilpraktikergesetz, wie im Falle Bruno Grönings in krasser Weise deutlich wurde, dazu Verwendung finden kann, die Führung der Menschen zu der unerschöpflichen heilenden Quelle des göttlichen Geistes zu verhindern, ist es dringend reformbedürftig, weil es so zu einer Gefahr für die Gesundheit der Bevölkerung wird. Der gesundheitliche Schaden, der durch die Behinderung einer wirksamen geistigen Aufklärung der Bevölkerung bewirkt wird, kann durch den nur beschränkten Nutzen dieses Gesetzes nicht behoben werden.

## Der Kampf um die Heilgenehmigung

Als die gesundheitlichen Fortschritte des an Muskeldystrophie erkrankten jungen Dieter Hülsmann durch die Hilfe Bruno Grönings im März 1949 bekannt wurden, kam es bald zu den ersten Ansammlungen von Heilungssuchenden am Wilhelmsplatz 7 in Herford. Bruno Gröning bemühte sich, nun Kontakt mit den Behörden aufzunehmen, um von vornherein eventuelle Unannehmlichkeiten zu vermeiden. Er hatte den Leiter der städtischen Gesundheitsbehörde mehrfach gebeten, sich doch für das Geschehen zu interessieren, und zudem unmißverständlich zum Ausdruck gebracht, daß ihm sehr daran läge, in enger Verbindung mit den Gesundheitsbehörden zum Wohle der Allgemeinheit zu wirken.[8] Doch erst Ende April kam es zu einem Gespräch, das aber zu keiner Annäherung führte. Anfang Mai wurde ihm das Heilverbot ausgehändigt, das mit dem Heilpraktikergesetz begründet wurde.

Trotz des Verbots trafen weiterhin Menschen aus den verschiedenen Besatzungszonen und dem umliegenden Ausland in Herford ein, um Heilung zu suchen. Somit spitzte sich die Lage immer mehr zu. Die Stimmung unter den Heilungssuchenden war zum Teil sehr explosiv, denn das Verbot blieb ihnen unverständlich. Am 13.05.1949 bemühte man sich, in einer mehrstündigen Unterredung im Hause der Familie Hülsmann zu einer Klärung zu kommen. An dieser Unterredung nahmen der zuständige Amtsarzt von Bielefeld, Obermedizinalrat Dr. Rainer, der Oberstadtdirektor von Herford, Herr Meister, der örtliche Geistliche, Prälat Kunst, der Leiter des städtischen Krankenhauses Bielefeld, Prof. Dr. Wolf, und der Leiter der Anstalten in Bethel, Prof. Dr. Schorsch, teil.

Einleitend bemerkte der Oberstadtdirektor Meister zu der Situation:

„Ich habe mich persönlich überzeugen können von der Tätigkeit des Herrn Gröning. Ich war frappiert von dem, was ich gesehen und erlebt habe. Ich bekomme laufend viele Zuschriften mit Beschwerden darüber, daß ich ein Verbot ausgesprochen habe. Ich habe das Verbot aussprechen müssen, weil mir von maßgebender ärztlicher Seite gesagt worden ist, daß die Möglichkeit besteht, es könnten gesundheitliche Schädigungen entstehen. Ich bin gewohnt, mich einer Sache gründlich anzunehmen, und habe mehr getan, als von mir schematisch erwartet werden konnte. Ich bin der Sache nachgegangen, um unter Umständen mein Verbot korrigieren zu können. Vertreter der medizinischen Fakultät habe ich hier zu einer Klärung zusammengebeten. Ich habe gehört, daß das Verbot von Herrn Gröning beachtet wird. Im Interesse der Öffentlichkeit möchte ich nicht als stur dastehen. Ich habe

Verbotsschild in Herford 1949

mich beraten lassen, wir wollen versuchen, zu einer Klärung zu kommen. Es ist notwendig, daß dieses medizinisch-religiöse Phänomen beachtet wird. Es ist nicht nur regional, sondern sogar global bekannt geworden. [...] Ich stehe den Dingen weder ablehnend noch zustimmend, sondern forschend gegen über und will daran mitwirken, Licht in diese mystische Angelegenheit zu bringen."[9]

Doch auch hier kam es zu keiner Annäherung. Die anwesenden Ärzte glaubten, daß die gezeigten Erfolge Bruno Grönings noch nicht den Rahmen der auch von der Wissenschaft immer mehr anerkannten seelischen Beeinflußbarkeit von Krankheiten überschreiten würden.

In der ersten Zeit nach der Übermittlung des Heilverbots durfte Bruno Gröning noch eingeschränkt weiterwirken. Es wurde ihm erlaubt, aufgrund von Überweisungen mit ärztlichem Befund Menschen zu helfen. Viele Ärzte nutzten diese Möglichkeit. Es fanden sich sogar Ärzte zusammen mit ihren Patienten am Wilhelmsplatz ein, um sich persönlich vom Wirken Bruno Grönings zu überzeugen.[10]

Anfang Juni 1949 wurde aber auch dies unterbunden. Bruno Gröning erhielt vom Oberstadtdirektor am 02.06. ein Schreiben, in dem dieser das Verbot vom 03.05. nochmals unterstrich und ausdrücklich darauf hinwies, daß das Verbot sich auch auf Kranke erstrecke, die ihm durch ärztliche Überweisung zugeführt werden.[11]

Am 07.06.1949 fand die zweite Unterredung mit der Ärztekommission im Hause Hülsmann statt. Hier wurde das uneingeschränkte Verbot jeglicher Heiltätigkeit noch einmal bekräftigt, mit der einzigen Ausnahme, „in allen Universitätskliniken der britischen Zone Deutschlands, im städtischen Krankenhaus Bielefeld und in Bethel nach Vereinbarung mit den Chefärzten" die Heilbefähigung unter Beweis zu stellen.[12]

Dieses Entgegenkommen der maßgeblichen Ärzte erwies sich im nachhinein aber offensichtlich als unaufrichtig. Bruno Gröning willigte kurze Zeit später in eine solche Prüfung ein. Die Zeitschrift „Revue" wollte diese wissenschaftliche Untersuchung finanzieren. Der von der „Revue" beauftragte Marburger Mediziner und Psychologe Prof. Fischer versicherte Bruno Gröning, für eine faire Prüfung zu sorgen. Er verlangte aus diesem Grunde, die Kranken, die man für die klinische Prüfung Bruno Grönings im städtischen Krankenhaus Bielefeld vorgesehen hatte, vorher zu sehen.

Die „Revue" berichtete über den Eindruck Prof. Fischers in ihrer Ausgabe vom 21.08.1949:

„Zusammen mit dem Oberarzt des Krankenhauses stellt er fest, daß es sich bei diesen Fällen fast durchweg um Todeskandidaten handelt, bei denen jeglicher Lebenswille erloschen ist und kein Ansatzpunkt für eine seelische Behandlung mehr besteht. Prof. Fischer erklärt, daß er Gröning nur dann zu den klinischen Experimenten raten wird, wenn faire Arbeitsbedingungen geschaffen würden. Daraufhin ziehen sich die Ärzte auf die fehlende Zustimmung des Sozialministers von Nordrhein-Westfalen zurück."[13]

Aber diese Aussage erwies sich, so der Revuebericht, als unwahr, denn eine entsprechende Nachfrage in Düsseldorf ergab, daß dieser über die Angelegenheit gar nicht informiert worden war. Die klinischen Experimente fanden daraufhin an der Universitätsklinik Heidelberg statt.

Die kompromißlose Ablehnung einiger maßgeblicher Ärzte wurde in der Besprechung mit der Ärztekommission in Herford vom 07.06.1949 deutlich.

Ich fand eine Aktennotiz zweier Mitarbeiter Bruno Grönings zu dieser Besprechung:

„Von seiten des Herrn Rechtsanwalts Viering wurde der Vorschlag gemacht - im Laufe obiger Besprechung -, Herrn Gröning einen Arzt beizugeben, der jeden Fall zunächst zu untersuchen habe. Wenn dieser zu der Feststellung gelangen sollte, daß eine ansteckende Krankheit, beispielsweise Tb, nicht vorliege, solle erst dann Herr Gröning zugelassen werden bzw. die Heilung versuchen, sollte dagegen der Arzt eine ansteckende Krankheit feststellen, würde Herr Gröning von einem Heilversuch Abstand nehmen. Es sollte damit dem Einwand des Herrn Medizinalrats Dr. R. Rechnung getragen werden, der darauf hinwies, daß durch den vorbehaltlosen Heilungsversuch Grönings auch bei ansteckenden Krankheiten die Kranken evtl. veranlaßt werden könnten, die Behandlung bei einem ordentlichen Arzt aufzugeben bzw. sich der Beobachtung durch die Gesundheitsbehörden zu entziehen, wodurch größter Schaden entstehen könnte. Dieser Vorschlag wurde von der Ärztekommission strikt abgelehnt mit der Begründung, es verstoße gegen die Berufsehre der Ärzte, sich mit Gröning einzulassen. Der Hinweis des Herrn Viering, daß sich doch eine erhebliche Anzahl von Ärzten Herrn Gröning zur Verfügung gestellt habe, diese also offensichtlich in einer Zusammenarbeit mit Herrn Gröning keinen Verstoß gegen die Berufsehre erblickten, wurde von der Ärztekommission damit abgetan, daß man erklärte, der einzelne Arzt habe nicht zu bestimmen, was gegen die Berufsehre zuwiderlaufe. Jeder Arzt, der mit Gröning zusammenarbeite, werde zur Verantwortung gezogen werden. Damit wurde leider der Vorschlag, der voll und ganz den Belangen der öffentlichen Gesundheitspflege Rechnung getragen hätte, zunichte gemacht."[14]

Die Zustände in Herford wurden immer unübersehbarer, zum Teil kam es zu turbulenten Szenen, und die Stadtverwaltung mußte ein großes Polizeiaufgebot einsetzen, um die Tausende zählende Menge der Heilungssuchenden unter Kontrolle zu halten. Fast täglich gingen Abordnungen von Kranken zum Rathaus, um eine Sondergenehmigung zu erbitten, daß Bruno Gröning heilen dürfe.

Peter A. Römer aus S. war einer der Heilungssuchenden im damaligen Herford, die sich in einer Abordnung zum Oberstadtdirektor begeben hatten:

„Ich habe dem Oberstadtdirektor gesagt, daß in einer Demokratie mich niemand daran hindern kann, auf der Straße zu stehen und mich von jemand heilen zu lassen, der mich nicht anrührt, mir nichts verschreibt, mir kein Geld abnimmt. Darauf erwiderte der Oberstadtdirektor, daß die Straße kein Sprechzimmer sei, worauf ich erwiderte, daß ich keinerlei Störung auf der Straße hätte feststellen können, trotzdem Hunderte von Menschen da waren. Bürgermeister Höcker erklärte darauf sehr erregt: ‚Gehen Sie zurück zu Ihrem Gröning. Er wird zu Ihnen sprechen und darf bis morgen früh wieder tätig sein.'"[15]

Das ganze Geschehen entbehrt nicht einer gewissen Tragik. Bruno Gröning äußerte sich einmal dazu:

„Der Krieg hat große Schäden hinterlassen. Alle diese werden nach und nach beseitigt (siehe Häuser etc.). Den Menschen aufzubauen denkt keiner, und wenn, dann wird der einzelne aufs schärfste bekämpft."[16]

Bruno Gröning wußte um die Kraft und das Wissen, das er in der Lage war zu vermitteln, und war erfüllt von dem Wunsch, zu helfen und zu heilen. Dieser innere Auftrag blieb sein ganzes Leben lang zwingend für ihn, er bildete gleichsam eine Gewissenspflicht. In einer Zeit, in der viele Menschen, geschlagen an Körper und Seele, nach zwei Weltkriegen fast völlig den Glauben an das Gute, an Gott, an eine höhere Hilfe verloren hatten, sprach er öffentlich von Gott als dem größten Arzt. Gerüchte und Meldungen verbreiteten sich in Windeseile und weckten neue Hoffnungen in vielen Menschen, die sich selbst aufgegeben hatten. Sensationelle Pressemeldungen taten das ihrige dazu, eine Lawine in Gang zu setzen. Zwangsläufig mußte es zu Massenansammlungen kommen, denen der umdrängte Heiler ausgeliefert war. Schnell war der Nimbus eines „Wunderdoktors" geschaffen.

Ein Reporter aus der Zeit charakterisierte die Situation in Herford in folgenden kurzen Worten:

„Angst der Behörden vor der Störung der öffentlichen Ordnung durch den Massenandrang der Kranken, Mißtrauen oder offene Ablehnung der Ärzte und Unsachlichkeit der Berichterstattung stehen im Vordergrund."[17]

Ein verhängnisvolles Durcheinander entwickelte sich, das jede sachliche Betrachtungsweise sehr erschwerte. Die große Not und Gläubigkeit der Heilungssuchenden, für die Bruno Gröning meistens die letzte Station war, interessierte die Staatsorgane und beamteten Ärzte kaum. Die Behörde blickte besorgt auf die Störung der öffentlichen Ordnung, und das Gesundheitsamt fürchtete um den Gesundheitszustand der Kranken, die sich oft tagelang ungeachtet der Witterung und des Verbots vor dem Haus Wilhelmsplatz 7 aufhielten. Wegen des Verbots wandte sich Bruno Gröning dann auf Einladung eines Geheilten nach Viersen, wurde aber bald wieder zurückgebeten, weil die Behörden in Herford aufgrund des Massenandrangs kurzfristig wieder sein Wirken erlaubten. Es entstand ein zermürbendes Hin und Her von Verbot und kurzfristigen Ausnahmeregelungen, bis der Stadtdirektor Bruno Gröning nahelegte, die Stadt für einen längeren Zeitraum zu verlassen.

Die Hauptleidtragenden in dem Ringen zwischen Obrigkeit, Medizinalbehörde und dem Heiler blieben die Kranken, die, größtenteils von der medizinischen Wissenschaft aufgegeben, auf das Wunder durch die Hilfe Bruno Grönings hofften. Bruno Grönings mehrfach geäußerter Wunsch, „in Zusammenarbeit mit den Gesundheitsbehörden zum Wohle der Allgemeinheit zu wirken"[18], hätte, wenn diesem von seiten der Behörde entsprochen worden wäre, den Ereignissen eine völlig andere Wendung geben können.

Doch dazu waren die Behörden nicht bereit. Bruno Gröning legte durch seinen Rechtsanwalt am 28.06.1949 Beschwerde gegen das Verbot der Stadt Herford beim Regierungspräsidenten in Detmold ein. Der Rechtsanwalt macht in seiner Begründung deutlich, daß Bruno Gröning lediglich aus religiöser Überzeugung anderen Menschen unentgeltlich Hilfe anbiete und damit dem Bedürfnis einer großen Zahl leidender Menschen entspräche, deren Wunsch nach Gesundheit in vielen Fällen Erfüllung gefunden habe. Die Tätigkeit Bruno Grönings falle als freie Liebestätigkeit nicht unter die Bestimmungen des Heilpraktikergesetzes.[19] Diese Beschwerde wurde abgelehnt, da der Regierungspräsident die Rechtslage anders beurteilte und das

Wirken Bruno Grönings als genehmigungspflichtig im Sinne der Bestimmungen des Heilpraktikergesetzes einstufte.[20] Eine ähnliche Einstellung vertrat der Sozialminister des Landes Nordrhein-Westfalen, der durch seinen Erlaß vom 26.06.1949 Bruno Gröning sein Wirken aufgrund der Bestimmungen des Heilpraktikergesetzes untersagte[21], während im September die bayrische Regierung das Wirken Bruno Grönings wiederum anfangs als freie Liebestätigkeit einstufte, die keiner Erlaubnis nach dem Heilpraktikergesetz bedürfe.[22]

Offen bleibt, warum man sich zur Konfrontation entschlossen hat, anstatt zum Wohle der Heilungssuchenden den Weg der Kooperation zu gehen.

Nachdem Bruno Gröning Herford auf Druck der Stadtverwaltung verlassen hatte, wandte er sich auf Einladung einiger Ärzte nach Hamburg, Schleswig und anderen Orten im Norden. In Hamburg bat man ihn, vor Tausenden von Hilfesuchenden zu sprechen, doch wurde die Veranstaltung von Oberbürgermeister Brauer verboten.[23, 24]

Am 11.07.1949 sprach Bruno Gröning in einem kleineren Kreis:

„Und hier bin ich immer wieder gehindert worden, indem ich immer wieder eins vor Augen sehe: Verbot, Verbot und nochmals Verbot! Jeder kann leben und gut leben. Hier geht es nicht um das eigene Leben, sondern um die kranken Menschen, den kranken Menschen zu helfen. Und davon gehe ich nicht ab, komme, was da wolle. Und ich kann nicht vorübergehen, wenn ich Menschen sehe, die so krank daliegen und keine Hilfe haben können."[25]

Er sah dann in dem Angebot der Zeitschrift „Revue", eine wissenschaftliche Untersuchung seines Wirkens zu finanzieren, eine neue Möglichkeit, einen Weg zu den Heilungssuchenden zu finden. An der Universitätsklinik in Heidelberg konnte durch eine umfangreiche klinische Untersuchung von mehr als 100 Personen die Tatsächlichkeit der Heilungen bewiesen werden. Trotz positiven Resultats erfüllten sich aber die Erwartungen Bruno Grönings nicht, eine Ebnung des Weges zu den Heilungssuchenden zu erreichen.

Grete Häusler schreibt in ihrem Buch:

„Obwohl man sich von ungewöhnlichen Heilungen überzeugt hatte, gab man ihm den Weg zu den heilungssuchenden Menschen nicht frei. Nach seiner bereitwilligen Kooperation diffamierte man ihn, weil er zu den ihm auferlegten Bedingungen nicht arbeiten konnte.

Die Bedingungen waren schon deshalb für Bruno Gröning unannehmbar, weil ein großer bürokratischer und finanzieller Aufwand mit den Vorschlägen zur Zusammenarbeit verbunden war. Prof. Fischer, der sich Bruno Grönings Kenntnisse zunutze machen wollte, stellte in München einen Antrag zur Errichtung einer Heilstätte unter seiner Leitung bei Mitwirkung von Bruno Gröning. Die Kosten für dieses Unternehmen sollten vor allem durch Bruno Gröning hereingebracht werden. Für diesen aber war es ein unabdingbarer Grundsatz, seine Fähigkeit nicht zum Geschäft werden zu lassen. Daher äußerte er sich später zu diesem Vorschlag:

‚Ich verfüge über keinen Pfennig Geld. So konnte ich auch keine finanziellen Verpflichtungen übernehmen. Ich habe nie daran gedacht, aus dem ganzen Vorhaben ein Geschäft zu machen. Dies alles war daher ein unmögliches Verlangen. Außerdem wollte ich nur das tun, wie es mir durch meine Berufung gegeben: den Hilfesuchenden helfen und mich deshalb den Ärzten wie Psychotherapeuten zur Verfügung stellen, aber niemals ein Geschäft aus der ganzen Sache machen. Prof. Fischer hat mir nach der ganzen Klausur versichert, daß ich ein positives Gutachten von ihm sowie Herrn Prof. Weizsäcker erhalten werde. Ein solches Gutachten ist mir nie ausgehändigt worden. Im Gegenteil hat man mir alles zu meinen Ungunsten ausgelegt. Auch hier mußte ich wiederum feststellen, daß man der geschäftlichen Seite den größten Wert beimaß. Wo blieb für mich das fest versprochene Freimachen des Weges, damit ich frei wirken konnte?‘“[26]

Ähnlich wie in Herford scheiterte auch hier eine mögliche Kooperation. Bruno Grönings Vorstellung einer Zusammenarbeit sah eine deutliche Trennung des rein medizinischen Bereichs von seinem Wirken vor. Er begrüßte nachdrücklich eine genaue medizinische Kontrolle der durch sein Wirken sichtbar werdenden Heilungen, wollte aber dabei ein freier Mann bleiben. Die feste Integration seiner Person in einen Klinikbetrieb oder ein Sanatorium, in welchem er sein Wirken den Vorstellungen der Anstaltsleitung hätte unterstellen müssen, entsprach nicht seinen Zielen. In gleicher Weise widersprach der Zwang, Gelder für einen Heilstättenbetrieb erwirtschaften zu müssen, seinem inneren Auftrag, der eine strikte Trennung jeglicher geschäftlicher Interessen von seinem Wirken forderte.

Er erstrebte die Errichtung von Heilstätten, um in Zusammenarbeit mit Ärzten durch Vor- und Nachuntersuchung die eintretenden Heilungen unter Zuhilfenahme modernster apparativer Diagnostik genauestens dokumentieren zu können und somit weitere Bestätigungen nicht nur der Öffentlichkeit, sondern auch der Medizin gegenüber zu erhalten. Da nachweislich durch die Lehre Bruno Grönings jedem Menschen ein besonderer Zugang zu den höheren Heilenergien zur Verfügung steht, wäre ein solches Projekt von allgemeingültigem Interesse, was neben privaten Spenden eine Finanzierung oder Unterstützung durch staatliche Stellen oder Krankenkassen hätte denkbar werden lassen. Bruno Gröning sah seine Aufgabe in diesem System vermutlich in einer beratenden Funktion, wahrscheinlich hätte er in regelmäßigen Abständen dort Vorträge halten wollen und den entsprechenden Ärzten die Möglichkeit einer besonderen geistigen Schulung gegeben. Sie hätten durch das unmittelbare Erleben der geistigen Heilungen und der typischen Regelungserscheinungen, die durch die Heilkraft im Körper bei den unterschiedlichsten Erkrankungen hervorgerufen werden, in Fachkreisen wesentlich durch ihre apparativ dokumentierten Erfahrungen daran mitwirken können, den Grundstein für eine Erneuerung der in materialistischen Denkstrukturen erstarrten Medizin zu legen.

Die Errichtung von Heilstätten, die den geistigen Gesetzmäßigkeiten entsprechend organisiert sind, wäre schon zu Lebzeiten Bruno Grönings von zwingender Notwendigkeit gewesen. Um wie vieles mehr sind sie angesichts der großen Schwierigkeiten des gigantischen Apparats der heutigen Gesundheitsversorgung durch Krankenhäuser, Kuranstalten und Rehabilitationszentren angebracht, um den Bedürfnissen der Volksgesundheit gerecht zu werden!

Da sich die Erwartungen beider Seiten nicht erfüllten, zog sich Bruno Gröning, um dem Ansturm des Publikums auszuweichen, aus Heidelberg zurück und folgte einer Einladung nach Bayern:

„Durch Vermittlung durch Herrn Hülsmann erhielt ich noch in Herford eine Einladung von einem Leo Harwart, Besitzer des Traberhofs bei Rosenheim. Ich war der Meinung, daß ich mich dort erholen könnte. Dies war mir auch zugesichert worden. Ohne mein Wissen und ohne meine Billigung hatten aber die Herren Hülsmann und Harwart Verbindung zur Presse aufgenommen, und es kam zu einem großen Rummel. Es hatten sich teilweise bis zu 30 000 Leute angesammelt. Ich bin in der damaligen Zeit Tage und Nächte nicht mehr zur Ruhe gekommen."[27]

Die bayrischen Behörden sahen im Wirken Bruno Grönings ebenfalls eine Tätigkeit im Sinne des Heilpraktikergesetzes. Im Gegensatz zu den staatlichen Stellen in Westfalen und Hamburg nahmen sie aber vorerst den Standpunkt ein, sein unentgeltliches Wirken als „freie Liebestätigkeit" einzustufen.

Bruno Gröning wurde also wieder zum Anlaufpunkt der Massen, obwohl er, kurz nachdem er in Bayern eingetroffen war, um einer Wiederholung der Herforder Verhältnisse vorzubeugen, mehrfach an die Presse appelliert hatte, ihm Zeit zu lassen und ihm beim geordneten Aufbau einer Organisation zu helfen.[28]

In der „Welt am Sonntag" vom 21.08.1949 konnte man lesen:

„Der Herforder ‚Wunderdoktor' Bruno Gröning hält sich gegenwärtig in München auf. Er vermied zunächst absichtlich ein Zusammentreffen mit Pressevertretern und ließ sich gegenüber Journalisten grundsätzlich verleugnen. Er steht der Presse, so erklärte er, ‚mit äußerster Skepsis' gegenüber, weil man bereits zuviel ‚Rummel' um ihn gemacht habe.

‚Wenn man mir weiter durch falsche Publizistik Schwierigkeiten macht, muß ich mir überlegen, ob ich nicht Deutschland verlasse und auf eines der vielen großzügigen Angebote aus dem Ausland eingehen soll', sagte Gröning in einem Interview mit der ‚Münchener Abendzeitung'. Wie er ankündigte, will er vorerst in Bayern bleiben. Allerdings wird er noch nicht heilen.

Einige private Stellen sollen ihm eine systematische Arbeit ermöglichen."[29]

Aber wiederum erschwerten die unkontrolliert herandrängenden Menschenmassen die von Bruno Gröning angestrebte systematische Arbeit. Auf dem Traberhof ballte sich das Leid Zehntausender Menschen in einem Ausmaße, so daß sich kaum ein Beobachter einer inneren Betroffenheit entziehen konnte. Bruno Gröning entsprach dem drängenden Wunsch der Massen, zu ihnen zu sprechen, und bemühte sich, ohne sich selbst Ruhe zu gönnen, die Not zu lindern. Zusätzlich erreichten ihn Hilferufe aus Norddeutschland, die er ebenfalls zu erfüllen suchte. Der innere Zwiespalt, helfen zu wollen und zugleich zusehen zu müssen, wie sich immer katastrophalere Verhältnisse auf dem Gelände des Traberhofs entwickelten, wurde immer größer. Er bat die Behörden dringend um Hilfe, die schließlich eine größere Latrine auf dem Traberhofgelände errichteten, während das Rote Kreuz durch das Aufstellen von Zelten den augenblicklichen Mißständen entgegenzuwirken suchte. Die unerwartet große Ansammlung von Leid, die sich auch durch die Presseberichte innerhalb kürzester Zeit auf den Wiesen um den Traberhof zeigte, übertraf jedoch alle Vorstellungen und überforderte alle Beteiligten.

Die Zeitschrift „Neues Europa" sprach von dem größten „Meeting, das wohl jemals für einen Wunderheiler auf europäischem Boden stattfand", und schrieb:

„In Omnibussen, Fahrzeugen jeder Art, in Zelten oder auf dem Boden kampierend, erwarteten die 30 000 tagelang den ersehnten Heiler. Im Gutshof kampierte sein Stab, sorgte für Reklame, die er nicht guthieß, pfuschte ihm ein wenig ins Handwerk, wo es sich zu lohnen schien. [...] Während fliegende Händler in rasch zusammengenagelten Verkaufsständen ihre Waren feilboten und neben einem hohen Standgeld noch höhere Gewinne einheimsten, gingen ‚kleine Grönings' durch die Reihen der Leidenden und boten ihre Dienste an, die sich in rasch gemieteten Zimmern in der Umgebung des Gutes vollzogen. Gebetsgruppen der verschiedensten Sekten knieten im Kreise um Kranke, um sie gesundzubeten. Magnetiseure und Heil-Händler legten ihre Hände auf, um sie dann offenzuhalten. In großen Personenwagen mit angehängten Wohnwagen trafen Zigeuner oder solche, die sich dafür ausgaben, am Ort ein, um bald darauf im Kreise tanzend und schreitend unter der Hersagung fremder Gebete und Zaubersprüche auch ihrerseits ihre Heiltradition auszuführen. Die Taschendiebe machten reiche Beute, obwohl das Münchner Polizeipräsidium sein ganzes Spezial-Referat in den Traberhof beordert hatte. Gröning ahnte von alledem nichts, als auch er in den Kreis dieses tollen Treibens gezogen, in einer langen Kraftwagenreihe, flankiert von motorisierten Polizeieskorten, in den Traberhof einfuhr. Die Clique um ihn hatte für einen werbekräftigen Einmarsch gesorgt. Die Leidenden aber jubelten ihm als ihrem Retter zu, einfachen Glaubens und großer Hoffnung."[30]

Viele mißbrauchten Bruno Grönings Namen ohne sein Wissen, um die Hoffenden zu hintergehen, versprachen gegen Geld bevorzugten Einlaß in das Innere des Traberhofs. Es wurden „Extrablätter" herausgegeben, die jeweils allein bevollmächtigte publizistische Organe Bruno Grönings sein wollten. Händler versuchten, für gutes Geld Fotos von seiner Person zu verkaufen, der Schwarzmarkt mit vermeintlichen Stanniolkugeln Bruno Grönings blühte. Bruno Gröning begegnete mit Abscheu diesem Treiben, das aus der Not und dem Leid Geld zu machen suchte, warnte immer wieder vor diesen Personen und den Artikeln des Schwarzmarkts.

Er hoffte, durch eine baldige Heilgenehmigung seine Heilstättenpläne verwirklichen zu können und somit durch geordnete Verhältnisse eine Beruhigung der Massen zu erreichen. Die bayrischen Behörden hatten ihn aber deutlich darauf hingewiesen, daß er „bei Aufnahme einer beruflichen Tätigkeit, insbesondere bei Errichtung von Heilstätten, die Erlaubnis nach den einschlägigen gesetzlichen Bestimmungen einzuholen hat".[31]

Juristisch gesehen ist eine regelmäßige Tätigkeit bzw. eine Tätigkeit auf Dauer als „berufsmäßige Tätigkeit" aufzufassen und ist somit, auch wenn sie unentgeltlich ausgeübt wird, nach dem Heilpraktikergesetz genehmigungspflichtig:

„Berufsmäßig bedeutet: Ausübung der Heilkunde, wenn sie von jemand als dauernde Betätigung gewählt und wenn auch nicht gewerbsmäßig, aber doch mehr oder weniger regelmäßig durchgeführt wird (Pfundtner-Neubert, a. a. O. § 1)."

Die unterschiedliche Einschätzung des Wirkens Bruno Grönings durch die Behörden in Westfalen, Hamburg und in Bayern zeigt, wie sehr es Ermessensfrage ist, wann eine Tätigkeit zu einer dauernden bzw. regelmäßigen, d. h. berufsmäßigen Tätigkeit wird.

Bruno Gröning wollte den behördlichen Forderungen genügen und stellte durch den Münchener Rechtsanwalt Dr. Roedel, der ihn kostenlos vertrat, weil er kein Einkommen hatte, am 09.09.1949 einen offiziellen Antrag bei der Behörde zur Erlaubnis seines Wirkens nach der Ausnahmebestimmung des Heilpraktikergesetzes „für besondere ursprüngliche Heilbegabungen" (§ 2 Abs.1 der alten Fassung des Gesetzes, das 1949 noch nicht offiziell reformiert worden war).

Hier ein Auszug:

„Ich stelle hiermit den Antrag, gemäß § 2 des Heilpraktikergesetzes vom 17.2.1939 Herrn Bruno Gröning, geboren am 30.5.1906 in Danzig, wohnhaft im Traberhof, Gemeinde Happing, Bezirk Rosenheim, die Erlaubnis zur Ausübung der Heilkunde zu erteilen. [...]

Im Interesse einer raschen Klärung der Verhältnisse stelle ich bewußt die Frage der Gültigkeit und Anwendbarkeit des Heilpraktikergesetzes sowie alle Erwägungen de lege ferenda zurück. Die Situation ist amtsbekannt geworden, daß der Andrang der Heilungssuchenden nicht länger eine Unklarheit über die Fortsetzung der Tätigkeit des Herrn Gröning und eine ungeregelte Betätigung zuläßt. Wenn nicht für die Heilungssuchenden selbst erhebliche Gefährdungen entstehen sollen, kann die weitere Tätigkeit von Herrn Gröning nur in einer mit den erforderlichen Einrichtungen für das Publikum versehenen Heilstätte erfolgreich ausgeübt werden. Das macht auf Dauer die Überführung der bisher in freier Liebestätigkeit geübten Heiltätigkeit in berufsmäßige Form erforderlich.

Herr Gröning erfüllt die persönlichen und sachlichen Voraussetzungen für die Erteilung der Erlaubnis. Hindernisse nach § 2 Abs. 1 der Durchführungsverordnung vom 18.2.1939, soweit diese noch gültig ist, liegen nicht vor. [...] Die in sehr vielen Fällen auch von Ärzten festgestellten, geradezu wunderbaren Erfolge des Antragstellers beweisen nicht nur eine Heilbefähigung, wie sie nach dem Gesetz vorausgesetzt wird, sondern eine völlig einmalige Gesundheit schaffende Kraft. Da sonach die Voraussetzungen des Heilpraktikergesetzes unzweifelhaft gegeben sind, bitte ich, meinem eingangs gestellten Antrage möglichst umgehend zu entsprechen. Nur die alsbaldige Gewißheit des Verbleibens von Herrn Gröning in Deutschland und des

Nichtbestehens irgendwelcher behördlicher Hemmungen wird eine Beruhigung der Bevölkerung eintreten lassen, die den für viele schädlichen und gefährlichen Andrang um Gröning verhindern und diesem eine geregelte Tätigkeit ermöglichen."[32]

Als er bis Mitte 1950 immer noch keine Genehmigung erhalten hatte, äußerte sich Bruno Gröning in einer Stellungnahme zu diesem Antrag:

„Zu meinem Antrag vom 9. September 1949, den Herr Rechtsanwalt Dr. Roedel für mich gestellt hat, erkläre ich folgendes:

Dieser Antrag wurde seinerzeit gestellt, weil man mir versicherte, daß ich ohne weiteres auf Grund meiner Heilerfolge die Heilerlaubnis erhalten würde.

Ich bin kein Heilpraktiker und will auch keiner werden. Meine Fähigkeiten liegen darin, daß ich auf Grund von Anlagen bei einer großen Zahl von Menschen Kräfte entwickle, die Besserungen erzielen und Heilungen fördern, die mit den bisher angewandten Methoden nicht zu erzielen waren.

Im Interesse der vielen Kranken, die von mir Hilfe erwarten und von denen eine ganze Anzahl durch mein Wirken eine Besserung und Heilung erhalten kann, bin ich bereit, meinen Antrag vom 9.9.49 aufrechtzuerhalten, vorausgesetzt, daß man meinen Fähigkeiten entsprechend mir wirklich dazu verhilft, im Interesse der leidenden Menschheit tätig sein zu dürfen, und diesen Antrag nicht dazu verwendet, mich über Bestimmungen straucheln zu lassen, die dem Sinn und Zweck meines Wirkens nicht entsprechen."[33]

Doch über den Antrag wurde nie endgültig entschieden, bis er im Jahre 1951 aufgrund der Änderung des Heilpraktikergesetzes ungültig wurde.[34] Einen neuen Antrag stellte Bruno Gröning in München nicht.

Mitte September 1949 verließ Bruno Gröning den Traberhof endgültig, da sich trotz seiner Bemühungen keine Möglichkeit zeigte, die äußeren Umstände zu ändern. Kurze Zeit später tat sich für ihn eine neue Möglichkeit auf, ein geordnetes Wirken im Rahmen einer Heilstätte zu verwirklichen.

„Ich wurde dann von einer Frau Taubenberger auf deren Besitz in Schwärzenbach bei Tegernsee eingeladen, d. h., es war so, daß ich Herrn Hülsmann gesagt hatte, ich wollte meine Ruhe haben und vom Traberhof weggehen, und Herr Hülsmann mich dann dort hinführte. In Schwärzenbach war aber der gleiche Rummel wie auf dem Traberhof. Eine Frau Beil, die sich im Hause der Frau Taubenberger aufhielt, hat mich dann nach Bad Wiessee eingeladen. Ich hatte Frau Beil erklärt, daß ich nirgends meine Ruhe hätte. Frau Beil, die in Bad Wiessee zwei Hotels besitzt, sicherte mir zu, daß ich bei ihr Ruhe fände. Ich könne mich bei ihr erholen, solange ich wolle.

Nachdem ich einige Tage in Bad Wiessee war, erschien ein Otto Meckelburg aus C. mit seiner Frau. Ich erfuhr von ihm, daß seine Frau früher sehr schwer krank gewesen sei und u. a. von Prof. Sauerbruch aufgegeben worden sei. Bei einem Besuch der Frau Meckelburg in Schwärzenbach sei sie geheilt worden. Dies sei ohne meine Anwesenheit erfolgt. Er - Herr Meckelburg - sei zahlreichen Heilungen von mir nachgegangen. Er hätte festgestellt, daß an meiner Methode etwas dran sei. Herr Meckelburg erklärte mir, daß er sich die Mühe gemacht hätte, Pläne für eine Heilstätte aufzustellen, in der ich mit behördlicher Genehmigung und unter Aufsicht von Ärzten heilen könnte. Herr Meckelburg hatte diese Pläne bereits bei sich. Herr Meckelburg gründete dann zusammen mit einigen anderen ihm vertrauten Personen die ‚Gemeinschaft zur Erforschung und Unterstützung Gröningscher Heilmethoden'. Er war Geschäftsführer und Vorsitzender dieser Gemeinschaft."[34]

Otto Meckelburg aus C. trat mit vielen Plänen an Bruno Gröning heran und versicherte ihm, alles zu tun, damit für ihn der Weg zu den Heilungssuchenden geebnet werde und geordnete Verhältnisse entstehen könnten. Bruno Gröning schenkte diesem Mann sein ganzes Vertrauen und gab ihm alle Möglichkeiten, die Ziele zu verwirklichen.

Otto Meckelburg gründete Anfang Januar 1950 den Verein, der in seinen Satzungen ausdrücklich sein Ziel wie folgt festgelegt hatte:

„Zweck des Vereins ist, die in der Person des Herrn Gröning und in gleicher oder ähnlicher Art bei anderen Personen in Erscheinung tretenden Heilungsmöglichkeiten und -fähigkeiten zu erforschen, die Forschungsarbeiten anderer Personen und Unternehmungen, insbesondere auf psychosomatischem Gebiet, ideell und materiell zu fördern, die gewonnenen Forschungsergebnisse praktisch auszuwerten und sie in gemeinnützigem und sozialem Rahmen der Volksgesundheit nutzbar zu machen."[35]

Er selbst ernannte sich zum bevollmächtigten Geschäftsführer. Bruno Gröning ging sogar so weit, daß er seine Person vertraglich voll und ganz diesem Verein zur Verfügung stellte.

Im Dezember 1949 bot der Inhaber der Pension „Landes" in Mittenwald/Bayern sein neu ausgebautes Haus Bruno Gröning als Heilstätte an. Daraufhin stellte der Verein einen offiziellen Antrag zur Errichtung einer

Heilstätte, der schließlich an der fehlenden behördlichen Genehmigung scheiterte.

Otto Meckelburg hatte Bruno Gröning beim ersten Zusammentreffen in Bad Wiessee im November 1949 seine Pläne zur Gründung einer Heilstätte auf der Nordseeinsel Wangerooge unterbreitet. Im Frühjahr 1950 hielt sich Bruno Gröning aus diesen Gründen auf Vermittlung Meckelburgs mit dessen Familie und einigen anderen Personen auf der Insel Wangerooge auf.

Bruno Gröning schrieb dazu:

„Im Frühjahr 1950 ging ich auf Wangerooge. Wieder dasselbe: ein Strom von Heilungssuchenden, Massenheilungen, feindliche Haltung der Gesundheitsbehörden."[36]

Obwohl Meckelburg beste Voraussetzungen auf der Insel Wangerooge zur Gründung einer Heilstätte versprochen hatte, kam es nicht dazu. Meckelburg entpuppte sich vielmehr als Betrüger, der in schamloser Weise die Heilungssuchenden ausnutzte, um sich persönlich zu bereichern. Im Juni 1950 löste Bruno Gröning, nachdem er genügend Beweise über das betrügerische Verhalten Meckelburgs erhalten hatte, die vertragliche Bindung an Meckelburg und seinen Verein und trennte sich von ihm.

Nach der Trennung von Meckelburg kam er wieder in Kontakt mit dem Journalisten und Juristen Dr. Kurt Trampler, der sich seit seiner Heilung von einem Kriegsleiden am Traberhof sehr für eine Heilgenehmigung eingesetzt hatte. In Zusammenarbeit mit dem Bruno Gröning sehr wohlgesonnenen Münchener Rechtsanwalt Dr. Reuss bemühte man sich, einen neuen Weg zu finden. Bruno Gröning entschloß sich nach eingehender Erörterung der Sachlage mit den beiden Juristen, sich einem zugelassenen Heilkundigen zur Verfügung zu stellen, um die vom Gesetz für die Genehmigung eines Ausnahmeantrags geforderten Nachweise von Heilerfolgen zu erbringen. (Der Nachweis von Heilbefähigung und -erfolgen war bei der zu dieser Zeit noch gültigen alten Fassung des Heilpraktikergesetzes von 1939 notwendig, wenn die Anerkennung eines Ausnahmeantrags nach § 2 Abs. 1 erfolgen sollte.)

Aus diesem Grunde kam es ab August 1950 zu einer Zusammenarbeit Bruno Grönings mit dem Münchener Heilpraktiker Eugen Enderlin. Bruno Gröning hielt lediglich Vorträge vor Heilungssuchenden, die durch Enderlin oder eine in seiner Praxis arbeitende Ärztin voruntersucht waren. Allerdings erwies sich auch Enderlins Bereitschaft als unaufrichtig. Trotz mehrfachen Mahnens von Bruno Gröning führte er die versprochene Beobachtung und Dokumentation der Heilungen durch Vor- und Nachuntersuchungen nicht im zugesagten Maße durch, gab auch keine Dokumente heraus, sondern bereicherte sich an der großen Menge der Heilungssuchenden, die durch Bruno Grönings Anwesenheit seine Praxis aufsuchten. Im September 1950 erhielt Bruno Gröning schließlich trotz seiner Bemühungen auch in Bayern das offizielle Heilverbot. Kurze Zeit später trennte er sich von Enderlin.

Am 18.03.1951 kam es zur Gerichtsverhandlung in München, da Bruno Gröning ein Verstoß gegen das Heilpraktikergesetz vorgeworfen wurde. Der Prozeß und in gleicher Weise die Berufungsverhandlung am 8. Juli 1952 endeten mit Freispruch für Bruno Gröning und der ausdrücklichen Aufforderung, sich ohne eine staatliche Genehmigung künftig jeglicher Heiltätigkeit zu enthalten.

In der Fachzeitschrift „Neue Gerichts-Woche" vom 28. Mai 1951 äußerte man zu dem Prozeß u. a.:

„Über die Verhandlung ist selbst eigentlich nichts Besonderes zu berichten. Es ging hin und her und hin, ohne daß etwas Konkretes herauskam. Aber jedem drängte sich die Frage auf: Wie konnte es in diesem Fall überhaupt zu einer Strafverhandlung kommen? Man wollte gegen Gröning vorgehen, schon seit langem. Das steht einwandfrei fest und kann wohl nicht bestritten werden. Gröning suchte immer wieder die offizielle Genehmigung für seine Heiltätigkeit nach - aber ohne Erfolg. [...] Aus den Ausführungen des medizinischen Sachverständigen konnte man entnehmen, daß man sich in kundigen Kreisen nicht darüber klar war, ob Grönings Tätigkeit überhaupt als ‚Heilpraxis' bezeichnet werden könne oder nicht vielmehr in das Gebiet der Psychotherapie gehöre. Und das war der wesentliche Punkt. Die Anklagevertretung wurde dadurch schwer in die Enge getrieben. [...] Es soll ein Obergutachten des ‚Psychosomatischen Instituts der Universität Heidelberg' eingeholt werden, ob Gröning Heilpraktiker oder Psychotherapeut ist. Arme Strafjustiz! Denn wenn sich dieses Institut nun für den ‚Psychotherapeuten' ausspricht - und diese Unterstellung liegt sehr nahe -, dann fällt die Anklage zusammen. Es erhebt sich allerdings die Frage: Warum hat man sich über das eventuelle Ergebnis eines solchen Gutachtens nicht schon während der Ermittlungen, also vor Eröffnung des Verfahrens vergewissert?"[37]

Bei dem jahrelangen Ringen Bruno Grönings um die Heilgenehmigung stand immer wieder die Frage im Mittelpunkt, ob sein Wirken als Psychotherapie (Seelenheilkunde) aufzufassen sei. Die Psychotherapie fiel in den 50er Jahren noch nicht unter das Heilpraktikergesetz, und somit wäre Bruno Gröning rechtlich nicht zu belangen gewesen, und die Prozesse wären hinfällig geworden. Die Einschätzungen von Fachleuten in dieser Fragestellung zeigten deutlich die Schwierigkeiten in jener Zeit, das Wirken Bruno Grönings rechtlich einzuordnen. In einem Interview zu dem Ergebnis der wissenschaftlichen Überprüfung der Heilfähigkeit Bruno Grönings in Heidelberg bezeichnete der Mediziner und Psychologe Prof. Fischer Bruno Gröning als „begabten nichtärztlichen Psychotherapeuten" und sein Wirken als eine „wissenschaftlich interessante, in ihrer Art neue, erfolgversprechende psychotherapeutische Arbeitsweise".[38]

Der vom Gericht bestellte Gutachter des psychosomatischen Instituts der Universitätsklinik in Heidelberg kommt, obwohl er im Gegensatz zu Prof. Fischer Bruno Gröning nie persönlich begegnet war, allein aufgrund von Akteneinsicht zu dem Schluß, daß es sich beim Wirken Bruno Grönings auf keinen Fall um eine Form der Psychotherapie handele, sondern daß man in seinem Fall von einer Heilpraktikertätigkeit sprechen müsse.[39]

Der Sachverständige Obermedizinalrat Dr. Aub wiederum vertrat im Prozeß 1951 den Standpunkt, daß Bruno Grönings Tätigkeit nicht als Heilpraktikertätigkeit einzuordnen sei, sondern er „nach der Art der Tätigkeit eher als Psychotherapeut anzusprechen sei".[40]

Dem gesamten akademisch-juristischen Widerstreit um die Heilgenehmigung Bruno Grönings haftet ein bitterer Beigeschmack an. Man hat den Eindruck, daß sich hinter der strafrechtlichen Verfolgung seines Wirkens noch andere Gründe verbergen, z. B. das Interesse bestimmter Personenkreise, für die das Heilpraktikergesetz ganz im Sinne ihrer nationalsozialistischen Schöpfer auch in der bundesdeutschen Rechtsprechung noch ein willkommenes Mittel zur legalisierten Ausschaltung unliebsamer Konkurrenz ist.

Zu ähnlichen Vermutungen kam auch der Kommentator der bayrischen Gerichtszeitung vom 3. Juni 1951.

Dieser äußerte sich zu der Anklage und dem Prozeß gegen Bruno Gröning:

„Welche Kreise jedoch als Urheber hinter diesem Kesseltreiben gegen diesen Mann stehen, dürfte unschwer zu erraten sein. ‚Wunderdoktoren' waren gewissen Kasten seit jeher ein Dorn im Auge. Zur Zeit des ‚Scheiterhaufens' allerdings wurden derartige Fälle schneller, wenn auch für den Delinquenten nicht gerade schmerzloser, erledigt. Im Zeitalter der Humanität, der ‚freien Menschenrechte' und der demokratischsten aller Demokratien aber zitiert man solche ‚Außenseiter' vor die Schranken des Gerichts, um ihnen klarzumachen, daß man nicht ungestraft gegen die Stachel löckt."[41]

Ganz in diesem Sinne erscheinen auch Bruno Grönings vergebliche Bemühungen, in Stuttgart Heilerlaubnis zu erhalten:

Am 02.04.1953 bemühte er sich erneut, den Forderungen der Behörden hinsichtlich einer Erlaubnis seines Wirkens gerecht zu werden, und stellte einen weiteren Antrag nach dem erneuerten Gesetzestext in Stuttgart. Bei der von den Widersprüchen gegen das deutsche Grundgesetz bereinigten Form des Heilpraktikergesetzes, das somit zum bundesdeutschen Recht wurde, ist die Erteilung einer Heilerlaubnis keine Ausnahme wie im Urtext, sondern vielmehr der Normalfall. Dennoch kam es bei Bruno Gröning nach Antragstellung in Stuttgart noch nicht einmal zu einer obligaten Prüfung vom Gesundheitsamt, sein Antrag wurde bereits im Vorfeld abgelehnt.

Die entsprechende Begründung läßt deutlich eine einseitig negative Parteinahme der Behörden ihm gegenüber erkennen:

Man legte ihm die Verhältnisse am Traberhof zur Last, unterstellte ihm, er hätte in der Bevölkerung Massenpsychose bewirkt und die Zustände am Traberhof hätten ihn unberührt gelassen. Die Behörde ging sogar soweit, seine Tätigkeit als „eine Gefahr für die Volksgesundheit" zu bezeichnen und ihm „infolge Schwäche seiner geistig-seelischen Kräfte" die für die Berufsausübung erforderliche Eignung abzusprechen.[42]

Es wirkt sehr befremdlich, wenn man die durch eine Sensationspresse bewirkte Zusammenballung von menschlichem Leid als „Massenpsychose" bezeichnet. Ist der Ausdruck von Not und Verzweiflung Tausender Menschen, die durch Bruno Gröning aus der Verborgenheit am Rande des öffentlichen Lebens hervortreten, Ausdruck einer „Massenpsychose"?

Prof. Josef Kellner aus N. äußerte in einer Zuschrift an die „Neue Zeitung" in München am 01.10.1949 u. a.:

„Mitschuldig an dem überaus starken Zulauf, den Gröning hat, sind demnach die diplomierten Ärzte mehr oder weniger selbst, weil sie eben den Heilungssuchenden nicht helfen konnten. Ich bin davon überzeugt, daß jeder dieser Unglücklichen, die jetzt Gröning aufsuchen, vorher nicht nur einen, sondern meistens mehrere Ärzte zu Rat und Hilfe gezogen hat."[43]

Für den Beobachter, der sich näher mit den Zielen und dem Wirken Bruno Grönings auseinandergesetzt hat, wirken die Vorwürfe des Amtes für öffentliche Ordnung und des Gesundheitsamtes in Stuttgart geradezu grotesk. Dabei ist bezeichnend, daß sich das Amt in seiner einseitig negativen Beurteilung nur auf die Aussagen von Personen stützte, die Bruno Gröning und seinem Wirken aus persönlichen oder weltanschaulichen Gründen ablehnend gegenüberstanden.

Interessant ist, daß in einem 1957 im Rahmen des Prozesses 1955-59 erstellten ärztlichen Gutachten an der Universität Freiburg, in dem Bruno Gröning vom Gericht auf seine strafrechtliche Verantwortlichkeit geprüft werden sollte, die Gutachter Prof. Jung und Dr. Kornhuber ihm

„eine an der oberen Grenze des Durchschnitts liegende [...] Intelligenz"[44]

bescheinigten und sich im Hinblick auf die Ablehnung seiner Zulassung als Heilpraktiker in Stuttgart wie folgt äußerten:

„Nach unseren Befunden wäre es zu empfehlen, diese früheren Beurteilungen [...] zu überprüfen."[45]

Nach der Ablehnung seines Antrags in Stuttgart zog er die eingereichte Anfechtungsklage auf Anraten der Rechtsanwälte, die ihm hilfreich aus Sympathie zur Seite standen, zurück und unternahm keine weiteren Schritte mehr, als Heilpraktiker anerkannt zu werden. Er hatte sich ohnehin nie ganz mit diesem Ziel identifizieren können und sich nur um diesen Rechtsstatus bemüht, um jede Möglichkeit zu nutzen, Zugang zu den Heilungssuchenden erhalten zu können.

Die Gründung des „Gröning-Bundes" am 22.11.1953 in Murnau-Seehausen bildete das Ende seiner jahrelangen Bemühungen um eine Heilgenehmigung. Diesem Bund waren die Gemeinschaften von Heilungssuchenden und Geheilten, die sich in den verschiedenen Orten gebildet hatten, angeschlossen. Bruno Gröning wurde zu Versammlungen der verschiedenen Ortsgemeinschaften des „Gröning-Bundes" als Redner eingeladen.

1955, fast ein Jahr nach der Ablehnung seines Antrages zur Anerkennung als Heilpraktiker in Stuttgart und der Gründung des Gröning-Bundes, erreichte ihn die Anklageschrift zum „großen Prozeß", der sich dann bis zu seinem Tode hinzog.

So wurde Bruno Gröning vom Beginn seines Wirkens, im Frühjahr 1949 in Herford, bis zu seinem Tode unter Zuhilfenahme eines Gesetzes, dessen Anwendbarkeit auf sein Wirken aus der heutigen Sicht sehr bedenklich erscheint, von den Gesundheitsbehörden verfolgt und ständig behindert. Es ist anerkennenswert, daß er trotz der großen Schwierigkeiten, die ihm durch eine unflexible Rechtsprechung in Deutschland bereitet wurde, nicht den vielfältigen lukrativen Angeboten aus dem Ausland gefolgt ist, wo sein Wirken nicht diesen Hindernissen unterworfen gewesen wäre. Er sah seine Aufgabe gerade in seinem Heimatland, wo man ihn am wenigsten verstanden hat.

Seine innere Einstellung all diesen fortdauernden Widerständen gegenüber machte er nach fast eineinhalb Jahren vergeblicher Bemühungen um die Heilgenehmigung in einem Vortrag vom 5. Oktober 1950 in Krailling bei München deutlich:

„Es ist mir wieder mal ein Verbot auferlegt worden, weil es einzelne Menschen nicht zulassen, daß ich kranke Menschen heile. Es ist nicht zulässig, daß man mir das verbieten kann. Gott sei Dank weiß ich, wer es getan hat und warum. Ich betone ausdrücklich, daß ich noch nie daran gedacht habe, Menschen zu bekämpfen, wie es einzelne Ärzte mit mir tun. Aber ich denke nicht daran, mich von Menschen von meinem Werk abhalten zu lassen. Ich habe vergangenes Jahr in Herford, als ich das schriftliche Verbot erhielt, gesagt, daß es kein menschliches Gesetz gibt, mir derartiges zu verbieten. Für mich kommt nur ein Gesetz in Frage, und das ist das göttliche, und das verbietet es nicht."[46]

## Die „selbstlosen" Mitarbeiter

Bruno Gröning war, als er in der Öffentlichkeit bekannt wurde, nicht nur Anziehungspunkt für eine große Zahl Heilungssuchender, sondern es fanden sich auch Personen ein, die sich durch sein Wirken persönlich zu bereichern suchten.

In seinem Lebenslauf schreibt er dazu:

„Alle drängten sich vor mit dem Versprechen, mir die Heilgenehmigung zu verschaffen, verschwanden aber als mehr oder weniger entlarvte Gangster wieder, nachdem ihre Geschäfte abgewickelt waren und [sie] mir ein zweifelhaftes Renommee hinterlassen hatten, was von der Presse gierig aufgefangen wurde."[47]

Einer dieser Mitarbeiter war Otto Meckelburg, der Anfang November 1949 auf Gröning mit vielen Versprechungen zutrat und das ihm entgegengebrachte Vertrauen zu skrupellosen Geschäftspraktiken ausnutzte. Bruno Gröning stellte sich ihm und seinem Verein vertraglich voll und ganz zur Verfügung. Meckelburg ersetzte die bisherigen Mitarbeiter Grönings aus Herford und der Zeit am Traberhof durch eigene Mitarbeiter und begab sich mit Gröning nach Wangerooge. Er ließ ihn auf selbst organisierten Veranstaltungen sprechen und verstand es, sich als Schlüsselfigur in der Umgebung Bruno Grönings herauszustellen. Kaum ein Heilungssuchender kam noch ohne Meckelburgs Wissen an Bruno Gröning heran. Monatelang machte Otto Meckelburg trotz Grönings entgegengesetzter Weisung ohne sein Wissen den Eintritt zu Bruno Grönings Vorträgen von zum Teil großen „Spenden" abhängig. Er forderte hohe Geldbeträge von den Hilfesuchenden, täuschte diesen vor, das Geld zum Aufbau von Heilstätten für Bruno Gröning zu gebrauchen, verwendete es aber in Wirklichkeit für persönliche Zwecke.

Dr. Trampler berichtet darüber:

„Bald nach der Übergabe der Geschäftsführung durch Meckelburg stellte ich fest, daß dieser bestrebt war, Gröning systematisch von seinen früheren Freunden und von der unmittelbaren Berührung mit den Heilungssuchenden zu trennen. Meckelburg betonte immer: ‚Alles geht nur durch mich', und er erstrebte, diese Kontrolle auch auf alle persönlichen Beziehungen des Herrn Gröning auszudehnen. Da auf diese Weise jedes freie persönliche Wort gegenüber Herrn Gröning unmöglich gemacht war, zog ich mich während der Anwesenheit des Herrn Meckelburg aus der unmittelbaren Mitarbeit zurück. Dies mußte ich um so mehr tun, als mich immer häufiger Nachrichten darüber erreichten, daß Meckelburg unter der Vorspiegelung, daß es sich um Stiftung für den Aufbau von Heilstätten handele, in Wirklichkeit ungewöhnlich hohe Behandlungshonorare von den Heilungssuchenden erhob. Ich war und bin der Überzeugung, daß Herrn Gröning dieses Geschäftsgebaren verheimlicht wurde und daß man ihm vormachte, es handelte sich um freiwillige Schenkungen. [...] [Ich] hatte damals auch keine Möglichkeit, Herrn Gröning ausreichendes Material für eine fristlose Kündigung des mit dem Verein bzw. Herrn Meckelburg geschlossenen Vertrages an die Hand zu geben. Nach meiner Überzeugung hat Herr Gröning in den Tagen vor dem 10.06.50 die erste Gelegenheit eines lückenlosen Beweises gegen das Geschäftsgebaren Meckelburg benützt, um seine Trennung von ihm zu vollziehen."[48]

Grete Häusler erzählte mir, daß eine Freundin mit Bruno Gröning zusammenkommen wollte und ihn in Klais bei Mittenwald im Frühjahr 1950 aufsuchte. Sie wurde, als sie das Haus betrat, von Meckelburg empfangen. Er gab ihr zu verstehen, daß Bruno Gröning nicht anwesend sei, und forderte von ihr als Voraussetzung für eine Begegnung einen höheren Geldbetrag. Sie beharrte auf ihrem Wunsch und verweigerte die Zahlung. Darauf entstand eine Auseinandersetzung, auf die Bruno Gröning, der sich in seinem Zimmer im ersten Stock befand, aufmerksam wurde. Als er der Hilfesuchenden gewahr wurde, bat er sie sofort zu sich, und sie konnte über sieben

Stunden mit ihm sprechen, ohne daß er von ihr auch nur einen Pfennig verlangt hätte.[49]

Doch in Bruno Grönings Abwesenheit kassierte Meckelburg immer wieder Geld.

Karl Forster aus M. bemühte sich, in Verbindung mit Bruno Gröning zu treten, und begab sich aus diesem Grunde nach Mittenwald. Er berichtete von seinen Erlebnissen:

„Es dürfte Mitte Mai 1950 gewesen sein, als ich mit dem Auto nach Mittenwald fuhr, um dort mit Gröning zusammenzutreffen. Jeder Heil- und Linderungssuchende mußte sich im Büro der Pension ‚Landes' anmelden. Dort traf ich mit dem Geschäftsführer Meckelburg zusammen. Diesem brachte ich mein Anliegen vor. Meckelburg erklärte mir, daß es ohne Bezahlung eines größeren Geldbetrages nicht möglich sei, bei Gröning vorzusprechen, und forderte gleichzeitig die Summe von 1 000 DM. Ich erklärte ihm, daß ich zur Bezahlung dieses Betrages nicht in der Lage sei. Hierauf setzte Meckelburg die Summe auf 700 DM herab. Als ich mich auch mit der Bezahlung dieses Betrages nicht einverstanden erklärte, gab mir Meckelburg zu verstehen, daß die Mindestsumme 400 DM betrage, um mit Gröning in Verbindung treten zu können. Mit der Bezahlung dieses Betrages erklärte ich mich dann einverstanden."[50]

Otto Meckelburg stellte, wie auch in vielen anderen Fällen, eine Quittung aus, mit der er den Betrag als „Spende zum Aufbau der Heilstättenorganisation Bruno Grönings" darstellte, aber Herr Forster erkannte, daß dies nur vorgetäuscht war. Er bekannte, daß er ab dem Zeitpunkt nicht mehr daran glauben konnte, daß das gespendete Geld für den Bau von Heilstätten verwendet werde, als ihm Meckelburg erklärte, er „dürfe Gröning von dem an ihn ausgehändigten Geldbetrag nichts sagen".[51]

Ilse Lüneburg, eine Zeitzeugin aus dem damaligen Mitarbeiterkreis, konnte ähnliches über Meckelburg bezeugen:

„Ich hatte wohl schon gehört, daß Meckelburg Heilungssuchende gefragt haben soll, welchen Betrag sie spenden könnten, und als ihm der Betrag zu gering erschien, hätte er dem Patienten geraten, lieber nach Hause zu fahren. Mir selbst hatte Meckelburg streng verboten, irgendeinen Kranken ohne sein Wissen zu Gröning zu lassen bzw. eine Heilung zu vermitteln. Es mußte praktisch jeder Heilungssuchende erst bei Meckelburg gewesen sein. Meines Erachtens hing es dann davon ab, ob der Heilungssuchende eine genügende

Otto Meckelburg mit Frau zur Zeit des Prozeßes 1957-59

Summe spenden konnte oder nicht. Auch Gröning hat gewußt, daß Meckelburg von den Heilungssuchenden Spenden annimmt. Dagegen dürfte er nicht gewußt haben, auf welche Art und Weise Meckelburg zu Geld kam. Ich habe des öfteren mit angehört, wie Gröning zu Meckelburg sagte, daß es ihm lieber wäre, wenn kein Geld für die Behandlung eingenommen würde, und es dürfe auf keinen Fall die Spende mit der Heilung in Verbindung gebracht werden.“[52]

In einem anderen Fall hatte Meckelburg vom Ehemann einer schwer erkrankten Frau vergeblich einen hohen Geldbetrag gefordert, und als dieser seine Frau nach Mittenwald brachte, Bruno Gröning kein Wort darüber mitgeteilt, daß eine Heilungssuchende ihn zu sprechen wünsche. Kurz zuvor war es zu schweren Auseinandersetzungen zwischen Bruno Gröning und Meckelburg gekommen. Einige Tage später traf Gröning diese Frau zufällig, und auf ihre Bitte um Hilfe nahm er sich sofort Zeit für sie, ohne Geld zu fordern.[53]

Eine Aufklärung über die Finanzlage des Vereins wurde Bruno Gröning von Meckelburg verwehrt mit dem Hinweis, daß ihn die Finanzgestaltung nichts angehe, Gröning habe nur für den Verein zu arbeiten. Meckelburg betonte, daß er allein die finanzielle Verantwortung trage, und wies Gröning wiederholt auf seine vertraglichen Verpflichtungen hin. Erst kurz vor der Trennung Mitte 1950 war er bereit, Bruno Gröning Auskunft über die zu diesem Zeitpunkt desolate Finanzlage seines Vereins zu geben.[54]

Doch Meckelburg war nicht der erste und einzige, der das Vertrauen und die Hilfsbereitschaft Grönings mißbrauchte. Bereits in Herford sahen einige Mitarbeiter der näheren Umgebung Bruno Grönings weniger das Leid der Heilungssuchenden als ihren eigenen Vorteil.

Der Eingang einer großen Anzahl von Briefen, denen häufig kleinere Geldbeträge beigefügt waren, stellte eine große Versuchung dar, Gelder für eigene Zwecke zu mißbrauchen.

Dazu wieder ein Zitat aus dem Lebenslauf Bruno Grönings:

„Diese Briefe sollten nach meiner ausdrücklichen Anordnung nur in Gegenwart von zwei Zeugen deshalb geöffnet werden, weil diesen Briefen zum größten Teil Geldspenden beilagen. Diese Gelder sollten buchmäßig erfaßt werden, um den behördlichen Bestimmungen gerecht zu werden; aber nicht nur deshalb, sondern auch damit sich keiner der Brieföffner an den Geldern z. T. der Ärmsten der Armen bereichern konnte.“[55]

E. A. Schmidt bildete das Haupt der Umgebung Bruno Grönings in Herford. Schmidt empfing die Post und kontrollierte sie zusammen mit Herrn Hülsmann, dem Gastgeber Bruno Grönings. Daneben gab es noch andere Mitarbeiter, um einigermaßen die großen organisatorischen Schwierigkeiten bei einem Posteingang von 1 000 bis 2 000 Briefen täglich und der immer wieder neu andrängenden Masse der Heilungssuchenden zu bewältigen. Im Hause Hülsmann war eine Obstschale aufgestellt, in die von manchen Heilungssuchenden Spenden gegeben wurden. Bruno Gröning hatte ein Bankkonto eröffnet, auf das die eingehenden Spenden nach Abzug der laufenden Kosten eingezahlt werden sollten. Dieses Geld wollte er u. a. dem Superintendenten Kunst aus Herford für karitative Zwecke zur Verfügung stellen.[56]

In der ersten Zeit wurde gemäß der Anweisung Bruno Grönings eine buchmäßige Erfassung unter Zeugen durchgeführt. Aber der Andrang der Massen und die häufige Abwesenheit Grönings ließen weiterhin keine genauere Kontrolle von seiner Seite zu, dies führte dazu, daß Mitarbeiter die Situation für ihren persönlichen Vorteil nützten. Dr. L., der in der Herforder Zeit mehrfach in nächster Nähe um Bruno Gröning das Geschehen beobachtet hatte, konnte mir gegenüber dies als Augenzeuge bestätigen.

Er betonte, daß er nie gesehen habe, daß Bruno Gröning Geld bekommen oder Geld bei sich getragen habe. Die Gelder, die in Herford als Spenden oder durch die Briefe hereinkamen, hat, so Dr. L., „die Umgebung einkassiert, das habe ich einmal selbst gesehen. Das war gar nicht wenig."[57]

Nachdem Bruno Gröning aus Herford vertrieben worden war, blieb E. A. Schmidt zurück, da sich weiterhin trotz der Abreise Bruno Grönings Heilungssuchende am Wilhelmsplatz 7 drängten und die Post in unverminderter Menge eintraf.

Im nachhinein stellte sich heraus, daß Schmidt mehrere tausend (ungeöffnete) Briefe an sich genommen hatte und einen Großteil der in Herford vorliegenden Dokumente nach der Trennung von Bruno Gröning einbehielt. Er ließ Gelder auf sein eigenes Konto zahlen. Sogar Sachspenden, die von Heilungssuchenden aus Dankbarkeit für Herrn Gröning abgegeben wurden (z. B. Zigaretten, Lebensmittel), wurden unterschlagen. Dies wird von mehreren Zeugen z. T. eidesstattlich belegt.[58-62]

Aber auch am Traberhof arbeiteten einige Personen in die eigene Tasche. Erich K., damals Mitarbeiter Grönings in Herford und am Traberhof, erinnert sich:

„Wir haben erlebt, was auf dem Traberhof für Scharlatane aufgetaucht sind und unter den Leuten kassiert haben. Ich kann Ihnen Stories erzählen vom Traberhof, wo Geld gemacht wurde, unter seinem [Grönings] Decknamen. Die haben kassiert, und er hat nichts davon gewußt. Das war zum Teil so kriminell. Wir haben das auch nicht geahnt, bis plötzlich die Polizei darauf kam."[63]

Immer wieder traten Heilungssuchende auf die Mitarbeiter Grönings zu, um sich einen bevorzugten Zugang zu diesem zu erkaufen. Es waren nur wenige, die diesen Versuchungen gegenüber eisern blieben.

Erich K. gehörte zu den Mitarbeitern, die ohne Gewinnabsicht Bruno Gröning begleiteten:

„Ich habe keine Mark, ich habe nichts genommen, ich hätte alles haben können. Die Autoschlüssel und die Diamanten haben sie uns auf den Tisch gelegt, Brillanten - wenn wir sie zu ihm gelassen hätten. Aber wir waren alle drei [er und zwei andere Mitarbeiter] eisern, da gab es ja nichts."[64]

Aber auch der Heilpraktiker Eugen Enderlin in München, mit dem Bruno Gröning von August bis Oktober 1950 zusammenarbeitete, um die Heilgenehmigung zu erlangen, wollte aus der Verbindung mit Gröning Geld machen. Seine Praxis erlebte durch die Anwesenheit Bruno Grönings einen noch nie dagewesenen Boom, so daß er sich sogar in Feldafing eine Villa kaufen und einrichten konnte.[65]

Dr. Trampler, der Jurist und Journalist, der nach der Heilung eines Kriegsleidens am Traberhof Bruno Gröning sehr wohlwollend gegenüberstand, machte Bruno Gröning nach der Trennung von Enderlin im Oktober 1950 den Vorschlag, zusammen mit ihm selbständig Vorträge abzuhalten. Die Vorträge fanden in der Pension der Gräfin Weikersheim in Gräfelfing statt und wurden im Laufe der folgenden Monate von Hunderten von Hilfesuchenden aufgesucht. Trampler kümmerte sich um die organisatorischen Angelegenheiten und kassierte zur Deckung der Unkosten drei DM pro Person. Doch respektierte er den Wunsch Bruno Grönings, daß Minderbemittelten freier Eintritt zu den Vorträgen gewährt werden sollte.[66]

Trampler trennte sich später von Bruno Gröning, weil er glaubte, genug von diesem erfahren zu haben und nun selbst heilen zu können.[67] Im Gegensatz zu Bruno Gröning wurde ihm die Zulassung zur Heilpraktikerprüfung nicht verwehrt.

Das Wirken der verschiedenen „Manager“ um Bruno Gröning wurde in der Presse unterschiedlich aufgenommen. Einige Zeitungen vermochten zu differenzieren, andere wiederum warfen Gröning vor, er hätte sich an den Geldern der Heilungssuchenden bereichert.

In der Stuttgarter Wochenpost vom 25.09.1949 hieß es unter der Titelüberschrift „Großverdiener um Gröning - [...] Der selbstlose Wunderdoktor und sein profitlüsternes Gefolge":

„An dem Phänomen Gröning ist kein Zweifel mehr. Seine Heilungen - auf was sie auch immer beruhen mögen - sind Wirklichkeit, und es bleibt die Aufgabe der Wissenschaft, die ihn bisher skeptisch beurteilte, diese Heilungen zu erklären. Was aber dringend einer Kritik bedarf, das sind die Methoden, mit denen Grönings Gefolge arbeitet. Nicht Gröning, wohl aber einige seiner Manager verdienen Millionen an den Heilungen. Soweit bisher bekannt wurde, hat es Gröning immer abgelehnt, seine Fähigkeiten kommerziell so zu nutzen, wie er es ohne Schwierigkeiten tun könnte. Um so weniger jedoch steht ein Gewinn aus den Leiden kranker Menschen jenen zu, denen diese außergewöhnlichen Fähigkeiten eines Menschen nur Gegenstand kommerzieller Erwägungen sind. Unser Sonderberichterstatter, der als Saulus nach Rosenheim fuhr und als Paulus zurückkehrte, konnte an diesem Punkt des Komplexes Gröning nicht ohne mahnende Worte vorübergehen."[68]

In anderen Zeitungen fand ich Überschriften wie „Bruno Gröning wieder auf Beutezug", „Wunderdoktor mit Opel Kapitän", „Gutes Geschäft für den Wunderdoktor und Seelenarzt", in der Passauer Presse vom 04.04.1957 hieß es sogar, daß „gutorientierte Kreise" der Meinung seien, „daß er [Gröning] einer der reichsten Männer Westdeutschlands ist".[69]

Der finanzielle Gewinn seiner Manager wurde als Gewinn Grönings dargestellt. So wurde Bruno Gröning in der eingangs erwähnten Anklageschrift zum Prozeß 1955-59 vorgeworfen, daß er durch Heilbehandlungen zwischen Dezember 1949 und Ende 1950, also genau in dem Zeitraum, in welchem erst Otto Meckelburg (November 1949 bis Mitte Juni 1950) und dann Eugen Enderlin (August bis Oktober 1950) die eintreffenden Gelder eingenommen hatten, „Einnahmen von einigen 100 000 DM" erzielt habe.[70]

Auch für den späteren Zeitraum glaubte der „Weser Kurier" erfahren zu haben, daß „er für seine ‚Glaubensvorträge' beachtliche Gebühren kassiert hat"[71], und in der „Konstanzer Sonderpost" war am 15.05.1950 zu lesen:

„Wir Fachleute fordern [...] Schranken für Gröning zum Schutze der leidenden Menschheit und seiner selbst! Stanniolkugeln, Bilder, Plaketten etc. nimmt doch wohl kein vernünftig denkender Mensch ernst. Gröning sagt, daß er seine ‚von der unbeschränkten Allmacht anvertrauten Kräfte überall und auf sozialer Basis einzusetzen in der Lage ist'. Meint er nun laut Filmstreifen den katholischen oder den protestantischen Gott, oder meint er alle

Götter? Wie dem auch sei, was hat mit ‚Allmacht' und sozialer Basis seine widerliche Geschäftemacherei zu tun?"[72]

Solche Aussagen stehen im krassen Widerspruch zu dem persönlichen Selbstverständnis Bruno Grönings.

In seinem Vortrag vom 05.10.1958 in Springe wird die Einstellung Bruno Grönings zum Geld sehr deutlich:

„Nein, Freunde, die Gesundheit kann sich keiner erkaufen, so viel Geld gibt es ja gar nicht, denn das Geld, das ist ja Erde, das ist ja auch von Gott so geschaffen, daß wir ein Zahlungsmittel haben, ein Gestein Erde, das wir haben, das selten ist, und das ist die Währung, das ist die Deckung des Geldes. [...] Also, mit Gott selbst zwei Geschäfte machen, ihm dafür dieses Geld, sein Besitztum geben: ‚Da hast du alles, jetzt gib mir meine Gesundheit!' Glauben Sie, Freunde, daß Gott das so will? Ja? - Nein? Ich nicht. Aber wehe dem, der dieses Geld annimmt und sagt: ‚Gut, ich gebe dir die Gesundheit, dafür gib mir das Geld!' Natürlich kriegt er sie nicht, die Gesundheit, das Geld ist er nur los, der andere hat's Geld."[73]

Man kann durch eidesstattliche Aussagen und viele Zeugenaussagen belegen, daß Bruno Gröning tatsächlich von den ersten Tagen seines öffentlichen Wirkens bis zu seinem Tode dem Grundsatz treu geblieben ist, nie Geld für eine Heilung zu fordern.

Der Zeitzeuge Erich K. legte mir während eines Gesprächs seine eidesstattliche Erklärung vor, die er am 14.06.1950 abgegeben hatte.

Hier ein Auszug:

„Ich erkläre hiermit an Eides Statt:

Herr Bruno Gröning hat meines Wissens seit Beginn seiner Heiltätigkeit niemals Geld verlangt und hat während dieser Zeit auch kein Geld besessen.

Herr Gröning hat die Anordnung gegeben, daß die eingehenden Unkostenbeiträge auf Listen eingetragen werden sollten, für sich hat Bruno Gröning von diesen Beiträgen nichts erhalten. Es war ihm auch die Höhe der vorhandenen Summen nicht bekannt.

Adressenmaterial und Dokumente befanden sich für gewöhnlich nicht in den Händen von Bruno Gröning. [...]

Die vorstehende Erklärung bezieht sich auf die Zeit von Juni 1949 bis 10.11.1949."[74]

Bruno Gröning und Eugen Enderlin 1952

Otto Meckelburg hatte sich ein Einkommen von 1 000 DM plus 25 DM für jeden Tag beruflicher Abwesenheit zugebilligt[75] und für seine Frau noch einmal die Hälfte. Auch die von ihm angeheuerten Mitarbeiter erhielten entsprechende Gelder. Gröning hingegen erhielt keine finanziellen Zuwendungen vom Meckelburgschen Verein. Meckelburg sorgte lediglich für Unterkunft und Verpflegung an den von ihm bestimmten Vortragsorten.[76]

Richard Westphal aus H., bei dem Bruno Gröning im Sommer und Herbst 1949 zu Gast war und vor dessen Haus es auch zu einem großen Ansturm Heilungssuchender kam, betonte, „daß es Gröning stets abgelehnt hat, Geld anzunehmen". Gröning habe ihn vielmehr gebeten, „Geldbeträge, die eventuell unter seiner Anschrift für ihn eingehen, unverzüglich zurückzusenden".[77]

Hans Taubenberger aus S., dessen Frau am Traberhof geheilt worden war, berichtete ähnliches. Als Bruno Gröning ihn nach der Traberhofzeit auf seine Einladung hin aufsuchte, fanden sich bald auch in und um seine Wohnung Heilungssuchende ein. Er konnte beobachten, daß Bruno Gröning „sämtliche Angebote von Geld immer abgewiesen habe".[78]

Wovon aber lebte Bruno Gröning?

In der ersten Zeit des Aufbaus von März 1949 bis Ende 1950 fand er immer wieder Aufnahme bei Geheilten und Heilungssuchenden.[79] Der Wagen, den er für die Fahrten in den ersten Monaten seines Wirkens benutzte, wurde ihm von einem Geheilten kostenlos und leihweise zur Verfügung gestellt.[80] In Herford gaben zudem noch viele Personen Lebensmittel ab. Am Traberhof war er Gast des Besitzers Leo Harwart. In der Ära Meckelburg erhielt er von dessen Verein freie Kost und Logis. Nach der Trennung von Meckelburg wurde Bruno Gröning von Dr. Trampler in Gräfelfing aufgenommen. Danach lebte er bis ungefähr 1954/55 bei Ehepaar Kellner in Grafrath bei München, mußte aber dort Miete bezahlen.[81] Es entstanden die ersten Gemeinschaften an verschiedenen Orten, die er regelmäßig besuchte. Seinen Lebensunterhalt bestritt er von den freiwilligen Spenden, die ihm durch seine Vortragstätigkeit zuflossen, und von gelegentlichen Zuwendungen dankbarer Personen. Für sich selbst hatte er nur die geringsten Ansprüche. Dabei war er, wie sein Verteidiger Dr. Reuss im Prozeß 1951/52 betonte, ordnungsgemäß beim Finanzamt angemeldet.[82]

Im November 1953 wurde der „Gröning-Bund" gegründet, der es sich zur Aufgabe gesetzt hatte, Bruno Gröning soweit finanziell zu unterstützen, daß er sich voll und ganz seiner Berufung widmen konnte. Der Bund finanzierte sich durch Mitgliedsbeiträge und Spenden, mit denen die Betreuung der

Gemeinschaften im In- und Ausland, die Fahrten Bruno Grönings zu den Gemeinschaften und seine persönlichen Ausgaben gedeckt wurden.

1955 zog Bruno Gröning nach seiner Hochzeit in eine Doppelhaushälfte in Plochingen, die ihm ein Geheilter, Herr Baur, der mit seiner Frau den anderen Teil bewohnte, aus Dankbarkeit schenken wollte, damit er dort Ruhe und eine Bleibe finden sollte. Gröning nahm dies als Geschenk nicht an, sondern verpflichtete sich, je nach Möglichkeit in Raten abzuzahlen.[83]

Sein Wagen, ein Opel „Kapitän", den er später fuhr und der manchen Zeitungen Anlaß zu falschen Schlüssen gab, wurde ihm von seinen Freunden in den verschiedenen Gemeinschaften im In- und Ausland, die in regelmäßigen Abständen seinen Besuch zwecks eines Vortrags wünschten, zur Verfügung gestellt.[84]

In den letzten Jahren war die Finanzlage Bruno Grönings besonders schlecht, da er die Kosten für seinen Rechtsanwalt u. a. m. in dem Prozeß in München 1955-59 zu tragen hatte und der „Gröning-Bund" ihn aufgrund der Unflexibilität der Leitung nur noch unzureichend unterstützte. Einige Male mußte somit Bruno Gröning sogar an Freunde mit der Bitte um ein Darlehen herantreten, und manch ein Freund half ihm durch eine Schenkung aus der ärgsten finanziellen Not. Er hatte zusätzlich noch etliche Gerichtsverhandlungen mit damaligen Mitarbeitern aus der ersten Zeit zu bestreiten. Seine ehemaligen Gastgeber aus Herford z. B. verklagten ihn, nachdem er sich von ihnen getrennt hatte. Sie stellten ihm beim Arbeitsgericht die Benutzung der Räume in Herford und ihre eigene Zeit in Rechnung, und Gröning mußte bis an sein Lebensende monatlich zahlen.[85]

Die geschilderten Fakten zeigen deutlich durch ihre Diskrepanz zur Presseberichterstattung, wie leicht durch Oberflächlichkeit und Vorurteile Tatsachen verdreht und verfälscht werden können.

## Racheakt ehemaliger Manager

Die Mitarbeiter, die aus finanziellen Interessen an die Seite Bruno Grönings getreten waren, wurden meist, nachdem er ihre Machenschaften aufgedeckt und sich von ihnen getrennt hatte, seine ärgsten Widersacher. Sie verstanden es dann oft, die durch sie selbst herbeigeführten Zustände gegen ihn zu verwenden. Auch dies wurde meistens undifferenziert von der Presse aufgegriffen, zum großen Schaden von Bruno Grönings öffentlichem Ansehen. Bezeichnend für die Einstellung Meckelburgs z. B. sind folgende Worte, in denen seine Ziele nach der Trennung von Bruno Gröning sehr deutlich werden:

„Den Gröning werde ich schon kleinkriegen, ich breche ihm alle Gräten."[86]

Der Heilpraktiker Enderlin ging nach der Trennung von Bruno Gröning dazu über, diesen bei den Behörden, verschiedenen Privatpersonen und einzelnen Presseorganen in Gesprächen und Briefen zu diffamieren.[87]

Auf diese Weise entstand die schwerste Belastung gegen Gröning im großen Prozeß aufgrund einer Anzeige von Enderlin und einem Schreiben von Meckelburg an die Regierung. Beide bezichtigten ihn, kurze Zeit nachdem er sich von ihnen getrennt hatte, der fahrlässigen Tötung an der jungen Ruth Kuhfuß aus Säckingen.

Da dieser Anklagepunkt große Verbreitung in der Presse fand und oft sehr unfair dargestellt wurde, sehe ich mich veranlaßt, das damalige Geschehen einmal zu umreißen:

Der Sparkassenangestellte Emil Kuhfuß aus Säckingen kam Anfang November 1949 mit seiner 17jährigen Tochter Ruth, die an einer doppelseitigen Lungentuberkulose erkrankt war, zu einem von Meckelburg und Hülsmann organisierten Vortrag Bruno Grönings nach Bad Wiessee, weil er sich dort die Heilung seiner Tochter erhoffte.

Schon während des Vortrags vor etwa 25 Personen fiel Ruth Bruno Gröning auf, weil sie in der ersten Reihe saß und mit einer Decke umhüllt war. Obwohl er aus einem inneren Erkennen Meckelburg in einer Auseinandersetzung nach dem Vortrag deutlich zu verstehen gab, daß auch er Ruth nicht mehr helfen könne, bedrängte Meckelburg Gröning wiederholt, er solle das Mädchen heilen. Meckelburg zeigte das größte Interesse an der jungen Kuhfuß und war der festen Überzeugung, daß Gröning Ruth Kuhfuß heilen könne, wenn er nur wolle, weil sogar in Abwesenheit Bruno Grönings seine Frau gesund geworden war. Diese Überzeugung hatte er auch in Vater und Tochter Kuhfuß, mit denen er offenbar schon vorher gesprochen hatte, geweckt.

In einer anschließenden Unterredung mit Bruno Gröning, Ehepaar Meckelburg und ihrem Vater sagte Fräulein Kuhfuß, daß bereits eine Besserung ihres Gesundheitszustands eingetreten sei und sie jetzt ganz fest daran glaube, daß sie wieder gesund werde. Vater und Tochter erklärten Gröning gegenüber, daß sie volles Vertrauen zu ihm hätten und der Überzeugung seien, daß er helfen würde und könne. Sie betonten, daß er ihre letzte Hoffnung sei, weil die Ärzte Ruth aufgegeben hätten. Besonders Ruth sprach Bruno Gröning gegenüber ihre starke Abneigung gegen eine weitere ärztliche Therapie aus. Gröning wollte der Schwerkranken nicht die letzte Hoffnung nehmen, riet ihr aber dringend, sich wieder in ärztliche Kontrolle zu begeben. So schloß er ihr gegenüber die Möglichkeit einer Heilung nicht aus. Zum Vater sagte er dann, daß aber gesund fühlen noch nicht heiße, daß sie auch gesund sei, und forderte ihn auf, eine ärztliche Nachuntersuchung und eine Röntgenaufnahme zu veranlassen. Zur gleichen Zeit wurde für die junge Frau ein Platz in der Heilstätte Wehrawald frei, den der Vater aber noch während des Aufenthalts in Bad Wiessee absagte.

Die folgende Korrespondenz zwischen Vater Kuhfuß und Meckelburg wurde Gröning von Meckelburg vorenthalten. Er erfuhr erst Mitte Mai 1950 von den bittenden Briefen des Vaters, der offenbar erneut Kontakt zu Bruno Gröning suchte. Ohne das Wissen Grönings versprach Meckelburg dessen Kommen und zwang ihn mit Hinweis auf seine vertragliche Verpflichtung, dem Meckelburgschen Verein voll und ganz zur Verfügung zu stehen, Familie Kuhfuß in Säckingen zu besuchen. Er wollte Bruno Gröning zwingen zu helfen und äußerte, Gröning sei „gekommen, den Rest der Krankheit wegzunehmen". Er forderte von Gröning, dies vor Ruth zu bestätigen. Die junge Frau begann zu weinen, und Bruno Gröning sah sich gezwungen, der Aufforderung Meckelburgs zu entsprechen, wenn er Ruth nicht die letzte Hoffnung nehmen wollte.

Otto Meckelburg bestärkte in seinen Briefen an den Vater Kuhfuß, trotz der gegenteiligen Aussage Bruno Grönings in Bad Wiessee, der in dem Mädchen eine Todeskandidatin sah, wiederholt dessen Glauben an eine baldige Heilung. Meckelburg gab Herrn Kuhfuß sogar eine Zusage zur Aufnahme seiner Tochter in die noch gar nicht bestehende Heilstätte seines Vereins in Mittenwald.[88]

Er war bestrebt, durch eine Heilung an Ruth Kuhfuß, deren gesundheitlicher Zustand trotz jahrelanger ärztlicher Bemühungen immer schlechter geworden war, eine „werbewirksame Zugnummer" für seinen im November 1949 vor der Gründung stehenden Verein zu erhalten.

Der Vater bemühte sich nicht weiter um Aufnahme seiner Tochter in eine Lungenheilstätte. Mit einem geradezu fanatischen Glauben klammerten er und seine Tochter sich an eine alleinige Heilung durch Bruno Gröning. Ruth, die sehr unter der bisherigen recht schmerzhaften ärztlichen Behandlung gelitten hatte und zudem in großer Furcht vor einer möglichen Operation lebte, an der, wie sie während eines Heilstättenaufenthalts 1946 als 15jährige erlebt hatte, viele Gleichaltrige gestorben waren, verweigerte weiterhin jede ärztliche Therapie. Erst Ende Dezember 1950 baten die Eltern einen bekannten Arzt um Hilfe, doch es war zu spät. Am 30. Dezember 1950 starb Ruth Kuhfuß an den Folgen ihrer Krankheit.

Obwohl Bruno Gröning am Tod von Ruth Kuhfuß keine Schuld nachgewiesen werden konnte, war allein die Anklage schon ein „gefundenes Fressen" für bestimmte Kreise. Die Presseveröffentlichungen sprechen eine deutliche Sprache. Man liest Überschriften wie „Blinder Glaube mit dem Leben bezahlt", „Wunderdoktor Gröning brachte den Tod", „Gröning unter schwerer Anklage", „Gröning ließ Mädchen sterben", „Tödliches Vertrauen" u. a. m. Noch bevor der erste Prozeß überhaupt begann, wurde Bruno Gröning bereits in der Öffentlichkeit durch viele Presseartikel für schuldig befunden. Die meisten Redakteure hielten es nicht für nötig, ihn selbst zu befragen; man zitierte lediglich die Vorwürfe der Belastungszeugen, die in der Anklageschrift ihren Niederschlag fanden, und veröffentlichte die verzweifelten Briefe des Vaters.

Stellvertretend für viele ähnlich lautende Berichte findet sich am 20. Februar 1957 im „Hamburger Echo" ein Artikel mit der ironischen Überschrift: „Das Meisterstück des deutschen Rasputin". Fünf Monate vor der Eröffnung des ersten Prozesses, der im Fall Kuhfuß für Bruno Gröning mit einem Freispruch endete, meint diese Zeitung, ohne genaue Kenntnis der Tatsachen in aller Öffentlichkeit Richter spielen zu müssen:

„Das Opfer des ‚deutschen Rasputin' ist die 18jährige Ruth Kuhfuß, die ihren Glauben an den Wundermann mit dem Leben bezahlen mußte"[89], heißt es noch in der Überschrift des Artikels, dessen Autor bereits in den ersten Zeilen seine fehlende Kenntnis der Hintergründe unter Beweis stellt. Die Diagnose der Lungentuberkulose wird in das Jahr 1949 verlegt, obwohl Ruth schon 1946 wegen der Erkrankung in einer Heilstätte war.

Die Prognose ihres Leidens, das sich bereits in den Jahren unter ärztlicher Therapie bis zur Lebensbedrohung verschlechterte, wird falsch beschrieben:

„Die Ärzte wußten nur einen Rat: Ein Lungenflügel mußte stillgelegt werden. ‚Sie müssen sich streng an die ärztlichen Vorschriften halten und in ständiger ärztlicher Überwachung bleiben - dann sind Sie in drei bis vier Jahren wieder ein vollkommen gesundes Mädchen!' versprechen die Mediziner."[90]

Eine Aussage, die sogar keiner der medizinischen Sachverständigen im Prozeß zu machen wagte, doch dem Journalisten floß sie leicht aus der Feder. Weiter heißt es in dem Bericht:

„‚Ich will und werde helfen', sagte der wundertätige Mann, ‚aber nur unter zwei Bedingungen ...' Bruno Gröning forderte, daß der Pneu des stillgelegten Lungenflügels aufgelassen werde und daß kein Arzt jemals wieder an das Krankenbett der Ruth treten dürfe. [...] Das Mädchen verfällt immer mehr. Erst als es sich nicht mehr wehren kann, wird ein Arzt zugezogen. Er kann nur noch mit den Schultern zucken: Für jede medizinische Hilfe ist es bei Ruth zu spät. [...] Das war das Meisterstück des ‚deutschen Rasputin', für das er sich jetzt bald vor Gericht zu verantworten hat."[91]

Hier werden Vorwürfe gegen Bruno Gröning ungeschminkt als „Tatsachen" hingestellt; die vielfachen Beweise, welche die Anschuldigungen widerlegen, bleiben ungenannt. Zur gleichen Zeit findet man, nur mit einigen kleinen Umformulierungen, den gleichen Zeitungsbericht in Augsburg, Hof, Karlsruhe, Mannheim, im Saarland, im Ruhrgebiet, im Rheingebiet, Detmold, Bremen, Flensburg u. a. m.

Es zeigt sich bei dem Vergleich der Berichte an den unterschiedlichen Orten, daß sie offenbar immer mehr oder weniger ausführliche Auszüge eines umfassenderen Berichts darstellen, der den Zeitungen von einer Presseagentur übermittelt wurde. Die einzelnen Zeitungen nahmen sich jeweils nach Bedarf Teile heraus, die in gutem Glauben auf die Richtigkeit der Behauptungen vom äußersten Norden bis in den Süden von Deutschland veröffentlicht wurden. In der „Lippischen Landeszeitung" (27.02.1957) aus Detmold, im „Westdeutschen Tageblatt" (27.02.1957) aus Dortmund, in der „Allgemeinen Gerichtszeitung" (24.02.1957) aus Augsburg wurde u. a. eine ausführlichere Fassung aufgenommen. Hier finden sich weitere offensichtliche Unwahrheiten, die mangelhafte Recherchen oder bewußte Parteinahme des Berichterstatters deutlich werden lassen. Die Überschrift der dort angeführten „Kurzbiographie" Bruno Grönings mit „Karriere eines Spinners" (Allg. Gerichtszeitung 24.02.1957) und der Beschreibung von Grönings öffentlichem Wirken als „Massenhysterie" oder als „Psychose" lassen die Tendenz erkennen. Am Ende zeigt der Berichterstatter noch einmal deutlich die Qualität seiner Recherchen, als er aus einem medizinischen Gutachten, das während des Prozesses 1952/53 über Bruno Gröning abgegeben wurde, zitiert und Victor von Weizsäcker als Autor des Gutachtens angibt, der das zitierte Gerichtsgutachten aber nachweislich nie verfaßt hat.

Aufgrund eines sachlichen Fehlers in der Anklageschrift, in der es hieß:

„Aus Gram über den Tod seiner Tochter ist am 27.02.1951 auch Herr Kuhfuß verstorben"[92],

warfen sogar einige Journalisten mehr oder weniger offen Bruno Gröning den Tod von Ruths Vater vor, obwohl dieser, wie später aufgedeckt wurde, im Februar 1951 acht Tage nach einer Gallenblasenoperation an einer Embolie verstarb.[93]

Die Wirkung einer solchen Berichterstattung auf den Leumund Grönings in der Öffentlichkeit wird dem Leser leicht nachvollziehbar sein. Es sind nur wenige Zeitungen, die auch die Sicht Bruno Grönings vom Ablauf der Ereignisse in ihre Berichterstattung mit einbeziehen. So blieb es ihm selbst überlassen, in Form von Richtigstellungen der tendenziösen Presseberichterstattung entgegenzuwirken. Bei der bundesweiten Verbreitung der Artikel waren diese Bemühungen jedoch nicht mehr als ein Tropfen auf den heißen Stein.

Aber nicht nur die Anklage, sondern auch die Prozesse selbst fanden in den meisten Teilen der Medien in tendenziöser Weise ihren Niederschlag. Es schien, als wollte man die Anklage auf fahrlässige Tötung auf jede mögliche Weise gegen Gröning ausschlachten.

Wenn man sich aber die Mühe macht, die Aussagen der Belastungs- und Entlastungszeugen näher zu betrachten, stellt sich die gesamte Situation völlig anders dar, als sie in den gerade erwähnten Presseverlautbarungen beschrieben wird.

Der Hauptvorwurf, auf den sich die Anklage stützte, war, daß Bruno Gröning ausdrücklich die weitere Hinzuziehung eines Arztes bei Ruth Kuhfuß untersagt habe. Außerdem warf man ihm vor, ihr eine Garantie für die Heilung gegeben zu haben. Dabei war es an erster Stelle Otto Meckelburg, der diese Anschuldigungen bei Gericht vorbrachte.

Er behauptete im Januar 1955 gegenüber den Behörden:

„Der Fall Kuhfuß war u. a. ein markantes Beispiel für die Verantwortungslosigkeit seiner [Grönings] Behandlungsweise. Trotz Warnungen und wiederholter Vorstellungen meinerseits ging er sogar in seiner Überheblichkeit so weit, daß er verlangte, daß in dem Fall Kuhfuß kein Arzt in Anspruch genommen werden durfte. [...] Gröning behandelte Ruth K. in meiner Gegenwart und der meiner Frau sowie des Vaters der Ruth K. Er verlangte von ihr restloses Vertrauen und machte weiter zur Grundbedingung, daß sie sich keiner weiteren ärztlichen Behandlung unterziehen dürfe, wenn er sie völlig heilen solle."[94]

Tatsächlich hätte dem Gericht in beiden Prozessen schon deutlich werden müssen, welch große Widersprüche in den Aussagen Meckelburgs enthalten waren. Er widersprach in beiden Prozessen seinen gerade zitierten Aussagen. Bei der Vernehmung behauptete er dann, „er sei nicht dabeigewesen, als Gröning sich mit Kuhfuß unterhielt"[95], er habe nur später von Herrn Kuhfuß gehört, daß Bruno Gröning den Arzt verboten und eine Heilungsgarantie gegeben habe. Er bestritt zudem ausdrücklich, einen Einfluß auf Gröning gehabt zu haben, denn er sei zu dieser Zeit noch nicht bei ihm tätig gewesen. Im übrigen habe er gar kein persönliches Interesse an der Heilstätte in Mittenwald gehabt und sei von Anfang an dagegen gewesen, daß Bruno Gröning sich Vater und Tochter Kuhfuß zugewendet habe. Die Briefe habe er alle mit Herrn Gröning durchgesprochen und auf dessen Veranlassung geschrieben. Seine Frau behauptete auch, von Kuhfuß gehört zu haben, daß Bruno Gröning die Heilung versprochen habe. Frau Meckelburg unterstützte zudem in ihren Aussagen ihren Mann. Sie unterstrich während des Prozesses, ihr Mann habe Ruth Kuhfuß „dringend geraten, zu einem Arzt zu gehen".[96]

An anderer Stelle hieß es von ihr:

„In Bad Wiessee hat mein Mann Ruth dringend darum gebeten, trotzdem in ein Sanatorium zu gehen, wie ich es auch gemacht habe."[97]

Es waren Behauptungen, die sich bald darauf als unwahr herausstellten. Im Verlaufe der Berufungsverhandlung war interessanterweise im Zeugenraum außerhalb des Gerichtssaals von einer Person die Äußerung von Frau Meckelburg gehört worden, sie sei froh, „wenn sie das alles gesagt habe, was ihr Mann ihr zu sagen verlangte". Frau Meckelburg bestritt dies während der Verhandlung auf Nachfrage des Rechtsanwalts.[98]

Auch die Mutter von Ruth Kuhfuß gab an, von ihrem Mann gehört zu haben, daß Bruno Gröning den Arzt verboten habe. Dasselbe behaupteten Ruths Schwester und die behandelnde Ärztin vom Gesundheitsamt.[99]

Keiner der Belastungszeugen hatte hingegen das Arztverbot und die Heilungsgarantie von Bruno Gröning selbst gehört. Auch Frau Kuhfuß bestätigte, daß sie von Bruno Gröning bei seinem Besuch in Säckingen im Mai 1950 nicht gehört habe, daß er die Hinzuziehung eines Arztes verbot.[100] Zudem ist davon in keinem der Briefe von Vater Kuhfuß die Rede.

Während des Prozesses (Berufungsverhandlung 1958) sagte Ruths Mutter über den Zustand ihrer Tochter: „Sie war zwei Jahre im Sanatorium, es wurde bei ihr besser, sie sah blühend aus, war ein lebenslustiges Mädchen und stand immer unter ärztlicher Kontrolle. Es wurde erst schlechter mit ihrem Zustand, als sie bei Gröning war."[101] Es entspannte sich dann folgender Wortwechsel zwischen ihr, dem Richter und dem Rechtsanwalt:

| | |
|---|---|
| Richter: | Er [Gröning] wünschte aber doch eine Röntgenaufnahme? |
| Frau Kuhfuß: | Es wurde keine Röntgenaufnahme gemacht. |

Richter: Sind Sie ganz sicher?

Frau Kuhfuß: Das müßte ich doch wissen, es wurde bestimmt keine gemacht.

Richter: Da irren Sie sich. Hier ist eine Röntgenaufnahme. [Er zeigte die Röntgenaufnahme und verlas den Brief von Vater Kuh fuß deswegen.]

Rechtsanwalt schaltet sich ein: Das ist doch ein Beweis, daß das Verhältnis zwischen Frau und Herrn Kuhfuß nicht das beste war.

Frau Kuhfuß: Nein, ich habe mit meinem Mann das beste Einvernehmen gehabt.

[...]

Rechtsanwalt: Wollen Sie die Worte wiederholen, daß der Zustand sich verschlechterte, erst als sie [Ruth] bei Gröning war?

Frau Kuhfuß: Ja, das stimmt.

Rechtsanwalt: Es besteht aber ein Attest vom Gesundheitsamt, daß sich der Zustand vorher immer mehr verschlechterte, Sie behaupten, daß sie gut aussah.

Richter: Ich nehme an, daß Sie nicht aus Ablehnung gegen Gröning falsche Aussagen machen.

Frau Kuhfuß: Ja, es geht hier um die Wahrheit.

Rechtsanwalt: Warum hat Ihr Schwiegersohn, der doch selbst Arzt ist, keinen Arzt gerufen, warum die Mutter nicht selbst? Haben Sie selbst gehört, daß Gröning den Arzt verbot?

Frau Kuhfuß: Mein Mann und Tochter sagten dies.[102]

In einer Stellungnahme zum Fall Kuhfuß äußerte sich Bruno Gröning zu den Vorwürfen:

„Ich muß hier besonders betonen, daß ich [...] mich von vornherein weigerte, [...] der Frage ‚Kuhfuß' überhaupt näherzutreten. Bei der ersten Begegnung mit Vater und Tochter Kuhfuß hatte ich [...] erkannt, daß der Tochter Kuhfuß in keinem Falle mehr zu helfen war. Und ich bezeichnete diese Kranke als Todeskandidatin. Als ich Herrn Meckelburg dieses so sagte, forderte er ausdrücklich, daß ich diese Kranke keinesfalls ablehnen dürfe, da ihm durch diesen Fall soviel Gelegenheit gegeben werde, dem Verein - der zu dieser Zeit seiner Gründung entgegensah - zum Aufschwung zu verhelfen, indem er vor allem der gesamten Schulmedizin [trotz ärztlicher Maßnahmen hatte sich Ruths Zustand Ende 1949 stark verschlechtert] eins auswischen könne, wie er sich ausdrückte. [...] Trotz einer ernsten Auseinandersetzung zwischen Meckelburg und mir, die ich im teilweisen Beisein des Arztes Dr. Keim und im Beisein des Herrn Beuchel, Esslingen, [...] hatte, war also Herr Meckelburg nicht zu belehren, daß es im Falle Kuhfuß eine Heilung nun wirklich nicht gab, und er verlangte nun von mir, hier zu helfen.

Dr. Keim ist vor einigen Jahren verstorben, so daß mir für diese Auseinandersetzung als Zeuge allein Herr Beuchel geblieben ist. Mit Dr. Keim war ausdrücklich darüber gesprochen worden, daß man mir unmöglich ein Eingehen auf die Angelegenheit Kuhfuß aufzwingen könne."[103]

Vor seiner Begegnung mit Vater und Tochter Kuhfuß hatte sich Bruno Gröning an Dr. Keim gewandt. Bei diesem Gespräch war Georg Beuchel aus E. als Zeuge anwesend.

Dieser sagte unter Eid aus:

„Herr Gröning äußerte sich in meinem Beisein zu Herrn Dr. Keim, in diesem Hause würde sich eine Kranke befinden, der aber auch er, Gröning, nicht helfen könne. Er sträubte sich, das Zimmer, in dem Herr und Fräulein Kuhfuß verweilten, aufzusuchen, und bat auch Herrn Dr. Keim mehrfach um Rat, was er tun solle. Soweit ich mich entsinnen kann, vertrat Herr Dr. Keim Herrn Gröning gegenüber die Meinung (und brachte diese auch zum Ausdruck), es könne auf keinen Fall schaden, wenn er den Wunsch von Fräulein Kuhfuß erfülle und ihr ‚Guten Tag' sage.

Aufgefallen war uns in diesem Zusammenhang jedoch, daß ein Herr der damaligen Umgebung Herrn Grönings, es handelte sich um Herrn Meckelburg, besonderen Wert darauf gelegt hatte, Herrn Gröning mit den Gästen Kuhfuß bekannt zu machen. Herr Meckelburg wurde sogar böse, als Herr Gröning seiner Aufforderung, das Zimmer, in welchem Herr und Fräulein Kuhfuß untergebracht waren, zu betreten, nicht sofort Folge leisten wollte. Mein Eindruck als auch der Herrn Dr. Keims, (den er mir gegenüber mehrfach geäußert hatte,) in bezug auf [...] Meckelburg war denkbar schlecht und abstoßend. Ich bin gerne bereit, im gegebenen Falle diese meine Aussagen auch mündlich vor Gericht zu bestätigen."[104]

Im Gegensatz zu den Angaben Meckelburgs konnte Georg Beuchel aus eigenem Erleben berichten, daß Otto Meckelburg schon zu damaliger Zeit die Kontrolle über die eintreffenden Heilungssuchenden ausübte. Auch erinnerte er sich noch an den Inhalt eines Gesprächs zwischen Herrn Dr. Keim und Bruno Gröning, das nach der Begegnung Grönings mit Kuhfuß stattgefunden hatte. Dr. Keim hatte ihm später davon berichtet.

In einer eidesstattlichen Erklärung vom 25.03.1957 gibt er seine Erinnerungen für den ersten Prozeß zu Protokoll:

„Im Jahre 1949 fuhr ich mit Herrn Dr. med. Keim, bei dem ich in Behandlung war, nach Bad Wiessee, um dort Herrn Gröning aufzusuchen, der sich damals dort aufhielt. Es gelang so leicht niemand, über Herrn Meckelburg [...] an Herrn Gröning heranzukommen, denn Herr Meckelburg war ein großer Mann und ließ nur den bei Herrn Gröning vor, den er selbst vorlassen wollte. So hoffte ich, wenn ich mit einem Arzt dorthin käme, würde ich eher die Möglichkeit haben, Herrn Meckelburg bereitzufinden, mich bei Herrn Gröning vorzulassen. [...]

Ich weiß genau von Herrn Dr. Keim - der ja jetzt verstorben ist - daß Herr Gröning sich Herrn Dr. Keim gegenüber ausgesprochen hat dahingehend, daß Herr Meckelburg von ihm [Gröning] verlangte, er müsse sich dieser Kranken gesondert annehmen, und Gröning sollte Herrn Meckelburg nichts davon reden, daß er diesem Mädel nicht helfen könnte. Herr Meckelburg hätte Herrn Gröning bedrängt, er müßte sich unbedingt dieser Kranken annehmen.

Meckelburg hätte dem Vater der Kranken und der Kranken selbst eingeredet, daß er [Gröning] seine Tochter heilen kann. Herr Gröning hätte Herrn Keim gegenüber seiner Empörung Ausdruck gegeben, indem er mit allem Nachdruck geäußert hätte, daß diese Kranke [Frl. Ruth Kuhfuß] eine Todeskandidatin sei, daß er [Gröning] damit nichts zu tun haben wolle, denn hier sei nicht zu helfen. Herr Gröning hat damals weiter zu Herrn Dr. Keim gesagt, daß der Vater und seine Tochter Kuhfuß von den Ärzten nichts mehr wissen wollten, sie sahen vielmehr ihre letzte Hilfe nur noch bei Herrn Gröning, weil sie sonst nirgends mehr geholfen bekämen. - Weiterhin weiß ich durch Herrn Dr. Keim heute noch, daß Herr Gröning zu Herrn Dr. Keim gesagt hat, daß er [Gröning] froh darüber sei, daß er auf die Kranke wie ihren Vater Kuhfuß habe einwirken können, dahingehend, daß sie sich einer ärztlichen Kontrolle wie weiteren Behandlung unterziehen sollten und daß Vater und Tochter Kuhfuß diesen Ratschlag angenommen hätten und sich dazu bereit erklärt hätten. Auch Herr Dr. Keim war derselben Überzeugung wie Herr Gröning. Er sagte, daß Herr Gröning schon recht gehandelt habe, indem er diese Kranke wieder den Ärzten zuführt."[105]

Dabei betonte Herr Beuchel ausdrücklich an anderer Stelle, daß er sich noch genau erinnern könne, daß Bruno Gröning auch ihm gegenüber Ruth Kuhfuß als Todeskandidatin bezeichnet habe.[106]

Das ausgeprägte Interesse Meckelburgs an Ruth Kuhfuß hingegen, das ganz im Gegensatz zu seinen Aussagen vor Gericht steht, wird zusätzlich noch in der Korrespondenz deutlich, die er anschließend mit Herrn Kuhfuß geführt hatte. Hieraus geht unmißverständlich hervor, daß er es war, der in Bad Wiessee in Vater und Tochter Kuhfuß die feste Überzeugung wachrief, Bruno Gröning werde Ruth heilen, und daß er und niemand anderer sie in dieser Überzeugung immer wieder bestärkte.

Am 12. Februar 1950 schrieb er Herrn Kuhfuß u. a.:

„Im übrigen kann ich ihnen die erfreuliche Mitteilung machen, daß Ihr Kind als erste Heilungssuchende die offizielle Zusage bekommt, kostenlos in die Heilstätte in Mittenwald aufgenommen zu werden. Die Fahrkarte für ihre Anreise wird ihr rechtzeitig zugesandt werden, so daß für die Heilung keinerlei Kosten entstehen werden."[107]

Hier zeigt sich, wer Versprechungen gegeben hat, die nicht einzuhalten waren. Meckelburg, der zur Vertrauensperson von Herrn Kuhfuß geworden war, versprach Aufnahme in die Heilstätte Mittenwald, obwohl er genau wußte, daß die besagte Heilstätte noch gar nicht bestand und daß weder eine offizielle Konzessionserteilung vorlag noch eine Heilerlaubnis für Bruno Gröning. Auch versprach er Heilung, obwohl ihm doch aus dem Gespräch mit Herrn Gröning in Bad Wiessee bekannt gewesen sein mußte, daß dieser deutlich betonte, Ruth nicht mehr helfen zu können, da sie, wie er sagte, eine „Todeskandidatin" sei.

Ein weiteres Indiz dafür, daß Meckelburg, wenn es um Geld oder persönliche Vorteile ging, es mit der Wahrheit nicht so genau nahm und auch nicht davor zurückschreckte, Heilversprechen zu geben, zeigt sich parallel zu den Geschehnissen mit Kuhfuß im Falle des Industriellen Z. aus Bayreuth. In diesem Fall forderte Meckelburg für eine Heilung 100 000 DM, ging aber bald auf 20 000 DM zurück und gab sich, als er sah, daß er auch diese Summe nicht erhalten könne, schließlich mit 4 000 DM zufrieden. Bei den Verhandlungen mit Herrn Z. betonte er, „geheilt würde auf jeden Fall werden". Doch sein Geschäft kam in diesem Falle nicht zustande.[108]

Herr Kuhfuß ließ, nachdem er das Bett für seine Tochter in der Heilstätte Wehrawald abgesagt hatte, die von Bruno Gröning erwünschte Nachuntersuchung, die einen unveränderten Befund ergab, im November durchführen, nahm aber dann von jeder weitergehenden ärztlichen Therapie und sogar auch Untersuchung Abstand. Die behandelnde Ärztin des Gesundheitsamts Säckingen wandte sich, weil es sich um eine ansteckungsfähige Lungentuberkulose handelte und sie von Herrn Kuhfuß nichts mehr gehört hatte, im Februar 1950 an diesen, um seine Tochter zu einer weiteren Nachuntersuchung zu bestellen.

Sie erhielt daraufhin folgenden Brief von Herrn Kuhfuß:

„Sie haben den Wunsch geäußert, Ruth zu untersuchen. Bitte, bitte, fassen Sie es nicht als Undank oder sogar als Böswilligkeit auf, wenn ich bitte, davon abzusehen. Gerade vorgestern hat Ruth von der Heilstätte Mittenwald die Mitteilung erhalten, sich für eine Nachbegutachung bereitzuhalten. Die Heilstätte, die bekanntlich mit staatlicher Genehmigung usw. errichtet wurde und bei der die vor- und nachärztliche Begutachtung von staatlicher Seite eingeschaltet ist, bietet die Gewähr, daß Ruth nicht ohne Behandlung bleibt.

Wenn ich bitte, von der Untersuchung abzusehen, so tue ich es nur, um nicht die Heilmethode G. zu durchkreuzen oder illusorisch zu machen. Gewiß, es ist für mich damals ein furchtbarer, in seinen Auswirkungen nicht abzusehender Entschluß gewesen. Aber bitte versuchen Sie mich zu verstehen und zürnen Sie mir nicht, denn das würde mir weh tun."[109]

Dieser Brief spricht für sich und macht die ganze Situation sehr deutlich. Meckelburg heuchelte Kuhfuß eine Heilstätte vor, die noch gar nicht existierte, und dieser benutzt sie als Argument, weitere ärztliche Maßnahmen zu verhindern. Seine Worte, die Heilmethode Grönings nicht durchkreuzen zu wollen, wirken befremdlich, da gerade dieser ihn in Bad Wiessee nachweislich zu einer Nachuntersuchung und damit zu einer weiteren ärztlichen Kontrolle aufgefordert hatte.

Dies gab Kuhfuß wiederum in dem Schreiben davor (vom 04.01.1950) selbst zu:

„... Herr Gröning uns am 05.11.49 aufgab, sechs Tage später, also am 12.11., eine Röntgenaufnahme machen zu lassen."[110]

Hier stellte er zudem noch heraus, daß er auf eine erneute Anweisung Bruno Grönings, noch eine Röntgenaufnahme zu machen, wartete. Es zeigt sich eindeutig der Widerspruch. Wie konnte Bruno Gröning den Arzt ausdrücklich verbieten, wenn er gleichzeitig darum bat, eine Röntgenaufnahme machen zu lassen, und Herr Kuhfuß sogar weitere Anweisungen dieserart erwartete?

So hatte er sich als gesetzlich verantwortlicher Vormund seiner unmündigen Tochter gegenüber selbst dazu entschlossen, die Haltung seiner Tochter, die jeden Arzt ablehnte, zu unterstützen. Auch diese begründete ihr ablehnendes Verhalten gegenüber den Ärzten, das auf ihre Angst vor einer möglichen Operation und den bisherigen schmerzhaften und erfolglosen ärztlichen Bemühungen zurückzuführen ist, in ähnlicher Weise wie aus dem Schreiben des Vaters vom 16. März 1950 deutlich wird:

„Eine Behandlung durch einen anderen Arzt lehnt sie schroff ab; sie glaubt unerschütterlich an Herrn Gröning und will ihn durch das Rufen eines anderen Arztes nicht verletzen."[111]

Hätte Bruno Gröning ihr gegenüber ausdrücklich den Arzt verboten, so hätte sie das sehr wahrscheinlich an dieser Stelle auch so geäußert. So fand sie durch die Person Bruno Grönings, der ihr aus Rücksicht den Glauben an eine Heilung nicht genommen hatte, eine Möglichkeit, vor anderen Personen ihre Abwehr gegenüber der ärztlichen Therapie zu legitimieren.

Ihre Mutter, die der Einstellung von Tochter und Ehemann nicht zustimmen konnte und offensichtlich gegen Gröning eingestellt war, unternahm keine Schritte dagegen, ebensowenig der Schwager, der als Arzt die Situation durchaus hätte absehen können. Auch die Ärztin des Gesundheitsamts, die durch eine Nachfrage hätte schnell erkennen können, daß eine staatlich lizenzierte Heilstätte Mittenwald gar nicht existiert, unternahm keine weiteren Schritte. Sie besuchte Ruth lediglich, und als sie beobachten konnte, daß diese in einem „sehr modernen, luftigen, schönen Zimmer"[112] untergebracht war, sah sie von weiteren Maßnahmen ab. Sie hatte keine Hoffnung auf eine Wiedergenesung mehr und wollte, wie sie selbst sagte, „den Glauben des Vaters nicht erschüttern", da für sie „nach dem Fehlschlagen der Heilbehandlung in Wehrawald das Schicksal des jungen Mädchens feststand".[113]

Zu dem gleichen Schluß war Bruno Gröning schon in Bad Wiessee gekommen. Er mußte bei Ruths augenscheinlich schlechtem Zustand und den Äußerungen von Vater und Tochter Kuhfuß zu der Überzeugung gekommen sein, daß Ruth von den Ärzten aufgegeben war. Zudem wußte er, wie aus seinen Äußerungen und dem Bericht des Zeugen Beuchel hervorgeht, offensichtlich aus einem intuitiven Erkennen heraus, daß eine Heilung bei Ruth nicht möglich war. Es zeugt von tiefem Mitgefühl, daß er Ruth, die in ihm ihre letzte Hoffnung sah, dies nicht klar und deutlich sagte und ihr den Glauben an die Gesundung nicht nahm. Dieses Mitgefühl mit der Situation der Schwerkranken bestimmte auch sein Handeln bei der zweiten Begegnung mit Ruth Kuhfuß im Mai 1950 in Säckingen. Auch diese Begegnung wollte Otto Meckelburg erzwingen. Er hatte Vater Kuhfuß einen erneuten Besuch Grönings zugesichert, nachdem er ihn zuvor bis in den Mai 1950 mit Versprechungen hingehalten und damit von anderen Maßnahmen abgehalten hatte:

Im Februar 1950 versprach er Ruths Aufnahme in die nicht existierende Heilstätte in Mittenwald. Dieses Versprechen zog er eineinhalb Monate später zurück und schlug Ende März dem Vater Kuhfuß vor:

„Es bestünde demnach nur ein anderer Weg, daß Ruth schnellstens in den Genuß der Gröningschen Behandlung käme: Sie hier irgendwo in der Nähe in einer Privatpension unterzubringen, damit sie die Möglichkeit hat, von ihm behandelt zu werden."[114]

Hierzu kam es aufgrund Ruths gesundheitlichen Zustandes nicht, deshalb bat Vater Kuhfuß Meckelburg um einen persönlichen Besuch Bruno Grönings.

Diesen erwirkte Meckelburg, indem er Gröning mit Hinweis auf seine vertraglichen Verpflichtungen und unter der Androhung, ihn mit einer hohen Summe regreßpflichtig zu machen, nötigte, seinen Wünschen Folge zu leisten.

Bruno Gröning schrieb in seiner Darstellung zum „Fall Kuhfuß" am 26. April 1955 dazu:

„Wenn auch der erwähnte ‚Vertrag' von dem Ehepaar Meckelburg außerordentlich einseitig, zu deren Gunsten, gehandhabt wurde, so wollte ich keine Veranlassung geben, vertragsbrüchig zu werden - aber darüber hinaus erinnerte ich mich, daß ich bislang noch keinen Bericht erhalten hatte, wie es dem Mädchen Ruth Kuhfuß inzwischen ergangen ist und ob mein Rat befolgt worden war, im Umwege über die Anfertigung neuer Röntgenaufnahmen eine erneute fachärztliche Untersuchung herbeizuführen. So überging ich das als höchst unangenehm empfundene Drängen der beiden Meckelburgs und entschloß mich, mit nach Säckingen zu fahren. [...] Bevor wir jedoch in das Haus der Familie Kuhfuß eintraten, bat ich Herrn Meckelburg, als Zeuge bei mir zu bleiben, ich hatte es stets so gehalten, in Gegenwart von Zeugen vor Menschengruppen und auch mit einzelnen Menschen zu sprechen. [...] Otto Meckelburg sicherte mir zu, an meiner Seite bleiben zu wollen."[115]

In seinen weiteren Ausführungen beschreibt Bruno Gröning, daß sich Meckelburg entgegen seinem Versprechen mit dem Ehepaar Kuhfuß aus dem Zimmer zurückzog, so daß er mit Ruth allein blieb. Ruth bestätigte dann in dem folgenden kurzen Gespräch ihm gegenüber, daß die von ihm in Bad Wiessee erbetene ärztliche Nachkontrolle durchgeführt worden sei, ohne daß sich eine Besserung gezeigt habe, dennoch fühle sie sich, wie sie sagte, seitdem wohler. Sie beklagte sich aber sehr über die innere Einstellung ihrer Mutter, in deren Nähe sie sich sehr unwohl fühle, während sie sich in der Nähe ihres Vaters sehr wohl fühle. Zudem beteuerte sie gegenüber Bruno Gröning, daß sie in ärztlicher Kontrolle sei und die Ärztin sich

„gewundert habe, daß sie überhaupt noch lebe".[116] Bruno Gröning regte dann ihr gegenüber „erneut unmißverständlich an, daß sie nun weiterhin unter ärztlicher Aufsicht bleiben solle".[117]

Bruno Gröning:

„Alles, was ich hier über die zweite Begegnung und ohne die Möglichkeit, Zeugen für die Richtigkeit meiner Aussagen nennen zu können[, gesagt habe], steht - wie schon der Vorgang bei der ersten Begegnung - völlig im Gegensatz zu alledem, was der Oberstaatsanwalt mir zum Vorwurfe gemacht hat. Aber ich stehe mit meinem Kopf und Leben dafür ein, daß sich alles so zugetragen hat, wie ich es besonders von der zweiten Begegnung mit dem Mädchen Ruth Kuhfuß dargelegt habe. [...] Am 10. Juni 1950 löste ich mich vom Ehepaar Meckelburg. Es war eine unerhört bittere Zeit für mich, reich an Lehren und Erfahrungen, was Menschen anzustellen in der Lage sind, wenn sie nach anfänglich vielleicht noch gutem Wollen dann doch darin verfallen, nur noch materiell und nur noch ‚in Geld' und ‚in Geldmachen, egal wie' zu denken. Was sich im Verlaufe der Meckelburg-Epoche abgespielt hat, wird bei dem gegen mich angestrengten Prozeß eine hintergründige, aber doch sehr fühlbare Rolle spielen. Von der Familie Kuhfuß habe ich nichts wieder erfahren. Meckelburg hatte nicht nur diese, sondern die gesamte Korrespondenz in Händen und diese mir auch dann stets vorenthalten, wenn ich einmal über diese oder jene Angelegenheit unterrichtet zu werden wünschte. Meckelburg sammelte ‚Material' - vielleicht war er der Auffassung, mich irgendwie bei Bedarf unter Druck setzen zu können. Wie konnte es kommen, daß erst nach fünf Jahren ein Fall Kuhfuß aufgerollt wird? Warten wir in Ruhe ab."[118]

Auch hier stellte Meckelburg vor Gericht die Situation völlig anders dar. Er äußerte sich zu der Fahrt nach Säckingen:

„Unterwegs redete ich ihm [Gröning] wiederholt noch sehr ins Gewissen und stellte ihm auch die Sorge der Eltern vor Augen, ermahnte und bat ihn, sich dazu durchzuringen, von seiner Behauptung abzugehen, daß er sie nur selbst heilen könne, da er doch sähe, daß es mit ihr stetig schlechter würde. Er sagte mir dann auch zu, daß er so verfahren würde, wie ich es von ihm erbat. Er verlangte aber von mir, daß ich bei dieser Behandlung nicht zugegen sein dürfe. In Säckingen bei Kuhfuß angekommen, sah ich kurz in das Krankenzimmer hinein und ließ dann die Patientin mit Gröning und ihren Eltern allein. [...] Ich holte Gröning einige Zeit später von Kuhfuß wieder ab. Bei dieser Gelegenheit sagte mir Herr Kuhfuß ungefähr sinngemäß: ‚Wir müssen eben abwarten, denn er hat ihr 100prozentige Heilung zugesagt. Er hat weiterhin volles Vertrauen verlangt, so daß ich keinen anderen Arzt hinzuziehen darf."[119]

Es mutet schon sehr befremdlich an, wenn man das erpresserische Verhalten Meckelburgs, selbst mittellosen Heilungssuchenden gegenüber, betrachtet und sich nun gerade dieser Otto Meckelburg als Mensch mit Mitgefühl hervorheben will. Auch seine Beteuerung im Prozeß, daß er es immer „wollte, daß ein Arzt hinzugezogen werden soll"[120], wird durch die Versprechungen an Kuhfuß in seinen Briefen als Lüge offenbart. Sogar nach der Begegnung in Säckingen hielt Meckelburg Herrn Kuhfuß weiter hin.

Dieses zeigt sich in einem Schreiben vom 06.06.1950:

„Sollten Sie hinsichtlich der Behandlung Ihrer Tochter weitere Wünsche haben, so stehen wir Ihnen selbstverständlich im Rahmen des Möglichen gern zur Verfügung. Ich bitte Sie jedoch, uns frühzeitig davon in Kenntnis setzen zu wollen, damit wir in solchem Fall, wie auch am 14.05., eine Ausnahme machen können, zumal Herrn Gröning viel daran gelegen ist, Ruth bald gesund zu bekommen."[121]

Wenn Meckelburg behauptete, er habe alle Briefe quasi gegen seinen Willen auf Veranlassung Grönings geschrieben und deren Inhalt immer mit diesem durchgesprochen, so klingt dies auch wenig glaubhaft, da sein ganzes durch Zeugen bestätigtes Verhalten Gröning gegenüber deutlich zeigte, daß er die Kontrolle über sämtliche Angelegenheiten Bruno Grönings hatte.

Ein ehemaliger Mitarbeiter aus der Umgebung Meckelburgs, Helmut G. aus B., der in Bad Wiessee die Post in Empfang genommen hatte, berichtete, daß Meckelburg auch die Post Grönings an sich genommen habe mit dem Bemerken, daß dieser „keine Post brauche".[122] Bruno Gröning erhielt in den ersten Jahren seines Wirkens nur einen geringen Teil der an ihn adressierten Post, meistens wurde diese von Mitarbeitern unterschlagen. So fand man in einem bayrischen See an die zweihunderttausend an ihn gerichtete Briefe.[123]

Es wurde Bruno Gröning im Prozeß noch vorgeworfen, er habe in Säckingen bei der zweiten Begegnung mit Ruth Kuhfuß geäußert, daß er gekommen sei, den Rest der Krankheit zu nehmen. Gröning hingegen versicherte, daß Meckelburg ihn schon vor Antritt der Fahrt zwingen wollte, dies der Kranken gegenüber zu äußern:

„Auch während der ganzen Fahrt von Kleiß nach Säckingen blieb ich bei meiner Weigerung, den Kuhfuß' zu sagen, daß ich gekommen sei, um Ruth Kuhfuß den Rest ihrer Krankheit mitfortzunehmen. So erklärte mir Meckelburg, daß er das schon anbringen würde. Ich erhielt die Bestätigung dafür, daß er sein Vorhaben in der Zeit, während er mit den Eltern Kuhfuß in deren Wohnzimmer gesprochen und ich mich bei Ruth Kuhfuß aufgehalten hatte, auch ausgeführt hatte, bei unserer Verabschiedung von Kuhfuß', denn dabei wiederholte er die Worte, daß er mich mitgebracht habe, damit ich der Tochter den Rest ihrer Krankheit mitnähme, in meinem Beisein. Er betonte ausdrücklich, daß Vater Kuhfuß sich 100prozentig darauf verlassen könne."[124]

Als Meckelburg dies der Kranken gegenüber äußerte, forderte er vor Ruth, die daraufhin zu weinen begann, von Bruno Gröning, daß er dieses bestätige.

Bruno Gröning schrieb dazu:

„In Säckingen sagte Meckelburg der Kranken, daß ich gekommen wäre, um den Rest der Krankheit von ihr zu holen, und er forderte, daß ich dies bestätigte. Was sollte ich da tun - ich konnte die Kranke doch nicht um den Glauben bringen, daß sie wieder gesund wird."[125]

Ruth Kuhfuß ließ trotz ihrer Zusage an Gröning dennoch weiterhin keinen Arzt an sich heran. Es fand, wie ich aus den Unterlagen ersehen konnte, lediglich ein Besuch der behandelnden Ärztin vom Gesundheitsamt statt, bei dem sie sich von der Art der Unterbringung Ruths überzeugen wollte, ohne daß eine Untersuchung durchgeführt worden wäre. Sah Ruth hierin einen Ausdruck der ärztlichen Überwachung?

Auch die folgenden Briefe des Vaters Kuhfuß erreichten Bruno Gröning nicht, und Ruth starb am 30. Dezember 1950. Wie ein Wunder wirkte es, daß das Mädchen, dessen Zustand im November 1949 nach ärztlichem Befund als „lebensbedrohlich" bezeichnet wurde, durch Glauben noch mehr als dreizehn Monate überlebte, ohne daß ihr Schicksal abzuwenden war.

Um ihren Widerstand gegen die Ärzte besser zu verstehen, muß man sich ihre leidvolle Vorgeschichte bewußt machen:

Bei Ruth Kuhfuß war bereits 1946 eine „doppelseitige, beiderseits cavernisierte Lungentuberkulose" festgestellt worden. Danach erfolgte, wie aus dem Bericht der Tuberkulosefürsorgestelle des Staatlichen Gesundheitsamts Säckingen hervorgeht, bei der noch nicht ganz 15jährigen in der Landes-Kinderheilstätte Mammelshöhe/Hessen am 09.06.1946 eine Pneu-Anlage links. Am 17.10.1946 wurde rechts ein Pneu angelegt. Bei einem sogenannten Pneu oder auch Pneumothorax wird eine bestimmte Menge Luft (hier 400 ccm) in den Pleuraspalt, den Bereich zwischen dem inneren und äußeren Brustfell eingefüllt, damit der entsprechende Lungenteil eine Zeitlang ruhiggestellt werden kann, was sich oft günstig auf den Verlauf der Tuberkulose auswirkt. In regelmäßigen Abständen muß dieser Pneu wieder aufgefüllt werden, weil die Luft wieder vom umliegenden Gewebe aufgenommen wird. Diese Prozedur ist schmerzhaft, weil mit einer speziellen Spritze, die im Falle Ruths in einem bestimmten Bereich zwischen Schulter und Hals (Fossa supraspinata) eingestochen wurde, die Luft an entsprechender Stelle in den Pleuraspalt eingebracht wird. Nach einem mehrmonatigen Aufenthalt in der Kinderheilstätte wurde Ruth Kuhfuß im Dezember 1947 dort entlassen. Nach ihrer Entlassung war aber weiterhin in ein- bis dreiwöchigem Abstand eine Auffüllung des Pneus in der Tuberkulosefürsorgestelle des Staatlichen Gesundheitsamts Säckingen notwendig. Es kam zuerst zu einer Besserung ihres Zustands, bis im Dezember 1948 nach eineinhalbjähriger Pneubehandlung Blutspucken auftrat, das eine mehrwöchige Bettruhe notwendig machte.[126]

Man kann sich leicht vorstellen, was für eine seelische und körperliche Belastung für die junge Frau entstand, mußte sie über eineinhalb Jahre in regelmäßigen Abständen die unangenehme Prozedur der Pneunachfüllung über sich ergehen lassen. Es ist darum nicht erstaunlich, daß psychische Veränderungen auftraten, welche die Pneubehandlung erschwerten.

Die behandelnde Ärztin des Gesundheitsamts Säckingen schrieb dazu:

„... die Pneubehandlung an sich gestaltete sich infolge der psychischen Alterationen oft schwierig und wird in Anbetracht der Doppelseitigkeit und der Schwere des Befundes sehr vorsichtig vorgenommen."[127]

Und sie gab auch die mangelnde Wirksamkeit der Therapie bei Ruth zu: „Nach eineinhalbjähriger Behandlung [...] stellte ich fest, daß die Kollaps-[Pneu]behandlung keine genügende Wirkung auf die Lungentuberkulose hatte. Der Prozeß schritt unterhalb des Pneus fort."[128]

Doch wurde, da keine wirksamen Alternativen zur Verfügung standen, nach der durch das Blutspucken und der großen Schwäche erzwungenen Pause Anfang 1949 die Pneubehandlung fortgesetzt.

Zu diesem Zeitpunkt zeigte sich folgender röntgenologischer Befund bei der jungen Ruth:

„Rechts infiltrative Verdichtung des Oberlappens, des angrenzenden Hilusgebietes und des Unterfeldes. Bohnengroße Restcaverne in unmittelbarer

Nähe des großen Bronchus. Links im Oberlappen weniger dichte Verschattung."[129]

Im September 1949 kam es wieder zu einer Verschlechterung, und die behandelnde Ärztin aus dem Gesundheitsamt in Säckingen wandte sich, nachdem sie schon im Sommer um eine erneute Aufnahme in einer Heilstätte nachgesucht hatte, Ende Oktober an den Leiter der Heilstätte Wehrawald, Dr. G.:

„Am 15. August 1949 habe ich die jugendliche Patientin Ruth Kuhfuß bei Ihnen angemeldet. [...] Der Befund verschlechtert sich in den letzten Wochen zunehmend, bei der heutigen Nachfüllung [des Pneus] stelle ich eine weitere Verdichtung im rechten Lungenunterfeld fest. Der Zustand der rechten Lunge ist jetzt sehr ernst, und vor zwei Jahren wäre das Schicksal dieses jungen Mädchens besiegelt gewesen. Ich bitte um bevorzugte, sofortige Aufnahme, da nach dem jetzigen Befund Gefahr im Verzug ist."[130]

Am 03.11.1949 hieß es als Antwort auf die Einberufung von Ruth Kuhfuß nach Wehrawald, die durch Abwesenheit der Patientin nicht möglich war, in einem erneuten Schreiben der behandelnden Ärztin der Tuberkulose-Fürsorgestelle Säckingen an die Heilstätte Wehrawald:

„... daß die Eltern, ohne überhaupt Rücksprache mit mir zu nehmen, mit der Patientin nach Bad Wiessee bei München abgereist sind. Das Verhalten der Eltern ist unverantwortlich, zumal der Zustand der Kranken nach ärztlichem Befund lebensbedrohlich ist."[131]

Es kann Herrn Kuhfuß angesichts des beschriebenen Verlaufs der ärztlichen Behandlung nicht verübelt werden, daß er an einen noch möglichen Erfolg der weiteren Therapie auch in einer Heilstätte zu zweifeln begann und sich nach anderen Wegen umsah. Auch ist verständlich, daß die Tochter, die ohnehin schon durch die bisherige Therapie psychisch verändert war und die seit ihrem letzten Aufenthalt in einer Heilstätte große Angst vor einer möglichen Operation hatte, jeder erneuten ärztlichen Therapie ablehnend gegenüberstand. Die Aussicht, in der Heilstätte Wehrawald mit der zu der Zeit in Deutschland gerade neu eingeführten Chemotherapie behandelt zu werden, wirkte auf sie eher abstoßend und ließ den Eindruck in ihr aufkommen, sie würde als „Versuchskaninchen" dienen.

Der medizinische Sachverständige Dr. Freihofer äußerte sich im Prozeß zu der möglichen weiteren Behandlung und den Lebenschancen von Ruth:

„Auch jeder unbefangene Arzt, selbst wenn er ein noch so großer Optimist wäre, dürfte angesichts des damaligen Befundes wohl kaum noch die Hoffnung auf einen guten Ausgang des Leidens gehabt haben. Schreibt doch z. B. Herr Dr. Good, Facharzt für Chirurgie und Lungenkrankheiten und Leiter der Heilstätte Wehrawald der Bundesversicherungsanstalt in Todtmoos, in seinem Schreiben vom 04.07.55 an die Oberstaatsanwaltschaft München II, daß es sich ‚zweifellos um eine schwere Lungentuberkulose, deren Prognose recht fraglich erschien', handelte. Auch er wagt ‚nicht eindeutig' auszusagen, ‚was aus dem Tuberkulosefall von Fräulein Kuhfuß geworden wäre', da ‚die Prognose recht ernst war'. Wohlweislich ist die Folge der ganzen Behandlungsvorschläge auf einen Irrealis-Satz nach dem anderen aufgebaut:

‚Wenn sie [die Chemotherapie] die linke Seite so weit gebessert hätte, hätte eine operative Behandlung der rechten Seite ... folgen können, wobei ... die Pneumolyse [Ablösung der Lunge in der Brustwand, aber nur bei einseitiger Lungentuberkulose durchführbar] nach dem damaligen Stand und dem Zustand des Unterlappens wohl das wahrscheinlichere Verfahren gewesen wäre, ... daß ... doch noch weitgehend die Chance gewesen wäre ...'

Auch Herr Prof. Dr. K. Lydtin, München, schreibt in seinem Gutachten vom 29.3.56:

‚Unter solchen Umständen läßt sich nicht sagen, daß vor dem 5.11.49 ein hoher Grad von Wahrscheinlichkeit für eine Heilung gegeben war.'

Auf Grund dieser Ausführungen nun die Frage, ob die Patientin hätte gerettet werden können, mit ‚ja' zu beantworten, muß jedem sine ira et studio [lateinisch, ohne Zorn und Eifer] beurteilenden Fachmann mindestens als ungewöhnlich, wenn nicht als widersinnig erscheinen. Mußte die Prognose quod vitam [bezüglich des Erhalts des Lebens] einwandfrei als sehr schlecht bezeichnet werden, so kann auch die Frage bezüglich der Lebenserwartung in solchem bedrohlichen Falle nie mit absoluter Sicherheit beantwortet werden. Hier scheidet jegliches exakte Wissen aus, ja selbst reichliche Erfahrungen lassen keinen bindenden Schluß zu. [...]

Wenn einmal eine so schwere Krankheit, wie sie eine doppelseitige, schon längere Zeit mit Pneumothorax behandelte Lungentuberkulose darstellt, bis an die Grenze der Lebensbedrohung fortgeschritten ist, wird jeder Einsichtige zugeben müssen, daß selbst für den gewissenhaften Arzt mit bestem Wissen und Können nur noch ein ‚Sorgen' übrigbleibt, daß er abhängig ist, allein von der körperlichen und seelischen Widerstands- und Abwehrkraft einerseits und von der Bereitschaft des Patienten andererseits, ob er sich den vorgeschlagenen Heilmaßnahmen freiwillig unterziehen will.

Bruno Gröning vor Gericht

Wo das Vertrauen der Patienten in seine ihm zu Gebote stehenden Mittel verlorengegangen ist - was im konkreten Fall Kuhfuß durch das Abschwenken in andersartige Behandlung bewiesen ist - wird auch er keinen Erfolg mehr erzwingen können."[132]

Die behandelnde Ärztin, Frau Dr. Volk, die im November 1949 den Zustand von Ruth als lebensbedrohlich beschrieben hatte, behauptete im ersten Prozeß mit großer Sicherheit, daß „Ruth Kuhfuß heute noch leben würde"[133], wenn sie damals in die Heilstätte Wehrawald gekommen wäre. In der Berufungsverhandlung schränkte sie ihre Aussage aber deutlich ein und hielt dies lediglich noch für möglich, ohne über den Grad der Wahrscheinlichkeit eine Aussage abzugeben.[134]

Auch bei Prof. Lydtin, dem sachverständigen Arzt aus München, merkte man beim Vergleich seiner Aussagen vor und während des Prozesses Unsicherheit in der Beurteilung der Chancen von Ruth. Er sprach im Prozeß 1957 entgegen seiner oben zitierten schriftlichen Äußerungen unter dem Eindruck der Aussagen der Frau Dr. Volk von „guten Aussichten auf eine Heilung"[135], während er im zweiten Prozeß große Bedenken äußerte, nachdem er die letzte Röntgenaufnahme der Ruth Kuhfuß vom November 1949 gesehen hatte, die ihm weder bei seinem schriftlichen Gutachten noch bei der Verhandlung in der ersten Instanz vorgelegen hatte.[136] Wie ich der Prozeßmitschrift der Anny Ebner von Eschenbach entnehmen konnte, betonte er, nachdem er das Röntgenbild gesehen hatte, daß es „in diesem Falle [der Ruth K.] sehr schwer gewesen" wäre (im Rahmen einer ärztlichen Behandlung zu erreichen, daß sie länger gelebt hätte), denn „nach dem Röntgenbild sah es sehr schlecht aus".[137] Diese Aussage fand ich im Revisionsantrag des Rechtsanwalts von Bruno Gröning bestätigt.[138]

Dr. Freihofer schloß sein Gutachten mit folgenden Worten ab:

„Bei nüchterner Beobachtung muß jeder Laie zu der Überzeugung kommen, wie es auch seitens des Gesundheitsamts Säckingen ausgesprochen wurde, daß eine Heilung angesichts des ‚sehr schweren Zustands', der nach ärztlichem Befund ‚lebensbedrohlich war' bzw. bei dem ‚Gefahr im Verzug' war, nach menschlicher Berechnung aussichtslos war. Ebenso wird jeder ehrlich [...] denkende Arzt, der nicht allzu selbstbewußt glaubt, im Besitz der neuesten Medikamente auf die Kräfte der Natur verzichten zu können, dem Gutachten von Herrn Prof. Lydtin, München, beistimmen können, wonach ‚sich nicht sagen läßt, daß vor dem 05.11.49 ein hoher Grad von Wahrscheinlichkeit für eine Heilung gegeben war'. Meines Erachtens ist es aber mehr als verwunderlich, daß die Patientin überhaupt bis zum 30. Dezember

1950 lebte, so daß der Einfluß Grönings doch noch einen gewissen Lebensaufschub gegeben haben kann. Zusammenfassend möchte ich meine gutachterliche Äußerung dahingehend abschließen, die Behauptungen: daß

1. ‚Heilungsaussichten bestanden hätten',
2. ‚die Lebenszeit der Patientin Kuhfuß noch mehr hätte verlängert werden können, wenn Herr Gröning nie in ihre Nähe gekommen wäre',

weder mit Sicherheit voraussagbar noch deshalb berechtigt sind."[139]

Im ersten Prozeß am 30./31. Juli 1957 vor dem Schöffengericht München-Land wurde Bruno Gröning von dem Vorwurf der fahrlässigen Tötung freigesprochen. In der Begründung des Gerichts hieß es, daß sich die Krankheit trotz ärztlicher Behandlung anfangs verschlechtert habe, der Vater dann zu Gröning gegangen sei und daraufhin die ärztliche Behandlung eingestellt wurde. Man habe aber nachweisen können, daß von diesem kein Verbot, einen Arzt hinzuzuziehen, ausgesprochen worden war. Der Angeklagte sei gegen seinen Willen nach Säckingen gebracht worden. Man brachte die fixe Idee von Vater und Tochter an eine unbedingte Heilung durch Bruno Gröning in Zusammenhang mit der großen Angst der Tochter vor einer Operation, weil sie in der Klinik in Hessen erlebt hatte, wie viele an einem solchen Eingriff gestorben waren.[140]

In der Berufungsverhandlung vom 14.-16.01.1958 hatten, wie Anny Ebner von Eschenbach am Schluß ihrer Prozeßmitschrift äußerte, die Gegenzeugen offensichtlich besonders betonend das vermeintliche Arztverbot Grönings herausgestellt:

„Man merkte ganz genau, wie sich die Gegenzeugen in der Zwischenzeit gemeinsam auf den einen Punkt: ‚Verbot des Arztes' einigten. Sie betonten dies besonders, auch war ihr Auftreten diesmal ganz sicher."[141]

In dieser Verhandlung wurde Bruno Gröning der fahrlässigen Tötung für schuldig befunden und zu acht Monaten Gefängnisstrafe auf Bewährung verurteilt.

Wer sich einmal genauer das Verhalten Bruno Grönings von Anbeginn seines Wirkens an betrachtet, kommt nicht umhin, berechtigte Zweifel an der Behauptung der Belastungszeugen zu äußern, Gröning hätte den Arzt verboten. Nachweislich ermahnte er, noch bevor es überhaupt zu einem Zusammentreffen mit Kuhfuß gekommen war, immer wieder die Heilungssuchenden, in ärztlicher Kontrolle zu bleiben und eintretende Erfolge durch eine Nachuntersuchung bestätigen zu lassen. Obwohl er sein Wirken deutlich von der üblichen Heilkunde abgrenzte, lag ihm doch viel an einer Zusammenarbeit mit den Ärzten. Im Rahmen meiner Recherchen ist mir in den Gesprächen mit Zeitzeugen oder den mir zur Verfügung stehenden, umfangreichen schriftlichen Dokumenten nie aufgefallen, daß Bruno Gröning die Zuziehung eines Arztes verboten oder von begleitenden ärztlichen Kontrollen abgeraten hätte.

Ein derartiges Verbot oder ein Heilversprechen hätte seinem geistigen Selbstverständnis total widersprochen.

Dr. med. Wilhelm Beyer äußerte sich dazu in seinem Sachverständigengutachten über die Befähigung Bruno Grönings zum geistigen Heilen im Prozeß:

„Ich habe ihn [Bruno Gröning] kennengelernt als einen Mann besten Wollens und von durchaus lauteren Absichten. Seine besonderen Fähigkeiten stehen für mich außer Zweifel; er selbst ist sich ihrer klar bewußt, wie er auch weiß, daß der Erfolg seiner Einwirkung nicht von seinem persönlichen Wollen und Wünschen abhängig ist. Aus dieser Tatsache allein erhellt, daß es für ihn unsinnig ist, einem Kranken die Heilung zu versprechen. Er kann ihm seine helfende Einwirkung zusagen und versprechen, aber nicht einen Heilerfolg, weil dieser niemals in der Macht des geistigen Helfers steht, sondern von vielen anderen Voraussetzungen abhängt, nicht zuletzt von dem hingebungsvollen Vertrauen des Kranken. Und über diese seine Vertrauensfähigkeit hat der Kranke selbst kaum jemals ein wirklich richtiges Urteil, weil im Hoffen und Verlangen nach Heilung der Wunsch dem Vertrauenkönnen vorauseilt. So kommt es, daß mancher, der sich voller Vertrauen glaubt, dennoch aus Mangel an echtem Vertrauen nicht gesund werden kann. - Es ist jedoch völlig falsch, das Ausbleiben eines Heilerfolges in jedem Falle auf Mangel an Vertrauen zurückzuführen. [...] Die letzte Entscheidung über Erfolg oder Nichterfolg hat die geistige Führung, die über jeden Menschen wacht."[142]

Bruno Gröning war sich voll der Tatsache bewußt, daß eine Heilung nie erzwungen werden kann. Im Gegenteil, wer Heilung fordernd erwartet, verhindert das Eintreten der Heilung. In einem Großteil der Vorträge Bruno Grönings findet man seine ausdrückliche Mahnung, nie Heilung zu verlangen, sondern nur zu erlangen.

So sagte er am 31.08.1950 in München:

„Wenn Menschen sich so eingestellt haben und glauben, daß sie die Hilfe erhalten müssen, so ist das falsch. Ich komme immer wieder mit demselben Sprüchlein: Nichts verlangen, sondern erlangen."[143]

An anderer Stelle heißt es:

„Ich selbst kläre den Menschen dahingehend auf, wie er seine Gesundheit wieder zurückerlangen kann. Dabei sage ich auch, daß vorerst jeder, der in ärztlicher Behandlung ist, bleiben soll und muß, da allein der Arzt als solcher feststellen kann, ob er geheilt ist oder nicht."[144]

Eine Zeitzeugin berichtete mir, daß er auf die Frage, wovon letztendlich die Heilungen abhängig seien, geantwortet habe:

„Das liegt in Gottes Hand selbst."[145]

Häufig empfahl er auch den Heilungssuchenden, „zu ihrem Arzt Vertrauen zu haben und den Glauben an ihre Wiedergesundung nicht zu verlieren", denn es sei „die erste Voraussetzung, daß der Kranke dem Arzt gegenüber Vertrauen hat und daran glaubt, daß der Arzt ihm helfen kann. Das Vertrauen zum Arzt ist schon die beste Medizin."[146] Im Vortrag vom 30.08.1950 (zu dieser Zeit lebte Ruth Kuhfuß noch) in München fragte ihn ein Zuhörer, ob er sich an der Blase operieren lassen solle.

Bruno Gröning antwortete:

„Ich verschreibe und verbiete auch nichts. Jeder Mensch muß wissen, wem er seinen Körper zur Verfügung stellt. Ich darf und werde es nicht tun, und ich kann es auch nicht verantworten. Es ist jedes Menschen eigener Entschluß, wenn er sagt: ‚Ich lasse mich operieren', man kann das nie in Abrede stellen. Achten Sie, was weiter geschieht, was die Blase tut usw. Ich werde nicht dafür und nicht dagegen sprechen. Das wäre zuviel, und es kommen nachher Menschen und sagen: ‚Ja, der Gröning hat gesagt [...].' Hier sollen Sie empfangen und nichts verlangen."[147]

Zur Zeit des Traberhofs, August/September 1949 (vor der Begegnung mit Kuhfuß), betonte er in einer Rundfunkansprache:

„... ich möchte nicht verfehlen, Ihnen mitzuteilen, soweit Sie in ärztlicher Behandlung gewesen sind, [...] daß Sie auch sich noch ärztlich nachuntersuchen lassen."[148]

Abschließend sei zu der Frage des Arztverbotes noch gesagt, daß Bruno Gröning nachweislich in Bad Wiessee (!), höchstwahrscheinlich sogar in Anwesenheit von Vater und Tochter Kuhfuß, in seinem Vortrag die Anwesenden ermahnte, ihrem Arzt treu zu bleiben.

Georg Beuchel aus E., der den Vortrag dort miterlebt hatte, versicherte unter Eid:

„Bei seiner [Grönings] Ansprache erklärte er etwa sinngemäß, daß die Besucher, die ja sicherlich bereits Ärzte aufgesucht hätten, auch weiterhin in der ärztlichen Behandlung verbleiben sollten. [...] Ich weiß nicht, ob Fräulein Kuhfuß oder Herr Kuhfuß an der vorhin erwähnten Ansprache teilgenommen haben; soviel ich weiß, befanden sie sich immer im Zimmer des Hotels, in dem auch ich war."[149]

Zudem benannte der Verteidiger Bruno Grönings noch mehrere Zeugen, die bestätigen konnten, daß dieser Heilungssuchenden weder von dem Arztbesuch abgeraten noch ein Heilversprechen gegeben wurde.[150]

Unverständlich bleibt, daß das Erstgericht die wesentlichen Entlastungszeugen Bruno Grönings, wie z. B. Georg Beuchel, Dr. med. Beyer, Dr. med. Gemassmer u. a. m. ablehnte, weil sie „für die Entscheidung ohne Bedeutung" seien. Diesen Beschluß teilte man Bruno Gröning erst 14 Tage (!) vor Beginn der Hauptverhandlung mit.[151]

Offen bleibt, warum das Gericht trotz der offenkundigen Unglaubwürdigkeit und der Widersprüche des Hauptbelastungszeugen Otto Meckelburg diesem und den anderen Belastungszeugen (Frau Meckelburg, Mutter Kuhfuß, Enderlin, vorbehandelnde Ärztin), bei denen auch eine ablehnende Grundeinstellung Gröning gegenüber im Verlaufe des Prozesses deutlich wurde, Glauben schenkte.

Die abschließende Wahrheitsfindung wäre dem Revisionsgericht vorbehalten gewesen, dem Grönings Rechtsanwalt in seiner Revisionsbegründung schwere verfahrensmäßige Fehler des Berufungsgerichts nachwies[152], doch die Revisionsverhandlung vom 22.01.1959 endete aufgrund des Todes von Bruno Gröning ohne abschließendes Urteil. Somit ist Bruno Gröning nie rechtskräftig verurteilt worden.

## Die „Enthüllungen" des Grafen Soltikow

Die Racheakte ehemaliger Mitarbeiter gingen aber noch über gerichtliche Anklagen hinaus. Durch angebliche „Enthüllungen" über die Person Bruno Grönings und die Hintergründe seines Wirkens versuchten ehemalige Mitarbeiter, Gröning nicht nur bei behördlichen Stellen, sondern auch in der breiten Öffentlichkeit schlechtzumachen. Diese „Enthüllungen" mußten Außenstehenden um so mehr glaubhaft erscheinen, weil sich die ehemaligen Mitarbeiter auf die Zeit ihrer Zusammenarbeit mit Bruno Gröning berufen konnten.

Graf Soltikow, ein Jurist, der als Journalist arbeitete, ging sogar so weit, sich als „Bruno Grönings Mitarbeiter" öffentlich darzustellen, obwohl er nur einige Male mit ihm zusammengetroffen war. Er gab im September 1949 ein Extrablatt heraus: „Gröning entlarvt", das vor allem im Münchener Raum verbreitet wurde.

Wie viele andere begrenzte er hier das Wirken Bruno Grönings auf die Heilung rein psychischer Erkrankungen:

„Nach wie vor bin ich der Ansicht, daß Gröning heilen könnte, wenn er sich auf die Fälle von Kriegsneurosen, auf hysterische Lähmungen, hysterische Sprachstörungen, Zitter-Lähmungen usw., also psychische Fälle beschränken wollte. Der typische ‚Gröning Fall' ist dem Laien am einfachsten an folgendem Beispiel klarzumachen:

Eine Bombe fällt in ein Haus, und eine Frau im Luftschutzkeller verliert vor Schreck die Sprache. Wenn sie jetzt in größter Erwartungsspannung drei Tage und drei Nächte auf Gröning wartet und ihn dann endlich zu Gesicht bekommt, dann kann sie unter dieser Schockwirkung ihre Sprache wiederfinden."[153]

Er bezeichnete es dann als „groben Unfug", das Wirken Bruno Grönings mit „geheimnisvollen Strahlen" in Verbindung zu bringen, und sah in seinem Wirken nur eine Form der Psychotherapie. Er attackierte vehement die Einstellung Grönings, daß durch die göttliche Heilkraft, den Heilstrom, alle Krankheiten heilbar seien, warf ihm die Verhältnisse am Traberhof vor und kam zu dem Schluß, daß „dem denkenden Menschen" klar sein müsse, „daß Gröning - trotz seiner Heilmöglichkeiten in Fällen von Kriegsneurose und Hysterie - dennoch ein Schädling ist."[154]

Die Zeitschrift „Echo der Woche" faßte in ihrer Ausgabe vom 07.10.1949 in kurzen Worten den Inhalt folgendermaßen zusammen:

„Graf Soltikow hat nicht gescheut, in seinem Flugblatt nicht nur die Person Grönings lächerlich zu machen und mit Schmutz zu überhäufen, sondern zieht auch seine Heilfähigkeiten in Zweifel, die er, solange er sich ein Geschäft davon versprach, nicht laut genug zu rühmen wußte. Hier aber kann auch eine äußerst skeptische Betrachtung nicht an den wahren Tatsachen vorübergehen."[155]

Tatsächlich hatte Soltikow noch kurze Zeit davor eine Schrift „Hier spricht Gröning" (August 1949) und „Gröning geht nach Amerika" (Anfang September 1949) verkauft, in denen er das Geschehen um Bruno Gröning sehr positiv darstellte. Nun bemühte er sich in seinem „Extrablatt", Gröning auf jede nur erdenkliche Weise in ein schlechtes Licht zu rücken. Während man in seinem Extrablatt „Gröning geht nach Amerika" noch als große Titelüberschrift „Massenheilungen zum Abschied - Tausende sangen: ‚Großer Gott wir loben Dich.'" lesen konnte, heißt es im folgenden Extrablatt „Gröning entlarvt" dann plötzlich: „Von den 15 000 Menschen, die Tag und Nacht auf ihn warten, mag Gröning 15 durch Besprechung heilen ..."[156] Er behauptete dann dort sogar, daß im Falle Dieter Hülsmann, dem Sohn des Gastgebers Grönings in Herford, in Wirklichkeit kein Erfolg durch die Einwirkung Bruno Grönings aufgetreten wäre. Zur Bekräftigung zitierte er einen entschiedenen Gegner Bruno Grönings aus der Herforder Ärztekommission, den Bielefelder Obermedizinalrat Dr. Rainer, der sogar von einem „Heilungsbetrug" sprach und betonte, das Kind wäre „nicht gebessert, noch viel weniger geheilt worden".[157]

Ich stieß im Rahmen meiner Recherchen auf eine dokumentarische Darstellung von Helmut Hülsmann über das Geschehen an seinem Sohn:

„Herford, den 18. März 1949

Mein Sohn Dieter ist neuneinhalb Jahre alt und leidet an einer progressiven Muskeldystrophie. Er ist am 4. September 1939 geboren und begann erst mit zweieinviertel Jahren zu laufen. Untersuchungen von verschiedenen Ärzten und eine Röntgenaufnahme ergaben keine Anhaltspunkte, daß ein organischer Schaden im Becken oder Anzeichen einer englischen Krankheit vorlagen. Bis zu seinem vierten Lebensjahr lief er, wenn auch sehr langsam und schwerfällig, mit nach innen gerichteter Fußstellung. [...]

Im Juni 1945, als ich aus dem Kriege heimkehrte, fand ich das Kind in diesem kümmerlichen Zustand vor. Ich [...] fuhr zu einer Untersuchung zur Universitätsklinik Münster. Der Professor stellte sofort die Diagnose ‚progressive

Muskeldystrophie'. Die Diagnose wurde dann auch in der Kinderklinik bestätigt. Hilfe bzw. Behandlung auf Heilung wurde mir weder von dort, noch von weiteren zehn befragten Professoren und Ärzten [zuteil]. Der Verfall des Kindes nahm beängstigende Formen an.

Dieter ist seit zehn Wochen fest bettlägerig, er kann weder stehen noch gehen. Selbst beim Versuch zu stehen, knickt er im Kreuz wie ein Taschenmesser zusammen, da er gar keinen Halt mehr verspürt. Die Beine und Füße sind immer eiskalt und vollkommen gefühllos [...], trotz zweimaliger wöchentlicher Massage [...].

Am Nachmittag des 15. März 1949 führte nun eine uns befreundete Dame Herrn Gröning bei uns ein, da ihr der Krankheitsfall unseres Sohnes Dieter hinreichend bekannt war. Stärkstens beeindruckt durch den Fall ihrer Schwester, die fünf Jahre hindurch gelähmt, nur im Rollstuhl bzw. im Bett liegend, ihr Leben fristete und durch Herrn Gröning geheilt wurde, war sie überzeugt, daß auch meinem Sohn geholfen werden könne."[158]

Im weiteren beschreibt er, wie Dieter bereits einen Tag nach der ersten Begegnung mit Bruno Gröning wieder stehen und ohne Hilfestellung drei Schritte zu gehen vermochte. Am zweiten Tag stand er zum ersten Mal allein auf und ging allein.

An anderer Stelle betont Helmut Hülsmann, daß der Heilerfolg bei seinem Sohne weiterhin derartige Fortschritte gemacht hatte, so daß dieser im Sommer 1949 vom frühen Morgen bis zum späten Abend laufen konnte.[159]

Anfang September 1949 berichtete ein unabhängiger Zeuge von dem Zustand des Kindes:

„Mir wurde auch der zehnjährige Junge des Ehepaars Hülsmann vorgestellt. Vor Monaten hatte dieses schmächtige Kerlchen noch apathisch und [...] gelähmt in Bethel gelegen. Sein Muskelschwund war als unheilbar erklärt worden. Seitdem Gröning sich mit ihm befaßt hat, ist der Kleine nicht mehr an sein Bett gebunden, geht schon langsam im Hause umher und zeigt bereits an Armen und Beinen ein erneutes Ansetzen der Muskeln."[160]

Ende Juni 1949 konnte sich der von der „Revue" beauftragte Mediziner Prof. Fischer durch eine Untersuchung bei dem Kind Dieter Hülsmann von dem Erfolg Bruno Grönings überzeugen. Die „Revue" berichtete darüber, daß nach den Untersuchungen Prof. Fischers sicherlich noch nicht von einer vollständigen Heilung gesprochen werden könne, sah aber auf der anderen

Seite in der Behauptung, daß sich durch Bruno Grönings Einwirken nichts geändert habe „eine boshafte Entstellung".[161]

In der schon erwähnten Ausgabe des „Echo der Woche" heißt es dazu:

„Die zuverlässigste Quelle, aus der man ein Urteil über Dieter Hülsmann erwarten kann, ist und bleibt schließlich seine Mutter. Sie sowohl als auch Personen, die den Jungen in jüngster Zeit noch auf dem Traberhof gesehen haben, erklären, daß Gröning hier Heilerfolge erzielt hat. Der Kleine, der vor der Behandlung durch Gröning nicht gehen konnte und getragen werden mußte, kann heute laufen, ungelenk zwar [...], aber immerhin kann er gehen. Ähnlich verhält es sich mit dem Fall des Arbeiters Haas, der seit Jahren gelähmt in seinem Rollstuhl saß, und dessen dramatische Heilung seinerzeit großes Aufsehen erregt hat. Auch hier wollen Grönings Feinde plötzlich einen Mißerfolg konstruieren. Tatsache ist jedoch, daß Haas wieder gehen kann. Ein Attest des Arztes, der den alten Mann seit langer Zeit behandelt, bezeugt, daß Gröning anerkennenswerte Heilerfolge bei Haas erzielt hat."[162]

Soltikow beschränkte sich in seinem Flugblatt aber nicht nur darauf, die Heilbefähigung Bruno Grönings in Zweifel zu ziehen, sondern er scheute sich nicht, durch Anschuldigungen die Integrität der Person Grönings in Frage zu stellen.

Mit E. A. Schmidt, dem ehemaligen Mitarbeiter Grönings aus der Herforder Zeit, entwarf er obengenanntes Flugblatt. Von ihm hatte sich Bruno Gröning getrennt, weil er in der Herforder Zeit zusammen mit der Hausangestellten von Hülsmann, Elisabeth Pohl, Spendengelder in großem Umfang veruntreut hatte.[163] Schmidt scheute sich nun nicht, in einer eidesstattlichen Erklärung Gröning vorzuwerfen, er habe sich an dieser Hausangestellten unter Anwendung von Hypnose vergangen. E. A. Schmidt heiratete später Elisabeth Pohl, und sie war schon während der Herforder Zeit eng mit ihm befreundet.

Zu diesem Vorwurf ist zu sagen, daß in einem daraufhin durchgeführten Ermittlungsverfahren bei der Staatsanwaltschaft Bielefeld ein solches Vergehen Grönings nicht bestätigt werden konnte, so daß das Verfahren wieder eingestellt wurde. Zudem widerspricht diese Anschuldigung in krasser Weise allen Zeugnissen über die Person Grönings, die mir vorliegen. Außerdem distanzierte sich der Autor der eidesstattlichen Erklärung, Egon Arthur Schmidt, als späterer Ehemann der Hausangestellten, selbst von seinen Aussagen in den „Enthüllungen" von Soltikow und äußerte sich über Michael Dr. jur. Graf Soltikow:

„Graf Soltikow arbeitete mit einem Kompagnon, dem später unter dem Spitznamen ‚General Pitt' wegen Hochstapelei verurteilten Pitt Seeger, zusammen. [...] Adoptivgraf Soltikow ging skrupellos vor. In den Gerichtsakten liegen die Klärungen jener turbulenten Vorgänge, aufgenommen vom Kripo-Sonderkommando unter Führung des Oberkommissars Martin, vor. Sie zeigen auf, wer Soltikow wirklich ist und welche Rolle er spielte. Eines seiner Worte mag genügen in dieser Gegendarstellung: ‚Mein Geld werde ich verdienen, ob mit oder gegen Gröning - aber ich verdiene es!' Ja, er hatte, wie die Gerichtsakten aussagen, bare 60 000 DM durch sein Flugblatt verdient unter Mißbrauch meines Namens."[164]

Im „Echo der Woche" heißt es weiter unter der Titelüberschrift „Wie es gemacht wird - Einige Streiflichter auf die letzten ‚Enthüllungen' über Gröning" zu dem Flugblatt Soltikows:

„Es gab einmal eine Zeit, in der es für einen Journalisten selbstverständlich war, das Privatleben eines Menschen nicht anzutasten, über Intimitäten auf keinen Fall zu berichten und Beschuldigungen nur dann vorzubringen, wenn tatsächliche Beweise vorlagen. Wer dagegen das Flugblatt des Grafen Soltikow gelesen hat, der wird sich des Eindrucks nicht erwehren können, daß hier mehr Wert auf eine schlüpfrige Kolportage gelegt wurde als auf die nüchterne Darstellung von Tatsachen. Es ist leider heute nötig, sich nicht nur darüber zu informieren, was jemand schreibt, sondern auch, wer es schreibt. Graf Soltikow hat sich zu einem Zeitpunkt als Grönings Rechtsvertreter ausgegeben, da Gröning schon vieles von dem gesagt hatte, worüber sich Graf Soltikow heute lustig macht. [...] Es war eine Zeitlang ein sehr einträgliches Geschäft, über Gröning zu berichten. Tausende sind dabei verdient worden. Und jetzt scheint es, als sei die Berichterstattung gegen Gröning ein gutes Mittel, um Geld zu machen."[165]

Die mehreren 100 000 Exemplare des Soltikowschen Extrablattes waren schnell ausverkauft. Andere Zeitungen übernahmen die „Enthüllungen" und sahen sich legitimiert, immer ungehemmter über den „Wunderdoktor" herzuziehen. Bruno Gröning wurde von diesem Zeitpunkt an für die Öffentlichkeit, welche die Hintergründe der erfundenen Anschuldigungen nicht kannte, tabu. Viele hatten ihr Urteil gefällt, ein Urteil, das bis in die heutige Zeit spürbar ist. Die Rechtfertigung Grönings durch das Ergebnis des Ermittlungsverfahrens der Staatsanwaltschaft Bielefeld im Juli 1950[166], das die Anschuldigung Schmidts in Soltikows Extrablatt als Lüge herausstellte, fand im Gegensatz zu den sensationsheischenden Vorwürfen in der Presse kaum ein Echo.

Im Juni 1951 hieß es in der Zeitung „Das offene Wort":

„Hatte man Gröning zunächst in den Himmel gehoben, so stampfte zuerst jener Graf, dann bald auch andere Nachfolgende, die Artikel für bare Münze haltend, hinterher alles zunichte. So kam die Wandlung in die deutsche Presse - Hosianna und Kreuziget ihn - lag nach alter Überlieferung immer schon sehr dicht beieinander! Aber ist es nicht einmal an der Zeit, diese Dinge offen vor das Volk zu bringen und zu zeigen, das sind diejenigen, welche eure Meinung bestimmen? Zu der Tatsache, daß die deutsche Presse bis auf den heutigen Tag noch unter dem von damals herrührenden Gift leidet, sei auf den offenen Brief an das Acht-Uhr-Blatt aus Nürnberg verwiesen."[167]

Die „Enthüllungen" von Graf Soltikow übernahm „Der Spiegel" zum größten Teil gleich in seine Ausgabe vom 29.09.1949.

In einem entsprechenden Artikel, der ironisch betitelt war mit: „Schenk mir ein Pferdchen, auf den kleinen Gröning" wurde aber bei Zitaten aus dem Flugblatt von Graf Soltikow nicht haltgemacht. Man unterstellte Bruno Gröning zudem noch ein Zechgelage mit Ehepaar Harwart, den Besitzern des Traberhofs, und dem Ehepaar Engler, Produzenten des Films über Bruno Gröning, u. a. m.

„Der Spiegel" schrieb u. a.:

„Harwart drängte gegen Anbruch des Abends, mit der Heilung seiner Schwägerin zu beginnen. Sie wohnte in München. Die Stabskolonne fuhr hin. Gegen Mitternacht wurden die Heilversuche an der armgelähmten Schwägerin aufgegeben. Wunderdoktor Gröning und sein Stab enterten schließlich Leo Harwarts Le-Ha-Bar. Hier wurde bis morgens um halb sieben gezecht. Je mehr Sektpfropfen knallten, desto sangesfreudiger wurde Gröning. [...] Als der Morgen bereits graute, lud Filmehepaar Rolf und Erika Engler die Bezechten in seine Geiselgasteiger Wohnung, Robert-Koch-Straße 13. In Gasteig wollte Gröning baden und zeigen, wie das Badewasser von seinen ‚Strahlungen' zische, wenn er in die Wanne steige. Es zischte jedoch Gastgeber Rolf Engler, als er auf Grönings Wange zwei rosenrote Halbmonde entdeckte. Die stammten von Erika Englers Lippenstift."[168]

Rolf Engler bemerkte im „Echo der Woche" vom 09.10.1949 zu dem Artikel in „Der Spiegel": „All diese Dinge sind glatt erlogen."[169] Sein Rechtsanwalt forderte dann, eine sachliche Richtigstellung zu veröffentlichen. Diese erschien am 20.10.1949 in „Der Spiegel" unter der Rubrik „Briefe":

„Es hat sich bei der geschilderten Begebenheit, an der der Filmproduzent Rolf Engler und seine Frau teilnahmen, nicht um ein Zechgelage gehandelt. Bei dem Heilungsversuch des Herrn Gröning an der gelähmten Schwägerin des Herrn Harwart wurden Filmaufnahmen gemacht. Der Versuch führte, wie in dem Englerschen Dokumentarfilm zu sehen sein wird, zu dem Ergebnis, daß die Patientin zum ersten Male wieder den Arm zum Kopf bewegen konnte. Da der gesamte Filmaufnahmestab seit Mittag nichts gegessen hatte, wurde in der Gaststätte des Herrn Harwart gegen 4 Uhr morgens auf dessen Einladung ein Essen eingenommen. Dabei hat sich niemand betrunken. Herr Gröning hat auch nicht gesungen. Die kurze Zeit bis zur nächsten Verabredung um 9 Uhr mußte zwangsläufig in der Wohnung des Herrn Engler verbracht werden. Hier hat Herr Gröning um ein Bad gebeten, um sich zu erfrischen, nicht aber um irgendwelcher Demonstrationen willen. Zu irgendwelchen Ungehörigkeiten des Herrn Gröning gegenüber Frau Engler ist es nicht gekommen. Die Geschichte von den angeblichen Lippenstiftspuren ist frei erfunden. Herr Gröning war ebensowenig wie irgendeine der beteiligten Personen bezecht. München, Dr. Werner Renner, Rechtsanwalt."[170]

Wie wenig die kleine Richtigstellung am Rande gegenüber der Wirkung des vorangegangenen großen Artikels vermag, kann sich jeder leicht vorstellen. Wer konnte angesichts solcher Veröffentlichungen von einem Mann wie Bruno Gröning noch etwas Gutes erwarten? Wer glaubte ihm dann noch, wenn er von Gott sprach? Wie vielen Tausenden von Menschen, die in ihm ihre letzte Rettung sahen, wurde der Glaube und das Vertrauen an ihn und seine Worte und damit der Weg zur Heilung genommen? Denn wer die Hintergründe all dieser „Enthüllungen" nicht kannte, glaubte ihren Worten, die durch viele Zeitungen gingen.

Für viele Menschen galt er als entlarvt, man dachte, er sei einer von denen, die sich auf Kosten anderer ein angenehmes Leben in „Saus und Braus" leisteten. Seine Worte von „Gott als dem größten Arzt" und „Es gibt kein Unheilbar" waren für die Öffentlichkeit im Geschrei um „Enthüllungen" und Prozesse untergegangen. Es war, als würde eine unsichtbare Gegnerschaft alles daransetzen, diesen Mann und seine Worte unglaubwürdig werden zu lassen.

## Unschuldig verurteilt

Es ist die bittere Krone aus den Dornen des Unverständnisses, des Neides und der Dummheit ihrer Umwelt, die im Laufe der letzten zwei Jahrtausende wie in der gesamten Menschheitsgeschichte immer wieder jene Menschen tragen mußten, die, von einem inneren Auftrag erfüllt, das Denken ihrer Mitmenschen erhellen und sie den ewigen Urwahrheiten näherbringen wollten. Dabei hatte jede Zeit ihre eigenen Mittel, das Wahre zu kreuzigen.

„Der größte Arzt der beginnenden Neuzeit", so bezeichnen viele in der heutigen Zeit Theophrastus Bombastus von Hohenheim, auch kurz Paracelsus (1493-1541) genannt. Manch ein Krankenhaus oder Apotheke benutzt heute seinen Namen als Aushängeschild. Doch war Paracelsus während seines Lebens und noch lange Zeit nach dem Tode eine solche Ehrenbekundung nicht vergönnt.

Wladimir Lindenberg schreibt in seinem Buch „Ärzte im Kampf gegen Krankheit und Dummheit" über Paracelsus:

„Ein Neuerer, der das alte, morsche Gebäude der Medizin umgeworfen hatte und Stein für Stein neu erbaut aus der Anschauung seines klaren Herzens, seiner tiefen Gott- und Naturverbundenheit heraus.

‚Heilen ist sinnbildlichste Nachfolge Christi.'

Die Nachwelt aber plappert nur den Klatsch seiner Zeitgenossen nach. Hundert Jahre nach seinem Tode noch nennt ihn Patin ‚einen zwar großen, aber sehr schlechten Windbeutel Cacophrastus Paracelsus, der die Menschen mittels der Chemie ausgezeichnet zu töten verstand'.

Ein anderer Historiker sagte:

‚Ein Ungeheuer von Mensch, geboren zum Verderb jeglicher besseren Schöpfung. Er führte absurde, unerhörte, verderbliche und höchst gottlose Lehren in die Heilkunst und Philosophie ein und besudelte sie insgesamt mit seinem Schmutz.'

1763 sagte der Hofarzt Friedrichs des Großen:

‚Er lebte wie ein Schwein, sah aus wie ein Fuhrmann, fand sein größtes Vergnügen im Umgang mit liederlichem Pöbel und war die meiste Zeit seines ruhmlosen Lebens besoffen, auch sind alle seine Schriften im Rausch geschrieben.'

Erst der Sturm- und Drangperiode blieb es vorbehalten, das einmalige Genie Paracelsus zu würdigen."[171]

Ganz getreu dieser Linie dienten in bezug auf die Person Bruno Grönings große Teile der deutschen Presse einer Macht, die es seit Jahrtausenden immer wieder verstanden hatte, die Botschafter der Welt des Geistes zu steinigen. Die bisher zitierten Beispiele verdeutlichen, daß die Art der Berichterstattung über Bruno Gröning vielfach einen Grad an Primitivität erreichte, der angesichts der Bedeutung der Thematik erschreckend ist. Diese verantwortungslose Form von Journalismus, die jegliche nüchterne Informationsübermittlung und Aufklärung vermissen läßt, fand ich aber nicht nur in den üblichen „Klatschblättern". Auch Zeitungen, von denen man etwas mehr Niveau erwartet, fanden zu dem Stil „billiger Zeitungsschreiber". Dabei sind die im Verlauf dieses Kapitels zitierten Beispiele nur ein kleiner Ausschnitt all dessen, was bestimmte Personen, ohne Gröning zu kennen, über ihn an nachweislichen Unwahrheiten berichteten. Die Berichterstattung in „Der Spiegel", die seinem sonstigen Niveau widerspricht, ist kein Einzelfall, manch andere als seriös geltende Zeitung könnte an dieser Stelle noch Erwähnung finden.

Aber sollte man nicht einmal offen die Frage stellen, was Bruno Gröning getan hat, daß man ihn in dieser Weise verhöhnte und verleumdete?

Hierzu möchte ich noch einmal abschließend die Fakten zusammentragen:

1. Es ist nach den mir vorliegenden Beweisen als gesichert anzusehen, daß Gröning kein Geld für die Heilungen genommen hat. Er war kein materiell reicher Mann und lebte - in seinen persönlichen Bedürfnissen sehr bescheiden - von den Spenden, die ihm durch seine Vorträge zuflossen. Wie mir immer wieder von Augenzeugen bestätigt wurde, war er seinem ganzen Wesen nach der Gebende, der all seine Kräfte für die ihm als höheren Auftrag innegewordene Mission des Helfens und Heilens gab.

Dieser Einsatz für andere ging bis zur Verleugnung der eigenen Bedürfnisse, was besonders in seinem Verhalten kurz vor seinem Tode (s. a. Kap. 8) sichtbar wurde.

2. Sein Idealismus und das Wissen um die höheren geistigen Gesetze des Menschseins, denen man sich erst in der heutigen Zeit überall zögernd zuzuwenden beginnt, mußte notwendigerweise bei seinen noch sehr dem dreidimensionalen Trugbild der materiellen Welt verhafteten Zeitgenossen auf Unverständnis stoßen. Ein Netz von Intrigen und öffentlichen Verleumdungen, das maßgeblich von seinen ehemaligen Mitarbeitern gesponnen wurde, tat ein übriges und ließ seine Person und seine Worte unglaubwürdig erscheinen.

3. Konkurrenzneid und Mißgunst bestimmter einflußreicher Kreise (s. a. Kap. 6 u. 7) taten ihren Teil dazu, um die Irreführung der Öffentlichkeit zu vergrößern.

4. Die Vorwürfe, die zu den Gerichtsprozessen geführt hatten, sind bei genauer Betrachtung nicht haltbar.

Bruno Gröning bemerkte einmal:
„Keiner im ganzen Prozeß hat sich interessiert, wie eine Heilung zustande kommt, weder der Richter noch meine beiden Rechtsanwälte. Hätte einer davon danach gefragt und sich interessiert, so hätten sie die Wahrheit gewußt: daß ich in beiden Anklagepunkten unschuldig bin."[172]

Nur eine sehr spitzfindige, moralisch bedenkliche Auslegung des Heilpraktikergesetzes konnte es zum Werkzeug gegen das Wirken Bruno Grönings werden lassen. Hätten sich die Beteiligten im Prozeß ernsthaft mit den geistigen Grundlagen des Gröningschen Wirkens befaßt, wäre schnell deutlich geworden, daß das Eintreten einer Heilung Folge der veränderten geistigen Einstellung des Heilungssuchenden und einer göttlichen Zulassung ist und Bruno Gröning durch seine aufklärenden Worte lediglich die Grundlage für die geistige Rückverbindung des einzelnen zum göttlichen Ursprung gelegt hatte.

Im Falle der Ruth Kuhfuß hätte die Widersinnigkeit der Anklage allein schon aus der bestimmten Aussage des Zeugen Beuchel die Unschuld Grönings beweisen können, da er bestätigen konnte, daß nicht Bruno Gröning, sondern Otto Meckelburg größtes Interesse an Ruth zeigte, während Gröning sie als Todeskandidatin bezeichnete und sich sträubte, sich ihr zuzuwenden. Da Bruno Gröning zudem noch kurz vorher in einem Vortrag die Anwesenden auf ihren Arzt verwiesen und nachweislich Herrn Kuhfuß um eine weitere ärztliche Kontrolle gebeten hatte, erscheint der Vorwurf eines Arztverbots Grönings geradezu paradox. Die Widersprüchlichkeit der Belastungszeugen ist ein weiteres Indiz für die Unschuld Grönings. Wenn mir zudem heutzutage mehrere Fachärzte aus dieser Zeit auf Nachfrage bestätigten, daß eine derartig fortgeschrittene Lungentuberkulose, wie sie bei Ruth vorlag, auch durch Streptomycin nicht heilbar gewesen wäre, und somit die Einschätzung des medizinischen Gutachters Dr. Freihofer bestätigen, ist meines Erachtens die Fragwürdigkeit der Anklage gänzlich ersichtlich. Die Ablehnung der Ladung der wichtigsten Entlastungszeugen Grönings durch das Gericht spricht nicht gerade für dessen Objektivität.

Ordner voller Heilungsberichte sowie eine große Zahl Dankschreiben an Bruno Gröning sprechen für sich. Hier fanden Menschen nach oft jahrelanger Ausweglosigkeit in seiner Lehre den Zugang zur allheilenden Kraft Gottes und erhielten auf diesem Wege umsonst, was ihnen vorher keiner für noch soviel Geld geben konnte:

Gesundheit, den inneren Frieden und den Glauben an Gott.

Diese sind vor einem anderen Richter die Zeugen für das Unrecht gegenüber einem Menschen, dessen Botschaft und Aufgabe völlig verkannt wurde.

„Denn es gibt keinen guten Baum, der schlechte Früchte trägt, und ebenso keinen faulen Baum, der gute Früchte trägt. Denn jeden Baum erkennt man an seiner Frucht."[173]

## 6. Kapitel

# Der Irrweg der modernen Medizin

„Nur die vom Ich befreite Liebe [...] erkennt die Einheit alles Lebens und die Unsterblichkeit alles Lebendigen. Die Leben spendende göttliche Kraft ist jenseits des Machbaren und entzieht sich der Erkenntnis des Menschen, solange er noch der [...] naiven Überzeugung huldigt, Herr über Leben und Tod zu sein."[1]

Herbert Stiller

Der Neurologe und Psychiater Dr. Herbert Stiller schreibt in seinem Buch „Die herzlose Wissenschaft":

„Wir glauben an die Wissenschaft, vertrauen ihr blind und hoffen auf ihre Hilfe, wie die Menschen früherer Zeiten sich auf Gott ausgerichtet haben. In unserer Wissenschaftsgläubigkeit haben wir die Fehlbarkeit der von Menschen geschaffenen Wissenschaft verdrängt. An die Stelle der kirchlichen Religion haben wir die Wissenschaftsreligion gesetzt. Wir sind keineswegs objektiver und aufgeklärter geworden, wie wir uns gerne einreden möchten. Es hat nur eine Kulissenveränderung auf derselben Ebene stattgefunden. Das Versagen der medizinischen Wissenschaft zeigt sich u. a. darin, daß sie sich heute wie die Kirche im Mittelalter verhält: Sie ist erstarrt in Dogmen und Systematik und belegt Andersdenkende mit dem Bann. Die ‚Priesterherrschaft' manifestiert sich in der Forderung, daß jeder Mediziner auf den einen ‚wahren' Weg der naturwissenschaftlich-experimentellen Methode verpflichtet wird. Sogar die Opfer sind dieselben geblieben:

Früher wurden die Tiere auf dem Altar der Gottheit, heute werden sie auf dem Labortisch der Wissenschaft geopfert. Nur wer dieser Methodologie mit ihrem Absolutheitsanspruch folgt, hat berufliche und gesellschaftliche Aufstiegsmöglichkeiten. Entscheidende neue Erkenntnisse müssen oft in mühseligem Ringen gegen den geschlossenen Widerstand der etablierten

Medizin durchgesetzt werden. Alles, was nicht zur bestehenden Lehrmeinung paßt, wird schnell als unwissenschaftlich disqualifiziert. Wir stellen fest, daß die propagierte alte Formel: ‚Wissenschaft gleich Fortschritt und Wissenschaft gleich Objektivität' nicht mehr übereinstimmt mit der ursprünglichen Vorstellung, daß Wissenschaft die Suche nach Wahrheit ist. [...] Auch der Wissenschaftler schuldet der Gesellschaft Rechenschaft. Er darf nicht mehr nur mit bestimmten Methoden unreflektiert arbeiten, weil er sie einmal von einem ‚berühmten' Lehrer gelernt und unbesehen übernommen hat. Selbstkritik und Eigenverantwortung sind zwar wesentliche Grundlagen für die wissenschaftliche Arbeit, aber sie reichen nicht aus für ihre objektive Beurteilung und ihre Berechtigung und Gültigkeit. Wer Wissenschaft betreiben will, muß sich auf Zweifel an der Gültigkeit der zur Zeit vorliegenden und anerkannten Methoden einlassen. Das In-Frage-Stellen-Können hat die heutige Wissenschaftsgläubigkeit zu ersetzen. [...] Diesen Standpunkt vertrat auch Alt-Bundespräsident Carstens:

‚Mir scheint, daß auch unsere Zeit die Skepsis gegenüber Thesen und Lehren, die im Mantel der Wissenschaft einhergehen, dringend braucht: Bei allen großartigen Ergebnissen, die wir der Wissenschaft verdanken, laufen wir doch zunehmend Gefahr, uns von wissenschaftlich präsentierten Thesen benebeln und in unserem Urteil irremachen zu lassen (DÄ 25/82).'"[2]

## Der Weg in die Sackgasse

„Kampf um die Gesundheit bedeutete in der Urzeit der Menschheit nicht Kämpfen gegen die einzelne Krankheit, sondern ein Ringen um Gott"[3],

schreibt Stefan Zweig 1931 in seinem Buch „Heilung durch den Geist" und fährt fort:

„Dem körperlichen Leiden wird nicht eine technische Handreichung, sondern ein religiöser Akt dawidergesetzt. Man untersucht die Krankheit nicht, man sucht Gott."[4]

In vollendeter Form wies Christus durch seine Lehre den suchenden Menschen seiner Zeit den Weg zu Gott. Die Heilung jeglicher Gebrechen durch die Macht des Geistes wurde beispielhaft in seinem Leben offenbar. Seine Jünger folgten seinem Vorbild, auch sie vermochten die höhere Hilfe und Heilung anderen zu vermitteln. Erst die zunehmende Verfälschung der christlichen Lehre in den folgenden Jahrhunderten (s. a. Kap. 7) erschwerte die lebendige geistige Verbindung zwischen Gott und den Menschen, die durch das Leben Christi wieder im Vollmaße möglich geworden war, immer mehr. Die Lehre, die den Menschen zum geistigen, seelischen und körperlichen Heil gegeben war, vermochte somit nicht ihr Ziel, in allen Menschen das erlösende Feuer des Geistes zu entfachen, zu verwirklichen. Im Gegenteil, Leid und Not nahmen von Jahrhundert zu Jahrhundert zu. Die Heilung von Krankheiten, von jeher einer der größten Wünsche der Menschheit, wurde zur Domäne der sich immer mehr entwickelnden Wissenschaft. Die geistig-religiöse Einstellung, die schon vor Christus in der in fast allen Kulturen verbreiteten priesterlichen Heilkunst als Voraussetzung für die Wiedererhaltung der Gesundheit gesehen wurde, verlor immer mehr an Bedeutung.

Stefan Zweig schreibt weiter:
„Der Arzt stellt sich neben den Priester und bald gegen ihn - die Tragödie des Empedokles -, und indem er das Leiden aus dem Übersinnlichen in das allgemeine Naturgeschehen zurückführt, sucht er auch mit diesseitigen Mitteln, mit den Elementen der äußeren Natur, ihren Kräutern, Säften und Erzen, die Störung des Inneren zu beheben. Der Priester beschränkt sich auf den Gottesdienst und läßt von der Krankenheilung, der Arzt verzichtet auf jede seelische Einwirkung, auf Kult und Magie: Gesondert fließen fortan diese beiden Ströme jeder seinen eigenen Weg. Mit diesem großen Bruch der einstmaligen Einheit erhalten alle Elemente der Heilkunst sofort einen völlig neuen und umfärbenden Sinn. Vor allem zerfällt das seelische Gesamtphänomen ‚Krankheit' in unzählige einzelne, genau katalogisierte Krankheiten. Und damit löst sich ihr Dasein gewissermaßen von der seelischen Persönlichkeit des Menschen los. Krankheit bedeutet jetzt nicht mehr etwas, das dem ganzen Menschen, sondern das einem seiner Organe zustößt. (Virchow auf dem Kongreß zu Rom: ‚Es gibt keine Allgemeinkrankheiten, sondern nur mehr Organ- und Zellenkrankheiten.')"[5]

Ist es in der spirituellen Schau der einzelne Mensch, der durch die innere Abkehr von der Schöpfungsordnung für sich und andere Leid schafft, so wird durch die Medizin das körperliche Leid zunehmend von der inneren Einstellung des Menschen getrennt. Wo die spirituellen Lehren den Menschen zur inneren Umkehr, zum bittenden Gebet und Demütigung vor Gott ermahnen, gibt die medizinische Wissenschaft äußere Regeln, Diätvorschriften und bestimmte Verhaltensmuster ihren Patienten mit auf den Weg. Das innere Leben wird getrennt vom äußeren Leid, der Mensch zum Opfer von Zell- und Organerkrankungen. Man löst ihn aus seiner geistigen Verantwortung und nimmt ihm damit aber auch die Macht, durch den Geist den Körper zur Heilung zu führen.

Stefan Zweig:
„Vollkommen losgelöst vom Religiösen, [...] ein erstudiertes Erkenntniswissen, arbeitet die moderne Medizin statt mit individuellen Ahnungen mit sachlichen Sicherheiten, und wenn sie sich auch noch gern poetisch als ‚ärztliche Kunst' bezeichnet, so darf dieses hohe Wort nur noch im gemengten Sinn von Kunsthandwerk gelten. Denn längst fordert die Heilkunde von ihren Jüngern [...] keinen übergewöhnlichen Einklang mit den universalen Mächten der Natur: Berufung ist zum Beruf geworden, [...] das Heilgeheimnis zu Arzneikunde und Organwissenschaft. Nicht mehr als seelischer Akt, als jedesmal wunderbares Ereignis vollzieht sich eine Heilung, sondern als reine und beinahe rechnerische Vernunfthandlung von seiten des Arztes; das Erlernte ersetzt das Spontane, das Schulbuch den Logos."[6]

Die Trennung zwischen Religion und Heilkunde wird im Laufe der Jahrhunderte immer krasser, das Heiligtum der Heilung als Gnadenakt Gottes, als Ausdruck der Vergebung, der Erneuerung wird zur Reparatur gestörter Körperfunktionen. Der Arzt wird zum Mediziner, schon lange erkennt er sich nicht mehr als demütiges Werkzeug einer höheren geistigen Macht, schon lange bittet er nicht mehr Gott um Hilfe, vielmehr verfällt er der Vorstellung, er sei aus sich selbst mächtig zu heilen. Die fehlende Entfaltung der inneren Sinne durch die Bindung des Bewußtseins an eine materialistische Weltvorstellung machte die Entwicklung von äußeren Mitteln nötig, die das mangelhaft entwickelte innere Erkennen ersetzen mußten.

Seit Ende des 19. Jahrhunderts hielten immer aufwendigere Apparate Einzug in die ärztliche Praxis. Die Laboruntersuchung, immer größere Röntgenapparaturen u. a. m. ließen neue Formen der Krankheit erkennen und banden das Bewußtsein des Arztes an selbst geschaffene Begrifflichkeiten. Es entwickelte sich eine spezifische Terminologie, und es entstanden Diagnoseschemata, die nur noch in entferntem Zusammenhang mit dem Individuum Mensch standen.

In erschütternder Weise zeigt sich dieser Prozeß in der heutigen Zeit, wenn Ärzte und Pflegepersonal mancherorts statt von Herrn Meyer oder Frau Müller nur noch von der Appendizitis, dem Uterustumor u. a. sprechen.

Der Mensch wird reduziert auf das im Organischen sichtbar werdende Symptom.

Stefan Zweig:

„Der erste, der gegen die Entseelung, gegen die Entschleierung des Heilwunders kämpft, ist Paracelsus. Er bekämpft den Hochmut, das dogmatisch Autoritative einer Wissenschaft, die jeden Zusammenhang mit der hohen Magie der natura naturans verloren habe, die Elementarkräfte weder ahne noch achte und das Strömende nicht spüre, das von der Einzelseele wie von der Weltseele ausgehe. Und so dubios auch seine eigenen Rezepturen heute anmuten, der geistige Einfluß dieses Mannes wächst gleichsam unter der Haut der Zeit weiter und bricht dann zu Anfang des 19. Jahrhunderts in der sogenannten romantischen Medizin vor, die, eine Seitengruppe der philosophisch dichterischen Bewegung, wieder einer höheren Vereinheitlichung des Körperlich-Seelischen zustrebt."[7]

Die romantische Medizin hatte aber nur wenig Einfluß auf die weitere Entwicklung der naturwissenschaftlichen Medizin im 19./20. Jahrhundert.

Große augenscheinliche Erfolge durch neu entwickelte Medikamente, besonders im Kampf gegen die Infektionskrankheiten, und die große gesellschaftliche Macht der bestehenden materialistischen Medizin erschwerten anderen Richtungen das Wachstum. Die von Hahnemann entwickelte Homöopathie, der von Mesmer wiederentdeckte Heilmagnetismus u. v. a. m. blieben trotz ihrer großen Wirksamkeit nach anfänglicher Blüte Randerscheinungen, auf die man sich erst in der heutigen Zeit wieder mehr und mehr besinnt. Das 20. Jahrhundert, besonders in der Zeit nach den Weltkriegen, war ein Siegeszug der auf den entseelten Begriffen einer materialistischen Philosophie gewachsenen wissenschaftlichen Medizin. Diese erhielt eine große machtpolitische Stütze in der aufkommenden Pharmazie, die in enger Verbindung mit der chemischen Industrie bald zu einem der stärksten Industriezweige der industrialisierten Welt wurde. Die ständig wachsende Not der Menschen entwickelte sich immer mehr zu einem lukrativen Milliardengeschäft, mit verheerenden Folgen.

Auf der ganzen Welt setzte eine fieberhafte Forschung nach immer neuen und wirkungsvolleren Medikamenten ein, eine Entwicklung, die bald ihr ursprüngliches Ziel, den notleidenden Menschen, zugunsten eines immer hemmungsloseren Profitdenkens aus den Augen verlor. Der bezeichnende Widerspruch zwischen Tausenden von Medikamenten und der katastrophalen Gesundheitssituation der Bevölkerung macht die wenig am Menschen orientierte Maxime der heutigen Pharmaindustrie deutlich.

Hans Rüsch bemerkt in seinem Buch „Die Pharma Story":

„Schon vor über zwanzig Jahren schrieb Dr. Walter Morell vom Medical College der Cornell Universität, den das amerikanische Nachrichtenmagazin Time als einen ‚der führenden Arzneimittelexperten' bezeichnete, in ‚Clinical Pharmacology and Therapeutics':

‚Wann wird man einsehen, daß es zu viele Arzneimittel gibt? Nicht weniger als 150 000 Präparate sind jetzt in Gebrauch. Ungefähr 15 000 neue Mixturen und Tabletten kommen jedes Jahr auf den Markt, während gleichzeitig 12 000 verschwinden ... Wir haben für all diese Präparate einfach nicht genug Krankheiten. Augenblicklich besteht die nützlichste Wirkung der neuen Präparate darin, die ungünstigen Wirkungen anderer neuer Arzneimittel wieder aufzuheben' (Time, 26. Mai 1961).

Seit 1961 ist die Gesamtzahl der Medikamente, die weltweit vertrieben wurden, auf 205 000 gestiegen; und die Krankheiten haben entsprechend zugenommen. Wir stehen also nicht vor der Notwendigkeit, neue Arzneien ‚zu entwickeln', sondern viel eher vor der Aufgabe, die Menge der bereits vorhandenen drastisch herabzusetzen, was automatisch auch die Zahl der Krankheiten vermindern würde. [...] Was die meisten Menschen nicht wissen [...] ist, daß die Einnahme kleiner Wunderpillen Schäden nicht nur nicht beheben kann, sondern sie verschlimmert, indem sie dem bereits mißhandelten Organismus neue Gifte zuführt.

Nach Auskunft der amerikanischen Nahrungs- und Arzneimittelbehörde (Food and Drug Administration) mußten im Jahre 1978 1,5 Millionen Amerikaner ins Krankenhaus, weil sie ein Medikament eingenommen hatten, das sie von irgendeinem Leiden ‚heilen' sollte. Und etwa 30 % aller ins Krankenhaus Eingelieferten erleiden dann noch weitere Schäden durch die ärztliche Behandlung, die ihnen dort zuteil wird. Die Zahl der Menschen, die in Amerika durch Medikamente getötet wird, schätzt man auf etwa 140 000 jährlich.

Die Gesundheitsindustrie ist heute tatsächlich der zweitgrößte Industriezweig in Nordamerika, der nur der Nahrungsmittelproduktion und -verteilung nachsteht."[8]

Auf dem internationalen Symposium „EG contra biologische Medizin" im Februar 1991 in Essen führte der Münchener Arzt Dr. Scheiner in seinem Vortrag aus:

„Die Kosten für das Gesundheitswesen sind in den Industrienationen explodiert! [...] Sie betrugen in der alten BRD 1990 ein Volumen von rund 280 Milliarden Mark. Das entspricht einem guten Viertel des gesamten Bruttosozialprodukts, ein höherer Betrag als das Bruttosozialprodukt etwa der Länder Türkei und Griechenland zusammengenommen. [...] Die derzeitigen

Ausgaben des Verteidigungshaushalts betragen rund 50 Milliarden Mark. [...] Wie aber sehen die gesundheitlichen Folgen für die Bevölkerung aus?

Die Zahl chronisch Erkrankter ist statistischen Berechnungen zufolge heute fünf- bis sechsmal so hoch wie vor 50 Jahren. Die Rate an Herz- und Kreislauferkrankungen konnte trotz Aufwendungen in Milliardenhöhe für Intensiv-stationen und Rehabilisierungsmaßnahmen nicht gebremst werden. Krebserkrankungen sind vehement auf dem Vormarsch. [...] Immer jüngere Altersgruppen werden von Krebs, eine um die Jahrhundertwende vergleichsweise seltene Erkrankung, erfaßt. Völlig ungebremst steigen auch die Allergien. 35 % aller Bundesbürger leiden an einer allergischen Erkrankung. Beim weiblichen Bevölkerungsanteil sind es bereits 50 %. Ein Drittel der Bevölkerung ist von Rheuma erfaßt."[9]

Der Gesundheitszustand der Bevölkerung verschlechtert sich ständig, auch ungeachtet der Tatsache, daß noch nie in der Geschichte unseres Landes so viele ärztliche Dienstleistungen erbracht und in Anspruch genommen wurden wie bisher. Die steigende Unsicherheit der erkrankten Menschen wird aufzuheben versucht, wie etwa durch die Versicherung des Vorsitzenden des Hartmann-Bundes (Ärztevereinigung):

„Allen Patienten ist eine optimale Behandlung garantiert."[10]

Auch die Bundesärztekammer räumt womögliche Zweifel an der Qualität der modernen Medizin aus, indem sie verkündet:

„Das deutsche Gesundheitssystem ist das beste der Welt. Es ist allen anderen Systemen überlegen."[11]

Bezeichnend angesichts dieser Behauptungen ist die Äußerung des Generaldirektors der Weltgesundheitsorganisation Dr. Mahler, der 1980 den „schlechten Gesundheitszustand in der Bundesrepublik Deutschland" offen einen „Skandal" nannte. Er forderte, daß man in Deutschland, einem „der reichsten Länder der Welt", von der „süchtig machenden Hochglanzmedizin" und den „pharmazeutischen Dauerlutschern" wegkomme, denn damit sei den Kranken nicht zu helfen.[12]

Die Fakten, die Dr. Scheiner im weiteren in seiner Dokumentation aufzeigt, sprechen die gleiche deutliche Sprache: Er zitiert den Toxikologen Prof. Dr. Remmer von der Universität Tübingen, der 1981 in einer Studie zu dem Ergebnis kam, daß in der Bundesrepublik bis zu 30 000 Menschen jährlich an Arzneimittelnebenwirkungen sterben.[13]

Aufgrund des exzessiven, oft nur prophylaktischen Antibiotikaeinsatzes in den bundesdeutschen Kliniken konnten in den Krankenhäusern Bakterienstämme mit extremer Aggressivität und ausgeprägter Resistenz gegen Antibiotika entstehen, die dann zum Einsatz immer „härterer" Antibiotika zwingen, welche wiederum noch unempfindlichere Bakterienstämme schaffen.

Dr. Scheiner:
„Von den jährlich ins Krankenhaus eingelieferten 13 Millionen Mitbürgern erkranken 500 000 bis 800 000 an den dort grassierenden Infektionen. [...] Von diesen sterben allein 40 000 an Sepsis [Blutvergiftung, bakterielle Allgemeininfektion], weit mehr, als wir etwa im Straßenverkehr jährlich an Opfern zu beklagen haben (im Jahr 1989 etwa 15 000, im Jahr 1990 etwa 10 000 Tote)."[14]

So kommt man in der Bundesrepublik insgesamt auf ca. 70 000 Menschen pro Jahr, die durch primäre oder sekundäre Medikamentennebenwirkungen sterben.[15]

Im Jahre 1979 kam das wissenschaftliche Institut der AOK zu der resignierenden Erkenntnis, daß die Lebenserwartung der Bevölkerung ziemlich proportional mit zunehmender Arztdichte sinkt.

Dr. Scheiner:
„Dr. Hans Halter faßte in seinem Spiegel-Artikel dieses Ergebnis wie folgt zusammen:
‚Bürger, die in einem Gebiet mit vielen Ärzten und reichlich Krankenhäusern wohnen, verwandeln sich rascher in Patienten, werden häufiger operiert, nehmen mehr nebenwirkungsreiche Medikamente und sterben im statistischen Durchschnitt früher.' Wenn wir auch im Sinne einer Kosten-Nutzen-Analyse von diesem hemmungslosen Irrsinn unseres Gesundheitssystems hören, dann sei weniger eine Ärzte- und Kollegenschaft angeprangert, die im Bereich der Akutversorgung zum Wohle ihrer Mitmenschen dient. Angeprangert sei vielmehr die Einseitigkeit allopathisch-chemischer Medikation sowie die mangelnde Förderung und die Bekämpfung einer kausal wirkenden, nebenwirkungsfreien biologischen Medizin sowohl im nationalen, wie im supranationalen Bereich, etwa der EG."[16]

In die gleiche Richtung gehen die Forschungsergebnisse des Umweltforschers und Biologen Prof. Jakob von Üxküll, der nach 30 Jahren fachspezifischer Forschung zu der Annahme kommt, daß in den entwickelten Ländern 50 % aller Erkrankungen iatrogener Natur sind, d. h. durch Maßnahmen der Ärzte erst hervorgerufen werden. Amerikanische Erhebungen rechnen mit 40 %.[17]

Es macht betroffen, wenn man bedenkt, daß während des 29tägigen Ärztestreiks in Israel im Jahr 1973 die Sterblichkeitsziffer die niedrigste war, die je festgestellt wurde. Wie Hans Rüsch aufzeigt, sank nach statistischen Erhebungen der Jerusalemer Bestattungsgesellschaft die Zahl der Beisetzungen in diesem Zeitraum um fast 50 %. Als es 1976 in Bogota, Kolumbien, für 52 Tage plötzlich keine Ärzte mehr gab, außer für dringende Notfälle, gingen die Todesfälle um 35 % zurück. Der nationale Leichenbestatterverband be-stätigte diese Zahlen. Eine ähnliche Erscheinung konnte in Los Angeles und 1978 in Großbritannien beobachtet werden.[18]

Dr. Scheiner konnte in einer Rangliste aufzeigen, daß die Japaner als „Weltbeste" durchschnittlich 1 800 Tabletten pro Kopf und Jahr konsumieren, dicht gefolgt von den Amerikanern mit 1 700 Tabletten, während die Deutschen als europäische Schlußlichter „nur" 900 bis 1 000 Tabletten im Jahr zu sich nehmen.[19]

Die heutige Ärzteschaft scheint immer mehr zu einem willigen Werkzeug der pharmazeutischen Industrie, die ärztliche Praxis zu einer Vertriebsstelle für Medikamente geworden zu sein. Die meisten der heute praktizierenden Ärzte wissen offensichtlich nicht mehr, wie sie ohne die große Anzahl von immer neuen synthetischen Medikamenten ihren Beruf ausüben sollen.[20] Nach einer sehr unzureichenden pharmakologischen Ausbildung an der Universität werden sie mit Beginn ihrer beruflichen Tätigkeit von einer Flut von Broschüren der Arzneimittelhersteller überschwemmt, die mit großformatigen Fotos auf bestem Papier die neuesten Errungenschaften der pharmazeutischen Industrie anpreisen. Vielfache Geschenke, großzügige Einladungen sollen erreichen, den Arzt zum Einsatz der firmeneigenen Präparate zu bewegen. In großer Zahl werden neue Präparate mit der Empfehlung, sich am Patienten von der Wirkung zu überzeugen, vorgestellt.

Hans Rüsch:

„Einige Ärzte brauchen den Schock eines Verfahrens wegen Kunstfehlern, um zu erwachen und zu begreifen, daß sie zu bloßen Werkzeugen einer gewinnorientierten Industrie erniedrigt worden sind, die sie und die Öffentlichkeit systematisch irreführt. Schon vor einigen Jahren berichtete Time (09.06.1975), die Anklagen von Patienten wegen Kunstfehler, die früher selten waren, wären so häufig geworden, daß die durchschnittliche Versicherungsprämie für Spezialisten mit hohem Risiko in Kalifornien innerhalb eines Jahres von $ 5 377 auf $ 22 704 hochgeschnellt sei."[21]

Die nachteiligen Folgen durch die Einnahme bestimmter von der Pharmaindustrie als unschädlich angepriesener Medikamente werden immer deutlicher, trotz aller Bemühungen der entsprechenden Firmen, das Geschehen herunterzuspielen.

Das deutsche Thalidomid (Contergan) wurde vom Produzenten (Chemie Grünenthal) im August 1958 40 000 deutschen Ärzten als der beste Tranquilizer (Beruhigungsmittel) für schwangere und stillende Mütter bezeichnet, „da sein Gebrauch ohne jedes Risiko weder für Mutter noch für das Kind sei"[22] Die Werbung war entsprechend. In einer Werbeanzeige sah man eine idyllische Landschaft unterschrieben mit folgenden suggestiven Worten:

„Ein Augenblick voller natürlicher Harmonie läßt uns wünschen, daß die Sekunde sich dehne. Doch zumeist bleibt es Augenblick und flüchtiger Wunsch, denn die Unruhe, dem Geiste einst dienstbar, beherrscht uns und treibt uns umher. Ruhe und Schlaf zu fördern vermag Contergan. Dieses gefahrlose Medikament belastet den Leberstoffwechsel nicht, beeinflußt weder den Blutdruck noch den Kreislauf und wird auch von empfindlichen Patienten gut vertragen.

Schlaf und Ruhe
Contergan
Contergan forte"[23]

Ende 1959 griffen täglich 350 000 Einwohner der Bundesrepublik zum Contergan, im Oktober 1960 waren es schon 700 000, ein knappes Jahr später mehr als eine Million.[24]

Sein Einsatz führte bei mindestens 10 000 Kindern zu Mißbildungen und Tausende, vorwiegend älterer Menschen erlitten Nervenschädigungen.[25]

Im Sommer 1977 mußte der Schweizer Multi Ciba-Geigy sein Phenformin vom amerikanischen Markt zurückziehen, das über 18 Jahre lang Zuckerkranken verschrieben wurde, denn die Nebenwirkungen dieses Medikaments hatten rund 1 000 Menschen jährlich getötet.[26]

Hans Rüsch:

„Dennoch durften, nachdem dies in der Presse veröffentlicht worden war, die westdeutschen Pharmaunternehmen mit Duldung der eigenen Gesundheitsbehörde noch ein ganzes weiteres Jahr - bis zum 1. Juli 1978 - ihre Vorräte an tödlichen Anti-Diabetes-Medikamenten verkaufen, zu denen Dipar, Silubin-Retard und Sindatil gehörten. Ganz offensichtlich war es nicht die Volksgesundheit, die im Vordergrund stand, sondern der Gewinn des Kartells."[27]

Der schwedische Arzt Dr. Olle Hansson, Professor für Kinderneurologie an der Universität Göteborg, hatte auf illegalem Weg Protokolle des Schweizer (!) Pharmakonzerns Ciba-Geigy erhalten, in denen bereits von 1 182 Todesfällen bei Einsatz der von Ciba-Geigy verkauften Rheuma- und Schmerzmittel Tanderil und Butazolidin berichtet wurden.

Die Firma hatte diese Informationen über tödliche Nebenwirkungen ihrer Produkte geheimgehalten, um den weiteren Verkauf nicht zu gefährden. Diese Nachricht ging um die Welt, man sprach von effektiv weit mehr als 10 000 Todesfällen. Fast alle Länder reagierten sofort mit dem Verbot beider Mittel, nur in der Schweiz (!) durften sie mit Genehmigung der Interkantonalen Kontrollstelle für Heilmittel Bern weiter verkauft werden.[28]

Diese Liste von Beispielen könnte noch über Seiten verlängert werden. Es scheint, als ob für einige Pharmakonzerne das menschliche Leben nichts bedeutet, wenn nur die Kasse stimmt.

Die unheilvolle Vernetzung der Macht in der Verbindung von Chemieindustrie, Pharmazie und Medizin hat sich zu einer ernsthaften Gefahr für die Volksgesundheit entwickelt. Man denke nur an den Artikel in „Der Spiegel" vom 24. Juni 1985, wo unter der Titelüberschrift: „Wie die Pharma-Industrie Bonn kaufte - Neue Schmiergeld-Affäre" deutlich wurde, daß die Pharma-Branche über Jahre hinweg Bonner Politiker, Abgeordnete und Beamte schmierte, um eine industriefreundliche Arzneimittelgesetzgebung auf Kosten der Krankenversicherungen und zu Lasten der Kranken zu erreichen.[29, 30]

Ganz ähnlich in Italien, als Italiens Gesundheitsministerin Tina Anselmi beantragte, daß Tausende von Medikamenten, die eine medizinische Kommission als wirkungslos oder schädlich eingestuft hatte, aus dem Verkehr gezogen werden sollten.

Ein Vertreter der Pharmaindustrie bot ihr 35 Milliarden Lire, hinterlegt auf das Konto einer Schweizer Bank, wenn sie ihr Vorhaben nicht durchführe. Tina Anselmi veröffentlichte diesen Bestechungsversuch, wenige Tage später explodierte ihr Auto, nur durch Zufall kam sie unverletzt davon. Aber bald danach verlor sie ihren Posten und ist, wie Hans Rüsch ausführt, bis zum heutigen Tage nicht wieder im Gesundheitsministerium eingesetzt worden.[31]

Hans Rüsch:

„Nur ein Bruchteil der Beweise, die wir über Korruption zusammengetragen haben, würde Bibliotheken füllen. Sie schreckt weder vor Gewalt noch Terror-Taktiken zurück, die auf hoher Ebene von den offiziellen ‚Gesundheitsorganisationen' angewandt werden, um das herrschende gewinnträchtige medizinische System zu erhalten."[32]

Wie Dr. Stiller schon ausführte, ist es der sogenannten Schulmedizin gelungen, in Verbindung mit der ökonomischen Macht der pharmazeutischen Konzerne durch bewußt einseitige Information die Rolle im Bewußtsein der meisten Menschen zu übernehmen, die sonst der Religion vorbehalten war. Die Macht der scheinbaren Wunderpillen, die mit immer phantasievolleren Namen den Markt überschwemmen, ersetzt den durch eine ebenfalls wissenschaftsgläubige Kirche zerstörten lebendigen Glauben an die heilende Macht des Geistes Gottes (s. a. Kap. 7).

Hans Rüsch:

„Heute sind die Mediziner Priester, denen sich das Volk bei körperlichen Leiden oder seelischen Nöten hoffnungsvoll zuwendet. Sofort zum Arzt! - so lautet die Parole. Arzt und Psychiater wissen nämlich alles über körperliche Gesundheit und seelisches Gleichgewicht, was der gewöhnliche Sterbliche unmöglich wissen kann. Haben diese modernen Priester im weißen Gewande nicht sogar eine eigene Sprache, die nur sie allein verstehen? Jedenfalls haben sie begriffen, daß es im heutigen materialistischen Zeitalter lohnender ist, den Leuten ein langes Leben auf Erden als ein ewiges Leben im Jenseits zu versprechen."[33]

Eine wesentliche Bedeutung bei der glaubensmäßigen Bindung der Bevölkerung an die wissenschaftlichen Begrifflichkeiten von Gesundheit und Krankheit bilden die Medien. Oft wird die Objektivität der Berichterstattung durch finanzielle Abhängigkeit von potenten Inserenten beeinträchtigt.

Morris A. Bealle, Herausgeber eines Provinzblattes in Maryland, war dankbar, daß das ortsansässige Elektrizitätswerk regelmäßig in seiner Zeitung inserierte und ihm somit einige finanzielle Sorgen ersparte. Als er jedoch in einer Ausgabe für einen Leser Partei ergriff, der sich über das Elektrizitätswerk beschwert hatte, dauerte es nicht lange, und man drohte ihm im Auftrag des Elektrizitätswerks mit der sofortigen Kündigung des Anzeigenvertrages, so er noch einmal in dieser Form aus der Reihe tanze. Dies öffnete ihm die Augen über das Wesen der ‚freien Presse', und er verkaufte seine Zeitung. Statt dessen recherchierte er für ein Buch, um die Situation der Pressefreiheit in seinem Lande herauszustellen. Sein Werk ‚Die Drug Story' war so brisant, daß er keinen Verleger fand und einen eigenen Verlag ins Leben rufen mußte. Dieses Buch wurde 1949 das erste Mal herausgegeben, es hat mittlerweile die 33. Auflage erreicht, wenngleich es immer wieder unterdrückt wurde.[34]

Es heißt dort:

„Ein Unternehmen, das 6 % Gewinn auf sein investiertes Kapital abwirft, wird als sehr solide und rentabel angesehen.

Die Sterling Drug Inc., die größte Holding unter den 68 Tochtergesellschaften des Rockefeller Arzneimittel-Imperiums und seine Drehscheibe, wies im Jahre 1961 einen Betriebsgewinn von $ 23 463 719 nach Abzug der Steuern aus, bei Nettoaktiva von $ 43 108 106 - das bedeutet einen Gewinn von 54 %. Squibb, auch eine von Rockefeller kontrollierte Gesellschaft, erzielte 1945 nicht 6 % sondern 576 % auf den derzeitigen Wert ihres Eigentums.

Das geschah in der herrlichen Kriegszeit, als das Army Surgeon General's Office und das Navy Bureau of Medicine and Surgery den Profit des Arzneimittelkartells nicht nur förderten, sondern seine Gifte buchstäblich mit über 200 Millionen Spritzen in die Blutbahn unserer Soldaten, Matrosen und Mariner ‚schossen'.

Ist es da ein Wunder, daß die Rockefellers und ihre Strohmänner in der Nahrungs- und Arzneimittelbehörde (FDA), im amerikanischen Öffentlichen Gesundheitsdienst, in der Staatlichen Handelskommission, im Better Business Bureau (Büro für bessere Geschäfte), im Army Medical Corps und Navy Bureau und dazu Tausende von Gesundheitsbehörden im ganzen Lande sich verbündeten, um alle Heilmethoden zu verbannen, die den Konsum von Arzneimitteln senken könnten?

Der letzte Jahresbericht der Rockefeller Stiftung führt die Zuschüsse auf, die sie Universitäten und staatlichen Dienststellen in den vergangenen 44 Jahren zukommen ließ; sie erreichen eine Summe von etwas über einer halben Milliarde Dollar. Solche Lehrinstitute bringen ihren Studenten natürlich alle Arzneimittelfolklore bei, die die Pharmaunternehmen des Hauses Rockefeller wünschen. Sonst gibt es keine Spenden mehr; es gibt ja auch keine für die etwa dreißig amerikanischen Lehrstätten, die keine Arzneimittel propagieren.

Die traditionsbewußte Universität Harvard, deren medizinische Fakultät einen großen Ruf genießt, hat von diesem Kartellkapital $ 8 764 433 erhalten; Yale erhielt $ 7 927 800, Johns Hopkins $ 10 418 531 etc."[35]

Hans Rüsch:

„Und während Rockefeller diese riesigen Summen an die Hochschulen ‚verschenkte', die dann für seine Arzneimittel Reklame machen müssen, spannten die Interessen des Mammutkonzerns allmählich ein Netz über die ganze Welt, das niemand mehr ganz übersehen konnte. Bereits vor dreißig Jahren hatte es einen solchen Umfang, daß Bealle schrieb:

‚Den Rockefellers gehört das größte Kombinat von Heilmittelherstellern auf der Welt, und sie üben durch ihren weitverzweigten Einfluß Druck aus, um den Absatz von Medikamenten zu fördern. Dabei ist es dem Kartell völlig gleichgültig, daß die meisten der im Handel befindlichen Mittel gesundheitsschädlich sind. Es überrascht somit nicht, daß das Imperium seine eigenen ‚Abgeordneten' in alle staatlichen Dienststellen des Gesundheitswesens steckt. Und es erklärt, warum in allen der Regierung unterstehenden Institutionen nur die Behandlung mit Medikamenten zur Anwendung kommt. Die Millionen von Menschen, die sich lieber Naturheilpraktikern, Chiropraktikern und Osteopathen anvertrauen möchten, finden keine Berücksichtigung [...]. Denn Patienten von Ärzten, die keine Medikamente verschreiben, kaufen auch keine. Und es gibt Tausende von chemischen Präparaten, die nur darauf warten, rasch und gewinnbringend an den Mann gebracht zu werden."[36]

Wie Hans Rüsch weiter aufzeigt, wurden bereits 1948 (!) mehr als 800 Millionen Dollar von den Finanzimperien Rockefeller/Morgan dazu eingesetzt, um die öffentliche Aufklärung über Fragen der Gesundheit und Arzneimittel zu manipulieren.[37] Mit Hilfe verschiedener noch zusätzlich ins Leben gerufener sogenannter „philanthropischer" (menschenfreundlicher) Stiftungen bereitete Rockefellers Industrie-Imperium unter dem Deckmantel der Wohlfahrt bereits zu Beginn dieses Jahrhunderts den Boden für die Erziehung der Öffentlichkeit, „die das Ziel hatte, eine arzneiabhängige Bevölkerung zu schaffen, schon bei Kindern mit Hilfe der Schulen, dann bei Erwachsenen durch direkte Reklame und endlich durch den Einfluß der Medien, die ihrerseits von ihren Einkünften aus der Werbung abhängig waren."[38]

Bemerkenswert ist, daß J. D. Rockefeller und sein Sohn hingegen in persönlichen gesundheitlichen Fragen nur homöopathischen Ärzten trauten und dadurch selbst ihr grundsätzliches Mißtrauen gegenüber der modernen Medizin zeigten, während sie auf der anderen Seite durch Millionen-Investitionen für ihre Verbreitung sorgten.[39]

Es soll nicht davon abgeraten werden, Medikamente zu nehmen, wo diese wirklich notwendig sind. Im Gegenteil, die Stütze, die auf diesem Wege den Menschen gegeben wird, die sich im Laufe der letzten Jahrhunderte in erschreckender Weise von den heilenden Lebenskräften entfernten, ist vielfach noch unverzichtbar und auch sinnvoll. Es ist immer der einzelne Mensch, der sie zu einem Werkzeug machen kann, Leid und Not zu lindern oder neues Leid zu schaffen.

Bei der Darstellung der Situation der modernen Medizin geht es nicht darum, diese grundsätzlich in Frage zu stellen. Es ist mir vielmehr ein Anliegen, Tendenzen bewußt zu machen, die nicht mehr verantwortbar sind. Der Einsatz eines Antibiotikums zur Bekämpfung einer schweren Infektion, wie z. B. einer Lungenentzündung, die vor der Einführung des Penicillins viele das Leben kostete, ist durchaus sinnvoll, während es unverantwortlich ist, jede Infektion sofort mit Antibiotika „niederzuknüppeln". Das Ergebnis dieses weltweiten Mißbrauchs sind immer weniger widerstandsfähige Menschen und immer resistentere Bakterien. Der unbedachte Griff zur Tablette selbst bei geringfügigen Störungen ist bei vielen Menschen zu einer gefährlichen Routine geworden, die durch eine gewissenlose Werbung und jahrzehntelang fehlende Aufklärung bei einer falschen Gesundheitspolitik produziert worden ist. Ein lukratives Geschäft der heutigen Zeit ist es, den Menschen das Vertrauen in ihre Selbstheilkräfte zu nehmen und ihnen Problemlösungen durch Medikamente zu suggerieren. Eine Werbung wie

„Medikament X macht den Kopf frei für neue Bekanntschaften",

die kürzlich in einem Fernsehbeitrag übertitelt mit „Die Arzneimittelgesellschaft" kritisch beleuchtet wurde, verleiht diesem verhängnisvollen Geschehen in gleicher Weise Ausdruck, wie die ganzseitige Werbung eines Pharmaunternehmens, wo ein Schmerzmittel mit den Worten angepriesen wurde:

„Mein Arzt weiß am besten, was für mich gut ist."

Der Widerspruch einer Medizin, die auf der einen Seite gegen „Scharlatane" wettert, die ihrer Doktrin nicht folgen, ein Gesetz wie das Heilpraktikergesetz zum Schutz der Volksgesundheit propagiert und auf der anderen Seite selbst verheerende Schäden an der Volksgesundheit anrichtet, die durch ihre hilfreichen Leistungen nicht mehr aufgehoben werden können, ist erschreckend.

Der Irrweg dieser Medizin hat ein Ausmaß erreicht, daß eine Aufklärung der Bevölkerung über die wahren Zusammenhänge von Gesundheit und Krankheit dringlichstes Gebot der heutigen Zeit ist. Die zunehmend kritischen

Artikel in einigen Zeitungen und Illustrierten sind ein erster Schritt in die richtige Richtung. Auch mehren sich unter den Ärzten die Stimmen, die das herrschende Medizinsystem als schädlich und als Hauptursache der zunehmenden Krankheiten bewerten.[40, 41]

Die Weltgesundheitsorganisation (WHO) veröffentlichte im Jahre 1980 eine Liste von 234 Medikamenten, die als wesentlich für die dritte Welt eingestuft wurden. Am 14. Oktober 1981 hieß es in der „Züricher Weltwoche", daß UNIDO (Organisation der Vereinten Nationen für die industrielle Entwicklung) in Zusammenarbeit mit der WHO eine Liste von nur 26 Medikamenten aufgestellt hat, die für die dritte Welt unerläßlich sind. Im UNIDO-Bericht werden dann interessanterweise von den 26 Medikamenten nur noch neun als ganz besonders wichtig herausgestellt.[42]

Sind demgegenüber 125 000 verschiedene in der Bundesrepublik zugelassene Darreichungsformen von Arzneimitteln notwendig, wenn zudem der Schaden dieser Flut an Arzneien unübersehbar ist? Wem dient die große Zahl von Anträgen auf Neuzulassungen von Arzneimitteln, die Jahr für Jahr zusätzlich noch auf den Schreibtischen des Bundesgesundheitsministeriums liegen? Wieviel Medikamente benötigen die Menschen in unserer Gesellschaft wirklich?

„Wir müssen dem Patienten helfen, indem wir Medikamente zur Verfügung stellen",

äußerte im oben erwähnten Fernsehbeitrag eine Sprecherin des Gesundheitsministeriums, ohne eine Lösung für die Arzneimittelflut und die damit verbundenen Folgen (Abhängigkeit, Kostenexplosion, Personenschäden) nennen zu können.

Das Gesundheitssystem sähe heutzutage gewiß ganz anders aus, hätte man nicht über Jahrzehnte einseitig in die Sackgasse der „Schulmedizin" investiert und den Menschen damit an tote Pillen gebunden, sondern ihn zu den lebendigen Quellen in sich zurückgeführt. Die wahre Heilung aus dem Geist ist kostenlos, hat keine Nebenwirkungen und läßt den Menschen wieder mündig werden. Aber sie erfordert Demut und innere Umkehr. Damit läßt sich in dieser Welt nichts verdienen.

## Tierversuche - millionenfaches Leid im Dienste der „Gesundheit"

Ein besonders erschreckendes Kapitel der medizinischen Wissenschaft spielt sich versteckt vor der großen Öffentlichkeit in vielen Laboratorien in aller Welt ab, wo im Dienste der „Wissenschaft" Tiere in beschämender Weise gequält und getötet werden. Dabei werden Tiere nicht nur für die Entwicklung neuer Medikamente benutzt, oft müssen sie auch noch für andere sehr fragwürdige „wissenschaftliche Experimente" herhalten oder werden in einigen Labors mit den Artikeln der Kosmetikindustrie gepeinigt.

Von den entsprechenden Stellen wird dieses zwar meist geleugnet oder heruntergespielt, aber wer die gut recherchierten Dokumentationen von dem wohl engagiertesten Tierversuchsgegner Hans Rüsch durcharbeitet, wird nicht mehr so leichtfertig glauben, was ihm von der Lobby vorgemacht wird. Rüschs Untersuchungen über die Grausamkeit an Tieren in den Labors unter dem Deckmantel humanitärer Ziele wurden inzwischen in mehrere Sprachen übersetzt und stoßen, wie die Auflageziffern deutlich machen, auf großes Interesse in der Bevölkerung. Die Gerichtsverfahren, die ihm von dem Establishment angehängt wurden, endeten für Hans Rüsch aufgrund seiner unbestechlichen Beweise immer wieder mit einem Freispruch für ihn. In seinem Buch „Die Fälscher der Wissenschaft" faßt er diese von den Behörden offensichtlich geduldete Grausamkeit in nüchterne Zahlen:

„In den pseudowissenschaftlichen Laboratorien der ganzen Welt werden täglich weit über 300 000 Tiere zu Tode gefoltert.

90 Millionen im Jahr in den USA

14 Millionen im Jahr in der Bundesrepublik Deutschland

5,5 Millionen im Jahr in Großbritannien

3 Millionen im Jahr in der kleinen Schweiz (höchster Verbrauch auf der Welt im Verhältnis zur Bevölkerung)."[43]

Schon Medizinstudenten erwerben sich zum Teil ihren Doktortitel durch Experimente mit Kleintieren. Fast jedes neue Medikament, das zu der ohnehin bestehenden unverantwortlich großen Anzahl neu hinzukommt, wird vor der allgemeinen Zulassung in sogenannten pharmakologisch-toxikologischen Tests an Tieren „geprüft". Es werden in den USA allein 34 Millionen Tiere jährlich von der Pharmaindustrie getötet.[44]

Dabei ist die Unsinnigkeit dieser weltweiten Grausamkeit einer Wissenschaft, die mit dem Leid unzähliger Tiere „Heilmittel" erproben will, seit langem offenbar. Abgesehen davon, daß die Notwendigkeit der Entwicklung neuer Medikamente bei der bestehenden Flut von Arzneimitteln bezweifelt werden muß, kann man von Ergebnissen der Tierversuche, wie von vielen Fachleuten seit Jahrzehnten immer wieder aufgezeigt wird, nicht zuverlässig auf die Wirkung des Medikaments im menschlichen Organismus schließen.

Das deutsche Thalidomid (Contergan) z. B. war zuvor an Tieren „geprüft" worden, bevor es den schwangeren Müttern als „völlig unbedenklich" und „ohne jedes Risiko weder für die Mutter noch für das Kind" vom Hersteller verkauft wurde.[45, 46] Doch auch die anschließende Tragödie der großen Zahl mißgebildeter Kinder, die die Unsinnigkeit weiterer Arzneimittelprüfungen an Tieren hinlänglich deutlich werden ließ, führte, wie die erschreckende Anzahl weltweiter Tierversuche deutlich zeigt, zu keiner Änderung des Verhaltens. Der Skandal wiederholte sich Anfang der 80er Jahre mit einem Medikament gegen die morgendliche Übelkeit schwangerer Frauen (in den USA Benedictin genannt, in Großbritannien Debendox), das trotz aller Sicherheitstests zahlreiche Mißbildungen an Säuglingen bewirkte.[47] Einige Jahre früher war es in den Vereinigten Staaten ein synthetisches Östrogen, das Diethylstilböstrol (DES), das wieder schwangeren Frauen als „unbedenklich" angepriesen wurde. Es sollte sie vor Fehlgeburten schützen und löste an deren Töchtern in jungem Alter vermehrt eine besondere Form von Vaginalkrebs aus. Man begann mit den Tierversuchen noch einmal von vorn, aber vergeblich, bei den Tieren ließ sich kein Krebs nachweisen.[48]

Hans Rüsch:

„Im Juli 1976 fing der mächtigste Arzneimittelkomplex von Großbritannien, ICI (Imperial Chemical Industries), an, Abfindungssummen an Hunderte von Leuten zu bezahlen, denen das Herztonikum Eraldin schwere Schäden an den Augen und am Verdauungsapparat zugefügt hatte, und etliche Konsumenten waren daran gestorben. Wie ein Sprecher der Firma der Presse als Alibi erklärte, war Eraldin 1970 erst nach siebenjährigen, sehr strengen Tests (wie üblich an Tieren) in den Handel gebracht worden."[49]

Nicht anders war es mit einem Medikament gegen Verdauungsstörungen, Oxychinol (war als Mexaform oder Entero-Vioform im Handel), das bei einer großen Zahl von Menschen sogar die Entstehung einer neuen Krankheit, die subakute Myelo-Optiko-Neuropathie (SMON) auslöste, die wenigstens tausend Todesfälle und 30 000 Fälle von Erblindung und/oder Lähmung der unteren Extremitäten bewirkte.[50]

Die Unzuverlässigkeit von Versuchen am Tier macht Hans Rüsch in einleuchtenden Beispielen deutlich:

„Zwei Milligramm Scopolamin [Gift der Tollkirsche] töten einen Menschen, doch Hunde und Katzen vertragen hundertmal mehr. Der Fliegenpilz, der selbst in kleiner Dosis eine ganze Familie auslöschen kann, wird vom Kaninchen, das ja ein sprichwörtliches Versuchstier ist, schadlos verzehrt. Ein Stachelschwein kann auf einmal so viel Opium schlucken, wie der Süchtige in zwei Wochen raucht, und es mit einer Menge Blausäure hinunterspülen, die ein ganzes Regiment vergiften würde. Penicillin ist für das Meerschweinchen tödlich, aber Strychnin, eines der verhängnisvollsten Gifte für den Menschen, lassen es unversehrt. [...] Aspirin und Insulin haben dieselbe Wirkung auf Ratten und Mäuse wie Contergan auf den Menschen; aber Contergan verursacht bei ihnen keine Mißbildungen".[51]

Aufgrund der ihm nach jahrelangen Recherchen zur Verfügung stehenden Fakten kommt er zu folgendem Schluß:

„Die Liste könnte beliebig verlängert werden, doch sollen die angeführten Beispiele genügen um darzulegen, daß es gar keinen unzuverlässigeren Test für neue Medikamente - für die es dazu noch gar keinen Bedarf gibt - geben kann als den Tierversuch. Die sogenannten Gesundheitsbehörden und Forscher wissen das auch ganz genau. Trotzdem setzen sie den Medien und der Öffentlichkeit immer wieder dieselbe aufgewärmte Suppe vor: Wollen Sie, daß wir neue Medikamente an Ihren Kindern ausprobieren? In Wahrheit sind jedoch alle synthetischen Produkte schädlich, und alle neuen Präparate werden deshalb an Ihnen und Ihren Kindern ausprobiert, und zwar ständig, denn die Tierversuche, die - man kann es nicht oft genug wiederholen - nur eine Alibifunktion haben, können gar keine Antwort geben oder schlimmer, führen, was ihre Wirkung am Menschen anbelangt, zu falschen Resultaten.

Von dieser Regel gibt es keine Ausnahme!

Es ist im Gegenteil so, daß sich die Arzneimittelkatastrophen heute mehren, während es sie überhaupt nicht gab, bevor die Sicherheitstests mit Tieren zur Pflicht gemacht wurden. Die immer mehr zunehmenden therapeutischen Unglücksfälle sind also das unmittelbare Ergebnis der weitverbreiteten Tierversuche."[52]

Wen wundert es, daß, wie Hans Rüsch weiter aufzeigt, auch die Staatsführungen der industrialisierten Länder kein großes Interesse zeigen, die unnützen und irreführenden Tierversuche abzuschaffen. Eine Anfrage von dreißig britischen Persönlichkeiten, darunter auch Ärzte und Wissenschaftler, am 23.04.1981 an Premierministerin Thatcher, einen Teil der jährlichen Ausgaben für die medizinische Forschung zur Entwicklung von anderen Möglichkeiten, die den Einsatz von lebenden Tieren verringern oder ersetzen könnten, zu verwenden, wurde abschlägig beschieden.[53]

Zu der Situation in Deutschland äußerte Hans Rüsch in seinem Buch „Die Pharma Story":

„Die frühere Gesundheitsministerin der Bundesrepublik Deutschland, Frau Antje Huber, zeigte eine ähnliche Reaktion, als sie am 25. Juni 1981 bei einer Anhörung im Bonner Bundestag schroff behauptete, daß man auf Tierversuche nicht verzichten könne und daß selbst eine teilweise Abschaffung, zum Beispiel in der Kosmetik, oder die des grausamen und irreführenden LD-50-Tests außer Frage stünde. [...] Antje Huber verließ, andere Verpflichtungen vorschützend, nach zwanzig Minuten den Sitzungssaal und überließ einer Vertreterin das Feld. Diese erklärte, daß eine Reduktion der Tierversuche schon deshalb schwer zu verwirklichen sei, weil das Ministerium das Ausmaß der Tierversuche gar nicht kenne. ‚Zum Beispiel wissen wir nicht, was in unseren Universitäten vorgeht', sagte sie. Als man sie fragte, warum das Ministerium nicht wenigstens die eindeutig irreführenden LD-50-Tests verbiete, antwortete sie: ‚Weil die Bundesrepublik in diesem Fall ihre Medikamente nicht ausführen könnte.'

Zweifellos hatte die Dame das veraltete Delaney Gesetz im Sinn, das solche Tests zur Pflicht macht und deshalb für die Mehrzahl der pharmazeutischen Unglücksfälle auf der ganzen Welt verantwortlich ist. Auf diese Weise demonstrierte die Parlamentarierin auch, in welchem Grade Thatcher, Huber und andere Politiker in den Industrieländern in die Interessen des Arzneimittelkartells verstrickt sind."[54]

Im „Pschyrembel", einem klinischen Wörterbuch, findet man zu LD-50 folgende Definition:

„Letaldosis, Abk.: LD; z. Tode führ. Dosis [...] (Pharm.) im Tierexperiment meist bestimmt als LD-50, d. h. die Dosis, die in e. best. Zeit z. Tode von 50 % d. Versuchstiere führt; Charakteristikum eines Arzneimittels."[55]

Die wissenschaftlichen Tierquälereien werden auch Vivisektion genannt. Im „Pschyrembel" heißt es dazu:

„Vivisektion (lat. vivus: lebend; sectio: Zerschneiden), f: Versuch am lebenden Tier zu wissenschaftlichen Zwecken; muß und kann (Anwendung von Narkose usw.) ohne Tierquälerei durchgeführt werden."[56]

Man fragt sich, wie Tests wie der oben beschriebene typische Test zur Charakterisierung eines Arzneimittels ohne Tierquälerei durchgeführt werden können.

Wenngleich wesentliche Kräfte des medizinisch-pharmazeutischen Establishments ungeachtet der Tatsachen den vermeintlichen Sinn der Tierversuche weiterhin propagieren, sind die warnenden Stimmen auch von medizinischen Fachleuten nicht mehr zu überhören.

In der Beilage zur „Neuen Juristischen Wochenschrift", in der „Zeitschrift für Rechtspolitik" (Heft 12, 1975), erklärt Professor Dr. Herbert Hensel, Leiter des Physiologischen Instituts der Universität Marburg:

„Nach den Aussagen führender Biostatistiker sind Wahrscheinlichkeitsaussagen vom Tier auf den Menschen nicht möglich, weil weder die getesteten Parameter noch die Tierarten, noch die geprüften Substanzen als zufällige Stichproben im Sinne der Wahrscheinlichkeitstheorie gelten können. Damit besteht aber gegenwärtig überhaupt keine Möglichkeit einer wissenschaftlich begründeten Vorhersage. In dieser Hinsicht ist die Situation noch ungünstiger als bei einem Glücksspiel, da bei diesem die Erfolgschancen abschätzbar wären [...], nach unseren gegenwärtigen Kenntnissen kann man durch Tierversuche die voraussichtliche Wirkung, Wirksamkeit und Unschädlichkeit von Arzneimitteln bei Menschen nicht wissenschaftlich feststellen [...]. Das Beispiel der Contergan-Katastrophe, als Argument für strengere Prüfung gern zitiert und auch in der Begründung des Regierungsentwurfs zur Reform des Arzneimittelrechts mehrfach erwähnt, beleuchtet diese Problematik besonders deutlich. Ebensowenig wie damals ließe sich heute durch den Tierversuch eine derartige Arzneimittelkatastrophe mit ausreichender Sicherheit verhindern."[57]

Der langjährige Leiter der mikrobiologischen Abteilung des Mailänder Spitals L. Sacco, Prof. Dr. med. Pietro Croce, Mitglied des „College of American Pathologists" und Autor zahlreicher medizinischer Schriften und Bücher bemerkt in seinem Buch „Tierversuch oder Wissenschaft - eine Wahl":

„Es gibt keine Alternativen zum Tierversuch, weil jede Methode, die ihn ersetzen könnte, die gleichen Eigenschaften haben müßte. Es ist jedoch schwer, etwas zu finden, das so trügerisch, so weit entfernt von der echten biomedizinischen Forschung wäre, wie es die Vivisektion immer war und leider fortfährt zu sein. [...] Die Vivisektion ist eine Eiterbeule, die die Wissenschaft krank macht und sie in Verruf bringt, was jetzt auch der Öffentlichkeit immer mehr bewußt wird. [...] Natürlich gehen dem Tierexperimentator [bei Abschaffung der Tierversuche] die Chancen verloren, auf leichte Art Studien zu veröffentlichen, akademische Titel zu erwerben, Karriere und Geld zu machen; auch die Möglichkeit, sich bei den Mächtigen beliebt zu machen, indem er eine gewünschte These oder ebenso ungeniert auch die entgegengesetzte Antithese mittels ‚unwiderlegbarer' Experimente vertritt."[58]

Es folgt eine mehr als 200seitige Analyse der Situation, in welcher er viele Wege zu einer wirklichen wissenschaftlichen Forschung aufzeigt ohne die irreführenden und sinnlosen Tierversuche.

Doch das, was in den vielen „wissenschaftlichen" Labors der heutigen Zeit geschieht, geht aber noch wesentlich über die staatlich legitimierten Tierquälereien durch die „Sicherheitstests" von Medikamenten hinaus, vielfach werden weltweit für den „Fortschritt der Wissenschaft" regelrechte Foltermethoden angewandt.

Hans Rüsch:

„Laut den offiziellen Angaben des Innenministeriums wurden in Großbritannien in den letzten Jahren rund 86 % aller Experimente ohne Anästhesie durchgeführt, und nur 3 % der Tiere wurden vor dem Erwachen abgetan. Und auch dafür besteht keine Gewähr. Es sind nämlich, wie Lord Dowding einmal im Oberhaus berichtete, Fälle ans Licht gekommen, in denen die Experimentatoren, selbst bei schweren Eingriffen wie das Herausschneiden der Augen bei Katzen, statt die Tiere in tiefe Narkose zu versetzen, wie sie versichert hatten, ihnen lediglich ein Beruhigungsmittel wie Dial gaben [...]. Es gibt zur Zeit in Großbritannien nur 14 Inspektoren, die vom chemiehörigen Home Office abhängen und denen es offenbar sowohl an Zeit als auch an Lust fehlt, im Sinne des Gesetzes unangemeldet in den Laboratorien zu erscheinen. Sie sitzen an ihrem Pult und erteilen den rund 18 000 befugten Experimentatoren die gewünschten Bewilligungen für die Millionen Experimente, die ihnen als ‚unerläßlich' für das Wohl des (immer kranker werdenden) britischen Volkes vorgegaukelt werden. Am Abend sind einige von ihnen zu Gast bei den Experimentatoren.

Die Kumpanei zwischen dem langjährigen Hauptinspektor des Home Office, Stephen Vine, dessen Aufgabe es sein sollte, die Labortiere zu schützen, und den Interessen der Tierzüchter und Experimentatoren erhielt ihre offizielle Weihe, als dieser Herr unlängst das Pensionsalter erreichte und prompt aktives Mitglied der RDS, also der Vivisektionslobby, wurde."[59]

Die Perversion, zu der sich große Teile der heutigen medizinischen Forschung unter dem Deckmantel humanitärer Ziele entwickelt haben, zeigt sich besonders charakteristisch in der Krebsforschung. Diese wird, wie Hans Rüsch deutlich werden läßt, finanziert von Steuergeldern und Spenden, in vielen Labors in aller Welt oft in einer Weise durchgeführt, die ernsthafte Zweifel an der seelischen Gesundheit der entsprechenden Wissenschaftler aufkommen läßt.

Hans Rüsch:

„Die ungeheuer kostenintensiven Bemühungen, ein ‚Heilmittel' gegen den Krebs zu finden, indem man die Krankheit jedes Jahr in Millionen von Tieren verursacht, sind ebenso reinem Selbstzweck dienend, ebenso vergeblich und dumm, wie die verschiedenen Kreuzzüge, dem Verbrechen mit Computern zu Leibe zu rücken. [...] Die selbsternannten Wissenschaftler in den Tierlaboratorien haben nicht die leiseste Ahnung, wie man eine Krankheit erforscht. Alles, was sie wissen ist, wie man die verschiedensten Krankheiten erzeugt, einschließlich Krebs. In diesem Punkt haben sie sich als außerordentlich erfolgreich und erfinderisch erwiesen. [...] Den Tieren werden Tumore implantiert; dann beobachtet man, wie diese Geschwüre wachsen und schließlich lebenswichtige Organe befallen. Und weiter geht das Leiden und nimmt mit dem Krebs zu bis zum Tode. Andere Tiere werden hohen Bestrahlungsdosen ausgesetzt, um ihre Wirkung auf den künstlich erzeugten Krebs zu studieren, der, worauf viele Wissenschaftler bereits hingewiesen haben, keine Verwandtschaft mit dem spontan entwickelten Krebs bei Menschen hat.

Oft bestrahlt man die Gliedmaßen der Tiere so intensiv, daß sie brandig werden und schließlich abfallen. An andere Tiere werden große Mengen verschiedener Substanzen verfüttert, von denen man weiß oder vermutet, daß sie krebserzeugend sind. Die Folge ist, daß die Tiere sich so lange übergeben, bis nach heftigen Krämpfen der Tod eintritt. Viele dieser Tiere mit großen Geschwulsten hören auf, zu fressen und zu trinken, so daß das Wachstum der Tumore sich verlangsamt, ihre Qualen sich aber verlängern. Die Tumore können sich auch entzünden, worauf das Tier einer allgemeinen Infektion erliegt. Man überträgt Tumore auf alle Teile des Tierkörpers, auf die Brust, die Wirbelsäule, auf Ohren und Schwänze. Äußerliche Geschwülste werden von den Käfiginsassen oft vom Körper des Leidensgenossen abgefressen. Andere Tiere mit induziertem Krebs werden in extremer Kälte oder Hitze gehalten, um die Wirkung der Temperatur auf das Wachstum des Tumors zu beobachten."[60]

Die grausame Phantasie mancher Wissenschaftler scheint keine Grenzen zu kennen. Abgesehen von der Tatsache, daß die Reaktionen des Tierorganismus nicht vergleichbar mit dem menschlichen Organismus sind, müßte doch jedem einsichtigen Menschen klar sein, daß ein experimenteller Krebs am Tier sich grundsätzlich von einem Krebs unterscheidet, der sich beim Menschen von selbst entwickelt. Hier bereitet die Störung im gesamten Menschen dem Tumor den Boden für sein Wachsen, während beim Tier der Krebs gewaltsam hinzugefügt wird. Die schlechten Resultate des Milliardenprojekts Krebsforschung dokumentieren den Irrweg einer medizinischen Forschung, die seit mehr als 200 Jahren vergeblich nach einer veralteten Doktrin ein Heilmittel gegen den Krebs sucht. 1955 starben etwa 95 000 Bundesbürger an den verschiedenen Krebsarten, 1975 jedoch bereits rund 150 000 - ohne daß die Bevölkerung entsprechend zugenommen hatte. Und die Zahl steigt weiter.[61] Es ist erschreckend, daß das Konzept, durch das Erzeugen der Krankheit an anderen Lebewesen ein Heilmittel zu finden, bis heute noch nicht verlassen wurde und zusätzlich alternative Methoden starrsinnig bekämpft werden.

Einer von den amerikanischen Ärzten, die sich trotz (oder wegen?) ihres Erfolges auf unkonventionellen Wegen die Feindschaft vieler Kollegen zuzogen, ist der bereits erwähnte Dr. Simonton, der mit größtem Erfolg die uralte schamanische Technik des Visualisierens bei der Behandlung Krebskranker einsetzte (s. a. Kap. 3). Wenngleich er noch wesentliche Teile der konventionellen Therapie zusätzlich verwandte und in einer Studie über sieben Jahre nachweisen konnte, daß seine Patienten durchschnittlich doppelt solange leben wie die Krebspatienten in den besten amerikanischen Zentren mit orthodoxen Therapieformen, setzte ihn die amerikanische Krebsgesellschaft auf ihre „schwarze Liste":

„Die Studie und ihre Ergebnisse ist in die Medizingeschichte eingegangen. Alternativmediziner in der ganzen Welt arbeiten damit. Was jedoch die amerikanische Krebsgesellschaft damit machte, war etwas ganz anderes. Offenbar lösten Carl Simontons Forschungen dort so viele Ängste aus, daß sie ihn nach der Veröffentlichung [seiner Studie] auf die Liste der schlimmsten Quacksalber setzte. Darüber ist er bis heute nicht hinweggekommen. [...] Simontons Tips sind leicht zu befolgen, sie kosten kein Geld und werden seit Menschengedenken praktiziert. Liegen vielleicht hierin die Gründe, warum er von Schulmedizinern und der Pharmazie so angefeindet wird? In Simontons System wird es profilneurotischen Medizinern schwergemacht, sich darzustellen. Der Patient wird als mündig angesehen. Und die pharmazeutische Industrie, für die Krebs ein einträgliches Geschäft bedeutet, kann, wenn sich seine Methoden durchsetzen, empfindliche Schäden erleiden. Das ‚magische' Geschehen in der Selbstheilung ist durch die Psycho-Neuro-Immunologie bis zu einem gewissen Grad naturwissenschaftlich meßbar und erklärbar geworden. Dennoch wird nach wie vor gegen Carl Simonton und andere Ärzte, die sich in ähnlicher Weise engagieren, zu Felde gezogen."[62]

Nicht nur das Konzept von Dr. Simonton, auch die seit Jahrhunderten nachweislichen Heilungen durch die Kräfte des Geistes in aller Welt und viele andere wirksame Wege zur Heilung ohne Nebenwirkungen und ohne Quälen einer anderen Kreatur hätten schon lange Anlaß zu einer Neuorientierung der Medizin sein müssen. Doch es scheint so, als wollten die entscheidenden Kräfte das gewohnte Konzept, ungeachtet millionenfachen Leids, nicht verlassen.

Anna Kingsford, die erste Ärztin Großbritanniens, äußerte schon im letzten Jahrhundert:

„Die geistige Krankheit, die in der Seele des Tierexperimentators wütet, genügt an sich schon, ihn unfähig zu machen, den höchsten und besten Wissensstand zu erringen. Es ist für ihn leichter, Krankheiten zu erzeugen und zu verbreiten, als das Geheimnis der Gesundheit zu ergründen. Während er nach den Keimen des Lebens sucht, erfindet er nur neue Arbeitsweisen des Todes."[63]

Hans Rüsch schreibt unter „Kurze Notizen über Routine-Experimente mit Tieren, die stillschweigend von der gesamten Gemeinschaft der Forscher und den staatlichen sogenannten Gesundheitsbehörden geduldet werden":

„Experimente mit Delphinen, deren Intelligenz vielleicht größer ist als die des Menschen, führten bei den Tieren zu einer so tiefen Niedergeschlagenheit und Qual, daß sie buchstäblich Selbstmord begingen. [...] Als Kaninchen im britischen Huntington Forschungszentrum Shampoo in die Augen gerieben wurde, waren die Schmerzen so groß, daß einige der gewöhnlich schweigsamen Tiere vor Schmerz schrieen.

Als Beagles, die man in den üblichen Toxiditätstests zwangsgefüttert hatte, nach Tagen qualvoll starben, stellte man fest, daß ihr Blut eine schokoladenbraune Farbe angenommen hatte. Tiere verschiedener Arten wurden in Zwangsjacken oder schraubenähnlichen Vorrichtungen immobilisiert, bis sie gelähmt waren oder den Verstand verloren.

Bewegungsunfähig in ein Gestell eingeklemmt, verabreichte man Affen bis zu dreiundzwanzig Tage lang in regelmäßigen Abständen Elektroschocks, bis der letzte von ihnen an Magengeschwüren gestorben war.

In die Wurzelkanäle von Hundezähnen bohrte man Löcher, um zu beobachten, wie die Tiere beim Fressen mit den Schmerzen fertigwerden würden.

Jungen Kätzchen wurden die Augen zugenäht, um festzustellen, wie sie auf eine ständig dunkle Umwelt reagieren würden. Dieses Experiment, das man vorher schon in vielen anderen Ländern durchgeführt hatte, wurde endlos wiederholt, auch in der Schweiz.

Ratten warf man in einen Wassertank, um herauszufinden, wie lange es dauern würde, bis sie ertranken. Einige gaben sofort auf und ließen sich aus ‚Hoffnungslosigkeit' untersinken, andere schwammen bis zu sechzig Stunden, bevor sie aufgaben.

In Noble-Collip-Trommeln wurden Tiere herumgewirbelt, um die Wirkung der Schlaflosigkeit zu studieren. Einige hielten es dreißig Tage aus, in den Trommeln hin- und her geschleudert zu werden, bevor sie starben."[64]

Er gibt in seinen Büchern noch wesentlich mehr Beispiele an, die, z. T. durch Bildmaterial dokumentiert, ein kaum faßbares Ausmaß an sinnloser Grausamkeit im Namen der Wissenschaft offenbaren.

Hans Rüsch:

„Wie üblich unter dem Vorwand, Schmerzen und Leid zu verhindern, werden neue Wege, Schmerzen und Leid zuzufügen, in noch nie dagewesenem Ausmaß von offensichtlich Geistesgestörten ersonnen. Und sie werden von Gesetzgebern geschützt, die offenbar unfähig sind, eine zivilisierte Gesetzgebung zu schaffen."[65]

So wird verständlich, was Gandhi einmal sagte:

„Vivisektion ist das schwärzeste Verbrechen, das der Mensch gegen Gott und seine Schöpfung begeht. Wir sollten lieber zu leben aufhören, wenn ein Leben ohne Vivisektion nicht mehr möglich ist."[66]

Da Tierversuche nachweislich keinen wissenschaftlichen Wert haben, eher eine, wie Hans Rüsch sagt, „Alibifunktion" einnehmen, steht am Ende doch das Experiment am Menschen.

Hans Rüsch:

„Die Tierversuche führen zu Experimenten mit Menschen, diese zur Produktion ständig neuer Medikamente, die ihrerseits neue Krankheiten schaffen, was wiederum einen Vorwand für weitere Tierversuche liefert, auf die solche am Menschen folgen; diese machen dann die Anwendung weiterer neuer Heilmittel möglich, die die Schäden beheben sollen, die die vorherigen angerichtet haben, wobei alle ‚Heilungen' überhaupt keine sind, sondern lediglich eine Unterdrückung der Symptome, was zu weiteren neuen Krankheiten führt."[67]

## Die Gentechnik - der Schritt in den Abgrund

„Ich bin ein Wissenschaftskritiker, aber kein Feind der Wissenschaft. Es gibt jedoch Versuche, von denen ich glaube, daß sie verboten gehören. Zum einen ist das die Atomspaltung, und zum anderen ist das das Herummurksen mit dem Zellkern."[68]

Prof. Dr. Erwin Chargaff
Biochemiker und Mitentdecker des genetischen Codes

Thomas Weidenbach und Beatrix Tappeser schreiben in ihrem Buch „Der achte Tag der Schöpfung":

„Der achte Tag der Schöpfung fiel auf einen Mittwoch. An jenem 18. Juli 1973 veröffentlichten die amerikanischen Wissenschaftler Stanley Cohen, Herbert Boyer, Annie Chang und Robert Helling die Ergebnisse des weltweit ersten gentechnischen Versuchs, mit dem sie ein neuartiges Lebewesen erschaffen hatten. Es war ihnen gelungen, die Erbanlagen zweier unterschiedlicher Bakterien miteinander zu kombinieren. Kurze Zeit später konnten sie bereits die Erbanlage eines Frosches in das Erbgut winziger Mikroben übertragen. Organismen aus der Retorte, deren Entstehung in der Natur nicht vorgesehen war."[69]

Dies war der Beginn des verhängnisvollsten und gefährlichsten Kapitels biomedizinischer Forschung. Nun begann man immer mehr durch die Gentechnik die Ordnung der lebendigen Schöpfung nach kurzsichtigen menschlichen Vorstellungen - ungeachtet aller Artentrennung - zu manipulieren. Zuerst waren es Bakterien, dann Pflanzen und Tiere, in der heutigen Zeit ist es zusätzlich noch der Mensch, der zum Ziel der neuen biologischen Technik geworden ist. Journalisten sprechen angesichts der Verheißungen der Wissenschaftler, durch diese Methode Erbkrankheiten und andere bis dato unheilbare Krankheiten „heilen" oder zumindest bessern zu können, von einer „Revolution in der Medizin".[70]

Durch den gezielten Eingriff in die Erbanlagen von Pflanzen, Tieren und Mikroorganismen soll die Nahrung kostengünstiger hergestellt werden, und es sollen neue Produkte verfügbar sein. Auch glaubt man, Arzneistoffe auf diesem Wege von „biologischen Maschinen" produzieren lassen zu können. Der zweckoptimistische Glanz der Versprechungen mag manchen zuerst täuschen, doch wer ein wenig tiefer blickt, erkennt bald die großen Gefahren einer Technologie, die die äußeren Strukturen des Lebendigen nach menschlichem Ermessen gestaltbar werden läßt. So hört man immer häufiger warnende Stimmen, die die Bevölkerung auf die bedrohliche Entwicklung in den biomedizinischen Labors aufmerksam machen wollen. In seinem Buch „Gentechnik ohne Politik" schreibt Bernhard Gill, Vorstandsmitglied des „Genethischen Netzwerks", einer Institution, die sich seit 1986 bemüht, die Bevölkerung auf die Ziele und Gefahren der Gentechnik aufmerksam zu machen:

„‚Gentechnik' ist ein Chiffre. Sie steht als Kürzel für eine Reihe biotechnischer Methoden, mit denen Leben der Absicht und Tendenz nach verfügbar gemacht werden kann wie Autos oder Kühlschränke. Der ‚achte Tag der Schöpfung' sei angebrochen, verheißen die Biotechnologen. [...] Nun soll die menschliche wie außermenschliche Natur bis ins kleinste Detail hinein gestaltbar werden. [...] Die Entwicklung neuer Kommerzialisierungs- und Zerstörungspotentiale scheint damit vorgezeichnet, kaum daß wir die unerwünschten Folgen der ‚alten' Techniken begreifen, geschweige denn beherrschen lernen. Zum Eingriff in die unbelebte Natur gesellt sich der Feingriff in das Lebendige. Darf man Pflanzen, Tiere und Menschen umgestalten wie Eisen oder Ammoniak? [...] Dürfen Konzerne Pflanzen und Tiere patentieren und menschliche Organe und Gene verkaufen? [...] Und wenn die Eingriffe der synthetischen Biologie nicht gelingen oder nur halb? Tschernobyl als Fanal der synthetischen Physik und Bhopal als Fanal der synthetischen Chemie gehören zur jüngsten Geschichte. Ein ‚GAU' der Gentechnik aber würde nicht mit leuchtendem Blitz das Datum einer Ur-Sache in den Kalender einbrennen. Freisetzungen mit ungeahnten Folgen können sich unbemerkt vollziehen."[71]

Für die selbsternannten Schöpfer im Kleide der Wissenschaft bestimmt jedoch offensichtlich die Machbarkeit die Ethik. Entstand 1973 „nur" ein neuer Mikroorganismus in der Retorte der Forscher, so fügten 1983 amerikanische Wissenschaftler bereits menschliche Wachstumshormongene in das Erbgut von Mäuseembryonen ein. Einige der Mäuse erreichten daraufhin die doppelte bis zweieinhalbfache Größe.[72] Etwas später veranlaßte das US-

Landwirtschaftsministerium, daß Schweinen menschliche Wachstumshormongene „eingebaut" werden sollten. Die wenigen lebend geborenen Ferkel wiesen Gelenkdeformitäten und rheumatische Erkrankungen auf und schienen zu schielen. Sie wurden zwar nicht, wie erhofft, größer, benötigten allerdings weniger Futter und wiesen mageres Fleisch auf.[73] Etwas später sollen dann Schweine so groß wie Kühe Realität geworden sein. Bei Hühnern erreichte man ein verbessertes Wachstum, indem man ihnen Gene von Rindern einspritzte.

In den 80er Jahren lief ein Projekt an der Tierärztlichen Fakultät der Universität München mit finanzieller Unterstützung des Bundesforschungsministeriums an, um in das Erbgut von Wildschweinen entsprechende Wachstumshormongene einzubauen, denn Wildschweine sind gegenüber den auf die wirtschaftlichen Bedürfnisse getrimmten modernen Hochleistungsschweinen weniger anfällig gegenüber Krankheiten, das Fleisch ist besser, sie haben nur einen „Nachteil": Sie wachsen zu langsam, und dies soll korrigiert werden.[74]

Fische will man so verändern, daß sie in verseuchtem Wasser leben können. Kühe sollen so „umprogrammiert" werden, daß sie in ihrer Milch von der Industrie gewünschte Arzneimittel produzieren. Pflanzen baut man sogenannte Giftgene ein, die ein Gift produzieren, das „Schadinsekten" töten soll, daneben werden die Früchte den menschlichen Interessen angepaßt, und man implantiert Pflanzen sogar Gene, damit sogenannte „Totalherbizide", die jegliches pflanzliche Leben vernichten, bestimmten Nutzpflanzen nichts mehr anhaben können.[75]

Seit 1990 findet das Wissen der genetischen Manipulation mit offizieller Genehmigung auch am Menschen Anwendung. Der Washingtoner Arzt Prof. French Andersen implantierte einem vierjährigen Mädchen, das an einer sehr seltenen angeborenen Immunschwäche leidet, mit Hilfe eines speziell präparierten Virus ein Gen in bestimmte Blutzellen (T-Lymphozyten). Man erhofft sich durch die Gentherapie auch Erfolge in der Tumorbekämpfung und will sie bei Erbkrankheiten des Menschen zur Anwendung bringen. Auch hier wurden einige Experimente am Menschen bereits genehmigt. Eine Wissenschaftlergruppe der Universität von Michigan plant, Personen, die an der erblichen Hypercholesterinämie erkrankt sind, ein Gen einzusetzen, um den Cholesterinspiegel im Blut zu senken. Bei Mäusen konnten sie bereits eine Senkung von 10 % erreichen.[76]

Im Gegensatz zu den Versuchen bei Tieren beschränkte man sich beim Menschen bisher auf die Veränderung des Erbguts von somatischen Zellen, d. h. Zellen, die nicht an die nachfolgende Generation weitergegeben werden. Eingriffe in die menschliche Keimbahn, die unwiderrufliche Veränderungen auch in den nachfolgenden Generationen zur Folge hätten, wurden offiziell tabuisiert. Vielfach wird aber befürchtet, daß auch hier bald Machbarkeit vor Ethik steht und das Schreckensbild einer menschlichen Züchtung sich verwirklichen könne. Diese Entwicklung deutet sich schon an. Die „Arbeitsgruppe Gentherapie am Menschen" der US-Gesundheitsbehörde plante im Sommer 1991 bereits eine Diskussion, um Kriterien für eine dauerhafte Veränderung des menschlichen Erbguts herauszustellen.[77]

Obwohl die Bevölkerung erst gerade die ersten Informationen über die neue Wissenschaft erhält, sind in den industrialisierten Ländern die Weichen schon gestellt, und es hat ein atemberaubender Wettbewerb eingesetzt. In fieberhafter Eile sucht sich ein jeder ein möglichst großes Stück des Kuchens zu sichern.

US-Firmen investierten 1987 bereits zwei Milliarden Dollar in die Gen- und neuen Biotechniken, dazu kamen noch 2,7 Milliarden Dollar aus der öffentlichen Kasse. Auch die bundesdeutsche Industrie steckt seit Anfang der 80er Jahre immer mehr Gelder in die neue Technologie. Zwischen 1984 und 1987 beliefen sich die Investitionen schon auf 200 Millionen Mark jährlich. Von seiten der Bundesregierung spricht man von einer „Schlüsseltechnologie für das nächste Jahrtausend", und vom Bundesministerium für Forschung und Industrie wurden Ende der 80er Jahre schon 250 Millionen Mark jährlich für gentechnische Projekte zur Verfügung gestellt.[78] In der Bundesrepublik zählte man 1988 bereits 800 Genlabors[79], und weltweit arbeiten in mehr als 10 000 Laboratorien[80] Wissenschaftler an der Perfektionierung der neuen Technologie. Man erhofft sich durch die neuen maßgeschneiderten Produkte aus dem Reich des Lebendigen einen großen Gewinn. Über die Risiken wird selten gesprochen, den Vertretern der chemisch-pharmazeutischen Macht und der unzähligen privaten Labors scheinen sie beherrschbar. Diese wiederum genießen Rückendeckung durch Molekularbiologen und Humangenetiker, wenn es darum geht, Forderungen bei Politikern durchzusetzen. Da die „internationale Konkurrenzfähigkeit auf dem Spiel steht"[81], wagt es noch kaum einer, die Gentechnologie an sich in Frage zu stellen. So etabliert sich hinter dem Rücken der Öffentlichkeit eine Wissenschaft, die das gesamte menschliche und außermenschliche Leben ernsthaft bedroht. Die Gentechnik drängt aus den Labors ins Freie. Die Neuschöpfungen der Wissenschaftler sollen auf den Markt. Dazu sind Freilandversuche notwendig. Man muß ausprobieren, inwieweit sich die Erwartungen an die neuartigen Organismen in der freien Natur erfüllen. Doch wer kann vernünftigerweise die Risiken abschätzen, wenn man einen neu konstruierten Mikroorganismus in die Umwelt entläßt? Die Produkte der chemischen Industrie sorgten schon weltweit für eine Verschmutzung der Umwelt, aber zum Glück vermehren sie sich nicht von selbst. Doch ein Organismus, eine neue Form einer Bakterie oder ein nach menschlichem Wollen konstruierter Virus ist ein Risiko, das sich unwiderruflich selbst vermehrt. Wer kann ermessen, was dieser in dem hochkomplexen System der Natur, das seit langen Zeiträumen aufeinander abgestimmt ist, bewirkt?

T. Weidenbach und B. Tappeser schreiben in „Der achte Tag der Schöpfung":

„Wo auch immer über das Für und Wider der Gentechnik diskutiert wird, weckt ein Name Alpträume selbst bei experimentierfreudigen Wissenschaftlern: ‚Gruinard Island', eine Insel wie keine andere. Gruinard-Island liegt nur wenige Kilometer vor der schottischen Westküste (und) [...] ist bis heute unbewohnt geblieben, eine Tabuzone. [...] Seit mehr als 40 Jahren ist dieser Ort verseucht. 1941 und 42 hat hier die britische Armee biologische Bomben getestet, die Krankheitserreger versprühten: Milzbrandbakterien. Über die Atemwege oder kleine Hautrisse aufgenommen, lösen die mikroskopisch winzigen Mikroorganismen bei Menschen eine Lungenkrankheit aus, die innerhalb von wenigen Tagen zum Tode führt. Mehr als 40 Jahre danach haben die Bakterien kaum etwas von ihrer tödlichen Wirkung verloren. Obwohl die Armee das Testgelände auf der Insel Anfang der 80er Jahre mit Millionen Litern Formaldehyd desinfizierte, gilt sie immer noch als ‚nicht sicher'. [...] Niemand ahnte damals, wie überlebensfähig die Bakterien sind. Daß sie Sporen bilden, die ihnen das jahrzehntelange Überdauern ermöglichen, war nicht vorhergesehen worden. Gruinard-Island ist inzwischen zum Synonym für die unbekannten Risiken geworden, die beim Experimentieren mit gentechnisch veränderten Organismen in der Umwelt drohen."[82]

Die jüngere Geschichte ist voll von Beispielen, die eindrucksvoll Zeugnis ablegen für die gefährlichen Folgen, wenn Menschen Lebewesen in einer fremden Umgebung freisetzen.

T. Weidenbach und B. Tappeser:

„Um die Jahrhundertwende gelangte vermutlich mit Einwanderern der aus Asien stammende Pilz ‚Endothia parasitica', der den Kastanienrindenkrebs verursacht, nach Nordamerika. Bis 1940 hatte er dort praktisch alle Eßkastanienbäume ausgerottet. In seinen asiatischen Ursprungsländern schadet er den Kastanien nur wenig, da sie eine natürliche Widerstandsfähigkeit gegen den schädlichen Pilz im Laufe der Zeit entwickelt haben. Für die amerikanischen Bäume stellte er jedoch eine vollkommen neue, überraschende Gefahr dar, gegen die sie sich nicht wehren konnten. Auf einer Fläche von mehr als einer Million Quadratkilometern in den USA und Kanada führte der Pilz innerhalb weniger Jahrzehnte zum völligen Verschwinden einer Baumart, die dort fast 9 000 Jahre beheimatet gewesen war."[83]

Aber auch höher entwickelte Lebewesen sind, wenn sie einmal in eine neue Umgebung entwichen sind, kaum noch unter Kontrolle zu bringen. Bekannt geworden sind die sogenannten „Killer Bienen", Nachkommen einer besonders aggressiven afrikanischen Bienenrasse, die von Wissenschaftlern nach Brasilien gebracht worden war. Dort wurden sie mit dem Ziele der Produktivitätssteigerung mit der europäischen Honigbiene gekreuzt. Doch 1956 entwichen versehentlich 26 Bienenkolonien aus den Labors. Diese kreuzten sich unkontrolliert mit einheimischen Arten und richteten bei ihrer weiteren Ausbreitung große Schäden an. Sie verdrängen ihre harmlosen Artgenossen, produzieren zudem weniger Honig mit schlechterer Qualität, und in Lateinamerika sind bereits 350 Menschen und eine unbekannte Zahl an Tieren durch ihre Angriffslust (eine einzelne Afrika-Biene kann innerhalb von 30 Sek. bis zu 85mal zustechen!) zu Tode gekommen.[84]

Bis heute ist die Kaninchenplage, ausgelöst durch die Einfuhr der Tiere um die Jahrhundertwende, in Australien ein großes Problem. Auch eine 1935 eingeführte südamerikanische giftige Krötenart, die nach menschlichem Wollen den Schäden des Zuckerrohrkäfers ein Ende setzen sollte, hat sich in Ermanglung natürlicher Feinde zu einer großen Plage entwickelt. Bald ein Viertel des Kontinents haben die Kröten erobert, auf Kosten der einheimischen Kleintiere, die von dem südamerikanischen Allesfresser schonungslos dezimiert werden. Es sollen inzwischen auch schon sechs Menschen an der giftigen, klebrigen Substanz der Riesenkröte gestorben sein. Da man keinen Weg sieht, der Plage Herr zu werden, wird inzwischen der Bau eines krötensicheren Zaunes, mit der der betroffene Teil des Kontinents eingezäunt werden soll, erwogen.[85]

In Deutschland wurde 1927 das exotische Schlickgras zum Küstenschutz angepflanzt. Es sollte ursprünglich zur Landgewinnung dienen, gefährdet aber jetzt den Küstenschutz, da es eine Reihe einheimischer Grasarten verdrängt, die für den Lebensraum der Küstenregionen von großer Bedeutung sind.[86]

T. Weidenbach und B. Tappeser:

„Die teilweise verheerenden Folgen der Freisetzung ‚exotischer Organismen' in eine für sie fremde Umwelt sind keine Einzelfälle. Eine US-amerikanische Studie weist nach, daß zwischen 1640 und 1977 insgesamt 1 379 Insektenarten in die USA eingeführt wurden. Von diesen hat sich etwa ein

Fünftel als ‚nützlich' erwiesen, und noch einmal so viele hatten keinerlei feststellbare Auswirkungen auf Landwirtschaft und Umwelt. Doch zwei Fünftel entwickelten sich zu Schädlingen, 17 Prozent verursachten sogar schwere Schäden. In den meisten Fällen traten die negativen Folgen vollkommen unerwartet ein. Die Insekten galten in ihren Heimatländern, allerdings unter anderen Umweltbedingungen, als relativ harmlos.

Die Ausbreitung vieler Arten, die in eine Umwelt versehentlich eingeschleppt oder gezielt freigesetzt wurden, in der sie nicht natürlicherweise vorkommen, ‚lehrt', so Prof. Herbert Sukopp, Leiter des Instituts für Ökologie an der TU Berlin, ‚daß das zukünftige Verhalten neuartiger Organismen nicht vorhergesagt werden kann'. Der Grund hierfür liege ‚in der komplexen Natur biologischer Systeme'. Die Folgen (der Einfuhr) von ‚exotischen Organismen' zeigten drastisch die Gefahren auf, ‚wenn bislang unbekannte Organismen sich einbürgern und bestehende Lebensgemeinschaften in der Pflanzen- und Tierwelt verändern oder schädigen'. Prof. Sukopp gab diese Warnung am 2. März 1988 zu Protokoll, als er vor dem Bundestagsausschuß für Forschung und Technologie über die Risiken bei der Freisetzung gentechnisch manipulierter Organismen befragt wurde."[87]

Bernhard Gill betont in seinem Buch „Gentechnik ohne Politik", daß „schon ein einziger Mikroorganismus, der unbemerkt entweicht, auf verschlungenen Wegen und zeitlich versetzt eine Epidemie auslösen kann", deren Ursache meist nicht nachweisbar sein wird.

Gill:

„Bis heute ist ungeklärt, ob das HIV-Virus auf natürliche Weise humanpathogen [krankheitserregend für den Menschen] geworden ist oder ob im Zuge von zellbiologischen Experimenten seine Wirtsspezifität [die Zahl der Organismen, auf die es krankheitserregend wirkt] unbeabsichtigt erweitert wurde. Unbestritten ist jedenfalls, daß ein AIDS vergleichbares neues Virus, für das es evolutionsbedingt keine Immunantwort gibt, absichtlich oder unabsichtlich im Labor entstehen könnte."[88]

Er fährt an anderer Stelle fort:

„Im Institut Pasteur in Paris war es 1986 zu insgesamt sieben Krebsfällen in einer Abteilung gekommen, in der mit gentechnischen Methoden an Tumorviren gearbeitet wurde. Daraufhin wurde eine Nachrichtensperre verhängt und eine Untersuchungskommission eingesetzt. Erst vier Jahr später legte die

Kommission einen Zwischenbericht vor, der ein epidemiologisch ‚erhöhtes Krebsrisiko' einräumt."[89]

Im September 1986 fand in Großbritannien weltweit der erste Freisetzungsversuch mit gentechnisch veränderten Viren statt[90], im April 1987 kamen das erste Mal offiziell Bakterien aus den Labors ins Freie.[91] Kritiker sprechen von einem ökologischen Roulette. Inzwischen sind weltweit weitere Freisetzungen veränderter Organismen gefolgt.

Ein Unfall, dessen Folgen bis heute noch gar nicht abzusehen sind, hat sich bereits ereignet. Wissenschaftler des renommierten Wistar-Instituts in Philadelphia hatten im Labor mit Hilfe der Gentechnik einen neuen Impfstoff gegen Tollwut entwickelt. Dazu wurde aus dem Erbgut des Tollwut erregenden Virus ein Genabschnitt isoliert und dann dem Vaccina-Virus, das normalerweise bei der Pockenschutzimpfung verwendet wird, eingepflanzt. Da der Einsatz der neuen Viren viele Risiken in sich barg, wollte man sie erst einmal in kleinem Rahmen testen. Weil ein Freilandversuch mit diesen Viren in den USA nicht genehmigt worden wäre, wich man in die dritte Welt aus. Zusammen mit der „Panamerikanischen Gesundheitsorganisation" wurden die neu konstruierten Viren in Argentinien ohne das Wissen offizieller Stellen im Freien getestet.

T. Weidenbach und B. Tappeser berichten:

„Wie sie [die neuen Viren] sich im Körper der geimpften Tiere verhalten, ob sie auf andere Lebewesen übertragen und welche Nebenwirkungen ausgelöst werden, testete man an 40 Kühen, von denen die Hälfte mit dem neuen Präparat geimpft worden war.

Noch heute ist der Zutritt zu den Stallungen und Weiden verboten, die zuständigen Behörden beim argentinischen Landwirtschaftsministerium haben das gesamte Gelände zum ‚Sector Aislamiento' erklärt, zur isolierten Zone. [...] Die vier Tierpfleger, die die ‚Panamerikanische Gesundheitsorganisation' für das Genexperiment einstellte, wußten nichts von der Brisanz ihrer Arbeit. [...] Die Milch der geimpften Tiere wurde sogar, ohne vorher pasteurisiert zu werden, von den Arbeitern und ihren Familien getrunken und an die örtliche Molkerei in Azul abgegeben. Wie viele Menschen in der 45 000 Einwohner zählenden Stadt diese Milch tranken, ist nicht bekannt. Untersuchungen, die an drei der Arbeiter mittlerweile abgeschlossen wurden, ergaben, daß ‚mindestens zwei von ihnen durch das neukombinierte Virus infiziert wurden', so Dr. La Torre [Virologe vom Zentrum für Tiervirologie in Buenos Aires]. Welche Folgen das für die Betroffenen hat, ob sie dadurch nur unfreiwillig gegen Tollwut geimpft wurden oder aber unvorhergesehene

Reaktionen ausgelöst werden, ist ungewiß. Sicher ist nur, daß die Menschen einen gentechnisch veränderten Organismus in ihrem Körper haben, dessen Auswirkungen auf die menschliche Gesundheit noch nie untersucht wurden und nicht vorhergesagt werden können. Auch die nicht geimpfte Kontrollgruppe von 20 Kühen wurde von den manipulierten Vaccina-Viren befallen. Noch ist unklar, ob sie durch die Melker oder andere Tiere, wie z. B. kleine Nager, angesteckt wurden. Nicht nur Dr. La Torre befürchtet, daß sich die Viren bereits unkontrollierbar ausgebreitet haben. Die Gefahr besteht, daß sie zusammen mit anderen Viren, die in der Gegend von Azul natürlicherweise vorkommen, unbekannte Infektionen hervorrufen, oder gar neue Erreger entstehen."[92]

Dies ist nicht der einzige Fall, in dem Forscher die Gesundheit anderer Lebewesen hinter persönlichem Profit oder wissenschaftlichem Ehrgeiz zurückstellen. 1985 ist in den USA bekanntgeworden, daß eine Firma unerlaubt gentechnisch manipulierte Bakterien sogar mitten in einem Wohngebiet freigesetzt hat.[93]

Der österreichische Biochemiker Prof. Erwin Chargaff:

„Wenn man an die Evolution glaubt, muß man annehmen, daß es Millionen von Jahren gedauert hat, bevor dieses Arrangement von Genen in den Chromosomen der verschiedenen Lebewesen zustande gekommen ist. Und jetzt kommt ein Mensch und panscht darin herum. Die Natur geht langsam vor, sie hat keine Eile. In das langsam gewachsene Gefüge wird jetzt hineingegriffen, und möglicherweise stellt sich viel später heraus, daß wir damit furchtbare Sachen angerichtet haben, daß auf lange Sicht Mißbildungen, krebsartige Erkrankungen, alles mögliche entsteht, daß wir etwas Furchtbares angerichtet haben. Man wirft mir oft Panikmache vor, aber ich sage nur, daß wir einfach nicht so viel wissen, wie wir vorgeben."[94]

Die Warnungen von Prof. Chargaff scheinen sich schon zu bestätigen. In der Wochenzeitung „Die Zeit" konnte man am 18.10.1991 unter dem Titel: „Krank auf Rezept, L-Tryptophan: gesunde Geschäfte mit ungesunden Pillen" lesen:

„In den Vereinigten Staaten, Japan und in der Bundesrepublik war im Spätsommer 1989 eine unerklärliche Krankheit aufgekommen, später [als] EMS bekannt. Die Symptome: Muskelschmerzen, Krämpfe, Fieber, Atemnot, Hautveränderungen, Knötchenbildung, heftigste Schmerzen bei leisester Berührung der Haut."[95]

Eine amerikanische Forschergruppe in Oregon um die Epidemiologen Slutsker und Watson fand in einer Studie heraus, daß praktisch alle Erkrankten vorher ein L-Tryptophan-haltiges Medikament eingenommen hatten, welches von dem Chemiekonzern Showa Denko in Japan produziert worden war. L-Tryptophan gehört zu den Aminosäuren, und man nimmt mit der Nahrung ungefähr ein Gramm täglich als Baustein für körpereigene Eiweiße auf. Als Arzneimittel wird es bei Schlafstörungen eingesetzt, in höherer Konzentration fand es auch bei der Behandlung von Depressionen Verwendung. Außerdem wurde es in den USA in der Nahrungsmittelindustrie als Zusatz verarbeitet. L-Tryptophan war bei Ärzten als bewährtes Medikament bekannt. Wie kam es jetzt zu den schweren Nebenwirkungen?

Der japanische Chemiekonzern Showa Denko, der 75 % des gesamten L-Tryptophan-Bedarfs der USA produzierte und auch deutsche Pharmafirmen mit dem Rohmaterial belieferte, hatte Anfang 1989 das Herstellungsverfahren geändert. Er setzte im Januar 1989 zur Produktion von L-Tryptophan einen genmanipulierten Bakterienstamm ein, um die Produktionsleistung zu erhöhen. Im Juli 1989 waren bereits allein in den USA über 1 500 Menschen an EMS erkrankt, und es wurden 24 Todesfälle gezählt.[96] Wie sich später herausstellte, traten zu dieser Zeit auch schon die ersten Krankheitsfälle in der Bundesrepublik auf. Die seitdem ständige Zunahme an Erkrankungen wurde in den Vereinigten Staaten sogar als „nationaler Gesundheitseinbruch" bezeichnet, und die amerikanische Gesundheitsbehörde verbot L-Tryptophan schließlich am 17. November 1989 in allen Bundesstaaten. Mittlerweile sprechen Fachleute vom „Center for Disease Control" in den USA von weit über 10 000 Menschen, die durch das EMS-Syndrom schwer geschädigt wurden. In der Bundesrepublik sind bisher 150 Erkrankungen und möglicherweise ein Todesfall bekannt geworden, eine Zahl, die, wie in „Die Zeit" berichtet wird, ständig nach oben korrigiert werden muß. Wissenschaftler der Mayo-Klinik in Rochester, Minnesota, glauben die Ursache der Erkrankung in einer Verunreinigung gefunden zu haben, die bei der gentechnischen Produktion des Arzneimittels aufgetreten ist. Es soll sich um eine hochgiftige Substanz handeln, die das manipulierte Bakterium zusätzlich zu seiner programmierten Aufgabenstellung noch produziert hat.[97]

Der Tryptophan-Skandal ist bisher die verheerendste bekanntgewordene Panne aus dem Gen-Labor, doch scheint man daraus nicht gelernt zu haben. Nach wie vor läuft die Entwicklung in den Labors der Welt weiter, um sich die neue Biotechnologie untertan zu machen. Zu stark ist die Verlockung der rund 200 Milliarden Mark, die man sich in der Zukunft als möglichen Umsatz dieser Technologie jährlich erhofft.[98] Dazu muß man sich aber auch die Rechte für die neugeschaffenen Organismen sichern, um dauernd am Gewinn ihrer Produkte teilhaben zu können. 1980 erklärte das oberste amerikanische Gericht gentechnisch manipulierte Bakterien für patentfähig.[99] Mit dieser Entscheidung war zum ersten Mal für einen lebenden Organismus ein Patent vergeben worden. Kritikern, die in diesem Entschluß den Anfang einer Entwicklung sahen, die vom Bakterium über Pflanzen und Tiere bis zum Menschen führen könnte, wurde vom Gericht entgegnet:

„In bezug auf Wesen und Verwendungsweise sind die Bakterien den unbelebten chemischen Verbindungen weit ähnlicher als etwa Pferde oder Himbeeren oder Bienen."[100]

Doch nicht ganz sieben Jahre später erklärte das US-Patentamt „nicht natürlich vorkommende, nicht menschliche, vielzellige lebende Organismen" zu „patentfähigen Sachen".[101]

T. Weidenbach und B. Tappeser:

„Der Sprung vom Einzeller zum Vielzeller war geschafft. Die Entscheidung ‚umfaßt alles unter der Sonne, was von Menschen geschaffen wird'. Vor allem Tiere waren hiermit gemeint. Die Patentregelung ‚erlaubt es dem Menschen', so Michael Fox, Direktor der amerikanischen Humane Society, ‚Gott zu spielen'. [...] (Seit) dem 12. April 1988 gibt es sie, die Patent-Maus Nr. 4.736.866, das erste gentechnisch manipulierte und patentierte Säugetier. Die an der Harvard-Universität und bei der Firma Genentech entwickelten Mäuse enthalten ein abgeändertes Gen, das in Menschen und Tieren Krebs erregt. Ihre Erschaffer nutzen sie, um die Ursachen der Tumorentstehung genauer zu untersuchen. Die kommerziellen Verwertungsrechte liegen allein beim größten Chemiemulti der Welt, der US-Firma Du Pont. Mehr als zwanzig weitere Patente für höher entwickelte Tiere sind in den USA beantragt. [...] Vom patentfähigen Bakterium zur patentierten Maus brauchte es acht Jahre - und von der Maus zum Menschen?

In der New York Times vom 17. April 1987 erklärte Charles Horn, im Patentamt zuständig für Biotechnologie:

‚Unsere Entscheidung lautet, daß höhere Lebensformen patentierbar sind, und dies könnte eines Tages auch auf den Menschen ausgeweitet werden.'

Der Leiter des Patentamtes, Donald Quigg, teilt diese Einschätzung nicht. Er versicherte, daß ‚keine Patente vergeben werden, die für ein menschliches Wesen gelten'.

Damit wolle er auch endgültig eine Diskussion beenden, in der Forscher bereits nachfragten, wie ‚menschlich' denn ein genmanipuliertes Tier sein dürfe, wenn man es patentieren lassen will."[102]

Die Manipulation des Lebens kommt in kleinen Schritten, eingepackt in viele Verheißungen und Versprechungen. Diese sollen moralische Widerstände in der Bevölkerung einschläfern und den interessierten Kreisen in Zusammenarbeit mit Politikern, welche die Gefahren nicht sehen wollen, den Weg freihalten. Bei den Tierversuchen war es die vermeintliche wissenschaftliche Notwendigkeit, welche die Moral des „einfachen Menschen" betäuben sollte, nun soll der Menschheit durch die Gentechnik wieder einmal ein neuer Weg zum Heil eröffnet worden sein. Doch an dem neuen Heil durch die Gentechnik wirken wieder die alten Kräfte mit. Sie rekrutieren sich u. a. aus dem medizinischen System, das nach vielen Versprechungen sein Scheitern in katastrophalen Bilanzen Jahr für Jahr neu dokumentiert. Wieder mischt auch die chemisch-pharmazeutische Industrie mit, eine Industrie, deren „Heilmittel" inzwischen mehr Schaden als Nutzen anrichten. Und wieder sind, ähnlich wie bei der Flut von Medikamenten, nicht das Heil des Menschen, sondern Profit und Wettbewerbsvorteile die Maxime des Handelns.

Doch geht die Bedrohung durch die neue Technik über die unwiderrufliche Zerstörung der Naturordnung mit der Gefahr neuer Krankheiten noch weit hinaus, sie zielt auf die Wurzeln des Menschseins. Die Aussage über die Wissenschaftler, die „Gott spielen wollen", kennzeichnet recht treffend das Handeln der Gentechnik. Wenngleich kaum einer bewußt diese Haltung einnimmt, so ist es doch der einzelne Forscher, der bei der Auswahl der Gene zur Neukonstruktion von Lebewesen über „gut" und „schlecht" im Sinne seines doch sehr kurzsichtigen Denkens entscheidet. Es wurde bereits angedeutet, daß diese Entwicklung, die bei den Mikroorganismen ihren Anfang nahm, möglicherweise bald auf den Menschen übergehen wird. Seitdem 1979 die Engländer Edwards und Stepoe als „Väter" des ersten Retortenbabys in die Geschichte eingingen, ist auch werdendes menschliches Leben im Labor wissenschaftlichen Manipulationen zugänglich geworden.

T. Weidenbach und B. Tappeser:

„‚In der Tiermedizin ist alles schon Routine', sagt der Gynäkologe Prof. Dr. med. Dr. med. vet. h. c. Semm, um Zweifler der Anwendung dieser Technik beim Menschen zu beruhigen. Er hält es für problematisch, daß sich Männer mit ‚minderwertigem Sperma' fortpflanzen. Würden die Qualitätsnormen aus der Rinderproduktion angewandt, könnten sie nur von höchstens jedem zehnten Mann erfüllt werden. Seine Kollegin Prof. Lieselotte Mettler propagiert in ihrem Buch ‚Die programmierte Vererbung' die ‚Qualitätskontrolle am Embryo'. [...] Nach Prof. Semm ist es der Verdienst der Fortpflanzungstechniker, ‚den Vorgang der Befruchtung aus dem Dunkel der Gebärmutter ans Tageslicht' geholt zu haben. Die ‚Ektogenese' von Säugetieren - die vollständige Im-Glas-Entwicklung von der Befruchtung bis zur Lebensreife - sieht er in nicht allzu weiter Ferne. Schließlich sei bei der Maus schon fast die Hälfte der Trächtigkeitstage im Glas realisiert, noch zwei weitere Tage, und der Zenit sei überschritten ...

Drastischer formulierte das Jean Rostand in seinem Buch ‚Die Biologie und der Mensch der Zukunft': ‚... unsere Einwirkungsmöglichkeiten bleiben sehr beschränkt, solange wir nicht den Fötus aus seinem parasitischen Verhältnis zum mütterlichen Organismus befreit haben.' ‚Denn', so führt er fort, ‚an dem Tag, an dem die Ektogenese durchführbar wäre, hätte es die positive Eugenik [Lenkung der Fortpflanzung der Bevölkerung nach menschlichen Einsichten] bedeutend leichter.' [...] Das der Hochleistungszucht zugrunde liegende Leistungsdenken kann erst mit der Auslese, die durch die Fortpflanzungstechniken möglich geworden sind, umgesetzt werden. Auch unter den Menschen sollen sich letztlich nur die ‚guten' - leistungsstarken - fortpflanzen und diejenigen, die ‚gebraucht' werden. Gleichzeitig sind die Fortpflanzungstechniken notwendige Voraussetzungen für die Gentechnik, denn sie ermöglichen den Zugriff auf Eizellen und Embryos, denen fremde Gene übertragen werden sollen.

Eigenschaften werden auf ihr Leistungspotential reduziert. Einseitige Verwertungskriterien bestimmen, ob ein Gen ‚gut' oder ‚schlecht' ist. Die Komplexität des Gesamtorganismus mit seinen vielfältigen Wechselbeziehungen und Beziehungen zur Umwelt soll zu einem berechenbaren System werden."[103]

Wie die Autoren im weiteren aufzeigen, werden heutzutage in der Gentechnik schon Forderungen nach einer verbrauchenden Embryonenforschung am Menschen laut. Forschungen, die beim Tier schon lange Realität geworden sind, denn es bedarf meist Tausender von Tierembryonen, bis man das gewünschte gentechnisch veränderte Tier lebend erhält. Unter dem Reiz des Machbaren fordern manche Wissenschaftler die Erlaubnis zum Eingriff in die menschliche Keimbahn. Auch will man über menschliche Embryonen für die Forschung verfügen, die nicht diesen selbst, sondern anderen Embryonen oder anderen Zwecken dienen soll. Nach den extremsten Forderungen „sollen Embryonen zu diesen ‚verbrauchenden' Zwecken sogar gezüchtet werden."[104]

Eine Moral, die es verbietet, werdendes Leben zum Objekt wissenschaftlicher Ziele werden zu lassen, existiert bei manchen Forschern schon längst nicht mehr. Die erschreckende Gefühllosigkeit und Grausamkeit im Kleide der Wissenschaft, die schon in den Tierversuchen deutlich wurde, macht auch vor menschlichem Leben keinen Halt. Der Umgang mit menschlichen Embryonen und sogar Föten gehört schon seit Jahren in manchen Bereichen medizinischer Forschung dazu.

Hans Rüsch stieß bei seinen Recherchen auf Fälle bei amerikanischen und englischen Forschern, die eben abgetriebene Feten von Krankenhäusern als lebendiges Experimentiermaterial kauften. Aus seinem Buch „Die Pharma Story":

„Diese Praxis hat seitdem trotz öffentlich geäußerter Mißbilligung - auch seitens des Papstes - weiter um sich gegriffen. Man erfuhr von Experimenten an abgetriebenen menschlichen Feten, die von finnischen Krankenhäusern erworben wurden mit von den amerikanischen Gesundheitsbehörden bewilligten Geldmitteln. Warum Finnland? Weil die Frauen dort noch im fünften Monat legal abtreiben dürfen, und in dem Alter überleben viele der Feten in Brutkästen und können dann für Forschungszwecke verkauft werden."[105]

Ähnliches berichten T. Weidenbach und B. Tappeser:

„Bereits seit vielen Jahren wird mit Säugetier- und Menschen-Embryonen experimentiert, um ihre Konservier- und Tiefkühltauglichkeit zu testen. Dabei werden Nährmedien unterschiedlicher Zusammensetzung ausprobiert, in denen sie im Labor überdauern können. Die Anzahl der überlebenden Embryonen entscheidet über die ‚Güte' des Nährmediums. Die breite Öffentlichkeit erfährt nichts über diese ‚verbrauchende' Embryonenforschung, sondern wird nur über deren Erfolge informiert. Eine Gewöhnung setzt ein, an deren Ende die Akzeptanz dieser Entwicklung stehen soll."[106]

Auf dem Symposium „The Future of Man"(Die Zukunft des Menschen) der Ciba-Foundation in London 1962 kamen Genetiker aus aller Welt zusammen. Man wollte u. a. wirksame Maßnahmen gegen die Beschränktheit der menschlichen Intelligenz ergreifen. In diesem Rahmen vertrat der Biologe Joshua Lederberg, Nobelpreisträger für Medizin und heute Präsident der Rockefeller-Universität in New York, die Ansicht, daß die Elite der Menschheit sich verpflichtet fühlen sollte, sich für eine künstliche Erzeugung von Menschen zur Verfügung zu stellen.

T. Weidenbach und B. Tappeser fanden noch weitere eindrucksvolle Zitate von namhaften Wissenschaftlern auf dem Symposium:

„‚Die Elite', ergänzte der Genetik-Professor Haldane, ‚unter der ich, grob gesprochen, Menschen wie uns hier verstehe.' Kein Zweifel also, daß gerade

Nobelpreisträger sich hier gefordert fühlten. Die Wertschätzung entsprach der Stimmung der Anwesenden. [...] Joshua Lederberg und J. B. S. Haldane zogen in London Bilanz. Lederberg: ‚Verschwenden wir nicht sündhaft einen Schatz des Wissens, indem wir die schöpferischen Möglichkeiten einer genetischen Verbesserung außer acht lassen!' Und Haldane: ‚Es mag möglich sein, daß man eines Tages auch Gene synthetisch herstellt. Es mag auch günstig erscheinen, eines Tages Gene von Tieren in das menschliche Genom [Gesamtheit der Erbanlagen eines Lebewesens] einzubauen, denn diese intranuklear aufgepfropften Gene könnten unsere Nachkommen befähigen, viele wertvolle Eigenschaften anderer Tierarten aufzunehmen, ohne jene zu verlieren, die typisch menschliche sind.' Was gestern Vision war, wird morgen zum Ziel und übermorgen vielleicht zur Realität."[107]

Wer in den Äußerungen nur vereinzelte Positionen verschrobener Wissenschaftler sehen will, wäre durch den Besuch des siebten humangenetischen Weltkongresses knapp ein Vierteljahrhundert später, in Berlin im Jahre 1986, eines anderen belehrt worden. Der Vizepräsident dieses Kongresses sprach in seinem Vortrag von einer „genetischen Bürde", die aufgrund der Industrialisierung beständig zunehmen würde. Die Lösung dieses Problems sah er in der Genetik. Stellvertretend für viele andere forderte Helga Kuhse, „Bioethikerin" aus Australien, auf dem Kongreß eine neue „rationale Ethik".

In dem Buch „Die Träume der Genetik" faßte Ludger Weß die Argumentation der Humangenetikerin zusammen:

„1. Keimzelle, Zygote und früher Embryo sind menschliche Zellen, die lediglich das Potential in sich tragen, menschliches Leben zu entwickeln. Sie dürfen unbegrenzt ‚verschwendet', benutzt oder vernichtet werden.

2. Solange der Embryo keine Nerven und kein Hirn hat, also weder Schmerzen noch Angst oder Freude empfinden kann, ist er für medizinische Experimente gegenüber Labortieren mit Schmerz- und Angstempfinden das vom moralischen Standpunkt her bessere Objekt. Die Herstellung von Embryonen exklusiv für Forschungszwecke ist aus diesen Gründen ohne Einschränkung zulässig.

3. Ältere Embryonen/Feten mit Hirn und Nerven sind - biologisch gesehen - zwar Mitglieder der Art ‚Homo sapiens' [d. h. Menschen], aber keine durch das gesellschaftliche Tötungsverbot geschützten Personen. Ihnen fehlen die Kriterien, die den Menschen vom Tier unterscheiden: Perso-

nalität und ein auf die Zukunft gerichtetes Bewußtsein von sich selbst. Gegen schmerzlose Experimente und Tötung gibt es keine moralischen Einwände, denn die Zugehörigkeit zur Spezies allein darf ebensowenig alleinige Grundlage eines Werturteils sein wie Rassenzugehörigkeit.

4. Personalität und Selbst-Bewußtsein entwickeln sich erst im ersten Lebensjahr, bei behinderten Kindern (etwa mit Down-Syndrom) [Mongolismus] nur rudimentär oder gar nicht. Infantizid und insbesondere die Tötung behinderter Kinder (durch Nahrungs-/Therapieentzug oder Medikamente) ist daher zulässig.

5. Die Tötung von Kranken, auf die die Kriterien für die menschliche Personalität wegen Krankheit, Unfall, Alter dauerhaft nicht mehr zutreffen, ist zulässig.

6. Die Entscheidungen sind im wesentlichen von Medizinern zu tragen und mit Ethikkommissionen abzustimmen.

7. Es gilt, den auf überholter religiöser Grundlage errichteten Begriff der Unverletzlichkeit des Lebens abzulösen durch eine rationelle Ethik, die den wissenschaftlichen und kulturellen Erfordernissen der modernen Zeit angemessen ist. Im Rahmen dieser Ethik ist es möglich und notwendig, lebenswertes und lebensunwertes Leben zu unterscheiden und das lebensunwerte zu vernichten."[108]

Der Biochemiker und einer der schärfsten Kritiker der Gentechnik Erwin Chargaff sprach einmal von „einer gefährlichen Brutalisierung" der wissenschaftlichen Phantasie und führte aus:

„Wie jede Senkung des moralischen Niveaus erfolgt sie in kleinen Schritten. Schlechte Beispiele verderben den Charakter; zuerst eine Lappalie, dann die andere, und plötzlich befinden wir uns in einem genetischen Schlachthaus."[109]

## Die Unterdrückung des Geistes

Der Ordinarius für theoretische Physik an der Wiener Universität, Prof. Pietschmann, schreibt in seinem Buch „Das Ende des naturwissenschaftlichen Zeitalters":

„Das Modell, das die Naturwissenschaft konstruiert, erscheint uns ernster, wichtiger und realer als die erlebte Wirklichkeit. Widersprüche werden nicht mehr bloß eliminiert, sie werden zu Irrtümern, deren Auftreten einer Panne gleichkommt. So müssen wir die Beschreibung der Methode der Neuen Wissenschaft durch Galilei heute ergänzen, indem wir sagen:

‚Alles was meßbar ist, messen, was nicht meßbar ist, meßbar machen, und was nicht meßbar gemacht werden kann, ableugnen.' Und die ‚Austreibung der Geister aus der Natur' ist zu einer ‚Austreibung des Geistes aus der Welt' geworden."[110]

1985 wandte sich das ZDF in einer Sendereihe „Probe aufs Exempel: Fernheilung" dem Thema der Heilung auf dem geistigen Wege zu. Diese Sendungen erhielten das größte Zuschauerecho, welches die Sendeanstalt bisher erlebt hatte. Eine anschließende Diskussionsveranstaltung über die Thematik in der Sendereihe „fünf nach zehn" bis 0.30 Uhr sahen 2,18 Millionen Zuschauer; die in Zusammenarbeit mit der Deutschen Lesegemeinschaft herausgegebene Buchempfehlungsliste zum Thema „Geistige Heilung" wurde von 30 000 Zuschauern angefordert. Dies ist in der Geschichte dieser Liste, es war die vierzigste, ein einmaliger Rekord.[111] Die Manuskripte der Sendungen wurden zusätzlich noch in Buchform veröffentlicht und mittlerweile schon in zwei Verlagen aufgelegt.

In dem ZDF-Beitrag konnte in Zusammenarbeit mit dem Schweizer Heiler Freddy Wallimann gezeigt werden, daß Heilung durch die Kraft des Geistes auch über eine größere Distanz möglich ist. Dabei fand kein persönlicher Kontakt zwischen Heiler und den ausgewählten Heilungssuchenden statt, die trotz langwieriger ärztlicher Bemühungen auf „konventionellem" Wege bisher keine Heilung finden konnten. Bei der nach einem Schlaganfall ge-lähmten Ursula Rogowski waren die Lähmungen fast völlig verschwun-den[112], und ein großer Teil des seit 40 Jahren bestehenden Geschwürs am Bein von Helena Wagner (79) heilte zu[113], nachdem der Heiler begonnen hatte, auf eine Distanz von mehreren hundert Kilometern die heilende Energie zu übermitteln. Die zehnjährige Heike Halena wurde von einem quälenden Hautausschlag, der sie seit dem zweiten Lebensjahr peinigte, befreit[114], während der seit zehn Jahren gelähmte Herr Koch (60) selbst nach einjähriger Beobachtung noch nicht von einer Veränderung seines Zustands berichten konnte.[115]

Die Sendung ließ aber auch Positionen deutlich werden. Karl Schnelting, Hauptredaktionsleiter des Ressorts Kultur des ZDF in seinem Buch „Geistige Heilung":

„Dem Hauptgeschäftsführer der Bundesärztekammer, Herrn Dr. med. H. P. Brauer, stellten wir die Frage: ‚Wenn ein Patient zu einem Ihrer Kollegen käme und den Wunsch äußerte, mit einem geistigen Heiler in Kontakt zu treten, um sich von ihm weiterbehandeln zu lassen, wie würde der Kollege oder wie würden Sie darauf reagieren?' - Dr. Brauer: ‚Ich würde eine solche Möglichkeit nicht für möglich halten und würde ihm also von einer solchen Behandlung abraten.' - Wir: ‚Sie würden auf keinen Fall den Versuch eingehen, als Arzt ...' Dr. Brauer unterbricht: ‚... als Arzt, der aufgrund seiner Erkenntnisse der Schulmedizin tätig ist, würde ich eine derartige - würde ich dem Patienten nicht raten, eine derartige Methode zu versuchen."[116]

Der Präsident der Bundesärztekammer Dr. Vilmar:

„In der Bundesrepublik ist die Ausübung der Heilkunde gesetzlich geregelt. Wunderheiler werden bei uns nicht benötigt!"[117]

Die ärztliche Vereinigung „Hartmannbund" sprach angesichts einer Live-Sendung des ZDFs mit Publikumsbeteiligung in Hannover von „volksverdummendem mittelalterlichem Aberglauben"[118], Klaus-Heinrich Daum von der Ärztekammer Hamburg sah darin „einen gefährlichen Humbug, der in unverantwortlicher Weise Hoffnungen weckt"[119], und seine Kollegin Dr. Antje Schäffer-Kühnemann, die Fernsehärztin, stellte fest:

„Eine Geistheilung gibt es sicher nicht."[120]

Dementgegen räumte die britische Ärztekammer schon vor Jahrzehnten in einer Stellungnahme ein, daß „durch die geistige Heilung gesundheitliche Wiederherstellungen erreicht wurden, die nicht durch die medizinische Wissenschaft erklärt werden können".[121] Dieser Einstellung schlossen sich die christlichen Kirchen in England nach eingehender Prüfung an.[122] Bereits 1959 öffneten in London rund 200 Krankenhäuser ihre Tore den geistigen Heilern. Dieses Vorrecht wurde den geistigen Heilern auf der gleichen Grundlage wie den Priestern gewährt. Mittlerweile erlaubt die britische Ärztekammer ihren Mitgliedern, Patienten auch an geistige Heiler zu verweisen, und heute sind für die Heiler aus dem nationalen Heilerverband sämtliche Krankenhäuser des nationalen Gesundheitsdienstes zugänglich. 1982 wurde sogar in einer Publikation der Regierung über „Die Rechte des Patienten" die geistige Heilung als eine im staatlichen Gesundheitswesen voll anerkannte

Therapie aufgeführt.[123] Demgegenüber ist die Bundesrepublik Deutschland noch Entwicklungsland. Wie Karl Schnelting aufzeigt, taucht der Begriff des geistigen Heilens in der bundesdeutschen Gesetzgebung nicht auf, jedwede Heilbehandlung ist nur einem Angehörigen eines anerkannten Heilberufs (approbierter Arzt, Psychotherapeut oder Heilpraktiker) erlaubt. Der geistige Heiler als solcher ist rechtlich nicht anerkannt. Sogar die Zusammenarbeit von Arzt und Heilpraktiker sowie von Arzt und geistigem Heiler ist in der Bundesrepublik durch berufsrechtliche Bestimmungen verboten.[124]

In Österreich ist die Ausübung der Heilkunde allein den Ärzten vorbehalten, selbst Heilpraktiker sind hier nicht zugelassen. Auch die Heilung durch Handauflegen ist verboten. In der Schweiz erlauben einige Kantone das Wirken geistiger Heiler, andere wiederum nicht.[125]

Bei der Kostenexplosion im Gesundheitswesen und der nachweislichen Unfähigkeit der Schulmedizin, der ständig wachsenden Zahl an Kranken wirksam entgegenzuwirken, ist es unverständlich, daß die Staatsführungen der industrialisierten Länder weiterhin mit großen Summen einseitig in das konventionelle System investieren. Angesichts der vielen Arzneimittelskandale, der Zehntausenden an Medikamententoten jährlich und 800 000 Medikamentensüchtigen allein in der Bundesrepublik[126] sollte doch eine Neuorientierung des bisherigen Konzepts Gebot der Stunde sein. In der Diskussionsveranstaltung zu oben erwähnter Sendereihe des ZDF forderte die Ärztin und Ehefrau von Altbundespräsident Carstens, Dr. Veronika Carstens, daß die Menschen die „Quellen der Kraft für Seele und Geist"[127] wieder suchen sollten. Sie hatte keine standesrechtlichen Bedenken an einer Kooperation von Heilern mit einer hohen ethischen Bewußtseinseinstellung und Ärzten. Forderungen, die bestimmt von einem Großteil der Bundesbürger, die, wie Demoskopen durch Umfragen erfahren konnten, zu 56 % ihren vordringlichsten Wunsch in der Gesundheit sehen, getragen würden.[128]

Das sind Wünsche, die aber auch Ärzte hegen. Mir sind Kollegen bekannt, die der Heilung auf dem geistigen Wege großes Interesse entgegenbringen, andere sind, wie mir eine Heilerin berichtete, sogar bereit, sich in den Grundzügen der Heilung auf dem geistigen Wege weiterbilden zu lassen. Und doch ist es noch eine Minderheit, welche die immer noch tabuisierte Grenze zur Heilung auf dem geistigen Wege zu überschreiten bereit ist. Eine größere Zahl ist hingegen schon bereit, die ersten Schritte vom traditionellen Grund auf den scheinbar unsicheren Boden „nicht wissenschaftlich gesicherter Heilmethoden" wie den Naturheilverfahren zu wagen.

Man sollte meinen, daß den Gesundheitsämtern und Ärztefunktionären einer pluralistischen, freiheitlich demokratischen Gesellschaft daran gelegen ist, die Vielfalt im Heilungswesen zu fördern. Doch vermißt man in den Fortbildungsveranstaltungen der Ärztekammern naturheilkundliche Themen. Selbst eine so bewährte Therapieform wie die Homöopathie, die, von dem Arzt Samuel Hahnemann 1791 begründet, seit mehr als 200 Jahren ihre Wirksamkeit bewiesen hat, wird ausgegrenzt. Dies gilt ebenso für viele andere Verfahren wie auch für den erfolgversprechenden Ansatz der biophysikalischen Medizin (Elektroakupunktur, Mora-Therapie u. a. m.), die von der Schulwissenschaft weitgehend ignoriert werden. Engagierte Ärzte müssen die Versäumnisse der Gesundheitspolitik und ihrer Standesvertretungen ausgleichen und bilden Ärztevereinigungen, um den vernachlässigten Therapieformen Geltung zu verschaffen.

In einer Buchveröffentlichung des Zentrums zur Dokumentation für Naturheilverfahren „Die Vernichtung der biologischen Medizin" klagen Ärzte den Staat an:

„Es ist unerträglich,

- daß die Natur- und Erfahrungsmedizin immer wieder mit dem Argument abgetan und ausgeschaltet wird, ihre Therapieformen seien nicht wissenschaftlich nachweisbar ...

- daß sich nach all den großen Arzneimittelskandalen heute noch Patienten in öffentlichen Krankenhäusern zwangsläufig mit Schulmedizin behandeln lassen müssen, während in der Natur- und Erfahrungsmedizin nebenwirkungsfreie Therapiemethoden längst bekannt sind ...

- daß der Staat durch einseitige Anerkennung und Förderung der naturwissenschaftlichen Medizin eine weite Verbreitung der biologischen Behandlungsmethoden verhindert hat und zuläßt, daß Therapieformen, die heute bereits von über einem Drittel der Bevölkerung gewünscht werden, von öffentlichen Organen wie dem BGA [Bundesgesundheitsamt] auf dem Verwaltungsweg kaltgestellt werden."[129]

1976 wollte man im Bundestag durch die Verabschiedung des neuen Arzneimittelgesetzes die Homöopathie sogar verbieten und damit die meisten naturheilkundlichen Präparate vom Markt schaffen. Nur durch eine massive bundesweite Protestbewegung von Ärzten und Patienten in einer gerade besonders sensiblen Wahlkampfperiode konnte dieser Vorstoß des Gesetzgebers gegen die naturheilkundliche Medizin verhindert werden[130]. Angesichts der großen Zahl von Medikamentensüchtigen durch Tranquilizer (sie gehören zu den Psychopharmaka mit der großen Gefahr einer Suchtentwicklung) fanden die staatlichen Behörden keineswegs zu solch beherzten Initiativen.

In der Zeitschrift „Der Spiegel" hieß es in der Nr. 35/1988 auf Seite 166:

„Ungestört von öffentlicher Anteilnahme ist es dagegen bis jetzt der Pharma-Lobby gelungen, die kleinen Pillen mit den großen Umsätzen vor geschäftsschädigenden Eingriffen zu bewahren. Zwar sind auf Betreiben der Weltgesundheitsorganisation (WHO) Benzodiazepine (Beruhigungsmittel, auch Tranquilizer genannt, wie Adumbran, Valium, Lexotanil, Tavor, Tranxilium u. a.) seit 1984 den Betäubungsmitteln gleichgestellt. Doch im Clinch mit der Pharma-Lobby beließen es die Arzneimittelaufseher des Bundesgesundheitsamtes bei einer großherzigen Geste. Statt die heimtückischen Pillen für den Alltagsgebrauch zu sperren und ihre Verschreibung unter die strengen Auflagen des Betäubungsmittelrechts zu stellen - der Tranquilizer-Boom hätte über Nacht ein Ende -, einigten sich die Arzneimittelüberwacher und -firmen auf ein paar kaum abschreckende Warnhinweise auf den Medikamenten-Waschzetteln."[131]

Diese Forderung sollte angesichts der steigenden Zahlen von Kindern, die schon mit Beruhigungsmitteln durch ihre Eltern ruhiggestellt werden, und der großen Zahl derer, die sich nach jahrelangem Konsum der „Beruhigungspillen" aus dem Chemielabor in Entzugskliniken wiederfinden, eigentlich eine Selbstverständlichkeit sein.

Die enge Verflechtung von Staatsorganen, etablierter Wissenschaft und Industrie, die zu Beginn des Kapitels schon deutlich geworden ist, ist das wesentliche Hindernis für eine Erneuerung der gesundheitspolitischen Situation.

So ist das medizinische Ausbildungsprogramm des werdenden Arztes in den allermeisten Universitäten nur auf die Vermittlung der etablierten medizinischen Begriffe reduziert, der Staat investiert zum größten Teil nur in medizinische Forschungen, welche die Position des konventionellen medizinischen Konzepts festigen.

Weit weg von den einfachsten Erwägungen menschlicher Vernunft wird eine marode Struktur weiter unterstützt, Milliardenprojekte zum Bau von Kliniken, die weit mehr Fabriken entsprechen, finden die Unterstützung der öffentlichen Hand.

Es geht schon lange nicht mehr um die Gesundheit des Volkes, es geht schon lange nicht mehr um die Entwicklung höherer Ideale.

Die Regierungen und die Stellvertreter der modernen Gesundheitssysteme der meisten industrialisierten Länder haben sich mehr oder weniger der Industrie verkauft oder ihrem Druck nachgegeben und sich zu Verkündern überalteter weltanschaulicher Dogmen erniedrigen lassen.

Hans Rüsch:

„In der kleinen, aber finanziell sehr starken Schweiz wird die Macht der Chemischen Industrie durch die Regierung direkt ausgeübt, und was sich dort abspielt, gilt für die meisten industrialisierten Länder."[132]

Ähnlich ist es in den Vereinigten Staaten.

Hans Rüsch:

„Mit seiner ungeheuren finanziellen Macht und totalen Rücksichtslosigkeit beeinflußt das amerikanische Chemiekartell, der Drug Trust, nicht nur die Politik des eigenen Landes, sondern auch die anderer Staaten. Wie zum Beispiel, als 1978 die sozialistische Regierung von Sri Lanka (vormals Ceylon) gezwungen wurde, auf ein Programm zu verzichten, das eine drastische Herabsetzung der Einfuhr von amerikanischen Arzneimitteln vorsah, und Washington mit der Einstellung der dringend notwendigen Lebensmittelhilfe drohte.

Die Lebensmittelhilfe finanziert der amerikanische Steuerzahler, aber die chemiehörige Regierung benützt die Taktik der Erpressung dazu, einem bedürftigen Land die Einfuhr von kostspieligen Arzneimitteln, die es sich nicht leisten kann, nicht braucht und nicht wünscht, aufzuzwingen, wobei der daraus entstehende Profit nicht dem amerikanischen Steuerzahler zugute kommt, sondern direkt in die Privatschatulle des Arzneimittelkartells fließt; und das zeigt, bis zu welchem Grad das Kartell die Regierung in der Hand hat."[133]

In den Enthüllungen in „Der Spiegel": „Lieber auf das erstgenannte Konto" über Bestechung Bonner Politiker durch die Pharmaindustrie heißt es:

„Doch anders als beim Familienunternehmen Flick, dessen Name zum Symbol für die Bestechlichkeit von Politikern wurde, steht hinter der neuen Bonner Schmiergeldaffäre ein ganzer Wirtschaftszweig - die Pharmaindustrie, mit einem Jahresumsatz von rund 20 Milliarden Mark eine der einflußreichsten westdeutschen Branchen. Die Arzneimittelkonzerne schütteten, gemessen an Flickschen Maßstäben, nur kleinere Beträge aus. Sie streuten in der Regel nicht großkotzig Millionen-Beträge in die Kassen der Parteien. Sie verteilten ihr Geld gezielt an Politiker und Beamte, die in Bonn die Gesundheitspolitik bestimmten. Mit geringerem Einsatz zielten die Pharma-Unternehmer auf große Wirkung. Sie schufen sich, unterstützt von dem Wohlwollen dafür honorierter Abgeordneter, in der Bundesrepublik weltweit unvergleichlich günstige Marktbedingungen, die ihnen eine wirtschaftliche Dauerblüte garantierten. Die milliardenschwere Branche, das belegen die Unterlagen, hat sich die Gesetzgebung gekauft. [...] Amtierende und ehemalige Regierungsmitglieder kassierten Bargeld für sich oder ihre Parteien. Staatssekretäre und hohe Ministerialbeamte, die den Arzneimittelherstellern über Jahre hinweg gefällig waren, steckten Honorare ein, Abgeordnete bettelten um Spenden und Reisespesen - mit Schmiergeld und Geschenken belohnten die Pillen-Produzenten all jene, die ihnen das Geschäft mit der Gesundheit erleichterten: von der Spitze des Bundesgesundheitsministeriums bis in nachgeordnete Referate. [...] Auch führende Mitarbeiter des Bundesgesundheitsamts (BGA), die über die Neuzulassung und Verbote von Medikamenten zu befinden haben, gehörten zu den Beschenkten. [...] ‚Ich hielte es für nützlich', schrieb Pharma-Geschäftsführer Scholl am 22. Dezember 1978 dem Vorsitzenden Max P. Tiefenbacher, ‚wenn sich der Bundesverband auch in diesem Jahr gegenüber einigen Damen und Herren ‚erkenntlich' zeigte, deren Unterstützung und Verständnis sich im zurückliegenden Jahr als vorteilhaft erwiesen.' Tiefenbacher, damals beim Chemiemulti Hoechst zuständig für die Abteilung ‚Verkauf Arzneimittel', bestätigte durch Unterschrift sein Einverständnis."[134]

Aus kleineren Einzelbeträgen kamen größere Beträge zusammen. Der Pharmakonzern Hoechst hat „nach bisherigen Erkenntnissen rund fünf Millionen Mark", „Thomae zwei Millionen" und „Bayer Leverkusen nachweislich 500 000 Mark" eingesetzt.[135] Empfänger: Parteien und Politiker.

Die große Zahl der idealistischen Ärzte, die wirkliches Interesse an der Gesundheit des Mitmenschen in den Beruf geführt hat, bemühen sich, z. T. innerhalb des Systems höhere Ideale zu verwirklichen. Oft weicht aber, wie ich von einigen Kollegen weiß, das gute Wollen bald einer zunehmenden Resignation, und man arrangiert sich mit der Struktur. Andere kämpfen ihr Leben lang mit großem Einsatz als Außenseiter, meist sogar von den eigenen Kollegen ausgegrenzt, um zu helfen, wo zu helfen ist.

Prof. Dr. jur. Martin Kriele, Seminar für Staatsphilosophie und Rechtspolitik an der Universität zu Köln:

„Dem individuellen therapeutischen Urteil des Arztes, seinen Erfahrungen, seinem Suchen nach neuen Wegen, seiner Offenheit für unkonventionelle Methoden wird mißtraut [...]. Vertrauen gilt statt dessen den Naturwissenschaften und ihren Methoden, den Tierversuchen, der Statistik des randomisierten Doppel-Blind-Versuchs und all dem, was sich mit Apparaten messen, zählen und wägen läßt. Was nach dem jeweils neuesten Stand der wissenschaftlichen Erkenntnis als erwiesen angesehen wird, wird angewandt, alles andere ausgeschlossen. [...] Die Motive dieses Rigorismus sind [...] in erster Linie wissenschaftspolitischer Art: Das heißt, es geht nicht um unser aller Gesundheit, sondern um die Durchsetzung von weltanschaulichen Dogmen, die aus wissenschaftlichen Erkenntnissen abgezogen, verselbständigt und verfestigt werden."[136]

Diese weltanschaulichen Dogmen, denen das geistlose, mechanistische Menschenbild des letzten Jahrhunderts zugrunde liegt, sichern die Milliardenprofite einer inzwischen übermächtigen Industrie. Von Kindesbeinen an den Menschen einsuggeriert, haben sie zu einer geistigen Erstarrung in der Bevölkerung geführt, die angesichts der wachsenden Not erst in jüngster Zeit durch eine wachsende geistige Erneuerung abgelöst wird. In der Schule wird das Leben im Biologieunterricht schon in biochemische Modelle gefaßt, im medizinischen Studium und in der „gesundheitlichen" Aufklärung der Bevölkerung verarbeitet man das medizinische Halbwissen vom menschlichen Körper als „Biomaschine" weiter. Leben spielt sich in der sichtbaren Materie ab, das Sein des Menschen wird auf seine materiell sichtbare Struktur beschränkt. Dr. phil. Alois Dreizehnter, ehemaliger Universitätsdozent für Altertumswissenschaften, hat nach eingehendem Studium alter Heilweisen in aller Welt seine Tätigkeit an der Universität aufgegeben und leitet nun als Heilpraktiker ein Zentrum für ganzheitliches Heilen in Berlin.

Seine Einstellung zur medizinischen Wissenschaft:

„Die Schulmedizin ist insoweit gut, weil sie Fachkenntnisse biologischer, chemischer Art vermittelt, die man durchaus verwenden kann im Alltag, im Heilen, im Menschen. Aber das Menschenbild der Schulmedizin, dies ist ja oft geschrieben und gesagt worden, ist eigentlich das überholte Menschenbild des 19. Jahrhunderts: Der Mensch ist für die Schulmedizin spätestens seit Virchow [bekannter Arzt um die Jahrhundertwende] nichts anderes als eine sehr komplizierte Maschine, ohne Seele, ohne Geist, ohne Lebensgeist, und wird auch so entsprechend behandelt. Und das ist vom Ansatz her falsch, weil der Mensch eben mehr ist als ein physischer Körper. [...] Es gibt einen Bereich, wo die Schulmedizin ausgezeichnet funktioniert, das ist die Schulmedizin als Notfallmedizin. Um vorübergehend Schäden zu beseitigen, Schmerzen zu beseitigen, z. B. ein gebrochenes Bein zu schienen oder einen entzündeten Blinddarm herauszuoperieren. Aber das, was eigentlich Medizin bedeutet, nämlich Heilen, das kann die Schulmedizin nicht, weil sie von vornherein ja nicht von einem heilen, ganzen Menschen ausgeht. Sie sieht den Menschen [...] nur als eine Anhäufung von Zellen. Und deshalb funktioniert sie nur partiell. [...] Sie kann Symptome beseitigen, sie kann Krankheitsbilder verdrängen, und wenn man die einzelnen Fälle beobachtet, dann sieht man, daß diese Menschen, die scheinbar geheilt wurden, nach kurzer Zeit wieder krank sind, entweder wieder an der gleichen Krankheit leiden oder an einer anderen. Weil die Krankheit viel, viel tiefere Gründe hat als nur Störungen im biochemischen Prozeß des Körpers."[137]

Die Schweizer Ärztin Dr. Beat Imhof schreibt:

„Krankheitssymptome haben einen Hinweis- und Aufforderungs-Charakter. Sie weisen darauf hin, daß mit dem Menschen etwas nicht stimmt, und fordern ihn auf, in sich wieder Ordnung zu schaffen. Eine bloße Symptombehandlung allein führt nie zur Heilung, denn heil sein bedeutet ganz sein. Bleibt die eigentliche Krankheitsursache weiter bestehen, kommt es zu Symptomverschiebungen.

Amerikanische Ärzte berichten von Nachuntersuchungen an 30 operierten Magengeschwürpatienten. Nach dem chirurgischen Eingriff waren alle frei von Magenschmerzen, jedoch stellten sich bei allen nach kurzer Zeit neue Störungen ein in Form von Asthma, hohem Blutdruck, Herzbeschwerden, Depressionen und allgemeiner Schwäche.

Krankheit ist immer eine Beeinträchtigung des ganzen Menschen. So gesehen gibt es nicht verschiedene Krankheiten, sondern nur eine Krankheit, wie es auch nur eine Gesundheit gibt. Kranksein und Gesundsein ist eine Frage des seelisch-körperlichen Gleichgewichts, der inneren Harmonie, des Ausgleichs der Gegensätze. Jede Krankheit verlangt daher einen umfassenden Reinigungs- und Reifungsprozeß im ganzen Menschen. So sind Genesung, Gesundung und Heilung letzten Endes ein tiefgreifendes [...] Ereignis, das zu einer Bewußtseinserweiterung und damit zu einer höheren Sinnhaftigkeit im Leben führt. Wem es gelingt, die eigenen inneren Gegensätze miteinander in Einklang zu bringen, und zurückkehrt in die Ruhe des ewigen Seins, welches die alten Chinesen Tao nannten, der wird nicht krank."[138]

Man spricht in der „Schulwissenschaft" zwar auch von einer Seele des Menschen und räumt vielfach eine seelische Bedingtheit der Krankheit ein, doch bei näherer Betrachtung wird damit nicht etwa einer höheren Dimension des Menschseins Rechnung getragen. Die Seele oder Psyche des Menschen wird in der orthodoxen Medizin wieder auf das materielle Grundkonzept zurückgeführt. Die Seele des Menschen, für den Heiler eine unvergängliche geistige Realität, versucht man vielfach in der Medizin auf ein Zusammenspiel von Hormonen und dem Nervensystem zu reduzieren und bemüht sich, das seelische Sein des Menschen auf biochemische Prozesse, die vor allem im Gehirn ablaufen, zurückzuführen.

Das mechanistische Modell des Menschen ist bequem und auf den ersten Blick verlockend. Der Körper wird reparaturfähig, geistige Eigenverantwortung wird klein geschrieben, die „nach den neuesten wissenschaftlichen Erkenntnissen arbeitende moderne Hochleistungsmedizin" erhält die maßgebliche Kompetenz für die Gesundheit. Gut aufpolierte „Leistungsbeweise" in den Medien, wie die erste Herztransplantation und die Zauberformel des „wissenschaftlich anerkannt" hielten die Bevölkerung die letzten Jahrzehnte wie in einem magischen Bann. Der Glaube der Bevölkerung an die ihnen seit Jahrzehnten einsuggerierten Modelle des durch Messer und Tablette „reparaturfähigen Maschinenmenschen" ist die Grundlage für den medizinisch-industriellen Komplex. Die gemäß den weltanschaulichen Dogmen in den Universitäten ausgebildete Ärzteschaft „funktioniert" mehr oder weniger freiwillig als Motor des Systems und garantiert mit rund 500 Millionen Rezepten, mit ungefähr zwei Milliarden Einzelverordnungen pro Jahr allein in der Bundesrepublik[139] für das Funktionieren des nationalen „Gesundheitsbetriebs".

Auch die im Laufe der letzten Jahre immer deutlicher werdende geistige Neuorientierung innerhalb der Bevölkerung, die wachsende Kritik selbst in den Medien an den konventionellen medizinischen Konzepten, der Ruf nach einer naturnahen Medizin konnten trotz katastrophaler Verhältnisse des bestehenden Systems bisher keinen Kurswechsel bewirken. Man spricht von der Kostenreduktion im Gesundheitswesen, verlagert aber de facto nur die Kosten durch Selbstbeteiligungen und Erhöhung der Versicherungssätze im wesentlichen immer mehr auf den einzelnen Bürger, ohne eine grundsätzliche Neuorientierung des Gesundheitswesens auch außerhalb der konventionellen Konzepte einzuleiten.

Eine ernsthafte Reduktion der Medikamentenflut wird nur sehr zögerlich, zumeist nicht durch verantwortungsbewußtes Erkennen, sondern als Folge des ständig wachsenden Kostendrucks eingeleitet. Einschneidende Konzepte wie eine kompromißlose Einstufung der Tranquilizer als Betäubungsmittel, eine massive Förderung kostengünstiger Naturheilverfahren zusammen mit Bemühungen, die kostenlose geistige Heilweise nach dem englischen Vorbild zu etablieren, sind offensichtlich nicht erwünscht. Die staatlichen Behörden, der Gesetzgeber, der die Gesundheit der Bevölkerung im Auge haben sollte, mißachten die Zeichen der Zeit. Geduldet von staatlichen Institutionen wird der ohnehin an Medikamenten übersättigte Markt mit weiteren Präparaten aufgefüllt. Die neuen unnötigen „Heilmittel" verursachen vor ihrer Zulassung weiterhin in erschreckender Weise Leid an einer großen Zahl von Tieren.

Außerdem wird geduldet, daß sich in den Universitäten Wissenschaftler mit fragwürdigen, grausamen Experimenten an Tieren akademische Ehren auf Kosten der Steuerzahler einholen. Es sterben Millionen von Tieren für eine medizinische Forschung, die bis heute noch nicht in der Lage war, dem Heer der Kranken wirksam entgegenzuwirken. Neue Medikamente werden an Menschen ausprobiert, die oft genug aus finanzieller Not ihren Körper für Versuche zur Verfügung stellen müssen.

Damit aber nicht genug. Anstatt daß man aus den Erfahrungen gelernt hätte, verfolgt man die mechanistischen, geistlosen Modelle weiter und investiert in technologische Risikoprojekte wie die Gentechnik Millionenbeträge. In einer kaum faßbaren Beschränktheit bezeichnet man von Regierungsseite eine solche Technologie, wie an anderer Stelle schon angesprochen, sogar als „Schlüsseltechnologie des nächsten Jahrtausends".

Jegliche höhere Dimension des Lebens wird einer toten Wissenschaftlichkeit geopfert. Gegen die Bedürfnisse der Bevölkerung, die immer mehr naturnahe (aber damit ‚leider' profitferne!) Wege zur Heilung wünscht, die in immer größerem Maße Aufklärung über die geistige Dimension des Menschseins ersehnt, huldigt der Staat der Industrie und einer zum größten Teil ignoranten Wissenschaft und arbeitet mit an der Zerstörung der Lebensgrundlagen der Bevölkerung.

Diese Entwicklung, die durch die Gentechnik ihren traurigen Gipfel erreicht hat, wird solange ständig neues Leid produzieren, bis man bereit ist, sich von der einseitigen Betrachtung der sichtbaren Strukturen des Körpers zu lösen und die wahrhaftige Existenz der menschlichen Geisteskräfte anzuerkennen, und gesellschaftliche Systeme aufbaut, um deren Entwicklung und Schulung breitesten Bevölkerungsschichten zugänglich zu machen.

Karl Schnelting:

„Wie auch immer mehr Naturwissenschaftler erkennen - ein populäres Beispiel ist der Physiker Fritjof Capra mit seinem Buch und Bestseller ‚Wendezeit' -, ist der Mensch in seiner Entwicklung an quantitative Grenzen gestoßen, und damit auf Probleme, die er logischerweise nur durch einen qualitativen Sprung auf eine höhere Ebene, durch eine qualitative Veränderung des Bewußtseins lösen kann."[140]

In der Sendereihe des ZDF wurde 1985 ein Signal gesetzt. Man wollte ungeachtet aller anerzogenen Tabus den Ansatzpunkt für eine Zusammenarbeit zwischen Schulmedizin und Heilung auf dem geistigen Wege schaffen, die auch der medizinischen Forschung ein sehr wertvolles und vielversprechendes Neuland erschlossen hätte. Diese Forschung, die keine profitablen Pillen oder wider jede natürliche Ordnung auf Gewinn programmierte Lebewesen hervorbringen wird, kann dafür aber mithelfen, den Menschen immer mehr zu den Quellen der Kraft in Seele und Geist, wovon Frau Dr. Carstens sprach, zurückzuführen.

Vereinzelte Ansätze zeigen deutlich, wie hilfreich eine solche Zusammenarbeit sein kann. Wie die „New York Times" am 26.03.1985 berichtet, lernen New Yorker Krankenschwestern die Kunst des Handauflegens, und wissenschaftliche Untersuchungen bestätigen feststellbare Heilerfolge. Im Liverpooler Walton Krankenhaus, einer Schmerzklinik, praktiziert eine geistige Heilerin in Zusammenarbeit mit den Ärzten. Seit Juni 1983 werden hier Patienten mit chronischen Leiden aufgenommen, bei denen bisher keine andere Behandlung zum Erfolg führte. Ein Drittel der bis dahin unheilbar Geltenden wurde bereits geheilt.[141] In England gibt es sogar Ausbildungsstätten für Heiler. Man erlernt, die Ausstrahlungen anderer Menschen zu erspüren, und bekommt Hilfen, seine geistigen Fähigkeiten dahin zu entwickeln, geistige Energien anderen Menschen zu übermitteln. Entsprechende Kurse in Deutschland registrieren in den letzten Jahren eine Verzehnfachung ihrer Teilnehmerzahl. Viele Ärzte finden sich hier ein, auch Krankenschwestern und Geistliche.[142]

Doch der Prozeß der Neuorientierung geht nur sehr stockend voran, da zu viele gesellschaftliche Kräfte ein Interesse daran haben, am Leid der anderen zu verdienen, oder ihre Wissenschaftlichkeit und Objektivität dem Dogmatismus, der Einbildung und dem Geld aufgeopfert haben.

So blieb der klare Akzent, den das ZDF mit seinem mutigen Vorstoß setzte, bis heute ohne spürbare Wirkung, die Gesundheit der notleidenden Menschen ist den verantwortlichen Institutionen anscheinend immer noch zweitrangig.

## Bruno Gröning im Blickfeld der Medizin

Am 15.12.1950 schrieb Dr. med. Lederer aus A. in der Zeitschrift „Neues Europa":

„Gegensätzliche Auffassungen gibt es schon seit dem Beginn der Menschheit. Doch niemals waren und sind die differierenden Meinungen größer als heute. Am größten scheinen sie jedoch zwischen den modernen Wunderheilern und den konservativen Medizinern zu sein. Es liegen Tausende amtlich beglaubigte Aussagen über Heilungen durch Persönlichkeiten vor, denen vom Schicksal die Gabe wundertätiger Heilungskraft gegeben war bzw. gegeben ist. Trotzdem werden sie von Medizinern, die gedanklich noch im vergangenen Jahrhundert leben, abgelehnt. Die Wunderheilungen eines Matthias Brenner in Luxemburg, die sensationellen Heilungen in Lourdes, die Tatsache, daß Léon Alalouf u. a. auch über 300 Ärzte heilte, die nicht durch sich selbst oder ihre Kollegen Heilung finden konnten, sowie die [...] Heilungen, die 1949/50 auch Bruno Gröning in Deutschland erzielte, sind für sie keine Wunderheilungen, sondern ‚Heilprozesse ganz natürlicher Art'. Doch keiner dieser streitbaren Ärzte hat solche ‚Heilprozesse ganz natürlicher Art' selbst zu verzeichnen. Irgendwo stimmt daher etwas nicht. Es wäre wünschenswert, wenn der ganze Fragenkomplex der Wunderheilungen in objektiver Weise abgeklärt würde, frei von jeglicher persönlicher Voreingenommenheit, überspitzter Rhetorik und individueller Gehässigkeit. Eine Abklärung der Wunderheilungen auf dieser Basis würde für beide Teile von Vorteil sein. Wir leben nicht mehr im Zeitalter der aufkommenden Dampfmaschine, sondern am Anfang einer neuen Ära, ‚von der wir nur wissen, daß wir so gut wie überhaupt noch nichts wissen'."[143]

Selbst 35 Jahre später, im Jahre 1985, hatte sich nichts Entscheidendes in Deutschland geändert.

In einem Leserbrief im Rahmen der erwähnten Sendereihe im ZDF bekannte ein Arzt:

„... ist es gerade für mich als Arzt begrüßenswert, daß sich unser stärkstes Medium, das Fernsehen, dem Thema ‚alternativer' Heilmethoden endlich einmal vorbehaltlos zuwendet. ‚Vorbehaltlos' meine ich im Sinne von vorurteilsfrei, im Gegensatz zu manchen kläglichen Ansätzen in Magazinsendungen, bei denen immer die Protagonisten der herrschenden Schulmedizin den Ton angeben. Es ist höchste Zeit für alle betroffenen Gruppen - Patienten, Ärzte, Wissenschaftler und Journalisten, aber auch Gesundheitspolitiker -,

Bereitschaft zu zeigen, Phänomene von Heilungen zu akzeptieren, auch wenn das bisher gültige Wissenschaftsbild und die bisher gebräuchlichen sog. wissenschaftlichen Kriterien zu ihrer Erklärung noch nicht ausreichen. [...] Eine wissenschaftliche Auseinandersetzung mit diesen oder anderen Phänomenen findet in der Fachliteratur der Mediziner nicht oder nur in polemischer Form statt. [...] Bitte fahren Sie fort, Themen, die in unserem Lande von den herrschenden Institutionen vernachlässigt oder sogar unterdrückt werden, in journalistisch sauberer Weise dem Publikum nahezubringen."[144]

Der erste Akzent für eine Umkehr und Erneuerung des Gesundheitswesens durch die Heilung auf dem geistigen Wege wurde in der Bundesrepublik durch das Wirken Bruno Grönings gesetzt. Er schuf eine Grundlage, die heute, Jahrzehnte nach seinem Tode, immer mehr Menschen den Zugang zur göttlichen Heilenergie eröffnet.

Den massiven Widerstand aus ärztlichen Kreisen mußte Bruno Gröning als erster hart erleben. Sein Wirken bewegte die ganze Öffentlichkeit im Nachkriegsdeutschland. Eine medizinhörige Presse verstand es, zusammen mit maßgeblichen Ärzten die Öffentlichkeit über die Wirksamkeit der Heilung auf geistigem Wege zu täuschen. Die üblichen falschen Begriffe wie Suggestion, Zweifel an der Dauerhaftigkeit der Heilungen und Ausschluß der Möglichkeit der Heilung organischer Leiden, die schon an anderer Stelle Gegenstand der Betrachtung waren, fanden sich in den meisten Artikeln. So schreibt „Die Neue Zeitung" am 22. Juli 1949 u. a., daß Bruno Gröning allein durch eine suggestive Kraft wirken könne und seine Erfolge damit auf seelische Leiden beschränkt sein müssen. Man weist auch noch darauf hin, daß „Grönings Anhänger" nur immer noch nicht wissen, daß „die Medizin sich ja längst ähnlicher Methoden bedient wie der Wunderdoktor. Nur tut sie es im Rahmen der Psychotherapie und Tiefenpsychologie nach genau erprobten Regeln."[145]

Ähnliche Formulierungen finden sich häufig. Immer wieder wird die schulmedizinische Therapieform als der einzig sinnvolle Weg zur Heilung dargestellt.

Die Frage, warum sich mehrere hunderttausend Menschen an Bruno Gröning wandten, wenn die Medizin sich ähnlicher Methoden bediente, blieb in den Berichten offen.

In schon fast unangenehm aufdringlicher Weise pries die „Süddeutsche Zeitung" am 13.09.1949 den schulmäßigen medizinischen Weg von der Diagnose über die Indikation zur Behandlung einer Krankheit. Diese gängige Form der ärztlichen Behandlung wurde als Garant für eine dauerhafte Heilung dargestellt. Für diejenigen, die andere Wege gehen wollten, malte man das Schreckgespenst einer unweigerlichen Katastrophe an die Wand. Denn da Bruno Gröning keine medizinische Ausbildung erhalten hat, könne er, so die Zeitung, „keine exakte Diagnose stellen, die das A und O der ärztlichen Kunst ist. Darauf baut sich erst die Behandlung auf. Ohne Diagnose keine Indikation, ohne Indikation keine Behandlung. Ihr Fehlen muß zu Katastrophen führen, die der Laie in ihrem fürchterlichen Ausmaß nur schwerlich begreifen wird."

„Gröning", so hieß es weiter, „kann keine organischen Krankheiten heilen, bestenfalls die seelische Einstellung des Kranken zu seiner Krankheit verändern und damit nebenbei das Allgemeinbefinden bessern." Und an anderer Stelle, in offensichtlicher Unkenntnis der Tatsachen:

„Seine Methode gehört in verbesserter Form zum Wissensschatz jeder Nervenklinik. Psychotherapie treibt jeder gewissenhafte Arzt irgendwann, selbstverständlich jeder gewissenhafte Nervenarzt. Sie [diese Methode] wickelt sich hier im stillen ab, ohne Reklame, ohne marktschreierisches Getue, dafür aber in gewissenhafter aufbauender Kleinarbeit. Hier spricht man nicht von Wundern, sondern von Selbstverständlichkeit."[146]

Es liegt mir fern, die schulmedizinische Therapieform zu verwerfen, doch sollten andere Wege zur Heilung zumindest gleichberechtigt geduldet werden. Man sollte sich bewußt werden, daß die heutige Form der Medizin nur wenige Jahrhunderte alt ist, während geistige Heilung schon seit Jahrtausenden mit Erfolg praktiziert wird. In diesem Zusammenhang wird klar, wie falsch die Argumentation des Berichterstatters ist, wenn er behauptet, daß nur der Weg über die Diagnose zur Indikation und darüber zur Behandlung Garant für Heilung sein kann. Das ganzheitliche heilende Einwirken einer höheren Kraft auf den Organismus bedarf keiner Diagnostik, die Heilkraft sucht sich, wie bei den Heilungen durch Bruno Gröning deutlich wird, von selbst die betreffenden Störstellen im Körper des Menschen.

Der größte Teil der Personen, die damals Hilfe durch Bruno Gröning suchten, haben sich bestimmt mehr als einmal der Prozedur von der Diagnostik über die Indikation zur Therapie unterworfen, ohne Heilung erhalten zu haben. Es muß als unverantwortlich und gefährlich bezeichnet werden, diesen medizinischerseits unheilbaren Personen den Weg zur Heilung auf geistigem Wege mit gezielten Negativsuggestionen, die Angstvorstellungen und Gewissenskonflikte produzieren sollen, zu erschweren.

Ein Rosenheimer Arzt behauptete sogar öffentlich, daß ihm am Traberhof bei Rosenheim keine Heilungen bekannt geworden wären.[147] Die Vielzahl an vorliegenden Dokumenten über Heilungen am Traberhof, z. T. von

Augenzeugen auch in der heutigen Zeit immer wieder bestätigt, zeugt hingegen deutlich von der mangelnden Sachkenntnis des Kollegen.

In der Frankfurter „Abendpost" vom 17.09.1949 hieß es unter der Überschrift „Generalangriff gegen Gröning hat begonnen - Ein Flugblatt gegen den Wunderdoktor - Bayerns Ärzteschaft setzt sich zur Wehr":

„Gegen Bruno Gröning hat am gestrigen Freitag ein massiver publizistischer Angriff begonnen. Des Wunderdoktors Drang nach Ruhe, der ihn für eine Weile von der Bildfläche verschwinden ließ, veranlaßte seine Gegner, diese ‚Ruhepause im mittelalterlichen Treiben' zu nützen, um die hiesige Bevölkerung zur Vernunft aufzurufen."[148]

Die „Vernunft", die insbesondere auch der Präsident der bayrischen Ärztekammer, Dr. Weiler, in einem Flugblatt von der Öffentlichkeit forderte, wurde verstanden als Ablassen vom Glauben an die Möglichkeit, Heilung höherer Art zu empfangen. Man gewinnt den Eindruck, daß es mehr um einen Aufruf zur Treue gegenüber dem bestehenden medizinischen System ging, als um eine objektive Betrachtung von Bruno Grönings Wirken. Die „Vernunft", die die Ärzte von den Abertausenden Leidenden forderten, die, aufgegeben vom herkömmlichen System, in Bruno Gröning ihre letzte Hoffnung sahen, war für die verzweifelten Heilungssuchenden verständlicherweise nur schwer begreifbar.

Die Ärzteschaft spaltete sich angesichts des Phänomens Gröning. Auf der einen Seite fand man die Dogmatiker, die, wenn die Sachargumente fehlten, gern zur persönlichen Diffamierung übergingen, auf der anderen Seite gab es Ärzte, die jenseits jedes Standesdünkels im Interesse der Kranken auch zu ungewöhnlichen Schritten bereit waren.

Der Chefarzt einer Heilstätte in K., Dr. H., schrieb am 10.09.1949 an Bruno Gröning:

„Sehr geehrter Herr Gröning!

Nach Rücksprache mit der Landesversicherungsanstalt Obb. gestatte ich mir, die höfliche Anfrage an Sie zu richten, ob Sie eventuell geneigt wären, die hiesige Heilstätte zu besuchen. [...] Selbstverständlich würden Sie hier auf die Patienten wirken können, ohne daß Ihnen von mir oder den mir unterstellten Ärzten irgendwelche Schwierigkeiten bereitet werden. Auch würden wir uns keinerlei Aufsichtsrecht oder dergleichen anmaßen. Meine Einladung erfolgt in absolut loyaler Weise rein im Interesse meiner Kranken."[149]

Ähnlich schrieb ein niedergelassener Arzt aus München:

„Sehr geehrter Herr Gröning!

Mit Interesse und unverhohlener Bewunderung habe ich von Ihren Erfolgen vernommen. Da ich als praktischer Arzt bei meinen Kranken einige habe, denen Sie bestimmt helfen könnten, [...] frage ich an, ob Sie zu uns kommen würden bei Gestellung eines Autos und allen Vorbereitungen. Ich versichere Ihnen, daß Ihr Kommen absolut geheimgehalten würde, wenn dies Ihrem Wunsch entspricht [...]. Ich gebe Ihnen ferner mein Wort, daß ich keinerlei materiellen Gewinn daraus ziehen werde, sondern nur von dem Wunsch beseelt bin, meinen Kranken zu helfen."[150]

Ein Chirurg äußerte u. a.:

„... vor allem muß ich Sie bitten, da ich als Arzt zu Ihnen komme, nicht etwa eine von Mißtrauen oder sonst feindlicher Gesinnung diktierte Sache anzunehmen."[151]

In anderen Fällen war es eigenes Leid oder Krankheit im näheren Verwandtenkreis, das Ärzte dazu führte, sich an Bruno Gröning zu wenden:

„Lieber Herr Gröning!

Ich bin selbst Arzt und seit acht Jahren krank [...]. Selbst Universitätsprofessoren konnten mir nicht helfen. [...] Seit einem Jahr haben meine Kräfte in solchem Maße abgenommen, daß ich nur noch mit großer Mühe und nur sehr beschränkt meine Praxis zu machen vermag. Ich bitte daher um Ihre Fernhilfe und vertraue Ihrer Heilkraft."[152]

Dr. med. Roth aus T.:

„Meine Tochter Helga [...] erkrankte im August v. Js. an Kinderlähmung. Als Folge dieser Erkrankung blieb eine totale Lähmung des linken Beines zurück. [...] Alle Versuche, die Lähmung zu heilen oder auch nur zu bessern, sind bisher ohne Erfolg geblieben. [...] Ich bitte sie ferner, versichert zu sein, daß ich mich unbeeinflußt von den leidenschaftlichen Auseinandersetzungen um Ihre Methode als Vater an Sie wende."[153]

Fachärzte vieler Disziplinen, Heilpraktiker, aber auch Tierärzte wandten sich mit der Bitte um Hilfe bei seelischen und organischen Leiden an ihn, während auf der anderen Seite zur gleichen Zeit wieder Vertreter derselben Zunft, wie der Leiter des Gesundheitsamts in A., in einem Schreiben an die Polizeidirektion Bruno Grönings Vorträge als unerwünscht bezeichnete, die

Polizei um Eingreifen bat und von einer Strafanzeige gegen Bruno Gröning im Falle eines Vortrags sprach.[154]

Die widersprüchliche Situation zeigte sich noch einmal deutlich vor Gericht. Die Juristen waren auf fachkundige Gutachten über Bruno Gröning und sein Wirken angewiesen. Doch wer kann sich Fachmann nennen, wenn sein Wissen ausschließlich auf dem anerkannten Wissen der Schulwissenschaft basiert? Das Gericht wandte sich an die psychosomatische Universitätsklinik in Heidelberg. Das Gutachten, für den Prozeß 1951/52 erstellt, sollte zu der Frage Stellung nehmen, ob Bruno Gröning als Heilpraktiker oder Psychotherapeut eingestuft werden kann (s. a. Kap. 5). Man stufte ihn als Heilpraktiker ein, ging aber zusätzlich noch auf seine Person ein, die zu beurteilen sich die medizinischen Gutachter ohne persönliche Kenntnis ermächtigt fühlten.

Die Gutachter beschränkten sich nur auf das eingehende Studium der Akten, weil sie eine „persönliche Untersuchung und Befragung [...] für den vorliegenden Fragenkomplex nicht für erforderlich" erachteten.[155] Gleichzeitig sahen sie aber offensichtlich in der Begutachtung eine Möglichkeit, ihrer sehr emotional gefärbten weltanschaulichen Ablehnung Bruno Grönings und dessen Wirken gegenüber Ausdruck zu verleihen. Das gesamte Gutachten ist mehr persönliche Beleidigung und bewußte Diffamierung der Person Bruno Grönings als eine objektive Betrachtung der Fakten. Die Gutachter Prof. Mitscherlich und Dr. Ruffler beschrieben ihn als „eine triebhafte, in großen Bereichen infantile Persönlichkeit von unterdurchschnittlicher Begabung"[156] und sprachen ihm jede Möglichkeit „einer echten personalen Begegnung ab"[157], um nur einige Vorwürfe zu nennen. Vergeblich wird man in dem Gutachten auch nur eine positive Äußerung über Bruno Gröning und sein Wirken suchen. Sogar das Gericht konnte sich, wie die Gerichtszeitung am 06.04.1952 in einem Kommentar zum Prozeß bemerkte, erst auf „Antrag des Staatsanwaltes entschließen, auszugsweise durch Vorlesung davon Gebrauch zu machen", denn, so die Zeitung weiter, „was in diesem Gutachten niedergelegt war, schien mehr eine Diffamierung des Angeklagten zu sein".[158]

Der Autor der Fachzeitschrift bezeichnete das Gutachten als eine rein „schulmedizinische Betrachtung".[159] Dennoch forderte Jahre später im folgenden Prozeß 1957 ein anderer Richter wieder ein Gutachten von denselben „Sachverständigen" an[160], die dem Begehren in der gleichen einseitig negativen Weise nachkamen. Man kann sich denken, daß die „fachkundigen" Äußerungen der beiden ärztlichen Gutachter in der Presse Verbreitung fanden, häufig wurde sogar fälschlicherweise Prof. Weizsäcker als Verfasser des Gutachtens angegeben. Dabei fanden die Untersuchungen des Wirkens

Bruno Grönings an der Universitätsklinik Heidelberg unter Weizsäckers Namen und finanziert von der Revue bereits zwei Jahre vorher statt und standen in keinem Zusammenhang mit dem vom Gericht geforderten Gutachten, das andere Ärzte verfaßten.

Die Zeitungen erwähnten auch nicht, daß ärztliche Gutachter der Universität Freiburg zu völlig anderen Resultaten über die Person Bruno Grönings kamen als die Heidelberger Kollegen. In Freiburg war eine eingehende persönliche Begegnung Grundlage der Beurteilung, die ihm u. a. eine an der oberen Grenze des Durchschnitts liegende Intelligenz und ein „echtes Mitgefühl" zuerkannte (s. a. Kap. 5).

In den Prozessen gegen Bruno Gröning ist zudem noch auffällig, daß alle ärztlichen Gutachter, die mit der Heilung auf geistigem Wege vertraut waren, in gleicher Weise zu gänzlich anderen Resultaten als die Heidelberger Gutachter kamen (s. a. Kap. 2 u. 5). Mangelndes Fachwissen und ungerechtfertigte Vorurteile gegenüber der Heilung auf dem geistigen Wege machen sich auch in der heutigen Zeit noch in ärztlichen Gutachten vor Gericht bemerkbar. Der geistige Heiler H. J. Starczewski aus H., der vielen Menschen Heilung und Hilfe in den unterschiedlichsten Notlagen und Krankheiten vermitteln konnte[161], wurde von einem ärztlichen Gutachter im Berufungsverfahren wegen des Verstosses gegen das Heilpraktikergesetz vor dem Oberlandesgericht Koblenz vor kurzem als „Besessener, dessen Steuerungsfähigkeit eingeschränkt sei", bezeichnet.[162]

Die mangelnde Kompetenz vieler Gutachter macht sich auch auf Regierungsebene bemerkbar. Nicht nur Gerichte, sondern auch Politiker sind in ihren Urteilen über neue Wege zur Heilung meist sehr abhängig von „Fachleuten", die aber größtenteils aus dem bestehenden medizinischen System herangezogen werden. Diese, vor die Aufgabe gestellt, zu einer Thematik wie der Heilung auf dem geistigen Wege mit Hilfe des ihnen vertrauten materialistischen Welt- und Menschenbildes Stellung zu beziehen, kommen naturgemäß meist zu einer falschen Beurteilung. Es wäre höchste Zeit, daß der Staat bei Fragen, die das Leben betreffen, Sachverständige zu Wort kommen läßt, die mit den höheren Gesetzen des Lebens vertraut und nicht in ihrem Erkenntnishorizont an die stoffliche Erscheinungswelt gebunden sind.

## Revolution in der Medizin

Bruno Grönings Stellungnahme im „Münchener Merkur" vom 19.09.1949 zu den öffentlichen Angriffen gegen ihn:

„Ich war niemals ein Feind der Ärzte und werde es nie sein. Die Zusammenarbeit mit den Ärzten, die ihr verantwortungsvolles Amt als eine Berufung empfinden, rastlos nach allen Möglichkeiten zu suchen, die ihren Kranken Heilung versprechen, ist mir ein ernstes Anliegen, und sie hat noch überall dort, wo sie reinen Herzens zustande kam, die besten Erfolge gezeitigt. Wer mir freilich mit Neid und mit Voreingenommenheit und ohne Gegenbeweis Heilmöglichkeiten abspricht, deren Tatsächlichkeit ich genau kenne, darf sich über meine Ablehnung nicht wundern.

Meine Freunde und meine Gegner werden sich schon in kurzer Frist - unabhängig von Glauben und Zweifel - ein klares Bild über meine Heilungen machen können, das kein Flugblatt mehr verwischen kann. Auch die Zweifler - und gerade die medizinisch vorgebildeten - werden dabei zu der Erkenntnis gelangen, in welchem Maße der Glaube an Gott und der Einklang des Lebens mit Seinen Geboten das Fundament der seelischen und damit die erste Voraussetzung auch der körperlichen Gesundheit ist."[163]

Erika B. (49) aus F. erlitt im März 1983 einen Bandscheibenvorfall. Da sie eine Operation nicht wollte, wurden die Beschwerden mit Medikamenten, Massagen und Bestrahlungen behandelt, wodurch eine Besserung bewirkt werden konnte. Sie berichtete mir:

„Im Laufe der Jahre sind die Schmerzen besser geworden. Allerdings mußte ich mit all meinen Bewegungen sehr vorsichtig sein. Wenn ich zu schwer trug, zuviel Arbeit im Haushalt hatte oder eine unvorsichtigte Körperbewegung machte, schoß der starke Schmerz wieder ein, vom linken Oberschenkel über die linke Wade bis in den kleinen Zeh. Das linke Bein war immer besonders müde. Ich konnte nur langsam gehen und höchstens auf beiden Seiten verteilt zwei Kilogramm tragen. Mehr als 100 m konnte ich nicht gehen. Oft mußte ich meine Hausarbeit unterbrechen, weil der Schmerz so stark geworden war, daß ich mich hinlegen mußte. Ich war verzweifelt und glaubte, mein restliches Leben mit diesen Schmerzen leben zu müssen."[164]

Im Mai 1989 erfuhr sie durch einen Zeitungsartikel von Bruno Gröning und wurde kurze Zeit später in seine Lehre eingeführt. Monate später waren die Beschwerden, unter denen sie seit sechs Jahren gelitten hatte, verschwunden.

Sie kann heute wieder hinter der Straßenbahn herlaufen, was früher für sie undenkbar gewesen wäre. Sie kann zwölf Kilogramm auf beide Arme verteilt tragen und ihren Haushalt ohne Schwierigkeiten versorgen. Die Schmerzen sind bis heute verschwunden.

Gerta Jakobs (54) aus W. hatte sich in der zweiten Schwangerschaft beim Sturz vom Fahrrad einen Bluterguß am linken Unterschenkel zugezogen. Dieser Bluterguß verschwand nicht, sondern es entstand sechs Jahre später, im Jahre 1965, daraus ein immer größer werdendes Geschwür, das im weiteren Verlauf eine Größe von 5 x 10 cm erreichte.

Jahrzehnte der Schmerzen folgten, denn trotz aller ärztlicher Bemühungen konnte die große offene Wunde, die durch das Geschwür hervorgerufen wurde, nicht zur Abheilung gebracht werden. Starke Schmerzmittel begleiteten sie Tag für Tag. Nach 15 Jahren Behandlung kam eine Salbenallergie dazu.

Sie berichtet selbst:

„Wenn ich nach der Arbeit zur Ruhe kam, wurden die Schmerzen immer stärker. Oft schwollen nach längerem Arbeiten beide Beine an. Ich konnte keine Nacht durchschlafen [...]. Ein Spezialist versuchte mit Spritzen, die schlimmsten Krampfadern zu veröden. Er versprach sich davon eine Besserung des Unterschenkelgeschwürs. Statt Besserung kam eine Venenentzündung hinzu. Ich war mutlos und verzweifelt, sehr nervös, innerlich unruhig, müde und lustlos. Tag und Nacht quälte mich ein Juckreiz [...]. Im Sommer 1983 trat noch eine Wundrose auf, die sich langsam bis weit über das Knie entwickelte."[165]

Eine Bekannte erzählte ihr in dieser Zeit von Bruno Gröning und versprach ihr, für sie die Heilkraft aufzunehmen. Kurze Zeit später erlebte Gerta Jakobs etwas Wunderbares. Sie schlief das erste Mal seit Jahren durch und hatte am Morgen keine Schmerzen an ihrem Bein. Als sie den Verband abnahm, war die Wundrose verschwunden, es war keine Entzündung mehr zu sehen. In der Nacht hatte sich eine hellrote, wenn auch noch dünne Haut über dem Geschwür gebildet, die lediglich eine 3 x 4 cm große Fläche in der Mitte frei ließ. Sie schloß sich innerhalb der nächsten drei Wochen.

Frau Jakobs erfuhr dann später, daß die Bekannte sich mit anderen Menschen zur gleichen Zeit nach der Lehre Bruno Grönings auf eine heilende Kraft für sie „eingestellt" hatte.

Diese Heilung geschah bereits vor sieben Jahren und hat bis heute unverändert angehalten. Frau Jakobs benötigt keine Schmerzmittel, sie kann seitdem jede Nacht gut schlafen, das Geschwür ist nicht wieder aufgetreten.

Seit April 1980 litt Charlotte Schaltinat (79) aus O. unter Bauchspeicheldrüsenentzündungen, die z. T. mehrfach im Jahr auftraten und mit starken Oberbauchschmerzen einhergingen. Mehrfach waren wochenlange Krankenhausaufenthalte nötig. Aufgrund der Schädigung ihrer Bauchspeicheldrüse mußte sie strenge Diät einhalten, konnte nichts Fettes zu sich nehmen, wollte sie nicht über Stunden Schmerzen in Kauf nehmen. Sie erfuhr durch ihren Sohn 1990 vom Bruno Gröning-Freundeskreis und erlebte bereits kurze Zeit später die Heilung. Seitdem ist kein Schub mehr aufgetreten, und sie kann, was seit fast eineinhalb Jahrzehnten nicht mehr möglich war, alles, selbst Sahne, Fisch und Gebratenes, wieder ohne Beschwerden essen.[166]

Überall auf der Welt haben sich Menschen zusammengefunden, um gemeinsam gegen die Widerstände eines materialistischen Zeitgeistes den Prozeß der geistigen Erneuerung in allen Ebenen der Gesellschaft beginnend im einzelnen Menschen voranzutreiben. Schon jetzt sind immer mehr Menschen bereit, ihr Gewissen an die erste Stelle zu setzen und anderen in Veröffentlichungen und Vorträgen die falschen Lehren aufzuzeigen, die sie in Leid und Elend geführt haben. Mehr und mehr verlieren die Zauberworte der „Macher" aus Medizin, Wissenschaft und Politik ihre Wirkung.

Karl Schnelting:

„Der Mann auf der Straße traut den beschönigenden Redensarten der Experten und Politiker nicht mehr und begibt sich auf die Suche nach neuen Inhalten, nach Orientierungshilfen. [...] Viele nachdenkliche Menschen erkannten in den Krisen die Folgen einer materialistischen Denkweise, die allzu kurz gegriffen hatte. [...] Zugleich dringt die Erkenntnis der Naturwissenschaft unseres Jahrhunderts ins allgemeine Bewußtsein, ‚daß der Geist nicht als Spätfolge in der Evolution des Lebens entstanden ist, sondern schon immer als Matrix, Quelle und Bedingung der physikalischen Realität da war, daß der Stoff, aus dem die physikalische Realität besteht, Geist ist' (Prof. George Wald auf der Tagung der Medizinnobelpreisträger in Lindau 1984).

Der Glaube an die Macht des ‚Bewußtseins' über die ‚Materie' bricht sich Bahn. Inzwischen werden ziemlich einhellig als Antwort auf die scheinbar ausweglose Lage eben nicht neue technische Verfahren und bessere Apparaturen gefordert, sondern ‚grundlegende Bewußtseinsumwandlungen' - als Schlüssel für die Transformation des einzelnen und der Gesellschaft. [...] So zu tun, als ginge es mit kleinen Korrekturen hier und dort so weiter wie bisher, als sei mit den Rezepten von gestern und vorgestern Abhilfe zu schaffen, wird sich, so steht zu befürchten, als eine Selbsttäuschung erweisen. Die große Zeitenwende scheint immer weniger eine Frage von falscher oder richtiger Prophetie, sondern schiere Notwendigkeit für das Überleben zu sein, und es wird tatsächlich nichts Geringeres gefordert als ein völlig neues Denken, wenn wir den grandiosen Aufstieg in Naturwissenschaft und Technik nicht mit einem tiefen Fall beenden wollen."[167]

Die wahre Heilung auf dem geistigen Wege hat nichts Geheimnisvolles an sich, sie hat nichts mit Okkultismus zu tun, sie ist etwas ganz Natürliches, das nur durch die reine Nächsten- und Gottesliebe lebt. Die „Revolution in der Medizin", die Erneuerung des Gesundheitssystems durch die Macht des Geistes, ist eine „Revolution der Liebe" gegen ein System, das den Menschen fast völlig vergessen hat. Dabei will kein Heiler die Ärzte ausgrenzen, alle betonen immer wieder, daß sie eine Zusammenarbeit wünschen.

Bruno Gröning konnte die ersehnte Kooperation mit Ärzten zu seinen Lebzeiten nicht erreichen, auch der zweite große öffentliche Anstoß für eine Neubesinnung des Gesundheitssystems in Deutschland durch die Aktion des ZDF blieb ungehört. Doch der Anstoß, den Bruno Gröning zu seinen Lebzeiten gegeben hatte, ist geistig im Laufe der folgenden Jahrzehnte unerkannt weitergewachsen und zeitigt heute in wachsendem Maße Früchte. Im Juni 1992 fand die erste Tagung der „medizinisch-wissenschaftlichen Fachgruppe" des Bruno Gröning-Freudeskreises statt, eines Zusammenschlusses von Vertretern der meisten Heilberufe, zu der Ärzte, Heiler, Heilpraktiker und Vertreter anderer therapeutischer Berufe aus Deutschland und den Anrainerstaaten kamen. Hier konnten die Teilnehmer erfahren, wie Kollegen mit der Lehre Bruno Grönings im beruflichen Alltag arbeiten, und sie lernten, die Heilkraft in sich aufzunehmen, um sie für sich selbst und ihre Patienten zu nützen. Die Tagung fand großen Anklang, so daß Ende Oktober 1992 eine weitere Tagung der Fachgruppe abgehalten werden konnte. Im Zentrum des Programms standen an beiden Terminen aber auch Geheilte, die von ihrer Heilung berichteten; Berichte, die meist von einem Arzt anhand der ärztlichen Unterlagen kommentiert wurden.

Ziel ist es, regelmäßig zweimal im Jahr interessierte Vertreter der heilkundlichen Berufe in diesem Rahmen zusammenzurufen und eine wissenschaftliche Dokumentation des Heilgeschehens aufzubauen (s. a. Kap. 9).

Im Oktober 1992 erschien zudem das erste Exemplar der Zeitschrift „Der Weg zum Heil", mit der für Vertreter heilkundlicher Berufe ein Forum zum Austausch von Erfahrungen mit der Lehre Bruno Grönings geschaffen wurde.

Die Arbeit aller ist wie auch in England nebenberuflich und uneigennützig. Sie wird getan aus der Verantwortung gegenüber Millionen von Menschen in aller Welt, die auf dem geistigen Wege kostenlos gesund werden können.

## 7. Kapitel

# Die Kirche - Verrat an der Botschaft Christi

„Wie mich der Vater geliebt hat, so habe auch ich euch geliebt. Bleibt in meiner Liebe! Wenn ihr meine Gebote haltet, werdet ihr in meiner Liebe bleiben, so wie ich die Gebote meines Vaters gehalten habe und in seiner Liebe bleibe. [...] Das ist mein Gebot: Liebt einander, so wie ich euch geliebt habe. [...] Nicht ihr habt mich erwählt, sondern ich habe euch erwählt und dazu bestimmt, daß ihr euch aufmacht und Frucht bringt und daß eure Frucht bleibt. Dann wird euch der Vater alles geben, um was ihr ihn in meinem Namen bittet. Dies trage ich euch auf: Liebt einander."[1]

### Feldzug wider die Liebe - der unbarmherzige Kampf der „Nachfolger Christi" um die Macht

Gerhard Wehr schreibt in seinem Buch „Esoterisches Christentum":

„Es gehört zu den bedenkenswerten Tatsachen in der Geschichte des Christentums, daß die etablierte herrschende Kirche in entscheidenden Augenblicken sich für die Anwendung rücksichtslosester und brutalster Gewalt entschied und so gut wie kein Verbrechen ausließ, wenn es geeignet schien, andere Formen des Glaubens, der Überzeugung oder andere Stufen der Erkenntnis abzulehnen."[2]

War das frühe Christentum in der ersten Zeit noch der blutigen Verfolgung durch römische Kaiser ausgesetzt, so änderte sich die Situation unter dem römischen Kaiser Konstantin (306-337), der im sogenannten Mailänder Toleranzedikt Anfang des vierten Jahrhunderts das Christentum als Religion zuließ. Unter Kaiser Theodosius (379-395) wurde die katholische Lehre schließlich zur Staatsreligion erklärt, die heidnischen Kulte wurden verboten.

Man möchte meinen, daß aus dieser Lage heraus die Lehre Christi von der Liebe und Vergebung einen Siegeszug im Herzen aller Menschen angetreten hätte, aber die historischen Fakten sprechen eine andere Sprache.

Im zweiten Jahrhundert nach Christus stellten sich an die Spitze der urchristlichen Gemeinden Amtsträger, aus denen sich später die Bischöfe rekrutierten. Diese erkannten sich als unmittelbare Nachfolger der Apostel. Sie sahen ihre Aufgabe in der geistigen Führung der christlichen Gemeinden. Die Bischöfe und kirchlichen Würdenträger kamen nach dem Vorbild der Apostel auf Konzilen zusammen, um u. a. gemeinsame Positionen in Fragen der Lehre zu finden.

Die Frage der Wesensgleichheit Gottvaters mit dem Sohne z. B. führte zu so erregten Auseinandersetzungen in der frühen Kirche, daß man sogar vor persönlichen Verleumdungen und den übelsten Beschimpfungen des Gegners nicht haltmachte. Kaiser Konstantin berief, als der Streit sein politisches Interesse an der Einheit der Kirche zu durchkreuzen drohte, 325 in Nizäa ein Konzil der Bischöfe und kirchlichen Würdenträger ein.

Der emeritierte Professor für Kirchengeschichte Walter Nigg schreibt dazu in „Das Buch der Ketzer":

„Das Konzil zu Nizäa, das sich im Juni 325 in den prunkvollen Sälen des kaiserlichen Palastes versammelte, wird gewöhnlich als eines der Ruhmesblätter in der Geschichte der christlichen Kirche gefeiert. Die vor kurzem noch verfolgten Bischöfe reisten mit der Reichspost, und der Kaiser trat ihnen mit den schmeichelhaftesten Zuvorkommenheiten entgegen. Er küßte die Narben der anwesenden Märtyrer und führte selbst den Vorsitz in den Verhandlungen. Es war die erste triumphale Schaustellung der Kirche, welche auf alle jene Menschen Eindruck machen mußte, die gerne Bischöfe im Ornat sehen und ein imposantes Gepränge lieben. Mit realistischem Blick betrachtet, büßt das erste ökumenische Konzil jedoch viel von den schönen Farben ein, mit denen es überstrichen worden war, und der falsche Flitterglanz verblaßt bei genauerem Zusehen sichtlich. Das echte Christentum war schon damals bei Antonius von Ägypten in der Wüste und nicht bei denen, die in weichen Kleidern in des Königs Palast einhergingen. [...] Kam es doch vor, daß bei der Beratung des Konzils oft alle Teilnehmer auf wilde Art durcheinander schrieen und nicht viel von ihrer bischöflichen Würde bewahrten. Die Konzilsväter waren weder auf gegenseitiges Verstehen noch auf Wahrung der christlichen Brüderlichkeit bedacht. Es ging ihnen vielmehr um die Erringung einer Machtposition, die noch immer jeder sachlichen Diskussion abträglich gewesen ist."[3]

Unter dem Druck des Kaisers, „der religiöse Fragen immer politisch behandelte"[4], entschied man sich für eine Glaubensformel. Alle, die dieses neue Glaubensdogma nicht unterschreiben wollten, wurden vom Kaiser des Landes verwiesen, der auf diese Weise die ihm politisch nützliche Einheit der Kirche wiederherstellen wollte. Die Kirchenversammlung ging dann noch dazu über, Arius, den Geistlichen, der den Glaubensstreit durch sein Bekenntnis ausgelöst hatte, zum Ketzer zu erklären. Man ging zu einer „förmlichen Verdammung" seiner Person über, verfluchte ihn noch zusätzlich, und die Besitzer seiner Bücher wurden bei Todesstrafe zur Auslieferung der Schriften genötigt.[5]

Die Auseinandersetzung der Kirchenväter um die Wahrheit verschiedener Glaubensfragen nahm auch 100 Jahre später auf dem Konzil zu Ephesus Formen an, die eine tiefere Herzenseinsicht in das Gebot der Nächstenliebe vermissen lassen.

Prof. Nigg über das Konzil zu Ephesus im Jahre 431:

„Welch ein Anblick muß es gewesen sein, als auf der Synode zu Ephesus die Teilnehmer von Zorn übermannt nicht mehr diskutierten, sondern mit Knütteln aufeinander einschlugen, bis der eine Gegner das Feld räumte und der gewünschte Beschluß zustande kam! Fanatisierte Mönchsscharen terrorisierten die Kirchenversammlung, und die Matrosen veranstalteten zu deren Gunsten eine Straßendemonstration. Es waren tumultartige Auftritte, bei denen die römische Gesandtschaft mißhandelt wurde und die nackte Gewalt den Ausschlag gab. Nicht mit Unrecht hat Leo der Große von einer Räubersynode gesprochen, die freilich nicht die einzige dieser Art war. Gab es doch noch andere Synoden, da die Kirchenväter in der Erregung einander das Evangelienbuch an den Kopf warfen."[6]

Die „Erkenntnisse" der Konzile wurden als Eingebungen des heiligen Geistes dargestellt. Sie gestalteten sich zu Dogmen, die jeder Christ bekennen mußte, wollte er nicht als Häretiker aus der Kirche ausgeschlossen werden. Der vormals wertfreie Begriff „Häresie" (griech. hairein ‚wählen, geistig ergreifen'), der für eine philosophisch religiöse Denkweise stand, wurde immer mehr zu einem Schimpfwort, mit dem eine sich als rechtgläubig dünkende Kirche andere Stufen der Erkenntnis als Irrlehre verwerfen konnte. Dabei war die werdende Großkirche, wie der evangelische Dogmenhistoriker

Martin Werner betonte, „gemessen an dem nämlichen Maßstab, nach welchem sie andere Gruppen und Richtungen als häretisch verurteilt, selber nichts anderes als eine Häresie, aber nun eben die erfolgreichste, die schließlich die anderen siegreich aus dem Felde" geschlagen hatte.[7]

Prof. Nigg:

„Häresie hat nicht das geringste mit einer feindseligen Bekämpfung des christlichen Glaubens zu tun. Diese immer wiederkehrende Verleumdung ist falsch, sie verunmöglicht jedes tiefere Verständnis des Ketzers hoffnungslos. Ketzerei ist vielmehr Christentum, Christentum im denkbar stärksten Maße, wie es von einem religiös lebendigen Menschen nicht anders zu erwarten ist. Freilich setzt sich der Ketzer für ein anderes Verständnis des Christentums ein, als es die siegreichen Kirchen vertraten. [...] Nur zu oft ist in der Kirchengeschichte die tiefere Auffassung ins Hintertreffen gelangt, weil die Zeit für sie noch nicht reif war. Wie auch die Würfel im kirchenpolitischen Geschehen jeweils gefallen sind - keineswegs darf der Sieg mit der Wahrheit identifiziert werden."[8]

Auch der Begriff der Sekte (lat. „Abspaltung"), der wertneutral für eine religiöse Gemeinschaft steht, die sich von einer größeren ablöst, erfuhr einen negativen Bedeutungswandel. Man vergaß nur dabei, daß die werdende Großkirche in der ersten Zeit nach Christus in den Augen vieler Zeitgenossen selbst noch als jüdische Sekte bekannt war.

Wie die weitere Entwicklung zeigt, ging die Saat des Hasses bald auf, die in den ersten Jahrhunderten in der Frühkirche durch vielfache Glaubensstreitigkeiten, die im Wesen eher Machtkämpfe waren, gesät worden war; noch vor dem Konzil zu Ephesus wurde der erste Christ von anderen Christen wegen Glaubensfragen hingerichtet.

Prof. Nigg:

„Verhängnisvoll wirkte es sich aus, als das vornehmste Gebot der Liebe in Glaubensfragen ausgeschaltet wurde. [...] Infolge dieser falschen Weichenstellung machte man sich schon in der alten Kirche kein Gewissen daraus, in Glaubensfragen die Andersdenkenden rücksichtslos zu schmähen. Die Häresiologen [Sektenbeauftragte bzw. -kundige der Kirche] verfügten über ein reichhaltiges Wortregister, mit dem sie die Ketzer beschimpften. Unbedenklich wurden die Andersdenkenden mit den schlimmsten Ausdrücken beworfen. [...] Die Saat des Hasses, die gegen die Ketzer [Häretiker] ausgestreut wurde, ist in der Kirchengeschichte aufgegangen und hat eine furchtbare

Ernte zur Folge gehabt. [...] Infolge der immer mehr überhandnehmenden verfolgungssüchtigen Einstellung kam es bereits am Ende des vierten Jahrhunderts zu der ersten Hinrichtung eines Ketzers. [...] Was niemand für möglich gehalten hätte, ereignete sich im Jahre 385 nach Christi Geburt in der Stadt Trier. [...] Die erste Tötung eines Christen durch andere Christen um einer abweichenden religiösen Anschauung willen erregte damals ungeheures Aufsehen. [...] Allgemein war die Mißbilligung dieses Verbrechens, und sie führte schließlich zur Abdankung der verantwortlichen Urheber. Das Bluturteil wirkte auf die Christenheit zunächst dermaßen abschreckend, daß der Fall des Prizillian ein vereinzelter blieb und in der alten Kirche keine Nachahmung fand."[9]

Doch mit dem geistigen Verfall der Kirche nahmen auch die Strömungen zu, die den Menschen den lebendigen Zugang zum inneren Licht des Geistes wieder vermitteln wollten.

Prof. Nigg:
„Das reißende Anschwellen der Ketzer war durch die unerfreulichen kirchlichen Zustände bedingt. Die endlosen Kämpfe zwischen Kaiser und Papst um die Weltherrschaft übten auf religiösem Gebiet eine abstoßende Wirkung aus. Immer mehr Menschen wandten sich von einer Kirche ab, deren primäre Interessen dem nackten Machtkampf galten. Das unchristliche Verhalten der Kirche erzeugte in direkter Linie ein Anwachsen der Ketzer [...]. Durch das Überhandnehmen der Ketzer fühlte die Kirche sich in ihrer Existenz bedroht. Dem Ansturm des Ketzertums war sie wirksamer zu begegnen genötigt, als es bisher geschehen war. Dabei mußte die Kirche jedoch die betrübliche Erfahrung machen, daß die Ketzer mit bloßen Worten nicht zu bezwingen waren. [...] Vielmehr trat die Ohnmacht der kirchlichen Rede in einer eklatanten Art zum Vorschein. [...] Mit Worten, denen die entsprechende Lebenshaltung fehlte, konnten die Ketzer ohnehin nicht gewonnen werden. Die Kirche sah sich sogar genötigt, die Disputationen mit den Ketzern zu verbieten, um keine Niederlagen zu riskieren. Der Selbstschutz der Kirche erforderte andere Wege. [...] Die neue gewalttätige Ketzerbekämpfung mußte dazu dienen, die eigene Machtposition unter allen Umständen zu halten, koste es, was es wolle. Die Gewaltanwendung war das Mittel, Gegner, welche ihr gefährlich werden konnten und denen sie sich geistig nicht gewachsen fühlte, aus dem Weg zu schaffen und sich endgültig von aller innerchristlichen Opposition zu befreien. Ideologisch verbrämte sie ihr Verhalten, indem sie die neuen Ketzereien im Unterschied zur altkirchlichen Häresie nicht auf einen menschlichen Stifter zurückführte, sondern sie mit

satanischen Einwirkungen in Zusammenhang brachte. Dem Teufel gegenüber war man keine Rücksicht schuldig, und deswegen schienen auch die schärfsten Maßnahmen berechtigt."[10]

Prof. Nigg zeigt weiter auf, daß man die Gewaltmaßnahmen der Kirche gegen diejenigen, die von der dogmatischen Lehrmeinung abwichen, nicht aus der zeitgeschichtlichen Vorstellungswelt heraus entschuldigen kann. Dazu gab es zu viele Christen auch im Mittelalter, die Gewaltanwendung mit Blick auf die Lehre Christi ablehnten und dies auch öffentlich deutlich machten. Aber diese christlichen Stimmen vermochten nicht durchzudringen, der Wille der kirchlichen Hierarchie zur Gewalt blieb ungebrochen.

Am 22. Februar 1198 wurde Lothario di Conti zum Papst gekrönt. Unter dem Namen Innozenz III. wurde er Stellvertreter Gottes auf Erden. In der Rede zur Krönung definierte er eindeutig die Gewalt, die er vom Himmel erhalten zu haben glaubte:

„Gott hat mich über die Völker und Königreiche gesetzt, um auszureißen und zu vernichten, aber auch um aufzubauen und zu pflanzen. Zu mir ist gesagt worden: Ich will Dir die Schlüssel des Himmelreiches geben, und was Du auf Erden bindest, soll im Himmel gebunden werden. So stehe ich zwischen Gott und den Menschen, kleiner als Gott, aber größer als der Mensch."[11]

Bereits ein Jahr später faßte er seine Auffassung von göttlicher Gewalt in Ketzergesetze, die jeglicher christlichen Gesinnung Hohn sprechen:

„Es lasse sich niemand verleiten vom falschen Mitleiden [mit den Ketzern]. Selbst die orthodoxen Kinder eines Ketzers müssen ihrer Habe beraubt werden, Fürsten müssen gezwungen werden, die Güter eines Ketzers zu konfiszieren; das Haus, in welchem ein Ketzer Aufnahme gefunden, muß niedergerissen werden ... Treu und Glauben braucht einem Ketzer nicht gehalten zu werden, und der Betrug, gegen ihn geübt, wird geheiligt."[12]

Anlaß für diese Gesetzgebung des Papstes war eine religiöse Bewegung, die unter der Bezeichnung „Katharer" (gr. katharoi, die Reinen) oder „Albigenser" (nach der südfranzösischen Stadt Albi) bekannt geworden war. Der kulturell-zivilisatorisch hochentwickelte Süden Frankreichs war das Zentrum der rasch um sich greifenden Bewegung, die durch ihren untadeligen Lebenswandel, ihre sehr asketische, jenseitsorientierte Lebensweise vorbildlich auf den mittelalterlichen Menschen wirkten. Die Katharer lehnten jegliche Gewalt ab, sie fühlten sich dem Evangelium, aber besonders der Offenbarung des Johannes verpflichtet und wollten das Alte Testament nicht anerkennen. Der gekreuzigte Christus war ihnen fremd, im Gegensatz zum innewohnenden Christus. Kirchenväter, Konzilien und kirchlich gelenkte Traditionen sagten ihnen nichts. Das Umsetzen der Liebeslehre Christi, die konsequente Verwirklichung des Guten, Selbstverleugnung und die innere Abwendung von allem Weltlichen war der Grundsatz ihres Glaubensbekenntnisses. Sie versagten sich selbst jeglichen materiellen Besitz und stellten ihr Gut im Dienste der Nächstenliebe zur Verfügung.

Die Lehre der Katharer verbreitete sich in der zweiten Hälfte des zwölften Jahrhunderts in den romanischen Provinzen Südfrankreichs sehr stark. Ritterschaft, Bürgertum und selbst der Klerus sahen nur noch in den „Gutleuten", wie sich die Katharer nannten, die Verkünder des wahren Evangeliums, es kam sogar vor, daß ganze Klöster geschlossen zur katharischen Lehre übergingen und daß kranke Bischöfe die „Gutmänner" oder „Gutfrauen" an ihr Bett riefen.

Es fehlte nicht viel daran, so wäre Roms Machtstellung in der Provence, der Languedoc und der Gascogne endgültig untergraben worden.

Da der römischen Geistlichkeit das Feuer des lebendigen Geistes fehlte, mußte die Gewalt herhalten, um die verlorene Macht wieder zu festigen.

Prof. Nigg:

„Wiederum ereignete sich das Verhängnis, daß religiöse Ohnmacht sich durch ein brutales Vorgehen kompensieren wollte und damit nichts anderes bewies, als daß auch an dieser Stätte nicht die christliche Wahrheit gegen den teuflischen Irrtum im Felde lag. Doch vermochte die rücksichtslose Gewaltanwendung diese Ketzer erst recht nicht zu überzeugen. Sie setzten der Zwangsanwendung unbeugsamen Widerstand entgegen und bewiesen dabei eine heroische Standhaftigkeit, die nicht ohne Eindruck blieb. Zartbesaitete Mädchen unter den katharischen Bekennern wurden zu heldenmütigen Märtyrerinnen, die sich frohlockend in die Flammen stürzten. [...]

Die Katharer gaben sich jeweils gegenseitig den christlichen Friedenskuß und bestiegen mit den Worten ‚Gott ist die Liebe' den Scheiterhaufen, ohne ein Zeichen der Todesangst zu verraten. Die Albigenser waren Christen, die zu sterben verstanden. Ohne sich je über ihr hartes Schicksal zu beklagen, hielten sie sich an den Ausspruch Jesu: ‚Selig sind die, welche um der Gerechtigkeit willen verfolgt werden, denn ihrer ist das Himmelreich.' Gerade in ihrem Leiden fühlten sie sich von Gott gerechtfertigt, und das vergossene Blut erwies sich auch hierin als der beste Same ihrer Lehre."[13]

Die Kirche betrachtete die Ketzerverbrennung als eine so fromme Tat, daß sie jedem, der Holz für den Scheiterhaufen herbeibrachte, einen vollkommenen Ablaß gewährte. Man schärfte allen Christen ein, es sei höchste Pflicht, sie bei der Ausrottung der Ketzer zu unterstützen.[14]

„Der Ketzer Namen stehen nicht geschrieben in dem Buche des Lebens; ihre Leiber werden hier verbrannt, und ihre Seelen werden in der Hölle gepeinigt", spottete ein rechtgläubiger Chronist.[15]

Als einzelne Scheiterhaufen nicht den erwünschten Erfolg brachten, rief die Kirche die weltliche Macht zu Hilfe, und Papst Innozenz III. ging zusätzlich dazu über, die Christenheit zum Kreuzzug gegen die Katharer aufzurufen.

Prof. Nigg:

„Das war ein Ereignis, welches in der Christenheit noch nie vorgekommen war. Zum ersten Mal in der mittelalterlichen Kirchengeschichte wurde das kriegerische Mittel der Kreuzzüge gegen andersdenkende Christen angewandt. Um die Zahl der Kreuzfahrer zu erhöhen, versprach man den Teilnehmern den gleichen Ablaß, der auch im Kreuzzug gegen die Türken verkündet worden war. Jedermann, und sei er ein noch so großer Sünder, konnte den Höllenqualen dadurch entgehen, daß er gegen die Ketzer kämpfte! Die katharischen Häretiker erschienen den Kirchenmännern ‚schlimmer als die Sarazenen', und die Güter der Albigenser wurden den Kreuzfahrern als lockende Beute in Aussicht gestellt. Den Ketzerkrieg führten die kirchlichen Vertreter mit einer beispiellosen Härte, die aller Christlichkeit Hohn sprach. Bei den Eroberungen der südfranzösischen Städte gab es Blutbäder, die in der Geschichte des Abendlandes kaum eine Parallele haben. Vom unschuldigen Kindlein in der Wiege bis zum schwachen Greis schonten diese Kreuzfahrer niemanden, unterschiedslos wurde alles niedergemetzelt. Gegen Gefangene übte man nicht die geringste Nachsicht, schonungslos streckte man sie einfach nieder. Im Heer der Kreuzfahrer wurde die blasphemische Losung ausgegeben:

‚Tötet sie alle, Gott wird die Seinen schon herausfinden',

und der päpstliche Legat meldete frohlockend nach Rom:

‚Gottes Zorn hat in wunderbarer Weise gegen die Stadt gewütet.'

Das Wort Gnade kam im Wörterbuch dieser Menschen prinzipiell nicht vor. Diese bluttriefenden Krieger betrachteten es als ihre Aufgabe, die Ketzer zu vernichten, und nicht, sie eines Besseren zu belehren. ‚Mit größter Freude' wurde verbrannt, wer das ‚Ave Maria' nicht hersagen konnte. [...] In die Hunderttausende gingen die Opfer in den mörderischen Albigenserkriegen, welche zu den furchtbarsten Tragödien der abendländischen Geschichte gehören. [...] Nur auf diese bestialische Weise gelang es, das Katharertum zu ersticken.

Die lange Dauer dieses blutigen Krieges verwandelte die hohe geistige Kultur der Provence in einen rauchenden Trümmerhaufen."[16]

Kirchlich legalisierter religiöser Fanatismus und machtpolitische Interessen waren Träger eines Krieges gegen die Liebe Christi, der im Abendland einzigartig war.

Zur gleichen Zeit gab Franz von Assisi (1181/82-1226) durch sein Leben ein deutliches Zeichen für ein wahres Christentum. In seinen Worten wies er für alle Zeiten den einzig wahrhaften Weg der Bekehrung eines Menschen durch das Vorbild des anderen:

„Der Diener Gottes muß durch sein heiligmäßiges Leben in solchem Maße zu einer Flamme werden, daß er durch das Licht des guten Beispiels und durch die Sprache, die sein Lebenswandel spricht, alle Gottlosen ins Gewissen trifft."[17]

Doch war die Kirche nicht bereit, die innere Umkehr zur Wahrheit zu vollziehen, weiterhin sah sie in Gewalt und Unterdrückung die geeignete Methode, ihre Interessen durchzusetzen.

Für den Kampf gegen die Katharer hatte Papst Innozenz III. einen kirchlichen Gerichtshof geschaffen: die Inquisition. Papst Gregor IX., sein Neffe und Nachfolger, übertrug die Ketzerverfolgung im Jahre 1233 den Dominikanermönchen.

In der Inquisition galt der Angeklagte schon von vornherein als schuldig, zur Verurteilung aber benötigte man Beweise. Wenn möglich sollte der Angeklagte ein Geständnis ablegen. Dazu hörte man „Zeugen", wobei selbst den harmlosesten Klatschereien Bedeutung zugemessen wurde.

Auch die nächsten Verwandten konnten Zeugenaussagen abgeben, wer es nicht tat, machte sich der Ketzerei mitschuldig. Sogar Minderjährigen und Dienstboten wurden Zeugenaussagen zugebilligt, die aber nur angenommen wurden, wenn sie ungünstig waren. Günstige Aussagen wurden als wertlos erachtet. Eine Verteidigung war nicht gestattet.

Der Inquisitor war Ankläger und Richter in einer Person. Führten Zeugenaussagen nicht zu den gewünschten Geständnissen, wurde die Folter angewandt.[18]

Prof. Nigg:

„Man schleppte den Ketzer in die Folterkammer, wo ihm alle furchtbaren Marterwerkzeuge anschaulich vor Augen geführt wurden. Legte er angesichts dieser schauderhaften Geräte auch dann immer noch nicht das erforderliche Geständnis ab, wurde mit der Prozedur begonnen. [...] Drei- bis vierstündige Folterungen waren nichts Ungewöhnliches. Während der Tortur wurde die Folter mehrmals mit Weihwasser besprengt. Zahllos waren die entsetzlichen Mittel, welche bei der Prozedur in Anwendung kamen und die alle nur den Zweck verfolgten, das Opfer zermürbt zur Strecke zu bringen. [...] Die meisten Ketzer gestanden nun, übermannt von unsäglichen Schmerzen, halb irrsinnig vor Qualen, alle beliebigen Auskünfte, welche die Inquisitoren nur zu hören begehrten, einzig und allein um endlich von der Folter frei zu werden. [...] Nach erfolgtem Geständnis wurde das Urteil gesprochen. [...]

Die Sünde der Ketzerei galt als das schwerste Verbrechen, das durch keine Reue gesühnt werden konnte. Einzig aufrichtige Buße konnte die Seele des Ketzers vor der Hölle bewahren, verschonte ihn aber nicht vor den zeitlichen Strafen, deren es viele gab. Eine der häufigsten war die Geißelung. Entblößt, soweit das Schamgefühl nicht verletzt wurde, mußte sich der Büßer jeden Sonntag während des Gottesdienstes mit einem Stock in der Hand vor dem Priester zeigen, der ihm dann in Gegenwart der Gemeinde die Schläge verabfolgte. Auch verordnete man Pilgerfahrten, die der reuige Ketzer zu Fuß durchzuführen hatte und die sich oft bis ins Heilige Land ausdehnten. [...] Auch Geldstrafen wurden ausgesprochen. In den meisten Fällen konfiszierte man das ganze Vermögen des Ketzers, ungeachtet, ob unschuldige Kinder als Erben vorhanden waren. Die Kinder wurden enterbt und überdies für drei Generationen als ehrlos erklärt [...]. Das beschlagnahmte Vermögen teilten sich Inquisitionsgericht und weltliche Behörde zu gleichen Teilen. Oft floß auch alles in die Tasche der Inquisition, die daraus ihren Lebensunterhalt bestreiten mußte und daher an der beständigen Konfiszierung interessiert war. Bei der Strafe der Einkerkerung unterschied man eine mildere und härtere Form. Die mildere Art bestand in einer Gefangenschaft, bei der gelegentliche Besuche der nächsten Verwandtschaft gestattet waren. Die härtere Form nannte man das lebendige Grab. Alle diese Strafen wurden nur gegenüber reuigen Ketzern ausgesprochen, die sich der Gnade würdig gezeigt hatten. Bei verstockten und rückfälligen Ketzern gab es nur eine Strafe, und die lautete auf Tod durch Verbrennung bei lebendigem Leibe. [...] Diese Bestrafung der Ketzer setzte sich allmählich in der gesamten Christenheit durch, da die päpstlichen Statuten von 1231 überall den Feuertod verlangten."[19]

Um sich selbst nicht mit dem Henkersamt zu beflecken, übergab man die Ketzer zur Hinrichtung der weltlichen Behörde (d. h. den entsprechenden weltlichen Fürsten), schrieb dieser aber genau vor, was sie zu tun hatte. Wenn sie dem kirchlichen Auftrag nicht nachkam, wurde sie mit der Exkommunikation bestraft und stand bald selbst als Ketzer da:

„Die Kirche selbst hielt sich die Hände sauber. ‚Ecclesia non sitit sanguinem', ‚Die Kirche dürstet nicht nach Blut'. Dieser theoretische Grundsatz war in der Praxis eine reine Heuchelei, denn an den weltlichen Arm ausgelieferte Ketzer mußten mit dem Tode bestraft werden. Das Auslieferungsurteil der Inquisition war die einzige Grundlage für das Todesurteil der weltlichen Gewalten. Papst Bonifaz VIII. befahl allen weltlichen Herrschern und deren Beamten, ‚daß sie die ihnen Ausgelieferten sofort übernehmen, um sie dann ohne Verzug mit der gebührenden Strafe zu belegen; ... daß sie selbst über dieses Verbrechen weder ermitteln noch urteilen, weil es rein kirchlicher Art ist, ... und wer es wagt, dem zu widerstreben, ... der soll sich mit dem Pfeil der Exkommunikation durchbohrt erkennen und werden nach einem Jahr der Verstockung als Ketzer verurteilt.'"[20]

Ihren Gläubigen legte die Kirche unter allen Strafandrohungen die Pflicht zur Mithilfe bei der Ketzervertilgung auf.

Prof. Nigg:

„Den Verbrennungsakt organisierte die Kirche stets in Form einer großen Veranstaltung. Das Autodafé [Bezeichnung für die Ketzerverbrennung] bestand aus zwei Teilen, aus der unmittelbar bei der Kirche gehaltenen Predigt und aus der Exekution, während der die Priester sich zurückzogen. [...] Meist wurde der Ketzer lebendig an einen Pfahl gebunden, der hoch genug über den Haufen von Brennmaterialien hinausragte, um auf diese Weise den zahlreich versammelten Gläubigen zu ermöglichen, jeden Akt der grausamen Tragödie bis zum Ende genau zu verfolgen. [...] Für die Exekution wurde gewöhnlich ein Festtag ausgewählt, damit die Menge größer und die dadurch gegebene Warnung wirksamer sei."[21]

Nach der Vernichtung der Katharer und der blutigen Unterdrückung vieler anderer religiöser Strömungen fand die Inquisition noch andere Opfer. In der ihr eigenen beispiellosen Grausamkeit begannen zusätzlich noch die sogenannten „Hexenverfolgungen" der Kirche. Papst Gregor IX. gab zuerst den Befehl, neben den Ketzern noch die „Hexen" zu verfolgen, und in der Gegend von Trier kam es zwischen 1230 und 1240 zum ersten Hexenprozeß.

Wie eine Epidemie zogen sich die „Hexenverfolgungen“ durch die folgenden Jahrhunderte. Es gab, so Prof. Nigg, Dörfer, wo nach dem Abschluß der Hexenprozesse nur noch zwei Frauen übrigblieben. Unzählige Menschen sind auf diese Weise durch die Kirche bis in das 18. Jahrhundert ermordet worden.

In Spanien wurde ein systematischer Vernichtungskrieg gegen die mohammedanischen Mauren und die Juden eröffnet, die als angebliche Gegner des heiligen Glaubens gewaltsam bekehrt werden müßten.

Randolph Charles Darwin schreibt in seinem Buch „Die Entwicklung des Priestertums und der Priesterreiche“:

„Das Hauptverbrechen dieser Unglücklichen bestand wohl darin, daß viele derselben durch Handel und Ackerbau bedeutende Vermögen erworben hatten, die natürlich nach Überführung als Ketzer deren Richtern resp. der Kirche als Sühne anheimfielen. Infolgedessen feierte hier die Inquisition unter den Großinquisitoren Diego Pereu, Cisneros, Torquemada und Pedro Arbues ihre grausigsten Triumphe. Durch diese Scheusale wurden in Spanien gegen 500 000 Familien, zusammen an die 2 000 000 Menschen umfassend, zugrunde gerichtet. Von diesen wurden Tausende aus dem Lande vertrieben, viele Tausende eingekerkert oder an die Galeeren geschmiedet und viele Tausend mit dem Schwert hingerichtet oder mittels der Garotte erdrosselt. Außerdem wurden 31 912 Personen lebendig verbrannt. Torquemada allein verurteilte 105 285 Personen und ließ über 6 000 verbrennen.“[22]

Graf Paul von Hoensbroech, der sich nach langen inneren Kämpfen nach 14 Jahren vom Jesuitenorden gelöst hatte, machte Anfang des 20. Jahrhunderts unmißverständlich das Papsttum für die Taten der Inquisition und den Hexenwahn in mehreren Veröffentlichungen verantwortlich.

In seinem Buch „Das Papsttum in seiner sozial-kulturellen Wirksamkeit“ heißt es:

„Päpste [...] haben in feierlichen Kundgebungen dem Glauben an den scheußlichsten und obszönsten Teufelsspuk und Hexenwahn Vorschub geleistet, haben in diesen Kundgebungen die Wahngebilde einer ganz und gar entarteten Phantasie so sehr für Tatsachen erklärt, daß sie zur Vertilgung der Teufelsanbeter, der Teufelsbuhlen, Hexen und Schwarzkünstler Feuer und Schwert aufgerufen haben. [...] Die furchtbare Literatur über den Hexenwahn ist so gut wie ausschließlich das Werk katholischer Geistlicher und

Ordensleute; die betreffenden Schriften sind erschienen unter ausdrücklicher oder stillschweigender Billigung der päpstlichen Zensur!

[...] Unermüdlich waren die Päpste, die weltlichen Gewalten aufzufordern, Ketzer mit Feuer und Schwert zu vertilgen; geradezu zahllos sind die betreffenden Kundgebungen der tiaragekrönten ‚Nachfolger Petri'. Das ist eine Tatsache. Und die andere? Auch nicht ein einziges Mal in den langen Jahrhunderten, während welcher das Christenblut, von Christen vergossen, stromweise floß, hat ein ‚Statthalter Christi' seine Stimme erhoben, dem Greuel dieses Blutvergießens Einhalt zu tun. [...] Wie beredt waren die ‚Statthalter Christi' anderen Fragen gegenüber! Wenn man die dicken Bände durchblättert, welche die Sammlung päpstlicher Erlässe enthalten, so erfaßt einen Staunen über die Tätigkeit Roms. Nach England, Schweden, Norwegen, Rußland, Polen, Dänemark, Ungarn gehen die päpstlichen Sendschreiben; nichts entgeht den wachsamen Blicken des obersten Hirten; überall greifen sie belehrend, mahnend, strafend ein; kein Punkt ist zu geringfügig, besonders, wenn es sich um die Anerkennung ihres eigenen Ansehens handelt. Aber dem Wehklagen grausam verfolgter, schmählich hingemordeter Menschenmassen ist ihr Ohr taub, und ihr Mund bleibt stumm. Wäre er nur stumm geblieben! Aber, um es nochmals zu wiederholen, die Stimme des Papstes, des ‚unfehlbaren Lehrers der Wahrheit und der christlichen Gesittung', war die lauteste und gewichtigste unter allen, die den Christenmord verteidigt und befürwortet haben."[23]

Die stete Zunahme religiöser Strömungen, die sich in ihrem Glaubensverständnis von der Großkirche unterschieden, ist eine direkte Folge eines Klerus, der verstrickt in weltliche Ansprüche seiner geistigen Aufgabe untreu geworden war. Wenn auf der einen Seite in Predigten immer wieder Christi Liebe betont wurde, während auf der anderen Seite die kirchlichen Machthaber durch tausendfachen Mord ein geistiges Zwangssystem zu etablieren suchten, so ist die Empörung in den Teilen der Christenheit, die noch eine höhere Wahrheit in der Botschaft Christi empfanden, verständlich. Die Folge zeigte somit auch bald innerkirchliche Spaltungen in die unterschiedlichsten Konfessionen. Spaltungen, die wieder nicht mit einem ernsthaften Willen zur geistigen Wahrheit, mit der Bereitschaft, Fehler einzusehen und umzukehren, beantwortet wurden. Man griff erneut zu den Waffen. Die Spaltung in katholisch und evangelisch hatte in Deutschland einen Glaubenskrieg zur Folge, der über 30 Jahre andauerte und in dem sich die Anhänger des Katholizismus und des Protestantismus gegenseitig haßten, quälten und töteten und dabei ganze Landstriche verödeten und entvölkerten. Die Früchte dieses Glaubenshasses bestanden darin, wie Darwin ausführt, daß sich die

Gesamtbevölkerung Deutschlands von 17 Millionen auf nur 4 Millionen verminderte.[24]

Doch auch der Protestantismus erwies sich in der folgenden Zeit nicht viel besser als die römisch-katholische Kirche. Er, der aus dem berechtigten Protest Luthers angesichts der untragbaren Verhältnisse des römischen Klerus entstanden war, fand sich in der erbarmungslosen Verfolgung der Täuferbewegung im 16. Jahrhundert auf der gleichen Stufe wieder wie die katholische Kirche.

Die Täufer vertraten ein Geistchristentum, das den dogmatisch gebundenen Glaubensvorstellungen ihrer christlichen Brüder zuwiderlief. Sie schätzten die Bibel zwar „über alle menschlichen Schätze"[25], aber sie waren der Überzeugung, daß Gott nicht nur einmal, sondern immer zu den Menschen spricht und ihnen Seinen Willen im Herzen durch den Geist offenbart. Thomas Müntzer, ein bedeutender Vertreter dieser Bewegung, sah im Protestantismus eine Schriftvergötzung entstehen, die nach der Ablehnung des römischen Papstes durch Luther aus der Bibel einen papierenen Papst machte. Auch Hans Denk, ein anderer Vertreter des Täufertums, war bestrebt, aus der Heiligen Schrift keinen Abgott zu machen. Sie ist, so Denk, das Licht, welches in der Finsternis scheint, gleichwohl ist sie nicht imstande, die Dunkelheit hinwegzunehmen, weil auch sie von Menschenhänden geschrieben ist. Nur „wenn der Tag, das unendliche Licht anbricht, wenn Christus in unseren Herzen aufgeht, dann erst ist die Finsternis des Unglaubens überwunden".[26] Denk sprach von einer inneren Stimme als Funken des göttlichen Geistes, der den Menschen den Weg zeigt. Die Täufer forderten das Recht der menschlichen Selbstbestimmung gegenüber aller kirchlichen Dogmatik und geistigen Bevormundung. Sie wiesen den Menschen auf eine höhere geistige Selbständigkeit aus der unmittelbaren Beziehung zum Geist Gottes im Herzen. Ein Anspruch, der dem geistigen Dirigismus der Kirchen zuwiderlief und ihre weltliche Machtposition gefährdete. Darum mußten die Täufer für ihre offenen Worte und ihre Treue zum Gewissen das Schicksal Tausender von der Kirche als Ketzer und Hexen verleumdeter Menschen aus den Jahrhunderten davor teilen. Sie wurden nicht nur von der katholischen, sondern auch von der evangelischen Obrigkeit grausam verfolgt. Zehntausende wurden von ihren „christlichen Brüdern" auf die Scheiterhaufen gebracht.

Prof. Nigg:

„Die Täufer haben mit ihrer religiösen Überzeugung die größten Blutopfer im 16. Jahrhundert gebracht, und dabei lebte in ihnen ein christlicher Ernst, der unmöglich übersehen werden kann. Sooft man sich in die publizierten

Akten dieser Bewegung hineinvertieft, ist man immer wieder betroffen über die Duldungsfähigkeit dieser Häretiker, welche so zahlreiche Märtyrer hervorbrachten, die einem größte Ehrfurcht abnötigen. [...] An der Täuferbewegung hat der Protestantismus schwerstes Unrecht begangen, und es ist unabweisbare Pflicht des Historikers, für diese heute noch verkannten Christen einzutreten, da sie nur dem Evangelium entsprechend leben wollten."[27]

Somit hat, so Prof. Nigg, der Protestantismus das Recht verwirkt, gegen die grausamen Ketzerverfolgungen der römisch-katholischen Kirche zu protestieren, auch er erlag der Machtversuchung und hat darüber das höchste Gebot Christi vergessen.

Wohl hat sich das christliche Volk anfangs gegen die Inquisition gewehrt, und manch ein Inquisitor wurde erschlagen, damit er seine blutige Tätigkeit nicht weiter ausführen konnte, doch alle anfänglichen Widerstände wurden brutal niedergeworfen. Dem Widerstand gegen die Irrlehren der christlichen Kirchen stand das Hemmnis entgegen, daß man durch die Ablehnung der klerikalen Morde selbst leicht in den Verdacht kam, ein Ketzer zu sein.

In der Mitte des 16. Jahrhunderts stellte sich als einer der ersten der Arzt Johann Weyer gegen die Hexenverfolgung, doch seine Schrift wurde vom Papst auf den Index gesetzt. (Index librorum prohibitorum: ein von 1559-1966 bestehendes Verzeichnis von Büchern, die von Katholiken nur mit kirchlicher Erlaubnis gelesen werden durften.)[28] Auch der Jesuit Friedrich Spee hatte den Kampf gegen die Hexenverfolgungen aufgenommen, wenngleich er dadurch auch von seiten seines Ordens sehr viel Unannehmlichkeiten ertragen mußte.[29] Der evangelische Geistliche Johannes Greve schrieb das erste Buch gegen die Anwendung der Folter. Den Hauptschlag von evangelischer Seite führte der Holländer Balthasar Bekker durch eine Buchveröffentlichung, in welcher er radikal mit der Hexenverfolgung abrechnete. Sein mutiges Eintreten für die „Hexen" kostete ihn seine Pfarrstelle und damit seine berufliche Existenz.[30]

Erst die kulturgeschichtliche Epoche der Aufklärung, die sich im 18. Jahrhundert in Deutschland durchsetzte, beendete den religiösen Massenwahn der Inquisition und Hexenverfolgung. Der letzte Scheiterhaufen verglomm 1793 in Polen.[31]

Prof. Nigg:

„Die Inquisition ist der umfassendste Versuch, das Abendland mit Gewalt unter der Vormundschaft der Kirche zu erhalten, ein Experiment, das nicht gelingen konnte. [...] Was der Obhut der Henker bedarf, kann nicht göttliche Wahrheit sein! Der Christ ist noch nie durch etwas anderes gerettet worden als von dem in der Welt wehrlos auftretenden Göttlichen. Von diesem

Glauben ist die Inquisition zur Gewalt abgefallen, und dies ist als Verrat zu bezeichnen. Ihre Tätigkeit stellt nichts Geringeres als eine zweite Kreuzigung Christi durch die Christenheit selbst dar [...]. Das furchtbare ‚Schuldbuch der Priester', wie Michael Baumgartner einmal sagt, wurde dadurch so schwer belastet, daß die christliche Kirche den fatalsten Stoß erlitten hat. Es ist fast nicht glaubhaft, daß diese grauenhaften Auswüchse in der gleichen Kirche sich abgespielt haben, in der jene wundervollen Heiligen, mit denen man sich nicht genug beschäftigen kann, ihre Heimat besaßen. [...] Die angeblich zur größten Ehre Gottes vollbrachten Ketzerhinrichtungen, deren Zahl viel größer ist, als gewöhnlich angenommen wird, bilden den untilgbaren Schandfleck der christlichen Geistesgeschichte. Sie verbieten es, die Geschichte der Kirche [...] kurzerhand als Geschichte der Wahrheit auszugeben und die empirische Kirche in ungebrochener Weise als den fortlebenden Christus zu verherrlichen. Ja, angesichts dieses Sündenfalles ist es mehr als fraglich, ob sie noch weiter den Anspruch, als Vertreterin Gottes auf Erden zu gelten, zu Recht erheben darf."[32]

Angesichts eines Hochklerus, der als Wolf im Schafspelz über Jahrhunderte die geistig-religiöse Dimension des Menschseins pervertiert hat, erscheint der Atheismus und Rationalismus, der in der Aufklärung im 17./18. Jahrhundert immer stärker wurde, wie eine Erlösung. Doch der Atheismus, der durch die geistige Unterdrückung der Menschen durch die Kirchen produziert wurde, entwickelte sich bis in die heutige Zeit wieder zu einem Instrument geistiger Knechtschaft. Der Zugang zur inneren Welt des Geistes verschloß sich dem Menschen wie nie zuvor. Gewohnheitschristentum, kritiklose Wissenschaftsgläubigkeit, die völlige Unkenntnis der meisten Menschen über die Grundgesetze des Lebens und krasser Egoismus sind die Früchte des jahrhundertelangen Kampfes der Kirche gegen die Liebe.

## Die Politik der „Stellvertreter Christi“ auf Erden

„Keine Religion hat so viele Menschenopfer gefordert und auf eine so schmähliche Weise hingeschlachtet als diejenige, die sich rühmt, sie für immer abgeschafft zu haben.“[33]

Bruno Bauer, Theologe

„Es ist Gegenstand des Glaubens, daß die Kirche [...] unverlierbar heilig ist.“[34]

Zweites Vatikanisches Konzil

Selbst die Verteidiger der grausamen Geschichte der großen Kirchen gestehen ein, daß nicht alles so ideal und göttlich gewesen sei, wie es hätte sein sollen. Die irdische Geschichte der Kirche sei manchmal recht menschlich, vielleicht sogar allzu menschlich verlaufen. Jeder Mensch macht Fehler, dies ist eine unbestrittene Tatsache, doch wird der Begriff des Menschlichen angesichts der Kirchengeschichte zu stark strapaziert. Es handelt sich nicht um vereinzelte Geistliche, die aus religiösem Fanatismus mit Gewalt Bekehrung erzwingen wollten. In der Kirchengeschichte zeigt sich vielmehr über fast eineinhalb Jahrtausende eine Politik des organisierten Massenmords im Namen der Religion der Nächsten- und Feindesliebe. Menschen, deren Glaube nicht mit der Lehre der Amtskirche übereinstimmte, wurden mit stillschweigender oder ausdrücklicher Billigung von Papst und Bischöfen oder sogar auf deren Wunsch hin in einem Ausmaß und einer Grausamkeit gemordet, die in der Geschichte ihresgleichen sucht. Ein Erkennen und reuevolle Einsicht angesichts dieser Verbrechen müßte sich in der Neuzeit in völliger Selbstverleugnung, Demütigung und Anerkennung der großen Schuld in der Öffentlichkeit zeigen. Verlangen doch auch Geistliche oft im Beichtstuhl von dem reumütigen Gläubigen Zeichen der Umkehr und Buße.

Doch leider sprechen die historischen Fakten eine andere Sprache. Wie groß auch das Bemühen vieler Priester zu Toleranz, Nächstenliebe und Aufopferung an ihre Berufung heute wie damals sein mag, der größte Teil des Hochklerus, der Bischöfe, Kardinäle und Päpste scheint auch in der Neuzeit der fast eineinhalb Jahrtausende bestehenden dogmatischen Erstarrung anzuhängen und auch nach Verlöschen des letzten Scheiterhaufens ein System der geistigen Unterdrückung im Widerspruch zur Lehre Christi zu favorisieren.

Pius VI. (1775-1799), der letzte Papst vor Beginn des 19. Jahrhunderts, begann seine Regierung mit einem Edikt gegen die Juden „Editto sopra gli Ebrei", das an die schlimmsten Zeiten päpstlicher Judenpolitik erinnert und das zu Gewalttätigkeiten, Zwangstaufen und Einkerkerungen selbst vieler Kinder führte.

Der katholische Historiker Hans Kühner schreibt über Pius VI. in seinem Buch „Das Imperium der Päpste":

„Die Erklärung der Menschenrechte zu Beginn der - noch gewaltlosen - französischen Revolution beantwortete der Papst mit dem Breve ‚Quod aliquantum', das Menschenrechte, Gedankenfreiheit, Redefreiheit und Pressefreiheit als ‚Ungeheuerlichkeiten' verdammte: ‚Kann man etwas Unsinnigeres ausdenken, als eine derartige Gleichheit und Freiheit für alle zu dekretieren?' Vorher hatte er die proklamierte Religionsfreiheit verdammt."[35]

Unter Papst Leo XII. (1823-1829) blüht die Inquisition wieder auf, und das Spitzel- und Denunziantenwesen grassiert. Der Papst erläßt eine haßerfüllte Verfügung nach der anderen gegen die Juden, die wieder im Ghetto landen. In der Romagna, vor allem in Bologna, bekämpft im Auftrag des Papstes der Kardinal-Legat Agostino Rivarola mit Massenhinrichtungen und Einkerkerungen jedes Freiheitsstreben.[36] In der Romagna verurteilt dieser ohne ordentliches Gerichtsverfahren und unter Ausschluß der Öffentlichkeit in einem einzigen Vierteljahr 508 Angeklagte zu Hinrichtung oder hohen und lebenslänglichen Zuchthausstrafen, Zwangsarbeit, Verbannung und strenger Kontrolle durch die Polizei.[37]

Papst Gregor XVI. (1831-1846) läßt 1831 bei Ausbruch der Revolution im Kirchenstaat eigene Soldaten gegen seine Landsleute kämpfen und ruft, als von ihm der Verzicht auf sein weltliches Herrschaftsgebiet, den Kirchenstaat, gefordert wird, wiederholt österreichische Heere zu Hilfe. Nur mit Hilfe der militärischen Macht der Österreicher gelingt es dem Papst, den Aufstand des Volkes im Kirchenstaat niederzuschlagen.[38]

Noch Jahre später sagt Papst Gregor XVI. zum preußischen Gesandten von Bunsen:

„Wenn sie [die Untertanen] den Priestern nicht gehorchen wollen, werden sie die Österreicher auf den Hals kriegen."[39]

Selbst neue wissenschaftliche Erkenntnisse, Gaslicht, Eisenbahnen, die Forderung nach Abschaffung der Todesstrafe werden als Ausdruck von Rebellion angesehen. Jede freiheitliche Regung wird brutal unterdrückt, ein

Todesurteil nach dem anderen gefällt, aber oft nicht vollzogen. In der Enzyklika (päpstliche Rundschreiben an Bischöfe und Gläubige über die Einstellung der Kirche zu bestimmten aktuellen Fragen) „Mirari vos" vom 15. August 1832 beschreibt Papst Gregor XVI. die Zensur als sehr nützlich und den Index der verbotenen Bücher als heilsam, und er verdammt den „Wahnwitz (deliramentum), daß jeder Gewissensfreiheit haben müsse", „jene unnütze Freiheit der Meinungen, die zum Verderben von Staat und Kirche weit umhergrassiert", „auch jene schändliche, nicht genug zu verabscheuende Freiheit der Presse, die einige zu fordern wagen".[40]

Auch sein Nachfolger Papst Pius IX. (1846-1878) bekämpfte alle freiheitlichen Tendenzen. Er verfolgte die Juden, es kam zu zahlreichen Schikanen, zu Kinderraub und Zwangstaufen, die ganz Europa erregten. Auch verkündete Pius IX. im krassen Widerspruch zu allen geschichtlichen Tatsachen 1870 das Dogma von der päpstlichen Unfehlbarkeit. Bei einer erneuten Revolution im Kirchenstaat (zu der Zeit noch ca. 40 000 Quadratkilometer groß) rief er französische, spanische und österreichische Truppen zu Hilfe, die nach wochenlangem schweren Kampf Rom wieder für ihn eroberten. Als zehn Jahre später die fremden Truppen wieder abzogen, brach die Revolution erneut aus, und Pius IX. bildete ein Söldnerheer aus Franzosen, Österreichern, Belgiern und Schweizern, die jedoch geschlagen wurden. Bei der Volksabstimmung in den bisherigen päpstlichen Provinzen Umbrien und Marken entschieden sich 230 000 Menschen gegen die Herrschaft des Papstes und 1 600 dafür.[41]

Papst Leo XIII. (1878-1903) begrüßte im Gegensatz zu seinem Vorgänger das technische Zeitalter, er stellte sich gegen den Antisemitismus und suchte in seiner Enzyklika „Rerum Novarum" zum ersten Mal in der Geschichte des Papsttums nach einer christlichen Lösung der sozialen Frage.

Ungeachtet seiner offeneren Einstellung forderte er in seiner Enzyklika „Sapientiae Christianae" (1890), die Hauptpflichten christlicher Bürger festlegend, „von dem Willen aller vorbehaltlose Unterwerfung und unbedingten Gehorsam gegenüber der Kirche und dem römischen Bischof, nicht anders als gegenüber Gott"[42], und bekannte in einem Rundschreiben:

„Die unumschränkte Freiheit des Denkens und die öffentliche Bekanntmachung der Gedanken eines Menschen gehören nicht zu den Rechten der Bürger."[43]

Leo XIII., den das päpstliche Hofblatt „Osservatore Romano" von Ende Juni 1892 nicht nur als „das politische Haupt aller christlichen Völker", sondern auch „als die erste politische Potenz der Welt" bezeichnete, protestierte ähnlich wie sein Vorgänger nachdrücklich gegen die Wegnahme des Kirchenstaats und forderte dessen Wiederherstellung. Doch seine Versuche, die alte weltliche Macht wiederherzustellen, schlugen fehl, die Staaten ringsherum versagten sich diesmal.[44] Es kam im Gegensatz zu den Jahrhunderten davor zu keiner militärischen Intervention zugunsten des Papstes.

Auch sein Nachfolger, der von Pius XII. 1954 heiliggesprochene Papst Pius X., ließ keinen Zweifel an seinen politischen Interessen. Schon in seiner Antrittsenzyklika betonte er, daß es seine Pflicht sei, „jeden einzelnen, nicht nur die Gehorchenden, sondern auch die Herrschenden im privaten wie im öffentlichen Leben in sozialer wie in politischer Beziehung zu leiten".[45]

Wenige Monate später erklärte er als seine Aufgabe, „in dem hohen Amte, das man Uns übertrug", zu arbeiten „nach dem Befehl Gottes: Siehe, ich setze Dich über die Völker und Reiche, daß Du ausreißt und niederreißt, aufbauest und pflanzt ..." Politik betrachtete Pius X., so schrieb der österreichische Vatikanbotschafter, „als ein notwendiges Übel seiner Weltherrschaft".[46]

Ähnlich wie sein Vorgänger beargwöhnte er jedes freiere Denken, viele Professoren verloren ihr theologisches Lehramt, manche schon aufgrund von haltlosen Denunziationen, Bücher kamen auf den Index, es wurde mit Billigung und Unterstützung des Papstes ein Geheimbund „Sodalitium Pianum", eine Art „Kurialgestapo", gegründet, „der den von der bürgerlichen Gesetzgebung unmöglich gemachten Scheiterhaufen für Abweichler ersetzen sollte"[47] und mit den bedenklichsten Mitteln arbeitete.[48]

Der Gründer des Pius-Geheimbundes Monsignore Benigni, ein späterer Agent Mussolinis, machte aus seiner Einstellung kein Hehl:

„Die Geschichte ist ein ständiger und verzweifelter Versuch des Erbrechens (un continuo e disperato conato di vomito), und für diese Menschheit bedarf es nichts anderes als der Inquisition."[49]

Man muß sich ernsthaft fragen, ob bei einer derartigen Gesinnung noch zu Beginn des 20. Jahrhunderts nicht lediglich die staatliche Gesetzgebung diese „Ketzerjäger" an einer Wiederbelebung der grausamen kirchlichen Tradition der vergangenen Jahrhunderte gehindert hatte. Zur gleichen Zeit verteidigte Alexius Lépicier, Professor am Päpstlichen Propagandaseminar, noch in der zweiten Auflage seines Buches „De Stabilitate et Progressu Dogmatis" von 1910 das Recht der Kirche, Ketzer zum Tode zu verurteilen.

Er lehrte mit Zustimmung Pius X.:

„Die nackte Tatsache, daß die Kirche kraft ihrer eigenen Autorität Ketzer aburteilte und sie zum Vollzug der Todesstrafe auslieferte, beweist, daß sie wahrhaftig das Recht besitzt, solche Menschen als Verräter an Gott und als Feinde der bürgerlichen Gesellschaft zu töten."[50]

Noch weiter geht einige Jahre später die Anweisung von Kardinal Billot aus Frankreich, die er in seinem von der Kirche gebilligten „Tractus de Ecclesia Christi" (4. Aufl. 1921/22) veröffentlichte.

Der Amerikaner Prof. Bates schreibt in seiner ausführlichen Untersuchung über die Glaubensfreiheit 1947 dazu:

„Indem er davon ausgeht, daß Gott die Kirche angewiesen hat, Gewalt gegen Ketzerei anzuwenden, und daß die mittelalterlichen Gesetze sich als die einzig wirksamen Mittel erwiesen haben, kommt der Kardinal zu folgendem Schluß: ‚So müssen wir sagen, daß körperliche Gewalt das rechte Mittel ist, um die Religion zu schützen, um gegen diejenigen, die sie stören, Zwang auszuüben und um ganz allgemein all das aus der Welt zu schaffen, was unseren geistigen Zielen im Wege steht. Ja, jene Gewalt kann gar keinem vornehmeren Zwecke dienen als diesem.'"[51]

Karlheinz Deschner:

„Noch im 20. Jahrhundert bestätigte sich und sollte sich weiter bestätigen, was der Theologe David Friedrich Strauß im 19. schrieb:

‚Das Christentum für sich ist aus Kreuzzügen und Ketzerverfolgungen nicht hinausgekommen; nicht einmal die Toleranz, die doch nur auf der negativen Seite der allgemeinen Menschenliebe liegt, hat es für sich erreicht.'"[52]

Papst Pius X. formulierte seine Einstellung zu einem anderen Teil der Christenheit, den Protestanten, am 26.05.1910 in seiner Enzyklika „Editae saepe", in der er die führenden Reformatoren als „hochmütige und rebellische Feinde des Kreuzes Christi" und als „irdisch gesinnte Menschen voll sittlicher Zügellosigkeit, deren Gott der Bauch ist (quorum Deus venter est)", bezeichnete. Er diffamierte die Fürsten der Reformationszeit derart, daß sich sogar der katholische König Georg von Sachsen handschriftlich wegen Beschimpfung seiner Vorfahren beschwerte und die preußische Regierung offiziell Einspruch erhob.

Am 6. Februar 1922 wurde Achille Ratti auf den Thron Petri erhoben, er nannte sich Pius XI.

Kardinal Carlo Confalonieri beschrieb Papst Pius XI. (1922-1939) mit folgenden Worten:

„Pius der XI. wird heute allgemein zu den Großen der Geschichte gezählt ... und das Urteil Papinis, dieses genialen Vertreters zeitgenössischer Kultur, nach dem Pius XI. einer der vollkommensten Nachfolger Petri war, die Christus Seiner Kirche je geschenkt hat, gilt nach wie vor. [...] Pius XI. ... wanderte auf der Straße christlichen Aufstiegs, ... bis er die Höhen der Vollkommenheit erreichte: ein wahrer Gottesmann, ein Riese des Geistes, beschaulich und apostolisch zugleich, eine harmonische Synthese der evangelischen Ideale der Heiligkeit."[53]

Auch Kardinalstaatssekretär Pietro Gasparri fand lobende Worte für Papst Pius XI.:

„Der Heilige Vater Pius XI. wird zweifellos als einer der größten Päpste der Katholischen Kirche in die Geschichte eingehen."[54]

Hat dieser Papst, wie die Lobeshymnen verheißen, das Steuer der Kirche herumgerissen und das Siegel der verzeihenden und selbstverleugnenden Nächsten- und Gottesliebe nach dem Vorbild Christi auf sein Pontifikat gedrückt, um den tiefen Fall der Kirche zu stoppen? Wieder geben die historischen Tatsachen eine ernüchternde Antwort:

Papst Pius XI., der sich eine Erneuerung der durch den Verlust des Kirchenstaats, der Einführung der Religions- und Redefreiheit und der Säkularisierung des Erziehungswesens geminderten kirchlichen Macht ersehnte, die er aber durch die bestehende demokratische Regierung Italiens nicht erreichen konnte, stellte sich auf die Seite des Faschisten Mussolini. In ihm sah er „den von der Vorsehung Erweckten", „den wundervollen Mann", und es „inszenierten höchste Vertreter der Kirche - vor allem jene, die die politischen Pläne des neuen Papstes kannten - eine schon ans Enthusiastische grenzende Propagandareklame für Mussolini"[55], obwohl mittlerweile schon Tausende durch den faschistischen Terror ermordet worden waren. Pius XI. erwirkte den Rücktritt des Führers der katholischen Partei und legte selbst deren Auflösung nahe und schwächte so die stärkste demokratische Gegenkraft Mussolinis entscheidend.

Der Kardinalstaatssekretär Gasparri bekannte nach einem Gespräch mit Mussolini im Januar 1923, daß er seit dieser Unterredung gewußt hatte, daß „wir durch diesen Mann, wenn er zur Macht gelangte, bekommen würden, was wir wollten".[56]

Nach langwierigen Verhandlungen mit Mussolini wurden am 11.02.1929 die Lateranverträge geschlossen, in denen Mussolini die römisch-katholische Religion als einzige Staatsreligion Italiens erklärte, die Vatikanstadt wurde als selbständiger Staat anerkannt und dem Päpstlichen Stuhl eine einmalige Entschädigung von 750 Millionen Lire in bar und eine Milliarde Lire in Staatspapieren gewährt, „eine Summe, deren Betrag in der Geschichte der Kirche einzig dasteht ..., das Kapital einer Weltbank".[57]

Karlheinz Deschner:

„Bemerkenswert für die Toleranz des ‚Heiligen Stuhls': daß abgefallene oder mit der Zensur belegte Geistliche unter keinen Umständen unterrichten, ja, auch nur irgendwo fungieren dürfen, wo sie in Kontakt kommen könnten mit einem Mitglied der menschlichen Gesellschaft (Art. 5). In Italien erreichte der Vatikan mit dem Konkordat [Übereinkommen zwischen Staat und Kirche] vom Februar 1929, daß den Abtrünnigen jede Möglichkeit genommen wurde, öffentliche Ämter zu bekleiden. Der Priester, der die Kirche verläßt, wird von den öffentlichen Ämtern für immer ausgeschlossen, als ob er jemanden ermordet hätte."[58]

Die gleichen Wege ging Papst Pius XI. in Deutschland. Er hatte wie zuvor in Italien hier bisher von den demokratischen Regierungen nicht die Privilegien für seine Kirche erhalten, die er sich wünschte. Auch hier wurden, wie Deschner in einer ausführlichen Analyse eindrucksvoll beweist, die katholische Zentrumspartei und die katholische bayrische Volkspartei als noch machtvolle politische Gegenkräfte Hitlers ausgeschaltet und somit der Weg für den Ausbau seiner unumschränkten Macht geebnet.[59]

Karlheinz Deschner:

„Wie der Vatikan in Italien durch Beseitigung der katholischen Partei Mussolini den Weg zur Diktatur ebnete, so verschaffte er in Deutschland durch Papen, Kaas und die Auflösung des Zentrums, der ältesten katholischen Partei Europas, Hitler die unumschränkte Macht."[60]

Als Gegenleistung Hitlers erhielt der Papst für seine Hilfe in Deutschland, ähnlich wie in Italien durch Mussolini, für seine Kirche durch ein neues Konkordat Privilegien, die ihm vorher neunzehn Reichskabinette verweigert hatten.[61] Das Konkordat mit Hitler wurde von diesem später mehr und mehr trotz wiederholten päpstlichen Protests gebrochen. Bemerkenswert ist, daß es später in der jungen Bundesrepublik als einziger außenpolitischer Vertrag Hitlers übernommen wurde und heute noch gilt. Den politischen Schachzügen von Papst Pius XI. mußten seine Bischöfe folgen. Nachdem man jahrelang zuvor sogar den Beitritt zur NSDAP, SA, SS unter Androhung von Kirchenstrafen verboten hatte und „mit Bischofautorität" die Frage verneint wurde, „ob ein Katholik Nationalsozialist sein könne"[62], „mußten die von Rom gelenkten Oberhirten nun geschlossen die Front wechseln und dies ihren Gläubigen erklären".[63] Der Kölner Kardinal Schulte, der angesichts des Terrors und der Morde der Nazis noch am 30. Mai 1933 bekannte: „Recht und Gesetz existieren zur Zeit nicht. Mit einer solchen Regierung könne man kein Konkordat schließen", betonte freilich nur Monate später in einem Brief an Hitler, „meine besondere und volle Zustimmung ... zur loyalen Zusammenarbeit der leitenden Stellen des Staates und der NSDAP einerseits und der Kirche andererseits".[64]

Der Münchener Kardinal Faulhaber bekannte 1936 in einer Predigt:

„In Wirklichkeit", sagte Faulhaber, „ist Papst Pius XI. der beste Freund, am Anfang sogar der einzige Freund des neuen Reiches gewesen. Millionen im Ausland standen zuerst abwartend und mißtrauisch dem neuen Reich gegenüber und haben erst durch den Abschluß des Konkordats Vertrauen zur neuen deutschen Regierung gefaßt."[65]

Bereits am 8. März 1933 hatte Papst Pius XI. gegenüber dem französichen Botschafter Charles Roux betont, daß Hitler „der einzige Regierungschef sei", der seine eigene „Meinung über den Bolschewismus nicht nur teile, sondern ihm mit großem Mut den Kampf ansage".[66]

In Italien scheute sich der Klerus sogar nicht, militärische Aktionen der Faschisten offen zu unterstützen. Der blutige Raubüberfall Mussolinis auf Äthiopien 1935/36 wurde von der italienischen Geistlichkeit begeistert unterstützt. Italienische Bischöfe sprachen von einem heiligen Krieg, von einem Kreuzzug, welcher das Land der Ungläubigen dem katholischen Glauben öffnen werde.[67] Unter den wohlwollenden Augen des Papstes, der kurz vor dem Krieg, eingeflochten in viele Mahnungen zur Besonnenheit und in Aufrufen zum Frieden, betont hatte, daß ein Verteidigungskrieg zum Zweck der Expansion (!) gerecht und richtig sein könne[68], riefen italienische Bischöfe durch ihre Geistlichen von der Kanzel nach Spenden für den Sieg, segneten sie Kanonen und Bombenflugzeuge:

„Der Erzbischof von Mailand, Kardinal Ildefons Schuster, [...] erklärte: ‚Angesichts der schicksalhaften Verbundenheit Italiens und des Vatikans kommt den Italienern der Ehrentitel ‚Mitarbeiter und Gehilfen Gottes' zu.

Wir arbeiten mit Gott zusammen in dieser nationalen und katholischen Mission des Guten [!], vor allem in diesem Augenblicke, in dem auf den Schlachtfeldern Äthiopiens die Fahne Italiens im Triumph das Kreuz Christi vorwärts trägt ... Friede und göttlicher Schutz dem tapferen Heer, das um den Preis des Blutes die Tore Äthiopiens dem katholischen Glauben und der römischen Kultur öffnet!'

Kardinal Schuster erschien der faschistische Raubüberfall als ein ‚Evangelisationsfeldzug und als ein Werk der christlichen Zivilisation zum Wohle der äthiopischen Barbaren'."[69]

Sogar Mussolini sprach 1938 mit „dem Gefühl tiefster Dankbarkeit" von der „wirksamen Mitarbeit des Klerus im abessinischen Krieg"[70], einem Krieg, den 52 Völkerbundstaaten als einen widerrechtlichen Angriffskrieg verurteilten.

In wenigen Monaten wurde in Äthiopien (Abessinien) mit Hilfe modernster Waffen und mit Giftgas ein technisch hoffnungslos unterlegenes Volk niedergemacht.

Die vatikanische Jesuitenzeitschrift „Civiltà Cattolica" kommentierte 1936:

„Alle [!] haben dieselbe Meinung vertreten: der Krieg ist gerecht und daher auch die gewaltsame Annexion."[71]

Nicht anders stellte sich im spanischen Bürgerkrieg 1936-1939 Pius XI. auf die Seite des Faschisten Franco. Durch den großen Reichtum der katholischen Kirche Spaniens und der zunehmenden Verarmung des Volkes kam es zu einem großen Abfall vom Katholizismus, in den 30er Jahren des 20. Jahrhunderts beseitigte man die Monarchie und erklärte die Republik.

Als nach der Bildung der Republik diese zwar Glaubens- und Gewissensfreiheit verbürgte, aber die spanische Kirche in ihren Rechten empfindlich beschnitten wurde, riefen die spanischen Bischöfe in einem Hirtenbrief und Papst Pius XI. in seiner Enzyklika „Dilectissima nobis" vom 3. Juni 1933 zu einem „heiligen Kreuzzug für die vollständige Wiederherstellung der kirchlichen Rechte" auf.[72]

Dieser „christliche Kreuzzug", auf beiden Seiten mit beispielloser Grausamkeit geführt, fand die volle Zustimmung Hitlers und Mussolinis, die Franco militärisch unterstützten. 150 000 angeheuerte mohammedanische Marrokaner und eine Fremdenlegion von höchster moralischer Fragwürdigkeit vervollständigten die „Heiligkeit dieses Kreuzzuges" gegen einen Großteil des sich erbittert zur Wehr setzenden spanischen Volkes.

Karlheinz Deschner:

„Der Krieg begann am 16. Juli 1936 mit dem Segen der Kirche. Von der Kanzel herab und in der Presse machte der katholische Klerus auf der ganzen Welt [...] stärkste Propaganda für den faschistischen Rebellenführer. Auch der Papst, den Franco als ersten vom Aufstand benachrichtigt hatte, wandte sich in Appellen und Reden an die Weltöffentlichkeit [...]. Als erste ausländische Fahne wehte über Francos Hauptquartier in Burgos die päpstliche Flagge, und über dem Vatikan wurde das Banner Francos gehißt."[73]

Papst Pius XI. schlug im Sommer 1938 die Bitte der französischen und englischen Regierungen ab, sich an einem Protest gegen die Bombardierung der republikanischen Zivilbevölkerung zu beteiligen. Er dankte hingegen mitten im Krieg Franco für ein Huldigungstelegramm, hocherfreut darüber, daß „wir in der Botschaft Ew. Exzellenz den angestammten Geist des katholischen Spaniens pulsieren fühlen", und sandte dem Rebellengeneral „von Herzen als Unterpfand der göttlichen Gnade unseren apostolischen Segen".[74] Antonio Ruiz Villaplana, ein angesehener spanischer Richter, der während des Bürgerkriegs in Burgos, dem Hauptquartier Francos, sein Amt ausübte, schreibt in seinem Buch „Questo é Franco" (Das ist Franco), daß die katholische Kirche damals nicht nur an allen kriegerischen Kundgebungen teilgenommen, sondern sie sogar geleitet und die Waffen der Rebellen gesegnet habe.

„In diesem entfesselten Kampf", schreibt Villaplana, „hat die Geistlichkeit niemals ihre Rache vergessen ... Wie eine Kriegsdrommette schmettert die Stimme dessen, der Hirt und Führer des Volkes sein sollte, kriegerische Aufrufe: ‚Wir können nicht gemeinsam mit den ruchlosen Sozialisten leben ... Krieg, Blut und Feuer! Es darf weder Waffenstillstand noch Pardon geben, ehe nicht der Sieg der Religion und der Ordnung völlig gesichert ist.'"[75]

Die Führer der spanischen Geistlichkeit, die das Gemetzel von Spaniern gegen Spanier sittlich rechtfertigten, wurden von Bischöfen in aller Welt unterstützt.

Der spanische Kardinal Gomá bekannte seine engste Zusammenarbeit mit Franco und seiner nationalen Regierung:

„Wir befinden uns in voller Übereinstimmung mit der nationalen Regierung, die niemals einen Schritt ohne meinen Rat unternimmt, den sie immer befolgt."[76]

Der katholische Moraltheologe Johannes Ude zieht eine bezeichnende Bilanz dieses Bürgerkrieges:

„Mögen doch die brennenden Kirchen Spaniens, möge das viele Blut, das dort floß, mögen die entsetzlichen Greuel, die man dort verübte, uns bestimmen, die Schuldigen dort zu suchen, wo sie wirklich sind, nämlich in unseren eigenen Reihen.“

„Die Vertreter der katholischen Kirche aber trifft [...] ungeheuer große Verantwortung und Schuld.“[77]

Papst Pius XI. starb am 10. Februar 1939. Sein Nachfolger, Papst Pius XII., beglückwünschte Franco nach seinem Sieg am 1. April 1939:

„Indem wir unser Herz zu Gott erheben, freuen wir uns mit Ew. Exzellenz über den von der katholischen Kirche so ersehnten Sieg. Wir hegen die Hoffnung, daß Ihr Land nach der Wiedererlangung des Friedens mit neuer Energie die alten christlichen Traditionen wieder aufnimmt.“[78]

Franco hob Redefreiheit, Pressefreiheit und Versammlungsfreiheit in Spanien wieder auf; Literatur, Film und Funk wurden unter strengste Zensur gestellt, alle Parteien außer der faschistischen verboten, alle außerkatholischen religiösen Bekenntnisse unterdrückt und sämtliche protestantischen Kirchen und Schulen geschlossen. Die katholische Kirche erhielt ihre alte Macht wieder und wurde Staatsreligion. Sein katholisches Bekenntnis hinderte Franco aber nicht daran, nach seinem Sieg das allgemeine Morden weiterzuführen. Vom Ende des Bürgerkriegs 1939 bis zum Frühjahr 1942 ließ er mehr als 200 000 Menschen erschießen; das entspricht einem Drittel aller Opfer des Bürgerkrieges.

Pius XII. (1939-1958), der sich wie keiner seiner Vorgänger „lebendiger Petrus“ nennen ließ[79], war den Deutschen besonders zugetan. Als erstem Staatsoberhaupt teilte er Hitler in deutscher Sprache seine Wahl mit und flehte trotz schon jahrelangen nationalsozialistischen Terrors und der Judenverfolgung „mit den besten Wünschen den Schutz des Himmels und den Segen des allmächtigen Gottes“ auf ihn herab.[80]

Auch noch 1943 betonte er ungeachtet der Hunderttausenden an Toten durch das Nazideutschland dem deutschen Botschafter im Vatikan gegenüber: „... seine unveränderte Zuneigung zu Deutschland und zum deutschen Volke“ sowie die Interessengemeinschaft zwischen Vatikan und Hitlerreich „bei der Behandlung der Bolschewistenbekämpfung“.[81]

In den Jahren des Krieges erregte die Parteinahme des Papstes für die Achsenmächte (Deutschland, Italien u. a.) trotz deren vielfacher Verbrechen an anderen Völkern Unverständnis und sogar Abscheu. Schon Anfang Juli 1941 hatte der amerikanische Delegierte im Vatikan, Harold Tittman, gegen die offensichtliche Begünstigung der Achsenmächte durch den Papst protestiert.

1942 telegrafierte er dem State Department:

„... wie die Tatsache, daß es der Heilige Stuhl unterläßt, öffentlich gegen die Grausamkeiten der Nazis zu protestieren, sein moralisches Prestige in Gefahr bringt und das Vertrauen sowohl in die Kirche als auch in den Heiligen Vater selbst erschüttert. Wiederholt habe ich den Vatikan offiziell auf diese Gefahr hingewiesen, und einige meiner Kollegen haben das gleiche getan, aber ohne Erfolg."[82]

Von besonderer moralischer Fragwürdigkeit war neben seiner Sympathie für das nationalsozialistische Deutschland und die katholische Diktatur Francos in Spanien die Tatsache, daß er unverhohlen das Schreckensregime des katholischen Diktators Ante Pavelic in Kroatien unterstützte.

Dabei wurden die orthodoxen Serben in Kroatien als Ketzer durch Katholiken in unbeschreiblicher Grausamkeit gemordet, so sie sich nicht zum katholischen Glauben bekannten.

Von allen alliierten Regierungen trafen Protestschreiben bei Papst Pius XII. ein, und der Erzbischof von Belgrad hatte Informationen über die Massaker an den Vatikan weitergeleitet.[83]

Doch ähnlich wie über Auschwitz schwieg der Papst auch hier. Er schwieg nicht nur, sondern zeigte Vertretern von Pavelics militanter Kampftruppe, der „Ustascha", sein besonderes Wohlwollen in zahlreichen Audienzen.[84] Dabei hätte er durch eine klare Stellungnahme gegen die Massenmorde im Namen des katholischen Glaubens im „Kroatien Gottes und der Maria" viel Leid verhindern können.

„Ich gestehe", schrieb 1958 beim Tod von Papst Pius XII. François Mauriac, einer der führenden katholischen Schriftsteller Frankreichs, „daß wir oftmals auf Worte aus dem Munde Pius XII. gewartet haben, die jedoch nie gefallen sind."[85]

Und der nach dem 20. Juli 1944 als Widerstandskämpfer hingerichtete Jesuitenpater Alfred Delp bekannte:

„Die künftige Geschichte wird das bittere Kapitel zu schreiben haben über das Versagen der Kirchen."[86]

Auch Karlheinz Deschner zieht eine traurige Bilanz:

„Der Zweite Weltkrieg ist an allen Fronten und in jedem beteiligten Land, einschließlich der Sowjetunion, mit engster Unterstützung der christlichen Kirchen geführt worden; folglich sind diese Kirchen auch mit schuld an den Opfern. Sie sind es um so mehr, als sie den Krieg auf jeder Seite gerechtfertigt, geheiligt, als sie seine Notwendigkeit, seinen Sinn, metaphysisch begründet sowie Kämpfende und Nichtkämpfende immer wieder zu Treue und Pflichtbewußtsein, zum Einsatz des ganzen Lebens und der ganzen Kraft aufgerufen haben."[87]

Der Nachfolger von Pius XII., Johannes XXIII. (1958-1963), war ein besonderer Papst. Karlheinz Deschner beschreibt ihn als einen im besten Wortsinn menschlichen Menschen, „eine gütige Natur, nicht ohne Charme, einfach dabei, ungeheuchelt, unkonventionell, was die Kurialbürokratie [Kurie = zentrale Verwaltungsbehörde der römisch-kath. Kirche] freilich nur als Naivität empfand".[88] Die Natürlichkeit und sein einfaches, gütiges Wesen, die sich so wohltuend von seinen Vorgängern abhoben, ließen ihn die Herzen auch von Nichtkatholiken und sogar von Nichtchristen im Sturm erobern. Er hat bereits lange vor Ende seines leider nur kurzen Pontifikats größere Popularität genossen als je einer seiner Vorgänger.[89] Er folgte nicht dem rabiaten Antikommunismus seiner Vorgänger. So äußerte sich der russische Parteichef Chruschtschow positiv über ihn und sandte ihm sogar herzliche Glückwünsche zu seinem 80. Geburtstag. Dies war bisher noch nie vorgekommen. Er ermöglichte den seit langem ersten Kontakt zur russisch-orthodoxen Kirche und hatte durch seine ehrlichen Friedensbemühungen großen Anteil daran, daß sich die Kubakrise nicht zu einem Krieg ausweitete. Doch standen einflußreiche Kreise von Bischöfen und Kardinälen gegen ihn. Sie sprachen vom „weichen" oder „guten" Johannes, von seinem hoffnungslosen, seinem „gefährlichen Dilettantismus", seinem Kokettieren mit den Russen, das die Kirche an den Rand des Abgrunds bringe.[90] Obwohl der persönlich sehr warmherzige Papst dogmatisch kein Abweichler von der grundsätzlichen Linie der katholischen Kirche war, sah man besonders in Rom in ihm einen „Unglücksfall"[91], und Kurienkardinal Ottaviani erklärte nach dem Tod des Papstes, er sei dem „heiligen Wahnsinn" verfallen gewesen.

Paul VI. (1963 -1978) setzte den Weg der Machtpolitik von Pius XII. wieder fort und ließ viele positive Änderungen seines Vorgängers wieder rückgängig machen. Die Hinwendung zur Aussöhnung mit dem Judentum nach fast zwei Jahrtausenden des Hasses, die Johannes XXIII. einleitete, verfolgte er nicht weiter. Den Staat Israel anzuerkennen, eines der Ziele seines Vorgängers, weigerte sich Papst Paul VI. nach wie vor.[92] Die auf dem 2. Vatikanischen

Konzil vorgetragene Bitte, seinen Vorgänger heiligzusprechen, machte er davon abhängig, daß gleichzeitig auch Pius XII. heiliggesprochen würde.[93] Im Gegensatz zu Johannes XXIII., der nie von Autorität geredet hatte und nicht kommandierte, forderte Paul VI. „die modernen Christen" noch eindringlicher als die „Christen von gestern" dazu auf, „Bereitschaft zum Gehorsam zu zeigen".

Gehorsam wurde sozusagen sein Hauptgebot:

„Unter Gehorsam, der sich dem Dialog öffnet, verstehen Wir die Ausübung der Autorität ... Wir verstehen darunter die immer bereitwillige und frohe Befolgung der kanonischen Vorschriften und die Unterordnung unter die Führung der rechtmäßigen Vorgesetzten, wie es sich für freie und liebende Kinder geziemt."[94]

Trotz Abratens der Päpstlichen Theologenkommission nannte Papst Paul VI. sich weiterhin „Stellvertreter Christi". Zudem ließ er sich noch „Süßer Jesus auf Erden" nennen, ein Ausdruck der heiligen Katharina von Siena.[95] Und 1970 wurde aus Anlaß seines 50jährigen Priesterjubiläums eine Briefmarkenserie herausgegeben, die fünf Werte umfaßte. Die vier geringeren Werte von 15, 25, 50 und 90 Lire zeigen Christusbilder, für 180 Lire jedoch kann man mit dem Portrait von Papst Paul VI. frankieren.[96]

Trotz vieler Reisen und Reden schwieg Paul VI., der häufig das Unheil in der Welt beklagte, zu den furchtbaren lateinamerikanischen katholischen Diktaturen und Folterregimen. Er rief zwar dauernd zum Frieden auf, versäumte es aber, den amerikanischen Kardinal und Armeebischof Spellman in seine Grenzen zu weisen, der den Vietnamkrieg in den alten Vokabeln als „heiligen Kampf", „Kreuzzug" pries, die US-Soldaten als „Soldaten Christi" bezeichnete und sogar zur Ausradierung von Hanoi trieb.[97]

Als Reisepapst macht Johannes Paul II. (seit 1978) mehr Schlagzeilen als irgendein anderes Regierungsoberhaupt der Welt. Er verzichtete auf das pompöse „Wir" in der Rede und begeisterte durch seine betonte Herzlichkeit und Unkonventionalität viele, selbst in nicht-katholischen Kreisen. Und doch wurde nach anfänglichem Enthusiasmus die Hoffnung der Katholiken auf eine Neuorientierung der römisch-katholischen Kirche enttäuscht. Papst Johannes Paul II. unterstrich deutlich seinen Autoritätsanspruch als „Stellvertreter Christi":

„Der neue Mann auf dem Stuhl Petri verlangte von allen Katholiken ‚bedingungslose Treue zum römischen Papst'. Und was er erwartet, wenn er davon spricht, daß innerkirchliche Kritik in ‚angemessenen Grenzen' zu bleiben habe, erläuterte er so: ‚die Haltung des Dienens - in vollkommener, heiterer, aufrichtiger und liebevoller Übereinstimmung mit der katholischen Hierarchie.' Selbst von den Bischöfen, den ‚Lehrmeistern der Wahrheit', verlangt der Papst, daß ‚wir jede Opposition und Spaltung hinter uns lassen'. Es sei das ‚Recht der Gläubigen', daß sie ‚nicht von Theorien und Hypothesen' irritiert würden."[98]

Ungeachtet der Kirchengeschichte, die bis in die heutige Zeit durch größte Irrtümer, Gewalt und geistige Unterdrückung charakterisiert ist, betonte Papst Johannes Paul II. bereits am Beginn seines Pontifikats das Dogma von der Unfehlbarkeit und begab sich im theologisch-disziplinären Bereich konsequent zurück ins Überkommene:[99]

„Der Papst bleibt bei seiner polnischen Tradition. Abweichler von seinem Kurs werden unnachsichtig gemaßregelt, ohne Ansehen der Nationalität. Der französische Dominikaner Jacques Pohier geriet mit seinem Buch ‚Quand je dis Dieu' (‚Wenn ich Gott sage') erst auf den längst abgelegten Index der verbotenen Bücher (den Johannes Paul damit wieder einführte), dann wurde dem Pater auch noch untersagt, liturgische Versammlungen zu leiten. [...] Die niederländischen, in ihrer Mehrzahl progressiven Bischöfe mußten im Januar dieses Jahres [1980] zu Kreuze kriechen. Johannes Paul befahl sie nach Rom zu einer Sondersynode. Seither muß es in Holland wieder nach den Themen von ‚Glaubenslehre und Kirchenordnung' vor sich gehen - die Holländer hatten geirrt. [...]

Der Münsteraner Kirchenrechtler Horst Herrmann verlor seine Lehrerlaubnis, weil er Kritik am autoritären kirchlichen Lehramt geübt hatte.

Der Theologe Johannes Baptist Metz bekam, weil dem Münchener Kardinal Josef Ratzinger die Metz-‚Theologie der Welt' unheimlich war, keinen Lehrstuhl in Bayern.

Der Tübinger Theologe Hans Küng darf, weil er das Dogma von der päpstlichen Unfehlbarkeit kritisiert hatte, auf Ratzingers und Höffners [Joseph Kardinal Höffner, ehemals Erzbischof von Köln und Vorsitzender der Deutschen Bischofskonferenz] Betreiben ‚weder als katholischer Theologe gelten noch als solcher lehren'."[100]

Papst Johannes Paul II. zeigt sich sehr weltoffen, er ruft in vielen Predigten die Welt zur Umkehr, zur Erneuerung auf, vermag es aber nicht, sich aus der bald eineinhalb Jahrtausende andauernden dogmatischen Erstarrung seiner

Kirche zu lösen. Bei allem Autoritätsanspruch als „Stellvertreter Christi" auf Erden scheint er doch selbst auch nur ein Gefangener eines theologisch-dogmatischen Systems zu sein, das seit langem die Verbindung zum hohen Licht des Geistes verloren hat. Er kämpft wie seine Vorgänger für die Erhaltung einer Struktur, die seit langem nur noch durch Gewalt und geistige Unterdrückung existieren kann.

Der Tübinger Theologe Hans Küng fragt:

„Ist eine Predigt an die Welt zur Umkehr glaubwürdig, wenn Papst und Kirche bei solcher Umkehr nicht selber praktisch vorangehen - auch und gerade dort, wo sie selber betroffen sind. Können Papst und Kirche den Menschen überzeugend ins Gewissen reden, wenn nicht gleichzeitig innerhalb der Kirche und ihrer Leitung eine selbstkritische Gewissenserforschung mit für sie selber unbequemen Konsequenzen stattfindet?"[101]

Papst Johannes Paul II. scheint die geistige Unwahrhaftigkeit seiner Kirche, deren ungeheuer große Schuld an der Menschheit zum Himmel schreit, wie seine Vorgänger nicht sehen zu wollen oder zu können. Er scheut sich nicht, alle Tatsachen verleugnend, seine Kirche als „Expertin der Menschlichkeit" zu preisen[102], will weiterhin die zerstreute Herde der Christenheit nur unter dem römischen Stuhl vereinigt wissen und behauptet:

„Die Kirche besitzt dank der Frohen Botschaft die Wahrheit über die Menschen."[103]

Es ist in der Frohen Botschaft zweifellos die Wahrheit über die Menschen verborgen, aber gerade diese Wahrheit scheint der Großteil der Repräsentanten der katholische Kirche, wie die Geschichte zeigt, nie richtig verstanden zu haben.

Hieronymus, Verfasser des sehr aufschlußreichen Werks „Vatikan intern", das 1973 erschienen ist, schreibt am Schluß seiner Analyse über den Vatikan:

„Was ist der Vatikan? Ein Staat, ein theokratisches Fürstentum, Rest einer archaischen Welt, eine der größten Finanzmächte, Regierungszentrale einer Weltkirche, Herz der katholischen Christenheit, Nachfolger im römischen Weltherrschaftsanspruch? - Von allem hat der Vatikan etwas: Geistliches und Weltliches vermischen sich auf vielfältige Weise. Der Geist des alten heidnischen Roms steigt immer wieder aus dem Gräberfeld, über dem der Vatikan erbaut ist. Er vermittelt nicht nur jahrtausendealte Weisheit, Erfahrung und ein Gefühl der Größe, er gebiert auch stets neu den Willen zu weltweiter Herrschaft.

Auch wenn diese im Zeichen Jesu Christi als Dienst an der gesamten Menschheit aufgefaßt wird, so bleibt sie doch Herrschaft. Auf sie hin ist alles ausgerichtet. Von Rom aus ergeht die Heilslehre an die gesamte Welt, urbi et orbi, an die Stadt und den Erdkreis. In ihrem Dienst stehen die materiellen und geistigen Schätze, steht der große Apparat, der auf die entferntesten Provinzen hinausgreift. Alle Versprechungen und Ansprüche kristallisieren sich in der Person des Heiligen Vaters, Stellvertreter Christi und Diener der Diener Gottes zugleich.

Die päpstlichen Titel und der häufige Gebrauch des Wortes ‚heilig' deuten auf ein ungebrochenes Selbstbewußtsein. Dennoch geht die Angst um im Vatikan, denn er steht und fällt mit der von ihm verkündeten Lehre. Zwar ist der Papstthron schon mehrfach in seiner langen Geschichte durch Stürme innerhalb und außerhalb der Kirche erschüttert worden, heute jedoch verlassen ihn viele stillschweigend und ohne Kampf. Die innere Auszehrung, bedingt durch die Krise der Institution und des Glaubens, wirkt wie eine schleichende Krankheit. Sie hat Priester und Laien gleichermaßen erfaßt. Die Führer selbst sind verunsichert und reagieren nervös. Sie versuchen, die alte Lehre aufrechtzuerhalten.

Ist der Vatikan christlich? Was würde wohl geschehen, wenn Jesus seinen Stellvertreter im Vatikan besuchte? Käme der heilige Zorn über ihn wie damals im Tempel zu Jerusalem? Würde die ‚Heilige Glaubenskongregation' den Prozeß gegen ihn eröffnen? Kehrte er wirklich in sein eigenes Haus zurück?"[104]

## Die Lehre der Kirche

„Die Liebe ist nie besitzergreifend. Die Liebe befreit die Geliebten. Du kannst nie einer Seele zu helfen hoffen, wenn du besitzergreifend bist, denn alle Seelen müssen völlig frei sein, um sich selbst zu finden und ihr eigenes Leben von Mir gelenkt zu leben. Wenn du einer Seele gegenüber besitzergreifend bist, hältst du den spirituellen Fortschritt jener Seele auf, und das ist etwas, das du nie tun darfst, denn du lädst dir dadurch eine schwere Verantwortung auf. Geistige Freiheit ist für euch alle unbedingt erforderlich."[105]

aus „Herzenstüren öffnen"
Eileen Caddy, Findhorn

„Dem römischen Papst sich zu unterwerfen ist für alle Menschen unbedingt zum Heile notwendig: Das erklären, behaupten, bestimmen und verkünden Wir."[106]

Bulle ‚Unam Sanctam' von Papst Bonifaz VIII., 1302,
Glaubensdoktrin der katholischen Kirche

So, wie es schwerfällt, in der Politik der Päpste bis in die Neuzeit ein Wirken Christi zu erkennen, zeigt auch die Lehre der römisch-katholischen Kirche nicht viel von den Liebesgeboten Christi. Anstatt durch Vorbild und Ratschlag den Menschen auf dem Weg zum göttlichen Ur nach der Lehre Christi zur Seite zu stehen, wird durch eine große Zahl an Dogmen und Vorschriften mit Strafandrohung ein System der geistigen Bevormundung und Unterdrückung etabliert, das jeder inneren Entwicklung entgegensteht.

Die Geschichte hat hinlänglich bewiesen, daß die Menschen, welche die Wahrheit in sich tragen, keine äußeren Glaubenssätze und Dogmen benötigen, um anderen auf dem Weg zum inneren Licht beizustehen. Die Wahrheit zeugt durch sich selbst. Es ist immer der Mangel an innerem Licht, an wahrer Erkenntnis, Weisheit und Liebe, der Mangel an Leben aus dem Geiste, der sich als dogmatische Erstarrung zeigt.

Der fehlende innere Reichtum wird durch eine Vielzahl von Riten, äußeren Vorschriften ersetzt, das einfache Wort des lebendigen Glaubens zerfällt in eine aufgesetzte, überdrehte Rhetorik, die jegliche Natürlichkeit und Lebendigkeit vermissen läßt.

Je schwächer das Licht ist, desto stärker muß die Abgrenzung nach außen sein. Kritik wird zu einer Gefahr, die rücksichtslos ausgemerzt werden muß. Da die Gesetzgebung der meisten Staaten den Scheiterhaufen unmöglich gemacht hat, bleibt nur noch das Bemühen, in den eigenen Reihen auf unbedingte Linientreue zu achten.

Wer von der Lehrmeinung abweicht, wird gemaßregelt und muß Lehrstuhl und Priesteramt zurücklassen.

Noch 1832 verdammte Papst Gregor XVI. die Gewissensfreiheit als Wahnsinn und Pius IX., der Verkünder der päpstlichen Unfehlbarkeit, hat sich zu diesem Wort „aus vollem Herzen bekannt"[107], und zu Beginn des 20. Jahrhunderts stellte sich noch Papst Leo XIII. gegen Gedankenfreiheit, Gewissensfreiheit und Religionsfreiheit.[108]

Papst Pius X. forderte 1910 von allen in der Seelsorge Tätigen den Antimodernisteneid, um alle Bestrebungen einer zeitgemäßen Reform überalterter kirchlicher Strukturen zu unterdrücken.

Karlheinz Deschner:

„Er [der Antimodernisteneid] sollte die neue ‚Ketzerei' ausrotten, den Schwörenden zwingen, bei dem Stand der päpstlichen Lehrmeinung von 1910 zu verharren, nämlich ‚fest' zu umfassen und anzunehmen, wie es im Text des Eides einleitend heißt, ‚alles und jedes einzelne, was vom irrtumslosen [!] Lehramt der Kirche bestimmt, aufgestellt und erklärt ist, besonders die Hauptstücke ihrer Lehre, die unmittelbar den Irrtümern der Gegenwart entgegen sind'."[109]

Zudem wurde noch im 20. Jahrhundert von den Bischöfen gefordert, ihren Gehorsam und die Unterwerfung unter den Papst zu beeiden.

Franz Leist:

„Richten wir unser Augenmerk auf eine Vokabel, die in den Eiden ein besonderes Gewicht hat: ‚Ich unterwerfe mich.' Der Antimodernisten-Eid gebraucht sie dreimal, der Eid der Bischöfe und der Eid der Exegeten [Bibelwissenschaftler] einmal. Das Bildwort benennt einen leibhaften Vorgang: Sich unterwerfen besagt, sich jenem zu Füßen werfen, dem der Eid geschworen wird. Das ist der Sinn der Eide: die Anerkennung des Römischen Pontifex [Papst] als des obersten Herrn, die ‚Erniedrigung des Untertanen vor dem absoluten Monarchen der Kirche'."[110]

Der Antimodernisteneid wurde inzwischen aufgehoben, doch auch noch heute müssen sich nach dem kirchlichen Gesetzbuch, dem Codex Juris Canonici (CIC) (Kodex des Kanonischen Rechts), alle vom Kardinal über Bischof und Priester bis zum Theologen in einem besonderen Glaubensbekenntnis zum päpstlichen Stuhl bekennen.[111]

Der Katholik Franz Leist kommt nach einer eingehenden Analyse der Strukturen der römisch-katholischen Kirche in seinem Buch „Der Gefangene des Vatikans" zu dem bezeichnenden Schluß:

„Weisungsgebundene Wissenschaft und Denkzwang bis zur ‚inneren' Zustimmung, von den römischen Bischöfen bis in die letzte Zeit hinein gefordert, sind Kennzeichen eines totalitären Staates. Soweit solche Forderungen erhoben werden, soweit wird der römische Bischof [Papst] - wir müssen es leider sagen - zum Diktator der Gewissen und der Forschung und die römisch-katholische Kirche einem totalitären Staat vergleichbar. Welche Wirkung die Erziehung zur ‚Untertänigkeit' gegen den römischen Bischof [...] hat, dafür gibt es genügend Beispiele."[112]

Noch auf dem letzten, dem zweiten Vatikanischen Konzil wurden unmißverständlich alle Gläubigen aufgefordert, fest an „das unfehlbare Lehramt" des Papstes zu glauben. Man scheute sich auch nicht zu behaupten, daß die Bischöfe „an Gottes Stelle" der Herde der Gläubigen vorstehen.

„Wer sie [die Bischöfe] hört, hört Christus, und wer sie verachtet, verachtet Christus und ihn, der Christus gesandt hat", so heißt es in der „Dogmatischen Konstitution über die Kirche" des zweiten Vatikanischen Konzils, die am 21. November 1964 in feierlicher Sitzung verabschiedet wurde.[113]

„Die Gläubigen", so heißt es an anderer Stelle, „aber müssen dem Bischof anhangen wie die Kirche Jesus Christus und wie Jesus Christus dem Vater, damit alles in Ewigkeit übereinstimme und überströme zur Verherrlichung Gottes."[114]

Zur Gehorsamspflicht der Gläubigen oder auch Laien wird unmißverständlich betont:

„Die Laien sollen wie alle Gläubigen das, was die geweihten Hirten in Stellvertretung Christi als Lehrer und Leiter der Kirche festsetzen, in christlichem Gehorsam bereitwillig aufnehmen nach dem Beispiel Christi, der durch seinen Gehorsam bis zum Tode den seligen Weg der Freiheit der Kinder Gottes für alle Menschen eröffnet hat."[115]

Völlig uneinsichtig, im Widerspruch zur Realität, wird weiterhin der alte Machtanspruch vertreten:

„Dies ist die einzige Kirche Christi, die wir im Glaubensbekenntnis als die eine, heilige, katholische und apostolische bekennen. [...] Für immer hat er [Christus] sie als ‚Säule und Feste der Wahrheit' errichtet. [...] Diese Kirche, die in dieser Welt als Gesellschaft verfaßt und geordnet ist, hat ihre konkrete Existenzform in der katholischen Kirche, die vom Nachfolger Petri und von den Bischöfen in Gemeinschaft mit ihm geleitet wird. Das schließt nicht aus, daß außerhalb ihres Gefüges vielfältige Elemente der Heiligung und der Wahrheit zu finden sind, die als der Kirche Christi eigene Gaben auf die katholische Einheit hindrängen"[116] (2. Vatikan. Konzil).

An anderer Stelle wird der geistige Machtanspruch der katholischen Kirche mit aufwendiger Rhetorik noch auf eine Spitze getrieben, die erschreckend ist.

So heißt es in der „Dogmatischen Konstitution über die Kirche" des zweiten Vatikanischen Konzils 1964:

„Darum können jene Menschen nicht gerettet werden, die um die katholische Kirche und ihre von Gott durch Christus gestiftete Heilsnotwendigkeit wissen, in sie aber nicht eintreten oder in ihr nicht ausharren wollen. Jene werden der Gemeinschaft der Kirche voll eingegliedert, die, im Besitze des Geistes Christi, ihre ganze Ordnung und alle in ihr eingerichteten Heilsmittel annehmen und in ihrem sichtbaren Verband mit Christus, der sie durch den Papst und die Bischöfe leitet, verbunden sind, und dies durch die Bande des Glaubensbekenntnisses, der Sakramente und der kirchlichen Leitung und Gemeinschaft. Nicht gerettet wird aber, wer, obwohl in der Kirche eingegliedert, in der Liebe nicht verharrt und im Schoße der Kirche zwar ‚dem Leibe', aber nicht ‚dem Herzen' nach verbleibt. Alle Söhne der Kirche sollen aber dessen eingedenk sein, daß ihre ausgezeichnete Stellung nicht den eigenen Verdiensten, sondern der besonderen Gnade Christi zuzuschreiben ist; wenn sie ihr im Denken, Reden und Handeln nicht entsprechen, wird ihnen statt Heil ein strenges Gericht zuteil."[117]

Nur diejenigen, die das Evangelium Christi und „seine Kirche" ohne Schuld nicht kennen, können, so das Konzil, das ewige Heil dennoch erlangen, auch wenn sie nicht in der katholischen Kirche sind.

Die katholische Kirche hat sich Mittel zur Disziplinierung der Gläubigen und Kleriker vorbehalten, die ihrer Doktrin nicht zu folgen gewillt sind. Das mittelalterliche Inquisitionstribunal wurde 1908 zum „Heiligen Offizium" umgewandelt, man spricht heute von der „Kongregation für die Glaubenslehre". Mehr als ein Viertel des Inhalts des 1983 herausgegebenen Gesetzbuches „Codex Juris Canonici" (CIC) der katholischen Kirche handelt von den Strafbestimmungen in der Kirche.

Es heißt dort im Canon 1311:

„Es ist das angeborene und eigene Recht der Kirche, straffällig gewordene Gläubige durch Strafmittel zurechtzuweisen."[118]

Gibt es den kirchlich gebilligten Mord an Ketzern wegen der weltlichen Machtlosigkeit der Kirche in der heutigen Zeit auch nicht mehr, so bleiben der Kirche doch noch als Strafmittel: Besserungs- und Beugestrafen, wie die Exkommunikation, d. h. der Ausschluß aus „der Gemeinschaft der Gläubigen", der mit dem Verbot, Sakramente zu empfangen und jedwede kirchlichen Ämter oder Aufgaben auszuüben, einhergeht und zur Folge hat, daß

„der Täter die Erträge einer Würde, eines Amtes, jedweden Dienstes, einer Pension, die er etwa in der Kirche hat, nicht zu eigen" erwirbt.[119]

Außerdem gibt es sogenannte Sühnestrafen, wie den Entzug einer Vollmacht, eines Amtes, eines Titels, Strafversetzung in ein anderes Amt, das Verbot, sich in einem bestimmten Gebiet aufzuhalten, Entlassung aus dem Klerikerstand u. a. m.[120]

Dabei ziehen sich Personen, die der Häresie (griech. „die erwählte Meinung", Ketzerei, eine Lehre, die dem kirchlichen Dogma widerspricht und deshalb kirchlich als Irrlehre oder Ketzerei verurteilt wird[121]) schuldig werden oder den gesamten christlichen Glauben ablehnen (Apostasie) oder die Unterordnung unter den Papst verweigern (Schisma), die Exkommunikation als Tatstrafe zu.[122]

Es stellt heute eine Ausnahme dar, aber bis in die Neuzeit war es noch häufiger üblich, neben der Exkommunikation, die mit der Tat einhergeht, in besonderen Fällen eine feierliche Exkommunikation auszusprechen, die mit der Verhängung eines Anathems[123] (griech. anthema = verflucht sei!) an magische Praktiken erinnert. Im Mittelalter hatte die Exkommunikation z. T. schwerwiegende staatliche Rechtsfolgen, bis zur völligen Rechtlosigkeit.

Wer nun z. B. das Dogma (eine nach Angaben der Kirche auf göttliche Offenbarung zurückgehende Glaubenswahrheit; ein Dogma ist unbegrenzt gültig) von der päpstlichen Unfehlbarkeit beharrlich anzweifelt oder ablehnt, oder wer nicht bereit ist, nach dem eingangs genannten Dogma die Unterwerfung unter das Primat des Papstes als heilsnotwendig anzusehen, den würde nach heute gültigem kirchlichen Strafrecht somit die Exkommunikation als Tatstrafe erwarten. Dies gilt in gleicher Weise für eine beharrliche Leugnung oder einen beharrlichen Zweifel an anderen kirchlichen Dogmen, die zumeist den Gläubigen gar nicht bekannt sind.

In einer Umfrage wurde 1980 deutlich, daß nur 29 % der deutschen Katholiken das Unfehlbarkeitsdogma bejahen und 56 % die Ansicht vertreten, daß der Papst nicht unfehlbar sein kann, da er nur ein Mensch ist.[124] 40 % der Katholiken standen dem Papstbesuch in Deutschland 1980 sogar gleichgültig gegenüber.[125]

Eine rigide Praktik nach der vorliegenden kirchlichen Gesetzgebung hätte zweifellos ein noch stärkeres Ansteigen der bereits bestehenden Kirchenflucht zur Folge, das wiederum in Deutschland für die katholische Kirche erhebliche finanzielle Einbußen nach sich ziehen würde. Wie in kaum einem anderen Land der Welt wird in der Bundesrepublik durch die staatlichen Finanzämter eine Kirchensteuer einbehalten, die etwa 7-10 % der Lohn- bzw. Einkommensteuer beträgt.[126] Der Kirchensteuer kann man sich nur durch den Kirchenaustritt entziehen.

Wie wichtig der Institution aber diese Gelder sind, wird in einer Erklärung der deutschen Bischöfe 1970 deutlich, indem sie den Standpunkt vertreten:

„Ein Katholik jedoch, der von der Kirche nur als Kirchensteuerverein, nicht aber von der Kirche als Glaubensgemeinschaft austritt, verfällt nach einer Erklärung der dt. Bischöfe zu Fragen des kirchlichen Finanzwesens (1970) der Exkommunikation."[127]

Wer nicht zahlt, wird ausgestoßen.

Den Zucht- und Bannmitteln der Kirche gegen Ungetreue, womit sie in der Vergangenheit großen Schaden angerichtet hat, fehlt heute infolge der starken Schwächung der kirchlichen Machtposition im öffentlichen Leben die frühere disziplinarische Gewalt, und sie finden meist nur noch zur Unterdrückung des freien Denkens in eigenen Reihen Anwendung (Theologen wie Küng, Drewermann u. a.).

Hieronymus schreibt in seinem Buch „Vatikan intern":

„Auch gegenwärtig begnügt sich die Kirche nicht, gegen andersdenkende und abweichende Theologen kritisch Stellung zu beziehen, sondern sie eröffnet in ihrer Glaubensbehörde ein Inquisitions-Verfahren. Von den Strafen abgesehen, hat sich am Vorgehen wenig geändert: Verdächtigungen, keine vollständige Akteneinsicht, keine Möglichkeit, unterschiedliche Auffassungen im Gespräch mit Fachleuten zu klären, keine wirkliche Verteidigung. [...] Am wenigsten läßt der Vatikan mit sich spaßen, wenn es um das Formalprinzip des Katholizismus, das unfehlbare Papsttum und die daraus folgenden [...] Postulate geht. Seit Jahren sind die Offiz-Leute damit beschäftigt, häretische Sätze aus Küngs Büchern ‚Die Kirche' und ‚Unfehlbar?' auszuziehen. Der Fall ist für die maßgebenden Vertreter der Glaubenskongregation klar: Küng ist ein Irrlehrer. [...]

Nach dem Verlöschen der Scheiterhaufen sind die modernen Inquisitoren der Glaubenskongregation ein wichtiges Herrschaftsinstrument der Kirche, ein Instrument, das heute vor allem der Domestizierung der eigenen mittleren und unteren Führungsschicht der Professoren und Priester dient. In keinem Rechtsstaat der Welt würden solche Verfahren zugelassen, wie sie im Namen des Papstes gegen katholische Professoren geführt werden. An Denunzianten fehlt es nie. Der Kommentar eines erbitterten Gelehrten: ‚Seht, wie sie einander lieben.'"[128]

Man steht heute vor der Situation, daß die kirchliche Hierarchie Strafgesetze erläßt, da sie sich das Recht anmaßt, in ihrem Sinne straffällig gewordene Gläubige zu maßregeln, doch aufgrund der allgemeinen Verflachung des Glaubens und ihrer eigenen Machtlosigkeit nur noch in ihren eigenen Reihen nach dem selbst geschaffenen Strafrecht vorgehen kann. Es scheint, als wäre die kirchliche Hierarchie immer noch nicht aus der Zeit, in der ihr eine große weltliche Macht zur Durchsetzung ihrer Vorstellungen gegeben war, hinausgekommen. So steht die kirchliche Strafgesetzgebung in der heutigen Zeit als unverkennbares Zeichen für den geistigen Stand und die mangelnde Toleranz und Liebe der kirchlichen Führer, die - obwohl oft mit gutem Wollen - so sehr in ihren überlieferten Denkstrukturen gefangen sind, daß sie gar nicht mehr erkennen können oder wollen, was sie tun.

Es fällt nicht schwer, angesichts des heutigen kirchlichen Strafrechts zu mutmaßen, was geschehen würde, erhielte die Kirche wieder die alte Macht ...

Karlheinz Deschner:

„Noch in unserem Jahrhundert bezeichnet der ‚Osservatore Romano', die Zeitung des Vatikans, eine protestantische Schule in Rom als eine ‚Beleidigung für den Herrn'.

Noch in einem Hirtenbrief vom Februar 1952 behauptet der spanische Kardinal Segura im Hinblick auf die spanischen Protestanten, daß der ‚Ketzer' bei einem Konflikt mit Katholiken keinen Anspruch auf Rechtsschutz genieße. Und noch 1953 erklärte Kurienkardinal Alfredo Ottaviani in bezug auf die protestantischen Minderheiten in Italien und Spanien:

‚In den Augen eines wahren Katholiken ist die sogenannte Duldsamkeit nicht am Platz.'"[129]

Kann man aber den Glauben und die Liebe erzwingen? Kann man die höchsten geistigen Wahrheiten, wie das Wesen Gottes als Vater, Sohn und Heiliger Geist, die Gottessohnschaft Christi u. a. m. in Dogmen fassen und den Gläubigen zum Glauben bei Strafandrohung vorschreiben? Wurde nicht das Gebot der Gottes- und Nächstenliebe von Christus an die erste Stelle gesetzt, beinhaltet diese Liebe, so sie einen Menschen erfüllen kann, nicht alles andere, ist sie nicht das innere Licht, das den Menschen in seinem Herzen in die höheren Wahrheiten einführt, die sein Verstand nie zu erkennen vermag?

„Du sollst den Herrn, deinen Gott lieben mit ganzem Herzen, mit ganzer Seele und mit all deinen Gedanken. Das ist das wichtigste und erste Gebot. Ebenso wichtig ist das zweite: Du sollst deinen Nächsten lieben wie dich selbst. An diesen beiden Gesetzen hängt das ganze Gesetz samt den Propheten."[130]

Ist es Ausdruck der barmherzigen Liebe Gottes, wenn man, wie oben beschrieben, noch im 20. Jahrhundert dem Teil der Menschheit, der nicht katholisch ist, prophezeit, daß er nicht gerettet wird:

„Darum können jene Menschen nicht gerettet werden, die um die katholische Kirche und ihre von Gott durch Christus gestiftete Heilsnotwendigkeit wissen, in sie aber nicht eintreten oder in ihr nicht ausharren wollen"[131] (2. Vatikan. Konzil 1965),

und auf diese Weise etwas abgeschwächt einen geistigen Machtanspruch bestätigt, der bereits als unfehlbarer Lehrentscheid des Papstes im 15. Jahrhundert auf dem Konzil zu Florenz deutlich wurde:

„Die heilige römische Kirche, durch das Wort unseres Herrn und Erlösers gegründet, glaubt fest, bekennt und verkündet, daß ‚niemand außerhalb der katholischen Einheit' noch Jude, noch Ungläubiger oder ein von der Einheit Getrennter des ewigen Lebens teilhaftig wird, vielmehr dem ewigen Feuer verfällt, das dem Teufel und seinen Engeln bereitet ist, wenn er sich nicht vor dem Tod ihr [der Kirche] anschließt. So viel bedeutet die Einheit des Leibes der Kirche, daß die kirchlichen Sakramente nur denen zum Heil gereichen, die in ihr bleiben, und daß nur ihnen Fasten, Almosen, andere fromme Werke und der Kriegsdienst des Christenlebens den ewigen Lohn erwirbt. Mag einer noch so viele Almosen geben, ja selbst sein Blut für den Namen Christi vergießen, so kann er doch nicht gerettet werden, wenn er nicht im Schoß und in der Einheit der katholischen Kirche verbleibt."[132]

Es sind keine staubbedeckten, vergessenen Lehrwerke aus alter Zeit, die diese Lehre der katholischen Kirche deutlich werden lassen. Der Lehrentscheid des Konzils zu Florenz wird noch heute ausdrücklich als unfehlbare päpstliche Entscheidung in der achten neubearbeiteten Auflage des Buches „Der Glaube der Kirche in den Urkunden der Lehrverkündigung" (mit Imprimatur, d. h. ausdrücklicher kirchlicher Druckerlaubnis) von 1971 mit besonderer Randmarkierung herausgehoben.

Kann man eine stärkere Gewissensqual im Menschen auslösen, gibt es einen unbarmherzigeren psychischen Terror, als einem Menschen mit der ewigen Verdammnis zu drohen, wenn er sich nicht der Institution Kirche, ihrer hierarchischen Struktur und ihrem unfehlbaren Lehramt unterwirft? Kann man die Liebe Gottes in größerem Maße verleumden als durch die Definition einer ewigen Verdammnis?

Noch in der neuesten Ausgabe des katholischen Erwachsenenkatechismus wird die Lehre von einer ewigen Höllenstrafe als ausdrücklicher Bestandteil der kirchlichen Lehre bestätigt:

„Wie der Himmel Gott selbst als für immer gewonnen ist, so ist die Hölle Gott selbst als ewig verlorener. Das Wesen der Hölle ist also selbstverschuldeter endgültiger Ausschluß aus der Gemeinschaft mit Gott. Weil aber Gott allein die endgültige Sinnerfüllung des Menschen ist, bedeutet die Hölle die Erfahrung und den Schmerz letzter Sinnlosigkeit und die Verzweiflung über das endgültige Verlorensein des Menschen."[133]

Auch wenn die Gesetze, Verfügungen und Glaubensbestimmungen der katholischen Kirche für den Alltag der meisten Katholiken aus genannten Gründen nicht zum Tragen kommen, so bestehen sie doch und legen Zeugnis für das Wesen einer Institution ab, die noch immer glaubt, Verkünder der reinen Lehre Christi zu sein, und mit ungebrochenem Selbstbewußtsein im Angesichte ihrer mehr als zweifelhaften Geschichte behauptet, daß „die Herrlichkeit [Christi] auf dem Antlitz der Kirche widerscheint".[134]

## Das verborgene Licht

Der christliche Mystiker Jakob Böhme schrieb:

„Es ist der Geist Christi in seinen Kindern an keine gewisse Form gebunden, daß er nicht mehr reden dürfte, was nicht in den apostolischen Buchstaben stände. Gleichwie der Geist auch in den Aposteln frei war, und sie nicht alle einerlei Wort redeten, wohl aber aus einem Geist und Grunde, jeder, wie ihm der Geist gab auszusprechen; also redet auch [jetzt] noch der Geist Christi aus seinen Kindern und bedarf keiner vorher zusammengesetzten Formel aus dem buchstabischen Worte, sondern erinnert des Menschen Geist wohl selber dessen, was im Buchstaben begriffen ist."[135]

Wladimir Lindenberg schreibt in seinem Buch „Riten und Stufen der Einweihung" über den Görlitzer Jakob Böhme (1575-1624):

„Er war ein einfacher, schüchterner kleiner Schuhmacher und einer der bedeutendsten Mystiker. Sein äußeres Leben war nichts als eine Kette von häßlichen, lebensbedrohlichen Anwürfen und Verfolgungen durch die evangelische Geistlichkeit seiner Stadt. Aber auf der anderen Seite erfreute er sich der Freundschaft und Schülerschaft vieler großer Geister seiner Zeit -

von Menschen, die nach der Einigung der Seele mit Gott dürsteten. Er hatte weder missioniert noch gepredigt, er hatte in freien Stunden seine Visionen und Gedanken aufgeschrieben, und sie wurden von Freunden verbreitet, so daß er in Kreisen der Philosophen, der Alchimisten und Mystiker bekannt wurde.

‚Als Kummer und Traurigkeit wie ein Sturm durch meine Seele tobten, erhob sich mein Geist zu Gott und mit ihm mein ganzes Herz und alles, was in mir war, und ich brachte ihm all mein Denken und Wollen zum Opfer dar. Ich war entschlossen, so lange um Gottes Liebe und Gnade zu bitten, bis mir sein Segen zuteil würde. Und dann brach der Geist durch ..., dann verschwanden die Wolken, und mir wurde geistige Erleuchtung geschenkt. [...] [Ich] drang bis ins innerste Wesen durch, und ein wunderbares Licht erstrahlte in meiner Seele. Es war ein Licht, das gar nicht zu dem Menschen, der ich gewesen war, paßte. Da erkannte ich zum ersten Mal die wahre Natur Gottes und des Menschen und die Beziehung zwischen ihnen, die ich vorher nicht verstanden hatte. [...] Ist ein Mensch hier auf Erden vom Heiligen Geist aus der Quelle Christi erleuchtet und Leben aus der Quelle in ihm entzündet, so erfüllt Glückseligkeit sein Herz und klopft in seinen Adern, bis sein ganzes Wesen davon erbebt. Dann jauchzt die siegreiche Seele, als ob sie in Gott wäre, doch das können nur diejenigen verstehen, die selbst Gäste in diesem Hause gewesen sind.'"[136]

Im 13. Jahrhundert wurde Franz von Assisi von einem Bruder beobachtet, während sie mit anderen unterwegs waren:

„Auf einmal blieb Franz ein wenig hinter den anderen zurück. Er sang nicht mehr, er war in tiefes Sinnen versunken. Denn plötzlich hatte ihn der Herr berührt. Und eine solche Süße erfüllte sein Herz, daß er weder reden noch sich bewegen konnte. Nur jene Süße fühlte er und konnte nichts anderes wahrnehmen. Und so sehr war er der Empfindung der Sinne entrückt - er erzählte es später selbst -, daß er sich nicht von der Stelle hätte bewegen können, auch wenn man ihn in Stücke geschnitten hätte ... er war in einen anderen Menschen verwandelt."[137]

Anfang des 14. Jahrhunderts erkannte der größte deutsche Prediger, der Dominikanermönch Eckart von Hochheim, der unter dem Namen „Meister Eckehart" bekannt geworden ist, daß in einer lauteren Seele Gott geboren wird, indem Er „sich offenbart in einer neuen Weise, die ohne alle Weise, in einer Erleuchtung, die nicht mehr Erleuchtung, sondern das göttliche Licht selber ist".[138]

Den Sinn alles Lebens sah er darin, die Gottesgeburt in der Seele herbeizuführen:

„In dieser Geburt ergießt sich Gott mit Licht derart in die Seele, daß das Licht im Sein und im Grunde der Seele so reich wird, daß es herausdringt und überfließt in die Kräfte und auch in den äußeren Menschen. [...] Der Überfluß nun des Lichtes fließt in den Leib, und der wird dadurch voll Klarheit. Davon aber vermag der Sünder nichts zu empfangen, noch ist er dessen würdig, weil er mit der Sünde und mit Bosheit erfüllt ist, was ‚Finsternis' genannt wird. Darum heißt es: Die Finsternis umfängt und begreift das Licht nicht (Joh. 1,5). Schuld daran ist, daß die Wege, auf denen dieses Licht eingehen sollte, belastet und versperrt sind mit Falschheit und mit Finsternis; können doch Licht und Finsternis nicht miteinander bestehen. [...] Dieses Lichtes wird der Mensch wohl gewahr. Wenn immer er sich Gott zuwendet, so gleißt und erglänzt sogleich ein Licht in ihm und gibt ihm zu erkennen, was er tun und lassen soll, und viele (andere) gute Weisung, von der er vorher nichts wußte und verstand."[139]

Grundsätzlich sind dem menschlichen Bewußtsein zwei Erscheinungsweisen des Seins zugänglich: die durch die äußeren Sinne erfaßbare Ebene, die sich zeitlich und räumlich begrenzt darstellt, und die durch innere Sinne erfahrbare Ebene des Seins, der keine zeitliche und räumliche Begrenzung anhaftet.

Solange sich das Bewußtsein des Menschen nur auf der Basis der sinnlich faßbaren äußeren Erscheinungswelt entwickelt, wird die Entfaltung einer selbstlosen Liebesfähigkeit sehr erschwert, wenn nicht sogar ganz verhindert. Er ist gezwungen, lediglich aus einem Primitiv-Realismus zu leben, der sein Sein an die äußeren Strukturen bindet, er findet Gefallen am physisch Gewaltigen, am Grellen, am Augenfälligen. Eifersüchtig grenzt er sein „Revier" gegen jegliches andere Wesen ab, scheut zur Sicherung seiner persönlichen Ansprüche auch die Gewalt nicht, in den vielfachsten Schattierungen spiegelt sich der Egoismus in seinem Wesen. Die Gefühlsleere, die man heute vielfach bei den Menschen konsumorientierter Gesellschaftsformen beobachten kann, legt für diesen Prozeß ein eindrucksvolles Zeugnis ab.

In allen Zeiten zeigte sich aber in den Menschen, deren Bewußtsein von den Strahlen des Lichts der anderen und eigentlichen Ebene des Seins erleuchtet wurde, eine Veränderung, die denen, die dieses Licht nie geschaut hatten, unverständlich bleiben mußte. Die Stifter der großen Religionen waren von diesem Licht erfüllt worden, und sie lehrten ihre Jünger, den inneren Zugang zum „Reich, das nicht von dieser Welt ist", zu finden. Die, die „hörten, was kein Ohr je gehört" und „sahen, was kein Auge je geschaut", fanden zu einer Kraft, die sie die Fesseln des Egoismus und kleinlicher Begrenztheit sprengen ließ. Bei aller Unterschiedlichkeit der äußeren Form ihrer Erkenntnis in den verschiedenen Kulturen wurden sie doch aus einer Quelle gespeist, die sie auf den beglückenden Pfad der Gottes- und Nächstenliebe und der Demut zu den gleichen Grundwahrheiten des Lebens führte.

Als „ein neuer Mensch aus einer anderen Welt"[140] wurde Franz von Assisi von seinen Begleitern beschrieben. Den gleichen Eindruck hinterließ er bei den mohammedanischen Sarazenen, die er zur Zeit der Kreuzzüge im Gegensatz zur Kirche ohne Waffen aufsuchte. Sein Wesen flößte dem Sultan, dem die Christen doch aufgrund der vielfachen Greueltaten der Kreuzfahrer verhaßt sein mußten, sehr viel Achtung ein. Er erkannte in ihm einen Mann, der „allen anderen ganz unähnlich war".[141] Das Licht des Christusgeistes, das Franziskus zu einem „neuen Menschen aus einer anderen Welt" verwandelte, fand jedoch bei nur wenigen seiner Mitmenschen eine rechte, dauerhafte Aufnahme. Er, der kniend vorm Kreuz den Auftrag aus dem Licht erhalten hatte:

„Franziskus, gehe hin, baue mein Haus auf, denn du siehst, es ist ganz zerfallen"[142],

mußte zuletzt die Leitung seines Ordens, der nicht mehr seinem Geiste folgte, niederlegen, sein „Testament" wurde nach seinem Tode von der Kirche außer Kraft gesetzt.[143]

Ebenso wie der protestantische Mystiker Jakob Böhme große Schwierigkeiten mit der evangelischen Geistlichkeit seiner Stadt hatte, die ihn „unermüdlich von der Kanzel als den schlimmsten Ketzer gebrandmarkt hatte"[144], so kam der Dominikanermönch Eckehart in Konflikt mit der Inquisition. Der Erzbischof von Köln wandte sich gegen ihn, doch das Urteil erreichte Eckehart nicht mehr. Zwei Jahre nach seinem Tode verdammte Papst Johannes XXII. die Lehre des „Zentralgeistes der Mystik des Mittelalters".[145]

Prof. Nigg:

„Damit lag die größte Eiche des deutschen Mystikerwaldes gefällt am Boden, und man steht starr vor Entsetzen über diese Tat. Sie muß als eine der verhängnisvollsten Verurteilungen der gesamten Kirchengeschichte angesehen werden, über die keine noch so kluge Erklärung hinweghilft."[146]

Vergleichbare Tragödien findet man immer wieder in der Geschichte der großen Religionen. Diejenigen, die sich vor aller Welt berechtigt glauben, über geistige Wahrheiten zu urteilen, können den Geist nicht begreifen. Ihre innere Bindung an Strukturen der Macht verschließt ihrem Bewußtsein das Tor zum Licht der anderen Welt. Sie reden vom Geist und kennen ihn nicht, sie lesen und lehren aus den heiligen Schriften und können doch das hinter dem Buchstaben verborgene Leben nicht erfassen.

Sie suchen ihre Macht vor der Welt aus dem Buchstaben der Schrift zu begründen, mit der unerhörten Anmaßung, ihren Sinn allein rechtsgültig erkennen zu können. Sie legen die äußeren Worte den eigenen Interessen gemäß aus und können so die größten Despoten und die abscheulichsten Verbrechen heiligen und die reinsten Menschen verdammen.

In besonders erbärmlicher Weise zeigt sich dies in der Geschichte der Christenheit.

Prof. Nigg:

„Die Bedenken gegen das gewalttätige Verfahren wurden der Kirche von den Theologen ausgeredet, indem sie die Bibel für diesen Zweck malträtierten. Es gehört zum unbegreiflichsten Geschehen in der Kirchengeschichte, welche Verwendung die Heilige Schrift jeweils in der Christenheit gefunden hat und wie zur Rechtfertigung stets irgendein Bibelspruch gut genug war."[147]

Für die Ketzerverbrennung fanden die Theologen ein Wort aus dem Johannesevangelium:

„Wer nicht in mir bleibt, der wird weggeworfen wie eine Rebe und verdorrt, und man sammelt sie und wirft sie in das Feuer, und sie muß brennen."[148]

In gleicher Weise besteht kein Zweifel daran, so Prof. Nigg, daß „die Geißel der Hexenverfolgungen von der Theologie der christlichen Kirche geflochten wurde".[149] Wenn die abscheulichsten Greueltaten theologisch gerechtfertigt und den Menschen als göttlicher Wille dargestellt werden können, wer weist den Weg zur Wahrheit? Wer läßt die Menschen die von den beamteten Hütern der Wahrheit verkündeten geistigen Fehler erkennen?

Martin Luther lehnte die den Menschen von den Päpsten aufgedrungene „göttliche Wahrheit" ab und verwies nur auf die Bibel als Quelle der Wahrheit. Bis in die heutige Zeit lehren die christlichen Kirchen, daß die Schriften der Bibel auf göttliche Inspiration zurückgehen, mancherorts geht man sogar soweit zu behaupten, daß nicht nur der Inhalt, sondern jedes einzelne Wort vom „Heiligen Geist" eingegeben worden sei.[150] Man ist sich einig, daß es nur eine Quelle der Wahrheit gibt: Gott. Doch zeigt sich dessen ewige geistige Wahrheit in reiner Form in den Worten der Bibel?

Der Anfang dieses Jahrhunderts in die USA emigrierte katholische Pfarrer Johannes Greber schreibt in der Einleitung seiner Übersetzung des griechischen Textes des Neuen Testaments:

„Nun aber besitzen wir kein einziges der Originale der Neutestamentlichen Schriften mehr. Was wir heute vor uns haben, sind ungefähr dreitausend unvollständige Abschriften und Teile von Abschriften, von denen nicht zwei miteinander übereinstimmen. Ja selbst jede einzelne Handschrift hat verschiedene Lesarten, indem viele Worte in der Handschrift selbst durch Drüberschreiben geändert wurden. Oft ist dasselbe Wort mehrfach geändert.

Kein Mensch vermag daher anzugeben, was in diesen Abschriften mit den Originalen der Verfasser des Neuen Testaments übereinstimmt.

Kein Buch der Welt hat nämlich im Laufe der Zeit durch die Abschreiber so viele Änderungen und Fälschungen erfahren wie die Bibel des Alten und Neuen Testaments. [...]

Welche Worte, Sätze oder Kapitel des Neuen Testaments von den Abschreibern absichtlich oder unabsichtlich ausgelassen, übersehen, falsch gelesen, falsch verstanden, nach eigenem Gutdünken geändert oder absichtlich gefälscht worden sind, kann auch der beste Kenner der dreitausend Abschriften nicht mit Bestimmtheit angeben.

Dazu kommt, daß keiner der Schreiber, welche die uns heute vorliegenden Abschriften angefertigt haben, im Besitz des ursprünglichen Textes war, sondern daß jeder nur Abschriften von früheren Abschriften vor sich hatte. [...]

Die Verschiedenheit der uns vorliegenden Abschriften beziehen sich nicht etwa nur auf an sich minderwertige Dinge des Textes, sondern berühren in zahlreichen Fällen die Grundlagen der verschiedenen Glaubensbekenntnisse des heutigen Christentums.

Doch nicht genug damit, daß die uns vorliegenden alten Abschriften sich in den für die Glaubenslehren der heutigen christlichen Kirchen wichtigsten Dingen unterscheiden, die Sache wurde noch schlimmer durch die Übersetzungen in die modernen Sprachen.

Die Übersetzer haben oft den Sinn des griechischen Textes nicht verstanden und Wörtern, Ausdrücken, Sätzen oder Teilen von Sätzen eine Bedeutung beigelegt, die sie entweder überhaupt nicht oder an der betreffenden Stelle nicht haben. Der falschen Übersetzung haben wir z. B. die Lehre von einer ewigen Hölle [...] zu verdanken."[151]

Nach kundiger Schätzung ist es sogar so, daß mehr Verschiedenheiten als Worte des Textes im Neuen Testament vorhanden sind.[152] Die große Widersprüchlichkeit der vorliegenden Texte läßt es bei vernünftiger Einschätzung der historischen Fakten nicht zu, mit dem Finger auf den Buchstaben der Bibel den Glauben anderer Menschen zu verurteilen und in fanatischer Starrsinnigkeit nur die Worte für wahr und gültig zu halten, die in der jeweils vorliegenden Übersetzung der Bibel stehen. Gerade jene Menschen, die den lebendigen Geist nicht kennen, verfallen in diese widerchristliche, andere richtende Buchstabengläubigkeit.

Schon der hl. Hieronymus, der um 370 n. Chr. den Auftrag von Papst Damascus bekam, die gesamte Bibel in die lateinische Sprache zu übersetzen, beschrieb die großen Schwierigkeiten, aus der Vielzahl der sich z. T. widersprechenden Texte einen verbindlichen zusammenzusetzen.

Er bekannte in einem Brief an den Papst über die Schriften der Bibel:

„Selbst diejenigen, die mich als gotteslästerlichen Fälscher schmähen, müssen zugeben, daß dort nicht mehr von ‚Wahrheit' die Rede sein kann, wo das, was die Wahrheit sein soll, voneinander abweicht. (Verum non esse quod variat etiam maledicorum testimonio conprobatur.)"[153]

Die Bibel ist zu einem Buch geworden, in dem jeder die Beweise für seine besonderen Lehren sucht und auch findet. Johannes Greber weist darauf hin, daß es inzwischen mehr als zweihundert verschiedene christliche Religionsgemeinschaften gibt, die sich alle in irgendeiner Glaubenslehre unterscheiden und wiederum alle auf das Neue Testament berufen, um ihre abweichende Lehre zu beweisen.[154] Man diskutiert über geistige Geheimnisse und sucht seine Position mit einer Unmenge von Zitaten aus einem Buch zu beweisen, das wie kein anderes durch Verfälschungen, Überlieferungsfehler und absichtliche Korrekturen entstellt worden ist.

Dabei wird völlig außer acht gelassen, daß die geistigen Wahrheiten, die in der Bibel wie in den heiligen Schriften der Weltreligionen verborgen sind, nie dem Verstand zugänglich sind. Der Verstand bleibt an der äußeren Form hängen; gebunden an die Körpersinne, fehlt ihm die Voraussetzung, eine geistige Wahrheit zu begreifen. Genausowenig wie ein Arzt durch das Studium der Medizin in die Lage versetzt wird, wahrhaft zu heilen, sowenig vermag ein studierter Theologe selbst mit Promotion und den höchsten kirchlichen Weihen, aus dem erlernten Wissen das verborgene Lebenslicht des Geistes herauszufiltern.

Dieses offenbart sich nur dem Herzen, das sich in der Schule der Liebe und Selbstverleugnung zur Aufnahme des göttlichen Lichts bereitet. Die göttliche Lehre der Liebe wird um so mehr dem Menschen verständlich, je mehr er ihr in seinem Wesen ähnlicher wird. Derjenige, der diese Liebe in seinem Herzen ersehnt, wird hinter dem geschriebenen Wort auch in der vielfach verfälschten Bibel die geistige Hilfe für den Weg nach innen finden. Je mehr er der Liebe ähnlich wird in seinem Wollen, Denken und Tun, desto weniger wird er verurteilen und verdammen und wird fähig sein, auch bei anderen Menschen und anderen Religionen hinter der äußeren Unterschiedlichkeit in Wort und Ritus die verborgene Größe des Geisteslichts zu erkennen.

Im 16. Jahrhundert schrieb Sebastian Castellio, der als 25jähriger 1540 in Lyon der Verbrennung eines Ketzers beigewohnt hatte:

„Christus verlangte von uns, daß wir das weiße Kleid eines reinen und heiligen Lebens anziehen sollten, aber was beschäftigt unsere Gedanken? Wir disputieren nicht nur über den Weg zu Christus, sondern über seine Beziehung zu Gott dem Vater, über die Dreieinigkeit, die Prädestination, den freien Willen, die Natur Gottes, die Engel, über den Zustand der Seele nach dem Tode - über eine Menge von Dingen, die zum Heil nicht wesentlich sind, Sachen wirklich, die wir niemals wissen können, solange nicht unsere Herzen rein sind, denn es sind Dinge, die geistig begriffen werden müssen. Aber nicht nur, daß die Christen sich mit Fragen abgeben, die sie von der gebotenen Bemühung ablenken, sondern sie hindern noch die anderen daran, es zu tun. Wenn einer sich anstrengt, das weiße Kleid sich zu beschaffen, d. h. heilig und gerecht zu leben, erheben sich alle einmütig gegen ihn, besonders, wenn er in irgendeinem Punkt nicht ganz gleicher Meinung ist."[155]

Statt, wie es jede wahre und echte Erziehung tun sollte, den Menschen zu helfen, in sich die Verbindung zum göttlichen Geist zu erlangen, werden die Gläubigen unter ein „unfehlbares Lehramt" gestellt, das seine Heiligkeit und göttliche Inspiration mehr als einmal in der Geschichte ad absurdum geführt hat. So wurde für den wirkenden Geist im Menschen ein Ersatz geschaffen. Wenn aber in all den Jahrhunderten sich der wirkende Geist in einem Menschen offenbarte, so verleumdete man diesen als Ketzer. Der Protestantismus entwickelte sich nicht wesentlich anders. Hier nahm die Bibel die Stelle des katholischen Papstes ein. Das geschriebene Wort, gedacht als Brücke auf dem Weg zum Geist, wurde manchem zum Abgott, der sich schwer auf das Bewußtsein legte und das Herz von der unmittelbaren lebendigen Führung durch den Geist trennte.

Schon der französische Mathematiker und Philosoph Blaise Pascal (1623-1662) sagte:

„Es ist das Herz, das Gott spürt, und nicht die Vernunft."[156]

Der evangelische Theologe und Kirchenhistoriker Gottfried Arnold (1666-1714) beschrieb die wahre, aus dem Licht des Geistes gespeiste „Herzenstheologie" in einfachen Worten:

„Sie zanket nicht um Worte, sie wirft nicht törichte und unnütze Fragen auf, sie machet niemanden zum Ketzer, sie kränket kein Gewissen, sie zwingt und verdammt niemanden um der Lehre willen, sie bringet weder Einkünfte noch Wollüste, noch Ehrenstellen, noch Titel ein und wird eben dadurch von den Menschlich-Gelehrten entfernt und verfolgt."[157]

Die christliche Lehre, den Menschen zur Erlösung von aller Not und Schuld, als mächtige Kraft zur Sprengung jeder Fessel gegeben, verkümmerte in den fast zwei Jahrtausenden zu einem matten Kirchenchristentum. Nur wenige finden noch den Zugang zu der beglückenden Wahrheit jenseits des sichtbaren Seins, zu der unfaßbaren Seligkeit des uralten Lichtweges, den Christus der Menschheit in nie zuvor gewesenem Maße eröffnete. Bis heute legt sich die jahrhundertealte geistige Erstarrung in großen Teilen der Kirchen wie ein dunkler Schleier über diejenigen, die innerhalb der Kirche zwischen Ritus, Tradition, Dogma, Hierarchie und Buchstabengläubigkeit den Weg zur Befreiung des Geistes suchen.

Wer die Situation der Menschheit mit wachen Augen betrachtet, dem wird deutlich werden, daß eine wirkliche Hilfe den Menschen nur aus den Quellen des göttlichen Geistes kommen kann. Dieser Geist lebt und will trotz aller Unterdrückung und Verfälschung besonders durch die großen Kirchen in den letzten Jahrhunderten aus dem Innersten des Herzens eines jeden Menschen hervorbrechen und in ihm das Feuer des unsterblichen Lebens entzünden. Doch eine überzeichnete theologische Rhetorik, die ihre Legitimation in toten Buchstaben sucht, vermag es nicht, die Menschen der heutigen Zeit auf den so bitter notwendigen Weg des Geistes zu führen. Man muß dem im Wirrwarr der äußeren Welt geistig gefangenen modernen Menschen die Gelegenheit geben, außerhalb des geistigen Kerkers einer intellektualisierten Bibelinterpretation das an Körper, Seele und Geist erlösende Wirken des Geistes Christi zu erleben. Dieser Geist wird ihn aus der Entmündigung durch Theologie und Hierarchie und der Gefangenschaft der Sinne befreien und ihn in seinem Herzen in alle Wahrheit führen.

## 8. Kapitel

# Das unerkannte Leid - der Leidensweg eines Verkannten

„Denn bildlich gesehen sieht es heute so aus, daß der Mensch auf dem Irrwege ist. Er wurde Jahre, viele, viele Jahre zurück schon vom göttlichen Weg abgezogen, [...] und heute irrt der Mensch nur so umher, indem er nicht mehr weiß, was falsch und echt ist. Ich will den Menschen, wie er heute vor dem Abgrund steht, nur zurückrufen und ihm nur sagen, er soll nicht weitergehen, da Gefahr droht, und er möge den wahren, göttlichen Weg wieder beschreiten."[1]

Bruno Gröning

## Die Chance der Menschheit

Manch ein Leser mag sich fragen, aus welchem Grunde ich als Arzt so detailliert auf die Geschichte des Christentums eingehe. Was hat das Verhalten der Kirche nach Christus mit der Gesundheitssituation der heutigen Menschheit zu tun? Worin liegt die Verbindung zum Wirken Bruno Grönings begründet?

Um die Zusammenhänge deutlich zu machen, ist es nötig, im folgenden einige Aspekte noch einmal kurz zu beleuchten:

Im Verlaufe dieses Buches wird deutlich geworden sein, daß die Gesundheit des Menschen im Ursinn ein religiös-geistiges Thema ist. Denn die Gesundheit, oder was noch wesentlich darüber hinausgeht, das Heil eines

Bruno Grönings Kreuz

Menschen wie auch der gesamten Menschheit, ist auf Dauer nur durch die wahre „religio", d. h. Rückverbindung zum Göttlichen, zum Geist Gottes im Herzen jedes einzelnen erreichbar. Wie sich keine Blume ohne die Strahlen der Sonne entfalten kann, so bedarf der menschliche Geist des Zustroms der göttlichen Energien, um sich aus Not und Leid und einem vegetierenden Schattendasein zum vollbewußten Menschsein zu entfalten. Solange der Mensch nicht lernt, sein Bewußtsein auf Gottes Kraft auszurichten, sich dem Einströmen Seines Geistes zu öffnen, bleibt er an menschliche Vorstellungen im Zustand der Selbstentfremdung gebunden. Sein Bewußtsein wird immer begrenzter, haftet an Vergänglichem, und über kurz oder lang kann sich die Trennung des Geistes von seinem Ursprung als Störung, als Krankheit in Körper und Seele widerspiegeln. Der Mensch bleibt unmündig und wird unbewußt zum willigen Werkzeug menschlich-kurzsichtiger Machtinteressen. Seine Unkenntnis gegenüber dem Licht der göttlichen Urquelle läßt ihn empfänglich werden für Irrlehren, die wieder nur Leid und Not hervorrufen.

So war und ist es seit jeher das vornehmlichste Ziel der negativen Macht (s. a. Kap. 4), alles zu tun, um den Prozeß der Bewußtwerdung der Menschen zu verhindern, sie im Zustand der Selbstentfremdung zu halten, ihnen den Zugang zu den göttlichen Seinskräften in sich zu verwehren.

Christus wollte die wahre „religio", die Rückführung des Menschen zur Kraft und zum Geist des Schöpfers bewirken. Er errichtete durch Sein Leben und Leiden die Brücke zwischen Gott und Mensch neu, Er wurde zum Wegweiser für den in der Finsternis verfälschter Vorstellungen gefangenen Menschengeist und hinterließ Seinen Geist als Quelle der Kraft und als Führer in alle Wahrheit. Nur Er, als die menschgewordene Liebe Gottes, hatte es noch vermocht, die Ketten, die sich durch den Einfluß des Widersachers um das Bewußtsein der Menschen gelegt hatten, zu sprengen und sie durch das Licht Seiner aufklärenden Worte wieder auf den Empfang der göttlichen Kraft durch den Glauben auszurichten. Sein Wort gab den geistig Suchenden ihr Selbst-Bewußtsein wieder, befreite sie aus der Entmündigung durch die Mächtigen der Welt. Das Heil, das sich durch Ihn offenbarte, überführte die „Vertreter Gottes" Seiner Zeit der Gottlosigkeit und offenbarte ihre Unfähigkeit, den Menschen mit ihren selbstgeschaffenen Lehren und Geboten den wahren Weg zurückzuweisen.

Er, der, wie Er selbst von sich sagte, dazu geboren und in die Welt gekommen war, um für die Wahrheit Zeugnis abzulegen[2], wurde vielen Menschen Seiner Zeit zum Heiland; Er wirkte als Heiler, aber vielmehr noch als Lehrer, der das vergessene Wissen um die in jedem Menschen lebende spirituelle Wirklichkeit des Reiches Gottes erlebbar wiederbrachte.

Hierin lag der eigentliche Sinn Seiner Mission. Es war nicht Seine Aufgabe, der Gelehrsamkeit der Pharisäer und Schriftgelehrten nachzueifern, denn es sollte jeder, auch der einfachste Mensch, den göttlichen Geist in und an sich erleben, Seine Lehre wies den Weg dazu. Dieses Erleben durch die Ausrichtung des menschlichen Geistes auf seinen Ursprung sollte weitergegeben werden, ein jeder Mensch sollte durch die Lehre Christi die „religio", das göttliche Selbst, Gott, in sich wiederfinden.

Keine noch so schöne Predigt, auch nicht der eindrucksvollste Ritus und die verlockendsten Vertröstungen auf ein ungewisses Jenseits vermögen den Menschen im Innersten so zu erfassen wie das Erleben der Wirklichkeit des Göttlichen. Wer die beseligende Nähe der höchsten Liebe einmal gespürt hat, ist für das ganze Leben ein anderer geworden. Wer die göttliche Kraft, den Geist Gottes in sich aufgenommen hat, fühlt eine Lebensqualität, die keine Worte kennt. Wer das Wirken der Schöpferkraft an und in sich erlebt hat, weiß um ihre unverzichtbare Bedeutung für Gesundheit und dauerhaftes Glück. Die ersten Christen standen noch in Verbindung mit dem Licht der anderen Dimension des Lebens, das sie sogar den Tod überwinden ließ. Ein jeder mag sich selbst ausrechnen, welche Folgen es für alle Menschen gehabt hätte, wäre die Lehre Christi rein weitergegeben worden. Ich bin der festen Überzeugung, der Menschheit wäre viel Leid in den folgenden zwei Jahrtausenden erspart geblieben.

Die eigentliche Ursache der Verfälschung der Botschaft Christi liegt im Verlust an Erfahrung. Denn gerade in der persönlichen Erfahrung der höheren Wirklichkeit durch die Mittlerschaft Christi liegt die verwandelnde Kraft, die den Menschen auf Dauer Liebe schenkt. Doch diese Erfahrung ist nur möglich, indem man die Menschen nicht an leere Formeln bindet, sondern sie schult, sich beständig in ihrem Denken und Wollen auf den Geist und die Kraft Gottes auszurichten und sich in die Führung Seines Geistes zu begeben. Christus zeigte den Weg zum Göttlichen, doch die Menschen müssen diesen Weg selbst gehen, d. h. ein Leben aufgeben, in dem ihr Ego im Mittelpunkt steht, sie müssen sich Gott zuwenden, auf Ihn zugehen und innerlich darum ringen, daß sie Ihn erleben dürfen. Denn jeder Mensch steht auch nach Christi Leben weiterhin zwischen den geistigen Kräften von Licht und Dunkelheit, weiterhin will die negative Macht den Geist des Menschen mit Lügen verführen, ihn geistig trennen von der bewußtseinsmäßigen Bindung an das Leben. Zwar muß kein Mensch derart unmittelbar mit der Macht des Bösen ringen, wie Christus es tat, um die Brücke zum Reich Seines Vaters für alle Menschen zu errichten, doch wer nicht beständig um die Ausrichtung seines Bewußtseins zum Göttlichen bemüht ist und sich der Kraft des göttlichen Geistes öffnet, wird rasch durch den Egoismus seiner niederen Natur wieder in der gedanklichen Führung der negativen geistigen Kräfte stehen.

Der Mensch ist nun einmal für sein Erdenleben von Gott in seinem Willen freigestellt, um im geistigen Spannungsfeld von Gut und Böse durch beständiges Ringen um Wahrheit und Liebe und die Erfahrungen seines Lebens zum Göttlichen zu reifen. Schon Goethe erkannte im Erdenleben des Menschen bloß eine Vorschule zu einem höheren Dasein. Doch ist der Einfluß und die große Macht der widergöttlichen Bewußtseinskräfte nicht nur eine Chance zum Erkennen und Lernen, sondern auch eine beständige Gefahr für den Geist des Menschen, welcher selbst Christus hätte erliegen können. Es ist verständlich, daß gerade die Lehre Christi als die Lehre Gottes selbst in besonderem Maße Ziel des Widersachers war. Denn Christus hat den uralten inneren Weg, den königlichen Pfad zur Befreiung des menschlichen Geistes aus der Stoffgebundenheit, nicht nur für wenige Eingeweihte, sondern für alle Menschen eröffnet, da Er die große geistige Schuld der Menschheit durch Sein Leiden selbst gesühnt und die widergöttlichen Bewußtseinskräfte durch Seine Liebe durchbrochen hat. Im Licht Seines Sieges, den Er für alle errungen hat, ist der schwerste und höchste aller Wege leicht geworden, durch Seinen Sieg kann selbst der schwächste Menschengeist, so er ernstlich will, die übergroße Macht der zerstörerischen, negativen Bewußtseinskräfte in sich überwinden und sich dem Einflußbereich der negativen geistigen Macht immer mehr entziehen.

Darum sagte Christus:

„Nehmt mein Joch auf euch und lernt von mir; [...] so werdet ihr Ruhe finden für eure Seele, denn mein Joch drückt nicht, und meine Last ist leicht."[3]

Es wird wohl kein geschaffener Geist je ermessen können, was der Gottesgeist in Christus für die Menschen getan hat.

Nach dem Ablegen Seines Körpers übergab Er das von Ihm so bitter errungene Erbteil Seinen Jüngern, denen Er ständig geistig zur Seite stand. Durch Seinen Sieg war ihnen die Macht gegeben, das Bewußtsein der Menschen zum Licht auszurichten, sie wurden die sichtbaren Mittler Seines göttlichen Werkes. Jeder, der ihnen sein Herz öffnete, wurde mit der Erlösung verbunden, die durch Christi Opfer möglich geworden war. Krankheit und Not wichen durch diese Verbindung, und die Menschen erhielten die Kraft zur Umkehr zum Leben aus dem göttlichen Geist.

Doch wer sich selbst verleugnet und Demut und Liebe zur Zierde seines Wesens werden läßt, vermag das Erlösungslicht genügend tief in seinem Bewußtsein verwurzeln und seinen Geist so unbeirrbar an die Kraft Gottes binden, daß die Manifestationen der negativen Geistesmacht im Leben keinen Zugang zum Herzen mehr finden. Er vermag den lebendigen Glauben an die Allmacht des göttlichen Lichts in sich festzuhalten und wird zum Helfer für die, in denen die ersten Strahlen des erlösenden Lichts im Bewußtsein Halt suchen.

Wie der Stengel einer Blume dazu da ist, die Blüte zu tragen, so hätte die Institution Kirche weltlicher Träger und Werkzeug ihres geistigen Auftrags sein müssen, den Menschen durch die Lehre Christi die lebendige Verbindung zum Göttlichen in sich zurückzugeben. Immer aber hätte die weltliche Struktur auf die durch das Vorbild Christi gegebenen geistigen Notwendigkeiten der Demut, Liebe und der Unterordnung unter Seine geistige Führung ausgerichtet sein müssen. Die Wurzel der Vergiftung lag darin begründet, daß immer mehr Menschen, deren Verstand die Lehre Christi als gut und zweckmäßig begriffen hatte, ohne daß ihr Bewußtsein die wahre „religio", die lebendige Rückbindung an den Geist Gottes, erfahren hätte, sich in die mit weltlichem Ansehen und Macht verbundene Position der wachsenden christlichen Kirche hineindrängten. Immer mehr wurde Gelehrsamkeit, kluge Rhetorik und weltliche Gewandtheit, Familienbande und Beziehungen Grundlage für Führungspositionen der Institution Kirche. Man rang nicht gemeinsam geistig um den Willen Christi, und immer weniger wurde Seine Lehre in der wachsenden Kirche geistig erfahrbar. Eitler Streit um Glaubenswahrheiten und Streben nach persönlicher Macht ließen die Mission Christi, alle Menschen zu der Erfahrung der höheren Wirklichkeit Gottes in sich zu führen, vergessen. Die Bindung der Bewußtseinskräfte der sogenannten christlichen Kirche an die Strukturen der Macht und weltliche Güter zeigte sich, abgesehen von allen machtpolitischen Auseinandersetzungen in den Jahrhunderten nach Christus, z. B. schon im fünften Jahrhundert allein in der Tatsache, daß der römische Bischof ungeachtet des Vorbilds Christi bereits der größte Grundherr im ganzen Römischen Reich war, und im achten Jahrhundert, als Papst Stefan II. sich durch Betrug und zwei von ihm veranlaßte Kriege ein größeres Gebiet Italiens als Kirchenstaat aneignete.[4] Die Ausführungen im letzten Kapitel beweisen zudem unmißverständlich, daß die zutiefst unchristliche und spirituell begrenzende Bewußtseinshaltung bis in die heutige Zeit nicht überwunden wurde.

Es wiederholt sich manches in der Geschichte der Menschheit: So wurden viele der Menschen, die sich selbst als bevollmächtigte Nachfolger Christi bezeichneten wie in besonderer Weise die Päpste, zu den größten Feinden Seines Geistes und Seiner Mission, genauso wie die jüdischen Pharisäer und Schriftgelehrten sich als bevollmächtigte Nachfolger Moses und Diener Gottes darstellten und doch Ihn selbst dem Körper nach töteten und Seine Lehre in ihrer ichsüchtigen Bewußtlosigkeit dem Göttlichen gegenüber verschmähten. Denn wer die höhere Wirklichkeit in sich nicht kennt, wer die Schöpferkraft nicht erlebt und das Licht des göttlichen Geistes nicht in sein

Herz gelassen hat, hält die Offenbarung der ewigen Wahrheit im Leben eines anderen Menschen für eine große Gefahr, da sich in der Gegenüberstellung mit ihm die Dunkelheit seines eigenen Geistes vor aller Welt offenbaren könnte. Es geht ihm darum, alles zu tun, das Erwecken des lebendigen Geistes zu verhindern, um den Mangel im eigenen Leben weiterhin hinter Dogma und Ritus verbergen zu können. Dies ist in der Geschichte der Kirchen, besonders der katholischen Kirche, deutlich zu beobachten.

Nicht nur, daß durch Päpste den Gläubigen jahrhundertelang sogar das Lesen der Bibel zum Teil unter Androhung der Todesstrafe verboten wurde[5], die Messen über lange Zeit in der lateinischen anstatt in der Landessprache gelesen wurden, immer wieder wurden gerade diejenigen blutig verfolgt, die sich in wahrer Nachfolge Christi in ihrem Herzen mit dem Geist des Lebens verbunden hatten und Ihm und nicht der Institution folgen wollten, wie es Christus vorhergesagt hatte:

„... es kommt die Stunde, in der jeder, der euch tötet, meint, Gott einen heiligen Dienst zu leisten. Das werden sie tun, weil sie weder den Vater noch mich erkannt haben."[6]

Als Folge der ständigen Unterdrückung der geistigen Wahrheit ging das Geheimnis Christi als das Geheimnis der in jedem Menschen verborgenen spirituellen Wirklichkeit des Reiches Gottes dem Großteil der Menschen verloren.

Auf diese Weise blieben die Menschen im Zustand der Selbstentfremdung und geistigen Unmündigkeit, da den meisten die Führung zur Wirklichkeit des Göttlichen in sich fehlte. Dieser Zustand begründete aber gleichzeitig die kirchliche Macht. Er ließ die Menschen, da ihnen ein höheres Erkennen zumeist fehlte, abhängig werden von denen, die sich als Vertreter der Wahrheit und Mittler des Heils ausgaben, ihre Gläubigen in Wirklichkeit aber über Jahrhunderte hinweg um das Erleben der wahren Lebenswirklichkeit betrogen.

Die Würdenträger kirchlicher Macht hatten vielfach aufgrund ihrer meist sehr unchristlichen Geisteshaltung nicht das nötige Maß an Gottesbewußtsein und innerer Lebensverwirklichung erreichen können. Sie konnten somit die Menschen nicht als Vorbild gemäß der Lehre Christi in die Verbindung zur Kraft Gottes in sich führen. Sie konnten sie nicht die königliche Freiheit ihrer Kindschaft zu Gott erleben lassen und sie somit der Führung aus der höheren Wirklichkeit unterstellen. Sie versuchten vielmehr alles, die Gläubigen an die dogmatischen Vorstellungen und Lehrmeinungen der Institution zu binden, ihnen als Lohn treuer Gefolgschaft Erlösung und Sündenvergebung verheißend.

Nicht ohne Grund schrieb der Theologe Alfred Loisy:
„Was Jesus verkündete, war das Reich Gottes, was kam, war die Kirche."[7]

Die Folgen zeigen sich deutlich in der heutigen Zeit. Die große Chance, die der Menschheit durch die Inkarnation des Gottesgeistes selbst gegeben wurde, konnte nicht in vollem Maße genützt werden. Anstatt die Staaten und Völker zum höheren Leben zu führen, war die Kirche der Menschheit die Jahrhunderte hindurch das größte Vorbild an Unchristlichkeit und Unmenschlichkeit. Die sich zu Christus bekennenden Völker gerieten somit immer tiefer in Gottlosigkeit und geistigen Verfall und führten die Menschheit an den Rand der Selbstvernichtung. Die wenigen, die durch die Lehre Christi in ihrem Bewußtsein die Verbindung mit der Schöpferkraft erlebten und Zugang zur höheren Wirklichkeit in sich erlangten, vermochten die durch den Verrat der Kirche an der Mission Christi bewirkte Talfahrt der Menschheit nicht aufzuhalten. Der größte Teil der Menschen wurde hilfloses Opfer der widergöttlichen Bewußtseinskräfte, die sie mangels inneren Lichtes und Verbindung zu den göttlichen Lebensenergien weder erkennen noch überwinden konnten. Trotz des guten Willens auch vieler Geistlicher wurde die Verbindung zur höheren Wirklichkeit von Generation zu Generation schwerer. Denn schon früh belasteten die Eltern ihre Kinder mit der ihnen durch Kirche und Staat anerzogenen falschen bewußtseinsmäßigen Ausrichtung, die sich in ihnen im Laufe des Lebens in Form von Denk- und Fühlgewohnheiten verfestigt hatte. Ihre Kinder übertrugen diese dann, oft noch durch Zeiteinflüsse verschlimmert, wieder der nächsten Generation.

Rut Björkman schreibt dazu in ihren Tagebuchaufzeichnungen über das „Licht einer anderen Dimension":

„Die heutigen Erziehungsmethoden vermögen es nicht, zur Menschwerdung des Menschen beizutragen [...]. Die Diskussionen hören nicht auf, und neue Vorschläge werden gemacht, ohne daß den Menschen klar wird, daß zu all diesen Versuchen, den Menschen zu einem Menschen zu erziehen, der sich für sich selbst und für seine Umwelt zum Heil auswirkt, die Einbeziehung der menschbildenden Kraft des Schöpfers gehört, daß es ohne sie nicht zur Menschwerdung kommen kann. Aus der geschöpflichen Situation des Menschen geht hervor, daß er, soll er seinen geschöpflichen Sinn erfüllen, von der Einheit mit der Kraft des Schöpfers abhängig bleibt, aus der er geschaffen ist.

Da es nun nicht zu der heutigen Erziehung des Menschen gehört, ihn über seine Abhängigkeit von der Einheit mit dem Gewissen und Absoluten als der Kraft des Schöpfers in sich aufzuklären, lebt der Mensch bewußtlos gegenüber der Bedeutung dieser Kraft, und er gerät so mit Notwendigkeit unter den Fluch der Selbstentfremdung und verliert seine Orientierung im Leben.

Die Erziehung, die dem Menschen durch Schulen und Universitäten geboten wird, ist eine Erziehung zum Erwerb von Kenntnissen der Erscheinungswelt und dient der Entwicklung der Verstandeskräfte, ohne daß eine Ausrichtung auf das Schöpferprinzip stattfindet und ohne daß wir angeregt werden, eine Verbindung mit unserer spirituellen Wirklichkeit aufzunehmen. Da nun die Erziehung des Menschen durch die Institutionen des Staates und der Kirche der Anpassung an festgelegte Werte und Sinngebungen dient, nimmt es nicht Wunder, daß es nicht zur Menschwerdung des Menschen im Sinne des Schöpfers kommt. Das wahre Selbstbewußtsein als das Bewußtsein des wahren Selbst, das der Schöpfergeist in uns ist, fehlt dem Menschen, und er entfaltet aus seinem Ego, aus seiner Stellung in dieser Welt ein Bewußtsein, das auf seine Person ausgerichtet ist und dadurch aus dem Erleben der Einheit alles Seins gefallen ist. Der Mensch leidet unter der Beziehungslosigkeit gegenüber seiner eigenen Seele wie gegenüber der Seele der Schöpfung. Dieses Defizit an Leben sucht er durch ein Scheinleben zu ersetzen und jagt den Ablenkungen nach, sich selbst Sinn und Ziel gebend, und leidet doch an innerer Einsamkeit. Er verliert den Glauben an den Sinn seines Lebens, von dem er entfernt lebt, solange er ihn nicht in sich selbst, in seinem Ursprung gefunden hat. Ein Leben ohne Ausrichtung auf das Leben selbst, das die Schöpferkraft in uns ist, unsere Lebenswirklichkeit im Spirituellen, ist ein ohnmächtiges Teil-Leben im Vergänglichen, ist zutiefst sinnlos, weil vom Ursinn allen Lebens, von Gott, gesondert. Es muß von uns erkannt werden, daß Gott keine religiöse Angelegenheit unseres Lebens ist, mit der wir uns beschäftigen können oder nicht, sondern daß Gott unsere Lebensangelegenheit überhaupt ist, die unser Sein oder Nicht-Sein entscheidet. So stark wie unser Gottesbewußtsein ist, so stark ist die menschbildende Kraft Gottes in uns wirksam, denn Gott ist die Kraft in uns, aus der wir geschaffen sind und die diese Schöpfung vollendet."[8]

Die aus der fehlenden bewußtseinsmäßigen Bindung zum göttlichen Geist erwachsende Orientierungslosigkeit macht sich in einem stets anwachsenden Chaos, in der Unordnung im Menschen und in seiner Umwelt bemerkbar. Der Mensch kann die der Schöpfung zugrundeliegenden Lebensgesetze nicht mehr in seinem vom Leben abgeschnittenen Bewußtsein wahrnehmen. Geistig blind tastet er sich durch die ihm nur äußerlich zugängliche Schöpfungswirklichkeit und wird nur aus dem Verstand in ihr wirksam. Er ist aus der göttlichen Seinsordnung gefallen und lebt in dem Wahn, seine Lebensumstände aus sich selbst meistern zu können. Von der Kirche abgestoßen, sucht er seine Vorbilder in den Klugen der Welt, in den Leistungen von Wissenschaft und Technik; sich die Erlösung erhoffend, die er in der Religion nicht mehr finden konnte.

Doch trotz all ihrer Bemühungen bleibt die Wissenschaft immer nur in der Welt der Erscheinungen stecken, die sie beschreiben, aber nicht ihrem Wesen nach erkennen kann. Ihre Lösungsmöglichkeiten für die Zeitprobleme, die sich als Symptom der fehlenden Gottesbewußtheit der Menschheit zeigen, können nicht die Wurzeln erfassen, solange die Wissenschaft glaubt, aus sich selbst mächtig zu sein, und die Zeugnisse der höheren Wirklichkeit leugnet.

So muß dem Menschen die wachsende Not zu einem bitteren Lehrmeister werden, bis er darin die Ohnmacht und Unzulänglichkeit der herrschenden Mächte der Welt erkennt, ihn aus der Ausweglosigkeit seines Lebens herauszuführen, und er nach neuen Wegen sucht.

Karl Schnelting schreibt in seinem Buch über geistige Heilung dazu:

„Man muß kein Prophet sein, um vorherzusagen, daß bis zum Jahr 2000 die Frage nach dem Sinn von Mensch und Welt sich nicht beruhigen, sondern immer mehr Menschen bewegen wird. [...] Dieser ‚religiöse Aufbruch' - dies zeichnete sich schon in den vergangenen Jahren ab - ist im Gegensatz zur Revolte von 1968 keine Bewegung nur der studentischen Jugend, sondern erfaßt alle sozialen Schichten. Daher schon jetzt die unerwartet große Resonanz auf Sendungen, die sich in spirituelle Dimensionen wagen.

Die Sinnsuche, auch dies ist seit einiger Zeit deutlich geworden, bewegt sich nicht so sehr im Rahmen hergebrachter Konfessionen [...]. Wenngleich es auch ein neues Erwachen innerhalb der Kirchen gibt, wie es die Pfingstgemeinden und charismatischen Gruppen zeigen, stellen doch alle Beobachter übereinstimmend fest, daß der Strom des neuen Bewußtseins in einem erstaunlich geringen Maße von den Kirchen ausgeht [...]. Doch muß es nachdenklich stimmen, daß hier Bedürfnisse sich melden, die offenbar an anderer Stelle nicht befriedigt werden."[9]

Mehr und mehr erkennen die Menschen, daß sie durch ihr Verhalten nicht nur vielfach ihre Körper in den Zustand des „Unheilbar" hineinmanövriert haben, sondern sich bereits ihre gesamte äußere Seinswirklichkeit für menschliche Möglichkeiten im Zustand des „Unheilbar" befindet. Saurer Regen, Giftmüllhalden, Smog, Verschmutzung von Wasser, Erde und Luft, Waldsterben, durch Kunstprodukte verseuchte Nahrung, die beständige

Gefahr nuklearer Unfälle im Schatten der „GAUs" von Three Mile Island und Tschernobyl, Millionen Hungertote jährlich, Kriege, eine erschreckende Zunahme an Selbstmorden, Kriminalität und Drogenmißbrauch, nicht zu vergessen die ständig wachsende, schier unüberschaubare Palette von seelischen und körperlichen Leiden weltweit zeigen sich als Symptome eines Zerfalls, die immer mehr als Spiegelbild, als getreue Entsprechung des geistigen Zustands der Menschheit erkannt werden.

Stanislav Grof schreibt in seinem Buch „Die Chance der Menschheit":

„In diesen globalen Symptomen spiegeln sich die irrigen Überzeugungen und Wahrnehmungen, Ängste und Phantasien, Abwehr- und Leugnungsmechanismen wider, die unser individuelles Handeln formen bzw. mißformen. Mit anderen Worten: im Zustand der Welt kommt unsere Geisteshaltung zum Ausdruck. Die kollektiven Krisen sind Abbild unseres kollektiven Bewußtseins.

Demnach wären in dem Grad, in dem diese Aussage zutrifft, alle Bemühungen, gegen unsere globalen Krisen lediglich mit ökonomischen, politischen oder militärischen Maßnahmen vorzugehen, nur begrenzt erfolgreich. Wenn sich beispielsweise die Anstrengungen, mit dem Problem der Kernwaffen fertigzuwerden, einzig darauf beschränken, die gleiche Anzahl von Kernwaffen auf beiden Seiten zu erreichen, dann bleiben die psychischen Kräfte, die den Rüstungswettlauf schüren, davon unberührt.

Um also die weltweiten Krisen völlig zu bereinigen oder zumindest bedeutsame Veränderungen auf lange Sicht zu schaffen, bedarf es mehr als nur einer symptomatischen Behandlung. Es geht nicht nur darum, hungernde Menschen mit Lebensmitteln zu versorgen oder das Kernwaffenarsenal zu reduzieren, sondern man muß sich auch mit den psychologischen Hintergründen auseinandersetzen. [...] Wir konnten unserer mangelnden psychischen Reife freien Lauf lassen, statt sie zu erkennen und aus ihr herauszuwachsen, uns unseren Süchten hingeben, statt gegen sie anzukämpfen, und die gleichen neurotischen Verhaltensmuster wiederholen, statt uns von ihnen zu lösen. Wenn aber die Welt eine Bühne ist, dann ist sie zu klein, als daß wir weiterhin unsere psychische Unreife voll ausleben können."[10]

Grof zeigt weiterhin auf, daß eine psychische Reifung, eine Wandlung des Bewußtseins, „ein Marsch zum Geist", wie Teilhard de Chardin sagte, unumgänglich nötig ist, will die Menschheit überleben.

Ähnlich beurteilt John White die Situation:

„Alles Leben auf diesem Planeten Erde ist durch eine Reihe von Ursachen von der Auslöschung bedroht. [...] All diese Bedrohungen sind von Menschen geschaffen worden. Alle wurzeln in ihren Köpfen. Unser Verhalten ist eine Manifestation unseres Denkens und Fühlens, und unser Denken und Fühlen hängt wiederum von unserem Bewußtseinszustand ab. [...] Wenn dem so ist, dann liegt die Lösung des Problems klar auf der Hand: Ändern wir das Bewußtsein! Das Überleben fordert einen Bewußtseinswandel."[11]

Es findet langsam eine Umwertung statt, man erkennt, daß Wissenschaft, Technik, Medizin, an sich ein Segen für die Menschheit, in den Händen von psychisch Unreifen, an widergöttliche, ichsüchtige Bewußtseinskräfte gebundenen Menschen zum Fluch und zum Motor der Selbstvernichtung aller werden. Immer mehr Menschen suchen nicht mehr nur die Schulung des Verstands zu erreichen, man beginnt die große Bedeutung einer wahren Herzensbildung, des Erweckens und der Festigung höherer Ideale im Bewußtsein des Menschen zu erkennen. Immer mehr Menschen begreifen die große Bedeutung der Worte und Lehren derer, die in sich die spirituelle Wirklichkeit des Seins erfahren haben und die Schätze ihrer inneren Erfahrungen demütig und selbstlos in den Dienst aller stellen wollen. Man erhebt nicht mehr die Hand gegen sie, im Gegenteil, viele kommen zusammen, um aus einer wachsenden Sehnsucht heraus mehr über die früher verpönte höhere Wirklichkeit zu hören.

Vielfach wird von einer Zeitenwende gesprochen, spirituell Erwachte sehen ein neues Zeitalter kommen, viele Prophezeiungen künden der Menschheit tiefgreifende Umwälzungen kurz vor dem Übergang ins dritte Jahrtausend an. Die scheinbar aussichtslose Lage der Menschheit, Umweltkatastrophen und ungewöhnliche politische Veränderungen aber nicht zuletzt auch die über Jahrhunderte nicht mehr beobachtete Hinwendung immer größerer Bevölkerungsschichten zu einer höheren Dimension des Lebens scheinen den Voraussagen und Ahnungen recht zu geben.

Doch mächtige Kräfte steuern dem spirituellen Erwachen der Menschheit mit aller Kraft entgegen. Sie wollen dem Menschen die aus der Besinnung und Ruhe erwachsenden Kräfte rauben, ihm mit Negativprognosen und Schreckensnachrichten in den Medien mit suggestiver Gewalt jegliche Hoffnung nehmen, ihn mit Ängsten vor Arbeitslosigkeit, Umweltzerstörung, Krieg, Hunger an eine selbstzerstörerische Ellenbogenmentalität oder eine resignierte „Null-Bock"-Stimmung binden und gleichzeitig eine Vielzahl von Suchtmitteln als „Ausweg zum Vergessen" anbieten. Der Zeitgeist versucht alles, den Menschen den schmalen Pfad zum Licht zu verwehren und ihn in das Elend der Selbstentfremdung zu führen. Grenzenlose Sinnlichkeit,

Gewalt-, Horror- und Actiondarstellungen finden sich immer häufiger in den Programmzeitschriften und ziehen die Zuschauer in ihren Bann. Als Ausdruck niederer Bewußtseinsschwingungen prägen sich ihre Bilder durch emotionale Gewalt tief in die Seelen der Menschen ein, ziehen dort beständig ähnliche Gedanken und Vorstellungen an, welche die erstarrte Gefühlswelt aufpeitschen und so ein kurzes Lebensgefühl vermitteln, das manch einem Menschen jedoch die letzten Lebensenergien raubt. Kirchenkreise benutzen z. T. die Reste ihrer gesellschaftlichen Macht und warnen durch Vorträge und tendenziöse Veröffentlichungen vor einer geistigen Erneuerung außerhalb ihrer Lehrvorstellungen, große Teile von Wissenschaft und Forschung bemühen sich, jegliche Erneuerung ihres dogmatischen Wirklichkeitsverständnisses zu unterdrücken. Der Staat, untergraben durch Korruption und Lobbyismus, wird meist von Menschen geführt, die als Marionetten von Industrie und Wirtschaft weit entfernt von einer höheren Bewußtheit leben.

Wie ein programmierter Irrsinn, abseits der einfachsten Erkenntnisse, wird jährlich die Fläche von Österreich, Dänemark und Holland in den tropischen Regenwäldern zerstört, darf weiterhin die Bevölkerung durch eine Unzahl von größtenteils unnötigen Medikamenten geschädigt werden, so daß Zehntausende allein in Deutschland auf diesem Wege zu Tode kommen (s. a. Kap. 6), während alternative Heilweisen und geistige Heilung im Abseits stehen. Mit dem gleichen Irrsinn werden 90 Millionen Tiere jährlich weltweit sinnlos zu Tode gequält (s. a. Kap. 6), ganz zu schweigen von den Millionen Menschen, die durch Menschenhand gequält oder ermordet werden. Unbekümmert aller öffentlichen Proteste und Risiken wird nach der Atomkraft jetzt in der Gentechnik der Menschheit der gefährlichste Irrweg der Wissenschaft aufgezwungen: So werden gentechnisch veränderte Nahrungsmittel mit kaum absehbaren Folgen ohne Kennzeichnungspflicht in verbrecherischer Weise an den Verbraucher geliefert und die Weichen für die gentechnische Manipulation des Menschen gestellt. Aus einem unerhörten Hochmut greift der begrenzte menschliche Geist, der seine Unkenntnis und Dummheit durch das von ihm erzeugte Chaos in der Welt bereits genügend unter Beweis gestellt hat, auf diesem Wege die innerste Wurzel der Schöpfungsordnung an. In der Gentechnik offenbart er seine größte Anmaßung als Geschöpf seinem Schöpfer gegenüber. Hier zeigt sich der letzte Ausdruck des menschlichen Wahns, aus sich selbst mächtig zu sein.

In einer atemberaubenden Geschwindigkeit arbeiten die Menschen, die meist unwissend zum willigen Werkzeug des Widersachers Gottes geworden sind, in ihrer geistigen Begrenztheit beständig daran, daß Leid und Not kein Ende nehmen. Es scheint, als wollte die negative geistige Macht alles aufbieten, die Menschheit vor ihrem geistigen Erwachen vollständig zugrunde zu richten.

Ein dornenreicher Weg

Der Schriftsteller Manfred Kyber schrieb bereits vor Jahrzehnten in seinem Buch „Die drei Lichter der kleinen Veronika":

„Es werden viele große Ereignisse in dieser Weltenwende geschehen, [...] damit die Menschen erwachen und es begreifen, daß die Heerlager von Weiß und Schwarz um ihre Seelen ringen."[12]

Je stärker das Licht, desto deutlicher die Schatten. Je klarer die jahrtausendelang bekämpfte und unterdrückte Urwahrheit einer höheren Wirklichkeit sich im Leben einer wachsenden Zahl von Menschen widerspiegelt, desto stärker werden auch die widergöttlichen Bewußtseinskräfte wirksam und sichtbar. Immer ungeschminkter tritt die Macht des Bösen als eine Kraft im Verhalten der Menschen zutage, die in allen Bereichen eine höhere Seinsordnung, die der göttlichen Liebe und Weisheit entsprungen ist, zu vernichten sucht. Mit aller Macht versuchen die widergöttlichen Kräfte, das Denken der Menschen zu erfüllen, um sie zu Werkzeugen ihrer lebensverneinenden Ziele werden zu lassen.

Den Ausgang des Ringens von Licht und Finsternis, von Macht und Allmacht bestimmt der Mensch, der durch seine bewußtseinsmäßige Ausrichtung in der gottgegebenen Freiheit seines Willens die Weichen zum Aufbau oder zur Zerstörung seiner Schöpfungswirklichkeit stellt. Doch bleibt ihm, wie das ständig wachsende Ausmaß der Zerstörung durch die negativen Kräfte zeigt, nicht mehr viel Zeit zur Umkehr.

## Eine bittere Mission

In einem Vortrag in Karlsruhe sagte Bruno Gröning:

„Ich habe zwar einen Beruf, und deswegen sage ich, ich bin ja nur ein Zimmermann, ich habe aber auch eine große Berufung, ich habe aber auch eine große Verantwortung. Hierin bin ich keinem Menschen diese Verantwortung schuldig [...]. Dieses, was ich hier tue, ist meine Mission. Ich bin mir meines Hierseins bewußt, und ich muß strikt dem folgen, dem Sie alle zu folgen haben."[13]

Prof. Hohmann, der aus großem Interesse für grenzwissenschaftliche Phänomene 1955 zu Bruno Gröning stieß, schrieb in seinen Betrachtungen über dessen Person und Wirken „Unter uns steht Einer, den kennt keiner":

„Immer wenn die göttliche Ordnung nicht mehr im Mittelpunkt des menschlichen Daseins stand wie heute bei uns, fanden sich Begnadete, die zur Besinnung und Rückkehr zum Allmächtigen aufriefen. Für solch eine Sondererscheinung halte ich Herrn Gröning. [...] Von Bedeutung war mir folgende Aussage [Bruno Grönings]: ‚Ich kann die Hilflosen nicht im Stich lassen. Ich habe einen zwingenden Auftrag. Mein Gewissen treibt mich. Ich muß allen Unglücklichen helfen, ich kann nicht anders.'"[14]

Künden nicht die heiligen Schriften aller Religionen davon, daß der höchste Geist, das allmächtige Wesen, immer wieder besonders gereifte Geister auf der Erde als Menschen inkarnieren ließ, um die übrige Menschheit durch diese über die Bedeutung ihres Lebens als Menschen zu belehren und ihnen den Weg des Geistes zu weisen? Sein Erbarmen für die Menschen war sogar so groß, daß Er als der Schöpfer der Unendlichkeit sich erniedrigte und Sein innerstes Wesen, die Liebe, auf die Erde sandte, wo sie als Jesus Christus den Weg der Demut und Selbstverleugnung unter den Menschen ging. Doch die wenigsten erkannten Ihn wahrhaft als den, der Er ist. Die Mission Bruno Grönings in der heutigen Zeit war nichts anderes als gelebte Nachfolge Christi. Es ist wohl eine besondere Tragik unserer „aufgeklärten" Zeit, daß man auch ihn und seine Sendung nicht erkannt hat. Die höhere Hilfe, die sich in ihm nach dem Leid zweier Weltkriege den Menschen offenbarte, lehnte man aus Eigensinn, Einbildung, Neid und Dummheit ab und verfolgte ihn bis zu seinem letzten Tage mit den Mitteln der heutigen Zeit durch mißgünstige, gehässige Presseberichte und langwierige Gerichtsprozesse. So wurde sein Weg sehr erschwert, und es wurde alles getan, um seine Botschaft für das breite Volk unglaubwürdig werden zu lassen.

In den bisherigen Erörterungen im Rahmen dieses Buches konnte jedoch hinreichend nachgewiesen werden, daß Bruno Gröning ein ganz anderer war, als er in den Medien vor der Öffentlichkeit dargestellt wurde. Seine Worte über die höhere Wirklichkeit entsprangen einem inneren Erleben und persönlichen Erfahrungen, und in seinem Wirken zeigte sich eine geistige Bewußtheit, die ihresgleichen sucht. Er erlebte die „religio", die Verbindung zum göttlichen Geist, in sich und wurde so zu einem Wissenden, dem der Auftrag gegeben worden war, die Schleier der Lüge und Verfälschung zu zerreißen, die das Bewußtsein der Menschen in den 2 000 Jahren nach Christi wieder vom Göttlichen getrennt hatten. Er wurde vielen zu einem Mittler, zu einem Wegweiser in die Freiheit einer lebendigen Gottverbundenheit; durch ihn fanden Menschen den bewußt erlebbaren Zugang zur Schöpferkraft, zum Lebensstrom Gottes, wieder und konnten somit den Weg des Leids hinter sich lassen.

Manch ein Geheilter sprach von einem Tor, das ihm durch die Lehre Bruno Grönings in seinem Herzen geöffnet worden wäre, ein Tor zu einer anderen Wirklichkeit, die bisher nur in Kirchen und manch einem Buch theoretisch beschrieben wurde, ihm aber nun erlebbar geworden sei. Andere verglichen seine Lehre mit einer Brücke, durch die sie auf eine verblüffend einfache Weise Zugang zum Göttlichen in sich gefunden hatten.[15] Grete Häusler berichtete mir über ein besonderes geistiges Erlebnis während einer Begegnung mit Bruno Gröning in den 50er Jahren. Sie hatte zwei Jahre zuvor am eigenen Körper Heilungen erlebt. Allein durch die Weitergabe ihres Erlebens traten in der Folge viele Heilungen sogar schwerster Leiden in Abwesenheit Bruno Grönings ein. So glaubte sie, schon alles zu wissen. Als Bruno Gröning sich in Österreich aufhielt, kam es zu einer kurzen Begegnung mit ihm vor einem seiner Vorträge.

Für einen Augenblick stand sie ihm allein gegenüber, er sah sie nur kurz an, es schien, als ob er ihre Gedanken erkannt hätte, und sie erlebte etwas Besonderes in sich:

„Ich stand in einem Tor, das mir, so wußte ich, durch die geistige Verbindung zu Bruno Gröning eröffnet worden war. Aus diesem Tor sah ich in einen Raum, von dem ich spürte, daß er unermeßlich groß war. Doch ich sah in diesem Raum nichts, es war nur alles grau in grau. Zu meinen Füßen begann ein Weg, von dem ich das erste Stück erkennen konnte. Ich wußte plötzlich in mir, daß dies das geistige Reich ist, und erkannte, wie wenig ich in Wirklichkeit wußte und welch eine Einbildung in mir Raum gefunden hatte. Ich spürte aber auch, daß Bruno Gröning dieses Reich, in dem ich mich unwissend und hilflos befand, kannte und mich führen wollte. Dies ist wahr geworden, ich habe nicht nur die Gesundheit durch ihn wiedergefunden, sondern konnte in all den Jahren durch seine Hilfe in diesem Reich des Geistes vieles unaussprechlich Schöne und Große im hellsten Licht erkennen und erleben, was mir vorher verborgen geblieben war."[16]

1958, ein Jahr vor seinem Tode, gab Bruno Gröning Grete Häusler während einer Gemeinschaftsstunde zwei zu einem Hufeisen geformte Stanniolbögen, und er fragte die Anwesenden, was dies wohl wäre. Einige bezeichneten es als Hufeisen, andere sahen nur einen Stanniolbogen darin.

Bruno Gröning gab aber nur eine kurze Erklärung: „Nein, das ist ein Tor."

Die meisten spürten, was er damit sagen wollte, obwohl er sich nicht weiter dazu äußerte.[17]

In einem Vortrag am 17.10.1950 in München wurde er deutlicher:

„Und weil der Mensch nicht mehr auf den eigentlichen, auf den göttlichen Weg zurückkonnte, weil die Brücke, die zu diesem führte, gesprengt war, und er war zusammengepfercht auf einem Häuflein und irrte nur so umher - die Brücke zu diesem wahren, göttlichen Weg habe ich gebaut, habe ich wieder aufgerichtet, und wenn Sie diese Brücke benutzen, wenn Sie darübergehen, kommen Sie auf den Weg, auf den göttlichen Weg, wo Sie selbst dann die Verbindung zu dem großen, einzigen göttlichen Werk haben, wo Sie dann den wahren, den echten, den richtigen, den göttlichen Lebensstrom erhalten, um dann weiter gut, vor allen Dingen auch gesund Ihr Leben fristen zu können.

Und wer über diese Brücke geht und den wahren göttlichen Weg weiter beschreitet, der wird ein ganz anderes Gefühl bekommen, der ist erstaunt über all das, was es da gibt, was er hier bisher noch nicht erkennen konnte."[18]

Durch die geistige Hilfe Bruno Grönings fanden viele Menschen ihre Gesundheit wieder, durch ihn erlebten sie die „religio", die Verbindung zum Geist Gottes, und konnten mitten in einer Zeit, die die höhere Wirklichkeit des Seins vergessen hatte, den uralten Pfad des Lebens wieder gehen. Ein Geschehen, das nach seinem Tode immer größere Ausmaße annimmt.

Einige derer, welche die heutigen Gemeinschaften des Bruno Gröning-Freundeskreises besuchen, berichteten mir, daß sie vorher lange gebetet hätten, ohne Gesundheit zu erfahren, doch hier wurde ihr Bitten plötzlich erhört, und sie wurden gesund. Andere hatten in großer Verzweiflung Gott um Hilfe gebeten und fanden kurze Zeit später zu der Gemeinschaft, in der viele dann die ersehnte Hilfe erlangten. Eine Heilerin sagte mir, daß nach ihrem Empfinden durch Bruno Gröning ein geistiger Kanal frei geworden wäre, ein Bild, das den Empfindungen einer Brücke oder eines Tores sehr nahe kommt. Tatsache ist, daß selbst Menschen, die bisher keinen, noch nicht einmal einen theoretischen Bezug zur Wirklichkeit jenseits der äußeren Sinne hatten, nur durch die gedankliche Verbindung zu Bruno Gröning die göttliche Kraft an und in sich erlebten. Sogar Heiler bemerkten erstaunt das besondere Ausmaß an geistiger Kraft, die ihnen in den Gemeinschaften des Bruno Gröning-Freundeskreises spürbar wurde. Ein Stuttgarter Heiler berichtete mir, daß er durch die Aufnahme der Heilkraft nach der Lehre Bruno Grönings wesentlich mehr Kraft zur Verfügung hätte, was sich in seinen Erfolgen bemerkbar mache.

Doch wie ist es verständlich, daß durch die geistige Verbindung zu einem Menschen die göttliche Kraft in besonderem Maße anderen zugänglich wird? Ist die Kraft Gottes nicht allumfassend und für jeden zugänglich? Bedarf man eines Mittlers?

Häufig verglich er den Menschen mit einem Radiogerät, das die Sendung eines Senders aufnehmen und wiedergeben kann. In gleicher Weise, wie durch dieses „technische Wunder" die Radiowellen über große Distanzen hinweg hörbar werden, so kann der Mensch, ein „göttliches Wunder", wie Bruno Gröning sagt, wenn er sich auf den „Sender Gottes" einstellt, dessen Sendung, dessen Kraft empfangen. Wie man aber durch ein Empfangsgerät mit geringer Leistung einen weit entfernten Sender nicht oder nur sehr undeutlich empfangen kann, so ist der Mensch, der oft schon nicht einmal mehr über genügend Energien verfügt, um seinen Körper voll zu beherrschen, meist nicht mehr in der Lage, die göttliche Sendung in ausreichender Klarheit und Stärke direkt zu empfangen. Während bei der Radiowelle die räumliche Distanz und die Leitung des Empfängers eine Rolle spielen, entscheiden die bewußtseinsmäßige Distanz und die innere Reife des Menschen über die Klarheit und die Stärke des Empfangs der göttlichen Sendung. Im technischen Bereich gibt es Zwischensender, die in der Lage sind, die Sendungen weit entfernter Sender aufzunehmen, und diese dann weiter ausstrahlen. In der Nähe einer entsprechenden Zwischenstation kann selbst ein Gerät mit schwacher Leistung die Sendung des weit entfernten Senders in großer Klarheit und Stärke empfangen. In gleicher Weise gibt es Menschen, die als Mittler, als Zwischenstationen zu dem unfaßbaren Göttlichen dienen, und anderen Menschen in besonderer Weise die Sendung, die Kraft Gottes zugänglich werden lassen, bis diese soweit gereift sind, d. h. durch eine entsprechende innere und äußere Lebensführung ihr Bewußtsein in einem solchem Maße mit dem göttlichen Geist verbinden können, daß auch sie die göttliche Sendung im größeren Maße direkt empfangen und wiederum andere selbstlos zur geistigen Selbständigkeit führen können.

Bruno Gröning in einem Vortrag in Karlsruhe:

„Nun werden Sie hier verstehen, der Hauptsender, sagen wir, ist in Amerika, und damit Sie in der Lage sind, auch die Sendung des Senders Amerikas aufzunehmen, muß diese Sendung über einen deutschen Sender, der dazwischen liegt, aufgenommen und weitergesendet werden, und dann sind Sie in der Lage, es aufzunehmen. So ist auch hier der Weg von Gott zu den [...] Erdenbürgern, die Sie hier sind, sehr weit. Sie verfügen noch nicht über die Energien, daß Sie in der Lage sind, weil Sie Ihren Körper noch nicht voll genützt, weil Sie noch nicht erkannt haben, daß auch in Ihnen die Verstärkung ist, daß Sie in der Lage sind, die Sendung Gottes direkt aufzunehmen. Dazu bin ich hier, Sie dazu zu bewegen, daß Sie später auch in der Lage sein werden, die Sendung direkt zu empfangen. Heute wird Ihnen diese Sendung übermittelt, da bin ich der Zwischen-, da bin ich der Erdsender, der weiter nichts hier zu tun hat, als die Sendung so aufzunehmen, und ich kann sie nicht anders weitergeben, als so ich sie empfange. [...] Das ist hier meine Aufgabe, das ist hier meine Mission. Es werden nicht Hunderte, nicht gar Tausende Menschen sein, so viele Sender, so viele Erdsender braucht Gott nicht. Aber daß hier und dort einer ist, der dem das leicht vermittelt, der selbst schwächer ist und diese weite Sendung nicht so in sich aufnehmen kann, und so muß ich wieder zu einem Gleichnis übergehen. Wenn Sie nur ein kleines Radiogerät haben, dann wird es Ihnen nicht möglich sein, die Sendung Hamburgs aufzunehmen, dem Hamburger, wenn er daselbst das Gerät hat, ist es nicht möglich, daß er die Sendung von hier aufnimmt. Das Gerät ist zu schwach, [...] hat nicht die Stärke in sich. Wenn man zu diesem Gerät zusätzlich einen Verstärker einbaut, dann ist es gut, aber bei uns, in unserem Körper braucht man keinen Verstärker einzubauen, den haben wir, Sie, meine lieben Freunde, haben ihn nur nicht genützt, Sie haben von dem all noch nichts gewußt. [...] Beweise hierfür muß ich nicht liefern, denn all das, was ich tue - in diesem Tun sind die Beweise."[19]

Die elektromagnetischen Wellen sind im Funkverkehr und bei jeder Radio- und Fernsehsendung zur Alltäglichkeit geworden. Sie lassen sich mit entsprechenden Geräten erfassen und in ihren Gesetzmäßigkeiten beschreiben. Die Tatsächlichkeit von Gedankenschwingungen oder -ausstrahlungen ist erwiesen (s. a. Kap. 4), und einige ihrer Gesetzmäßigkeiten deuten sich bereits an. Geistige Ausstrahlungen sind nicht an die Gesetze des dreidimensionalen Raums gebunden, die räumliche Distanz zwischen Sender und Empfänger scheint ohne Bedeutung zu sein, dafür ist die innere Distanz oder Verbundenheit von großer Bedeutung für die Stärke des Empfangs. Müssen im technischen Bereich Sender und Empfänger in ihrer räumlichen Anordnung aufeinander ausgerichtet sein, so scheint es im geistigen Bereich gleich zu sein, in welche Himmelsrichtung sich die Blicke von Sender und Empfänger wenden, richten sie sich nur innerlich aufeinander aus. Vermag ein starker technischer Sender eine große räumliche Distanz zu überbrücken, so vermag ein starker geistiger Sender große bewußtseinsmäßige Distanzen zu überbrücken.

Doch kann Gott den größten Teil der Menschheit aufgrund des erschreckenden Verfalls rein geistig nicht mehr erreichen, will Er nicht ihren freien Willen brechen. So bedarf Er Mittler, die durch ihre Lebensführung den äußeren Sinnen der Menschen die Wirklichkeit des Göttlichen erkennbar werden lassen und so den bewußtseinsmäßigen Fall des einzelnen in die geistige Finsternis der Gottesferne als sichtbare Werkzeuge des Höchsten aufhalten. Ist Gott dem einzelnen Menschen auch noch so unbegreiflich, so offenbart sich der Unbegreifliche in Seinen Boten und wird dem Menschen auf seiner Bewußtseinsebene verständlich, faßbar. Der Suchende richtet sich auf den Mittler innerlich aus und empfängt über ihn die Sendung Gottes und die göttliche Kraft. Je mehr der göttlichen Kraft er durch den neugefundenen Glauben an das Licht in sich halten kann, desto höher schwingt sein Bewußtsein. Er reift innerlich zum Licht und wird durch die geistige Hilfe des Mittlers, des Zwischensenders, der in seiner Aufgabe, Menschen zum Licht zu führen, eine große geistige Verantwortung trägt, zur Selbständigkeit, zur persönlichen Verbindung mit dem Höchsten geführt.

Die echten Mittler zum allmächtigen Geist erkennt man nicht an großartigen Reden oder äußeren Zeichen, sondern an ihrer Liebe und ihren Taten. Sie zeichnen sich in ihrem Wesen durch Selbstlosigkeit und Demut aus. Obwohl sie meist tief im Innersten Seinsebenen gefunden haben, die jenseits jeder Vorstellung liegen, und ihnen oftmals eine besondere geistige Macht zur Verfügung steht, liegt es ihnen fern, diese für sich selbst zu nutzen. Viele dieser begnadeten Menschen führen zudem ein Leben, das reich an schweren Schicksalsschlägen und persönlicher Not ist, scheinbar im Widerspruch zu ihrer inneren Gottesverwirklichung. So war auch der Weg Bruno Grönings von besonderen Härten gekennzeichnet.

In einem Nachruf zwei Jahre nach seinem Tod hieß es:

„Von denen, die Heilung begehrten, forderte Gröning Glauben und Vertrauen zu Gott, Meiden des Bösen und Ausschalten des Denkens an die Krankheit. Dieser aus einem geistigen Kraftfeld fließende Heilstrom konnte eben nur wirken, wenn die Menschen die Schwingungen ihres Denkens und Fühlens einigermaßen anpaßten, zumindest nicht durch Unglauben und Skepsis Kontaktsperren errichteten.

Von sich selbst verlangte er viel mehr. Er blieb bescheiden, war sich ständig in Demut bewußt, daß nicht er, sondern Es durch ihn als Transformator heilte. Seine Gebete um Beistand galten stets anderen, nie der eigenen Person.

‚Für mich selbst darf ich es nicht tun', sagte er gelegentlich zu Freunden, als das Schicksal ihn hart angriff und sie ihn aufforderten, jetzt mit seinen Kräften einzugreifen. Er blieb ein opferbereites Werkzeug seiner Sendung."[20]

Selbst engsten Freunden Bruno Grönings blieb unverständlich, warum er sich nicht in den vielfachen Nöten seines Lebens der ihm zur Verfügung stehenden geistigen Kräfte bediente, während er, wenn es um hilfesuchende

Menschen ging, eine geistige Bewußtheit in seinem Wirken zeigte, die dem Verstand schwer begreiflich war. Die Gedanken seiner Mitmenschen blieben ihm nicht einmal über große Distanzen verborgen. Zukünftiges war ihm in gleicher Weise zugänglich wie Vergangenes. Selbst schwerste Leiden wichen der von ihm vermittelten Kraft. Er war in der Lage, über große Distanzen hinweg sogar auf größeren Plätzen ein geistiges Kraftfeld aufzubauen, aus dem sich Tausenden ein leichter Zugang zur heilenden Kraft eröffnete. Reichte man ihm ein Buch, so konnte er, wie mir die Zeitzeugin Grete Häusler berichtete, beliebige Seiten vorlesen, ohne das Buch aufzuschlagen[21], selbst technische Geräte vermochte er durch seinen Geist zu beeinflussen (s. a. Kap. 4). Doch stellte er sich auf der anderen Seite Menschen wie Otto Meckelburg, Eugen Enderlin, E. A. Schmidt u. a., deren eigennützige finanzielle Interessen selbst Außenstehenden offensichtlich waren, band sich an Rechtsanwälte, die Grönings Aufgaben verkannten. Trotz diverser Einladungen aus dem Ausland blieb er gerade hier in Deutschland, wo ihm das Leben schwergemacht wurde. Während er jeden Hilfesuchenden dringend ermahnte, zur Aufnahme des Heilstroms Arme und Beine nicht zu kreuzen, stand er mit verschränkten Armen vor den Heilungssuchenden und kreuzte im Sitzen seine Beine. Während in seiner Umgebung und bis in die heutige Zeit viele Menschen durch die Aufnahme des Heilstroms nach seiner Lehre jegliches Verlangen nach Kaffee oder Zigaretten verloren, rauchte er letztere in großer Zahl, und der Kaffee konnte ihm nie stark genug sein. Hatte Bruno Gröning besonders in seinen letzten Jahren in der Zeit des großen Prozesses große materielle Engpässe zu bewältigen, so berichten bis in die heutige Zeit immer wieder Menschen aus den Gemeinschaften von erstaunlichen finanziellen Hilfen durch seinen geistigen Einfluß.

Er mußte selbst bis zu seinem Tod über Jahre langwierige Prozesse durchstehen, aber in der Verbindung zu ihm erlebten andere bis heute erstaunliche Hilfen in Gerichtsangelegenheiten.

Grete Häusler:

„Im Jahre 1955, als ich noch in Kärnten lebte, erhielt ich einen langen Bittbrief von einem Herrn N. aus Wien, der meine Adresse im Urlaub in Kärnten erhalten hatte. Er hatte Krebs und schien aufgegeben zu sein. Er wurde in kürzester Zeit durch die schriftliche Verbindung mit mir und der Gemeinschaft in Wien von der Belastung frei. Er berichtete von einem eigenartigen Erfolg: Er hatte einen Freund in Graz, gegen den ein Prozeß angelaufen war, und die Lage war für ihn aussichtslos. Am Tag des Termins stellte er sich in Wien ein und bat geistig Bruno Gröning, dem Freund beizustehen und ihm zu helfen, daß die Wahrheit an den Tag komme. Da berichtete der angeklagte Freund, daß er wie durch ein Wunder den Prozeß gewonnen hätte."[22]

Als Bruno Gröning im Jahr 1952 nach St. Veit/Glan in Kärnten kam, verwehrte man ihm nach dem ersten Vortrag auf Drängen der örtlichen Ärzteschaft die zweite geplante Vortragsveranstaltung. Grete Häusler, die damals die Vorträge organisierte, wurde über diese Tatsache von der Polizei aufgeklärt und aufgefordert, zusammen mit ihm zur Dienststelle zu kommen.

Sie berichtet aus ihren Erinnerungen:

„Was für eine bittere Überraschung für mich! Ich fand so schnell keine Erklärung für das Vorgefallene. Bruno Gröning beruhigte mich bei seiner Ankunft. Er habe dies alles schon im voraus gewußt. ‚Es muß alles so sein', sagte er. Das verstand ich nicht. Wie konnte jemand, der diese Unannehmlichkeiten und Gefahren auf sich zukommen sah, trotzdem kommen und sie auf sich nehmen?"[23]

Ähnlich reagierte Bruno Gröning, als sie ihm einmal beim Abschied wünschte, daß er verschont bleibe von falschen Mitarbeitern.

Er antwortete ihr nur: „Ganz falsch, das muß so sein."[24]

Er lieferte sich also mit einem klaren Wissen um das Wollen dieser Menschen ihren Zielen und Absichten bis zu einem bestimmten Grad aus, gab ihnen alles in die Hand und damit die Chance zur Umkehr, und erst dann, wenn sie sich überhaupt nicht ändern wollten, deckte er ihre Ziele auf und trennte sich von ihnen.

In einem Vortrag in München sagte er dazu:

„Was Menschen bisher nicht unversucht gelassen haben, ist das gewesen, an diesem kleinen Mann mit seinem Wissen und Können Geld zu verdienen. Sie glaubten, hier eine Goldgrube gefunden zu haben. Sie haben auch zum Teil die Möglichkeit gehabt, Geld zu verdienen; aber einen Nutzen davon haben sie Gott sei Dank nicht. Auch diese Menschen mußte es geben, und zwar deshalb, um herauszustellen, wer der Mensch ist, daß der Mensch über Leichen geht und nicht danach fragt, ob dem Kranken geholfen wird oder nicht. [...] Diese Menschen haben [...] nichts unversucht gelassen, in meiner Nähe zu sein. Ich weiß, es wird hier und dort die Frage aufgeworfen, ja, wenn der Mann so viel weiß, warum hat er das nicht gewußt, vielleicht weiß er gar nichts! Ob und inwieweit ich etwas weiß, werden Sie nach und nach zu wissen bekommen. Aber dieses mußte sein! Dieses Material hat zu dem Aufbau gefehlt, um für Sie alle den Weg freizubekommen. Ich muß einzelne Menschen haben, d. h., wie Sie sonst immer zu sagen pflegen: ,Er muß den Buckel hinhalten.' [...] Die Zukunft wird es beweisen, daß ich mich bei diesen Menschen bedanken werde. Und zwar werden sie alle namentlich [...] in einem Büchlein festgehalten, daß sie nicht mehr entrinnen können. Bisher war dies in der Zeitung festgehalten, aber die Zeitung wird weggeworfen, ein Büchlein bleibt, und jeder sieht, wer sie sind."[25]

Ein Verhalten, das notwendigerweise dem nüchternen Menschenverstand widersinnig erscheinen muß, denn rein äußerlich betrachtet, erschwerte er sich seinen Weg dadurch ungemein und schuf sich in der Öffentlichkeit durch die Racheakte und Verleumdungen der Menschen, die sich durch ihn bloßgestellt sahen, einen schlechten Leumund (s. a. Kap. 5).

Doch Aussagen von Zeitzeugen lassen es als wahrscheinlich gelten, daß Bruno Gröning von Anbeginn seines Wirkens um seinen schweren Weg wußte, selbst der Zeitpunkt seines Todes war ihm offensichtlich nicht unbekannt.

Inge Thiede, Zeitzeugin aus F.:

„Bruno Gröning hatte längere Zeit vor seinem Tode einmal zu mir gesagt, er wüßte genau den Tag und die Stunde, wann er wird heimgehen müssen. Und er hat auch gesagt: ,Ich kann allen Menschen helfen, aber mir selber nicht! Meine Stunde ist bestimmt, und die weiß ich.'"[26]

Es war, als ob es zu seiner Aufgabe gehörte, den Menschen nicht nur den Zugang zum Göttlichen wieder zu vermitteln, sondern für sie mitzutragen, sich bewußt den Manifestationen der negativen Macht auszusetzen, das Leid anderer auf sich zu nehmen. Bei seinen Vorträgen konnte man beobachten, daß er sich ganz ernst vor die Heilungssuchenden stellte und sagte:

„Geben Sie mir Ihre Krankheit! Geben Sie mir Ihre Sorgen! Sie werden damit nicht fertig. Ich trage sie für Sie. Mein Rücken ist breit."[27]

„Ich glaube mit Bestimmtheit sagen zu können, daß Sie all Ihre Sorge, all Ihr Leiden mir übergeben. Ja, Sorge auch. Wie ich damit fertig werde, ist meine Sache. Ich habe schon so viel aufgenommen und kann noch mehr dazunehmen."[28]

„Das Kreuz kann ich Ihnen nicht abnehmen, aber die Last."[29]

In einem Vortrag deutete Bruno Gröning einmal an, daß die Krankheiten über seinen Körper abgezogen werden. Da sprang eine Frau, die von schweren Gallenkoliken frei geworden war, auf und rief erregt: „Meine Schmerzen auch?" Er antwortete lediglich: „Ja, die auch", und fuhr in seinem Vortrag fort.[30]

Einem engeren Mitarbeiter gegenüber äußerte Bruno Gröning in seinen letzten Monaten ähnliches.[31]

Wie ist solch ein Geschehen verständlich? Kann ein Mensch für andere Krankheit, Leid und Sorgen auf sich ziehen? Was dem Verstand zuerst widersinnig erscheint, findet sein größtes Urbild im Leiden Christi, der selbst schuldlos die Schuld anderer geistig auf sich nahm, um zu erlösen. Es gab immer wieder begnadete Menschen, die in Seiner Nachfolge die Aufgabe hatten, für andere Leid auf sich zu nehmen, damit diese zum Licht des Christusgeistes in sich finden konnten.

Manch einer wird sich noch an den stigmatisierten Kapuzinerpater Pio (1887-1968) aus St. Giovanni Rotondo in Süditalien erinnern. Die wunderbarsten Heilungen und Bekehrungen geschahen in seiner Umgebung, doch er litt für seine „geistigen Söhne und Töchter" über 50 Jahre stärkste Schmerzen:

„Wie kann ich Dich vergessen," schreibt er (Pater Pio) an eine seiner geistlichen Töchter, „wo Du mich so harte Opfer gekostet hast und ich Dich für Gott im höchsten Herzensschmerz geboren habe?"[32]

In der Mitte des letzten Jahrhunderts sah die 14jährige Bernadette Soubirous an einer Stelle etwas außerhalb des kleinen Pyrenäenorts Lourdes plötzlich in einer Lichterscheinung eine ihr unbekannte Frau. Dieses geschah häufiger und verbreitete sich schnell in dem Dorf. Bald fand sich eine große Zahl von Menschen ein. Doch allein Bernadette Soubirous konnte die Dame sehen und mit ihr sprechen, allen anderen blieb sie unsichtbar. Die ortsansässigen Ärzte dachten an eine Hysterie des Mädchens, aber eine entsprechende Untersuchung konnte keine Hinweise für eine Geistesstörung erkennen lassen. Auf die Frage, wer die Dame sei, konnte Bernadette nur die ihr als junges Mädchen nicht begreifbaren Worte wiederholen:

„Qui soy era immaculada councepciou." - „Ich bin die unbefleckte Empfängnis."

Das Mädchen erfuhr seine Rechtfertigung, als es von der Erscheinung aufgefordert wurde, an einer bestimmten Stelle aus einer Quelle zu trinken. Äußerlich sah man nichts, dennoch begann es vor den Augen der wartenden

Menge zu graben und mit der feuchten Erde sein Gesicht zu „waschen". Nun dachte man, Bernadette sei völlig verrückt, und ihre Verwandten entfernten sie mit Gewalt von dem Ort. Die neugierige Menge verzog sich, aber einige, die zurückgeblieben waren, bemerkten, daß an dieser besagten Stelle plötzlich Wasser aus dem Boden trat und bald eine starke Quelle sprudelte. Dieses Wasser bewirkte und bewirkt bis heute die unglaublichsten, auch organischen Heilungen, die durch eine Kommission internationaler Ärzte bestätigt werden.

Doch während Menschen mit den schwersten Leiden in Lourdes ihre Gesundheit wiederfanden, trat Bernadette einen siebenjährigen Leidensweg an. Sie erkrankte an Knochentuberkulose, einem sehr schmerzhaften, langwierigen Leiden, dem sie später auch erlag. All die Aufforderungen an sie, doch auch das Wasser der Quelle in Lourdes für sich zu nutzen, schlug sie aus mit den Worten:

„... für mich ist die Quelle nicht."[33]

Pfarrer Naber, ein naher Beobachter des Geschehens um die stigmatisierte Therese Neumann von Konnersreuth (1898-1962), schrieb in seinem Tagebuch am 9. Mai 1931:

„In letzter Zeit hatte ich [...] bedrohlichen und bewegungsbehinderlichen Rheumatismus. [...] Am Morgen vermochte Theres nicht aufzustehen, [...] sie hatte den Rheumatismus gerade dort und mit den Behinderungen, wie ich ihn gehabt, nur doppelt schmerzhaft. [...] Ich aber konnte mich wieder anstandslos bewegen und fühlte kaum mehr eine Spur von Schmerz."[34]

Wie die Veröffentlichungen über das Geschehen von Konnersreuth zeigen, blieb dies kein Einzelfall. Therese Neumann litt, während andere gesundeten.

Dem aufgeklärten, modernen Menschen sind die Begriffe von Sünde und Schuld fremd geworden. Viel mag dazu der falsche Umgang mit diesen Worten beigetragen haben, der sie in den vergangenen Jahrhunderten zu Mitteln der geistigen Unterwerfung und Ausbeutung der Bevölkerung werden ließ. Insbesondere der Ablaßschwindel der katholischen Kirche, die über Jahrhunderte den Gläubigen vormachte, daß sie durch materielle Geschenke an die Kirche, den Besuch von bestimmten Stätten oder der Teilnahme an den mörderischen Kreuzzügen ihre zeitlichen Sündenstrafen verringern könnten, hat stark zu einer Verwässerung dieser Begriffe geführt. Ebenso trug ein dogmatisch verfestigtes Moralsystem, das ohne inneres Erkennen ein soldatisches Befolgen bestimmter überlieferter Vorstellungsmuster forderte, dazu bei, den Zeiger in das andere Extrem eines Lebens ohne eine leitende Moral umschlagen zu lassen.

Im Ursprung bedeutete das Wort Sünde Sonderung, Entfremdung vom Selbst, von der göttlichen Realität in sich, ein Verstoß gegen die göttliche Schöpfungsordnung. Diese Ordnung beinhaltet das göttliche Gesetz, dem jeder Mensch, ob er es nun kennt oder nicht, unterworfen ist. Hierin liegt auch das Gericht verborgen.

Nicht umsonst mahnte Bruno Gröning immer wieder seine Zuhörer, nur das Gute zu denken, zu sprechen und zu tun, denn mit jedem Gedanken, jedem Wort und insbesondere jeder Tat setzt der Mensch seine ihm von Gott mit auf den Lebensweg gegebene Schöpferkraft ein und erschafft geistig Strukturen, Formen und Verbindungen, die seine und die innere Entwicklung anderer behindern oder fördern. So formt er sein eigenes Schicksal selbst in jedem Moment seines Lebens und wirkt am Schicksal seiner Nächsten mit.

Die Gedanken, mit denen er sich innerlich und durch Wort und Tat in Verbindung gesetzt hat, bleiben oft lange Zeit an ihn geistig gebunden und können sich gemäß der ihnen eigenen geistigen Grundschwingung auswirken. Kommen sie aus der göttlichen Quelle, wirken sie sich immer wieder aufbauend auf die Seele des Menschen aus, entstammen sie aber dem Widersacher, hängen sie sich wie eine schwere Last an die Seele und können je nach ihrer Stärke auf lange Zeit eine Entwicklung zum Göttlichen behindern. Durch ihre dem Göttlichen entgegengesetzte Grundschwingung ziehen diese negativen Gedanken Lebenskräfte des Menschen an sich und können, so sie in größerer Zahl vorhanden sind, zum Keim für Krankheit und Not werden.

Handelt also der Mensch in seinen Gedanken, Worten und Taten gemäß der Ordnung Gottes, tut er das Gute, so kommt Gutes auf ihn zurück. Läßt er das Negative in sich zu und handelt danach, so kommt auch dies auf ihn zurück (s. a. Kap. 3).

Bruno Gröning:

„Jeder ist seines Glückes Schmied, denn was der Mensch sät, wird er ernten."[35]

„Jeder richtet sich nach seinen Gedanken."[36]

Im östlichen Kulturbereich und in vielen esoterischen Kreisen wird im Zusammenhang mit dem Begriff Schicksal häufig vom „Karma" des Menschen gesprochen.

In „Worte des Meisters" von Paramahansa Yogananda heißt es im Anhang dazu:

„Karma: das ausgleichende Gesetz des Karma ist, wie in den Hinduschriften erklärt wird, das Gesetz von Aktion und Reaktion, von Ursache und Wirkung, von Säen und Ernten. Die natürliche Gerechtigkeit sorgt dafür, daß jeder Mensch durch seine Gedanken und Handlungen zum Urheber seines Schicksals wird. Die Kräfte, die er durch seine weisen und törichten Taten selbst in Bewegung gesetzt hat, müssen zu ihm als dem Ausgangspunkt zurückkehren und gleichen somit einem Kreis, der sich unerbittlich schließt."[37]

Es bedarf keines strafenden Gottes, da sich der Mensch selbst straft, wenn er den gedanklichen Eingebungen der negativen Macht folgt, sich geistig mit dem Widersacher Gottes verbindet. Der Mensch verschließt sich selbst den Zugang zum Leben, wird zum Opfer seines falschen Wollens. Das Gesetz des Ausgleichs ist unerbittlich gerecht, all das Negative, das der Mensch durch Mißbrauch seiner geistigen Kraft schafft, muß wieder aufgelöst werden, all das Schlechte, das er anderen zufügt, muß wieder ausgeglichen werden. Dies ist meist mit Leid und Not verbunden.

Das selbst erwirkte Schicksal muß nicht innerhalb des Daseins, in dem die Seele des Menschen an den stofflichen Körper gebunden auf dieser Erde lebt, schon zur Auswirkung kommen. Dies kann auf anderen Ebenen des Seins geschehen und letzten Endes in einem späteren Dasein als Mensch auf der stofflichen Ebene. Somit kann manches Leid eines Kindes oder eines offensichtlich im Guten lebenden Menschen aus einem Leben vor dem jetzigen Erdenleben stammen.

Daher sagte Bruno Gröning: „Jeder Mensch bringt schon sein Schicksal mit auf die Welt."[38]

Auf der einen Seite ist davor zu warnen, einen Kranken als schlechten Menschen anzusehen, oft ist das Gegenteil der Fall; andererseits ist es falsch, schwere Schicksalsschläge immer nur auf die Abtragung früherer Schuld und als Zeichen für ein schlechtes Wesen des Menschen zu deuten. Manch ein behindertes Kind trägt für seine Eltern oder die Familie mit; viele Menschen, aufgrund von Behinderung scheinbar sozial unnütz, erfüllen einen ganz besonderen geistigen Dienst an anderen durch ihr Dasein. Wieder andere Menschen können aus ihrem freien Willen für viele, die sich nicht geistig zu schützen wissen, namenloses Leid bewirken, das nicht über die Menschen gekommen wäre, wären sie dem Guten gefolgt. Manch ein schwerer Schicksalsschlag ist zugelassen, um den Menschen, der in seinem Leben durch falsche Lehren der Gesellschaft vom Wahren in sich weggeführt wurde, für das Göttliche wieder empfänglich zu machen. Die negativen Kräfte, die er unbewußt durch eine falsche Erziehung genährt hatte und die nun scheinbar zum persönlichen Schaden zur Auswirkung in seinem Leben kommen, werden diesem Menschen somit indirekt zum Helfer, zum Licht zurückzufinden. So zeigt es sich oftmals als Gnade, wenn negative Energien noch während des Daseins im Körper schicksalsmäßig zur Auswirkung kommen, denn auf diese Weise ist eine geistige Kurskorrektur vor der Ablösung der Seele noch möglich. Auf der anderen Seite liegt eine besondere Tragik über dem Dasein der Menschen, die scheinbar unberührt von der Macht des göttlichen Gesetzes das negative Prinzip in ihrem Leben bei relativ guter Gesundheit und weltlichem Erfolg „ungestört" offenbaren und somit ohne eine innere Umkehr zum Göttlichen in der Bindung an die negative Macht ihren Körper ablegen. Gefesselt an die Auswirkungen ihrer eigenen Schöpfungen müssen diese oft lange Zeiträume in großer Qual in den jenseitigen Ebenen des Seins verharren (s. a. „Es gibt keinen Tod").

Der menschliche Verstand ist so begrenzt und vermag nicht all die Vielzahl an Ursachen zu überblicken, die eine seinen groben Sinnen zugängliche Wirkung hervorrufen. Die schicksalsmäßigen Verknüpfungen einzelner Menschen, aber auch ganzer Völker, entziehen sich einfach der menschlichen Erkenntnis. Es ist lediglich der eine unendliche Geist, der hinter dem scheinbaren Chaos des Weltgetriebes steht, dessen Blick keine Grenze in Vergangenheit und Zukunft kennt, der aber Seine Wege durch die Liebe und Barmherzigkeit diktieren läßt, die immer über dem Gesetz stehen. Der Mensch jedoch sollte sich in seinem Verhalten seiner hohen Verantwortung sich selbst und anderen gegenüber bewußt werden. Die unbestechliche Gerechtigkeit des göttlichen Gesetzes müßte ihn verstärkt zum Guten mahnen und ihn dazu führen, sich immer wieder zur Ordnung zu rufen. Unermüdlich sollte er bestrebt sein, gemäß seiner inneren Erkenntnis den Weg des Geistes zu gehen, um in der Verbindung zur Allmacht die sich durch eigenes und fremdes Verschulden offenbarenden negativen Energien seiner Seinsebene durch die Macht des göttlichen Liebelichts aufzulösen.

Doch sind die Menschen allein zu schwach, die Folgen ihres falschen Handelns zu tragen. Durch die beständige Zunahme des Einflusses der widergöttlichen Bewußtseinskräfte im Laufe der Jahrtausende haben sie sich derart mit Negativität belastet, deren schicksalsmäßige Folgen und Wirkungen sie über endlos lange Zeiträume vom Zugang zum göttlichen Licht in sich ausschließen würden, käme das Gesetz des Ausgleichs für jede Seele zur Auswirkung. Hierin liegt der eigentliche Grund für die Inkarnation und das

Sühneopfer des Gottesgeistes als Jesus Christus vor 2000 Jahren. Denn nur auf diesem Wege konnte die Menschheit aus ihrer selbsterwirkten geistigen Gefangenschaft befreit werden, ohne daß ihr freier Wille angetastet oder das Urgesetz des Ausgleichs aufgehoben wurde. Einer mußte die durch den Mißbrauch der Schöpferkraft, durch den verführten Geist des Menschen geschaffene Negativität auf sich ziehen und in ihrer sichtbaren Offenbarung als Leid tragen. Je höher das Gotteslicht der Seele, desto mehr Negativität vermag sie aufzulösen, auszutragen, ohne daran zu zerbrechen. Das scheinbare Scheitern der Mission Christi am Kreuz auf Golgatha konnte somit Grundlage zur Befreiung aller werden.

Es heißt in Händels Oratorium vom Leben Jesu:

„Wahrlich, er trug unsere Qual und litt unsere Schmerzen, ward verwundet um unsre Sünde, ward zerschlagen um unsre Missetat; unsere Strafe liegt auf ihm zu unserem Frieden."[39]

„Er ist dahin aus dem Lande des Lebens, der um die Sünden seines Volkes wurde geschlagen."[40]

Das göttliche Gesetz fordert nur den Ausgleich der durch den menschlichen Geist geschaffenen Negativität. Diese kann auch ein anderer auf sich nehmen. Da die Menschheit nicht dem Weg des Meisters aller Meister folgte und Seine Erlösung an vielen somit nicht wirksam werden konnte, trugen in Seiner Nachfolge weiterhin Menschen für andere mit, wenn es der Wille des Höchsten war. Nicht nur viele christliche Heilige litten für das Heil ihrer Nächsten. In allen Religionen gab es innerlich weit gereifte Menschen, die nach dem Willen Gottes die geistige Schuld anderer auf sich zogen, um deren Weg in die höheren Ebenen des Seins zu erleichtern. Der indische Yogi Paramahansa Yogananda berichtet in seiner Autobiographie von seinem geistigen Lehrer Sri Yukteswar, der lebensgefährlich erkrankt war, aber doch wieder gesundete:

„Sri Yukteswar hatte durch seine Fiebererkrankung in Kaschmir viele Sünden seiner Jünger ‚verbrannt', um ihnen dadurch zu helfen. Hoch entwickelte Yogis können [...] die Krankheiten anderer Menschen auf ihren eigenen Körper lenken. Ebenso wie ein starker Mann einem schwächeren beim Tragen seiner schweren Bürde helfen kann, so kann auch ein geistiger [...] [Meister] die körperlichen und seelischen Leiden seiner Jünger mildern, indem er einen Teil ihres Karmas auf sich nimmt. Und so wie ein reicher Mann gern einen Teil seines eigenen Geldes opfert, um die Schulden seines

‚verlorenen Sohnes' zu bezahlen und ihn damit vor den Folgen seiner Torheit zu bewahren, so opfert auch ein Meister seine Gesundheit, um das Leiden seiner Jünger zu vermindern. [...] Ein Meister, der Gott während seines jetzigen Erdendaseins gefunden hat, sorgt sich nicht mehr um seinen Körper. Selbst wenn er ihn krank werden läßt, um anderen Menschen zu helfen, wird sein ungebundener Geist davon nicht berührt. Er schätzt sich glücklich, anderen diese Hilfe geben zu können. Sobald man seine endgültige Befreiung in Gott erlangt hat, ist der Zweck des menschlichen Körpers erfüllt; dann kann ein Meister nach Belieben über ihn verfügen.

Die Aufgabe eines in der Welt lebenden [...] [geistigen Meisters] besteht darin, das Leiden der Menschheit zu lindern; und das kann er auf verschiedene Art und Weise tun: durch geistige Techniken, weise Ratschläge, durch seinen starken Willen oder durch Übernahme körperlicher Krankheiten. Obgleich ein Meister jederzeit ins Überbewußtsein eingehen und seine Krankheit vergessen kann, zieht er es oft vor, seinen Jüngern ein Beispiel zu geben, indem er körperliche Schmerzen tapfer erträgt. Dadurch, daß ein Yogi - sozusagen als Stellvertreter - die Krankheiten anderer auf sich nimmt, tut er dem karmischen Gesetz von Ursache und Wirkung Genüge. Dieses Gesetz arbeitet mit mechanischer und mathematischer Genauigkeit, und ein göttlich Weiser [...] kann ohne weiteres in sein Räderwerk eingreifen.

Die geistigen Gesetze verlangen von einem Meister jedoch nicht, daß er jedesmal krank wird, wenn er einen Menschen heilen will. Gewöhnlich heilen die Meister direkt, ohne selbst in Mitleidenschaft gezogen zu werden. In seltenen Fällen jedoch, wenn ein Meister die Entwicklung seiner Jünger besonders beschleunigen will, trägt er einen großen Teil ihres schlechten Karmas an seinem eigenen Körper ab.

Jesus sagte von sich selbst, daß er gekommen sei, um sein Leben zur Erlösung für viele zu geben. Er hätte die Kreuzigung aufgrund seiner übernatürlichen Kräfte ohne weiteres abwenden können, doch er unterwarf sich freiwillig dem unaufhaltsamen kosmischen Gesetz von Ursache und Wirkung. Denn dadurch hatte er Gelegenheit, das Karma anderer Menschen, insbesondere das seiner Jünger, abzutragen und sie so weit zu läutern, daß sie später imstande waren, den auf sie herabsteigenden Heiligen Geist zu empfangen."[41]

Es ist nur bestimmten Menschen die Aufgabe übertragen, nach dem Vorbild Christi die Negativität, die andere Menschen wissentlich und unwissentlich an sich gezogen haben, in einem bestimmten Ausmaß auf sich zu nehmen, damit die anderen schneller frei werden können. Diese Menschen werden durch ihr Leid auf ihre Weise Mithelfer an der Erlösung anderer, ohne dabei aber selbst Erlöser sein zu können, denn der wirkliche Erlöser ist und bleibt, wie Bruno Gröning einmal sagte, „der Heiland allein".[42]

Auf der anderen Seite sollte an dieser Stelle aber auch unmißverständlich deutlich gemacht werden, daß die Vorstellung vieler Christen in den letzten Jahrhunderten, körperliches und seelisches Leid nach dem Vorbild Christi tragen zu müssen, um Christus ähnlich zu werden, dem Wesen Christi als Heiland widerspricht. Wie kann ein Mensch dem göttlichen Geist dienen, so er die Negativität, die sich in seinem Leben und seinem Körper als Krankheit und Not äußert, in den Gedanken:

„Ich nehme mein Leiden nach dem Vorbild Christi an und will für ihn weiter leiden",

geistig festhält und damit das Wirken des Erlösers, der die Negativität auf sich nehmen will, verhindert? Bruno Gröning wies immer wieder darauf hin, daß der Mensch, um erlöst zu werden, sich von allem Leid gedanklich lösen muß, daß Gott die Menschen gesund und glücklich geschaffen hat und Er sie nicht leidend haben will.[43] Das Wesen Gottes ist nicht das Leid, sondern strahlende Gesundheit und höchste Glückseligkeit. Die falsche Einstellung, Leid hinzunehmen, Krankheit „gottergeben" zu tragen, um sich auf diesem Weg vielleicht den Himmel erleiden zu können, ist durch Menschen in das Christentum gebracht worden und hat nichts mit der Lehre Christi zu tun. Besonders tragisch ist diese Entwicklung, da man auf diese Weise das Schwinden der Körper und Seele erlösenden geistigen Kraft des Christusgeistes in der Institution Großkirche verdecken konnte. Es ist nur Einer, der bestimmt, ob ein Mensch die innere Reife und Bestimmung in sich trägt, Leid für andere mitzutragen. Der Mensch darf sich nicht anmaßen, die sich als Leid offenbarenden Auswirkungen seines eigenen Fehlverhaltens als Nachfolge dessen anzusehen, der sich schuldlos opferte. Dies steht ihm nicht zu.

Grete Häusler berichtete mir, daß es ihr lange Zeit schwerfiel, wirklich zu verstehen, warum Christus die Bestimmung auf sich genommen hat, für andere zu leiden und äußerlich so schmählich zugrunde gehen mußte. Gespräche mit einer befreundeten Gemeindeschwester und einem Freund aus der damaligen Gemeinschaft Bruno Grönings, der als Anthroposoph tiefen Einblick in die geistigen Hintergründe hatte, konnten nur ihrem Verstand Antworten vermitteln, ohne ihr im Herzen das wahre Verständnis für das Geschehen zu geben. So bat sie an einem Abend, es war Ostern 1953, innig im Gebet Gottvater, daß auch ihr das ersehnte Verstehen geschenkt werde.[44]

Im Januar 1954 war sie bei Bruno Gröning zu Besuch. Auf einmal fühlte sie ein solches Ausmaß an „Heilstrom" durch ihren Körper fließen, daß sie sich hinlegen mußte. Dann wurde ihr ein geistiges Erlebnis geschenkt. Dabei war sie, wie sie mir berichtete, bei klarem Bewußtsein und konnte ihre Umgebung beobachten und alles verstehen, was gesprochen wurde, doch in sich erlebte sie die Verurteilung, den Kreuzgang und die Kreuzigung Christi. Dabei fühlte sie all das Leid an sich selbst, spürte die entsetzliche Schwere des Kreuzes, sah die Menschen und die römischen Soldaten, spürte ihre schmerzhaften Schläge und die Qual der Dornenkrone:

„Ich erlebte in mir, daß die Schwere des Kreuzes, das mit jedem Schritt noch schwerer wurde, geistig die Sünden der Menschen war, und spürte, wie Jesus Christus all Seine Macht, die ganze Fülle der geistig-göttlichen Kräfte in sich aufnehmen mußte, um all dies zu ertragen. Und doch war es noch so schwer, daß Er darunter zusammenbrach. Dies alles erlebte ich so lebendig mit, als wenn das Kreuz in diesen Momenten auf mir ruhen würde und Sein Leid in mir spürbar wurde. Dann kam Golgatha. Ich kann es nicht beschreiben, was das für entsetzliche Schmerzen waren, durch die Hände und Füße angenagelt zu werden, und dann das Hängen an dem Kreuz, das ist so qualvoll, ich weiß einfach keine Worte dafür."[45]

Bis zum Tode Christi erlebte sie alles mit, dann berührte Bruno Gröning sie leicht an den Zehen, und die Vision wich:

„Ich setzte mich auf, Bruno Gröning schaute mich nur an und fragte: ‚Wie geht es Ihnen jetzt, wie fühlen Sie sich?' Die Qual war plötzlich verschwunden, und statt dessen war ein wunderbares Gefühl in mir, ich fühlte mich, wie soll ich das sagen, ja, wie zu Hause. Aber damit meine ich nicht das äußere Zuhause, sondern das innere Zuhause. Ich hatte in meinem Herzen Zugang zu etwas gefunden, was ich nur als Heimat bezeichnen kann.

Ohne weiteres zu sagen, begab sich Bruno Gröning in die Stube, wo seine Frau schon ein kleines Essen bereitet hatte. Es waren noch ein Onkel und ein anderer Verwandter da, die von dem Geschehen aber nichts mitbekommen hatten. Das Gespräch bewegte sich um alltägliche Themen. Nach einiger Zeit schaute mich Bruno Gröning an und sagte scheinbar nebenbei zu mir: ‚Ich weiß auch, was andere beten.'

Sofort redete er weiter, keiner der Anwesenden verstand den Zusammenhang, nur ich erkannte, daß er um mein inniges Gebet um Ostern 1953 gewußt hatte und mir das innere Erlebnis schenken durfte. Ich verstand seitdem in meinem Herzen in einer mir bisher nie faßbaren Tiefe, warum Jesus Christus die Sünden der Menschen auf diese schmähliche Weise bitter austragen mußte, ein Geschehen, das sich jedes Jahr zu Ostern geistig wiederholt."[46]

Der ans Äußere gebundene Mensch steht vor dem Kreuz und sieht nur den Tod des Leibes. Für ihn wird Christi Tod zum offensichtlichen Zeichen des Scheiterns Seiner Mission der Liebe und des Friedens und Seine Auferstehung zur Sage. Dem innerlich aufgeschlossenen Menschen aber wird das höchste Mysterium des Geistes hinter Christi Leiden spürbar, da sein Bewußtsein sich über die Grenzen des Todes erheben kann. Aber erst eine besondere Gnade kann dem Menschen das Geschehen auf Golgatha in seiner wahren Größe nachfühlbar werden lassen. In gleicher Weise bleibt dem ans Äußere gebundenen Menschen der Sinn des Leidens derer verborgen, die in der Nachfolge Christi für andere Negativität auf ihrem Lebensweg trugen.

So liegt auch über dem schweren Weg Bruno Grönings und seinem relativ frühen Tod ein Geheimnis, dem man nur durch ein besonderes inneres Erkennen näherzutreten vermag. „Das unerkannte Leid des Verkannten" kann ich dem Leser nur in Form von Fragmenten, in Aussagen von Zeitzeugen, einzelnen Bemerkungen Bruno Grönings darstellen, die mir im Rahmen meiner Recherchen zugänglich wurden, so daß viele Fragen unbeantwortet bleiben müssen. Bruno Gröning hatte selbst engsten Freunden gegenüber die schwerste Dimension seines Auftrags verborgen gehalten. Nur selten sprach er über sich selbst, und manch eine Bemerkung über sein Schicksal gegenüber einigen ihm nahestehenden Menschen fand erst Jahre später durch die Ereignisse ihre Erklärung. Sein Leid und der schwere geistige Kampf zur Erfüllung seiner Mission wurde nur den wenigsten spürbar. Selbst seine Frau erfuhr erst in seiner letzten Zeit davon. Nur einige Male ließ er einzelne Personen ganz bewußt etwas von dem erkennen, was er geistig zu tragen und zu lösen hatte. So erlebte auch Grete Häusler, die Bruno Grönings Wirken nach ihrer Heilung neun Jahre verfolgt hatte, einmal eine Situation, die sie nach all den Jahrzehnten noch immer sehr berührt:

„Bei Bruno Grönings Hochzeit ergab sich folgende Situation: Er saß kurze Zeit etwas abseits, und auch ich führte kein Gespräch und saß einige Meter von ihm entfernt allein. Als ich ihn dann einmal kurz ansah, erschrak ich, denn so hatte ich ihn noch nie gesehen. Sein Gesicht war grau, es war, als wäre er gar nicht mehr in seinem Körper. Den Ausdruck seines Gesichts werde ich nie vergessen. Ich habe noch nie solch eine abgrundtiefe Verzweiflung gesehen, so einen Schmerzensausdruck, wie in diesem Moment. Ich hatte das Gefühl, als lastete auf ihm die tiefste Dunkelheit, als wenn er ganz allein in seiner Seele durch Höllen schritt. Ich spürte, daß keiner von dieser großen Qual, die er trug, wußte, keiner erlebte, was mir in diesem Moment an Erkennen geschenkt wurde. Es war in mir das Bedürfnis, ihm helfen zu wollen, ich wollte ihm zeigen, daß er nicht ganz allein ist, daß ich Mitgefühl habe, ihm zur Seite stehen will - da ging die Tür auf, und Ehepaar Riedinger, zwei Freunde aus Karlsruhe, traten ein und gingen auf Bruno Gröning zu, um ihn herzlich zu beglückwünschen. In Sekundenschnelle war wieder Farbe in seinem Gesicht, er war wieder voll da und wandte sich den Riedingers zu. Frau Riedinger bat ihn sofort um Hilfe für zwei Kranke, wurde aber von E. A. Schmidt zurechtgewiesen. Er sagte ihr, sie solle doch an diesem Tag Bruno Gröning mit solchen Anliegen in Ruhe lassen, er solle am heutigen Tag nur für sich und seine Frau dasein. Doch im selben Augenblick, als Frau Riedinger um seine Hilfe gebeten hatte, strahlte plötzlich eine Freude und ein Glanz aus seinen Augen. Es ging von ihm wieder ein Licht aus, wie ich es besonders dann erlebte, wenn er helfen konnte. Bruno Gröning erwiderte nur: ‚Lassen Sie Frau Riedinger, ich will helfen, ich bin ganz dabei.' Bis heute blieb mir unvergessen in Erinnerung, wie sich ein Mensch innerhalb kürzester Zeit geistig von den tiefsten Tiefen zu den höchsten Höhen bewegen kann.

Ich glaube, daß er in seinem Leben große Tiefen innerlich überwinden mußte, was sein Letztes gefordert hat. Er mußte das Böse überwinden, damit den Menschen nach seinem Tod das Gute in dem Ausmaß zugänglich werden konnte, wie ich es an vielen Menschen und an mir selbst in all den Jahrzehnten erlebt habe."[47]

In handschriftlichen Aufzeichnungen fand sich eine Notiz Bruno Grönings aus dem Jahr 1949:

„Es blieb mir nichts anderes übrig, als die Sperrkette des Bösen zu durchbrechen. Ein Zurück gab es nicht, nur vorwärts, aufwärts, ohne dabei müde zu werden."[48]

Und in Vorträgen sagte er:

„Der Weg für Sie war versperrt mit Dornengestrüpp, den habe ich Ihnen frei gemacht. Gehen Sie jetzt."[49]

„Mein Kampf dem Bösen! Mein Leben ist Gott!"[50]

„So ist mein Weg der Weg des Leidens. Ich leide nicht für mich, ich hätte es nicht nötig. [...] Nicht, daß ich mich deshalb hervorheben will [...]. Mit menschlichem Verstand ist das nicht zu verstehen, nicht zu prüfen."[51]

„Es gibt der Menschen so viele, und es lohnt sich schon, daß man ihretwegen auch leidet."[52]

In der schwersten Zeit während seiner letzten Lebensjahre wies Bruno Gröning einmal, wie mir eine Zeitzeugin berichtete, in dem ihm eigenen Humor sinnbildlich für seinen dornenreichen Weg auf seine Heimatadresse hin. Er wohnte in Plochingen, Im Dornendreher 117.[53]

Katharina Layer, Zeitzeugin aus P., war in den letzten Monaten vor dem Tod Bruno Grönings häufiger mit ihren Eltern in seiner Umgebung gewesen. Mit großem Unverständnis verfolgte sie die Angriffe gegen seine Person in der Öffentlichkeit, da sie ihn selbst ganz anders kannte. Sie erlebte mit, wie schwer Bruno Gröning all die Verleumdungen, Falschdarstellungen über seine Person und sein Wirken und die langwierigen Prozesse waren.

Sie berichtete mir:

„Ich glaube, es ist ihm sehr nahegegangen, alles was gegen ihn lief, es hat ihn sehr getroffen, tief verwundet. Gewehrt hatte er sich, aber ich hatte das Gefühl, daß ihm zum Schluß keine Möglichkeit mehr blieb, sich zu wehren, weil man zuviel gegen ihn intrigiert hat, zuviel gegen ihn gemacht hat. Ich als junger Mensch habe all die Anfeindungen gegen ihn damals sehr schmerzlich empfunden. Er war für mich der beste Mensch, der mir je begegnet ist, der gütigste Mensch, und ich mußte immer wieder auch mit Jesus Christus die Parallele ziehen. Wenn ich manches nicht begreifen konnte, dann dachte ich an Jesus, und dann wurde es mir wieder klar, und dann habe ich gedacht: ‚Natürlich, er muß den gleichen Weg gehen.'"[54]

Der, der für einen höheren Auftrag alles gibt, sogar sein Leben, um aus Liebe mitzuhelfen, die Menschen aus der Macht der zerstörenden Kräfte zu lösen, steht meist allein. Es sind nicht nur die Last und die hohe Verantwortung des Auftrags, die auf ihm ruhen. Mit aller Kraft bäumt sich die widergöttliche Macht gegen ihn auf, sucht sein Bewußtsein vom Göttlichen zu trennen, hetzt andere Menschen gegen ihn auf und versucht alles, ihn an der Erfüllung seines Auftrags zu hindern.

Dabei lassen durch alle Jahrhunderte hindurch Neid, Arroganz, Dummheit und Haß Menschen zu willigen Werkzeugen des Widersachers werden, die alles tun, um die Botschafter der höheren Wirklichkeit zum Schweigen zu bringen.

In einem vorangegangenen Kapitel wurden die großen Bemühungen Bruno Grönings für ein ungehindertes Wirken eingehend beschrieben. Mit welchen Konsequenzen für seinen körperlichen Zustand aber die beständige Behinderung seiner Tätigkeit verbunden war, ahnte kaum ein Zeitgenosse. Lediglich einige ihm besonders nahestehende Menschen ließ er tiefer blicken. Grete Häusler berichtete mir über ein Gespräch Bruno Grönings mit dem bekannten Dichter Hans Sterneder. Dieser sprach Bruno Gröning auf seinen deutlich verdickten Hals an. Wie viele seiner Zeitgenossen vermutete er, dahinter einen Kropf, eine krankhafte Vergrößerung der Schilddrüse, zu erkennen. Bruno Gröning erwiderte ihm: „Ich habe keinen Kropf, ich habe nur eine Drüse, und wenn ich für Tausende von Menschen wirken kann, schwillt sie so an, daß sie bis zur Brust reicht, und ich fühle mich sehr wohl. Wenn ich nur für Hunderte wirken kann, dann wird sie kleiner, und ich fühle mich noch wohl. Wenn ich aber nur zu wenigen sprechen kann, dann wird sie ganz klein, und dann fühle ich mich überhaupt nicht wohl, und wenn man mir das Wirken verbieten wird, so verbrenne ich innerlich."

Die Verdickung des Halses von Bruno Gröning gab zu seinen Lebzeiten zu den unterschiedlichsten Gerüchten Anlaß, und vielfach wurde er aus diesem Grunde verspottet. Auch ich vermutete von meiner ärztlichen Sicht anfänglich in der Vergrößerung seines Halses einen Kropf, wurde jedoch während meiner Recherchen eines anderen belehrt. Augenzeugen, so auch Inge Thiede, bestätigten mir, daß bei Vorträgen Bruno Grönings eine deutliche Größenzunahme seines Halses zu beobachten war, die um so deutlicher wurde, je mehr Heilungssuchende anwesend waren. Nach Abschluß des Vortrages bildete sich diese wieder zurück. Ein solcher Vorgang ist mit einer krankhaften Vergrößerung der Schilddrüse nicht vereinbar und vom jetzigen medizinischen Wissensstand unerklärlich. Aus der Lehre von den Energiezentren des Menschen (Chakren) ist zudem bekannt, daß die Schilddrüse mit dem fünften Chakra energetisch verbunden ist, dieses soll wiederum mit dem Wort verbunden sein. Das Wirken Bruno Grönings geschah im wesentlichen durch das gesprochene Wort. Es deuten sich hier Zusammenhänge an, die heutzutage noch weitgehend unbekannt sind und den voreiligen Kritiker zur Zurückhaltung mahnen sollten. Zu groß ist die Unwissenheit der meisten Menschen über die Grundgesetze des Lebens und das Wirken der geistigen Energien im menschlichen Körper, um ein kompetentes Urteil abgeben zu können. Dies gilt im besonderen aber auch für den Tod Bruno Grönings. Es ist erschreckend, wie leichtfertig auch hier in der Presse geurteilt und aus Unwissenheit und Überheblichkeit Unwahrheiten verbreitet wurden.[55]

Die Zeitzeugen Christa und Werner Hasse berichteten mir aus ihrer gemeinsamen Zeit mit Bruno Gröning:

„Bruno Gröning hatte uns gegenüber mehrfach deutlich werden lassen, daß er innerlich verbrennen werde, wenn man ihm das Heilen verbietet. Wir konnten anfangs mit dieser Bemerkung nichts anfangen. Erst als wir einige Jahre später von seinem Tod hörten, ahnten wir, was er uns damit sagen wollte."[56]

Dies wurde mir auch noch von anderen Zeitzeugen bestätigt. Bruno Gröning wußte offensichtlich, daß sich die Kräfte, die ihm seit Beginn seines öffentlichen Wirkens in großem Maße zuflossen, zerstörend auf seinen eigenen Körper auswirken würden, wenn er gehindert würde, sie den Hilfesuchenden weiterzugeben. So waren seine letzten Jahre, in denen sein Wirken durch Verleumdungen seiner Person in der Öffentlichkeit und das Heilverbot nur auf eine geringere Zahl von Menschen beschränkt war, ein bitterer und leidvoller Kampf um seine Lebenszeit.

Seine Frau berichtete einmal, daß er auf Fahrten zu Vorträgen vor Hilfesuchenden oftmals angehalten und sich vor Schmerzen auf dem Boden gewunden habe, während des Vortrags aber war er wieder der Gebende, der nur helfen wollte, keiner merkte ihm an, unter welchen Schmerzen er litt.[57]

Während eines Vortrags in Rosenheim litt eine Teilnehmerin unter kaum auszuhaltenden Schmerzen, besonders im Magen, Schmerzen, die sie vorher nie gehabt hatte. Nach dem Vortrag bedankte sich Bruno Gröning bei ihr und deutete ihr an, daß er für diese Zeit frei gewesen sei.[58]

Im November 1958 fiel Josette Gröning auf, daß ihr Mann Bruno im Laufe dieses Monats abmagerte. Sie teilte diese beunruhigenden Symptome einem befreundeten Arzt in Paris mit (Josette Gröning war Französin), der auf eine Untersuchung drängte. Bevor sie mit ihrem Mann nach Paris fuhr, sagte er ihr, daß er wisse, was ihm fehle, ihm aber keiner helfen könne. In Paris stellte Dr. Pierre Grobon durch mehrere Röntgenaufnahmen Magenkrebs im fortgeschrittenen Stadium fest.

Dem Drängen des Arztes zu einer sofortigen Operation gab Bruno Gröning nicht nach, versprach ihm aber, in acht Tagen wiederzukommen. Sein sonstiger äußerer Zustand und sein Verhalten entsprachen gar nicht der ärztlichen Diagnose.

Auf der Rückfahrt von Paris machte er zusammen mit seiner Frau Zwischenstation bei Freunden in Karlsruhe. Dort aß er mit einem für ihn ungewöhnlichen Appetit und verzehrte sogar noch nach der Hauptmahlzeit vier Stücke Sandkuchen.

Wie seine Frau in ihrem mehrseitigen Bericht „Die Wahrheit über Bruno Grönings Erkrankung und Tod" schrieb, zeigte Bruno Gröning, der die ganze Fahrt über den Wagen selbst gefahren hatte, „nicht die geringsten Anzeichen von Erschöpfung oder seelischer Niedergeschlagenheit. Sein Wesen war völlig unverändert. Wie immer war er in gesprächiger, guter Stimmung."[59]

Bruno Gröning nützte die Zeit, um die Weihnachtsfeiern für die Gemeinschaften vorzubereiten, und acht Tage später fuhr er mit seiner Frau wieder

Bruno Gröning und Frau Josette

nach Paris in die chirurgische Klinik des ihm bekannten Arztes Dr. Bellanger, eines angesehenen Spezialisten für Krebschirurgie, in der Rue Henner, unweit von Montmartre.

Josette Gröning schreibt in ihrem Bericht:

„Nachdem Dr. Bellanger die Röntgenbilder geprüft hatte, sagte er mir etwas auf französisch, das Bruno nicht verstand:

‚Die Operation wird sehr schwer sein, ich bin noch gar nicht sicher, ob wir überhaupt operieren können. Nach den Röntgenaufnahmen ist der Fall fast verzweifelt. [...]'

Ich verschwieg meinem Mann den Ernst der Situation nicht. Er lächelte und sagte:

‚Von mir aus schneiden Sie mich von oben bis unten auf, ich habe keine Angst, ich muß doch mal am eigenen Körper erfahren, wie man sich nach einer so schweren Operation fühlt.'

Dr. Bellanger machte große Augen, als ich ihm diese Worte übersetzte und äußerte, daß vielleicht ein großes Stück des Magens herausgenommen werden müßte. Bruno meinte:

‚Meinetwegen nehmen Sie den ganzen Magen heraus, aber ich weiß, daß Sie ihn doch drinlassen werden.'

Als wir uns auf unser Zimmer in der Klinik zurückgezogen hatten, sagte mir Bruno lächelnd:

‚Wenn sie aufgemacht haben, werden sie staunen über das, was sie zu sehen bekommen. Es ist viel schlimmer, als was die Röntgenaufnahmen zeigen.'

Am folgenden Tag fand die Operation in Gegenwart von Dr. Grobon statt. Bevor sie zu Ende war, kam dieser auf mein Zimmer und sagte mir:

‚Ich muß Ihnen etwas Schreckliches mitteilen. Es ist noch viel schlimmer, als wir es uns vorgestellt haben. Der Magen ist total zerfressen, längst nicht mehr operabel.'"[60]

So wurde die Operationswunde sofort wieder verschlossen. Das Verhalten Bruno Grönings widersprach weiterhin dem schweren Befund, der in einem solch fortgeschrittenen Stadium oft durch eine große Appetitlosigkeit und ein wiederholtes Erbrechen selbst bei kleineren Nahrungsmengen gekennzeichnet ist. An dem auf die Operation folgenden Tag aß er zum Erstaunen seiner Ärzte mit großem Appetit und bat sogar jeden Abend noch um ein großes belegtes Brot. Es zeigte sich keine der üblichen Unpäßlichkeiten.

Bruno Grönings Grab

Bereits einige Tage nach der Operation stand er auf und erschreckte seine Ärzte durch Turnübungen wie Kniebeugen u. a. Während seines gesamten Aufenthalts, aber auch bei der zweiten Operation kurz vor seinem Tode, war immer er es, der seinen Ärzten trotz seines Zustands Mut zusprach und sie durch humorvolle Witze zum Lachen brachte.

Kurze Zeit nach der ersten Operation fuhr er mit seiner Frau wieder zurück nach Plochingen, wobei er es sich nicht nehmen ließ, den Wagen selbst zu steuern.

Er widmete sich Hilfesuchenden und sprach im Kreise von Freunden bis weit nach Mitternacht. Keiner bemerkte seinen Zustand, es fielen manchen lediglich seine Magerkeit und Blässe auf.

In der Zeitschrift „Neues Europa" heißt es im Nachruf zu seinem Zustand in den letzten Wochen vor seinem Tod:

„Seine Arbeitskraft äußerte sich in zahlreichen Planungen und Verabredungen und in der Absicht, eine neue Sekretärin einzustellen. Am 6. Januar 1959 erklärte er seiner Frau beim Frühstück:

‚Wir werden die neue Sekretärin nicht anstellen. In dieser Nacht habe ich ein Stopp bekommen. Wir werden bald nach Paris zurückfahren. Den genauen Zeitpunkt bestimme ich.'

Gröning wußte jetzt genau, daß und wann der Tod zu ihm kommen würde. Er kannte bereits den Termin. Das Leiden verschlimmerte sich sichtlich. Trotzdem fuhr er mitten im Winter, am 10. Januar, mit dem Zug bei heftigstem Schneetreiben zu einer Besprechung nach Rhöndorf. Ein anderer hätte in seiner Lage diese Reise im Winter nicht mehr überstanden. [Er mußte z. T. über Stunden auf die Anschlußzüge auf den Bahnhöfen warten.] Meisterhaft beherrschte er auch jetzt noch geistig seine körperliche Verfassung. Auch jetzt noch verhalf er Leidenden zur Heilung. [...] Er wartete auf eine Eingebung und Weisung über seine Abreise nach Paris - in den Tod."[61]

Mitte Januar 1959 traf er sich noch mit zwei seiner Mitarbeiter und klärte, wie die Gemeinschaften weiter aufzubauen seien. Auch diese ahnten nicht, daß sie ihn das letzte Mal sehen würden.

Erst am 21.01.1959 flog er wieder nach Paris. Hier wurde die zweite Operation wegen Verschluß des Dickdarmbogens vorgenommen.

Diese fand am 22.01.1959 um 9.00 Uhr morgens statt, erstaunlicherweise genau um die gleiche Stunde, zu der in München die Revisionsverhandlung im Prozeß gegen ihn eröffnet wurde. Kurz nach der Operation kam es zu einem für die Jahreszeit ungewöhnlichen Naturereignis.

Josette Gröning:

„Am 22.01., während mein Mann noch in der Narkose lag, verdüsterte ein urplötzlich über Paris ausbrechendes Gewitter mit Blitzen und Donnerschlägen die heitere, helle Tagesstimmung. Es wurde so dunkel, daß man am hellen Tag das Licht anzünden mußte. Die Schwester drückte ihr Erstaunen über so ein heftiges Gewitter aus."[62]

In der Nacht vom Sonntag, dem 25.01.1959, auf Montag wurden die Vorzeichen des nahenden Todes sichtbar. Am 26. Januar 1959 um 13.46 Uhr starb Bruno Gröning.

Im Totenschein wurde Krebs als Todesursache festgehalten, doch hatte der Chirurg Dr. Bellanger nach der zweiten Operation Josette Gröning gegenüber geäußert:

„Die Zerstörung in Brunos Körper ist furchtbar, es ist eine innere totale Verbrennung. Wie er so lange und ohne die entsetzlichen Schmerzen zu erleiden, leben konnte, ist mir ein Rätsel."[63]

Josette Gröning schloß ihren Bericht über die letzte Zeit ihres Mannes:

„Ich, als die Frau des Verstorbenen, empfinde es als Notwendigkeit, über die menschliche Anteilnahme seiner Ärzte kurz zu berichten. Als ich kurz nach dem Hinscheiden Brunos mit Dr. Bellanger sprach, wischte sich der leidgewohnte Arzt verstohlen die Tränen weg, die über seine Wangen rollten.

Er sagte:

‚Diese gottbegnadeten Menschen haben auf der Erde einen schweren Weg. Ihre Tragödie ist es, sich selbst nicht helfen zu dürfen, nachdem sie Tausenden geholfen haben.'"[64]

Der Leichnam Bruno Grönings wurde in einem Pariser Krematorium eingeäschert und die Urne auf dem Friedhof in Dillenburg beigesetzt. Für die meisten war nun das Kapitel Bruno Gröning beendet.

Man glaubte diesen ungewöhnlichen Mann, der durch sein Wirken manchen gesellschaftlichen Kreisen zu einer Gefahr zu werden drohte, ausgeschaltet. Doch die Heilungen und Hilfen durch die geistige Verbindung zu ihm zeigen bis in die heutige Zeit das Gegenteil und lassen ein für den auf die dreidimensionale Welt beschränkten modernen Menschen unerhörtes Geschehen ahnen. Schon zu Lebzeiten ließ Bruno Gröning häufig deutlich werden, daß sein Werk und seine Mission nicht mit seinem körperlichen Scheiden beendet sein würden. Er sagte, daß er weiter helfen werde, auch wenn er nicht mehr als Mensch leben würde. Die Zeitzeugin Gisela Knollmann aus L., die mit ihrem Mann häufiger mit Bruno Gröning zusammengewesen war und selbst Heilung erlebt hatte, berichtete mir:

„Bruno Gröning war das, was wir mit dem Verstand als kleine Menschen nicht begreifen. Aber es gibt eben solche Dinge, die wir nicht begreifen, und weil wir das nun erfahren haben, müssen wir das akzeptieren. Es ist nicht so, daß wir alles erklären können. Es wird auch nie so sein. Vielleicht dürfen wir das auch nicht. Vielleicht dürfen wir überhaupt nicht alles wissen. [...] Da in Bruno Gröning ist uns etwas gezeigt worden. Etwas, was mehr ist, als unser kleines Leben hier auf dieser Erde, das ja anfängt und endet. Das war eine Kraft, die wir nicht erklären können, aber da war sie. [...] 1958, als Bruno Gröning zum letzten Mal hier bei uns in Esch war, sagte er unter anderem auch:

‚Ich werde nicht mehr lange hier bei euch sein.'

Er hat nicht gesagt ‚Ich sterbe' oder ‚Ich gehe weg', [...] er hat gesagt:

‚Ich werde nicht mehr lange bei euch sein. Aber auch wenn ich nicht mehr hier bin, werde ich trotzdem bei euch sein. Ich kann euch noch helfen. Denkt daran.'

Als er das sagte, war es sehr feierlich und sehr still."[65]

Ähnlich äußerte sich Bruno Gröning auch Grete Häusler gegenüber. Als er 1952 für einige Tage in ihrem Heimatort in St. Veit/Glan war, fragte sie ihn, wie es nach seinem Tode sein würde.

Darauf entgegnete er:

„Alle Menschen müssen sterben, ich auch. Den Körper wird man in die Erde legen, aber ich werde nicht tot sein. Wer mich rufen wird, für den werde ich dasein, und ich helfe weiter. Aber dann wird jeder aus sich die Hilfe und Heilung erleben."[66]

Wie ist so etwas möglich? Welche geistige Verwirklichung trug dieser unscheinbare Mensch in sich, daß er durch die scheinbar undurchdringliche Mauer des Todes hindurchsah und sogar sein Wirken jenseits seines Scheidens voraussagte? Es liegt um Bruno Gröning und seine Mission ein Geheimnis, das erst denen erfahrbar wird, die über das Äußere dieses Menschen hinaus zu seinem Wesen vordringen, um die Größe des Geistes erfühlen zu können, der in diesem so sehr verkannten Menschen lebte.

Sie werden dann verstehen, warum er einmal zu Anny Ebner von Eschenbach, Bad Tölz, sagte:

„Ich muß mich tarnen, tarnen muß ich mich, damit die Menschen mich nicht erkennen, wer ich bin."[67]

Und in einem Vortrag bemerkte er scheinbar nebenbei:

„Ich bin nicht Bruno Gröning. Menschen haben meinem jetzigen Körper diesen Namen gegeben. Wer ich aber in Wirklichkeit bin, das werden die Menschen erst erkennen, wenn ich mit meinem Körper nicht mehr hiersein werde."[68]

## Es gibt keinen Tod

„Es gibt keinen Tod, es gibt nur eine Erlösung."[69]

Bruno Gröning

„Jener Tod, von welchem uns die Wissenschaftler überzeugen wollen, existiert in Wirklichkeit überhaupt nicht."[70]

Dr. med. Elisabeth Kübler-Ross

Bruno Gröning sprach oft nach seinen Vorträgen noch vor einem kleinen Kreis von ihm vertrauten Zuhörern bis in die frühen Morgenstunden. Ohne müde zu werden, lauschten sie seinen Worten, die sie an seiner unerhörten Fähigkeit teilhaben ließen, in ein geistiges Reich zu schauen, das den meisten Menschen verschlossen ist. Er sprach von Gott, den er seinen Vater nannte, und oft konnten seine Zuhörer erleben, wie der sonst eher schweigsame Bruno Gröning aus sich herauswuchs und „Es" aus ihm sprach.

Ein Zeitzeuge beschrieb dies so:

„Großartig war der Flug seiner Gedanken, logisch klar und von tiefem Wissen zeugend, das nur aus einem übermenschlichen Einfühlungsvermögen stammen kann und mit äußerem, gelernten Wissen nichts zu tun hat."[71]

In seinen Worten gab es keine Grenze zwischen Leben und Tod, das Leben auf der Erde bildete für Bruno Gröning nur einen geringen Ausschnitt eines ewigen Daseins. Der Tod war für ihn ein Übergang, die hohe, heilige Stunde der Geburt in das wahre Leben.

Das Sterben war nichts anderes als ein „Heimgehen zum Vater"[72], ein Zurückkehren in die eigentliche Heimat des Menschen. Dabei waren es nicht nur Vermutungen, sondern eine tiefe innere Gewißheit, die seinen Zuhörern spürbar wurde, wenn er seiner Freude über den Zeitpunkt, an dem auch er seinen Körper würde verlassen dürfen, Ausdruck verlieh:

„Die glücklichste Stunde meines Lebens wird sein, wenn ich heimgehen darf, heimgehen zu meinem Vater in die Herrlichkeit Gottes."[73]

Doch blieb das Leben auf der Erde in der von Gott zubemessenen Zeit für ihn heilig und von unschätzbarer Bedeutung für die Qualität des jenseitigen Daseins. So mahnte er oft sehr ernst seine Zuhörer, ihre kurze Erdenlebenszeit nicht zu „verleben", sondern für den Weg des Geistes zu nutzen, denn was hier in kurzer Zeit an Erkenntnis, Heilung, an innerer Reifung auf dem göttlichen Weg geschehen kann, bedarf im Jenseits wesentlich längerer Zeiträume:

„Wenn die Menschen wüßten, was sie für ihr weiteres Leben, für ihr geistiges Leben, das das wirkliche Leben ist, hier schon tun könnten, würden sie ganz anders leben. Sie würden jedes Jahr, jeden Monat, jede Woche, jeden Tag, jede Stunde und Minute dazu nutzen, um sich auf dieses Leben vorzubereiten, aber was tun sie? Sie schlafen."[74]

„Alle, die zwischen Gut und Böse leben, die haben noch die Chance, und diese Chance sollten sie nützen."[75]

Wie auch Goethe erkannte Bruno Gröning in dem Leben auf der Erde eine Schule des Menschen, der hier aus freiem Willen, eingebunden zwischen den Kraftfeldern göttlicher und widergöttlicher Einflüsse, den Weg zum inneren Leben finden soll. Gott, der unendliche Geist, hat diese kleine Erde zur „Hochschule der Gotteskinder" erwählt. Der geschaffene Geist kann dort durch den Lebensweg als Mensch zum freien Kind des Höchsten werden. Während das Geschöpf dem Schöpfer untertan ist, durch seine geschöpfliche Situation im Willen gerichtet, so ist dem Kind die Möglichkeit gegeben, sich für oder gegen seinen Vater zu entscheiden. Der Vater sucht die Liebe des Kindes, aber Liebe kann nur auf dem Boden des freien Willens entstehen. Deshalb hat sich der allmächtige Geist in Seiner Schöpfung verborgen und das Wirken der widergöttlichen Geisteskräfte zugelassen.

Im zugänglichen Bereich des Bewußtseins ein unbeschriebenes Blatt, losgelöst von dem Wissen um das Vorleben der Seele auf anderen Seinsebenen, kommt der Mensch zur Welt, den Denkgewohnheiten seiner Zeit ausgeliefert. Der beschwerliche Erdenlebensweg liegt vor ihm. Der kleine Erdenbürger sprüht vor Lebensenergie, Lebenskraft, ihm gegeben, um über Jahre und Jahrzehnte durch die Erfahrungen mit dem Wirken der göttlichen Bewußtseinskräfte und ihrer Umkehrung den Weg zu finden, sein Bewußtsein aus freiem Willen wieder an die ewige, unerschöpfliche Quelle des Gottgeistes zu binden. Doch wie wenige erkennen den Sinn ihres Hierseins, wie wenige fühlen sich aufgerufen zu dem Ringen in sich selbst, wie wenige streben nach den Schätzen des Geistes, die über das Grab hinaus ihr Eigentum bleiben. Meist geht der Lebensweg an dem schmalen Pfad vorbei, der hinauf zu den lichten Höhen des Geistes führt. Der Mensch bleibt im Tal seines Verstandeswissens und seines Egoismus, dünkt sich wissend, ohne aber das wahre Wissen aus seiner beschränkten Perspektive erkennen zu können.

Bruno Gröning sagte einmal seinen Zuhörern:

„Ich führe Sie auf einen Berg, und je höher Sie kommen, um so mehr können Sie über und unter sich erkennen."[76]

Es gibt keinen anderen Weg in das Reich des Lichts, als im Bewußtsein durch unermüdliche Arbeit an sich selbst und die göttliche Gnade zu Gottvater aufzusteigen. Je höher die Bewußtseinsschwingung, desto klarer ist der Blick in die verborgenen Zusammenhänge des Seins. Es ist Zeit, daß man sich von den klischeehaften Vorstellungen von Himmel und Hölle löst und erkennt, daß Himmel und Hölle nicht weitab vom Menschen sind, sondern Bewußtseinszustände darstellen, deren Unterschied sich nicht in Kilometern mißt, sondern im Aufgeben des Ich und eines Lebens, in dem das Ich im Mittelpunkt steht.[77] Wenn auch der Körper abgelegt wird und aller materieller Besitz zurückbleiben muß, so trägt die Seele des Menschen weiterhin ihr Bewußtsein mit sich und bestimmt somit durch ihr inneres Wesen ihren Zustand in der wirklichen, jenseitigen Welt. Bruno Gröning wies häufig darauf hin, um wieviel schöner es für den Menschen dort sein wird, der hier schon an Gott glaubt.[78] Dabei kann noch eine innere Umkehr zum Glauben an die Gesundheit, zur Hoffnung auf eine höhere Hilfe und Gnade, auch wenn sie erst in den letzten Stunden vor der Lösung vom Körper im Menschen entsteht, von entscheidender Bedeutung für seinen jenseitigen Zustand sein. So konnte man beobachten, daß Bruno Gröning selbst sterbenskranken Menschen nicht die Hoffnung auf Gesundung und die Hilfe

Gottes nahm, auch wenn deutlich war, daß diese in kürzester Frist scheiden würden.

Er sagte einmal: „Ein Mensch darf sich nie aufgeben, denn wenn er sich aufgibt, gibt er Gott auf, und dann kann ihm nicht mehr geholfen werden."[79]

Wie grundsätzlich bestimmt doch die Einstellung zum Tod den Menschen in seinem Denken, Fühlen und Handeln. Somit hat auch in diesem Punkt die negative geistige Macht alle Anstrengungen unternommen, dem Menschen das Wissen um sein unsterbliches Sein zu verfälschen oder ihn an das Trugbild eines durch den Tod begrenzten Daseins zu binden. In der Folge fehlt den meisten Menschen der heutigen Zeit das Wissen um ihr Fortleben nach dem Tode völlig, oder sie tragen in sich lediglich einen Glauben, der mehr einem vagen Fürwahrhalten entspricht und weit von einer das Leben verwandelnden inneren Gewißheit entfernt ist. Wie bitter ist es für die, die erst nach ihrem „Tode" erkennen müssen, wie weit sie von der Wirklichkeit entfernt gelebt haben, wie sehr sie ihr kostbares Leben verlebt, versäumt haben. Doch wie Bruno Gröning erheben immer mehr Menschen bis in die heutige Zeit ihre Stimme, um die Menschheit von dem Trugbild des Todes zu befreien, sie zu der Realität eines Seins zu führen, das jenseits menschlicher Begrifflichkeiten liegt. Die Schweizer Ärztin Dr. Kübler-Ross gehört zu diesen Menschen und ist bereit, sich als Ärztin über Konventionen hinwegzusetzen, wenn es die Wahrheit erfordert. Durch ihre Forschungen an Zehntausenden von Patienten, die klinisch bereits tot waren, doch wieder zum Leben zurückfanden und Erstaunliches berichten konnten, fanden bereits viele zu einer neuen Lebensperspektive.

In ihrem Buch „Über den Tod und das Leben danach" heißt es:

„Das Sterbeerlebnis ist fast identisch mit der Geburt. Es ist eine Geburt in eine andere Existenz, die ganz, ganz einfach bewiesen werden kann. Zweitausend Jahre lang hatte man Sie dazu ersucht, an die jenseitigen Dinge zu ‚glauben'. Für mich ist es keine Sache des Glaubens, sondern eine Sache des Wissens. Und ich sage Ihnen gern, wie man zu diesem Wissen gelangt, vorausgesetzt, Sie wollen wissen. Wenn Sie es nicht wissen wollen, spielt es ebenfalls keine Rolle. Wenn Sie mal gestorben sind, wissen Sie es ja sowieso."[80]

Frau Dr. Kübler-Ross vergleicht den körperlichen Tod des Menschen mit dem Heraustreten eines Schmetterlings aus dem Kokon. Der Mensch, der seinen Körper verlassen hat, kann, so beweisen ihre Untersuchungen, alles wahrnehmen, was am Ort des Todes passiert. Das Geschehen, alle Gespräche im Umfeld sind der Seele des Menschen durch eine höhere Form der Wahrnehmung zugänglich:

„Würde ich jetzt in eine Hundepfeife blasen, würden Sie es nicht hören können, während aber jeder Hund das hören würde. Dies hat seinen Grund darin, daß das menschliche Gehör für die Wahrnehmung dieser hohen Frequenzen nicht geschaffen ist. Ebenso kann der durchschnittliche Mensch jene Seele, die aus dem Körper herausgetreten ist, nicht erkennen, während jene herausgetretene Seele jedoch noch die irdischen Wellenlängen registrieren kann, um alles zu verstehen, was auf der Unfallstation oder anderswo vor sich geht."[81]

In ihren Veröffentlichungen kann sie ihre Argumentation mit eindrucksvollen Beispielen belegen:

„Und um die Skeptiker ein bißchen zu beruhigen, haben wir mit blinden Menschen ein Forschungsprojekt durchgeführt, bei welchem wir uns die Bedingung auferlegten, nur Blinde zu berücksichtigen, die seit mindestens zehn Jahren keinerlei Lichtperzeption hatten. Und diese Blinden, die dieses außerkörperliche Erlebnis gehabt hatten und zurückgekommen sind, können Ihnen im Detail sagen, was für Farben und welchen Schmuck Sie zu jener Zeit, so Sie anwesend waren, trugen, was für ein Muster Ihr Pullover oder Ihre Krawatte hatte und so weiter. Sie verstehen, daß es sich hierbei nicht um etwas handelt, was man phantasieren kann. Sie können diese Sachverhalte ganz gut beweisen, wenn Ihnen die Antwort nicht Angst macht. Wenn Sie Ihnen jedoch Angst macht, dann mögen Sie wie jene Skeptiker zu mir kommen, die mir sagten, daß jene außerkörperlichen Erlebnisse als Resultat von Sauerstoffmangel anzusehen seien. Ja, wenn es sich hierbei um Sauerstoffmangel handelte, verordnete ich allen meinen Blinden Sauerstoffmangel."[82]

An anderer Stelle heißt es:

„Unsere diesbezüglichen Untersuchungen sind durch die wissenschaftlichen Experimente bestätigt worden, die in Verbindung mit Robert Monroe [...] durchgeführt worden waren. Ich selbst habe nicht nur eigene spontane außerkörperliche Erfahrungen gemacht, sondern auch solche, die unter wissenschaftlichen Bedingungen in Monroes Laboratorien von ihm selbst geleitet, jedoch von einigen Wissenschaftlern der Menninger-Stiftung aus Topeka überwacht und ausgewertet wurden. Immer mehr Wissenschaftler und Forscher wiederholen bereits seine Forschungsmethoden und finden sie durchführbar und ergebnisreich. Und natürlich führen solche Untersuchungen zu weitgestreckteren Überlegungen hinsichtlich einer zusätzlichen Dimension, die mit unserem dreidimensionalen Denken nur schwer zu vereinbaren ist."[83]

Durch ihre persönlichen Erfahrungen und Erlebnisse hat sich das Welt- und Lebensbild dieser Ärztin grundlegend geändert. Sie ist lange nicht mehr in ihrem Bewußtsein auf die Beschränktheit der sichtbaren Welt eingegrenzt, sie weiß von der Dimension des Unendlichen, des Ewigen, das jeder Mensch auf seinem Entwicklungsweg zur höchsten Liebe in sich trägt:

„Und ich möchte Ihnen auch sagen, wie auch Sie davon überzeugt werden können, daß dieses Erdenleben, welches Sie in Ihrem physischen Körper durchleben, nur eine sehr, sehr kurze Zeitspanne innerhalb Ihrer Gesamtexistenz beträgt. Ihr jetziges Leben ist jedoch innerhalb Ihrer Gesamtexistenz von größter Bedeutung, denn Sie sind hier aus einem bestimmten Grund, der ganz und gar auf Sie abgestimmt ist.

Wenn Sie richtig leben, haben Sie sich über das Sterben keinerlei Sorgen zu bereiten, selbst wenn Sie auch nur noch einen Tag zu leben hätten. [...] Richtig leben heißt im eigentlichen Sinn lieben lernen."[84]

Der Arzt Dr. Raymond Moody kam unabhängig von seiner Kollegin zu denselben Resultaten. In seinem Buch „Leben nach dem Tod" erörtert er seine Auffassung durch viele Beispiele, die das Phänomen der bewußten außerkörperlichen Existenz des Menschen eindrucksvoll belegen. Doch bestätigen die Ergebnisse der beiden Wissenschaftler nur ein altes Wissen, das schon seit jeher in den großen, wahren Religionen der Menschheit gelebt hat und lediglich vom materialistischen Zeitgeist in den Bereich des frommen Märchens verbannt wurde. Dr. Moody konnte z. B. erstaunliche Übereinstimmungen zwischen den Resultaten seiner Forschungen und den Beschreibungen über die Ablösung des Seelenkörpers vom grobstofflichen, äußeren Körper in einem uralten Dokument tibetanischer Weisheitslehren, dem tibetanischen Totenbuch, feststellen.[85] Wer erst einmal das Trugbild des Todes in seinem Bewußtsein überwunden hat, wird Bruno Gröning verstehen können, wenn er davon spricht, auch nach seinem Scheiden aus dem Körper noch weiterhelfen zu können. In gleicher Weise, wie Menschen zu seinen Lebzeiten Hilfe und Heilung in seiner Abwesenheit erfuhren, nur wenn sie ihn gedanklich um Hilfe gebeten hatten, ist sein Wirken und seine Hilfe auch Jahrzehnte nach seinem Tode erfahrbar. Gedanken kennen keine Grenzen nach Kilometern, genausowenig kann ein Wechsel der Seinsebene im Geiste trennend wirken. Für die Menschen, die bereit sind, den Weg zu gehen, den er als Mensch gewiesen hat, ist er weiterhin der Mittler, der

Ich helfe weiter

geistige Helfer, der dem Wanderer auf dem schmalen, steilen Pfad zum Göttlichen zur Seite steht und die schweren Lasten, die vielen den Aufstieg unmöglich machten, zu nehmen vermag.

Bruno Gröning:

„Das ist eine, meine Mission, nicht mein Beruf, sondern meine Berufung, meinem Nächsten zu helfen."[86]

## 9. Kapitel

# Das Werk Bruno Grönings heute

Michael Löllgen aus K. litt seit 14 Jahren an immer wiederkehrenden Magenschleimhautentzündungen und Magen-Darm-Geschwüren. Eine Alkoholabhängigkeit ließ die durch die schlechte gesundheitliche Lage der Familie bewirkten familiären Spannungen ins Unerträgliche wachsen. Seine Frau Lilian war bereits über Jahre stark gesundheitlich beeinträchtigt durch eine hartnäckige Ischialgie, Kopfschmerzen infolge eines Unfalls, Darmgeschwüre mit Koliken und durch eine chronische Bauchspeicheldrüsenentzündung, die eine Diät erforderte. Bei ihrer ältesten Tochter Ute (15) bestand seit zwei Jahren ein anfallsartig auftretendes Herzrasen, das ihr sehr zu schaffen machte. Bei Claudia (13) machten sich aufgrund von Veränderungen der Wirbelsäule häufig Gefühlsstörungen in den Beinen bemerkbar. Sie litt unter Angstzuständen, und große Schwierigkeiten in der Schule bereiteten den Eltern Sorgen.

Marion (12) litt seit dem ersten Lebensjahr unter einem hartnäckigen Ekzem, und oft traten Harnwegsentzündungen auf. Auch die jüngste Tochter Judith (6) wurde von einem starken Juckreiz bei Ekzemen in Knie- und Ellenbeugen gequält, sie mußte wegen wiederholt auftretenden Unterzuckerungen immer Traubenzucker bei sich tragen. Der Sohn Gebhard (9) hatte seit neun Jahren chronisch rezidivierende Vereiterungen der Kiefer- und Stirnhöhle, und häufig traten Mittelohrentzündungen auf. In der Folge einer Pockenimpfung plagten ihn Kopfschmerzen.

Michael Löllgen betete und flehte, wie er es als gläubiger Katholik gelernt hatte, zusammen mit seiner Frau häufig um Gottes Hilfe. Zudem waren Arztbesuche in der Familie Löllgen an der Tagesordnung. Aber trotz jahrelanger Bemühungen zeigte sich kein Ausweg.

1975 erfuhr Lilian Löllgen von Bruno Gröning und seiner Lehre:

„Fünf Tage lang habe ich mich damit auseinandergesetzt, ob ich hingehen soll oder nicht. Dann entschied ich mich dazu, zur Einführung hinzufahren, um mich von der ‚Sache Bruno Gröning' zu überzeugen. Zwei meiner Kinder nahm ich mit."[1]

Während der Einführung in die Lehre Bruno Grönings spürte sie in den Beinen bis zu den Knien ein ganz starkes, aber angenehmes Stromgefühl, und es machten sich Schmerzen bemerkbar. Noch am gleichen Abend stellte sie sich zusammen mit ihrer ganzen Familie nach der neuerlernten Anleitung auf die Heilkraft ein und bat Bruno Gröning gedanklich um Hilfe. Damit erfolgte eine Wende, an die schon keiner mehr zu glauben gewagt hatte.

Sie benötigte seitdem keine Diät mehr, die hartnäckige Ischialgie und die Kopfschmerzen verschwanden, Darmkoliken machten sich nicht mehr bemerkbar. Die älteste Tochter Ute wurde von dem anfallsartigen Herzrasen befreit. Die Gefühlsstörungen in den Beinen verschwanden bei Claudia, und es traten keine Angstzustände mehr auf, auch die Schwierigkeiten in der Schule lösten sich auf. Über Nacht wich bei Marion das Ekzem, das sie über zwölf Jahre gequält hatte, und es kamen keine Harnwegsentzündungen mehr. Auch bei Judith verschwanden die Ekzeme sofort, der Blutzuckerspiegel normalisierte sich. Bei Gebhard traten keine Vereiterungen in Stirn-, Kieferhöhle und Mittelohr mehr auf, und von den Kopfschmerzen wurde er befreit. Auch Michael Löllgen wurde befreit von den jahrelangen Magenbeschwerden, und einige Zeit später konnte er auch ganz vom Alkohol loslassen.

## Der Bruno Gröning-Freundeskreis - ein Werk der Nächstenliebe

„Denn das Gute haben Sie nicht nur für sich selbst, das haben Sie auch für Ihren Nächsten nötig, Gutes an ihm zu tun. Aber dieses können Sie erst dann, wenn Sie an sich selbst Gutes getan, Gutes empfunden haben und Sie dadurch zur Erkenntnis gekommen sind."[2]

Bruno Gröning

Grete Häusler, geb. Holzbauer, wurde am 25.03.1922 in Wien geboren. Ihre Kindheit war überschattet von einer schweren Asthmaerkrankung, der ärztlicherseits nicht wirkungsvoll zu begegnen war. Nach jahrelangen vergeblichen Arztbesuchen übergab ein bekannter Kinderarzt ihrer Mutter ein Mittel, das sie dem Kind geben solle, damit es „leichter hinübergehen" könne und sich nicht mehr mit diesen Erstickungsanfällen quälen müsse. Seine eigene Tochter war vor kurzem an der gleichen Erkrankung gestorben. Doch zu diesem Schritt war Frau Holzbauer nicht bereit, und somit suchte sie weiter nach Hilfe und stieß dann auf den damals sehr bekannten Valentin Zeileis aus Gallspach (Oberösterreich), der durch seine neuentwickelte Hochspannungstherapie dem Kind zur Gesundung verhelfen konnte.

Im Kriegseinsatz als Lehrerin in Jugoslawien zog sich die junge Frau Holzbauer 1943 eine Gelbsucht zu, die zu einer schweren Leberschädigung führte. Durch den Leberschaden bedingt, mußte sie streng Diät halten, nach fettreicher Nahrung quälten sie stundenlang schwere Koliken.

Zusätzlich traten einige Jahre später noch Schwindelanfälle auf, die ärztlicherseits auf Unterzuckerungen zurückgeführt wurden. Ohne Traubenzucker konnte sie morgens nicht aufstehen, am Tag trug sie ständig Traubenzucker bei sich, ohne den sie nicht zurechtkam. Sie quälte eine ständige Schwäche, und häufig war sie der Ohnmacht nahe.

Zudem bestanden seit 1935 permanent Kopfschmerzen aufgrund einer chronischen Stirnhöhlenvereiterung. Ihre behandelnden Ärzte hatten ihr mehrfach versichert, daß sie mit diesen Erkrankungen lebenslang zurechtkommen müsse, eine Prognose, die schwer auf ihrem Leben lastete. In dieser Situation las sie 1949 von Bruno Gröning.

Grete Häusler berichtete mir aus ihren Erinnerungen:

„Schon im Jahre 1949 kam mir eine Zeitung in die Hand mit einem Bericht über Bruno Gröning. Ich legte sie sofort weg und sagte: ‚Das gibt es nicht, das ist ein aufgelegter Schwindel, was hier berichtet wird.' Für mich war die Sache schon erledigt. Wenn ich so zurückdenke, ich war damals mit 17 Jahren aus der Kirche ausgetreten. Es war Nazizeit. Ich glaubte an nichts mehr. Ich glaubte nur noch an meine drei unheilbaren Krankheiten. Und das war für mich amtlich. Und dann, im Jahre 1950, trat eine blinde Freundin aus Salzburg an mich heran mit der Bitte, ich möge sie zu Bruno Gröning nach München begleiten. Sie hatte keine Begleitperson, und ich konnte sie ja nicht im Stich lassen, denn ich habe mich für sie verantwortlich gefühlt. So bin ich mitgefahren und wollte auf den Schwindel daraufkommen, um sie zu schützen. Auf diese Weise bin ich zu Bruno Gröning gekommen. Aber was ist geschehen? Ich habe bei diesem Vortrag von Bruno Gröning die spontane Heilung von allen drei unheilbaren Leiden erlebt und bin gesund bei der Tür hinausgegangen."[3]

Sie benötigte fortan keinen Traubenzucker mehr, die Unterzuckerungen waren verschwunden, die Kopfschmerzen hatten sich gelöst, und sie konnte wieder alles, selbst fetteste Speisen, ohne Beschwerden essen. Dies ist bis heute, d. h. seit mehr als vier Jahrzehnten, so geblieben.

Grete Häusler:

„Ich war aber nicht nur allein gesund geworden, mein Leben hat sich seitdem völlig verwandelt. Ich erlebte im Alltag, im Beruf die göttliche Hilfe. Sah ich mich früher vom Unglück schier verfolgt, so geht, seitdem ich durch Bruno Gröning die Verbindung zum Höchsten wiedergefunden habe, einfach alles gut.

Am größten war es aber für mich, als ich nach meiner Heilung in der Heimat davon und von Bruno Gröning berichtete und dort auch in Abwesenheit Bruno Grönings Heilungen selbst von schweren Leiden auftraten. Das war für mich damals unbegreiflich, daß er die Hilfe vermitteln kann, ohne sichtbar dabeizusein."[4]

Es folgten für sie reiche Jahre des Erkennens, in denen sie durch die geistige Hilfe Bruno Grönings tief in das Reich des Geistes hineinfand (s. a. Kap. 8). So gehörte sie nicht zu denen, die nach seinem Tode die von ihm in seinen letzten Jahren mühsam aufgebauten Gemeinschaften verließen, sie glaubte mit einigen wenigen anderen an einen weiteren Aufbau seines Werks. Denn sie war überzeugt, daß er auch von der jenseitigen Ebene des Seins weiterhelfen will.

Grete Häusler:

„Ich wußte nach seinem Heimgang, daß es weitergehen wird, denn nach wie vor spürte ich den Heilstrom an meinem Körper, und bereits kurze Zeit später erlebte ich die erste Heilung. Ich hatte eine Putzfrau, die war seit 13 Jahren auf einem Auge blind. Sechs Fachärzte hatten ihr gesagt, daß sie nie wieder auf dem Auge wird sehen können, die Ursache der Erblindung war eine Embolie während der Schwangerschaft. Eines Tages ergab es sich, daß ich ihr von Bruno Gröning berichtete, und seitdem stellte ich mich jedesmal, wenn sie kam, mit ihr zusammen ein. Nach drei Monaten kam sie freudestrahlend zu mir und erzählte: ‚Drei Tage habe ich Kopfschmerzen gehabt, ich habe Zustände gehabt wie eine Grippe und doch wieder anders als Grippe, so komisch war das, und heute früh ist alles voll Eiter, und wie ich den Eiter wegwische, kann ich wieder sehen.' Dann ist sie zu dem Bilderbuch von den Kindern hingegangen und hat das gute Auge zugehalten, mit dem neu sehenden hat sie geguckt, und sie konnte die kleinste Schrift lesen. Dann ging sie zum Fenster und beschrieb mir ganz weit entfernte Gegenstände. Das war die erste Heilung, die ich nach dem Heimgang Bruno Grönings erlebte. Und seitdem bin ich nicht mehr still, ich kann nicht mehr still sein, wenn ich Menschen antreffe, die von niemandem Hilfe erwarten können. Man muß einmal selbst erlebt haben, was das heißt, unheilbar zu sein, um nachfühlen zu können, wie es einen drängt, das Erlebte weiterzugeben. So möchte ich all den Aufgegebenen sagen: ‚Ich weiß einen Weg, wo Sie Hilfe bekommen können.' Und ich weise sie auf die Lehre Bruno Grönings hin. Ob derjenige es annimmt oder nicht, ist seine Sache."[5]

Doch erschwerten die jahrelange Negativberichterstattung über Bruno Gröning, die vielfachen Verfälschungen und Entstellungen seines Wirkens und seiner Person in den Medien zu seinen Lebzeiten den Neuaufbau sehr. Zudem blieb Grete Häusler auch in eigenen Reihen nicht von Widerständen verschont. Es bildeten sich verschiedene Vereine, die alle den Anspruch erhoben, das Werk Bruno Grönings in seinem Sinn weiterzuführen. Es fand dort aber keine rechte Entwicklung statt, da der geistige Auftrag, den Notleidenden durch die Lehre Bruno Grönings die so bitter notwendige Hilfe zu bringen, bald nicht mehr im Zentrum der Bemühungen stand und man fast nur noch den Vereinsstatuten diente. Gedrängt durch den inneren Auftrag, ein Werk der Nächstenliebe aufzubauen, löste sich Grete Häusler mit wenigen Freunden 1979 und gründete einen eigenen Freundeskreis.

Die weitere Entwicklung zeigt deutlich, wie notwendig dieser Entschluß war. Innerhalb von nur wenigen Jahren wurden aus den drei Personen, die ihr gefolgt waren, 700 (Anfang 1985). Bis 1991 stieg die Zahl der Menschen, die sich dem Freundeskreis anschlossen, auf über 5 000, und Ende 1992 zählten sich im mitteleuropäischen Raum bereits mehr als 9 000 Menschen zum Bruno Gröning-Freundeskreis. Die große Zahl an Heilerfolgen zeugt von dem höheren Segen, der auf diesem ständig wachsenden Werk liegt. Viele stellen hier selbstlos ihre Zeit, ihr Wissen und Können zur Verfügung, und es wurde mittlerweile eine tragfähige Basis geschaffen, um notleidenden und geistig suchenden Menschen auch in großer Zahl den Zugang zur aufbauenden, erlösenden göttlichen Kraft zu vermitteln. Dabei beweist die Organisation des Werkes ein großes Verantwortungsbewußtsein gegenüber dem einzelnen, der behutsam und liebevoll wieder zu den Gesetzen des Geistes und zum Glauben an das Gute, an Gott, zurückgeführt werden soll.

Jeder Interessierte und Hilfesuchende hat die Möglichkeit, durch eine Einführung in die Lehre Bruno Grönings (s. a. Kap. 3) das grundlegende Wissen zu erhalten, um die göttliche Kraft, den Heilstrom, wie Bruno Gröning sie nannte, in sich aufzunehmen. Er erfährt von den Möglichkeiten dieser Kraft, und es wird ihm alles an die Hand gegeben, sich selbst in seinem Leben von der Wahrheit des Gesagten zu überzeugen. Doch wird der Suchende mit seinem Wissen nicht allein gelassen. Zu seinen Lebzeiten rief Bruno Gröning Gemeinschaften ins Leben, Zusammenkünfte, die dazu dienen sollen, gemeinsam die geistige Kraft aufzunehmen, sich auszutauschen und das bisher Gehörte und Erlebte zu vertiefen. Der einzelne ist, wie er öfter betonte, meist zu schwach, den inneren Weg allein zu gehen. So wird auch in der heutigen Zeit Interessierten die Möglichkeit geboten, Gemeinschaftsstunden zu besuchen.

In einem persönlichen Gespräch berichtete mir Cindy Krone (39) aus H. von ihren Erfahrungen:

„Ich kam als geistig Suchende zum Bruno Gröning-Freundeskreis, und bereits in der Einführung während einer Gemeinschaftsstunde spürte ich den Heilstrom als ein wunderbares Fließen in meinem Körper, und es trat eine starke Hitze auf. Ich war erfreut, wie natürlich mir und den anderen Anwesenden dort die Lehre Bruno Grönings von der Gemeinschaftsleiterin erklärt wurde. Wir saßen zusammen mit geöffneten Händen und Beinen und erfuhren von den Gesetzen des Geistes und von Bruno Gröning. Doch war es mehr als ein einfacher Vortrag, denn man konnte die Kraft, wovon berichtet wurde, an sich selbst spüren. Die Atmosphäre war, ich würde sagen, sehr angenehm, voller Liebe. Direkt am nächsten Tag bekam ich Regelungen, ich hatte über Jahre unter Migräne gelitten, nun traten ähnliche Symptome wieder auf, nur hatte ich diesmal keine Lichtempfindlichkeit. Seitdem bin ich von Migräne befreit. So erhielt ich bereits einen Tag nach der Einführung in die Lehre Bruno Grönings die Heilung von einem jahrelangen Leiden. Es ist seitdem nie mehr ein Migräneanfall aufgetreten.

Seitdem besuche ich regelmäßig die Gemeinschaftsstunden und stelle mich auch zu Hause nach der Lehre Bruno Grönings auf den Heilstrom ein. Dadurch erhalte ich sehr viel Kraft. Bezahlt habe ich keinen Pfennig dafür. Ich finde es wunderbar, daß Menschen auf diesem Weg zu den vergessenen geistigen Urwahrheiten zurückgeführt werden und lernen, dies zum Segen für sich und andere im Alltag einzusetzen. Mir hat es sehr viel gegeben, darum bin ich dabeigeblieben."[6]

Vielen ist die Gemeinschaftsstunde zu einer Kraftquelle geworden, bei welcher man im Alltag verlorene Lebensenergien erneuern und die notwendige geistige Kraft aufnehmen kann, um Widerstände auf dem Weg zur Heilung oder Schwierigkeiten des Lebens im Glauben und Vertrauen auf die göttliche Hilfe überwinden zu können. Ein Querschnitt durch die sich zum Freundeskreis zählenden Personen gäbe ein buntes Bild. Man trifft hier Angehörige jeglicher Berufsgruppen und Schichten. Unterschiedliche Nationen und Religionen sind ebenso vertreten wie jede Altersstufe.

Wenn Menschen sich zusammenschließen, um in der heutigen Zeit ihren Nächsten durch Vermittlung eines vergessenen Wissens und einer vergessenen Kraft alles an die Hand zu geben, damit sie aus sich selbst wieder frei von Not werden können, so ist dies kein einfaches Vorhaben. Denn will man dem Ziel gerecht werden, andere Menschen in verantwortungsbewußter Weise auf den Weg des Geistes zu führen, ist nicht nur ein großer zeitlicher Aufwand nötig, es bedarf auch finanzieller Mittel. Doch soll, wie Bruno Gröning immer wieder unmißverständlich deutlich machte, die Hilfe nicht von einer Bezahlung abhängig gemacht werden. Auch muß die Freiheit des einzelnen immer an erster Stelle stehen, nie darf ein Mensch auf den Weg des Geistes gedrängt oder in irgendeiner Weise gebunden werden.

Grete Häusler:

„Ich bin besonders glücklich darüber, daß ich sagen kann, daß keiner im Freundeskreis auch nur einen Pfennig für seine Arbeit bekommt, auch ich nicht. Wer mithelfen will, macht dies freiwillig und neben seinen privaten Verpflichtungen. Die gesamte Arbeit des Freundeskreises trägt sich nur durch Spenden."[7]

Jede Gemeinschaft wird von einem Gemeinschaftsleiter betreut, der hinreichend Erfahrungen mit dem Wirken des Heilstroms gesammelt hat, um anderen Menschen beratend zur Seite zu stehen. Er wird von Helfern unterstützt, damit die recht umfangreiche Arbeit zur Betreuung von z. T. mehreren hundert Hilfesuchenden geleistet werden kann.

Grete Häusler:

„Dabei wollen wir durch die Hilfe, die wir den Menschen anbieten, nicht die Ärzte ersetzen. Im Sinne Bruno Grönings liegt mir sehr viel an einer Zusammenarbeit. Es treten zwar die wunderbarsten Heilungen ein, die kein Arzt bewirken könnte, aber bei manch einem Hilfesuchenden ist eine Operation notwendig, andere benötigen noch eine Zeitlang Tabletten. Das ist bei jedem Menschen anders, aber darum ist keiner besser oder schlechter oder steht unter irgendeinem Erfolgsdruck. Bruno Gröning wollte lediglich, daß sich der Mensch wieder beugt vor Gott, die Verbindung zu Seiner erlösenden Kraft und den Glauben an Seine Allmacht wiederfindet, ohne aber eine bestimmte Form der Hilfe verlangen zu können."[8]

Es ist beeindruckend, was ohne äußere Unterstützung in den wenigen Jahren schon erreicht wurde. Es gibt inzwischen mehr als 170 Gemeinschaften in Deutschland und den angrenzenden Staaten. Nicht nur Erwachsene, sondern auch Jugendliche und Kinder werden mit dem Wirken der Heilkraft vertraut gemacht. Eine Schrift, die fünfmal im Jahr erscheint, und die gleiche Zahl an Kassetten, auf denen wertvolle Erfahrungen und Erkenntnisse, aber auch Heilungsberichte zusammengetragen sind, kann jeder im Freundeskreis kostenlos erhalten. Die Materialien werden mit großem persönlichen Einsatz von wenigen oft bis spät in die Nacht erstellt. Zudem nehmen einige weite Fahrten, selbst über Hunderte von Kilometern, in Kauf, um Hilfesuchende zu betreuen und ihnen die Lehre Bruno Grönings nahezubringen.

Maria Garrido (29) aus S., eine Portugiesin, lernte in Deutschland die Lehre Bruno Grönings kennen und konnte sich von der Wahrheit seiner Worte am eigenen Körper überzeugen. Chronische Nieren- und Blasenentzündungen, die über 14 Jahre bestanden hatten, verschwanden genauso wie die Rückenschmerzen, die sie seit ihrer Jugend plagten. Auch konnte sie ihre Brille absetzen. Wenige Monate nach der Einführung sah sie, wie sie mir berichtete, plötzlich ohne Brille besser als mit Brille. Eine Nachuntersuchung ergab, daß sie ihre volle Sehfähigkeit wiedergewonnen hatte. Doch auch an ihren Arbeitskollegen wirkte die Kraft.

Maria Garrido:

„Als ich selbst die Heilungen erlebt hatte, trat eine Arbeitskollegin, eine junge Portugiesin, auf mich zu und berichtete mir von einem pfennigstückgroßen Muttermal am linken Bein, das seit Jahren immer größer wurde. Ich stellte mich daraufhin für meine Kollegin auf den Heilstrom ein und bat für sie um Hilfe, ohne daß sie etwas davon wußte. Kurze Zeit später berichtete sie mir erstaunt, daß das Muttermal einfach verschwunden war. Als ich ihr dann von Bruno Gröning erzählte, dachte sie sofort an ihren Mann, der unter einer Spülmittelallergie litt. Es trat bei ihm ein Ausschlag am ganzen Körper auf mit einem unerträglichen Juckreiz, sobald er mit Spülmitteln in Berührung kam. Er kam zu der ersten Einführung in die Lehre Bruno Grönings, die ich in portugiesisch hielt. Kurze Zeit später war er geheilt.

Da meine Landsleute mich nun um einen Besuch gebeten haben, bin ich am 20.11.1992 für einige Tage nach Portugal geflogen. Ich kam nach Tondela, einem kleinen Dorf (400 Einwohner) im Norden. Am ersten Tag waren es bereits 50 Menschen, am nächsten Tag noch mal 50, die von Bruno Gröning erfahren wollten. Alle haben sofort die Kraft gespürt, und es geschahen Heilungen, die mir sehr zu Herzen gegangen sind.

Eine 65jährige Frau, die nur noch unter Schmerzen laufen konnte und auch humpelte, war bereits einen Tag nach der Einführung schmerzfrei. Voll Freude sagte sie zu mir, daß sie ‚wieder laufen könne wie ein junges Mädchen'.

Manuel S., ein jüngerer Mann, litt seit zwei bis drei Jahren unter einer offenen Wunde am Bein, die nicht heilte. Auf meinen Rat hin wickelte er in der Nacht nach der Einführung ein Bild von Bruno Gröning mit in den Verband, am nächsten Tag war der Verband voller Eiter, und am zweiten Tag war die Wunde zu.

Isilda M., die von Rheuma verkrümmte Hände hatte, konnte bereits einige Tage nach der Einführung ihre Hände wieder fast gerade machen, was seit Jahren nicht mehr möglich gewesen war.

So könnte ich noch von vielen Heilungen erzählen. Aber ich weiß auch, warum soviel geschehen konnte. Denn diese einfachen Menschen auf dem Lande hatten Bruno Gröning als einen von Gott gesandten Helfer einfach angenommen und glaubten seinen Worten, daß er ihnen die Krankheit abnehmen will, und so konnten Dinge geschehen, die mit dem Verstand nicht faßbar sind. Es wollen immer mehr Heilungssuchende in Portugal von ihm erfahren. Nach meiner Rückkehr erfuhr ich noch, daß sogar ein Arzt aus der Gegend schon großes Interesse zeigte und eingeführt werden will. Ich bin sehr dankbar, daß ich meinen Landsleuten durch die Lehre Bruno Grönings auf solch einfache Weise helfen kann, und bemühe mich jetzt, schriftliche Heilungsberichte zu erhalten und medizinische Dokumente, um Beweise für eine größere Öffentlichkeit in Portugal in der Hand zu haben."[9]

Nicht anders erging es der Polin Krystyna Wozniak (44) aus L. Ausgebildet in einem technischen Beruf als Elektroingenieurin, hatte sie sich schon länger mit geistigen Dingen beschäftigt, Yoga praktiziert und den zweiten Grad in Reiki gemacht. Somit innerlich aufgeschlossen, spürte sie während der Einführung sofort den Heilstrom:

„Ich muß sagen, schon im Yoga habe ich diese göttlich-kosmische Kraft gespürt, bei Reiki konnte ich noch mehr spüren, aber was ich bei der Einführung in die Lehre Bruno Grönings an mir erlebte, war gewaltig. Da war eine solch starke Kraft, sie erfaßte den ganzen Körper und hinterließ so eine Leichtigkeit und Freude, wie ich es bisher noch nie erlebt hatte."[10]

Ein hartnäckiger Fußpilz, der seit Ende der 60er Jahre trotz ärztlicher Bemühungen bestand, war zwei Monate später verschwunden. Schon bald verspürte Krystyna Wozniak den Wunsch, das Erlebte auch den Menschen ihrer Heimat zugänglich werden zu lassen, und sie begann damit, die Einführungsschrift ins Polnische zu übersetzen. Inzwischen hat sie bereits zweimal eine Rundreise durch Polen gemacht und konnte ähnlich wie Maria Garrido in Portugal nur durch die Vermittlung der Lehre Bruno Grönings eindrucksvolle Heilungen erleben.

Auf dem Weltkongreß für geistiges Heilen in Basel im November 1992 wurde Grete Häusler vom Vizepräsidenten der Vereinigung für Volksheilkunde in Rußland nach Moskau gebeten. Er wünschte sich für seine Landsleute Hilfe auf dem Weg, der durch Bruno Gröning bekannt wurde.[11]

Auch auf dem Esperanto-Weltkongreß in Wien 1991 zeigte sich ein unerwartet großes Interesse von Teilnehmern aus Indien, Ungarn, Australien, Belgien, Großbritannien, Bulgarien, Lettland, Norwegen, Iran, Polen und anderen Staaten an der Lehre Bruno Grönings.[12]

Grete Häusler:

„Bruno Gröning hatte mir vorausgesagt, daß seine Lehre um die Erde gehen wird, und in der letzten Zeit zeichnet sich dies immer deutlicher ab. Doch stehen wir vor Schwierigkeiten, trotz des unermüdlichen persönlichen Einsatzes vieler Freunde, die ständig wachsende Arbeit zu bewältigen. Zudem ist es so, daß anfallende Kosten in Polen und Rußland und anderen armen Ländern auch nur schwerlich durch Spenden der geldlich armen Bevölkerung getragen werden können. Doch habe ich, seitdem ich Bruno Gröning kennengelernt habe, immer wieder, selbst in schwierigsten Situationen, die göttliche Hilfe erlebt. So wird sich auch hier ein Weg zeigen."[13]

Inzwischen wird im Freundeskreis alles getan, um auch vor einer breiten Öffentlichkeit bestehen zu können.

Bruno Gröning hat noch kurz vor seinem Tode Freunden gegenüber geäußert, daß er ein Buch schreiben wolle, doch kam es nicht mehr dazu. Im Bruno Gröning-Archiv fand sich dann später ein Blatt, auf dem er Titel, Gliederung und einen Absatz schriftlich fixiert hatte. Im Jahre 1984 übernahm nun Grete Häusler diese Aufgabe, nachdem sie niemanden gefunden hatte, der dazu bereit gewesen wäre. Da aber auch kein Verleger ihr Buch in sein Programm aufnehmen wollte, mußte sie es im Eigenverlag herausgeben. Dies war der Grundstein für den späteren Grete Häusler-Verlag, der geschaffen wurde, um die ständig wachsende Zahl an Buchveröffentlichungen über Bruno Gröning und seine Lehre der Öffentlichkeit zur Verfügung stellen zu können.

Dabei liegen auch immer mehr Schriften mehrsprachig vor. Das Buch „Einführung in seine Lehre" wurde bereits durch Geheilte aus unterschiedlichen Nationen in insgesamt 16 Sprachen übersetzt (Stand Ende 1992).

Durch eigene Druckmaschinen bemüht man sich seit 1990, den bei steigendem Schriftmaterial nicht mehr erschwinglichen Kosten einer professionellen Druckerei durch Eigenleistung zu begegnen. Neben einer Vielzahl anderer Aktivitäten, wie Öffentlichkeitsarbeit, Komposition von Musikstücken u. a. m.[14], wird ein besonderes Augenmerk im Bruno Gröning-Freundeskreis auf die Erfassung der eintretenden Heilungen gelegt, die in Form klar strukturierter Berichte als „Erfolgsberichte" aufgenommen werden. In den einzelnen Gemeinschaften bemühen sich Mitarbeiter der „Erfolgsberichtsgruppe" in Zusammenarbeit mit den Geheilten, durch Erfassen von ärztlicher Diagnose, Therapie und Verlauf der Erkrankung bis zur Einführung und durch möglichst exakte Beschreibung des Heilungsgeschehens geistige Heilung für neue Hilfesuchende begreifbar werden zu lassen. Hierzu wurde von Ärzten aus dem Freundeskreis ein Leitfaden erstellt, der im wesentlichen an den Kriterien einer klinischen Anamnese orientiert ist.

Mitarbeiter der medizinisch-wissenschaftlichen Fachgruppe (s. a. Kap. 6) prüfen die „Erfolgsberichte" von fachlicher Seite und ergänzen sie, wenn möglich, durch Unterlagen der Vor- und Nachuntersuchung unabhängiger Ärzte und durch einen fachlichen Kommentar. Die Arbeit steht erst am Anfang, und doch konnten schon in einer Buchveröffentlichung („Das Heil erfahren, das ist Wahrheit", Hrsg. G. Häusler) einige dokumentierte Heilungsberichte veröffentlicht werden. Einen Auszug hat der Verfasser in den Anhang dieses Buches aufgenommen.

Wenn die Mitarbeiter der medizinisch-wissenschaftlichen Fachgruppe den Heilungsbericht akzeptiert haben, folgt die Archivierung nach Jahrgängen und Abspeicherung in der Datenverarbeitung.[15]

Der große Aufwand ist notwendig, um Menschen den Glauben und die Hoffnung auf Heilung und Hilfe durch den größten aller Ärzte - Gott - wiederzugeben. Er ist aber auch nötig, um vor öffentlichen Angriffen der gesellschaftlichen Kräfte, die ihr scheinbares Monopol auf Heilung gefährdet sehen, bestehen zu können.

Doch nicht nur Menschen finden durch den „Heilstrom" ihre Gesundheit wieder, auch Berichte von Heilungen an Tieren und Pflanzen sind im Laufe der Zeit im Freundeskreis aufgezeichnet worden.[16] Eindrucksvolle Hilfen bei der Arbeits- und Wohnungssuche und bei gefährlichen Situationen im Alltag vervollständigen schließlich das Bild von der Größe der Kraft, die durch die Lehre und das Wirken Bruno Grönings wieder in besonderem Maße zugänglich geworden ist.[17]

Im Lichte dieses Geschehens zeigt sich wiederum unmißverständlich die wichtigste Aufgabe des Menschen der heutigen Zeit in der lebendigen Verbindung mit den göttlichen Geisteskräften. Nur auf diese Weise kann der Mensch sich wieder heilend auf seine Umwelt auswirken, so kann er zum Segen für seine Nächsten, für Pflanze und Tier werden. Erst derjenige, der um diese Verbindung ringt, der einen der echten Wege des Geistes beschreitet, ist im eigentlichen Sinne des Wortes als Realist zu bezeichnen. Er ist aus dem Traum des Weltgetriebes zur Wirklichkeit erwacht und arbeitet mit an der geistigen Umkehr einer in die Irre geführten Menschheit. Dabei wird, so glaube ich, das Vermächtnis „des Verkannten", Bruno Grönings, von nicht zu unterschätzender Bedeutung in der Zukunft sein.

Bruno Gröning:

„Sie erleben Unglück, Schmerzen, unheilbare Leiden. Ich sagen Ihnen: Gehen Sie nicht noch tiefer, sondern ich rufe Sie auf zur großen Umkehr! [...]

Gehen Sie vom Leidensweg auf den göttlichen Weg. Auf diesem gibt es kein Unglück, keine Schmerzen, kein Unheilbar; da ist alles gut. Dieser Weg führt zu Gott zurück."[18]

Grete Häusler

Feierstunde zum 33. Todestag Bruno Grönings in Dillenburg

# ANHANG I

# Dokumentierte Heilungsberichte

Z. T. überarbeiteter Auszug aus vom Autor kommentierten Heilungsberichten der Dokumentationsschrift:

Häusler, Grete (Hrsg.)
„Das Heil erfahren, das ist Wahrheit"
2. Auflage, Wegberg 1992

## Heilung bei Hirnschaden

Bericht von Eva-Maria Weidig,
Gemeinschaft Sauerland:[1]

Heilung der Tochter Susanne
von einer infantilen Cerebralparese

1. Meine Tochter Susanne (29) hatte von früher Kindheit an einen Hirnschaden. Die Ärzte waren sich nicht sicher, wann der Hirnschaden aufgetreten war (vielleicht schon von der Geburt an).

Sie war schwerbehindert.

Wie äußerte sich dies? Sie konnte nur langsam gehen, lief auf den Vorfüßen, die Füße nach innen gedreht, was bewirkte, daß sie oft hinfiel.

Sie klagte über Kraftlosigkeit in Armen und Beinen, konnte nur maximal zwei bis drei Kilometer (ca. eine Stunde) gehen, dann versagten die Beine. Sie konnte ihren rechten Arm nicht über den Kopf anheben, Haare waschen, fönen und kämmen waren mit ihm nicht möglich. Der rechte Arm war jahrelang ständig geschwollen und schmerzte sehr. Ärztlicherseits wurde dies als „Tennisarm" bezeichnet.

Die Hände waren ohne Kraft, die Finger und Handgelenke stark überdehnbar, der Händedruck lasch. Sie konnte ihre Hände so weit überstrecken, daß sie mit den Fingerspitzen den Unterarm berührte.

Durch die Hirnschädigung litt sie unter Krämpfen, die sich besonders in der rechten Hand bemerkbar machten. Wenn sie mit der rechten Hand schneiden wollte, bekam sie Schmerzen, und ihre Hand krampfte sich um das Messer. Genauso war es, wenn sie zum Beispiel eine Tasche trug oder sich mit der rechten Hand beim Einsteigen im Zug an einem Griff festhalten wollte. Die Hand krampfte sich um den entsprechenden Gegenstand, sie selbst schrie dann vor Angst, und häufig mußte ich ihre Finger lösen.

Auch fiel es ihr sehr schwer, Schleifen zu binden. Sie beherrschte zwar die Technik, aber die Schleife lag dann lose da. Sie konnte sie nicht festziehen. Es bedeutete für sie eine lange Mühe, z. B. einen Knopf von einer Bettdecke auf- oder zuzumachen, meistens plagte sie sich mehr als eine halbe Stunde damit herum, um dann aufzugeben.

Das Schreiben war ihr rechts nur mit viel Mühe möglich. Es fiel ihr schwer, den Stift in der richtigen Stellung zu halten, da die Kraft in der Hand fehlte und der Stift häufig wegrutschte. Zudem krampfte sich ca. nach der dritten Zeile die Hand um den Stift. Oft half ihr dann ein Mitschüler, die Hand zu lösen.

Links hatte sie nicht die Möglichkeit, schreiben zu lernen, denn sowohl bei ihrer Großmutter, die sie erzogen hatte, als auch in der Schule war es ihr verboten worden. So entwickelte sie eine Technik, daß sie nach ein oder zwei Zeilen, wenn sie merkte, daß ein Krampf kam, den Stift hinlegte und die Hand schüttelte, damit der Krampf nicht voll zur Auswirkung kam. Bei Diktaten mußte sie oft Worte auslassen, um halbwegs mitzukommen.

Auch renkte sich bei ihr häufiger die rechte Hüfte teilweise aus, z. B. beim Einsteigen in die Badewanne, bei unbedachten Bewegungen, beim Abrutschen vom Kantstein mit dem rechten Fuß, bei der Bewegungsprüfung beim Arzt. Das waren starke Schmerzen, und erst durch einen unbedachten Ruck renkte sie sich wieder ein. Sie konnte ihr rechtes Bein nur ganz wenig in der Hüfte beugen (ca. 30-40 Grad), dann traten Schmerzen auf. Höher als etwa 30 cm konnte sie es nicht vom Boden anheben.

Durch die Lähmungen hatte sich bei ihr über die Jahre ein Rundrücken herausgebildet. Ihr Gang war vornübergebeugt, den Kopf konnte sie nur bis an die Schulter drehen, das Kinn blieb an der Schulter hängen.

Jahrelang hatte Susanne heilpädagogisches Turnen und Behindertenturnen mitgemacht, und sie wurde krankengymnastisch betreut. Der Erfolg war bescheiden, die Hüftbeweglichkeit verbesserte sich gar nicht, lediglich der Rundrücken wurde gebessert und damit der Gang etwas aufrechter.

Durch die Hirnschädigung hatte sie ihr ganzes Leben bis zur Einführung unter Gleichgewichtsstörungen gelitten. Es genügte ein leichter Anstoß, und Susanne fiel hin. Sie fiel immer nach rechts, was einen Meniskusschaden im rechten Knie zur Folge hatte. Dieses Knie war meistens geschwollen, verbunden mit ständigen Schmerzen.

Sie litt auch unter starken Spreiz- und Senkfüßen an beiden Füßen und mußte deswegen immer besonders breite Schuhe tragen, in schmale Schuhe paßte sie gar nicht hinein. Natürlich behinderten die Fußdeformitäten sie auch durch Schmerzen beim Gehen.

Das Rechnen fiel ihr sehr schwer. Sie konnte nur im Einmaleins multiplizieren, und ich hatte den Eindruck, daß sie es nur konnte, weil sie es auswendig gelernt hatte.

2. Seit Jahren litt sie unter einem nervösen Magenleiden. Sie hatte häufig Magenschmerzen und mußte sich oft übergeben.

3. Auch hatte sie viele Ängste, z. B. vor Dunkelheit, Gewitter, Aufzügen, vor Veränderungen, Alleinsein, vor Fremden und vor dem Zugfahren.

Am Donnerstag, dem 09.11.1989, erfuhren wir durch die Zeitung von Bruno Gröning.

Ich rief sofort den im Zeitungsbericht angegebenen Gemeinschaftsleiter an und bat um einen Einführungstermin. Wir verabredeten uns für Montag, den 13.11.1989, zur Einführung.

Schon nach diesem ersten Gespräch per Telefon - das war noch vor der Einführung, aber wir hatten schon begonnen, uns nach dem Ratschlag des Gemeinschaftsleiters auf den Heilstrom einzustellen - geschahen so herrliche Dinge, die ich mit meinem Verstand nicht begreifen kann.

Am Samstag, dem 11.11.1989, trat im rechten Arm bei Susanne ein Brennen im Ellenbogengelenk auf, und er fühlte sich ganz steif an, danach war der Tennisarm, unter dem sie seit 13 Jahren gelitten hatte, verschwunden. Auch kann sie seitdem den rechten Arm frei bewegen und, was sie jahrelang nicht konnte, ihn über den Kopf anheben. Das hat Susanne selbst gemerkt und mir gesagt.

Außerdem konnte Susanne ihre Hände viel sicherer gebrauchen. Ihre Hände erhielten immer mehr Kraft, festigten sich. Sie konnte ihre Finger nicht mehr nach hinten durchbiegen, das Handgelenk war richtig straff und fest geworden. Ihr Händedruck, früher immer lasch, es fehlte die Kraft, die Hand fest zu drücken, ist fest geworden. Mir tut er weh. Ihre Hände kann sie wieder voll und ganz einsetzen: Schleifen binden und fest zuziehen macht ihr keine Schwierigkeiten mehr. Sogar die Schuhbänder bindet sie fest.

Die Lähmung der Arme und die Spastik des rechten Armes sind einfach weg! Beim Wechseln der Bettwäsche macht sie ohne Schwierigkeiten die kleinen Knöpfe auf und zu, was früher undenkbar gewesen wäre.

Sie kann mit dem Messer mit der rechten Hand Fleisch schneiden, kann das Besteck beim Essen richtig halten und sogar die Hunde beim Spaziergang an der Leine festhalten.

Es tritt kein Krampf mehr auf. Bei der Straßenbahn oder am Zug steigt sie ohne Schwierigkeiten ein und aus, kann sich an den Griffen hochziehen.

Sie kann sogar, und das konnte ich erst gar nicht fassen, Kartoffeln schälen! Wo sie früher nicht eine einzige Kartoffel schälen konnte, hat sie vor kurzem für das Mittagessen einen ganzen Topf voll geschält.

Auch beim Schreiben hat sie keine Schwierigkeiten mehr. Der Stift bleibt fest in der Hand. Sie schreibt Zeile für Zeile, Seite für Seite, ohne aus Schwäche oder wegen eines Krampfes in der Hand aufhören zu müssen.

Bis hierhin ist alles schon vor der Einführung geschehen, wir hatten uns lediglich auf die Heilkraft eingestellt.

Bei der Einführung hatte Susanne dann ein Taubheitsgefühl im Gesicht und starke Schmerzen in beiden Beinen und Füßen. Dann traten Schmerzen im Kopf auf. Wir konnten glauben, daß diese Schmerzen Regelungsschmerzen sind und zur Heilung führen.

Am nächsten Tag stand sie vor mir und rief: „Mutti, guck mal, was ich kann!" Sie hob ihr rechtes Bein, packte den Fuß und legte ihn auf die linke Hüftbeuge. Das Bein war voll beweglich, sie konnte es ohne Einschränkung hochheben. Früher bekam sie es höchstens 30 cm hoch. Auch das linke Bein ging bis nach oben, wo sie es vorher nur ca. 50 cm vom Boden abheben konnte. Sie konnte und kann bis heute wieder normal gehen, d. h. ihren Fuß normal abrollen.

Seitdem ist das Hüftgelenk nicht mehr ausgerenkt. Sie kann alle Bewegungen machen, in die Badewanne steigen, das rechte Bein in der Hüfte drehen und wenden, wie sie will. Es ist, obwohl es bei solchen Bewegungen früher schon längst herausgesprungen wäre, nicht mehr herausgesprungen. Auch sind die Bewegungen mit der Hüfte jetzt im Vergleich zu früher ohne Schmerzen möglich.

Einen Tag nach der Einführung hatte sie starke Schmerzen am ganzen Körper, besonders am Rücken. Sie glaubte an Regelungen, und einige Zeit später stellten wir fest, daß sie gerade war, der Rundrücken war weg. Sie konnte den Kopf drehen und das Kinn über die Schulter führen. Ich habe dann mal nachgemessen: tatsächlich, sie war zwei Zentimeter größer geworden!

Dann fingen wieder Regelungsschmerzen in den Füßen an. Sie stand die Schmerzen im Glauben und Vertrauen auf die Worte Bruno Grönings durch, und als sie abgeklungen waren, konnte man nach einem Fußabdruck im Schnee die Form eines normalen Fußes erkennen und keine durchgehende Fläche mehr. Ihre alten Schuhe sind ihr heute zu groß. Sie kann sogar spitze Westernstiefel tragen, die ihr früher zu eng waren.

Die Gleichgewichtsstörungen sind einfach weg. Eine Woche bevor wir über die Zeitung von Bruno Gröning erfahren hatten, wollte sie über den Schwebebalken auf dem Spielplatz laufen. Ich mußte sie stützen und festhalten, und ihr Wunsch war: Das möchte ich mal alleine können.

Genau drei Tage nach der Einführung lief sie das erste Mal allein über den Schwebebalken. Die Gleichgewichtsstörungen sind seitdem verschwunden.

Fast alle diese Heilungen traten in den ersten 24 Stunden nach der Einführung auf.

Susanne läuft heute wie ein normaler Mensch. Sie spielt auf der Straße die Kinderspiele mit Laufen und Springen, die sie früher nur vom Zusehen kannte. Stand sie früher als Behinderte an der Seite und wurde zudem von den Kindern noch wegen ihres Ganges verspottet, kann sie jetzt bei allen Spielen mitmachen und wird akzeptiert. Es ist sogar im Dorf aufgefallen, daß sie sich jetzt ganz anders bewegt.

Die Lähmung ist auch in den Beinen verschwunden! Wo sie früher bei einer Stunde Gehweg wegen Schwäche in den Beinen aufgeben mußte, geht sie heute viereinhalb Stunden und sogar auch bergauf.

Sie trägt, was früher undenkbar gewesen wäre, Zeitungen aus, erledigt Einkäufe für uns und für Leute aus der Nachbarschaft. Das meiste erledigt sie mit dem Fahrrad. Für große Einkäufe hat sie einen Anhänger. Sie trägt und transportiert die Kisten mit Sprudelwasser. Weihnachten 1990 kam sie mit einer 1,80 m großen Nordmanntanne an. Mir verschlug es fast die Sprache.

Früher mußte ich die Kraft für körperliche Arbeiten allein aufbringen, weil bei ihr nichts, aber auch gar nichts in dieser Hinsicht ging. Heute packt sie zu wie ein gesunder junger Mensch.

Ca. ein halbes Jahr nach der Einführung geschah noch etwas, was uns beide gewundert hat. Beim Einkaufen hatte Susanne sich ertappt, daß sie bei den Preisen, die addiert wurden, mitrechnen konnte, was ihr früher nicht möglich gewesen war. Jetzt hat sie sich ein Rechenbuch aus der 4. Klasse zugelegt und beobachtet ganz erstaunt, daß sie auf einmal im kleinen Einmaleins im Kopf subtrahieren, addieren und dividieren kann, wo sie früher über das Multiplizieren nicht hinausgekommen war.

2. Am 19.11. erhielt Susanne während ihrer ersten Gemeinschaftsstunde die Heilung von dem nervösen Magenleiden. Sie hatte während der Gemeinschaftsstunde vom Beginn bis zum Ende ein ständiges Aufstoßen. Seitdem hatte sie nie wieder Beschwerden am Magen.

3. Die Ängste sind auch gewichen. Dunkelheit, Gewitter, Zugfahren, Alleinsein machen ihr keine Schwierigkeiten mehr. Sogar die Angst vor dem Tod hat sie verloren. Die Ängste sind einer Sicherheit und Freude gewichen, die ich gar nicht an ihr kenne. Dies zeigt sich auch in ihren Bildern: das einfarbige „Krickel-Krackel" von früher ist farbigen, freudigen Bildern gewichen.

Susanne glaubt und vertraut den Worten Bruno Grönings, ohne zu fragen oder etwas anzuzweifeln. Für sie lebt er, ist greifbar und ein Familienmitglied.

Ich danke Gottvater und Bruno Gröning aus ganzem Herzen für dieses große Geschehen.

## Ärztlicher Kommentar

Wesentliche Bauelemente des Nervengewebes sind die Nervenzellen. Sie verfügen über lange Fortsätze, die Nervenfasern, über die sie elektrische Impulse weiterleiten. Eine große Zahl an Nervenzellen, die in einem hochkomplizierten Netzwerk im Gehirn miteinander verbunden sind, gewährleisten die Übertragung des Willensimpulses des Menschen auf seine Muskulatur. Die Nerven, welche die elektrische Erregung vom Gehirn zu den Muskeln weiterleiten, nennt man motorische Nerven, im Gegensatz zu den sensiblen Nerven, welche Körperreize an das Gehirn melden. Bei den für die Willkürbewegung zuständigen motorischen Nerven unterscheidet man zwischen zentralen und peripheren motorischen Nerven. Die zentralen Nervenfasern ziehen von der Großhirnrinde über den Hirnstamm ins Rückenmark, wo sie ihren Impuls auf die entsprechenden peripheren (Arme und Beine versorgenden) motorischen Nerven übertragen. Diese wiederum leiten den Impuls an die Muskeln weiter. Für jede Bewegung des Menschen ist ein gut aufeinander abgestimmtes Zusammenwirken der unterschiedlichsten Muskeln wichtig, das wiederum setzt eine komplexe Steuerung durch eine Vielzahl an Nerven voraus. Funktioniert die Steuerung störungsfrei, ist der Mensch in der Lage, sogar feinste Arbeiten sicher auszuführen.

Nerven sind als hochspezialisierte Zellen sehr empfindlich und in ihrer Funktion besonders abhängig von einer ausreichenden Sauerstoffversorgung. Bereits kurzfristige Störungen können zu irreparablen Schäden führen, die sich im Körper in mehr oder weniger ausgeprägten Funktionsstörungen oder -ausfällen zeigen. Dies wird am Beispiel von Susanne Weidig besonders deutlich sichtbar. Ihre Geburt am 24.03.1964 erfolgte sechs Wochen vor dem Termin. Bei dem Neugeborenen fanden sich Ödeme, und es mußte sofort beatmet werden. Außerdem wurde wegen einer Rhesusunverträglichkeit mit einer schweren Gelbsucht eine Blutaustauschtransfusion direkt nach der Geburt durchgeführt. Man stellte zudem einen Herzfehler (Ventrikelseptumdefekt) fest, und in den ersten Wochen mußte Susanne durch eine Sonde ernährt werden, da sie beim Saugen blau geworden war. Wegen des Herzfehlers erfolgte im ersten Lebensjahr keine Krankengymnastik. 1972 wurde der Ventrikelseptumdefekt des Herzens operiert.[2]

Es ist sehr wahrscheinlich bereits in den ersten Lebenstagen zur Hirnschädigung gekommen. Anzunehmen ist eine Schädigung durch den perinatalen Sauerstoffmangel des Säuglings. Bei dem heranwachsenden Mädchen wurde die in der frühen Kindheit erworbene Behinderung immer deutlicher. 1977, im 13. Lebensjahr, hieß es in einem fachärztlichen Gutachten:

„Es liegt bei Susanne Weidig eine frühkindliche Hirnschädigung vor, die mit größter Wahrscheinlichkeit durch exogene [von außen gekommene] Faktoren bedingt wurde. Anhaltspunkte für eine erbliche Störung ergaben sich bei den Untersuchungen nicht. Diese frühkindliche zentralnervöse Störung der Hirnfunktion hat eine Mehrfachbehinderung bewirkt, die sich derzeit überwiegend in einer erheblichen Behinderung [...] aller wesentlichen motorischen Körperfunktionen [...] zeigt. [...] Außerdem bestehen, z. T. bedingt durch die gleichen zentralnervösen Störungen, eine erhebliche Haltungsschwäche sowie Gelenküberstreckbarkeiten, die eine orthopädische Intervention nicht nur der Haltungsstörung, sondern auch der Knick-Senk-Spreizfußbildung beiderseits erforderlich machen.“[3]

Hirnschädigungen sind nur in sehr begrenztem Maße reparabel, da sich die Nervenzellen als hochspezialisierte Zellen nach heutigem medizinischen Wissen nicht erneuern können. Man kann lediglich versuchen, durch intensive Krankengymnastik eine gewisse Kompensation des Schadens zu erreichen in der Hoffnung, daß andere Bereiche des Gehirns zumindest einen Teil der verlorenen oder gestörten Funktionen ausgleichen.

Doch konnte bei Susanne Weidig trotz jahrelanger Krankengymnastik und ärztlicher Therapie keine wesentliche Verbesserung der Behinderungen erreicht werden. Im 18. Lebensjahr beschrieb man ärztlicherseits die Behinderung als

„infantile Cerebralparese mit rechtsbetonter Tetraparese"[4] (frühkindliche Hirnschädigung mit Lähmungen an allen vier Gliedmaßen, die rechtsbetont sind).

Außerdem sprach man von einer Lernbehinderung. Das Versorgungsamt bescheinigte Susanne Weidig 1983 eine Minderung der Erwerbsfähigkeit von 100 %.[5]

Neben Lähmungserscheinungen, die sich als Schwäche in beiden Armen und Beinen zeigten, äußerte sich der Hirnschaden noch in einer rechts betonten Spastik, die besonders schmerzhaft für Susanne in der rechten Hand spürbar wurde. Eine Spastik ist eine krankhafte Erhöhung des Muskeltonus (Muskelspannung). Sie kann soweit gehen, daß die betreffenden Muskeln in einer bestimmten Stellung krampfartig erstarren und nur vorsichtig wieder gelöst werden können. Die Ursache liegt in einer fehlenden Hemmung der peripheren motorischen Nerven infolge der Schädigung der übergeordneten Zentren. Die häufig auftretende schmerzhafte Verkrampfung bildete für Susanne Weidig eine Notsituation, da sie oft Hilfe benötigte, um ihre erstarrten Finger wieder zu lösen.

Die Hirnschädigung machte sich zudem noch besonders in einer empfindlichen Störung ihrer Feinmotorik bemerkbar. Die fein abgestimmte zentrale Koordination der Muskelbewegungen durch Nervenimpulse war gestört. So wurde schon das Öffnen eines Knopfes der Bettdecke, für den Gesunden eine Banalität, zu einem fast unüberwindlichen Hindernis.

Der langjährig behandelnde Orthopäde äußerte in einem ärztlichen Befundbericht 1983 den „Verdacht auf eine schnappende Hüfte rechts"[6], sprach von „starken Spreiz- und Senkfüßen beidseits"[7] und „leichter Spitzfußstellung".[8] Außerdem beschrieb er rezidivierende diverse Prellungen „wegen Störung der Gleichgewichtsbewahrung".[9]

Die ausgeprägten Gelenküberstreckbarkeiten, die Haltungsschwäche mit dem Rundrücken zeugen zusammen mit Fußdeformitäten (Spreiz- und Senkfuß) von einer Hypotonie der Muskulatur, die in einigen Befundberichten auch beschrieben wird.[10] Dies steht auf den ersten Blick im Widerspruch zu dem Befund der Spastik, läßt sich aber bei multifokalen (an mehreren Orten) Hirnschädigungen häufiger beobachten und an eine zusätzliche Schädigung der Basalganglien denken. Der Zusammenhang mit den Koordinationsstörungen (ärztlicher Befund: deutliche statische und dynamische Koordinationsstörungen[11]) und der ausgeprägten Störung der Gleichgewichtsbewahrung[12] mit Fallneigung nach rechts[13] und einem Intentionstremor[14] (Zittern bei zielgerichteten Bewegungen) im neurologischen Befund deutet aber auch auf eine Kleinhirnschädigung hin.

Es mag aber eine Differenzierung mehr von akademischem Interesse sein, lag doch bei Susanne ein mit Sicherheit irreparabler Hirnschaden vor, der sie aus medizinischer Sicht unwiderruflich zu einem Leben als Behinderte verurteilte. Die bisherigen Ausführungen haben m. E. das Ausmaß der Behinderung deutlich werden lassen.

Ein unabhängiger Kollege bestätigte mir im November 1990 die Heilung von der Behinderung[15], und Ende 1990 konnte ich mich von der Heilung zusammen mit einem anderen Kollegen selbst überzeugen. Auf meinen Wunsch stellte sich Susanne Weidig im Mai 1992 noch einmal zu einer Nachkontrolle bei einem Facharzt für Neurologie vor, der in seinem Befundbericht abschließend schrieb:

„Es besteht eine leichte Minderbegabung, ansonsten keine neurologischen Auffälligkeiten."[16]

Einige Monate vorher sprach eine Fachärztin für Orthopädie in ihrem Befundbericht von einem durch „leichte Spastik der Hüftgelenke geprägten Gangbild"[17] und von einem „leichten Senkfuß"[18], ohne daß sie die vor der Heilung bestehenden ausgeprägten Fußdeformitäten und die Bewegungsstörung der rechten Hüfte noch nachweisen konnte.

Die spontane Heilung der Mehrfachbehinderung durch die Aufnahme des Heilstroms ist aus medizinischer Sicht unfaßbar. Hier ist etwas geschehen, das jeder medizinischen Erfahrung zuwiderläuft und nur als Wunder bezeichnet werden kann. Es wird mit einer materialistischen Weltanschauung nie begreifbar sein, wie die Funktionen, die ein über Jahrzehnte zerstörtes Hirngewebe nicht ausüben konnte, von einem Moment auf den anderen wieder vorhanden sind. Erst wenn man bereit ist zu erkennen, daß der Mensch mehr ist als der Körper, läßt sich dies im Ansatz erklären.

Interessant ist zu beobachten, daß ein Teil der Heilung ohne die häufig auftretenden Regelungserscheinungen eintrat, während die Behinderungen in den Beinen, Füßen und am Rücken erst nach vorangegangenen Regelungsschmerzen wichen. Besonders betroffen macht mich aber die Tatsache, daß nicht nur die körperliche Behinderung durch die Einwirkung des Heilstroms gewichen ist, sondern daß sich auch die Lernbehinderung bereits kurze Zeit nach der Einführung besserte und bis heute weiterhin rückläufig ist.

## Heilung von chronischer Polyarthritis

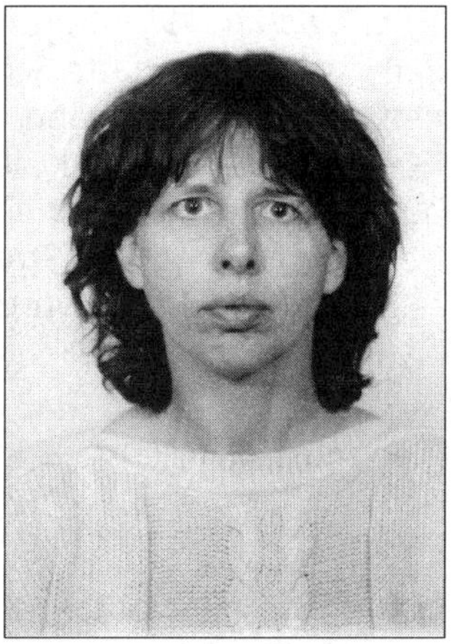

Bericht von Dagmar de Meester,
34 Jahre,
Gemeinschaft Köln:[19]

Anfang 1988 traten bei mir erstmals Schmerzen in den Fußgelenken auf. Der Orthopäde, den ich deswegen aufsuchte, vermutete, daß die Schmerzen durch meine Schuhe (Espandrillos) verursacht würden. Er riet mir zu anderen Schuhen, und die Schmerzen gingen tatsächlich weg.

Während meiner Schwangerschaft im Frühjahr 1988 traten erneut Schmerzen in den Hand- und Kniegelenken auf. Die Beine schmerzten besonders nach langem Arbeiten. Außerdem mußte ich in der Schwangerschaft viel liegen. Ich lag im September im Krankenhaus und hatte oft das Gefühl, als ob ich am ganzen Körper steif wäre. Es war so extrem, daß ich mich nachts im Bett nicht mehr drehen konnte.

Nach der Schwangerschaft (Ende September) traten erneut Schmerzen auf im Nacken und in den Finger-, Knie- und Handgelenken.

Mir wurden Medikamente verordnet, zunächst Diclofenac 50 mg, dann Protaxon, wovon ich drei Tabletten pro Tag einnehmen mußte. Jedoch machte sich erst nach sieben Wochen eine leichte Besserung bemerkbar.

Die Beschwerden waren besonders morgens sowie bei Regenwetter stark, der Schmerz ließ dann im Laufe des Tages etwas nach.

Im November schwollen plötzlich Füße und Finger stark an. Ich kühlte sie, und am nächsten Morgen waren sie auch wieder schlanker.

Fortan wechselten die Schmerzen, traten mal an den Füßen, mal an den Händen auf, aber die Schwellung blieb.

Ärztlicherseits wurde eine Rheumaerkrankung (chronische Polyarthritis) festgestellt.

Es sollte eine Goldbehandlung durchgeführt werden. Da diese Behandlung mit starken Nebenwirkungen behaftet ist, habe ich zweimal den Termin abgesagt. Man wollte mich gleich drei Wochen ins Krankenhaus überweisen, was ich ebenfalls ablehnte.

Doch es wurde immer schlimmer:

Seit Januar 1989 konnte ich die Hände nicht mehr gerade gestreckt auf den Tisch legen, hatte Schwierigkeiten, etwas zu heben, Wäsche oder Gardinen aufzuhängen, und beim Bücken. Etwas aus dem unteren Teil des Küchenschrankes zu holen, bereitete mir große Mühe, da ich mich hierzu bücken mußte, auch die Wohnung zu putzen war mir nicht mehr möglich. Das Laufen längerer Strecken fiel mir schwer, ich war schnell erschöpft, selbst das Einkaufen wurde mir zuviel.

An den Ellenbogen hatten sich zu dieser Zeit Knubbel gebildet. Im Februar sagte mir die Ärztin, daß ich gegen das Rheuma unbedingt etwas unternehmen müsse, andernfalls könne ich meine fünf Kinder bald nicht mehr versorgen.

Mitte April 1989 wurden meine Finger, die seit Oktober 1988 dick angeschwollen waren, plötzlich schlank, und ich konnte meine Arbeit besser verrichten. Es war mir plötzlich wieder möglich, die Hände ausgestreckt auf den Tisch zu legen. Bei einem Besuch bei Frau Schmitz, meiner Nachbarin, erfuhr ich, daß sie sich mit ihrem Mann seit dem 9. April 1989 für mich nach der Lehre Bruno Grönings auf eine Heilkraft eingestellt hatte. Ich war sehr betroffen, daß die heilende Kraft, der Heilstrom, schon bevor ich überhaupt davon wußte, an mir gewirkt und zum plötzlichen Abschwellen der Fingergelenke geführt hatte, und bat selbst um eine Einführung in die Lehre Bruno Grönings. Am 21. April erfuhr ich dann in einer Einführung, wie ich die Heilkraft selbst für mich aufnehmen kann, was ich seitdem auch regelmäßig tue.

Kurze Zeit später setzten schlagartig starke Regelungen ein. Hände und Füße wurden ganz dick und rot und brannten wie Feuer. Ich konnte kaum noch laufen und mußte die Füße regelrecht über den Boden schleifen.

Im Mai und Juni waren die Regelungen so stark, daß ich auch nicht mehr Auto fahren konnte. Ich konnte weder die Zündung einschalten, noch die Kupplung betätigen, auch das Lenken fiel mir sehr schwer. In dieser Zeit habe ich die Wohnung nicht mehr verlassen können. Den Haushalt versorgte meine Mutter, so gut sie konnte, und auch die Kinder mußten einspringen.

Ich habe in dieser Zeit viel gelegen und hatte ein großes Bedürfnis zu schlafen. Ich selbst konnte nur mit Mühe das Essen für meine Familie bereiten. Um einen Kopfsalat tischfertig zu machen, brauchte ich zwei Anläufe. Dazwischen mußte ich mich ausruhen. Auch das Spülen konnte ich nicht mit einem Mal erledigen, sondern mußte zwischendurch unterbrechen. Um unsere beiden jüngsten Kinder zu versorgen, brauchte ich alle Kraft.

Im Juli ging es dann stetig aufwärts. Ich war wieder in der Lage, meine Hände zur Faust zu ballen, die Finger sind seit Mitte April 1989 schlank geblieben, und allmählich kehrte die Kraft wieder in die Hände zurück. Ich kann das Auto wieder lenken und die Zündung wieder einschalten. Während mir das Zünden und Kuppeln erst noch große Schmerzen bereitete, kann ich jetzt wieder schmerzfrei Auto fahren. Ich habe die Arbeit in meinem Haushalt mehr und mehr wieder selbst übernehmen können. Während ich die Wäsche zuerst auf einen kleinen Ständer hängen mußte, bin ich jetzt wieder dazu in der Lage, sie auf die Leine zu hängen.

Auch die Füße wurden seit Juli zunehmend dünner. Die Schwellung war so stark gewesen, daß ich meine Birkenstocksandalen kaum schließen konnte. Mittlerweile ist die Schwellung sehr zurückgegangen, so daß ich die Schuhe wieder normal schließen kann.

Auch mit dem Laufen klappt es wieder besser. Ich bin mit meinen Kindern schon wieder spazierengegangen und konnte eineinhalb Stunden im Stehen ohne Unterbrechung bügeln. Nachdem ich zwei Monate überhaupt nicht mehr aus dem Haus ging, habe ich jetzt auch wieder eine Einladung angenommen.

Die Knubbel am Ellenbogen sind verschwunden. Ich kann wieder Milchflaschen aufschrauben und eine Dose mit dem Dosenöffner öffnen, was mir vorher unmöglich war.

Auch bücken kann ich mich wieder. Nach einem halben Jahr habe ich das erste Mal wieder die Wohnung putzen können.

Es sind inzwischen fast drei Jahre vergangen. Ich kann weiterhin alle Arbeiten im Haushalt voller Kraft durchführen, es ist kein Rheumaschub mehr aufgetreten, ich benötige weiterhin keine Medikamente mehr und kann ohne Schmerzen meinen fünf Kindern wieder eine tatkräftige Mutter sein.

## Ärztlicher Kommentar

Die chronische Polyarthritis (CP) ist eine Erkrankung unbekannter, möglicherweise immunologischer Ursache, die sich vor allem durch Entzündungen der peripheren Gelenke manifestiert. Meist ist eine symmetrische Verteilung des Befalls zu beobachten.

Der chronisch-entzündliche Prozeß führt bei längerem Verlauf zu einem fortschreitenden Gelenkschaden, der im Endstadium in einer endgültigen Versteifung und Zerstörung von Gelenken deutlich werden kann. In etwa 70 % der Fälle kann man den Beginn der CP zwischen dem dritten und siebten

Lebensjahrzehnt beobachten, dabei erkranken Frauen dreimal häufiger als Männer.

Bei Frau de Meester machten sich bereits Anfang des dritten Lebensjahrzehnts die ersten Anzeichen der Rheumaerkrankung bemerkbar. Es trat eine schmerzhafte Bewegungseinschränkung mit einer Schwellung in den Fingergelenken (proximalen Interphalangeal- und den Metakarpophalangealgelenken beider Hände) und den Kniegelenken auf. Typisch war der symmetrische Befall, es waren beide Kniegelenke und die Fingergelenke beider Hände betroffen. Im weiteren Verlauf der Erkrankung wurden immer neue Gelenke betroffen. So traten später auch noch Schmerzen und eine entzündliche Schwellung der Zehen- und Sprunggelenke auf. Typischerweise bestand bei Frau de Meester auch eine deutliche Morgensteifigkeit in den Gelenken, die sie die Beschwerden besonders am Beginn des Tages spüren ließ.

Die Schmerzen und die Schwellungen waren eine Folge der Entzündung der betreffenden Gelenke.

Im Frühjahr 1989 trat als deutliches Zeichen des Fortschreitens (Progredienz) der Erkrankung neben Schwellung und Schmerzen eine beginnende Versteifung der Fingergelenke auf. Frau de Meester konnte ihre Hände nicht mehr gestreckt auf den Tisch legen.

Zudem machten sich bei ihr Rheumaknoten im Bereich des Ellenbogens und des Steißbeins bemerkbar. Diese auch als rheumatoide Knötchen beschriebenen Gewebeveränderungen entstehen, so vermutet man, u. a. durch eine Entzündung kleiner Blutgefäße (Vaskulitis). Die Knötchen sind am häufigsten im subkutanen Gewebe über Druckpunkten wie Ellbogen, Hinterhaupt und Steißbein zu beobachten.

Bei Frau de Meester konnte durch die Einnahme entzündungshemmender Medikamente nur eine leichte Linderung der Beschwerden bewirkt werden, ohne daß ein Fortschreiten der Erkrankung zu verhindern gewesen wäre. So wollte man ärztlicherseits Anfang 1989 eine Therapie mit Goldsalzen durchführen in der Hoffnung, die Krankheitsschübe dadurch zu unterbrechen oder ihre Häufigkeit zu vermindern. Goldsalze vermögen bei einem Teil der Erkrankten die Krankheitsaktivität zu unterdrücken, und somit kann eine Besserung erreicht werden. Nur können als Nebenwirkungen Entzündungen der Haut und der Mundschleimhaut (Dermatitis, Stomatitis) sowie Nierenschäden (membranöse Glomerulonephritis), die bis zum nephrotischen Syndrom oder zur Niereninsuffizienz fortschreiten können, und eine Knochenmarkschädigung (aplastische Anämie, Agranulozytose und/oder Thrombozytopenie) auftreten.

Frau de Meester lehnte wegen der möglicherweise schwerwiegenden Nebenwirkungen diese Therapie ab und nahm ein weiteres Fortschreiten der Erkrankung in Kauf.

Der behandelnde Internist beschrieb die Erkrankung 1989 als

„primär chronische Polyarthritis mit schwerem Verlauf, Gelenkschwellungen, Gelenkdeformitäten".[20]

Weiter äußerte er sich:

„Der Nachweis dieser Erkrankung erfolgte durch den erheblichen klinischen Befund sowie laborchemisch."[21]

Das plötzliche Abschwellen der entzündlich geschwollenen Fingergelenke im April 1989, ohne daß die bisherige medikamentöse Therapie verändert worden wäre, könnte man zwar als zufällige Remission erklären, doch sollte der klare zeitliche Zusammenhang mit dem bittenden Einstellen der Familie Schmitz nachdenklich stimmen. Frau de Meester erkannte nach einem aufklärenden Gespräch mit ihren Nachbarn in diesem Phänomen eine Fernwirkung der Heilenergie und sah eine neue Hoffnung in ihrer ausweglosen Situation.

Typischerweise zeigten sich nach Aufnahme des Heilstroms Regelungserscheinungen. Ein Außenstehender könnte zuerst geneigt sein, in den Umstellungsreaktionen des Körpers als Folge der Einwirkung der Heilkraft einen erneuten Schub der Erkrankung zu sehen, doch kann man bei den Heilungen der unterschiedlichsten Erkrankungen immer wieder diese Reaktionen beobachten, denen dann meist die Heilung folgt.

Der weitere klinische Verlauf spricht für sich. Nachdem Frau de Meester die anfänglichen Regelungserscheinungen durchgestanden hatte, waren die Beschwerden ohne eine weitere Medikation immer weiter rückläufig. Frau de Meester kann heute seit mehr als zwei Jahren ohne Medikamente und ohne Schmerzen ihre gesamten Hausfrauenpflichten und die Versorgung ihrer fünf Kinder wieder leisten. Vor kurzem hat sie neben den täglichen Pflichten noch über vier Stunden im Stehen gebügelt und anschließend noch die Straße und den Hof gekehrt, ohne daß in irgendeiner Form Beschwerden bemerkbar wurden. So etwas wäre früher völlig unmöglich gewesen.

Eindrucksvoll zeigt sich das Geschehen im Zeugnis ihres Ehemannes:

„Hiermit möchte ich, Raimund de Meester, folgendes bezeugen:

Im Jahre 1988 erkrankte meine Frau an Rheuma. Es trat in einer ganz starken Form auf. Sie klagte, daß die Schmerzen von Tag zu Tag schlimmer würden. Die Finger schwollen an, sie bekam dicke Füße, dicke Hände und Handgelenke, richtige Knubbel an den Ellenbogen. Sie konnte den Kopf nicht mehr frei bewegen, selbst beim Kauen hatte sie Schmerzen.

Es wurde für sie unmöglich, den Haushalt zu versorgen. Während der Woche kam meine Schwiegermutter, am Wochenende habe ich, so gut es ging, den Haushalt versorgt. Obwohl sie starke Rheumamittel nahm, wurden die Schmerzen immer stärker.

Im April kam sie in die Gemeinschaft der Bruno Gröning-Freunde. Sie setzte die Medikamente ab. Im Laufe der Monate ging es ihr zusehends besser. Heute, nach fast drei Jahren, versorgt sie den Haushalt wieder vollkommen alleine. Sie ist schmerzfrei und wieder glücklich geworden."[22]

Wenngleich sich im Labor noch eine BSG-Erhöhung zeigt, so blieb doch über Jahre jeder weitere Rheumaschub aus, eine Beobachtung, die bei dem initial recht schweren Verlauf für ein Wirken der Heilkraft spricht. Wenn man auch medizinischerseits in dem plötzlichen Abklingen der Krankheitsaktivität eine bei rheumatischen Erkrankungen hin und wieder zu beobachtende „Spontanremission" erkennen kann, so bleibt dies für Frau de Meester sekundär. Sie ist befreit von einer schweren Last und will durch ihren Heilerfolg anderen Menschen Mut machen, an die Allmacht der heilenden Kraft Gottes zu glauben.

## Heilung von angeborenem Darmleiden

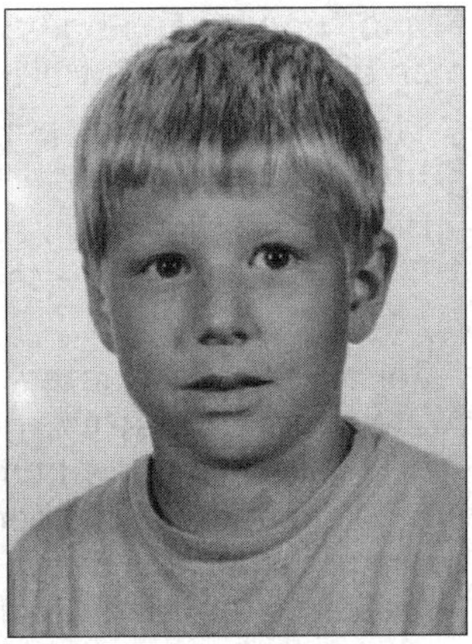

Bericht von Christel Schreiber aus H.
über die Heilung ihres Sohnes Raimund (9),
Gemeinschaft Kassel:[23]

Wir haben ein hartes Jahr hinter uns, aber wir haben es hinter uns. Unser Sohn Raimund ist am 22.09.1983 geboren, und es ging fünf Monate sehr gut, solange ich ihn stillen konnte. Aber dann fing es an: Die Augenlider waren voller Wasser, er hatte zuviel Stuhl, der war weiß und übelriechend.

Der Arzt kannte sich nicht aus, er mußte ins Krankenhaus. Es war der 12. März 1984. Es ist festgestellt worden, daß er Eiweißmangel hatte. Nur wußte man nicht, wodurch das Eiweiß verlorenging. Nach drei Wochen haben die Untersuchungen ergeben, daß Raimund veränderte Lymphgefäße im Darm hatte. Dadurch ging das Eiweiß verloren. Aber was das Schlimmste war, Raimund hatte fast gar keine Immunstoffe. Sie waren so gering vorhanden, daß die Ärzte nicht weiterwußten.

Die Aussichtslosigkeit auf Heilung, die man mir im Krankenhaus in K. mitgeteilt hatte, war für mich niederschmetternd. Man sagte mir, daß mein Kind nie wie sein Bruder würde spielen können. Ich müßte mich damit abfinden und mein Leben danach einrichten.

Raimund wurde dann in die Universitätsklinik in G. überstellt. Der Professor der Universitätsklinik gab mir Hoffnung, doch auf die Frage: „Sollte mein Kind doch nicht mal gesund werden können?", gab er mir unmißverständlich zu verstehen, daß ich mit einer Gesundung nicht rechnen könne, es müsse lebenslang eine Diät einhalten, um lebensfähig zu sein. Ich konnte und wollte mich damit nicht abfinden und hoffte auf ein Wunder.

Eine Bekannte, der ich meine verzweifelte Situation geschildert hatte, ohne zu wissen, daß sie in der Bruno Gröning-Gemeinschaft war, stellte sich mit anderen Freunden aus der Gemeinschaft für meinen Sohn und mich ein.

Und so wurde alles anders, als die Ärzte es mir prophezeit hatten, es wurde alles gut.

Es ging mit meinem Söhnchen so wundervoll aufwärts, daß ich, überzeugt durch mein gesundes Kind, seit Ende 1984 auch zu der Gemeinschaft der

Bruno Gröning-Freunde gehe und mich selbst einstelle. Ich habe gelernt, wie man bitten soll und wie Gott durch den Heilstrom wirkt.

Mein Kind ist jetzt mehr als sieben Jahre völlig gesund. Es spielt mit seinem Bruder völlig normal und ißt alles.

Die Diät, die Raimund sein ganzes Leben einhalten sollte, habe ich seit Mai 1984 Stück für Stück ersetzt durch normale Kost. Seit Ende 1984 ißt er völlig normal.

Bei all den Nachuntersuchungen in den folgenden Jahren habe ich den Ärzten zuerst verschwiegen, daß Raimund keine Diät mehr zu sich nimmt. Die Eiweißwerte, die Immunstoffe, alle Werte stiegen trotzdem weiter an und blieben im Normalbereich. Als ich den Mut gefunden hatte, den Ärzten zu sagen, daß ich die Diät schon lange nicht mehr einhalte, konnten sie nicht begreifen, daß Raimund trotz all ihrer Voraussagen jetzt völlig gesund ist.

Wie dankbar mein Mann und ich für dieses große Geschenk sind, kann man nicht in Worte fassen. Raimund war immer blaß, er sah aus wie Kalk. Die Augen waren nicht strahlend. Und jetzt strahlt er, hat rote Bäckchen und steht in nichts mehr hinter seinem Bruder zurück.

## Ärztlicher Kommentar:

Durch eine Dünndarmbiopsie (Gewebeentnahme aus dem Dünndarm) ist bei Raimund Schreiber im 6. Lebensmonat die Diagnose „intestinale Lymphangiektasie" histologisch gesichert worden.[24] Dieses Krankheitsbild ist durch ausgeprägten Eiweißverlust durch den Darm, eine Verringerung des Eiweißblutspiegels mit Wassereinlagerungen im Gewebe (Ödeme) und eine Erniedrigung der Lymphozyten und der Immunglobuline (Eiweißstoffe, die für die Infektabwehr zuständig sind) im Blut charakterisiert. Es liegt ihm eine angeborene Mißbildung des Lymphgefäßsystems im Darm zugrunde. Man vermutet, daß hypoplastische (zu klein angelegte) Darmlymphgefäße den Durchfluß der Lymphe erschweren und zu einer Drucksteigerung im Lymphgefäßsystem des Darmes führen. Dies wiederum kann zu erweiterten Lymphgefäßen im Bereich des gesamten Dünndarms führen. Infolge der Drucksteigerung kommt es leicht zum Platzen der Lymphgefäße mit Austritt der sehr eiweißreichen Lymphflüssigkeit in den Darm.

In der Folge fällt der Eiweißspiegel im Blut ab, und es treten Wassereinlagerungen im Körpergewebe auf (Ödeme). Bei Raimund traten Lidödeme, leichte Ödeme an Händen und Füßen und eine Anschwellung des Bauches auf (Aszites).[25] Außerdem ist der Stuhl wegen der großen Eiweißmengen hell und übelriechend, wie es Frau Schreiber auch bei Raimund beobachtete. Die Laborwerte vom März 1984 zeigen deutlich, in welch bedrohlichem Zustand das Kind durch diese Erkrankung gekommen war: Das Gesamteiweiß war mit 2,6 g/dl[26] (normal 5,6-7,4 g/dl) stark erniedrigt, ebenso das Immunglobulin G (IgG) mit 34,1 mg/dl (normal 190-860 mg/dl).[27]

Das große Ausmaß der Schädigung wird zusätzlich noch durch einen speziellen Test deutlich, in dem die Menge des durch den Darm verlorenen Körpereiweißes erfaßt werden kann. Wie aus dem Abschlußbericht des stationären Aufenthalts von Raimund in der Universitätsklinik in G. vom 06.05.1984 deutlich wird, konnte im Chrom-51-Albumintest nachgewiesen werden, daß Raimund 52% des intravenös applizierten Chrom-51 markierten Albumins innerhalb von nur vier Tagen verlor.[28] Der Normalwert liegt unter 1%! Ohne Therapie wäre Raimund bei weiterem Verlust von Eiweiß in den Darm bald nicht mehr lebensfähig gewesen. Dem Kind wurden während des Krankenhausaufenthalts Eiweiße durch Infusionen zugeführt, doch auf Dauer ist die einzige therapeutische Maßnahme eine spezielle Diät. Die in der normalen Nahrung vorkommenden langkettigen Fette würden durch das Lymphgefäßsystem des Darms abtransportiert und sind wesentlich an der Drucksteigerung in diesem durch die angeborene Störung veränderten System beteiligt. Bei einer speziellen Diät, die vor allem nur mittel- und kurzkettige Fette beinhaltet, die direkt durch die Schleimhaut unter Umgehung des Lymphsystems ins Blut gelangen, werden die gestauten Lymphgefäße wesentlich entlastet, sie zerreißen weniger leicht, und somit unterbleibt der gefährliche Verlust großer Mengen der eiweißreichen Lymphflüssigkeit in den Darm. Diese Diät muß unbedingt lebenslang durchgeführt werden, denn sie führt nicht zur Heilung der Krankheit, sondern läßt nur die Symptome verschwinden. Wenn der Erkrankte aber wieder normale Kost mit langkettigen Fetten zu sich nehmen würde, kämen die angeborenen Veränderungen wieder zum Tragen, eine erneute Drucksteigerung im Lymphgefäßsystem mit Zerreißen der Gefäße und dem folgenden Eiweißverlust in den Darm wäre die Folge. Eiweißmangelödeme und ein eiweißreicher Stuhl als untrügliches Zeichen würden den Diätfehler sichtbar werden lassen, und ohne Wiederaufnahme der Diät wäre der Tod unvermeidlich.

Bei der speziellen Diät sind verboten:

Alle tierischen und pflanzlichen Fette, gewöhnliche und teilentrahmte Milch, Rahm, Sahne, Joghurt, Butter, Käse (ausgenommen Magerquark), Speck, fette Wurstwaren, Eigelb, alle fetten Fleischsorten, alle fetten Fischsorten, alle Öle und Margarinesorten, Avocado, Nüsse, Mandeln.

Erlaubt sind:

MCT-Öl, MCT-Margarine, Magermilch mit 5 % MCT-Öl. (MCT oder auch MKT steht für mittelkettige Triglyzeride (Fette).) Alle Früchte und Gemüse (bis auf obige Ausnahmen), Eiweiß (vom Ei), Magerquark, magere Fleisch- und Fischsorten.

Diese Einschränkungen sind schnell ausgesprochen. Man mag es sich selbst einmal ausmalen, was es bedeutet, sich lebenslang in dieser Form ernähren zu müssen, wenn man überleben will.

Wie Christel Schreiber später erfahren hat, stellten sich seit Anfang April 1984 Bruno Gröning-Freunde ohne ihr Wissen für Raimund ein. Frau Schreiber wiederum setzte die Diät 14 Tage nach der Entlassung aus der Universitätsklinik ohne Rücksprache mit dem Arzt nach und nach ab und gab ihrem Kind, das keine Krankheitssymptome mehr zeigte, Nahrungsmittel, die laut Diätplan streng verboten waren. Da Raimund die normale Kost trotz ärztlicher Prognose gut vertrug, ernährte sie ihn seit Ende 1984 wieder völlig normal, allerdings ohne dies ihren Ärzten gegenüber bei den regelmäßigen Nachkontrollen zu erwähnen. Da sie die ambulanten Nachuntersuchungstermine ausnahmslos wahrnahm, kann man den Verlauf der Bluteiweißwerte und der Immunglobuline über fast zwei Jahre gut verfolgen.

Raimund war vom 12.03.-05.04.1984 im Krankenhaus in K. und wurde von dort in die Universitätsklinik in G. verlegt, wo er bis zum 27.04.1984 stationär behandelt wurde. Die erste ambulante Kontrolle fand am 08.06.1984 statt. Dann folgten Termine am 19.10., 28.11.1984, am 20.02., 27.06., 25.11.1985 und am 29.01.1987.

Im April 1984 nahm die Bekannte von Frau Schreiber bittend die Heilkraft für Raimund auf. Das anfängliche Ansteigen der Eiweiß- und Immunwerte ist durch die Substitution im Krankenhaus und den fehlenden Verlust infolge der strengen Diät medizinisch erklärbar. Nur hätte nach Entlassung aus dem Krankenhaus Ende April 1984 bei den folgenden ambulanten Kontrollen wieder ein Abfall der Bluteiweißkonzentration auftreten müssen, da durch die normale Ernährung die morphologischen Veränderungen des Lymphgefäßsystems wieder hätten zum Tragen kommen müssen. Spätestens bei den Kontrollen nach 1984 wäre dies medizinischerseits zwingend zu erwarten gewesen. Doch der Eiweißwert blieb bis zur letzten Kontrolle 1987 im Normalbereich. Am 29.01.1987 fand sich nach mehr als zwei Jahren ohne Diät ein normales Gesamteiweiß von 7,4 g/dl (normal 5,6-7,4 g/dl), bei unauffälliger Elektrophorese (72 % Albumin) und normalen Immunglobulinen (IgG 642 mg/dl).[29] Der betreuende Arzt Prof. Dr. G. hatte noch am

05.06.1984 den Eltern eine ärztliche Bescheinigung zur Vorlage beim Finanzamt ausgestellt:

„Bei dem o. g. Kind besteht eine Erkrankung, bei der [...] eine lebenslange Diät durchgeführt werden muß. Da diese Ernährung wesentlich teurer ist als eine normale Kost, entsteht für die Eltern dieses Kindes eine starke finanzielle Mehrbelastung."[30]

Bei der letzten ambulanten Kontrolle im Januar 1987 schrieb er angesichts des unerwarteten Verlaufs an den nachbehandelnden Kinderarzt in K.:

„Auch bei nicht konsequenter Einhaltung der Diät ist es nicht zum Verlust von Immunglobulin oder Lymphozyten gekommen. Es wäre natürlich sehr interessant, sich die Darmschleimhaut jetzt noch einmal anzusehen."[31]

Bis heute (1993) sind bei Raimund keine Beschwerden mehr aufgetreten, ein klarer Beweis für das Anhalten der Heilung des Kindes.

## Heilung von Schwerhörigkeit

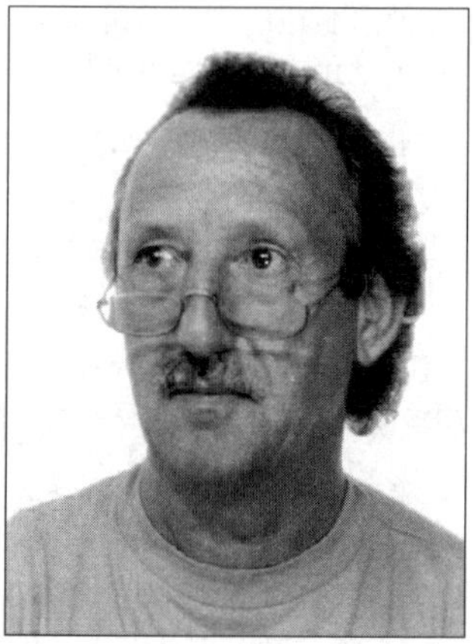

Bericht von Jürgen Böhlendorf (53), Gemeinschaft Hamburg:[32]

In meinem linken Ohr hatte ich seit mindestens fünf Jahren eine Schwerhörigkeit, welche mir erst nach und nach auffiel. Im täglichen Leben kam es immer wieder vor, daß mich jemand ansprach und ich immer erst nach wiederholtem Ansprechen reagierte. Beim gemeinsamen Fernsehen verstand ich nicht, was gesagt wurde, und mußte darum bitten, den Ton lauter zu stellen. Meine Verlobte, die ich vor viereinhalb Jahren kennenlernte, machte mich wiederholt darauf aufmerksam, ich möge doch bitte einmal zum Ohrenarzt gehen.

Als ich dann im Mai 1991 endlich zum Ohrenarzt ging, um einen Hörtest machen zu lassen, war das Ergebnis eindeutig. Die Diagnose lautete: Hörsturz mit anhängiger Schwerhörigkeit links. Der Arzt sagte wörtlich:

„Wenn Sie nur dieses Ohr hätten, würden Sie ganz schön „im Dunkeln" stehen. Wir müssen uns beim nächsten Besuch einmal über ein Hörgerät unterhalten."

Durch eine Freundin, die im Gespräch mit mir sagte, daß sie jetzt etwas habe, wo ich gesund werden könne, wurde ich auf den Bruno Gröning-Freundeskreis aufmerksam. Meine Neugier auf diese Gemeinschaft ließ mich nicht los, und so wurde ich am 07.08.1991 in die Lehre Bruno Grönings eingeführt.

Außer in der auf meine Einführung folgenden Urlaubszeit besuchte ich regelmäßig die Gemeinschaftsstunden. Ich spürte seit der Einführung Strom im ganzen Körper.

Mein Hörvermögen war zuerst genauso wie vor der Einführung. Ich habe das Ohr gedanklich abgegeben und gedacht: „Das sind jetzt Regelungen."

Nach ca. zwei Monaten hatte ich beim Autofahren auf der Autobahn innerhalb einer Viertelstunde mehrmals ein ganz lautes Knistern im linken Ohr, was ich ebenfalls als Regelung angesehen habe.

Einige Wochen danach, etwa Anfang November, saß ich eines Tages bei einem Kunden und mußte warten. Im Hintergrund spielte leise Musik. Plötzlich sagte mir meine innere Stimme:

„Jürgen, das kannst du auch auf dem linken Ohr hören."

Ich hielt mein linkes Ohr zu, um zu hören. Dann wechselte ich die Hand und hielt das rechte Ohr zu, um vergleichen zu können. Die Musik war sehr leise, aber ich hörte sie auf beiden Ohren gleich laut!

Vor Überraschung wechselte ich ein paarmal, und es war das gleiche Ergebnis. Die Musik war auf beiden Ohren in der gleichen Lautstärke zu hören. Nun wußte ich, ich hatte die volle Hörfähigkeit wiedererlangt. Es ist ein wunderbares Gefühl!

Ich habe jetzt die ärztliche Bestätigung erhalten. Ich habe einen neuen Hörtest machen lassen, und der Arzt bestätigte mir die wiedererlangte Hörfähigkeit.

Ich danke Gott und Bruno Gröning von ganzem Herzen.

## Ärztlicher Kommentar

Von der Ohrmuschel aufgefangen, wird der Schall durch den äußeren Gehörgang zum Trommelfell geleitet. Durch den Schalldruck wird dieses in Schwingung versetzt. Die Bewegung des Trommelfells wird im Mittelohr durch die Gehörknöchelchen auf die sog. Steigbügelfußplatte übertragen, deren Bewegung zu Volumenverschiebungen der Flüssigkeit des Innenohrs führt. Hierdurch wird eine das schneckenförmig aufgebaute Innnenohr durchziehende Membran (Basilarmembran) entsprechend der eintreffenden Frequenz der Schallwelle bewegt, was wiederum zu einer Reizung bestimmter Sinneszellen führt, die mit dem Gehörnerv in Verbindung stehen.

Man unterscheidet zwischen einer Schalleitungs- und einer Schallempfindungsschwerhörigkeit. Die Ursache der Schalleitungsschwerhörigkeit findet sich im Gehörgang oder im Mittelohr, während bei einer Schallempfindungsschwerhörigkeit eine Schädigung des Innenohres oder des Hörnervs vorliegt.

Bei Herrn Böhlendorf lag eine ausgeprägte Innenohrschwerhörigkeit (Schallempfindungsschwerhörigkeit) des linken Ohres vor, die ärztlicherseits auf einen Hörsturz in der Anamnese zurückgeführt wurde. Der von ihm beschriebene Hörverlust wird im Tonschwellenaudiogramm seines HNO-Arztes Dr. J. vom 21.05.1991 eindrucksvoll dokumentiert:

„Die Hörschwelle links lag in den tiefen Frequenzen bis 1 000 Hz bei 35 dB Hörverlust und fiel bis 8 000 Hz auf 80 bis 90 dB Hörverlust ab."[33]

Es fand sich zudem eine, wenn auch wesentlich geringere, Innenohrschwerhörigkeit auf der rechten Seite:

„... rechts ab 3000 Hz abfallend auf 50 bis 60 dB Hörverlust."[34]

Die deutliche Beeinträchtigung der Hörfähigkeit fiel auch Personen seiner näheren Umgebung auf.

Uta Thielke aus U. bestätigt an Eides Statt:

„Ich habe Herrn Jürgen Böhlendorf vor ca. 4 1/2 Jahren kennengelernt und stellte damals sehr schnell fest, daß er offensichtlich unter einer starken Schwerhörigkeit litt, welche sich dadurch bemerkbar machte, daß er, wenn man (ich) ihn ansprach, entweder gar nicht oder erst beim wiederholten Male reagierte.

Dieses kam ständig und in den verschiedensten Situationen vor, besonders wenn man zu seiner Linken saß. Er bat mich (und auch andere Menschen), doch lauter zu sprechen, und auch das Fernseh- und Musikgerät waren ständig auf Überlautstärke gestellt.

Seit ca. Oktober/November 1991 bestehen diese eben genannten Schwierigkeiten nicht mehr. Herr Böhlendorf reagiert seither völlig normal."[35]

Die Wirkung des Heilstroms läßt sich auch in den entsprechenden Tonschwellenaudiogrammen deutlich erkennen, die Jürgen Böhlendorf nach seiner Heilung anfertigen ließ. Dabei suchte er zwei HNO-Ärzte auf. Dr. J. aus H. bestätigte eine deutliche Besserung des Hörvermögens, und Dr. L. aus H. bescheinigte ihm wieder ein normales altersgemäßes Hörvermögen:

„Im Tonschwellenaudiogramm vom 04.03.92 liegt die Innenohrleistung bds. bis 3 kHz bei 10 dB, danach Abfall rechts auf 30 dB bei 6 kHz und links auf 40 dB bei 6 kHz."[36]

War das Hörvermögen des linken Ohres vorher so gemindert, daß Herr Böhlendorf im Sprachtonbereich nur lautes Sprechen vernehmen konnte, so nimmt er jetzt sogar wieder eine Flüsterstimme wahr.

## Heilung von Asthma bronchiale und Allergien

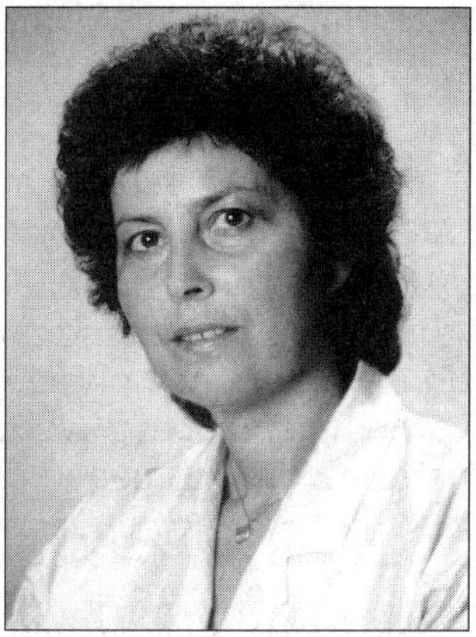

Bericht von Anne-Marie Schwabe (51), Gemeinschaft Braunschweig:[37]

1. Seit Mitte der 80er Jahre litt ich unter einer Bronchitis, die meist im Herbst oder Frühjahr so ausgeprägt auftrat, daß ich für mehrere Tage im Sitzen schlafen mußte, um nachts genügend Luft zu bekommen. Anfang 1989 machte sich dann der erste Asthmaanfall bemerkbar. In der Folgezeit trat Luftnot immer dann besonders stark auf, wenn ich mit Hunden in Berührung kam, die ich darum soweit als möglich zu meiden suchte. Doch in den folgenden Monaten bemerkte ich bei körperlicher Anstrengung immer früher meine Grenze, 1990 mußte ich bereits nach 13-15 Treppenstufen für ca. fünf Minuten aus Luftnot anhalten, bevor ich dann weitergehen konnte.

Mein Lungenarzt verschrieb mir im März 1989 ein Medikament gegen die Luftnot, das mir Linderung verschaffte, doch im Herbst 1989 benötigte ich bereits noch zusätzlich ein Sprühmittel, das ich immer, wenn Atemnot auftrat, einsetzte. Dies war mir eine große Hilfe.

Bei einer Radtour im Frühjahr 1990 mußte ich mehrfach aus Luftmangel anhalten, seitdem hatte ich kein Fahrrad mehr angerührt. Neben der Luftnot bei Anstrengung traten auch ohne äußeren Anlaß Atembeschwerden auf, bis zu siebenmal wurde ich des Nachts durch Luftnot wach. Auch Nebel und Autoabgase verschlimmerten die Beschwerden.

Bei den Asthmaanfällen mußte ich pfeifend nach Luft schnappen und stark husten. Die Anfälle waren von dem quälenden Gefühl zu ersticken begleitet, zweimal mußte ich wegen akuter Atemnot ins Krankenhaus eingewiesen werden.

Im August 1990 kam ich wegen des Asthmas für mehrere Wochen in eine Kurklinik. Da die Beschwerden sich im Laufe des Jahres 1990 verschlimmert hatten, wurden die Medikamente dort verdoppelt, ich erhielt Atemgymnastik und Inhalationen. Die erhöhte Dosis bewirkte wieder eine Besserung meines Zustands. Die Atemnot wurde besser und machte sich nur noch maximal ein- bis zweimal täglich bemerkbar. Nachts weckte mich die Atemnot nur noch einmal, manchmal konnte ich auch durchschlafen. Nur im Herbst 1990 hatte ich wieder stärkere Atemnot bei Nebel. Doch fragte ich mich manchmal, wie lange es dauern sollte, bis die Medikamente wieder erhöht werden mußten.

2. Seit 1976 litt ich unter Heuschnupfen und mußte jeden Sommer die Heuschnupfentabletten Hismanal nehmen. Sie haben mir geholfen.

Von Anfang Mai bis Ende August zeigten sich Symptome wie gerötete Augen mit begleitendem Jucken, Brennen und laufende Nase. Wenn ich ohne Tabletteneinnahme über eine blühende Wiese lief, waren die Augen vollkommen zugeschwollen. In der Kurklinik wurde im September 1990 ausgetestet, daß ich gegen die Pollen von Gräsern, von den vier Kornsorten und fast allen Baumsorten sowie gegen Milben und Hausstaub allergisch war.

Durch eine Kleinanzeige wurde ich auf den Bruno Gröning-Freundeskreis aufmerksam. Am 15. Dezember 1990 wurde ich in die Lehre Bruno Grönings eingeführt, nachdem ich ca. eine Woche vorher eine Kurzeinführung am Telefon erhalten hatte.

1. Das Asthma verschwand sofort. Während der Einführung machte ich gedanklich einen Strich unter mein bisheriges Leben und trennte mich innerlich von allem Schweren. An das Asthma hatte ich dann überhaupt nicht mehr gedacht. Daher fiel mir auch zuerst nicht auf, daß die Anfälle und Beschwerden seit der Einführung überhaupt nicht mehr auftraten.

Vor kurzem war ich in einer Gemeinschaftsstunde und wurde dort mit dem Hund der Familie, in deren Räumen die Stunde abgehalten wurde, konfrontiert. Die Erinnerung an das Alte wollte hochkommen, aber ich sagte mir: „Das nehme ich nicht an." Ich bin auf den Hund zugegangen und habe ihn gestreichelt. Während der Zwischenstunde saß der Hund auch noch so, daß mir sein Geruch in die Nase stieg. Früher war es gerade das gewesen, was ich nicht vertrug. An dem gleichen Abend ist nichts passiert. In der Nacht hatte ich zwei Hustenanfälle. Da konnte ich etwas abhusten. Das waren die gesamten Regelungen. Seitdem bin frei bis heute. Weder beim Treppensteigen, noch bei Nebel oder Kontakt mit Hunden treten diese Beschwerden von früher auf. Ich benötige keine Medikamente mehr und habe mir jetzt sogar ein neues Hollandfahrrad gekauft, ohne Schwierigkeiten kann ich selbst Steigungen bewältigen.

2. Den ersten Sommer nach meiner Einführung konnte ich gleich ohne Heuschnupfen genießen, auch 1992 zeigten sich keine Beschwerden mehr. Ohne jede Regelung bin ich frei von dem jahrelangen Heuschnupfen.

## Ärztlicher Kommentar

Asthma ist eine Erkrankung der Atemwege, die durch eine erhöhte Ansprechbarkeit der Bronchien auf eine Vielzahl von Auslösern charakterisiert ist. Es kommt zu einer meist anfallsartig auftretenden Atemnot, die mit einer keuchenden Atmung, Hustenattacken und dem Auswurf eines meist zähen Schleims einhergeht. Das typische Anfallsasthma beruht sehr häufig auf einer Allergie der Atemwege, wobei im besonderen Pollen von Bäumen, Gräsern, Kräutern, Sporen von Pilzen, Hausstaub (Milben), Federn und Tierhaare als Auslöser in Betracht kommen. Daneben unterscheidet man noch das Reizasthma, das durch eine unspezifische Reizung (Temperaturwechsel, Nebel, Abgase u. a. m.) ausgelöst wird. Infektbedingt können sich ebenfalls asthmatische Beschwerden zeigen. Das Anstrengungsasthma ist durch eine keuchende, beschleunigte Atmung in der Folge körperlicher Anstrengung verursacht, und oft liegt der Luftnot auch eine seelische Belastung zugrunde, man spricht dann von psychogenem Asthma. In den meisten Fällen beobachtet man aber Mischformen. Ursächlich liegt der Atemnot beim Asthma bronchiale eine hochgradige Verengung der Bronchien durch einen muskulären Spasmus (Krampf) zugrunde, meist kommt erschwerend eine Schleimhautschwellung und ein zäher Schleim dazu. Oftmals ist im Verlauf der Asthmaerkrankung eine Verschlimmerung zu beobachten, die von einer anfangs nur leichten Atemnot und seltenen Anfällen zu schweren, z. T. sogar lebensbedrohlichen asthmatischen Beschwerden führen kann, die eine stationäre Behandlung erforderlich machen.

Entsprechend den Ursachen der Atemnot beim Asthmaanfall gibt es auch spezifisch wirkende Medikamente, die für viele Menschen noch die einzige Möglichkeit zum Überleben darstellen. Sogenannte Bronchospasmolytika wie Theophyllin und seine Derivate (Abkömmlinge) und sogenannte Beta-2-Sympathomimetika wirken entspannend auf die Bronchialmuskulatur. Antiallergika verhindern die Freisetzung bestimmter körpereigener Stoffe, welche die Verengung der Bronchien fördern, und helfen auf diese Weise, die asthmatischen Anfälle zu mildern. Bei besonders schwerer Atemnot setzt man Cortisonpräparate ein, die schleimhautabschwellend und entzündungshemmend wirken. Sogenannte Sekretolytika oder Mukolytika werden verwendet, um den auftretenden zähen Schleim flüssiger zu machen, so daß er leichter abgehustet werden kann.

Doch alle Medikamente können nur lindern und müssen oft mehrfach täglich eingenommen werden, da ihre Wirkung begrenzt ist. Oft werden sie durch kleine Sprühapparate als fein verteiltes Aerosol direkt im Anfall in den Mund gesprüht, zusätzlich muß aber meist noch eine Dauertherapie mit

Tabletten durchgeführt werden. In der Mehrzahl der Fälle ist der Erkrankte darauf angewiesen, lebenslang Medikamente einzunehmen. Vielfach müssen die Dosen im Verlauf deutlich gesteigert werden. Wer weiß, wie quälend Luftnot sein kann, mag den Leidensdruck für die Erkrankten bei z. T. längerem Ringen um die Luft und einer ständigen Angst vor dem nächsten Anfall erahnen.

Bei Frau Schwabe lag ein gemischtförmiges Asthma bronchiale vor.

In einer ambulanten Lungenfunktionsprüfung des behandelnden Lungenfacharztes fand sich am 27.10.1989 eine

„deutliche Obstruktion mit schwerer Überblähung des Alveolarraums".[38] (Deutliche Verengung der Bronchien mit schwerer Überblähung der Lungenbläschen.)

Die Entwicklung der Erkrankung spiegelt sich klar in der steigenden Medikamenteneinnahme wider. Am Anfang (März 1989) kam sie mit einem Beta-2-Sympathomimetikum (Spiropent 2 x 1 Tbl. tägl.) zurecht, nach sieben Monaten benötigte sie zusätzlich das Dosieraerosol Berotec. Zehn Monate später wurde unter stationären Bedingungen die Medikamentendosis verdoppelt. Sie erhielt zusätzlich noch ein Theophyllinpräparat (Euphylong retard. [350mg Theophyllin] 2 x 1 Tabl.) und ein Dosieraerosol (Ditec) mit einem Beta-2-Sympathomimetikum, einem prophylaktisch wirkenden Antiallergicum, wovon sie 8 Hub täglich nahm. Erst mit dieser Dosis kam sie wieder einigermaßen zurecht.[39]

Die zusätzlich über 14 Jahre vorliegende allergische Rhinitis (Heuschnupfen) zeigte sich in charakteristischer Weise in der saisonalen Symptomatik. Zur Zeit des Pollenflugs im Frühjahr und Sommer traten bei Frau Schwabe Jahr für Jahr die typischen Heuschnupfenbeschwerden mit heftigen Niesanfällen, tränenden, juckenden Augen und einer vermehrten Produktion eines wässrigen Schleimes auf.

Durch die Gabe spezifischer Antiallergika läßt sich die Symptomatik lindern, ansonsten besteht nur die Möglichkeit, die Allergene zu meiden, was sich, wenn man wie Frau Schwabe außer Haus tätig ist, nur schwer realisieren läßt. Die außerdem bestehende therapeutische Möglichkeit einer Hyposensibilisierung wurde bei Frau Schwabe nicht durchgeführt.

Sie versuchte, die Symptome durch Tabletten abzuschwächen, ohne jedoch den jährlich im Frühjahr erneut auftretenden unangenehmen Beschwerden ausweichen zu können.

Eine Rückbildung oder Milderung eines langjährigen Heuschnupfens läßt sich wohl in Einzelfällen im ärztlichen Alltag beobachten, doch erscheint es mir auch hier, wie bei anderen Berichten, nicht angebracht, lediglich von einer zufälligen Spontanremission zu sprechen, liegen mir doch eine ganze Reihe von Heilungsberichten vor, in denen nach Aufnahme des Heilstroms z. T. spontan die unterschiedlichsten Allergien dauerhaft verschwanden.

Die spontane Heilung einer Asthmaerkrankung in der Ausprägung, wie sie bei Frau Schwabe vorlag, ist mir aus meiner ärztlichen Sicht nicht erklärbar, zumal eine wesentliche psychische Komponente bei der Exazerbation im Verlauf nicht erkennbar ist. Ein befragter Kollege, Lungenfacharzt, hielt, nachdem ich ihm den Verlauf geschildert hatte, eine Heilung dieses Asthmas für fast ausgeschlossen. Ein anderer meinte, die Patientin müsse sich auf eine lebenslange Medikation einrichten.

Der behandelnde Lungenarzt von Anne-Marie Schwabe stellte bei einer Nachkontrolle im Mai 1992, nachdem Frau Schwabe schon über zwei Jahre ohne Medikamente beschwerdefrei war, im Lungenfunktionstest normale Parameter fest und schloß seinen Befundbericht mit folgenden Worten ab:

„Eine Therapie ist von seiten meines Fachgebiets nicht erforderlich."[40]

# ANHANG II

# Vortrag von Bruno Gröning (1957)

Liebe Freunde, so Sie dem soeben Gehörten [Jesus-Lieder] gut gefolgt sind, werden Sie genau wissen, worum es hier geht. Es geht, einfach gesagt, um Sie selbst. Es geht hier um jeden einzelnen Menschen, es geht hier um den wirklich wahren Glauben. Es geht hier um den Glauben an Gott, und dieser beginnt erst, so der Mensch hier zur Selbstbesinnung kommt, so daß er weiß, was er für sich, was er für seinen Körper nötig hat. Ich weiß, daß die meisten Menschen, ja, ich müßte sagen, fast alle Menschen, heute nicht mehr das Rechte von sich selbst wissen. Aber wenn wir, liebe Feunde, diese Lehre, d. h. die Lehre Christi, genau befolgen, dann werden wir, wie jeder auch im einzelnen gesehen, den Erfolg für uns verbuchen können.

Natürlich sind Menschen einer ganz anderen, einer rein menschlich irdischen Lehre im Laufe der Jahrhunderte verfallen. Heute weiß der Mensch nichts mehr von sich, er hat das Natürliche, das Göttliche beiseite gestellt, er hat sich selbst aufgegeben. Er selbst hat es nicht mehr für nötig befunden, seinem Körper Beachtung zu schenken. Er tat einfach nur das, was er von sich aus für richtig hielt, wie er es verstanden hat.

Liebe Freunde, ich will mich auch Ihnen hier über das Mikrophon ganz kurz vorstellen, nicht daß Sie womöglich wieder mal in einen anderen Glauben verfallen. Ich sage es Ihnen ganz deutlich: Ich weiß nicht viel, ich weiß weiter nichts als nur das, was Menschen heute nicht mehr wissen, nicht mehr wissen können, wie ich soeben sagte, daß sie dem Menschlichen verfallen sind und daß der Mensch alles so menschlich und nicht mehr göttlich nimmt. Darum, liebe Freunde, ist es traurig um jeden einzelnen Menschen bestellt. Er findet nicht mehr den Weg, wie ihm dieser Weg von Christus aufgezeigt worden ist. Er weiß nicht mehr, was das Wahre ist. Er, der Mensch, ist mehr und mehr oberflächlich geworden, er ist, praktisch gesagt, jeder großen Sünde verfallen, ohne daß er es weiß, ohne daß er es überhaupt wahrnimmt, ohne daß ihn überhaupt das Gewissen plagt, d. h., er fühlt es mehr oder weniger überhaupt nicht mehr.

Was er fühlt, ist das eine, daß die Unstimmigkeit nicht nur um ihn, sondern in ihn eingedrungen ist, und jeder, auch Sie, liebe Freunde, wird sich selbst die Frage stellen: „Wie ist das alles nur möglich?"

Wie ist es überhaupt zu dem gekommen, daß das Übel Ihren Körper erfaßt hat, indem Sie sich wirklich nicht mehr wohl fühlen, indem Sie doch die Wahrnehmung selbst gemacht haben, daß Ihr Körper Ihnen nicht mehr gehorcht, daß Sie ihm keine Befehle mehr erteilen können, da er gewissermaßen in einen Streik getreten ist. Hier und dort zwickt's, und hier und dort sind Organe, die nicht mehr zueinander arbeiten, d. h., wie sie den Auftrag in Ihrem Körper zu erfüllen hätten. Der Körper ist doch ein gesamtes Werk, aus dem wir, d. h. jeder Mensch, die Lehre ziehen sollte, daß Gott uns Sein Werk in unseren Körper beigegeben hat, aus dem wir da dann erkennen können, wie groß und mächtig Gott ist!

Aber ich weiß, daß viele, auch Sie, liebe Freunde, nicht das Geringste wahrgenommen haben. Sie haben eine ganz andere Lebensauffassung. Sie lebten dem nach, wie Ihre Vorfahren es Ihnen vorgelebt und Ihnen dann eine Lehre mit auf den Weg gegeben haben. Die Menschen richten sich mehr oder weniger nach dem irdischen Gesetz und tun womöglich alles nur, um diesem auch zu folgen. Aber hier möchte ich jetzt nicht zu weit greifen, denn dann würden Sie mich nicht verstehen.

Nun beschränke ich mich auf eines, und das ist immer wieder nur das, daß der Mensch jetzt endlich einmal zur Selbstbesinnung kommt und daß er weiß, daß er ein göttliches Geschöpf, ein göttliches Wesen ist und daß Gott selbst es ist, der ihm diesen einen, seinen Körper für ein Erdenleben verliehen hat! Das heißt, daß Gott uns hierhergesandt und daß Gott uns von dieser Seiner ganzen Pracht und Herrlichkeit nicht *was*, sondern *das* sagen und auch zeigen will!

Aber wir sind nun mal erdgebunden, erdgebunden durch diesen unseren Körper, und da ist es doch die erste Pflicht, die erste Aufgabe eines jeden einzelnen, daß er diesem seinem einzigen Körper Beachtung schenkt und daß er diesem seinem Körper auch das zukommen läßt, was Gott für ihn bestimmt hat. Denn wenn ich jetzt zu bestimmten Gleichnissen übergehe, meine lieben Freunde, dann werden Sie mich noch besser verstehen. Aber ich stelle fest, daß ich dieses auch deshalb tun muß, um Ihnen das wirkliche Verständnis dafür beizugeben, damit Sie erst mal sich selbst verstehen und damit Sie erst mal zur eigenen Erkenntnis kommen.

Aber dieses wird erst nur da dann möglich sein, so Sie sich selbst, deutlicher gesagt, Ihrem Körper, Beachtung schenken. Wo Sie doch, d. h. Ihr Körper, von dem Übel erfaßt worden ist, und Sie selbst sagen: „Der ist nicht in Ordnung." Sie würden das eine Wort gebrauchen: „Er ist krank" oder: „Hier und dort ist die Krankheit." Sie behaupten sogar, das sei *Ihre* Krankheit! Ja, Freunde, von Ihrer Seite aus gesehen mag es richtig sein, aber von der wirklich wahren, göttlichen Seite aus gesehen ist es grundfalsch. Denn das Übel ist um uns, und der Mensch kann es leicht, sehr leicht in sich aufnehmen, so er sich nur ein einziges Mal in Vergessenheit bringt, indem er wirklich noch auf Menschen hört, ob sie Erfahrung gesammelt haben oder nicht, denn hier im Leben ist es doch so unter den Menschen, daß die meisten von sich aus Ihnen nur ihre Meinung sagen, nicht ihre Überzeugung.

Und wenn Sie weitergehen, dann werden Sie auch festgestellt haben, daß Menschen immer wieder sagen: „Ja, ich habe ja alles Mögliche versucht!" Versucht hat der Mensch, seinen Nächsten von dem Übel zu befreien. Auch Sie, liebe Freunde, werden alles Mögliche versucht haben, um von diesem Übel frei zu werden, und wenn Sie sich jetzt selbst die Frage stellen: Ja, was hat Ihnen das eingebracht? Sollten Sie nicht gleich zu dem greifen, zu dem Sie gehören und das zu Ihnen gehört, so daß in Ihrem Körper auch die Ordnung herrscht?

Sollten Sie nicht gleich das Richtige tun, anstatt erst Versuche anzustellen? Wollen Sie erst nach den Meinungen Ihrer Mitmenschen leben oder überhaupt nur immer wieder den Versuchungen ausgesetzt sein? Denn Sie, denn jeder Mensch selbst ist ja das Übel, indem er sich mit dem Übel abgibt, statt sich von diesem zu befreien, indem er das Übel behandelt, indem er ja nur versucht, von diesem Übel befreit zu werden, aber niemals den Gedanken in sich aufgenommen, daß er hier die Pflicht und Schuldigkeit hat, sich selbst von diesem Übel zu lösen, von diesem Übel zu befreien.

Nie ist er dazu übergegangen, denn er blieb auf dem Weg der Versuchung. Tatsache ist doch ganz bestimmt, was auch Sie selbst sagen werden, daß Ihnen diese vielen Versuche zum Übel wurden, daß das Böse aus Ihrem Körper nicht schwand, sondern ihn mehr und mehr erfaßt und ihn somit ganz herabgewürdigt hat, so daß Sie ihn heute nicht mehr voll nützen können.

Ich weiß, daß viele von Ihnen sagen werden: „Ja, ich glaube doch, ich bete doch, ich gehe doch zur Kirche." Einfach gesagt: „Ich bin doch ein gläubiger Mensch!" Er wird auch sagen: „Ich bin ein Christ." Ja, liebe Freunde, zu dem gehört noch viel, viel mehr, um ein wirklicher Christ zu sein! Das heißt erst mal, den Rat unseres Heilandes zu befolgen und einfach das zu tun, was wir zu tun haben, den Weg doch so zu gehen, wie Gott ihn für uns vorgeschrieben hat, d. h., wir müssen den vorgeschriebenen Weg gehen, und wir müssen auch glauben, daß wir da dann unser Ziel erreichen werden. Und sich nicht nur mit dem einen Wort trösten, indem Sie sagen, Sie glauben doch, Sie sind doch ein Gläubiger, Sie sind doch ein Christ. Nein, Freunde, weniger sprechen, sondern dieses eher tun. Tun heißt, daß Sie zur Tat übergehen sollen und daß Sie jetzt wirklich das Gute beherzigen, denn das Gute will aufgenommen werden!

Und Sie werden doch womöglich nicht glauben, daß das Gute, das rein Göttliche in Ihren Körper dann den Einzug halten wird, so Sie sich immer wieder noch mit dem Bösen befassen, mit all dem befassen, was ja doch niemals die Ordnung, sondern die Unordnung ist. Und das haben Sie bis jetzt auch noch festgestellt und wahrgenommen. Und gerade deswegen, liebe Freunde, sind Sie ja heute beisammengekommen, um nun endlich einmal die Wahrheit zu hören. Aber ich greife ja weiter! Nicht nur, daß Sie die Wahrheit hören, sondern daß Sie sie auch fühlen, daß Sie sie wahrnehmen, wahrnehmen am eigenen Körper.

Aber dieses geschieht erst da dann, so Sie Ihrem Körper wirkliche Beachtung schenken, so Sie dem folgen, dem Sie zu folgen haben, und daß Sie wirklich glauben, daß auch in Ihrem Körper die Ordnung wieder zustande kommt. Und ich sage noch einmal, nicht früher wird dieses der Fall sein, nicht früher, bis Sie sich von dem Bösen wirklich gelöst haben, daß Sie mit dem Bösen ab sofort nichts mehr gemein haben, d. h. sich mit dem Bösen, mit dieser Unordnung, einfach nicht mehr abgeben und jetzt einfach den Weg so gehen, wie er jedem Menschen, jedem Lebewesen von Gott vorgeschrieben ist.

So der Mensch es tut, so wird er doch bald wahrnehmen, daß er, so er sich auf dem Weg schon befindet, sich immer wohler fühlt, sich immer freier fühlt, so daß er hernach ein wirklich lebensfroh bejahender Mensch ist. Aber hier, liebe Freunde, so Sie diesen Weg jetzt zu gehen gedenken, dürfen Sie sich wirklich mit dem Übel nicht mehr abgeben und nicht immer in diesem weiterleben, womöglich hier zurücksinnen und immer wieder das Gute anzweifeln oder aber, wie es doch sehr, sehr leicht möglich ist, wie es auch bei Ihnen möglich war, daß Sie von Ihren Nächsten umgeben waren und auch heute noch sind, die bei weitem nicht das Gute in sich tragen und die an das Gute, an das Göttliche nicht glauben. Denn Sie sagen selbst: „Was ich nicht kenne, daran glaube ich nicht, was ich nicht sehe und was ich nicht fühle, das existiert für mich nicht." Also ist der Mensch da dann ein Ungläubiger, indem er immer wieder auf Sie einredet: „Ja, versuche doch dieses, versuche das, versuche jenes! Oder hast du schon dies, das oder jenes versucht? Du mußt versuchen!"

Schauen Sie, Freunde, auch hier sind Sie doch immer wieder angegangen worden - schon von Ihren Nächsten, von Ihren allernächsten Angehörigen, gleich wer es ist; da ist der Vater, die Mutter, der Bruder, die Schwester, die Tante, der Onkel, was weiß ich, wer es alles ist. Oder womöglich ein guter Freund, ein guter Nachbar, oder aber wenn da ein eingebildeter Fatzke gekommen ist, der da glaubt, schon über ein Wissen zu verfügen, indem er in diesem seinem Leben nur experimentiert, indem er Versuche angestellt hat.

Aber es ist ja nicht alles gleich, d. h., jeder ist nicht gleich gestimmt, und jeder ist nicht von dem gleich Guten, aber auch nicht gleich von dem Bösen umgeben, der eine mehr und der andere weniger. Aber lassen wir doch mal die Umgebung jetzt ganz beiseite, besinnen wir uns auf unser Hiersein, auf unser Erdenleben, besinnen wir uns auf unseren Körper, besinnen wir uns auf uns selbst, und da, liebe Freunde, werden Sie bald zur Selbsterkenntnis kommen.

Denn Sie müssen sich ein Versprechen geben und auch zu diesem Versprechen stehen! Und so Sie sich dieses Versprechen gegeben haben, müssen Sie da dann auch zu diesem Versprechen, zu diesem Wort stehen, so daß Sie sich selbst sagen: „Ja, ich will! Erstens will ich mich von dem Bösen lösen, ich will mit dem Bösen nichts gemein haben! Und ich werde mich jetzt mit dem Guten, mit dem wahren Göttlichen verbinden, so daß ich hernach die direkte Verbindung zu Gott habe!"

Ich weiß, daß der Mensch von sich nichts weiß. Heute spricht man schon von Körper, Geist und Seele, und doch gibt es immer wieder Menschen, die mehr oder weniger an die Seele nicht glauben, obwohl sie auf der anderen Seite wieder sagen, das sei ein seelisches Leid. Ja, und wo wird dieses wieder ausgetragen, liebe Freunde? Das müßte Ihnen genauso bekannt sein wie mir. Aber gerade deshalb kann es Ihnen nicht bekannt geworden sein, da Sie sich ja mit all dem nicht abgegeben haben, da Sie ja bei weitem nicht das getan haben, was Sie tun sollten, d. h.: sich selbst nicht außer acht geben, an sich selbst, in sich selbst die Wahrheit suchen. Denn bei dem Gefühl, das Sie jetzt wahrnehmen, werden auch Sie selbst sagen: „Das ist ein Gefühl, das mir fremd ist, das ist ein ganz komisches Gefühl." Aber bald danach schalten Sie wieder zurück auf das Böse. Und dann stellen Sie Versuche an, ob es noch zwickt oder ob Sie das eine und das andere schon können. Da, liebe Freunde, ist mir der Beweis dafür gegeben, daß Sie sich sofort auf ein Verlangen einstellen - nein, Freunde, das ist zuviel!

Soweit darf es doch nicht gehen! Sie haben sich nur darauf einzustellen, hier die wahre, göttliche Sendung zu empfangen, besser gesagt, zu erlangen. Wie Sie diese Sendung erlangen, das stellen Sie fest. Aber immer wieder muß ich sagen, erst da dann, so Sie Ihrem Körper wirkliche Beachtung schenken, so Sie achtgeben, was in ihm geschieht, nicht um ihn, sondern nur in ihm, in Ihrem eigenen Körper. So Sie von der Umwelt, Ihrer Umgebung abgelenkt werden, schließen Sie einfach die Augen und verlangen Sie nicht, jetzt müßte sich dieses, das und jenes Gefühl bemerkbar machen. Nein, Freunde, so ist dem nicht! Sondern so Sie Ihrem Körper Beachtung schenken, stellen Sie nicht *was*, sondern wirklich *das* fest, was sich in Ihrem Körper zeigt, so Sie es fühlen. Und das müssen Sie doch endlich einmal für wahr annehmen, das müssen Sie doch auch beherzigen, und das ist das, was ich schon sagte, daß Sie sagen: „Das ist mir ein fremdes, das ist mir ein komisches Gefühl!"

Ja, es ist komisch, daß Sie das jetzt anders tun sollen, als Sie es bisher getan haben. Ja, liebe Freunde, nur so und nicht anders ist es möglich! - Ich könnte Ihnen heute einzelne Fälle aufzählen, Fälle heißt, von dem einzelnen gefallenen Menschen, der das Gute erst um sich, nachher in sich verloren hatte - und wie er das Gute wieder zurückerlangte.

Es ist ein Mensch, der durch das Böse an seinem eigenen Körper wahrgenommen hat, daß es doch nichts Gutes ist, sondern daß ihm dieses nur als Übel beigegeben worden ist, so daß er zur Selbsterkenntnis kommt, daß das

Böse ihn doch nur zum Bösen und niemals zum Guten, niemals zu Gott führt.

Hier aber, liebe Freunde, ist es immer das gleiche in all den Fällen, wenn ich sage Hunderte, dann sind es Tausende dieser, wo Menschen bestimmt von ihren Nächsten aufgegeben waren, die da selbst gesagt: „Wir haben alles Mögliche versucht, sie von diesem Übel zu befreien, aber wir können es nicht."

Das heißt, da spricht der eine wie der andere doch die Wahrheit, indem er ihnen wie auch anderen zu wissen gegeben hat: „Da können wir nicht helfen."

Schauen Sie, Freunde, hier alleine beginnt schon die Wahrheit! Der Mensch hat alles Mögliche versucht, nicht nur Sie als einzelner gesehen, nein, auch der Mensch, von dem Sie umgeben waren oder von dem Sie glaubten, daß er doch helfen könne. Aber Sie sind ja hernach daraufgekommen, wenn auch reichlich spät!

Aber verbleiben wir hier, ich sage noch einmal, wo Sie einmal die Wahrheit erfahren haben, daß Ihr Nächster gesagt: „Ja, da kann ich nichts machen, ich habe alles versucht, und das ist einfach", - na ja, wie Menschen so zu sagen wissen, - „das ist unheilbar, dagegen gibt's noch kein Mittel, dagegen können wir noch nichts tun." Ja, ich glaube, zu einem Teil sind auch Sie so weit! Nun, liebe Freunde, hier beginnt die Wahrheit, hier kamen Sie zur Selbstbesinnung, d. h. die Menschen, die das Heil an ihrem eigenen Körper erfahren haben. Hier wußten Sie genau: „Ich bin ja aufgegeben worden von meinen Nächsten, von meinen Angehörigen und von all denen, die sich um mich gekümmert, um mich gesorgt und die doch alles Mögliche versucht haben und doch selbst sagen: ‚Wir können nicht!'" Wie die Mutter sagt: „Ich habe alles versucht an meinem Kinde", wie der Ehemann sagt: „Ich habe alles versucht, um meiner Frau noch helfen zu können." Aber es war nur immer ein Versuch! So ist es auch beim Bruder zur Schwester und umgekehrt, und so geht es weiter. Ja, liebe Freunde, da hat einer dem anderen nicht helfen können, denn er wußte sich keinen Rat, und daher konnte er auch nicht zur Tat übergehen, er war rat- und tatlos.

Schauen Sie, Freunde, gerade wenn der Mensch diese Erkenntnis gesammelt hat und er jetzt weiß, worum es geht, d. h., so er zur Selbstbesinnung gekommen ist, dann wird er wissen und dann wird er zu dem zurückfinden, zu dem er gehört. Einfach gesagt - nur schwer getan! Von Ihrer Seite aus gesehen, wird er wissen, daß er zu Gott gehört, daß er sich jetzt auf Gott wirklich besinnt, der ihn doch geschaffen und der ihm doch all das gegeben hat, der für ihn soviel des Guten bestimmt hat, das er aber doch in sich aufnehmen muß. So er es *tut*, ist es gut, so er aber *versucht*, so wird jeder Versuch immer wieder ihm zum Übel werden. „Jeder Versuch ist gescheitert", wird er nachher sagen. Aber muß er denn einen Versuch anstellen? Ist es nicht ein Gottversuchen? Sind Sie sich darüber klar? Ich sage: ja. Aber Sie werden auch bald ja sagen, daß das, was Sie bisher getan hatten, doch nur ein Gottversuchen gewesen ist! Nein, Freunde, so geht es nicht weiter!

Und ich komme noch einmal zurück: Diese Menschen, die das Heil an ihrem Körper erfahren, waren immer diese Menschen, die genau gewußt hatten, was sie wollten, indem sie zu Gott wieder zurückgefunden, indem sie wirklich glaubten, indem sie nur einen Herzenswunsch hatten, daß dieser ihr Körper von dem Übel frei wird! Aber solange er sich da bewegt, wo das Übel schon zu Hause ist, wird er nie frei!

Es ist dem gleich, wenn ich Ihnen sage: Ein Mensch ist in eine Grube gefallen, er wird da herausgezogen und wird danebengestellt, und er besitzt nicht die Kraft, er hat auch nicht den Halt, sich oben zu halten, sondern er wird wieder hineinfallen. Und alle Menschen, die hierin groß geworden sind, die sind beschmutzt, sie sind besudelt. Und so Sie unter diesen leben, werden auch Sie besudelt werden und werden niemals frei und auch niemals rein sein! Ja, so wie ich es sage, liebe Freunde, so ist es wahr!

Ich sage ja, ich will heute nicht auf zuviel Gleichnisse übergehen, denn es würde zuviel, würde auch zuviel deshalb, weil Sie das Viele, das Gute, das für jedes Lebewesen bestimmt ist, nicht gleich verstehen können. Und daher gebe ich Ihnen jetzt den einen guten Rat, tun Sie das Gleichgute, was viele Menschen schon getan haben, so daß Sie jetzt zur Selbsterkenntnis kommen und daß Sie jetzt wissen, worum es geht! Dann ist es gut! Also, lösen Sie sich von dem, das Sie als Übel in Ihrem Körper empfunden haben, so daß auch Sie mit dem Übel nichts Gemeines haben und daß Sie sich jetzt wirklich mit dem verbinden, zu dem Sie, zu dem jeder einzelne gehört!

Ich weiß, daß viele von sich aus sagten, es sei notwendig, daß Gröning jetzt hier in Erscheinung tritt. Nein, liebe Freunde! Notwendig ist nur das, daß Sie zur Selbsterkenntnis kommen! Die Person, der Körper Grönings, sagt

Ihnen nichts - aber Gott sagt uns alles! Und so wir das Gute, das Göttliche jetzt beherzigen, vor allem Sie - ich bin schon dabei -, dann werden auch Sie sagen: „Ja, jetzt ist es anders, das ist ein ganz, ganz anderes Gefühl, - komisch!" Ich sage es noch einmal - ein komisches Gefühl!

Ja, wenn Sie jetzt nur glauben, aber wirklich glauben würden und wirklich jetzt die Verbindung zu Gott beibehalten und daß Sie auch wirklich auf Gott hören! - Das sind die Worte Christi, daß wir auf Gott hören sollen und wir Ihm erst da dann folgen können, so wir den Weg auch gehen, so wir es auch tun und nicht nur sagen: „Ich will!", oder sich damit trösten und sagen: „Ich werde." Nein, einfach jetzt vom bösen Weg abgehen! Ich rufe Sie alle, liebe Freunde, auf zur großen Umkehr! Der Weg, den Sie bisher eingeschlagen, das war ein falscher! Ich brauche das nicht so betont herauszustellen, denn Sie selbst wissen es ja. Der Weg, den Sie gegangen sind, war der falsche - es ist der böse Weg! Auf diesem Weg haben Sie all das Böse nicht nur um sich gehabt, sondern Sie mußten das Böse auch in sich aufnehmen, und so haben Sie die Unordnung in Ihrem Körper wahrgenommen. Die Unordnung ist und bleibt das Böse! Die Ordnung, liebe Freunde, ist das Gute, die Ordnung ist Gott selbst!

Ich weiß, daß es auch Menschen gibt, die von sich aus sagen: Gott gehört zu uns! Nein, Freunde, wir, jedes Lebewesen gehört zu Gott, und Gott hat ein, d. h. Sein Gesetz. Wer dieses nicht kennt, dieses nicht beherzigt, dieses nicht befolgt, der hat auch keinen Erfolg. Also muß doch jeder Mensch von sich aus das Gute, das Rechte tun, niemals aber das Schlechte! Ich sage nur ganz kurz: Wer da rein sein will, der gehe nicht in den Schmutz und in den Dreck und er wühle auch nicht im Schmutz und wühle auch nicht im Dreck, denn da wird er sich besudeln. Aber so er alles dazu tut, um rein zu bleiben, das heißt, so er erst mal rein ist und daß er rein bleibt, dann wird er nicht an oder in die Schmutzkuhle gehen, sondern dann wird er sie umgehen, da wird er sagen: „Da ist der Schmutz, da ist der Dreck, da will ich nicht hin, ich will den guten, den festen Weg, den bestimmten Weg gehen. Ich will den Weg so gehen, wie Gott ihn für uns bestimmt hat, denn Er hat einen Weg für uns, für jedes Lebewesen geschaffen, der zu Ihm, d. h. zu Gott, führt." Also, diesen Weg müssen wir gehen!

Und so jeder diesen Weg jetzt geht, da ist er geschützt, da ist er gestützt, d. h., da erhält er die wirklich wahre, göttliche Kraft, die nicht abbauend, nein, die aufbauend ist. Da fühlt er sich gestärkt, er fühlt seinen Körper durchströmt, er fühlt, daß er sich auf diesem Weg wirklich wohl fühlt, d. h., daß über ihm ein Wohlgefallen ist! Ja, und dieses Wohlgefallen ist Gott! Gott will es, daß es uns auch wohlgefällt. Er gibt uns alles Gute, nur müssen wir all das Seine, das Er uns sendet, in uns aufnehmen! Also tun Sie es! Liebe Freunde, Sie müssen jetzt wirklich dazu übergehen und Ihrem Körper Beachtung schenken und sich wirklich von all dem Bösen lösen, was Sie bisher wahrgenommen, denn Sie wissen, daß das Böse Sie herabgewürdigt. Ich habe das schon mal gesagt, aber ich muß es immer wieder sagen, damit Sie wissen, worauf es ankommt, worum es geht, das dürfte Ihnen bekannt sein: doch wirklich um die göttliche Ordnung!

Also, schenken Sie jetzt Ihrem Körper Beachtung, nehmen Sie keinen Gedanken von außen auf, sondern gehen Sie dem Gefühl nach, wie es in Ihrem Körper wirkt. Denken Sie jetzt nicht an zu Hause, denken Sie nicht an Ihr Geschäft, denken Sie nicht an Ihren Betrieb, denken Sie nicht an Ihre Arbeit, nicht an Ihren Nächsten, nein, jetzt auf sich selbst bedacht sein. Und jetzt, so Sie Ihrem Körper Beachtung schenken, werden Sie soviel Erkenntnis erhalten, daß Sie sich selbst sagen werden: „Ja, was er uns soeben gesagt, das stimmt, das stelle ich ja fest, das ist mir neu! Aber ich werde dem weiter folgen, denn ich will ja das Gute!"

Nun, Freunde, aber dazu gehört noch mehr. Das Böse, das doch um Sie ist, wird nicht ablassen; gerade jetzt, wo Sie sich wirklich zu Gott bekannt haben und gewillt sind, diesen Weg zu Gott zu gehen, wird das Böse alles dazu tun, Sie unter seinen Einfluß zu stellen, indem Sie böse Gedanken aufnehmen oder daß Sie Böses sogar hören von dem einen so dem anderen Ihrer Nächsten und daß Sie immer wieder diesem jetzt verfallen und sagen: „Ja, das ist ja nicht zu glauben, ja, ich kann nicht glauben, und das kann ja nicht so gut bleiben, das wird wieder schlecht werden!" Denn die Erfahrung hatten Sie gesammelt. Aber bisher waren Sie ja noch erst recht auf dem bösen Weg. Und daher habe ich Sie aufgerufen, umzukehren und jetzt den richtigen Weg, den Weg so zu gehen, wie er bestimmt ist. Der geht nicht bergab, sondern er führt bergauf!

Also nun, Freunde, lösen Sie sich wirklich jetzt von dem Übel, und schenken Sie Ihrem Körper Beachtung. Nehmen Sie nur das auf, was Sie wirklich zum Guten führt. Beherzigen Sie das Gute, und diese Beherzigung kann erst da dann zustande kommen, so Sie sich selbst nicht mehr für unwürdig, sondern für würdig halten und daß Sie jetzt wirklich gewillt sind, das Gute aufzunehmen, und daß Sie zu Ihrem Wort, Ihrem Versprechen stehen, indem Sie sich selbst sagen: „Ich will mit dem Bösen nichts mehr gemein haben!"

Also, verhandeln können wir nicht darüber, ich kann Ihnen weiter nichts sagen als nur das, was Wahrheit ist. Also, sagen Sie mir nicht: „Gut, daß Gröning jetzt persönlich nicht anwesend ist, sonst würde ich sagen: ‚Ja, Gröning, ich *muß* aber daran denken, denn es schmerzt doch, es zwickt doch, und ich kann doch meine Glieder, meine Gliedmaßen noch nicht bewegen, ich fühle noch kein Leben in diesen, und - soll das wirklich werden? Darf ich glauben?'" Und alles dieses.

Nein, Freunde, es dürfte Ihnen bei weitem doch bekannt sein, daß ich jedem das untersagt habe, mir etwas von dem Übel zu sagen! Wie oft bin ich von Menschen angegangen worden, die da in dem Glauben lebten, sie müßten mir das Unheil, d. h. deutlich gesagt, die Krankheiten aufzählen. Sie müßten darüber sprechen, und sie müßten auch von mir da dann verlangen, daß ich die Krankheit behandle. Nein, Freunde, falsch, ganz falsch! Das ist die Macht der Gewohnheit, denn in dieser haben Sie gelebt. Sie sind es so gewohnt, über das Übel zu sprechen, um es auch noch behandeln zu lassen! Aber hier werden Sie doch genau wissen, daß ich von dem Bösen nichts wissen will, deshalb, weil ich mit dem Bösen nichts gemein habe. Also, hier müßte Ihnen schon vieles aufgefallen sein, indem Sie sich selbst sagen: „Ja, er will von Krankheit, von dem Übel, wie er es nennt, nichts wissen, wir sollen ihm nichts sagen!" Da standen Sie auch vor einer großen Frage: „Wie ist es möglich, daß ich dann von dieser Krankheit frei werde?" Ich mag das Wort Krankheit schon gar nicht in den Mund nehmen, aber Sie sprachen es so oft und sprechen es auch heute noch! Davon lassen Sie ab, Freunde! Das ist das Unheil, nicht das Heil. Nie wird Sie das Unheil zum Heil führen, sondern nur zum Unheil, zum Bösen, das wird Sie herabwürdigen!

Also, wie ich mich von Menschen unterscheide: indem ich doch mit dem Bösen nichts gemein habe und das Böse auch nicht behandle. Auch hier werden Sie sagen: „Ja, was redet der immer wieder da von dem Bösen?" Ja, Sie meinen die Krankheit oder bezeichnen das Böse als Krankheit. Ja, so ist es. Nun, Freunde, ich habe mit dem Bösen nichts gemein und will auch mit dem Bösen nichts gemein haben! Und ich ersuche Sie, daß auch Sie sich jetzt von dem Bösen trennen und nicht das Böse noch behandeln.

Jetzt, Freunde, glaube ich, habe ich Ihnen soviel gesagt, und jetzt greife ich noch einmal zurück zu dem, was Sie zu Anfang gehört [Jesus-Lieder]. Da ist Ihnen das Leben und auch das Wollen Christi genau geschildert worden, beherzigen Sie es nur! Und so Sie heute, morgen oder an einem der nächsten Tage die Kirche, das Gotteshaus, aufsuchen, dann werden auch Sie wissen, wie Sie da selbst die Verbindung zu Gott erhalten, indem Sie Ihre Herzenswünsche Gott so natürlich vortragen, wie Sie sie in Ihrem Herzen festgelegt haben, und daß dieser Herzenswunsch dann, so Sie glauben, auch von Gott erfüllt wird.

Aber die Vorbedingung muß jeder Mensch erst selbst leisten. Er selbst muß den ersten Schritt machen, er selbst muß sich zu dem bekennen, zu dem er gehört! Das heißt, er muß zur Selbsterkenntnis kommen, dann Freunde, dann ist es möglich! Nun werden Sie sagen: „Ja, jetzt habe ich wirklich so ein Gefühl, wie Gröning es eben sagt." Ja, und dann kommt das zweite: „Ob das so bleibt?" Dann geht es weiter: „Ob ich wirklich gesund werde, ob ich wirklich glauben kann?" Ja, Freund, du kannst! Aber dies *können* mußt du auch wollen, d. h. auch in die Tat umsetzen, und nicht nur, daß du jetzt deinem Körper Beachtung schenkst, nein, immer, aber auch immer!

Der Energieverschleiß ist sehr groß. Um nur einen Gedanken aufzunehmen, braucht der Mensch Kraft, braucht er Energien. Und daher muß er erst recht immer dafür sorgen, daß er täglich neue Energien aufnimmt. Es ist dem gleich, wie wenn er nur einmal Sauerstoff seinem Körper zuführt, Sie würden sagen, daß Sie ihn einmal voller Luft schöpfen, daß Sie einmal tief atmen, die Luft aufnehmen, um den verbrauchten Sauerstoff herauszubefördern, da sonst Ihr Körper nicht existieren könnte. Nein, das tun Sie ja sehr oft, das tun Sie immer, und das geht von selbst, d. h., das kommt von selbst zustande. So der Körper neuen Sauerstoff braucht, atmen Sie tief ein und wieder tief aus, und dann fühlen Sie sich wieder wohl, dann kann der Körper wieder existieren. Dann können Sie wieder über ihn bestimmen, dann können Sie ihn regen und bewegen, da kann er auch die schwersten Lasten tragen. Aber wie ist das nur möglich, daß wir Sauerstoff in unseren Körper aufnehmen können? Nur da dann, wenn wir noch über gewisse Energien verfügen, daß das Organ uns gehorcht und daß wir durch das Organ, d. h. auch durch den Körper, die Luft, den Sauerstoff, aufnehmen können.

Aber wie ist es hier mit dem Aufnehmen von Gedanken? Und daß Sie diese Gedanken auch ausgesprochen haben, wehe dem, wenn es böse Gedanken waren! Dann mußte er, der Mensch, böse sprechen! Wehe dem, der das Böse in sich aufgenommen, dann mußte er Böses tun! Wenn er etwas Böses gehört hat, so hat er das gehörte Böse gleich weiter gesprochen und wurde auch böse! Wie wäre das, Freund, wenn es umgekehrt ist, na? Ich glaube, daß Sie jetzt zur Erkenntnis gekommen sind, d. h., tun Sie jetzt das Gegenteil von dem, was Sie bisher getan, indem Sie nicht mehr dem Bösen folgen, sondern nur dem Guten, d. h. Gott, folgen!

Und es ist wichtig, daß Sie jeden Tag, wie ich zuvor schon sagte - ich muß es oft sagen -, Ihrem Körper wirkliche Beachtung schenken und daß Sie wissen, daß er es Ihnen wert ist, beachtet zu werden, denn Sie brauchen ihn doch, Sie benötigen ihn doch. Sie wissen auch, daß Sie viel Kraft, viel Energien tagsüber vergeudet haben, ja deshalb, weil Sie unnötiges Zeug aufgenommen, gehört, gesehen haben oder daß Sie es gerochen oder geschmeckt oder gefühlt haben, das ist gleich. Also, nicht *ver*handeln, sondern handeln, das ist das Richtige, liebe Freunde! Denken Sie täglich an Ihren Körper! Nehmen Sie täglich neue, d. h. gute Kraft auf, und dieses geschieht da dann, so Sie sich von der Umwelt abschließen.

Wenn Sie jetzt zur Selbstbesinnung gekommen sind, schließen Sie sich schon automatisch von der Umwelt ab. Jetzt denken Sie an sich, jetzt denken Sie an Ihren Körper, jetzt denken Sie an das Wohl Ihres Körpers, jetzt geben Sie ihm die Nahrung, jetzt lassen Sie ihm die Kraft zukommen, wie er sie braucht, und das tun Sie täglich! Und dann werden Sie ja hernach sagen, so Sie genügend Kraft aufgenommen: „Jetzt fühle ich mich wohl, jetzt fühle ich mich frei!" Ja, um das Böse zu beseitigen, Freunde, dazu braucht man viel, sogar sehr viel gute Kraft! Erst recht dann sehr viel gute Kraft, so das Böse sich in dem Körper derart festgesetzt, daß Sie bisher nicht daran glauben konnten, daß es schwinden würde, und daß Sie jetzt genügend gute Kraft, d. h. sogar überschüssige Kraft, aufnehmen müssen, um über einen Vorrat zu verfügen, damit Sie sagen können: „Ja, jetzt habe ich es bald geschafft."

Also kommt es hier nicht auf Gröning an, sondern es kommt auf Sie selbst, auf jeden einzelnen an! Und so weiß ich, so lebten Menschen auch in dem Glauben, so sie zu Gott gebetet, Gott müßte sie erhören, und Gott müßte ihnen das so geben, wie sie es wollen, wie sie es, mit einem Wort gesagt, *ver*langten! Freunde, das ist falsch, jeder kann das Gute, das Göttliche, nur *er*langen! Und dieses wird nur da dann möglich sein, so der Mensch sich auf die wirklich wahre, göttliche Sendung einzustellen und einzuschalten weiß! Also, die Sendung Gottes können wir, kann jeder in sich aufnehmen! Und so er genügend Kraft, genügend Energien aufgenommen, so hat er doch die Überzeugung erhalten, daß die Unordnung nicht mehr in ihm, auch nicht um ihn herrscht, denn er lebt jetzt in der wahren, göttlichen Ordnung! Und so kann er da dann seinen Nächsten belehren, so er ihm doch nur die reine Wahrheit sagt, wie er sie selbst an sich, an seinem Körper empfunden und wie er von dem Übel befreit worden ist.

Und so wird Ihr Nächster das hören, und er wird auch zu glauben beginnen, weil er es fühlt, daß Sie ihm die Wahrheit sagen, weil er es einst gesehen, wie Ihr Körper herabgewürdigt war und daß Sie heute ein lebensfroh bejahender Mensch sind, dann wird er sagen: „Ja, du mein lieber Freund, das will ich auch, und ich glaube, daß du mir soeben die Wahrheit gesagt hast!" Ja, Freunde, das ist die Wahrheit: Die Wahrheit nicht nur um sich, sondern an sich, in sich selbst suchen, da beginnt es! Und so, liebe Freunde, ist es vielen Ihrer Nächsten schon ergangen. Gott gebe es, und Gott gibt es auch, und das, was Er uns gibt, müssen wir aufnehmen!

So Sie heute noch nicht glauben können, so will ich es für Sie tun, bis Sie wirklich glauben. Und so Sie heute noch nicht bitten, noch nicht beten können, so will ich das auch noch für Sie tun! Machen Sie sich frei von dem, das Sie als Leid empfunden.

Ich helfe, und diese Hilfe führt Sie zu Ihrem Heil, führt Sie auf den Weg, auf den uns Christus, unser Heiland, geführt hat, und das ist die Heiligung! Ich wünsche Ihnen allen viel Glück und Gottes reichen Segen! Gott segne Sie!

# ANHANG III

# Textstellenverzeichnis

BG-A = Bruno Gröning-Archiv, Hennef/Sieg
HKA = Herforder Kommunalarchiv, Abt. Stadtarchiv
BayStaA = Bayrisches Staatsarchiv, München
A-MWF = Archiv der medizinisch-wissenschaftlichen Fachgruppe des Bruno Gröning-Freundeskreises, Hennef/Sieg

## *Vorwort:*

1 Schnelting, Geistige Heilung, S. 12.
2 Ebd.
3 Ebd. S. 13 f.
4 Emrich, Geheimnisse der Wunderheilungen, S. 17.
5 Gröning, Vortrag im Traberhof bei Rosenheim am 31.08.1949, in: Trampler, Die große Umkehr, S. 101 ff.

## *1. Kapitel:*

1 Shakespeare, Hamlet, Reclam 1992, S. 29.
2 Aus Heilungsbericht von Margarethe Mast aus A. und einem Gespräch mit dem Verfasser.
3 Ärztliche Bescheinigung von Dr. S., Arzt für Orthopädie in K., vom 24.03.1986, A-MWF.
4 S. a. 2.
5 Ebd.
6 Ärztliches Attest von Dr. B., praktischer Arzt in A., vom 19.09.1991, A-MWF.
7 S. a. 2.
8 Worte Bruno Grönings, die dem Verfasser bei seiner ersten Begegnung mit dem Freundeskreis Ende 1984 aufgefallen waren.
9 „Der hemmungslose Irrsinn unseres Gesundheitswesens", Vortrag von Dr. med. Scheiner auf dem int. Symposium „EG contra biologische Medizin" am 23.02.1991, in: raum und zeit 5-6/91, S. 48 ff.
10 Busse, Bruno Gröning - Lebensweisheiten, S. 6.
11 Kaul, Das Wunder von Herford, S. 4.

12 Ebd. S. 3.
13 Ebd. S. 3 f.
14 „Bruno Gröning ist kein Scharlatan", in: Revue, Nr. 29, 28.08.1949, S. 9.

## 2. Kapitel:

1 Gröning, selbstverfaßter Lebenslauf, 27.12.1956, BG-A.
2 „Das Leben Bruno Grönings - nach dem persönlichen Bericht des Seelenarztes", in: Revue, Nr. 30, 04.09.1949, S. 11.
3 Schmidt, Die Wunderheilungen des Bruno Gröning, S. 14.
4 Ebd.
5 Häusler, Hier ist die Wahrheit an und um Bruno Gröning, S. 56 f.
6 S. a. 2.
7 Gröning, persönliche Notizen, BG-A.
8 Eidesstattliche Erklärung von August Gröning vom 26.06.1949, BG-A.
9 Eidesstattliche Erklärung von Ernst Kohn vom 17.06.1955, beglaubigt d. d. Amtsgericht Duisburg, BG-A.
10 Gröning, persönliche Notizen, BG-A.
11 Gröning, persönliche Notizen datiert auf den 02.07.1950, BG-A.
12 Häusler, Hier ist die Wahrheit ..., S. 57.
13 Ebd.
14 S. a. 2.
15 S. a. 1.
16 Schmidt, Die Wunderheilungen des ..., S. 22 f.
17 Ebd.
18 Häusler, Hier ist die Wahrheit ..., S. 201 f.
19 S. a. 2, S. 12.
20 „Gröning - wie wir ihn erlebten", in: Revue, Nr. 31, 11.09.1949, S. 9.
21 Protokoll d. Zeitzeugeninterviews mit Herrn K. vom 24.02.1991, BG-A, u. Gespräch mit dem Verfasser.
22 Busse, Lebensweisheiten, S. 19.
23 Schmidt, Die Wunderheilungen des ..., S. 26 f.
24 Kaul, Das Wunder von Herford, S. 7.
25 Trampler, Die große Umkehr, S. 88.
26 Stellungnahme des damaligen Superintendenten des Kirchenkreises Herford, D. Kunst, Mai 1949, BG-A.
27 S. a. 1.
28 Schriftliche Stellungnahme des Bevollmächtigten des Rates der ev. Kirche in Deutschland, Prälat D. Kunst, abgegeben am 23.07.1957 im Prozeß gegen Bruno Gröning in München, zu dem er als Zeuge geladen war, wegen dienstlicher Verpflichtungen aber nicht persönlich teilnehmen konnte.
29 Schmidt, Die Wunderheilungen des ..., S. 50 f.
30 Trampler, Die große Umkehr, S. 77.
31 Aus einem Gespräch des Verfassers mit Katharina Dichtl aus M.
32 Ebd.

33 Protokoll des Zeitzeugeninterviews am 10.08.1990 mit Inge Thiede, BG-A, u. Gespräch mit dem Verfasser.
34 Protokoll des Zeitzeugeninterviews am 01.02.1991 mit Christa und Werner Hasse, BG-A, u. Gespräch mit dem Verfasser.
35 Protokoll des Zeitzeugeninterviews mit Christa Pohl am 02.08.1991, BG-A, u. Gespräch mit dem Verfasser.
36 Busse, Lebensweisheiten, S. 45.
37 S. a. 35.
38 Aus einem Gespräch des Verfassers mit Grete Häusler aus H.
39 Ebd.
40 Protokoll d. Zeitzeugeninterviews am 14.03.1991 mit Käthe Tams, BG-A.
41 Ebd.
42 Aus einem Gespräch des Verfassers mit Grete Häusler aus H.
43 Häusler, Hier ist die Wahrheit ..., S. 202.
44 Busse, Lebensweisheiten, S. 46.
45 S. a. 35.
46 S. a. 34.
47 Aus einem Gespräch des Verfassers mit Hella Emrich aus S.
48 Emrich, Geheimnisse der Wunderheilungen, S. 74 ff.
49 Sachverständigengutachten über die Befähigung Bruno Grönings zum geistigen Heilen, im Rahmen des Prozesses 1957 erstellt, Dr. med. Beyer, BG-A.
50 Gutachten über Bruno Gröning und die geistigen Heilweisen vom 17.04.1955, Dr. med. Gemassmer, BG-A.
51 Ebd.
52 Ebd.
53 Schriftliche Erklärung von Erich Pelz aus S. vom 17.01.1958, S. 1 f., BG-A.
54 Ebd. S. 2 ff.

## *3. Kapitel:*

1 Titelüberschrift, in: Revue, Nr. 35, 09.10.1949.
2 Gröning, Vortrag in Springe, Band Nr. 10, BG-A.
3 Gröning, Vortrag bei Heilpraktiker Enderlin, München am 31.08.1950, BG-A.
4 S. a. 2.
5 Schulz, Übungsheft für das autogene Training, S. 5.
6 Aus einem Schreiben von Peter Drittler aus L. an den Verfasser.
7 „Bruno Gröning ist kein Scharlatan", in: Revue, Nr. 29, 28.08.1949, S. 9.
8 Ebd.
9 S. a. 1.
10 „Gröning und die Größe X - Ein Gespräch mit dem bekannten Psychotherapeuten Dr. G. R. Heyer", von Victoria Rehn, in: Münchener Merkur vom 09.09.1949.
11 Busse, Lebensweisheiten, S. 36.
12 Häusler, Hier ist die Wahrheit ..., S. 42.
13 S. a. 3.
14 Höhne, Geistheiler heute, S. 70.

15 Ebd. S. 83.
16 „Glaubensheilungen in den Kirchen der Welt", Werner Hoerschelmann, Vortrag in St. Petri, Hamburg, in: Materialdienst der EZW, Sonderdruck Nr. 15 der Ausgabe 12/1987, S. 4.
17 Trampler, Die große Umkehr, S. 79.
18 Aus Heilungsbericht EB 32/90 von Christa Leiendecker aus K., A-MWF, u. einem Gespräch mit dem Verfasser.
19 Aus Heilungsbericht EB 125/88 von Ferdinand Duwe aus L., A-MWF, u. einem Gespräch mit dem Verfasser.
20 Paracelsus, Die Geheimnisse, Ein Lesebuch aus seinen Schriften, S. 208
21 Höhne, Geistheiler heute, S. 120 f.
22 Aus einem Gespräch des Verfassers mit dem Heilpraktiker Hossenfelder aus D.
23 Aus einem Gespräch des Verfassers mit Erika Petz, Heilerin aus M.
24 Thetter, Magnetismus - das Urheilmittel, S. 79 f.
25 Ebd. S. 80.
26 Ebd. S. 78.
27 Ebd. S. 78 f.
28 Ebd. S. 80.
29 Ebd. S. 81.
30 Aus einem Gespräch des Verfassers mit Mary Ehlen aus B.
31 Häusler, Bruno Gröning Einführung in seine Lehre, S. 36 f.
32 Thetter, Magnetismus ..., S. 84.
33 S. a. 2.
34 Busse, Lebensweisheiten, S. 72 f.
35 Höhne, Geistheiler heute, S. 184.
36 Rauch, Autosuggestion und Heilung, S. 14.
37 Ebd. S. 27.
38 Ebd.
39 Ebd. S. 48.
40 Ebd. S. 15.
41 „Er heilte und hatte recht", Irene Dalichow, in: esotera, 01/1991, S. 69.
42 Rauch, Autosuggestion ..., S. 137.
43 S. a. 41, S. 71.
44 Gröning, Vortrag „Erntedank" in Springe am 05.10.1958, BG-A.
45 Altes Testament, Sprichwörter, 13,3.
46 Ebd. 17,21.
47 Ebd. 21,23.
48 Yogananda, Autobiographie eines Yogi, S. 22.
49 Rauch, Autosuggestion ..., S. 49.
50 Busse, Lebensweisheiten, S. 29.
51 Ebd.
52 Ebd. S. 52.
53 Ebd. S. 63.
54 Ebd. S. 70.
55 Trine, In Harmonie mit dem Unendlichen, S. 63 ff.
56 Busse, Lebensweisheiten, S. 17.

57 Ebd. S. 64.
58 Ebd. S. 86.
59 Ebd. S. 55.
60 Ebd. S. 82.
61 S. a. 44.
62 Allgeier, Die Wunderheiler, S. 26 f.
63 Gröning, Vortrag bei Heilpraktiker Enderlin, München am 04.09.1950, BG-A.
64 S. a. 3.
65 Trine, In Harmonie ..., S. 136.
66 Thetter, Magnetismus ..., S. 98.
67 S. a. 44
68 Ebd.
69 Aus einem Schreiben von Birgit Häusler aus A. an den Verfasser.
70 Alt, Das C. G. Jung Lesebuch, S. 130.
71 Ebd. S. 139.
72 Busse, Lebensweisheiten, S. 79.
73 Aus einem Schreiben von Manfred B. aus K. an den Verfasser.
74 Aus einem Schreiben von Rolf Z. aus G. an den Verfasser.
75 Aus einem Schreiben von Hans Georg Leiendecker aus K. an den Verfasser.
76 Aus einem Gespräch des Verfassers mit Thomas Eich aus W.
77 Ebd.
78 Busse, Lebensweisheiten, S. 19.
79 Ebd. S. 55.
80 Ebd. S. 18.
81 Aus einem Gespräch des Verfassers mit Grete Häusler aus H.
82 Allgeier, Die Wunderheiler, S. 121 f.
83 Busse, Lebensweisheiten, S. 20 f.
84 S. a. 44.
85 Busse, Lebensweisheiten, S. 65.
86 S. a. 44.
87 „Das Böse und der Böse", von Adolf Köberle, in: EZW-Texte, Impulse, Nr. 30, X/1989, S. 8.
88 Ebd. S. 11.
89 Ebd.
90 Rauch, Autosuggestion ...
91 Busse, Lebensweisheiten, S. 41.
92 Ebd. S. 74.
93 Aus einem Gespräch des Verfassers mit Grete Häusler aus H.
94 Busse, Lebensweisheiten, S. 26.
95 Ebd. S. 89.
96 Ebd. S. 28.
97 Neues Testament, Lukas 6, 27-28.
98 Aus einem Gespräch des Verfassers mit Hans Georg Leiendecker aus K.
99 Busse, Lebensweisheiten, S. 44.
100 Ebd. S. 43.

101 Ebd. S. 34.
102 Ebd. S. 44.
103 Ebd. S. 63.
104 Trunz (Hrsg.), Goethe, Faust, S. 47.
105 Aus einem Gespräch des Verfassers mit Marie-Sophie Riekhof aus T.
106 Busse, Lebensweisheiten, S. 33.
107 S. a. 44.
108 Busse, Lebensweisheiten, S. 80.
109 Ebd. S. 65.
110 Ebd.
111 Ebd. S. 88.
112 Ebd. S. 7.
113 Ebd. S. 40.
114 Ebd. S. 36.
115 Ebd. S. 65.
116 Ebd. S. 81.
117 Befundbericht von Dr. B., Leiter des städtischen Krankenhauses in H., vom 24.02.1986, A-MWF.
118 Aus einem Gespräch des Verfassers mit Hans Rösch aus W.
119 Ebd. und s. a. Heilungsbericht EB 48/88 von Hans Rösch, A-MWF.
120 Zitiert aus Heilungsbericht EB 34/89 von Hans Rösch, A-MWF.
121 S. a. 119.
122 S. a. 120.
123 Ärztliche Nachuntersuchung, Befundbericht von Dr. T. aus W. vom 05.12.1988, A-MWF.
124 Busse, Lebensweisheiten, S. 77.
125 Ebd. S. 37.
126 Neues Testament, Mt. 22, 37-40.
127 Busse, Lebensweisheiten, S. 7.
128 Aus einem Schreiben von Anja K. aus H. an den Verfasser.
129 Aus einem Schreiben von Franz K. aus H.

## *4. Kapitel:*

1 Eidesstattliche Erklärung von August Gröning vom 26.06.1949, BG-A.
2 Ebd.
3 Trampler, Die große Umkehr, S. 5 f.
4 Allgeier, Die Wunderheiler, S. 258 f.
5 Trampler, Die große Umkehr, S. 9 f.
6 Busse, Lebensweisheiten, S. 91.
7 Trampler, Die große Umkehr, S. 33.
8 Auflistung aus dem BG-A.
9 Schmidt, Die Wunderheilungen des ..., S. 59 f.
10 Häusler, Hier ist die Wahrheit ..., S. 14.
11 „Herr Weiland sieht wieder gut", in: Revue, Nr. 32, 18.09.1949.

12 Zeugenbericht von Elisabeth Schwerdt, Bielefeld, vom 12.05.1949, BG-A.
13 Trampler, Die große Umkehr, S. 12.
14 Ebd. S. 13.
15 Ebd.
16 Ebd.
17 Ebd. S. 14.
18 Bergfeldt, Herfords Wunderdoktor, S. 4.
19 Ebd. S. 5.
20 „Gröning darf wieder heilen!", in: Der Hausfreund, 24.09.1949.
21 „Glaubt an Gott und Gröning", in: Almfried, Nr. 36, 10.09.49.
22 S. a. Höhne, Geistheiler heute, S. 13 f.
23 S. a. „Münchener Merkur", 07.09.1949.
24 Häusler, Hier ist die Wahrheit ..., S. 209 ff., Original der Niederschrift von Anny Ebner von Eschenbach, Bad Tölz, im BG-A.
25 Häusler, Unter uns steht Einer, den kennt keiner, S. 40 f.
26 Busse, Lebensweisheiten, S. 69.
27 Häusler, Hier ist die Wahrheit ..., S. 212.
28 Schmidt, Die Wunderheilungen des ..., S. 110 f.
29 Busse, Lebensweisheiten, S. 26.
30 Aus einem Gespräch des Verfassers mit Andreas Ermisch aus L.
31 Trampler, Die große Umkehr, S. 60 f.
32 Busse, Lebensweisheiten, S. 23.
33 Ebd. S. 42.
34 Ebd. S. 11.
35 Schmidt, Die Wunderheilungen des ..., S. 112.
36 Aus einem Gespräch des Autors mit Grete Häusler aus H.
37 „Naegli-Osjord, Die Logurie in den Philippinen", in: Andreas Resch (Hrsg.), Der kosmische Mensch, S. 261.
38 „Dr. Fritz-Albert Popp entdeckt die Biophotonen", Dr. Niggli, in: Form und Geist, Nov./Dez. 1990.
39 Popp, Neue Horizonte in der Medizin, S. 58 ff.
40 Ebd. S. 85 ff.
41 Ebd. S. 141.
42 Ebd.
43 S. a. 38
44 Morell, Mora-Therapie, S. 15.
45 Ebd. S. 8.
46 Popp, Neue Horizonte ..., S. 90.
47 Morell, Mora-Therapie, S. 24 ff.
48 Ebd. S. 35.
49 G. Moderegger, Praktische Erfahrungen mit der Energetik des Menschen, S. 22 ff.
50 Popp, Neue Horizonte ..., S. 92.
51 Ebd. S. 63.
52 Ebd. S. 63 ff.
53 Gröning, Vortrag „Erntedank" in Springe am 05.10.1958, BG-A, vollständig veröffentlicht in: Das Heil erfahren, das ist Wahrheit, Grete Häusler (Hrsg.), S. 15 ff.

54 Neues Testament, Mt. 4, 4.
55 Vithoulkas, Medizin der Zukunft, S. 43 f.
56 Untersuchung der Nahrungslosigkeit von Therese von Konnersreuth unter Leitung von Prof. Ewald, Universität Erlangen, vom 14.-28.07.1927, in: Fröhlich, Konnersreuth heute, S. 25 f.
57 Begutachtung der Phänomene um Theres Konnersreuth von Prof. Dr. Urban, Universitäts-Klinik Innsbruck, Oktober 1944, in: Fröhlich, Konnersreuth heute, S. 24 f.
58 Gutachten Prof. Dr. Franz Mayr vom 18.10.1937, in: Johannes Steiner, Theres Neumann, S. 182 ff.
59 Höhne, Geistheiler heute, S. 173.
60 Busse, Lebensweisheiten, S. 14.
61 Emrich, Die Geheimnisse der ..., S. 92 f.
62 Höhne, Geistheiler heute, S. 36.
63 Ebd.
64 Ebd. S. 40.
65 Ebd. S. 61.
66 Ebd. S. 66.
67 Ebd. S. 76.
68 Ebd. S. 81.
69 Ebd. S. 146.
70 S. a. 38.
71 Aus einer Buchbesprechung zu: „Gesundung durch den Geist" von Kurt Trampler durch Joachim Winkelmann, in: Okkulte Stimme, 1955.
72 Trampler, Die große Umkehr, S. 19.
73 Ebd. S. 21 ff.
74 Höhne, Geistheiler heute, S. 99.
75 Ebd. s. 183.
76 Allgeier, Die Wunderheiler, S. 135 ff.
77 Ebd. S. 113.
78 Ebd. S. 99.
79 „Was macht Bruno Gröning heute?", Gregor Harloff, Augenzeugenbericht eines Journalisten, III. Fortsetzung, in: Mensch und Schicksal, 7. Jahr, 1953, Nr. 3, S. 7-9.
80 Ebd.
81 Ebd.
82 Ebd.
83 Ebd.
84 Häusler, Hier ist die Wahrheit ..., S. 212, s. a. 24.
85 Aus einem Gespräch des Verfassers mit Inge Thiede aus F.
86 Häusler, Hier ist die Wahrheit ..., S. 191.
87 Ebd. S. 215.
88 Trampler, Die große Umkehr, S. 107 f.
89 Weitere Beispiele in: Schmidt, Die Wunderheilungen ..., S. 74 ff.
90 Weitere Beispiele in: Harloff: „Was macht Bruno Gröning heute?", II. Teil, in: Mensch und Schicksal, 1953, Nr. 2, S. 11.
91 S. a. 78.

92 Harloff: „Was macht Bruno Gröning heute?", IV. Teil, in: Mensch und Schicksal, 1953, Nr. 4, S. 8.
93 Ebd.
94 Eidesstattliche Erklärung von Gertrud E. in Rosenheim am 13.09.1949, BG-A.
95 Trampler, Die große Umkehr, S. 36 f.
96 Schmidt, Die Wunderheilungen des ..., S. 38.
97 Trampler, Die große Umkehr, S. 17.
98 Häusler, Hier ist die Wahrheit ..., S. 214.
99 S. a. 78.
100 Yogananda, Autobiographie eines Yogi, S. 167 f.
101 Häusler, Hier ist die Wahrheit ..., S. 210 f.
102 Ebd. S. 212 f.
103 Ebd. S. 191.
104 Aus einem Gespräch des Verfassers mit Grete Häusler aus H.
105 Schmidt, Die Wunderheilungen des ..., S. 94 ff.
106 Grete Häusler, Unter uns steht Einer ..., S. 41 f.
107 Aus einem Gespräch des Verfassers mit Grete Häusler aus H.
108 Ebd.
109 Ebd.
110 S. a. 53.
111 Ausführlich in: Häusler, Hier ist die Wahrheit ..., S. 104.
112 Tansley, Energiekörper, S. 5.
113 Ebd.
114 Neues Testament, 1. Kor. 3, 16.
115 Tansley, Energiekörper, S. 6.
116 Ebd.
117 Spalding, Leben und Lehren der Meister im Fernen Osten, S. 6.
118 Ebd. S. 10.
119 „Meine Antwort an die Gegner", Stellungnahme von Bruno Gröning zu öffentlichen Angriffen, in: Münchener Merkur, 19.09.1949.
120 Emrich, Geheimnisse der Wunderheilungen, S. 10 ff.
121 Lindenberg, Ärzte im Kampf gegen Krankheit und Dummheit, S. 125 ff.
122 Stelter, PSI-Heilung, S. 9 ff.
123 Ebd. S. 38 f.
124 Allgeier, Die Wunderheiler, S. 72.
125 Ebd. S. 72 f.
126 Stelter, PSI-Heilung, S. 48 f.
127 Ebd. S. 74 f.
128 Ebd. S. 90 ff.
129 Ebd. S. 94.
130 Ebd. S. 68 f.
131 Ebd. S. 75.
132 Ebd. S. 76.
133 Ebd. S. 95 f.
134 „Das Wunder der psychischen Heilung", Dr. Barbara Iwanowa, in: Esotera, 6/1974, S. 525 ff.

135 Stark, Magnetismus in der Therapie, S. 64.
136 Ebd. S. 119 ff.
137 Stelter, PSI-Heilung, S. 113.
138 Allgeier, Die Wunderheiler, S. 242 f.
139 Stelter, PSI-Heilung, S. 323 f.
140 Trampler, Die große Umkehr, S. 41 f.
141 S. a. 91.
142 „Ich bin kein Wunderdoktor", in: Die Abendzeitung, München, Nr. 201, 20.08.1949.
143 Purner, Radiästhesie - ein Weg zum Licht?, S. 4.
144 Ausführlich in: Bachler, Erfahrungen einer Rutengängerin.
145 Ausführlich in: König, Betz. Der Wünschelruten-Report.
146 „Gröning: Sender eines Strahlenfeldes?" - Abschließender Bericht der Revue über die Untersuchungen in Heidelberg, in: Revue, Nr. 30 vom 04.09.1949, S. 10.
147 Aus einem Gespräch des Verfassers mit Dr. L. aus L.
148 Experiment im Rahmen einer persönlichen Begegnung des Verfassers mit Eberhard A. aus O., Monika Harms aus L. und Dr. L. aus L. als Zeugen anwesend.
149 Aus einem Gespräch des Verfassers mit Horst Wollowski aus S.
150 Aus einem Gespräch des Verfassers mit Marlyse Hein aus K.
151 Aus einem Gespräch des Verfassers mit Petra Kruse aus L.
152 Aus einem Gespräch des Verfassers mit Edith Geerken aus H.
153 Häusler, Hier ist die Wahrheit ..., S. 198.

## 5. *Kapitel:*

1 Häusler, Hier ist die Wahrheit ..., S. 266.
2 Ebd. S. 97 ff.
3 Erbs/Kohlhaas, Strafrechtliche Nebengesetze, Bd. II., H 54, Gesetz über die berufliche Ausübung der Heilkunde ohne Bestallung (Heilpraktikergesetz), S. 2 f.
4 Häusler, Hier ist die Wahrheit ..., S. 107.
5 Ebd. S. 108.
6 Aus: Heilungsberichte 1957, Ordner Nr. 12 u. 13, BG-A.
7 Häusler, Unter uns steht Einer ..., S. 35 ff.
8 Schmidt, Die Wunderheilungen des ..., S. 112.
9 Ebd. S. 117 f.
10 Ebd. S. 122.
11 Aus dem Schreiben des Oberstadtdirektors Meister, Herford, vom 02.06.1949 an Bruno Gröning, HKA, Sig. 32/7.
12 Aus dem Schreiben des Stadtdirektors Wöhrmann, Herford, vom 07.06.1949 an Bruno Gröning, HKA, Sig. 32/7.
13 „Bruno Gröning, ein geborener Seelenarzt von großer Begabung", in: Revue, Nr. 28, 21.08.1949, S. 8.
14 Zeugenbericht von den bei der Sitzung der Ärztekommission am 07.06.1949 anwesenden Helmut Hülsmann und E. A. Schmidt vom 11.08.1949, BG-A.
15 Schmidt, Die Wunderheilungen des ..., S. 130 f.

16 Busse, Lebensweisheiten, S. 47.
17 „Bruno Gröning - Phänomen eines Seelenarztes", in: Revue, Nr. 27, 14.08.1949, S. 10.
18 Schmidt, Die Wunderheilungen des ..., S. 112.
19 Beschwerde beim Regierungspräsidenten in Detmold gegen die Verfügungen der Stadt Herford vom 03.05., 02.06. und 07.06.1949 durch die Rechtsanwälte Hans Vogt und Kurt Viering vom 28.06.1949, HKA, Sig. 32/7.
20 Schreiben des Regierungspräsidenten von Detmold an die Rechtsanwälte Hans Vogt und Kurt Viering vom 15.08.1949, HKA, Sig. 32/7.
21 Ebd.
22 Bekanntgabe des bayrischen Staatsministeriums des Inneren vom 08.09.1949, abgedruckt in: „Hier spricht Gröning", Nr. 1, 1949, BG-A.
23 „Bruno Gröning: 30. Mai 1906, 5 Uhr 05", in: Nord-West-Illustrierte, im Juli 1949.
24 Erwähnt im Protokoll der Arbeitsbesprechung Bruno Grönings im engeren Kreise am 11.07.1949 im Hause Hülsmann, BG-A.
25 Ebd.
26 Häusler, Hier ist die Wahrheit ..., S. 83.
27 Aus der Vernehmung Bruno Grönings am 01.02.1955, BayStaA, Sig.: 7 Ms 42/57.
28 Aus persönlichen Notizen Bruno Grönings, BG-A.
29 In: Welt am Sonntag vom 21.08.1949.
30 „Das Geheimnis der Wunderheilungen", in: Neues Europa, Nr. 18 vom 15.09.1959.
31 Bekanntgabe des bayrischen Staatsministeriums des Inneren vom 08.09.1949, s. a. 22.
32 Antrag gemäß § 2 des HLPG für Bruno Gröning von RA Dr. A. Roedel, München, vom 09.09.1949, BG-A.
33 Schreiben von Bruno Gröning an die Gemeinde Mittenwald vom 04.06.1950, BayStaA, Sig. 2 Ms 5 a-m/51.
34 Aus der Vernehmung Bruno Grönings am 01.02.1955, BayStaA, Sig. 7 Ms 42/57.
35 § 1 der Vereinssatzungen der Gemeinschaft zur Erforschung und Unterstützung Gröningscher Heilmethoden e. V., BayStaA, Sig. 7 Ms 42/57.
36 Gröning, selbstverfaßter Lebenslauf, 27.12.1956, BG-A.
37 „Gröning im Gerichtssaal", in: Neue Gerichts-Woche, Nr. 7, 28.05.1951, S. 1.
38 „Bruno Gröning ist kein Scharlatan", in: Revue, Nr. 29 vom 28.08.1949, S. 9.
39 Klinische Universitätsanstalten Heidelberg, Abt. f. Psychosomatische Medizin, Obergutachten über Bruno Gröning vom 24.10.1951, Prof. Mitscherlich und Dr. Ruffler, S. 18, BG-A.
40 „Bruno Gröning vor dem Richter", Ernest Kolibri, in: Bayrische Gerichtszeitung, 03.06.1951.
41 Ebd.
42 Aus dem Schreiben der Stadt Stuttgart an RA Dr. M. Schweitzer-Spaeth vom 12.08.1953 betr. Antrag Bruno Grönings um Erteilung der Erlaubnis zur berufsmäßigen Ausübung der Heilkunde ohne Bestallung, S. 5, BG-A.
43 Leserforum zum Thema Gröning: „Das freie Wort", Leserbrief von Prof. J. Kellner aus N., in: Neue Zeitung, 01.10.1949.

44 Psychiatrische u. Nervenklinik u. Abt. für klin. Neurophysiologie der Universität Freiburg i. Br., nervenfachärztliches Gutachten über Bruno Gröning für das Gericht vom 09.02.1957 von Prof. Jung und Dr. Kornhuber, S. 24, BayStaA, Sig. 7 Ms 42/57.
45 Ebd. S. 31.
46 Häusler, Hier ist die Wahrheit ..., S. 94.
47 S. a. 36.
48 Vernehmungsniederschrift von Kurt Trampler aus G. vom 14.07.1950, BayStaA, Sig. 2 Ms 5 a-m/51.
49 Aus einem Gespräch des Verfassers mit Grete Häusler aus H.
50 Vernehmungsniederschrift von Karl Forster aus M. vom 30.06.1950, BayStaA, Sig. 2 Ms 5 a-m/51.
51 Ebd.
52 Vernehmungsniederschrift von Ilse Lüneburg aus M. vom 01.08.1950, BayStaA, Sig. 2 Ms 5 a-m/51.
53 Vernehmungsniederschrift von Georg K. aus G., BayStaA, Sig. 2 Ms 5 a-m/51.
54 Aus einer gerichtlichen Vernehmung Bruno Grönings am 12.07.1950, BayStaA, Sig. 2 Ms 5 a-m/51.
55 S. a. 36.
56 Ebd.
57 Aus einem persönlichen Gespräch des Verfassers mit Dr. L. aus L.
58 Eidesstattliche Erklärung von Erich Kuhlmann vom 31.08.1949, BG-A.
59 Eidesstattliche Erklärung von Eva Schmidt vom 31.08.1949, BG-A.
60 Eidesstattliche Erklärung von Alma Wolfrum vom 31.08.1949, BG-A.
61 Ausführliche Beschreibung des Verhaltens von E. A. Schmidt durch Bruno Gröning, BG-A.
62 S. a. 36.
63 Aus dem Zeitzeugeninterview mit Erich Kuhlmann aus S. vom 24.02.1991, BG-A.
64 Ebd.
65 S. a. 36.
66 Protokoll der polizeilichen Vernehmung Bruno Grönings am 11.06.1956, in: Grete Häusler, Hier ist die Wahrheit ..., S. 105.
67 Aus einem Gespräch des Verfassers mit Grete Häusler aus H.
68 „Großverdiener um Gröning", H. Friedrich, in: Die Wochenpost, Nr. 39, 25.09.1949, S. 1 u. 5.
69 „Bruno Gröning: Der Nächste bitte!", in: Passauer Presse, 04.04.1957.
70 Aus der Anklageschrift vom 04.03.1955 zum Schöffengericht München-Land, BG-A.
71 „Gröning gab nur Phrasen von sich", in: Weser-Kurier, 15.01.1958.
72 „Huischen greift an - ein niederdeutscher Heilpraktiker fordert Schranken für Gröning", in: Sonderpost, Nr. 2, 15.05.1950, S. 7.
73 Gröning, Vortrag „Erntedank" in Springe am 05.10.1958, BG-A.
74 Aus einem Gespräch des Verfassers mit Erich Kuhlman aus S.
75 Dienstvertrag Meckelburg/Gröning vom 08.01.1950, BayStaA, Sig. 2 Ms 5 a-m/51.
76 S. a. 54.
77 Vernehmungsprotokoll von Richard Westphal aus H., BayStaA, Sig. 2 Ms 5 a-m/51.

78 Vernehmungsprotokoll von Hans Taubenberger aus S. vom 14.07.1950, BayStaA, Sig. 2 Ms 5 a-m/5.
79 S. a. 36.
80 Vernehmungsprotokoll von Helmut Hülsmann aus H. vom 20.07.1950, BayStaA, Sig. 2 Ms 5 a-m/51.
81 Aus einem Gespräch des Verfassers mit Grete Häusler aus H.
82 Schreiben des Rechtsanwalts von Bruno Gröning, Dr. Reuss, an das Gericht am 24.06.1951, BayStaA, Sig. 2 Ms 5 a-m/51.
83 Aus einem Gespräch des Verfassers mit Grete Häusler aus H.
84 Aus einem Gespräch des Verfassers mit den Zeitzeugen Werner und Christa Hasse aus S.
85 Aus einem Gespräch des Verfassers mit Grete Häusler aus H.
86 Eidesstattliche Aussage von Olga Asenwimmer vom 15.12.1949, BG-A.
87 Schreiben des Rechtsanwalts Dr. Schweitzer-Späth aus S. an Eugen Enderlin vom 16.05.1953, BayStaA, Sig. 7 Ms 42/57.
88 Schreiben von Otto Meckelburg an Emil Kuhfuß vom 12.02.1950, BG-A.
89 „Das Meisterstück des ‚deutschen Rasputin'", in: Hamburger Echo, 20.02.1957.
90 Ebd.
91 Ebd.
92 Aus der Anklageschrift vom 04.03.1955 zum Schöffengericht München-Land, BG-A.
93 Schreiben von RA Dr. Schwander, Heidelberg, an das Gericht am 27.04.1955, BG-A.
94 Vernehmungsniederschrift Otto Meckelburg aus C. vom 05.01.1955, BayStaA, S ig. 7 Ms 42/57.
95 Prozeßprotokoll der Verhandlung vom 14.-16.01.1958 von Anny Ebner von Eschenbach, BG-A.
96 Prozeßprotokoll vom 30.07.-01.08.1957, BayStaA, Sig. 7 Ms 42/57.
97 Ebd.
98 S. a. 95.
99 S. a. 96.
100 Ebd.
101 S. a. 95.
102 Ebd.
103 „Ruth Kuhfuß", Stellungnahme von Bruno Gröning zum Geschehen, S. 2 f., BG-A.
104 Eidesstattliche Erklärung von Georg Beuchel aus E. vom 24.07.1955, BG-A.
105 Eidesstattliche Erklärung von Georg Beuchel aus E. vom 25.03.1957, BG-A.
106 Vernehmungsprotokoll von Georg Beuchel vom 09.01.1958, BayStaA, Sig. 7 Ms 42/57.
107 Schreiben von Otto Meckelburg an Emil Kuhfuß vom 12.02.1950, BG-A.
108 Aus einem Bericht von Willy W. aus S., BayStaA, Sig. 2 Ms 5 a-m/51.
109 Zitiert aus der schriftlichen Stellungnahme der behandelnden Ärztin Frau Dr. Volk aus S. zum Fall Kuhfuß vom 05.11.1954, BayStaA, 2 Ms 42/57.
110 Schreiben von Emil Kuhfuß an Otto Meckelburg vom 04.01.1950, BayStaA, Sig. 2 Ms 42/57.
111 Schreiben von Emil Kuhfuß an Otto Meckelburg vom 16.03.1950, BayStaA, Sig. 2 Ms 42/57.

112 Prozeßprotokoll der Verhandlung vom 30.07-01.08.1957 von Anny Ebner von Eschenbach, BG-A.
113 S. a. 109.
114 Schreiben von Otto Meckelburg an Emil Kuhfuß vom 25.03.1950, BayStaA, Sig. 7 Ms 42/57.
115 „Meine Darstellung zum Fall Ruth Kuhfuß", Bruno Gröning, Erwiderung auf die Anklageschrift vom 26.04.1955, S. 9 f., BG-A.
116 Ebd. S. 10.
117 Ebd. S. 11.
118 Ebd. S. 11 ff.
119 Vernehmungsprotokoll von Otto Meckelburg am 05.01.1955, BayStaA, Sig. 7 Ms 42/57.
120 S. a. 112.
121 Schreiben von Otto Meckelburg an Emil Kuhfuß vom 06.06.1950, BayStaA, Sig. 7 Ms 42/57.
122 Aus dem Vernehmungsprotokoll von Hellmut G. aus B., BayStaA, Sig. 7 Ms 42/57.
123 Harloff: „Was macht Bruno Gröning heute?", Augenzeugenbericht eines Journalisten, 1. Teil, in: Mensch und Schicksal, 7. Jahr, 1953, Nr. 1, S. 9.
124 S. a. 103, S. 7 f.
125 Bruno Gröning zum „Fall Kuhfuß" vom 22.07.1957, BG-A.
126 Bericht des staatlichen Gesundheitsamts Säckingen an das Badische Ministerium des Innern über Ruth Kufuß vom 15.08.1949, BG-A.
127 Ebd.
128 S. a. 110.
129 Aus dem Gutachten von Dr. Freihofer zum Prozeß 1957, in: Grete Häusler, Hier ist die Wahrheit ..., S. 147.
130 Schreiben der Medizinalrätin Frau Dr. Volk an die Grenzlandheilstätte Wehrawald in Todtmoos vom 26.10.1949, BG-A.
131 Schreiben der Medizinalrätin Frau Dr. Volk an die Grenzlandheilstätte Wehrawald in Todtmoos vom 03.11.1949, BG-A.
132 S. a. 129, S. 149 f.
133 S. a. 112.
134 Protokoll des Prozesses vom 14.-16.01.1958 von Anny Ebner von Eschenbach, BG-A.
135 S. a. 112.
136 S. a. 134.
137 Ebd.
138 Revisionbegründung von Rechtsanwalt Dr. Grasmüller vom 28.03.1958, S. 10, BG-A.
139 S. a. 129, S 152 f.
140 S. a. 135.
141 S. a. 134.
142 Sachverständigengutachten über die Befähigung Bruno Grönings zu geistigem Heilen von Dr. med. Wilhelm Beyer, S. 7, BG-A.
143 Gröning, Vortrag bei Heilpraktiker Enderlin, München am 31.08.1950, BG-A.
144 Protokoll der polizeilichen Vernehmung Bruno Grönings am 23.04.1954, BayStaA, Sig. 7 Ms 42/57.

145 Aus einem Gespräch des Verfassers mit Grete Häusler aus H.

146 Protokoll der polizeilichen Vernehmung Bruno Grönings vom 11.06.1956, in: Grete Häusler, Hier ist die Wahrheit ..., S. 103, ebenso aus einem Gespräch des Verfassers mit Grete Häusler aus H.

147 S. a. 143.

148 Aufzeichnung einer Rundfunkansprache August/September 1949, BG-A.

149 Vernehmungsprotokoll Georg Beuchel vom 09.01.1958, BayStaA, Sig. 7 Ms 42/57.

150 Aus einem Schreiben von RA Dr. Grasmüller an das Gericht in München vom 20.12.1957, BayStaA, Sig. 7 Ms 42/57.

151 Schreiben des Schöffengerichts München-Land vom 15.07.1957, in: Grete Häusler, Hier ist die Wahrheit ..., S. 130.

152 Revisionsbegründung RA Dr. Grasmüller vom 28.03.1958, BG-A.

153 „Der ‚Herforder Wunderdoktor' Gröning entlarvt", Extrablatt, herausgegeben von Michael Graf Soltikow, September 1949, BG-A.

154 Ebd.

155 „Gröning entlarvt seine ‚Freunde'", Wolfgang Wehner, in: Echo der Woche, Nr. 113, 07.10.1949.

156 S. a. 153.

157 Ebd.

158 Schmidt, Die Wunderheilungen des ..., S. 85 f.

159 S. a. 80.

160 „Auf Fahrt mit dem ‚Wunderdoktor' - Ein Bremer 24 Stunden mit Bruno Gröning zusammen", Nolte Redaktion, 09.09.1949, BG-A.

161 „Bruno Gröning - Phänomen eines Seelenarztes", in: Revue, Nr. 27, 14.08.1949.

162 S. a. 155.

163 „Informationen in Sachen Gröning gegen E. A. Schmidt für Rechtsanwalt Dr. S.", Schriftliche Stellungnahme Bruno Grönings (o. D.) zum Verhalten von E. A. Schmidt, S. 3, BG-A.

164 Aus einem Schreiben von E. A. Schmidt an die Redaktion der Nachtausgabe vom 21.04.1955, S. 9, BG-A.

165 S. a. 155.

166 Schreiben des Oberstaatsanwalts beim Landgericht Bielefeld an das Bayrische Staatsministerium des Inneren vom 29.07.1950, BayStaA, Bay. Staatsministerium Bd. II, 1950-53.

167 „Die Machenschaften des Grafen Soltikow und der deutschen Presse", in: Extrablatt - Das offene Wort, (Unabhängiges Blatt für Zeitfragen und Toleranz, PAD-Verlag, München), Nr. 1, Juni 1951.

168 „Schenk mir ein Pferdchen - Auf den kleinen Gröning", in: Der Spiegel, 29.09.1949, S. 7.

169 „Wie es gemacht wird - Einige Streiflichter auf die letzten ‚Enthüllungen' über Gröning", in: Echo der Woche, Nr. 113, 07.10.1949, S. 15.

170 Sachdarstellung Rubrik Briefe, in: Der Spiegel, 20.10.1949, S. 38.

171 Lindenberg, Ärzte im Kampf gegen Krankheit und Dummheit, S. 46.

172 Häusler, Hier ist die Wahrheit ..., S. 121.

173 Neues Testament, Lk. 6, 43-44.

## 6. KAPITEL:

1 Stiller, Die herzlose Wissenschaft, S. 181.
2 Ebd. S. 15 ff.
3 Zitiert in Allgeier, Die Wunderheiler, S. 223.
4 Ebd. S. 224.
5 Ebd. S. 225 f.
6 Ebd. S. 226 f.
7 Ebd. s. 229.
8 Rüsch, Die Pharma Story, S. 16 f.
9 „Der hemmungslose Irrsinn unseres Gesundheitswesens", Dr. med. Scheiner, Vortrag am 23.02.1991 auf dem internationalen Symposium „EG contra biologische Medizin", in: raum & zeit, Nr. 51, Mai/Juni 1991.
10 „Begrabene Illusionen (I)", Hans Halter, in: Der Spiegel, Nr. 34, 1980, S. 147.
11 Ebd.
12 „Begrabene Illusionen (III)", Hans Halter, in: Der Spiegel, Nr. 36, 1980, S. 192.
13 S. a. 9.
14 Ebd.
15 Ebd.
16 Ebd.
17 Ebd.
18 Rüsch, Die Pharma Story, S. 18.
19 S. a. 9.
20 Rüsch, Die Pharma Story, S. 19.
21 Ebd. S. 21.
22 Ebd. S. 38.
23 „Gefahr im Verzuge", in: Der Spiegel, Nr. 49, 1962, S. 72.
24 Ebd.
25 Rüsch, Die Pharma Story, S. 22.
26 Ebd. S. 23.
27 Ebd.
28 Ebd. S. 27.
29 „Lieber auf das erstgenannte Konto", in: Der Spiegel, Nr. 26, 24.06.1985, S. 82 ff.
30 Rüsch, Die Pharma Story, S. 315 f.
31 Ebd. S. 317.
32 Ebd. S. 315.
33 Rüsch, Die Fälscher der Wissenschaft, S. 10.
34 Rüsch, Die Pharma Story, S. 155.
35 Ebd. S. 158 f.
36 Ebd. S. 159 f.
37 Ebd. S. 161.
38 Ebd.
39 Ebd. S. 180.
40 Ebd. S. 71.
41 Rüsch, Die Fälscher ..., S. 11.

42 Rüsch, Die Pharma Story, S. 297 f.
43 Rüsch, Die Fälscher ..., S. 4.
44 Rüsch, Die Pharma Story, S. 219.
45 Ebd. S. 38.
46 Ebd. S. 76.
47 Ebd. S. 39 f.
48 Ebd. S. 32 ff.
49 Rüsch, Die Fälscher ..., S. 12.
50 Rüsch, Die Pharma Story, S. 29 f.
51 Rüsch, Die Fälscher ..., S. 11.
52 Rüsch, Die Pharma Story, S. 19.
53 Ebd. S. 214.
54 Ebd. S. 215.
55 Pschyrembel - Klinisches Wörterbuch, S. 670.
56 Ebd. S. 1284.
57 Rüsch, 1 000 Ärzte gegen Tierversuche, S. 77.
58 Croce, Tierversuch oder Wissenschaft, S. 21 f.
59 Rüsch, Die Pharma Story, S. 59.
60 Ebd. S. 98 f.
61 Ebd. S. 126.
62 „Er heilte und hatte recht", Irene Dalichow, in: esotera, 01/1991, S. 69.
63 Rüsch, Die Pharma Story, S. 209.
64 Ebd. S. 219.
65 Ebd. S. 221.
66 Aus: „Vivisection - Verbrechen gegen die Menschlichkeit" von H. J. Schäfer-Wald, in: Vivos Voco, 1961.
67 Rüsch, Die Pharma Story, S. 180.
68 „Gentechniker befürchtet molekulares Auschwitz", Interview mit Prof. Erwin Chargaff, Antje Buell, in: raum & zeit, Nr. 37, 12/88-01/89.
69 Weidenbach/Tappeser, Der achte Tag der Schöpfung, S. 11.
70 „Revolution in der Medizin - Heilung durch Gen-Therapie", Klaus Thews, in: stern, Nr. 42, 10.10.1991, S. 42 f.
71 Gill, Gentechnik ohne Politik, S. 9 f.
72 Weidenbach/Tappeser, Der achte Tag ..., S. 174.
73 Ebd. S. 176 f.
74 Ebd. S. 178.
75 Ebd. S. 186 ff.
76 S. a. 70.
77 Zitiert aus: science, vom 23.08.1991 im Gen-ethischen Informationsdienst GiD, 10/91.
78 Weidenbach/ Tappeser, Der achte Tag ..., S. 19 f.
79 Ebd.
80 Ebd. S. 24.
81 Ebd. S. 35.
82 Ebd. S. 27 f.
83 Ebd. S. 29.

84 Ebd. S. 30 f.
85 Ebd. S. 31 f.
86 Ebd. S. 32.
87 Ebd. S. 32 f.
88 Gill, Gentechnik ..., S. 143.
89 Ebd. S. 144.
90 Weidenbach/ Tappeser, Der achte Tag ..., S. 98.
91 Ebd. S. 62.
92 Ebd. S. 154 ff.
93 Ebd. S. 71.
94 Ebd. S. 23 f.
95 „Krank auf Rezept, L-Tryptophan: gesunde Geschäfte mit ungesunden Pillen", Gabriele Fischer, in: Die Zeit, 18.10.1991.
96 „Erste Todesopfer der Gentechnologie", Wolfgang Löhr, in: raum & zeit, Nr. 49, 01-02/1991.
97 S. a. 95.
98 „Zukunft aus der Zauberküche der Genforscher", Karl-Heinz Karisch, in: Frankfurter Rundschau, Nr. 15, 18.01.1992.
99 Weidenbach/ Tappeser, Der achte Tag ..., S. 189.
100 Ebd. S. 189 f.
101 Ebd. S. 191.
102 Ebd. S. 190 f.
103 Ebd. S. 165 ff.
104 Ebd. S. 167.
105 Rüsch, Die Pharma Story, S. 147.
106 Weidenbach/ Tappeser, Der achte Tag ..., S. 167 f.
107 Ebd. S. 163.
108 Ebd. S. 197 f.
109 Gotter, Anfang ohne Ende - Die menschlichen Erbanlagen im Griff der Wissenschaft, S. 19.
110 Pietschmann, Das Ende des naturwissenschaftlichen Zeitalters, S. 29.
111 Schnelting, Geistige Heilung, S. 198.
112 Ebd. S. 64 ff.
113 Ebd. S. 61 f.
114 Ebd. S. 63 f.
115 Ebd. S. 63.
116 Ebd. S. 26.
117 „Geistheilen auf Krankenschein", in: Bunte, Nr. 39/1985, S. 37.
118 „Heilströme, die im ganzen Kosmos fließen", in: Der Spiegel, Nr. 42, 1986, S. 138.
119 „Glaubensheilungen in den Kirchen der Welt", Werner Hoerschelmann, in: Materialdienst der EZW, Sonderdruck Nr. 14 der Ausgabe 12, 1987, S. 4.
120 Ebd.
121 Schnelting, Geistige Heilung, S. 12.
122 Ebd.
123 Ebd. S. 13.

124 Ebd. S. 13 f.
125 Ebd. S. 59.
126 „Die Vernichtung der biologischen Medizin“, Zentrum zur Dokumentation für Naturheilverfahren (ZDN), in: raum & zeit, Nr. 37/1988, S. 48.
127 Schnelting, Geistige Heilung, S. 100.
128 „Begrabene Illusionen (IV)“, Gisela Oehlert, in: Der Spiegel, Ausgabe Nr. 37, 1980.
129 S. a. 126.
130 Ebd.
131 „Dieser Bärenkram muß aus dem Verkehr“, in: Der Spiegel, Nr. 35, 1988, S. 166.
132 Rüsch, Die Pharma Story, S. 44.
133 Ebd. S. 45.
134 „Lieber auf das erstgenannte Konto“, in: Der Spiegel, Nr. 26, 1985, S. 84.
135 Ebd. S. 83 f.
136 S. a. 126.
137 „Warum die orthodoxe Medizin nicht heilen kann“, Kawi Schneider, in: raum & zeit, Nr. 43, 1989, S. 4.
138 „Was mich kränkt, macht mich krank“, Dr. Beat Imhof, in: reform-rundschau, Nr. 7, 1990, S. 15.
139 S. a. 128.
140 Schnelting, Geistige Heilung, S. 194.
141 Ebd. S. 41.
142 Ebd. S. 59.
143 „Neues Europa“ vom 15.12.1950.
144 Schnelting, Geistige Heilung, S. 159.
145 „Wunder, des Glaubens liebstes Kind“, Dita Zahn, in: Die Neue Zeitung, Frankfurt a. M., 22.07.1949, S. 3.
146 „Gröning geht bekannte Wege“, in: Süddeutsche Zeitung, München, 13.09.1949.
147 „Wunderheilungen?“, Dr. med. Bauer, in: Medizinische Klinik, Nr. 6, 1950, S. 509 f.
148 „Generalangriff gegen Gröning hat begonnen“, in: Frankfurter Abendpost, 17.09.1949.
149 Schreiben von Dr. H. aus K. vom 10.09.1949, BG-A.
150 Schreiben von Dr. M. aus München vom 05.09.1949, BG-A.
151 Schreiben von Dr. Kaufmann aus M. vom 28.08.1949, BG-A.
152 Schreiben von Dr. Thomä aus H. vom 03.10.1949, BG-A.
153 Schreiben von Dr. Roth aus T. vom 23.09.1949, BG-A.
154 Schreiben von Dr. R., Amtsarzt des Gesundheitsamts in A., an die Polizeidirektion in A. vom 22.01.1951, BG-A.
155 Obergutachten der klinischen Universitätsanstalten in Heidelberg, Abt. f. Psychosomatische Medizin vom 24.10.1951 für das Schöffengericht München-Land, BG-A.
156 Ebd.
157 Ebd.

158 „Bruno Gröning rehabilitiert", Ernest Kolibri, in: Bayrische Gerichtszeitung, 06.04.1952.
159 Ebd.
160 Beschluß des Schöffengerichts München-Land vom 29.08.1955, BG-A.
161 Starchewski, Nur Gott heilt, S. 42 ff.
162 „Eine göttliche Kraft fließt durch mich", in: Westerwälder Zeitung, Nr. 175, 31.07.1991.
163 „Meine Antwort an meine Gegner", Bruno Gröning, in: Münchener Merkur, 19.09.1949.
164 Aus einem Gespräch des Verfassers mit Erika B. aus F., s. a. Heilungsbericht EB 19/90, A-MWF.
165 Zitat aus dem Heilungsbericht EB 119 von Gerta Jakobs aus W., A-MWF.
166 Aus einem Gespräch des Verfassers mit Charlotte Schaltinat aus O.
167 Schnelting, Geistige Heilung, S. 202 f.

## *7. Kapitel:*

1 Neues Testament, Joh. 15, 9-12, 16, 17.
2 Wehr, Esoterisches Christentum, S. 157.
3 Nigg, Das Buch der Ketzer, S. 146 f.
4 Ebd. S. 147.
5 Ebd. S. 148.
6 Ebd. S. 136.
7 Wille, Die verfolgten Nachfolger Christi, S. 21.
8 Nigg, Das Buch ..., S. 17 f.
9 Ebd. S. 255 f.
10 Ebd. S. 257 f.
11 Wille, Die verfolgten ..., S. 117.
12 Ebd.
13 Nigg, Das Buch ..., S. 227.
14 Wille, Die verfolgten ..., S. 131 f.
15 Ebd. S. 132.
16 Nigg, Das Buch ..., S. 227 f.
17 Wille, Die verfolgten ..., S. 135.
18 Nigg, Das Buch ..., S. 263 f.
19 Ebd. S. 264.
20 Hieronymus, Vatikan intern, S. 182.
21 Nigg, Das Buch ..., S. 267 f.
22 Darwin, Die Entwicklung des Priestertums und der Priesterreiche, S. 132.
23 Wille, Die verfolgten ..., S. 209 f.
24 Darwin, Die Entwicklung ..., S. 147.
25 Nigg, Das Buch ..., S. 406.
26 Ebd.
27 Ebd. S. 409.
28 Ebd. S. 354.

29 Ebd. S. 355.
30 Ebd. S. 356 f.
31 Ebd. S. 357.
32 Ebd. S. 270.
33 Deschner, Die Politik der Päpste im 20. Jahrhundert, Bd. 1, S. 17.
34 Zweites Vatikanisches Konzil, Konstitution über die Kirche, authentischer lat. Text, Deutsche Übersetzung im Auftrag der deutschen Bischöfe, S. 111.
35 Kühner, Das Imperium der Päpste, S. 326.
36 Ebd. S. 332.
37 Deschner, Die Politik ..., Bd. 1, S. 20.
38 Ebd. S. 21.
39 Ebd.
40 Ebd. S. 22.
41 Ebd. S. 31.
42 Ebd. S. 42.
43 Ebd.
44 Ebd. S. 50.
45 Ebd. S. 112.
46 Ebd. S. 113.
47 Kühner, Das Imperium ..., S. 347.
48 Deschner, Die Politik ..., Bd. 1, S. 175.
49 Ebd. S. 174.
50 Bates, Glaubensfreiheit - Eine Untersuchung, S. 673.
51 Ebd. S. 674.
52 Deschner, Die Politik ..., Bd. 1, S. 173.
53 Ebd. S. 313.
54 Ebd.
55 Ebd. S. 335.
56 Ebd. S. 342.
57 Ebd. S. 350.
58 Ebd. S. 348 f.
59 Ebd. S. 444 ff.
60 Deschner, Abermals krähte der Hahn, S. 535.
61 Deschner, Die Politik ..., Bd. 1, S. 450.
62 Ebd. S. 447.
63 Ebd. S. 447.
64 Ebd. S. 453.
65 Ebd. S. 453.
66 Deschner, Abermals krähte ..., S. 439.
67 Deschner, Die Politik ..., Bd. 1, S. 501.
68 Ebd. S. 498.
69 Ebd. S. 503.
70 Ebd. S. 493.
71 Ebd.
72 Ebd. S. 515.

73 Deschner, Abermals krähte ..., S. 530 f.
74 Deschner, Die Politik ..., Bd. 1, S. 534.
75 Ebd. S. 524.
76 Deschner, Abermals krähte ..., S. 531.
77 Deschner, Die Politik ..., Bd. 1, S. 507.
78 Ebd. S. 536.
79 Deschner, Die Politik ..., Bd. 2, S. 19.
80 Ebd. S. 25.
81 Ebd. S. 180.
82 Ebd. S. 172.
83 Ebd. S. 243.
84 Ebd. S. 248.
85 Deschner, Die Politik ..., Bd. 1, S. 108.
86 Ebd. S. 469.
87 Deschner, Die Politik ..., Bd. 2, S. 255.
88 Ebd. S. 474.
89 Deschner, Die Politik ..., Bd. 1, S. 474.
90 Deschner, Die Politik ..., Bd. 2, S. 496.
91 Kühner, Das Imperium ..., S. 354.
92 Ebd. S. 358.
93 Ebd. S. 355.
94 Ebd. S. 356.
95 Hieronymus, Vatikan intern, S. 280.
96 Ebd. S. 21.
97 Deschner, Die Politik ..., Bd. 2, S. 536.
98 „Der Papst ist das größte Hindernis", in: Der Spiegel, Nr. 46, 1980, S. 47 ff.
99 Kühner, Das Imperium ..., S. 22.
100 S. a. 98.
101 Kühner, Das Imperium ..., S. 23.
102 Deschner, Die Politik ..., Bd. 2, S. 587.
103 Ebd. S. 587.
104 Hieronymus, Vatikan intern, S. 283.
105 Caddy, Herzenstüren öffnen, Worte zum 2. Mai.
106 Neuner/Roos, Der Glaube der Kirche in den Urkunden der Lehrverkündigung, S. 290.
107 Deschner, Die Politik ..., Bd. 1, S. 176.
108 Ebd. S. 176.
109 Ebd. S. 177.
110 Leist, Der Gefangene des Vatikan, S. 270 f.
111 Johannes Paul II. (Hrsg.), Codex Juris Canonici, Gesetzbuch der lateinischen Kirche, Canon 833, S: 377.
112 Leist, Der Gefangene ..., S. 267.
113 Zweites Vatikanisches Konzil ..., S. 65.
114 Ebd. S. 85.
115 Ebd. S. 109.

116 Ebd. S. 35.
117 Ebd. S. 53.
118 Codex Juris Canonici, Canon 1311, S. 575.
119 Ebd. Canon 1331, § 2.5°, S. 585.
120 Ebd. Canon 1336, S. 589.
121 Der große Brockhaus, Bd. 5, S. 185.
122 S. a. 18, Canon 1364, S. 603.
123 Das Glaubenbekenntnis der katholischen Kirche, Katholischer Erwachsenenkatechismus, Herausgeben von der deutschen Bischofskonferenz, S. 210.
124 „Zuviel für zu wenige - Spiegelumfrage zum Besuch des Papstes in der Bundesrepublik", in: Der Spiegel, Nr. 46, 1980, S. 80.
125 Ebd. S. 71.
126 Andresen/Denzler, Wörterbuch der Kirchengeschichte, S. 326.
127 Ebd.
128 Hieronymus, Vatikan intern, S. 186 ff.
129 Deschner, Abermals krähte ..., S. 484.
130 Neues Testament, Mt 22, 37-40.
131 Zweites Vatikanisches Konzil ..., S. 53.
132 Neuner/Roos, Der Glaube der Kirche ..., S. 256.
133 Kath. Erwachsenenkatechismus, S. 424.
134 Zweites Vatikanisches Konzil ..., S. 21.
135 Böhme, Myst. 28,52.
136 Lindenberg, Riten und Stufen der Einweihung, S. 234 f.
137 Ebd. S. 228.
138 Nigg, Das Buch ..., S. 295.
139 Quint, Meister Eckehart - Deutsche Predigten und Traktate, S. 426.
140 Nigg, Heilige, S. 33.
141 Ebd.
142 Ebd. S. 43.
143 Ebd. S. 72.
144 Nigg, Das Buch ..., S. 439.
145 Ebd. S. 309.
146 Ebd. S. 308.
147 Ebd. S. 260.
148 Ebd. S. 266.
149 Ebd. S. 358.
150 Greber, Das neue Testament, S. 5.
151 Ebd. S. 9.
152 Ebd. S. 10.
153 Ebd. S. 11.
154 Ebd. S. 12.
155 Nigg, Das Buch ..., S. 421 f.
156 Ebd. S. 441.
157 Ebd.

*KAPITEL 8:*


1 Gröning, Vortrag am 12.10.1950 im Wagnerbräu, Lilienstraße, München, Abschrift einer Tonbandaufzeichnung, BG-A.
2 Neues Testament, Joh. 18, 37.
3 Ebd. Mt. 11, 29-30.
4 Deschner, Die Politik ..., Bd. 1, S. 24 ff.
5 Darwin, Die Entwicklung des Priestertums ..., S. 278.
6 Neues Testament, Joh. 16, 2-3.
7 Deschner, Der gefälschte Glaube, S. 11.
8 Björkman, Licht einer anderen Dimension, S.87 f.
9 Schnelting, Geistige Heilung, S. 204 f.
10 Grof, Die Chance der Menschheit, S.16 f.
11 Ebd. S. 221.
12 Kyber, Die drei Lichter der kleinen Veronika, S. 160.
13 Aus einem Vortrag Bruno Grönings in Karlsruhe, Abschrift vom Tonband o. J., BG-A.
14 Häusler, Unter uns steht Einer ..., S. 39.
15 Aus Gesprächen mit Personen aus dem Bruno Gröning-Freundeskreis.
16 Aus einem Gespräch des Verfassers mit Grete Häusler aus H.
17 Ebd.
18 Häusler, Hier ist die Wahrheit ..., S. 51.
19 S. a. 13.
20 „Gröning und die geistige Heilung", Hilde Dressel, in: Vivos Voco, Monatshefte für die Kernfragen des Lebens, 34. Jahrg., 1961, S. 610.
21 Aus einem Gespräch des Verfassers mit Grete Häusler aus H.
22 Häusler, Hier ist die Wahrheit ..., S. 199.
23 Ebd. S. 86.
24 Ebd. S. 68.
25 Gröning, Vortrag am 31.08.1950 bei Heilpraktiker Enderlin, Nikolaiplatz, München, BG-A.
26 Aus einem Gespräch des Verfassers mit Inge Thiede aus F.
27 Häusler, Hier ist die Wahrheit ..., S. 65.
28 Eich, Bruno Gröning - Lebensweisheiten 2.
29 Ebd.
30 Aus einem Gespräch des Verfassers mit Grete Häusler aus H.
31 Ebd.
32 Winowska, Das wahre Gesicht des Pater Pio, S. 76.
33 Werfel, Das Lied von Bernadette, S. 437 f.
34 Steiner, Therese Neumann, S. 146.
35 Busse, Lebensweisheiten, S. 52.
36 Ebd. S. 40.
37 Yogananda, Worte des Meisters, S. 115 f.
38 Busse, Lebensweisheiten, S. 26.
39 Jes. 53, 4, Text übernommen aus „Der Messias" von Georg Friedrich Händel.
40 Jes. 53, 8, s. a. 39.

41 Yogananda, Autobiographie ..., S. 218 f.
42 Aus einem Gespräch des Verfassers mit Grete Häusler aus H.
43 Ebd.
44 Ebd.
45 Ebd.
46 Ebd.
47 Ebd.
48 Häusler, Hier ist die Wahrheit ..., S. 69.
49 Eich, Lebensweisheiten 2.
50 Busse, Lebensweisheiten, S. 15.
51 S. a. 25.
52 Eich, Lebensweisheiten 2.
53 Aus einem Gespräch des Verfassers mit Grete Häusler aus H.
54 Aus einem Gespräch des Verfassers mit Katharina Layer aus P.
55 Aus einem Gespräch des #Verfassers mit Grete Häusler aus H.
56 Aus einem Gespräch des Verfassers mit Christa und Werner Hasse aus S.
57 Aus einem Gespräch des Verfassers mit Grete Häusler aus H.
58 Ebd.
59 Gröning, Josette, „Die Wahrheit über Bruno Grönings Erkrankung und Tod", BG-A.
60 Ebd.
61 „Das Geheimnis der Wunderheilungen", Waldo May-Ebernius, in: Neues Europa, Nr. 19 vom 01.10.1959.
62 S. a. 59.
63 Ebd.
64 Ebd.
65 Aus einem Gespräch des Verfassers mit Gisela Knollmann aus L.
66 Aus einem Gespräch des Verfassers mit Grete Häusler aus H.
67 Von Eschenbach, Bad Tölz, persönliche Notizen, BG-A.
68 Busse, Lebensweisheiten, S. 61.
69 Bruno Gröning-Kalender 1992, Novemberblatt.
70 Kübler-Ross, Über den Tod und das Leben danach, S. 33 f.
71 Aus einem Gespräch des Verfassers mit Grete Häusler aus H.
72 S. a. 59.
73 Aus einem Gespräch des Verfassers mit Grete Häusler aus H.
74 Busse, Lebensweisheiten, S. 85.
75 Aus einem Gespräch des Verfassers mit Grete Häusler aus H.
76 Ebd.
77 Grof, Die Chance ..., S. 231.
78 Aus einem Gespräch des Verfassers mit Grete Häusler aus H.
79 Ebd.
80 Kübler-Ross, Über den Tod ..., S. 9.
81 Ebd. S. 11 f.
82 Ebd. S. 13 f.
83 Ebd. S. 64 f.
84 Ebd. S. 23.
85 Moody, Leben nach dem Tod, S. 125 ff.
86 Busse, Lebensweisheiten, S. 67.

## *Kapitel 9:*

1 Aus einem Gespräch des Verfassers mit Lilian Löllgen aus K.
2 Gröning, Vortrag in Rosenheim am 08.11.1958, BG-A.
3 Aus einem Gespräch des Verfassers mit Grete Häusler aus H.
4 Ebd.
5 Ebd.
6 Aus einem Gespräch des Verfassers mit Cindy Krone aus H.
7 Aus einem Gespräch des Verfassers mit Grete Häusler aus H.
8 Ebd.
9 Aus einem Gespräch des Verfassers mit Maria Garrido aus S.
10 Aus einem Gespräch des Verfassers mit Krystyna Wozniak aus L.
11 Der Verfasser war bei dem Gespräch anwesend.
12 Aus einem Gespräch des Verfassers mit Detlev Meier aus O., Leiter der Esperanto-Gruppe des Bruno Gröning-Freundeskreises.
13 Aus einem Gespräch des Verfassers mit Grete Häusler aus H.
14 Ausführlich in: Eich, Das Wirken Bruno Grönings zu seinen Lebzeiten und heute, Teil II.
15 Archivierung im BG-A und im A-MWF.
16 S. a. 14, 15.
17 Ebd.
18 Busse, Lebensweisheiten, S. 20 f.

## *Anhang I:*

1 Bericht von Eva-Maria Weidig und Tochter Susanne, in Zusammenarbeit mit dem Verfasser erstellt.
2 Aus der Anamnese des Berichts einer ambulanten Untersuchung am kinderneurologischen Zentrum der Klinik G. in D., vom 14.01.1982, A-MWF.
3 Gutachterliche Stellungnahme von Dr. K., Leiter der neurologischen Abteilung der Klinik G. in D., vom 19.09.1977, A-MWF.
4 Aus dem ärztlichen Befundbericht von Dr. D. und Dr. G., Ärzte für innere Medizin aus D., vom 05.10.1982, A-MWF.
5 Bescheid des Versorgungsamts aus D., vom 07.03.1983, A-MWF.
6 Ärztlicher Befundbericht von Dr. O., Arzt für Orthopädie aus D., vom 31.01.1983, A-MWF.
7 Ebd.
8 Ebd.
9 Ebd.
10 Befundbericht von D. S., Arzt für Kinderheilkunde aus D., vom 27.12.1982, A-MWF.
11 Ebd.
12 S. a. 5.
13 S. a. Bericht der Mutter.

14 Befundbericht einer ambulanten Untersuchung am kinderneurologischen Zentrum der Klinik G. in D., vom 14.01.1982, A-MWF.
15 Befundbericht von T. B., Arzt für Allgemeinmedizin aus H., vom 12.11.1990, A-MWF.
16 Befundbericht von Dr. B., Arzt für Neurologie aus B., vom 29.05.1992, A-MWF.
17 Befundbericht von A. G., Ärztin für Orthopädie aus O., vom 12.03.1992, A-MWF.
18 Ebd.
19 Heilungsbericht von Dagmar de Meester aus H., in Zusammenarbeit mit dem örtlichen Mitarbeiter der Erfolgsberichtsgruppe des Bruno Gröning-Freudeskreises erstellt, vom Verfasser nach Rücksprache mit der Geheilten zur Veröffentlichung überarbeitet.
20 Ärztliches Attest von Dr. H., Arzt für Innere Medizin aus K., vom 13.04.1992, A-MWF.
21 Ebd.
22 Zeugenbericht von Raimund de Meester aus H., vom 17.03.1992, A-MWF.
23 Abschrift eines mündlichen Berichts von Christel Schreiber aus H.
24 Biopsie vom 27.03.1984, begutachtet durch Prof. Dr. S. vom Pathologischen Institut der Universität in G., Befund zitiert in: Abschlußbericht des stat. Aufenthalts vom 12.03.-05.04.1984 im Kinderkrankenhaus in K., A-MWF.
25 Ebd.
26 Laborbericht, ärztliche Apparategemeinschaft in G., vom 05.03.1984, A-MWF.
27 Abschlußbericht des stat. Aufenthalts vom 12.3.-05.04.1984 im Kinderkrankenhaus in K., A-MWF.
28 Abschlußbericht des stat. Aufenthalts vom 05.04.-27.04.1984 in der Kinderklinik der Universität in G., A-MWF.
29 Bericht des behandelnden Arztes Prof. Dr. G. der Universitätskinderklinik in G. über die ambulante Untersuchung vom 29.01.1987 an den betreuenden Kinderarzt Dr. O. aus H., A-MWF.
30 Ärztliche Bescheinigung von Prof. Dr. G., Universitätskinderklinik in G., vom 08.06.1984, A-MWF.
31 S. a. 29.
32 Heilungsbericht von Jürgen Böhlendorf aus H., erstellt in Zusammenarbeit mit dem örtlichen Mitarbeiter der Erfolgsberichtsgruppe des Bruno Gröning-Freundeskreises, durch den Verfasser nach Rücksprache mit dem Geheilten für die Veröffentlichung überarbeitet.
33 Ärztliche Bescheinigung von Dr. J., Arzt für Hals-Nasen-Ohrenheilkunde aus H., vom 23.04.1992, A-MWF.
34 Ebd.
35 Erklärung von Uta Thielke aus U., A-MWF.
36 Ärztliche Bescheinigung von Dr. L., Arzt für Hals-Nasen-Ohren-Heilkunde aus H., vom 12.03.1992, A-MWF.
37 Heilungsbericht von Anne-Marie Schwabe, s. a. entsprechend 32.
38 Befundbericht des Lungenfacharztes Dr. K. aus W., vom 27.10.1989, A-MWF.
39 Daten aus vorliegenden ärztlichen Unterlagen und einem Gespräch des Verfassers mit Anne-Marie Schwabe.
40 Befundbericht des Lungenfacharztes Dr. K. aus W. vom 06.05.1992, A-MWF.

## *ANHANG II*

Vortrag von Bruno Gröning, 1957, BG-A, überarbeitete Fassung.

# ANHANG IV
# Literaturverzeichnis

## 1) *Zeitschriften und Zeitungen:*

„Begrabene Illusionen (I) u. (III)", Hans Halter, in: *Der Spiegel,* Nr. 34, 1980, S. 147 u. Nr. 36, 1980, S. 192.

„Begrabene Illusionen (IV)", Gisela Oehlert, in: *Der Spiegel,* Nr. 37, 1980.

Bekanntgabe des bayrischen Staatsministeriums des Inneren vom 08.09.1949, abgedruckt in: *Hier spricht Gröning,* Nr. 1, 1949.

„Bruno Gröning: 30. Mai 1906, 5 Uhr 05", in: *Nord-West-Illustrierte,* o. O., Juli 1949.

„Bruno Gröning: Der Nächste bitte!", in: *Passauer Presse,* Passau, 04.04.1957.

„Bruno Gröning, ein geborener Seelenarzt von großer Begabung", in: *Revue, Nr. 28,* 21.08.1949, S. 8.

„Bruno Gröning ist kein Scharlatan", Heinz Bongartz und Helmut Laux, in: *Revue, Nr. 29,* München, 28.08.1949, S. 9.

„Bruno Gröning - Phänomen eines Seelenarztes", in: *Revue, Nr. 27,* 14.08.1949, S. 10.

„Bruno Gröning rehabilitiert", Ernest Kolibri, in: *Bayrische Gerichtszeitung,* 06.04.1952.

„Bruno Gröning vor dem Richter", Ernest Kolibri, in: *Bayrische Gerichtszeitung,* 03.06.1951.

„Das Böse und der Böse", Adolf Köberle, in: *EZW - Texte* (ev. Zentralstelle für Weltanschauungsfragen), Stuttgart, Impulse Nr. 30, 10/1989, S. 8 ff.

„Das freie Wort", Prof. J. Kellner aus N., Leserbrief im Leserforum zum Thema Gröning, in: *Neue Zeitung,* München, 01.10.1949.

„Das Geheimnis der Wunderheilungen", Waldo May-Ebernius, in: *Neues Europa,* Stuttgart, Nr. 18, 15.09.1959 u. Nr. 19, 01.10.1959.

„Das Leben Bruno Grönings - nach dem persönlichen Bericht des Seelenarztes" , H. Bongartz u. H. Laux, in: *Revue, Nr. 30,* 04.09.1949, S. 11.

„Das Meisterstück des ‚deutschen Rasputin'" in: *Hamburger Echo,* Hamburg, vom 20.02.1957.

„Das Wunder der psychischen Heilung", Dr. Barbara Iwanowa, in: *esotera,* Freiburg i. Br., Bauer-Verlag, 06/1974, S. 525 ff.

„Der ‚Herforder Wunderdoktor' Gröning entlarvt", *Extrablatt,* herausgegeben von Michael Graf Soltikow, München, Verlag Schwarzer Adler, September 1949.

„Der hemmungslose Irrsinn unseres Gesundheitswesens", Dr. med. Scheiner, Vortrag auf dem int. Symposium „EG contra biologische Medizin" am 23.02.1991, in: *raum und zeit,* Sauerlach, Ehlers-Verlag, 05-06/1991, S. 48 ff.

„Der Papst ist das größte Hindernis", in: *Der Spiegel, Nr. 46,* 1980, S. 47 ff.

„Dieser Bärenkram muß aus dem Verkehr", in: *Der Spiegel, Nr. 35,* 1988, S. 166.

„Die Machenschaften des Grafen Soltikow und der deutschen Presse", in: *Extrablatt - Das offene Wort* (Unabhängiges Blatt für Zeitfragen und Toleranz), München, PAD-Verlag, Nr. 1, Juni 1951.

„Die Vernichtung der biologischen Medizin", Zentrum zur Dokumentation für Naturheilverfahren (ZDN), in: *raum & zeit, Nr. 37/1988,* S. 48.

„Dr. Fritz-Albert Popp entdeckt die Biophotonen", Dr. Niggli, in: *Form und Geist,* Zürich, Helioda-Verlag, 11-12/1990.

„Eine göttliche Kraft fließt durch mich", in: *Westerwälder Zeitung, Nr. 175,* 31.07.1991.

„Er heilte und hatte recht", Irene Dalichow, in: *esotera,* 01/1991, S. 69 ff.

„Erste Todesopfer der Gentechnologie", Wolfgang Löhr, in: *raum & zeit, Nr. 49,* 01-02/1991.

„Gefahr im Verzuge", in: *Der Spiegel, Nr. 49,* 1962, S. 72.

„Geistheilen auf Krankenschein", in: *Bunte,* München, Nr. 39/1985, S. 37.

„Generalangriff gegen Gröning hat begonnen", in: *Frankfurter Abendpost,* Frankfurt, 17.09.1949.

Gen-ethischer Informationsdienst (GID), Berlin, 10/91.

„Gentechniker befürchtet molekulares Auschwitz", Interview mit Prof. Erwin Chargaff, Antje Buell, in: *raum & zeit, Nr. 37,* 12/88-01/89.

„Glaubensheilungen in den Kirchen der Welt", Werner Hoerschelmann, Vortrag in St. Petri, Hamburg, in: *Materialdienst der EZW, Sonderdruck Nr. 15,* aus Ausgabe 12/1987, S. 4 f.

„Glaubt an Gott und Gröning", in: *Almfried,* o. O., Nr. 36, 10.09.1949.

„Gröning darf wieder heilen!", in: *Der Hausfreund,* Speyer, 24.09.1949.

„Gröning entlarvt seine‚Freunde'", Wolfgang Wehner, in: *Echo der Woche,* München, 07.10.1949.

„Gröning gab nur Phrasen von sich", in: *Weser-Kurier,* Bremen, 15.01.1958.

„Gröning geht bekannte Wege", in: *Süddeutsche Zeitung,* München, 13.09.1949.

„Gröning im Gerichtssaal", in: *Neue Gerichts-Woche,* Augsburg, Nr. 7, 28.05.1951, S. 1.

„Gröning und die geistige Heilung", Hilde Dressel, in: *Vivos Voco, Monatshefte für die Kernfragen des Lebens,* Phillingen/ Württ., 34. Jahrg. 1961, S. 610.

„Gröning - wie wir ihn erlebten", H. Bongartz u. H. Laux, in: *Revue, Nr. 31,* 11.09.1949, S. 9.

„Gröning und die Größe X - Ein Gespräch mit dem bekannten Psychotherapeuten Dr. G. R. Heyer", von Victoria Rehn, in: *Münchener Merkur,* München, 17.08.1952.

„Großverdiener um Gröning", von H. Friedrich, in: *Die Wochenpost,* Stuttgart, Nr. 39, 25.09.1949, S. 1 u. 5.

„Heilströme, die im ganzen Kosmos fließen", in: *Der Spiegel, Nr. 42/1986*, S. 138.

„Herr Weiland sieht wieder gut", in: *Revue, Nr. 32,* 18.09.1949.

„Huischen greift an - ein niederdeutscher Heilpraktiker fordert Schranken für Gröning", in: *Sonderpost,* Konstanz, Nr. 2, 15.05.1950, S. 7.

„Ich bin kein Wunderdoktor", in: *Die Abendzeitung,* München, Nr. 201, 20.08.1949.

„Krank auf Rezept, L-Tryptophan: gesunde Geschäfte mit ungesunden Pillen", Gabriele Fischer, in: *Die Zeit,* 18.10.1991.

„Lieber auf das erstgenannte Konto", in: *Der Spiegel, Nr. 26,* vom 24.06.1985, S. 82 ff.

„Meine Antwort an die Gegner", Stellungnahme von Bruno Gröning zu öffentlichen Angriffen, in: *Münchener Merkur,* 19.09.1949.

„Revolution in der Medizin - Heilung durch Gen-Therapie", Klaus Thews, in: *stern, Nr. 42,* 10.10.1991, S. 42 f.

Sachdarstellung Rubrik Briefe, in: *Der Spiegel,* 20.10.1949, S. 38.

„Schenk mir ein Pferdchen - Auf den kleinen Gröning", in: *Der Spiegel,* Hamburg, Spiegel Verlag, 29.09.1949, S. 7.

„Warum die orthodoxe Medizin nicht heilen kann", Kawi Schneider, in: *raum & zeit, Nr. 43,* 1989, S. 4.

„Was macht Bruno Gröning heute?", Gregor Harloff, Augenzeugenbericht eines Journalisten, in: *Mensch und Schicksal,* o. O., 7. Jahr, 1953, Nr. 1, S. 9; Nr. 2, S. 11; Nr. 3, S. 7-9; Nr. 4, S. 8.

„Was mich kränkt, macht mich krank", Dr. Beat Imhof, in: *reform-rundschau, Nr. 7,* 1990, S. 15.

„Wie es gemacht wird - Einige Streiflichter auf die letzten ‚Enthüllungen' über Gröning", in: *Echo der Woche, Nr. 113,* 07.10.1949, S. 15.

„Wunder, des Glaubens liebstes Kind", Dita Zahn, in: *Die Neue Zeitung,* Frankfurt a. M., 22.07.1949, S. 3.

„Wunderheilungen?", Dr. med. Bauer, in: *Medizinische Klinik, Nr. 6,* 1950, S. 509 f.

„Zukunft aus der Zauberküche der Genforscher", Karl-Heinz Karisch, in: *Frankfurter Rundschau, Nr. 15,* 18.01.1992.

„Zuviel für zu wenige - Spiegelumfrage zum Besuch des Papstes in der Bundesrepublik", in: *Der Spiegel, Nr. 46,* 1980, S. 80.

## *2) Buchtitel:*

Allgeier, Kurt. *Die Wunderheiler.*
Zürich 1990.

Alt, Franz. *Das C. G. Jung Lesebuch.*
Frankfurt 1986.

Andresen, Carl. *Wörterbuch der Kirchengeschichte.*
2. Aufl., München 1984.

Bachler, Käthe. *Erfahrungen einer Rutengängerin.*
Linz, o. J.

Bates, M. Searle. *Glaubensfreiheit - Eine Untersuchung.*
New York 1947.

Bergfeldt, Jens. *Herfords Wunderdoktor.*
Minden 1949.

Die Bibel. Herder. *Einheitsübersetzung.*
Stuttgart 1980.

Bischko, Johannes. *Einführung in die Akupunktur.*
Heidelberg, o. J.

Björkmann, Rut. *Licht einer anderen Dimension.*
Freiburg i. Br. 1988.

Brockhaus, F. A. *Der große Brockhaus Bd. 5.*
18. Auflage. Wiesbaden 1979.

Busse, Thomas. *Bruno Gröning - Lebensweisheiten.*
Wegberg 1989.

Caddy, Eileen. *Herzenstüren öffnen.*
Kimratshofen 1989.

Codex Juris Canonici, *Gesetzbuch der lateinischen Kirche.*
Johannes Paul II. (Hrsg.). Kevelaer 1983.

Darwin, Randolph Charles. *Die Entwicklung des Priestertums und der Priesterreiche.*
Leipzig 1929.

Deschner, Karlheinz. *Abermals krähte der Hahn.*
Stuttgart 1962.

Deschner, Karlheinz. *Der gefälschte Glaube.*
München 1988.

Deschner, Karlheinz. *Die Politik der Päpste im 20. Jahrhundert. 2 Bde.*
Hamburg 1991.

Deschner, Karlheinz. *Opus diaboli.*
Hamburg 1987.

Dorst, Tankred. *Merlin oder das wüste Land.*
Frankfurt/Main 1985.

Emrich, Hella. *Geheimnisse der Wunderheilungen.*
Baden-Baden o. J.

Eich, Thomas. *Bruno Gröning - Lebensweisheiten 2.*
Wegberg 1993.

Eich, Thomas. *Das Wirken Bruno Grönings zu seinen Lebzeiten und heute.*
Wegberg 1993.

Erbs/ Kohlhaas. *Beck'sche Kurz-Kommentare Bd. 17, Strafrechtliche Nebengesetze.*
München o. J.

Fröhlich, Dr. med. Hans. *Konnersreuth heute - Schau eines Arztes.*
Wiesbaden 1950.

Greber, Johannes. *Das neue Testament.*
Teaneck, N. J. USA, o. J.

Gill, Bernhard. *Gentechnik ohne Politik.*
Frankfurt/Main 1991.

Gotter, Sigrid. *Anfang ohne Ende - Die menschlichen Erbanlagen im Griff der Wissenschaft.* Berlin. Gen-ethisches Netzwerk 1990.

Grof, Stanislav. *Die Chance der Menschheit.*
München 1988.

Häusler, Grete. *Bruno Gröning - Einführung in seine Lehre.*
Wegberg 1989.

Häusler, Grete. *Hier ist die Wahrheit an und um Bruno Gröning.*
Lohmar 1984.

Häusler, Grete. *Unter uns steht Einer, den kennt keiner.*
Wegberg 1988.

Heym, Stefan. *Ahasver.*
10. Aufl., Frankfurt/Main 1990.

Hieronymus. *Vatikan intern.*
Stuttgart 1973.

Höhne, Anita. *Geistheiler heute.*
Freiburg/Breisgau 1991.

*Das Glaubensbekenntnis der Kirche, Katholischer Erwachsenenkatechismus.*
Herausgegeben von der dt. Bischofskonferenz, 4. Aufl., Kevelear 1989.

Kaul, Dr. phil. *Das Wunder von Herford.*
Laudenbach o. J.

*Zweites Vatikanisches Konzil, Konstitution über die Kirche.*
Im Auftrage der deutschen Bischöfe. 6. Aufl., Münster 1965.

Kübler-Ross, Elisabeth. *Über den Tod und das Leben danach.*
12. Aufl., Neuwied 1990.

Kühner, Hans. *Das Imperium der Päpste.*
Frankfurt 1980.

Kyber, Manfred. *Die drei Lichter der kleinen Veronika.*
München 1984.

Leist, Fritz. *Der Gefangene des Vatikan.*
München 1971.

Lindenberg, Wladimir. *Ärzte im Kampf gegen Krankheit und Dummheit.*
München 1963.

Lindenberg, Wladimir. *Riten und Stufen der Einweihung.*
2. Aufl., Freiburg i. Br. 1988.

Ludwig, Wolf-Dieter. *Krebs - Ausweg aus der Sackgasse.*
Gehrden 1986.

Marschner, G. *Dokumentation zur bioelektronischen Funktionsdiagnostik und Therapie.*
Heidelberg 1980.

Moderegger, G. *Praktische Erfahrungen mit der Energetik des Menschen.*
Heidelberg 1981.

Moody, Dr. med. Raymond A. *Leben nach dem Tod.*
Hamburg 1977.

Morell, Franz. *Mora-Therapie.*
Heidelberg 1987.

Naegli-Osjord, Hans. *Die Logurie in den Philippinen.*
in: Resch, Andreas (Hrsg.). Der kosmische Mensch.
2. Aufl., Innsbruck (Imago Mundi IV) 1984.

Neuner, Josef u. Roos, Heinrich.
*Der Glaube der Kirche in den Urkunden der Lehrverkündigung.*
8. Aufl., Regensburg 1971.

Nigg, Walter. *Das Buch der Ketzer.*
Zürich 1986.

Paracelsus. *Die Geheimnisse. Ein Lesebuch aus seinen Schriften.*
München o. J.

Pietschmann, Herbert. *Das Ende des naturwissenschaftlichen Zeitalters.*
Wien 1983.

Popp, Fritz Albert. *Neue Horizonte in der Medizin.*
2. Aufl., Heidelberg 1987.

Purner, Jörg. *Radiästhesie - Ein Weg zum Licht?*
Zürich/Chur 1988.

Quint, Josef. *Meister Eckehart, Deutsche Predigten und Traktate.*
Zürich 1979.

Rauch, Dr. med. Erich. *Autosuggestion und Heilung.*
4. Aufl., Mannheim 1990.

Ruesch, Hans. *1 000 Ärzte gegen Tierversuche.*
CH-Klosters 1986.

Ruesch, Hans. *Die Fälscher der Wissenschaft.*
4. Aufl., München o. J.

Ruesch, Hans. *Die Pharma Story, Der große Schwindel.*
3. Aufl., München 1990.

Shakespeare, William. *Hamlet.*
Stuttgart 1992.

Schmidt, Egon-Arthur. *Die Wunderheilungen des Bruno Gröning.*
Berlin 1949.

Schnelting, Karl. *Geistige Heilung.*
Augsburg 1992.

Schultz, Prof. Dr. Dr. h. c. J. H. *Ein Übungsheft für das autogene Training.*
18. Aufl., Stuttgart o. J.

Sigerist, Dr. Henry E. *Große Ärzte.*
6. Aufl., München 1970.

Spalding, Baird. *Leben und Lehren der Meister im Fernen Osten.*
4. Aufl., München 1984.

Starczewski, Hans-Joachim. *Nur Gott heilt.*
2. Aufl., Höhr 1988.

Stark, Walter O. *Magnetismus in der Therapie.*
Magliaso 1981.

Steiner, Johannes. *Theres Neumann von Konnersreuth.*
10. Aufl., München 1988.

Stelter, Alfred. *PSI-Heilung.*
München, o. J.

Stiller, Herbert. *Die herzlose Wissenschaft.*
München 1986.

Tansley, David V. *Energiekörper.*
München, o. J.

Thetter, Rudolf. *Magnetismus, das Urheilmittel.*
Den Haag o. J.

Trampler, Dr. Kurt. *Die große Umkehr.*
Seebruck/Chiemsee 1950.

Trine, Ralph Waldo. *In Harmonie mit dem Unendlichen.*
Stuttgart 1984.

Trunz (Hrsg.). Goethe, *Faust.*
10. Aufl., München 1976.

Vithoulkas, Georges. *Medizin der Zukunft.*
7. Aufl., Kassel 1979.

Wehr, Gerhard. *Esoterisches Christentum.*
Stuttgart 1975.

Weidenbach, Thomas u. Tappeser, Beatrix. *Der achte Tag der Schöpfung.*
Köln 1989.

Werfel, Franz. *Das Lied von Bernadette.*
Frankfurt/Main 1975.

Wille, Otto. *Die verfolgten Nachfolger Christi.*
Würzburg 1987.

Winowska, Maria. *Das wahre Gesicht des Pater Pio.*
26. Aufl., Augsburg 1990.

Yogananda, Paramahansa. *Autobiographie eines Yogi.*
12. dt. Aufl., München 1981.

Yogananda, Paramahansa. *Worte des Meisters.*
4. Aufl., München 1982.

„Die Mutter Erde wird dennoch gerettet sein."

Mein Tun und Wirken dient lediglich
nur dazu, alle Menschen dieser Erde
wieder auf den rechten Weg, auf den
göttlichen Weg zu führen.
Das ist die grosse Umkehr.
Ich heile um alle Menschen wieder gut zu
wissen (liebe deinen Nächsten mehr wie dich
selbst.) Nur mit guten Taten kann der
Mensch beweisen das er mit Gott lebt.

Grätelfing, den 11. Oktober 1950.

Handschrift Bruno Grönings